# 北京丰台年鉴

## 2009

北京市丰台区地方志编纂委员会

中 华 书 局
2009

**图书在版编目（CIP）数据**

北京丰台年鉴．2009/北京市丰台区地方志编纂委员会编
—北京：中华书局，2009.12
ISBN 978—7—101—07111—5

Ⅰ．北… Ⅱ．北… Ⅲ．丰台区—2009—年鉴
Ⅳ．Z521.3

中国版本图书馆 CIP 数据核字（2009）第 204383 号

**责任编辑：朱 慧**

**北京丰台年鉴（2009）**
北京市丰台区地方志编纂委员会编
*
中 华 书 局 出 版
（北京市丰台区太平桥西里 38 号 100073）
http://www.zhbc.com.cn
E-mail:zhbc@zhbc.com.cn
河北省欣航测绘院印刷厂印刷
*
787×1092 1/16 29.875 印张 51 插页 654 千字
2009 年 12 月第 1 版 2009 年 12 月第 1 次印刷
印数：1000 册 定价：88.00 元

ISBN 978—7—101—07111—5

# 编 辑 说 明

一、《北京丰台年鉴》是一部综合性资料性工具书和史料文献。在丰台区委、区政府领导下，由区地方志编纂委员会主持编纂。

二、本年鉴以马列主义、毛泽东思想、邓小平理论和“三个代表”重要思想为指导，坚持以经济建设为中心，坚持实事求是的原则，与时俱进、开拓创新、科学地反映客观情况。

三、本年鉴从2002年开始，逐年编辑出版。当年出版的年鉴全面汇集上一年度丰台区各项事业、行业等诸方面新发生的重大事件、新情况和重要的文献信息，为各级领导提供可资参考的依据，为各个行业提供有价值的资料，为各方面人士了解、熟悉和研究丰台提供最新信息。

四、本年鉴以详记区属各系统、各单位为主，略记驻区部分中央、市属单位的情况。

五、本年鉴采用文章、条目等体裁，以条目为主，用规范的语体文、记述体直陈其事，文字力求言简意赅。

六、本年鉴文字内容设有特载、大事记、政党团体、政权政协、政法军事、农村经济和农业、工业、商贸服务业、高新技术产业、综合经济管理、财政税务审计、金融、城市建设和管理、交通邮电、科技教育、文化体育卫生、社会、街乡（镇）、人物、附录等一级栏目，一级栏目下设二级栏目，二级栏目下设分目，分目下设条目。

七、本年鉴收有2008年内丰台区党、政、军、民主党派、团体、街乡（镇）、部分企业负责人名录及驻区部分单位负责人名录，所列职务均以2008年内任职为限，其中有任免情况的分别予以说明，同时收有获得国家（中央部委）、市奖励与荣誉称号的单位和个人名单和获得高级职称的人员名单。

八、本年鉴选入的文章、条目均由各部门、各单位确定专人撰写，并经主管负责人审核。统计资料由区统计局提供，照片由各单位提供。

九、本年鉴反映2008年1月1日至12月31日期间的情况，文内一般直书月、日，不再写年份。

十、本年鉴由区地方志办公室《北京丰台年鉴》编辑部负责编辑、文字加工和版面设计。在编辑出版过程中得到了全区各单位及各方面的大力支持和热情帮助，在此一并表示感谢。由于编辑水平所限，疏漏和不足之处恳请读者批评指正。

温家宝总理到丰台大井社区检查奥运环境

全国人大副委员长司马义·铁力瓦尔地视察卢沟桥

市委书记刘淇向赴四川地震灾区援建队伍作动员

市委副书记、市长郭金龙到丰台区调研

人大常委会副委员长民革中央主席周铁农到卢沟桥调研

最高人民法院院长王胜俊到丰台法院调研

北京市常务副市长吉林到卢沟桥视察

中国人民对外友好协会会长陈昊苏到卢沟桥视察

北京市委副书记、政法委书记王安顺到卢沟桥街道大井社区视察

北京市委常委赵凤桐到卢沟桥视察

区委书记张大力在“三八”妇女节慰问西局女子消防队

区委副书记区长李超钢在卢沟桥乡综合办事大厅为领取结婚证的新婚夫妻颁发证件

游广斌区长视察区垃圾处理厂

人大主任杜瑞琴视察食品卫生与安全工作

政协主席初建华到基层调研

常务副区长汪洪参加第二次全国经济普查宣传月启动仪式

副区长王苏维召开便民菜点现场会

副区长李昌安检查防汛工作

副区长吕仕杰在基层调研

副区长张建国检查山体覆盖恢复情况

副区长李丽萍协调校园周边环境整治

区第十四届人民代表大会第三次会议

区政治协商会议第八届委员会第三次会议

丰台区第二届有突出贡献人才和优秀青年人才

丰台区党风廉政建设会

财政局党风廉政、效能建设动员大会

纪检监察系统“做党的忠诚卫士、当群众的贴心人”主题实践活动动员部署会

交通支队开展“为奥运奉献为党旗增辉”主题党日活动

区奥运法制宣传『百千万』工程启动仪式

北京市地税开放日活动现场『诚信纳税 共迎奥运』

区国税局税收宣传进社区

丰台公安分局举行奥运场馆
安保实兵演练

法院新审判办公大楼

丰台检察院在花乡羊坊村举
行服务新农村建设花乡羊坊
村试点协议签字、揭牌仪式

丰台公安分局为奥运火炬丰台
科技园区传递现场进行安全保卫

区奥运场馆消费者投诉举报联络站暨12315—消费争议快速解决绿色通道

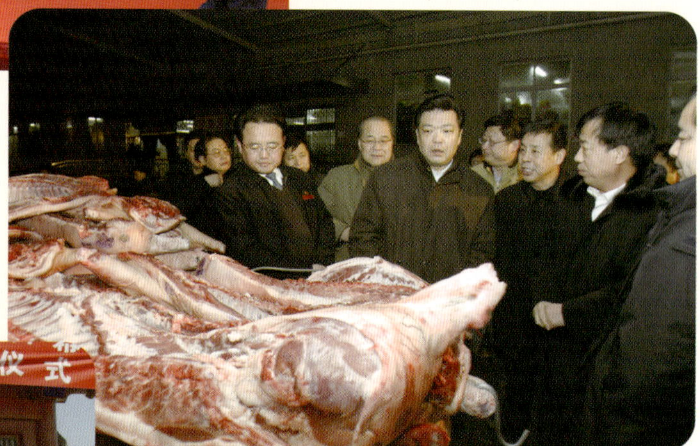

市区领导视察新发地市场

卢沟桥历史博物馆开馆仪式

广电中心与西庄店村党组织开展党日活动现场

区司法局举行奥运法制宣传“百千万”工程启动仪式

交通支队长雷军、政委孟宪忠到奥运场馆慰问驻场民警

检查奥运场馆周边及主要交通干线上的加油站

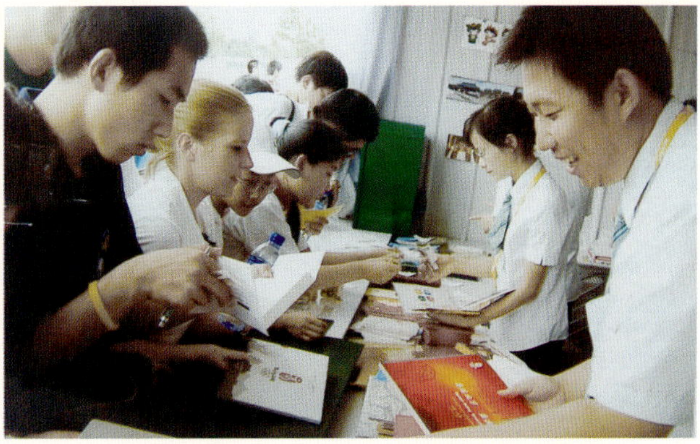

南区邮电局向中外客户销售奥运邮品

加强市县政府依法行政决定专题讲座

劳动合同法宣传进工地

丰台区收费管理和行业自律经验交流会

价格法律宣传和倡导使用循环袋活动

北京市新农村建设档案工作经验
交流会在花乡黄土岗村召开

执法人员对乳制品生产企业进行突击检查

保障奥运场馆周边环境卫生干净整洁

丰台火车站城市志愿者与治安志愿者联合服务

烟草专卖局联合工商等单位检查卷烟市场

征兵宣传

消防支队组织南苑乡开展灭火救援演练

城管大队监察员查处露天烧烤行为

丽泽商务区研讨会

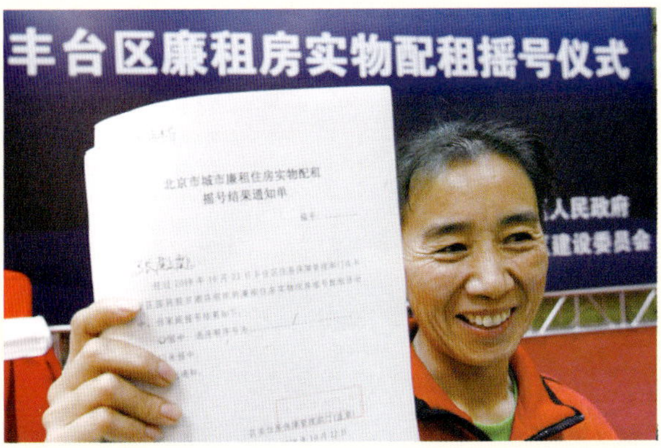


2008年廉租房摇号首位中签者

千灵山地质环境治理项目开工仪式

区第二次全国土地调查(农村部分)预检工作会

秋收现场

航天集团"神七"发射工作队胜利凯旋归来

丰台供电公司110千伏云岗变电站

中国钢研冶金自动化研究设计院第一届一次职工工会会员代表大会

农业银行丰台支行无障碍服务

北京三兴汽车有限公司成立

东高地生活区旧区改造工程启动仪式

新修建开通的北京西站南路

新发地市场改造后

水衙沟靛厂段整治后面貌

新北京新奥运新人才知识竞赛

人事人才服务进方庄社区

捧起爱心共促和谐

老党员生活困难党员帮扶工作推进会

区宗教工作培训会

抗雪灾献爱心送温暖发车仪式

区侨联老归侨“祝寿会”

重阳节老会员合影

九三学社丰台区工委工作会议

丰台区第十一次妇女代表大会

人口计生委计生宣传

区药品检验所被评为全国三八红旗集体

统计风、巾帼情、三八群芳会

青少年科技创新大赛

“奥运气象科普行”进社区活动

科技周开幕式

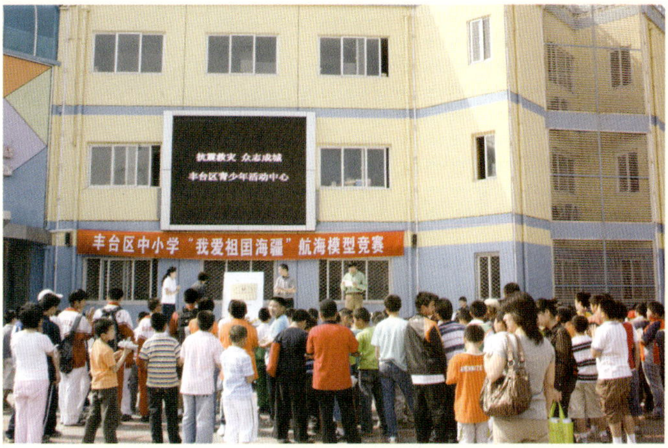


区中小学"我爱祖国海疆"航海模型竞赛

南苑街道鱼水情艺术团参加
“和谐社区”魅力汇演

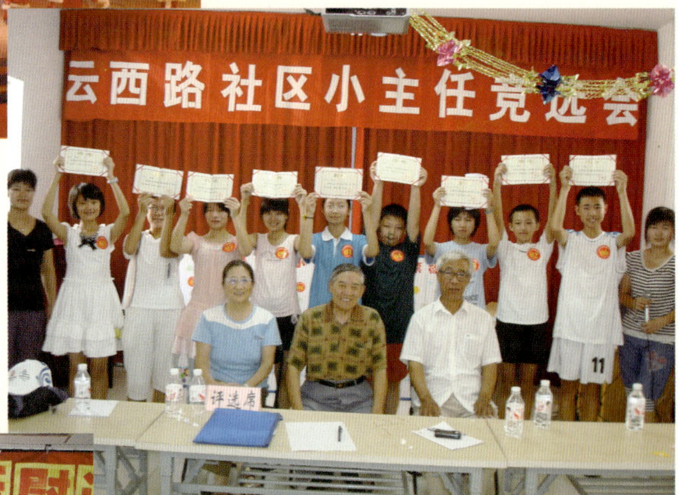


云岗街道云西路社区
“当一日小主任”竞选会

西罗园街道对辖区残疾儿童进行慰问

草桥实业总公司捐建四川江油市太平街小学

国民党副主席蒋仲苓参观卢沟桥

巴基斯坦大使夫人参观卢沟桥

国际奥委会委员参观卢沟桥

外籍残奥运动员到大井社区残疾人温馨家园参观

美国考察团到丰台供电公司客服大厅交流考察

# 欢度

丰台区火炬传递启动仪式

丰台区火炬传递现场

丰台奥运火炬手在进行火炬传递

会员韩冰参加奥运火炬传递(中间举火炬者)

财政局工作人员参加奥运火炬传递活动

# 奥运

丰台体育中心奥运垒球馆

奥运花卉配送中心

博兰特集团组织参观丰台区奥运火炬传递仪式

世界公园

驾驶员志愿者工作动员部署大会

奥运志愿服务的驾驶员志愿者

迎奥运倒计时100天法制文化节

奥运火具和奥运颁奖花卉

迎奥运歌咏比赛

圣火之路志愿者服务启动仪式

奥运倒计时100天云岗
街道千人空竹展示

右安门地区举办新春团拜会

健身月主题日活动

世界公园

光彩网球馆

奥运志愿者为民服务

丰台职工奥运赛场文明啦啦队

莲花池奥运文化广场文艺演出

丰台区直机关春季运动会

丰台烟草职工参加市局文艺演出

全民健身花穗操表演

首都经贸大学举办教工太极扇表演

卢沟晓月文化节文艺晚会

第22届醒狮杯越野跑比赛

丰台区机关职工首届羽毛球比赛

国资委妇女干部参加区拔河比赛

丰体中心健身月主题日活动

# 北京首开亿信置业股份有限公司

北京首开亿信置业股份有限公司是以原北京城市开发股份公司为平台成立的独立法人企业。具有房地产开发企业一级资质，先后被有关部门授予“重合同，守信用”、“突出贡献企业”、“诚信建设示范单位”、“首都精神文明单位”等称号。并通过了质量管理、环境及职业健康“三位一体”管理体系认证。开发建设的“望京西园三区”、“望京西园四区410楼”、“时代芳古”、“时代芳群”、“时代芳星”、“时代紫芳”、“时代庐峰”、“时代·龙和大道”、“北京香颂”、世安家园等项目，成为一个个住宅精品小区，总竣工面积超过300万平方米。

北京香颂

时代芳群

世安家园

时代龙和总体规划

## 做好的产品 作好产品的开发商

亿信公司实施“由区域开发商转向产品开发商，主做高溢价产品”的发展策略，以“做好的产品，作好产品的开发商”为发展目标，以“精细运作，积累资源，塑造能力，夯实平台”为发展宗旨，全面提升以项目管理能力、产品研发能力、营销创新能力和客户服务能力为核心的公司市场竞争力，为最终成为北京最具成长性和市场竞争力的房地产开发商与服务商而拼搏！

时代庐峰

时代芳古 被北京市建委命名为“一优两示范”小区（即：群体市优、节能示范和科技示范）。

时代芳群 被评为“北京市十大创新楼盘”。

时代紫芳 被评为“北京健康楼盘50强”、“最具可持续发展奖”及“中国建筑创新示范楼盘”称号。

时代·龙和大道 荣获“中国新区建筑经典”称号。

紫芳园香园 获得建设部“广厦奖”。

北京香颂 在望京地区首次运用“新都市理论”指导规划设计，成功地确立了高品质项目的市场形象。该项目先后被评为“2005年最具影响力楼盘”、“地产15年最具品质奖”、“2005年十大明星楼盘”、《安家》2005年北京地产复合型社区创新价值金奖和建设部、经济日报“生态地产奖”。

# 北京建工地产——与你共筑品质空间。

北京建工地产始终坚持“以人为本，创建精品，求实创新，志在一流”的企业精神。

自成立以来，先后在北京成功开发建设了位于亚运商圈内的安慧北里小区和恒富花园、亦庄梅园、海特花园、五里店、鲁谷小区等一批具有代表性的房地产项目，项目合格率为100%，其中安慧北里小区获北京市市优工程，并被评为优质放心房。

2001年以来，集团公司进行产业结构调整，实施做强做大房地产业的战略，使北京建工地产焕发了新的生机和活力，开发项目涵盖了房地产产品的各个方面。

写字楼项目：兰华国际大厦。该项目为5A级智能化写字楼，被评为“2004中国10大新地标建筑综合体”。

高档别墅式居住区项目：庐师山庄。该项目曾获得“2004中国名坊建筑尚品”称号。

精装修商品房项目：阳光新干线和融域嘉园小区。

经济适用房项目：翠谷玉景苑小区和百子湾1号居住区，建筑总面积总规模达到80万平方米。

危旧房改造项目：南礼士路19号。该项目开创了国有企业对自管危旧房社区进行整体改造之先河。

04年，公司适时实施“蓝海战略”，在长三角、珠三角、环渤海、西北重镇四大区域形成合理的发展格局，扩大了市场影响力。

上海新港城

宋家庄经济适用房

安慧北里小区

兰华国际大厦

百子湾一号

传

嵘典　一方品阶华府
——至尚精装现房新居住主义
现房实景

现房实景

现房实景


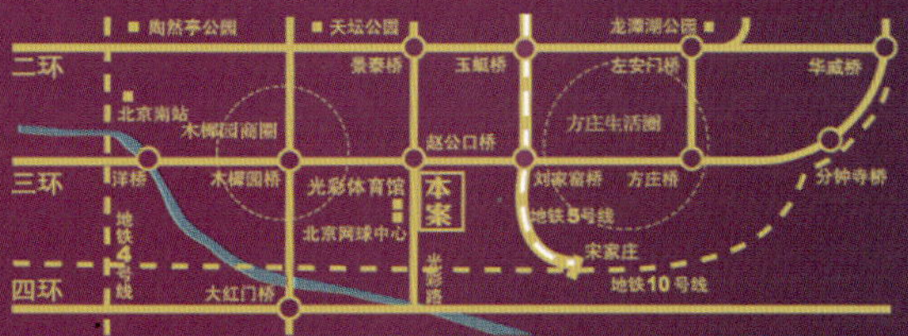

陶然亭公园
天坛公园
龙潭湖公园
二环
景泰桥
玉蜓桥
左安门桥
华威桥
北京南站
木樨园商圈
方庄生活圈
赵公口桥
三环
洋桥
木樨园桥
光彩体育馆
本案
刘家窑桥
方庄桥
分钟寺桥
地铁5号线
北京网球中心
地铁4号线
宋家庄
光彩路
四环
大红门桥
地铁10号线

# 金泰中国，与时代共前行。

## 战略布局，构筑城市价值版图。

目前，金泰地产已经确立，以立足北京，立足渤海湾，同时特别关注三亚、呼和浩特等具有稀缺价值成长潜力的城市为其区域运营战略，致力于与中国经济增长极共同成长。

# 建筑城市，落子中国经济增长极。

◎北京　新天第生态复合区、金泰城生态金融区、先锋CBD前沿区

◎营口　营口大剧院

◎营口　营口图书馆

◎营口　营口滨海综合区

◎呼市　市中心滨河豪宅区

◎三亚　滨河高档休闲度假区

**海南三亚**
地址：三亚市凤凰路107号蓝海滨河城市花园一区
邮编：572000
电话：0898－88868820

**辽宁营口**
地址：辽宁省营口市鲅鱼圈区辽东湾大街南段
邮编：115007
电话：0417－6165109

**内蒙古呼和浩特**
地址：内蒙古呼和浩特市如意开发区腾飞南道太伟高尔夫练习场
邮编：010070
电话：0471－4619066

金泰地产
G·T·R
京金泰房地产开发有限责任公司
ng Gold Time Real Estate Development Co., Ltd

电话:010-63386666
传真:010-63386666-8003
地址:北京市丰台区丽泽路5号金泰地产大厦
邮编:100073
网址: www.gtr.com.cn

CHINA
MARQUIS MANSION
相府中国 建筑新儒学
中堂
西四環内·三山文脉·公園大宅
TEL|8381 1177
效果图
永定路
五棵松桥
西四环
长安街
西三环
梅市口路
中堂
岳各庄北桥
岳各庄桥
京石高速
莲花桥
京房售证字(2009)5号
京西大境／西长安街五棵松路口南2300米，揽湿地浓荫绿意，载一席相府儒学风雅
便捷交通／毗邻西四环、京石、莲石等交通动脉，未来还可坐享地铁9号线一站式地下轨道
繁华社区／60万平米综合体，集住宅、商业、会所、学校等配套于一身，创造区域繁荣
公园大宅／150—230平米通透户型、开阔尺度，减少室内灰空间面积，缔造京西仕家文化
京房售证字(2009)5号

# 中国工商银行股份有限公司

# 北京方庄支行

支行坚持每季召开行务工作会议，适时召开专业分析会，听取各部门工作汇报和下一阶段工作思路，总结分析支行整体发展态势和各项业务指标完成进度，查找问题，提出举措。此外，支行推行契约文化，由行领导和各部门一把手，部门正职和副职、部门员工逐级签订绩效合约书，层层分解指标，传导压力，提高员工的岗位责任感和工作紧迫感，确保支行各项经营管理工作健康、快速、协调发展。

网点是支行发展的主阵地，一线员工是推动发展的排头兵，为激发工作积极性，营造家园文化，支行领导每逢过年过节，各位行长均亲自带队深入基层开展慰问，了解员工需求，增进团结，将关爱员工的工作落到实处。

支行高度重视对党员干部队伍的培养，采取多种形式增强党性修养、提高政治觉悟，每年组织党员干部参观各类展览，通过具体实例提高教育效果，切实增强党员干部防腐拒变能力，提高党员队伍的先进性。

配合奥运金融服务的高要求，支行着力加强网点内部改造和辖内网点建设工作，为客户提供更优、更专业、更舒适的金融服务体验。通过深入、扎实推进服务质量标准化工作，我行网点的服务环境有效改善，服务面貌显著提高。

丰富多彩的文体活动一直是支行企业文化的重要组成部分，支行鼓励员工通过不同形式展现自身多方面的才华，同时也搭建各种平台为员工提供展示的机会。一年一度的春节晚会是支行的传统，员工自编、自导、自演节目，充分体现了全行上下和谐并进、积极向上的良好氛围。

总部基地® ABP
Advanced Business Park
真正的总部楼 · 你自己的楼
THE MAYA ISLAND
瑪雅島酒店
金融广场
ABP PLAZA
总部基地招商中心
ABP INVESTMENT CENTER
总部基地夜景鸟瞰效果图

总部基地金融港效果图

总部基地实景图

# 金融的港灣

# 目 录

## 特 载



## 大 事 记



## 政党 团体

## 政权　政协

## 政法　军事

## 农村经济和农业

## 工 业

## 商贸　服务业

## 高新技术产业



## 综合经济管理

## 财政　税务　审计

## 金　　融



## 城乡建设和管理

## 文化　体育　卫生

## 社　　会

## 街　乡(镇)

## 人　物



## 统计资料



## 附　录

# 特　　载

## 在区委十届十次全会上的工作报告

（2008年12月30日）

张大力

同志们：

这次全会的主要任务是，认真学习贯彻党的十七届三中全会、中央经济工作会议和市委十届五次全会精神，总结2008年工作，研究部署2009年任务。下面，我受区委常委会委托，向全会作工作报告。

### 一、2008年工作回顾

2008年是我们国家很不寻常、很不平凡的一年。在市委市政府的领导下，区委坚持以邓小平理论和“三个代表”重要思想为指导，深入贯彻落实科学发展观，紧紧围绕办好北京奥运会、残奥会这件大事，先后召开十届六、七、八、九次全会和32次常委会，就奥运服务保障、科学发展、环境建设、安全稳定、改善民生等重大问题进行了深入研究，作出了决策和部署。按照总揽全局、协调各方的要求，团结带领全区人民，奋力拼搏，扎实工作，完成了奥运服务保障和区域经济社会发展等各项任务，全力开展了支援汶川抗震救灾工作，各项事业都取得了新的进展。

一是圆满完成了奥运会、残奥会服务保障任务。加强领导，成立奥运筹办和赛时保障工作领导小组，建立战时运行指挥体制，奥运会、残奥会期间坚持每天召开战时运行指挥部会商会，及时研究解决场馆建设、运行和涉奥场所服务保障中的问题。严格落实丰台垒球场内部运行和外围保障“双进入”体制，成立了由一名区领导负责的奥运场馆外围保障指挥部和各涉奥场所服务保障指挥部，加大统筹力度，确保了奥运场馆和涉奥场所服务保障工作万无一失。圆满完成了奥运花卉配送和生活必需品市场保障工作，奥运期间城市运行平稳有序。“平安奥运”工作深入开展，奥运环境建设进一步加强，“迎讲树”主题活动扎实推进，志愿者服务、群众组织工作细致高效，确保了奥运火炬传递和垒球赛事的顺利进行，营造了和谐稳定的社会环境、欢乐祥和的人文环境、靓丽温馨的城市环境。奥运丰台垒球场的赛事组织服务工作得到国际垒联和媒体的高度评价。

二是区域经济平稳较快发展。在做好奥运服务保障工作的同时，加强对经济发展重大问题的研究决策，坚持常委会每季度听取经济形势分析和定期听取重点功能区建设情况汇报,研究制定了促进丽泽金融商务区金融产业发展的意见、物流产业发展指导意见等政策措施,加快推进重点功能区、重点产业、重点项目建设,进一步促进了经济结构调整和发展方式转变。在国际国内经济形势严峻的情况下,全年实现地区生产总值510亿元,同比增长10%;财政收入34.8亿元,增长15%。人民群众生活水平进一步提升,城镇居民人均可支配收入和农民人均纯收入达到23042元和11592元,分别增长12%。

重点功能区建设积极推进。科技园区东区一期、二期开复工面积达125万平方米,东区三期土地一级开发和西区产业规划正加紧推进;高新技术产业预计实现技工贸总收入1250亿元,增长25%,留区税收占区财政收入的20%。丽泽金融商务区明确了功能定位,启动了B6、B7地块征地拆迁工作,规划调整、城市设计、政策研究、宣传招商等工作扎实推进。大红门服装商贸区已成为北京市服装贸易最活跃的地区,进一步加强了周边环境整治,举办了2008北京大红门国际服装节。河西生态休闲旅游区加快了道路等基础设施建设,继续巩固关闭非煤矿山成果,做好山体生态修复,发展生态旅游产业,"卢沟晓月"景观得到恢复,北宫森林公园成为国家4A级景区,千灵山公园开园。

优化发展环境,加大了招商引资力度。引进注册资金千万元以上企业247家,其中,注册资金超亿元企业11家。高新技术产业、文化创意产业、生产性服务业和都市型现代农业进一步发展,第三产业比重达73%。严格落实节能减排目标,加强监测考核,在全区党政机关深入开展节电、节水、封存公车、压缩公用经费支出等工作,积极推动居民家庭节能、节水工作。

三是基础设施和环境建设成效明显。紧紧抓住筹办奥运和市委市政府加快南城发展的机遇,进一步加强道路等基础设施建设,西客站南路、张仪村路、光彩路建成通车,西六环路、蒲黄榆路和北京南站周边路网等道路征地拆迁工作如期推进。地铁四号线、九号线、十号线、京沪高铁以及南水北调等中央、市级重点工程征地拆迁工作进展顺利。狠抓环境建设,全面治理五环内环境,加强了主要大街、与其它区交界处和城乡结合部51个村的环境整治,拆除了违法出租大院357处,实施了27个"城中村"和"边角地"治理,完成了26个老旧小区改造,城市面貌明显改观。加大联合执法力度,对影响城市秩序的"六小七黑"等进行了深入整治。完成二道绿化、荒山爆破造林和裸露山体生态恢复共418公顷、城市绿化95公顷,新建郊野公园5个,新建和改造万米绿地4块,林木绿化率和城市绿化覆盖率分别达到38.1%和42.7%。

四是新农村建设力度进一步加大。推动城乡统筹发展,加大了公共财政向农村倾斜力度,共投入8.9亿元重点用于农村地区基础设施建设和教育卫生等社会事业发展,同比增长9.9%。对河东51个村的道路进行了修整,推进了街坊路硬化、安全饮水、垃圾污水处理、厕所改造等工作。农村地区339条道路全部移交区环卫中心保洁,"村清扫收集、区运输消纳"的垃圾处理模式得到全面推广。完成了38个农村社区卫生服务站标准化改造,实现了新型农村合作医疗区级统筹。通过选派城镇教师到农村支教、加强硬件设施建设等途径,进一步改善了河西地区办学条件。认真落实新农保政策,参保人数达到6.2万人,参保覆盖率为92%。对2.6万名农民进行就业培训,实现转移就业6300人。实施了经济薄弱村振兴计划,南苑生态园等6个重点产业项目取得新进展。深化了以集体产权制度改革为重点的农村体制改革,卢沟桥乡、花乡、长辛店镇乡级集体产权制度改革积极推进,全区12万农民93%已成为集体经济组织的股东。

五是文化建设取得新的进步。按照社会

主义核心价值体系建设的要求,加强了社会公德、职业道德、家庭美德和个人品德建设。制定了公共文化设施布局规划,建设了大红门街道文化体育休闲广场等一批街乡镇、社区村文化体育活动场所和设施,深入开展了莲花池奥运文化广场、卢沟晓月中秋文化节等一批节庆文化、广场文化和社区文化活动。汽车博物馆主体结构基本完工,展陈准备工作有序开展。结合开展"迎讲树"活动和五大文明行动,扎实推进群众性精神文明创建工作,市民文明素质和区域文明程度进一步提升。加强宣传思想工作,着力宣传我区在经济发展、环境建设和筹办奥运等方面取得的成绩和工作亮点,发挥了内聚人心、外树形象的作用。

六是民主政治建设进一步加强。常委会坚持党的领导、人民当家作主、依法治国有机统一,不断健全民主制度、丰富民主形式,努力营造民主团结、生动活泼、安定和谐的政治局面。根据社会主义民主政治建设的新要求,积极支持人大、政协依法依章程充分发挥作用。区人大常委会加大了依法监督、代表工作和制度建设力度,加强了对奥运筹办工作的监督,组建了区人大农村代表小组,人大的政治优势进一步发挥。区政协围绕奥运服务保障和经济社会发展深入开展了调研、视察活动,使政治协商、民主监督、参政议政更具成效。围绕奥运筹办,加强了统战工作,加强了党的民族、宗教工作和港澳台侨工作。充分发挥了工青妇等人民团体在服务保障奥运方面的作用。加强社区民主自治,深入开展民主法制村创建活动,推进了基层民主管理和办事公开。扎实推进"五五"普法,开展了奥运法制宣传"百千万"工程,加强了法制宣传阵地和志愿者服务网络建设。

七是以改善民生为重点的社会建设扎实推进。重视社会建设,加大了对社会建设的领导力度,成立了区社会建设领导小组,组建了区委社会工委、区社会建设办公室,研究制定了我区加强社会建设的具体意见,统筹推进了各项工作。围绕实现"五无"目标,加大了财政专项资金投入,有效解决了一批关系群众切身利益的问题。坚持教育优先发展,投入1.22亿元用于校舍维修、办学条件达标等硬件建设,投入2600万元用于落实"两免一补"和对困难家庭学生资助政策,全面发展各级各类教育,促进了城乡教育均衡发展。稳步推进医疗卫生体制改革,完成了19个社区卫生服务中心和98个社区卫生服务站标准化改造。加强了就业和社会保障工作,城乡劳动者职业培训3.2万人次,城镇新增就业近2万人,消除了"零就业家庭"。及时发放城乡无保障人员低保金和福利养老金,实行动态化无盲点社会救助。完成了1159户廉租住房保障任务,南苑西、长辛店老镇西区经济适用房项目已开工建设,看丹桥西北角等廉租房项目积极推进,保障性住房项目开工80万平方米。

八是"平安奥运"目标全面实现。坚持把"平安奥运"作为最重要、最突出的任务来抓,认真落实"平安奥运重于泰山、奥运平安人人有责"的要求,进一步落实了维稳工作领导责任,深入开展了矛盾纠纷排查化解、重点人群稳控、安全隐患整治等十项专项行动。加大矛盾纠纷排查调处力度,严格落实重点矛盾领导包案、领导干部大接访等制度,50件区挤重点矛盾已化解和基本解决25件,其它正在办理和稳控之中,加大了对信访重点人和上访老户的稳控力度,实现了奥运期间信访"双零"指标。强化社会面防控,全面开展了流动人口和出租房屋调查摸底工作,组织7万余名各类群防群治力量上岗执勤,有效维护了区域治安秩序和环境秩序。有效预防处置了"法轮功"等邪教组织和境内外敌对势力的破坏活动。始终高度重视安全生产工作,进一步强化政府部门的监管责任、街乡镇的属地责任和企事业单位法人的主体责任,加强检查和监管,奥运期间未发生死亡事故。

九是党的建设全面加强。全区各级党组织紧紧围绕着筹办奥运这件大事,全面加强了思想、组织、作风、制度和反腐倡廉建设。采取培训班、座谈会、研讨会、报告会等形式,深入学习贯彻党的十七大和十七届三中全会精神,领导干部实践科学发展观的自觉性不断增强。加强领导班子建设,制定了《关于进一步加强处级领导班子和领导干部作风建设的意见》、《乡镇党委议事规则》。开展大规模培训干部工作,区委党校干部培训水平进一步提高,举办了43个干部培训班,采取周末大课堂、在线学习等方式,丰富办班形式和内容。选派后备干部和新进机关的年轻干部到基层实践锻炼。积极推进党建创新,制定下发了《关于进一步发挥全区基层党组织和共产党员在奥运筹办中的战斗堡垒作用与先锋模范作用的实施意见》,强化了基层党组织和党员在奥运服务保障方面的作用,机关党员干部带头参加社区治安巡逻、便民服务。建立健全了惩治和预防腐败体系,制定了《丰台区2008－2012年反腐倡廉建设重点工作任务》,加强了反腐倡廉教育,严格落实党风廉政建设责任制,积极开展廉政风险防范管理试点工作,着力解决损害群众利益的突出问题,严肃查办违纪案件,党风廉政建设和反腐败工作进一步推进。

认真做好干部选拔任用工作。严格贯彻《党政领导干部选拔任用工作条例》,认真落实民主推荐、民主测评、考察预告、廉政调查、任前公示等制度,所有拟提拔干部都经过了民主推荐和廉政调查,努力做到全面准确了解干部。严格区委议事规则和决策程序,坚持了干部议题全都经区委专题会议充分酝酿后,提交区委常委会集体讨论决定。对30名处级党政正职拟任人选和推荐人选,通过2次召开区委全会、3次书面征求意见的方式,进行了全委会票决或者闭会期间征求意见。加大了公开选拔和定向引进力度,分别面向全市和全区公开选拔了5名政府工作部门副处级领导干部和7名街道办事处副主任。针对专业性较强职位的要求,先后从高校定向引进2名年轻干部到我区任职。2008年全区共选拔任用处级干部178人,其中提拔正处级干部15人、副处级干部35人,交流正处级干部16人、副处级干部33人,核定处级非领导职务21人,改任处级非领导职务12人,兼任职务等46人。

同志们,以上这些工作的开展和各项成绩的取得,是全区人民团结奋斗的结果,是各级党委政府扎实工作的结果,也是各位区委委员共同努力的结果。回顾一年来的工作,既要看到取得的成绩,又要清醒地认识到我们工作面临的困难和存在的问题。主要表现在:受当前国际国内严峻经济形势的影响,今年财政收入增幅明显下降,财政增收压力较大;城乡结合部地区的环境和秩序整治任务还很繁重,流动人口管理和服务工作压力很大;由城市发展中的深层次矛盾和历史遗留问题引发的不稳定因素还很突出;常委会的思想理论水平、统筹协调能力、执政能力和领导科学发展的能力需要进一步加强;少数基层党组织凝聚力、战斗力不强,少数党员干部的工作作风和服务意识还有待改进,个别干部违法违纪现象仍然存在。这些问题都需要我们高度重视,认真加以解决。

**二、充分认识当前面临的形势**

当前,我们正面临着较为复杂的国际国内经济形势,特别是国际金融危机尚未见底,对实体经济的影响日趋增大。为确保经济平稳较快发展,中央经济工作会议强调要保增长、扩内需、调结构,实施了积极的财政政策和适度宽松的货币政策,出台了加快保障性安居工程、农村基础设施和铁路、公路重大基础设施建设等扩大内需、促进经济增长的十项措施。刚刚闭幕的市委十届五次全会指出,成功举办奥运会后,首都发展进入了经济增长优质化、城乡发展一体化、建设管理集约化、城市发展国际化、公共服务均等化的新阶段。市委市政府确立了“人文北京、科技北京、绿色北京”的发展理念，下大力气推进高端产业功能区建设工程、轨道交通及基础设施建设工程、城乡一体化工程等十大工程，在发展布局上更加重视南城地区的发展。形势的变化既给我区经济发展带来了新的挑战，也提供了新的机遇。挑战主要表现在：

一方面，国际国内的严峻经济形势对我区发展的影响不可避免。在整体较为严峻的经济大环境下，经济发展中的不确定因素和风险增加，我区的经济发展不可避免地面临着诸多困难。

另一方面，房地产市场低迷直接影响财政收入增长。房地产业是我区财政收入的主要来源。今年我区商品房实现销售额152.8亿元，房地产税收8.9亿元，占区财政收入的比重达31.6%。今年受房地产市场低迷、群众持币待购的影响，商品房预售额仅为107.3亿元，税收8.1亿元，同比分别下降29.8%和9%。目前房地产市场尚无回暖迹象，将对我区财政收入增长产生较大影响。

虽然我区经济社会发展面临一些不利因素，财政增收压力较大，但从长远看，我区城市改造任务较重，基础设施建设项目较多，直接受益于扩大内需的政策。奥运会后市委市政府对南城和城乡结合部地区的发展更为重视，在政策和资金上给予更多倾斜，为我区加快建设和发展提供了机遇。

一是我区大量基础设施建设项目有利于带动投资增长和经济发展。奥运会后，北京市基础设施建设将更多地投向南城，据估计未来五年投资可能会达400亿。今后一个时期，我区内有9号线、10号线等总长70多公里的7个地铁项目，近20公里的京沪高铁、京石客运专线，西六环路、蒲黄榆路等一批城市主次干道需要建设，马草河治理、河西再生水厂等其它基础设施建设任务也很繁重。随着基础设施建设力度的加大，将有力带动我区发展。

二是我区城市改造、绿隔建设和公共事业的发展空间很大。目前，我区绿隔地区40个村中还有23个项目尚未启动；南苑、长辛店两个老镇改造任务繁重。明年我区预计新开工保障性住房、绿隔地区建设、危旧房改造面积350万平米。同时，一批教育、卫生等公共事业项目有待推进。这些项目都关系群众切身利益，是政府投入的重点，受宏观经济影响有限。随着投入力度加大，不仅会有力改善我区整体环境，而且会直接带动经济发展。

三是奥运环境建设和重点工程建设为我区发展奠定了较好基础。近三年来我区已投入近60亿元加强环境建设，环境面貌焕然一新。北京南站建成使用，京津城际铁路和地铁5号线建成通车，一批新建道路开通，有力地改善了我区的基础设施条件和投资环境，必将为我区今后一个时期吸引投资发挥重要作用。

四是我区重点功能区定位和有关政策进一步明确。目前，丽泽金融商务区已被北京市确定为首都新兴金融功能区和金融机构聚集区，市委市政府已原则同意给予丽泽金融商务区更多的政策支持。丰台科技园区西区正在积极推进与兵器集团、航天集团等有关单位组建“军民创新产业园”的合作。大红门服装商贸区也被北京市确定为服装服饰文化创意产业集聚区。这些都为加快推进重点功能区建设创造了有利条件。

## 三、努力开创2009年各项工作新局面

明年我区经济社会发展面临很多困难，但总体上是机遇与挑战并存，机遇大于挑战。我们要认真落实中央经济工作会议和市委十届五次全会精神，正视困难，坚定信心，增强信心，在困难中寻求机遇，变压力为动力，变挑战为机遇，充分发挥自身优势，加倍努力，扎扎实实地做好各项工作。

2009年工作总的要求是：全面贯彻党的

十七大、十七届三中全会和市委十届五次全会精神,坚持以邓小平理论和“三个代表”重要思想为指导,深入贯彻落实科学发展观,认真实践“人文北京、科技北京、绿色北京”发展理念,以开展深入学习实践科学发展观活动为契机,努力保持经济平稳较快增长,加大基础设施和环境建设力度,积极推进社会各项事业发展,着力改善民生,促进社会祥和稳定,以优异的成绩迎接建国60周年。

2009年的主要工作目标是:在优化结构、提高效益、降低消耗、保护环境的基础上,努力实现地区生产总值增长8%,财政收入增长8%,城镇居民人均可支配收入和农村人均纯收入分别增长6%以上,城镇登记失业率控制在3.1%以内。

完成明年的各项任务,必须深入贯彻落实科学发展观,牢记发展这个第一要义,把保持经济平稳较快发展作为明年经济工作的首要任务,多渠道筹措资金,加大投入,采取更直接、更有力、更见效的措施,带动和促进经济增长。必须认真总结和坚持筹办奥运过程中形成的好经验、好做法,弘扬奥运精神。必须坚持以人为本,切实解决民生问题,使发展的成果更好地惠及人民群众。必须发挥好各级党组织和广大党员干部的重要作用,充分调动人民群众的积极性和创造性,扎实推进各项工作。

(一)保持经济平稳较快发展

按照科学发展观的要求,加强对经济工作的统筹和领导,把“保增长、扩内需、调结构”有机结合起来,发挥好政府投资拉动作用,加快推进重点功能区建设和经济结构调整,加强节能减排工作,推动经济社会走上科学发展的轨道。

一是必须千方百计增加财政收入。由于受宏观经济形势的影响,明年财政增收压力更大,我们必须认清形势,坚定信心,多措并举,全力以赴,确保实现年度财政收入目标。要加大招商引资力度,加强统筹指导和协调,搭建全区统一的招商信息平台,组织形式多样、富有成效的招商宣传活动。特别是要认真落实《关于促进北京丽泽金融商务区金融产业发展的意见》等政策,充分发挥重点功能区产业集聚作用,抓好重大项目招商工作,引进更多的大企业入驻丰台。要切实加强税源管理,扎实做好属地纳税工作,特别是要重点做好新引进大企业的属地纳税和建筑企业营业税属地征缴工作。要进一步做好服务企业工作,认真落实区领导联系企业制度,切实提高各部门服务企业的意识、质量和效率,为企业发展创造良好条件。要充分发挥政府投资的拉动作用,提前做好项目准备工作,积极争取市里投资支持,加大对基础设施、环境建设、民生工程、新农村建设等关键领域的投资力度,保证明年120亿政府投资计划尽早落地、尽早见效。充分调动街乡镇协税、护税的积极性,保证各项税收应收尽收。

二是加快发展方式转变和结构调整。坚持高端产业的发展方向,着力发展金融服务、科技服务、商务服务、现代物流等生产性服务业和文化创意产业。积极引进总部企业,加大对总部企业的扶持力度。合理规划重点地区大型公建选址和商用地产规模,特别是在丽泽金融商务区和新建的主要大街两侧多规划一些公建项目,为发展高端产业和楼宇经济提供支持。

发挥好政府资金引导作用,明年要设立5000万元优质产业发展引导资金,1000万元循环经济发展资金,2000万元中小企业贷款担保基金,并为优质中小企业发展担保贷款2个亿。加强政银合作,充分利用北京银行60亿元授信额度,积极扶持丽泽金融商务区金融产业发展和丰台科技园区高新技术产业发展。通过投资补助、贷款贴息等方式,对成长型、规模大、财政收入附加值较高的企业提供配套资金支持,对规模不大、但税收增长较快的企业给予财政激励。对各街乡镇引进高端产业的进行财政奖励。

三是加快重点功能区建设。充分发挥现有四个重点功能区对丰台经济发展的龙头带动作用，提高吸纳和承载经济要素的能力。

丰台科技园区要加快推进园区二期建设，积极抓好总部国际、托普科技园和金融港等重点项目招商工作，强化总部经济核心地位。加快推进园区三期土地一级开发。深化园区西区控规调整和产业规划研究工作，加强与兵器集团、航天集团等国防科技企业的合作，积极推动西区开发建设。实现技工贸总收入1500亿元，对区财政贡献率达到21%以上。

北京丽泽金融商务区要进一步明晰产业功能定位，完成城市设计和控制性详细规划调整，基本完成示范区项目B6、B7土地一级开发。同时，加大对丽泽金融商务区的宣传力度，积极开展有针对性的招商引资工作。

大红门服装商贸区要在打造品牌、提升形象上下功夫，进一步提高服装档次和经营管理水平，积极引进发展高档品牌和有实力的大企业，加快推进CBC创意大厦等重点项目建设，增强区域发展的核心竞争力。加强路网建设和环境改造，整治环境秩序，改善这一地区的整体环境和对外形象。加快大红门服装服饰创意产业集聚区建设，吸引服装设计、展览等服装文化项目入区发展。

河西生态休闲旅游区要继续完善基础设施和产业配套设施，加强资源整合和整体宣传，围绕发展生态旅游和都市型现代农业，加强统一规划，积极推进北宫森林公园、千灵山、南宫等重点旅游景区建设和北宫南路、长青路都市型现代观光农业设施建设，打造特色项目和优势项目，提高影响力和吸引力。

四是抓好节能降耗工作。重点支持节能降耗、清洁生产、资源综合利用、环境保护等领域的项目，推动循环经济发展。实施节能改造示范工程，推进建筑、民用和商用节能。积极倡导节水、节电、节能的绿色生活方式。认真落实北京市第十五阶段大气污染控制措施，推进20吨以上燃煤锅炉改清洁能源工作，确保二级和好于二级天数达到65%以上。

（二）进一步加强城市建设和环境建设

完善的基础设施和优美的环境是关系民生的重要基础条件和发展的前提。我们要继续把城市建设和环境建设作为带动发展、改善民生的着力点，进一步加大投入和工作力度，努力改善人民群众居住生活环境，为经济社会发展创造良好条件。

一是加快危旧房改造和绿隔地区建设。抓好南苑、长辛店两个老镇改造。我区棚户区改造工作已列入全市重点，要抓住机遇，把危改作为改善群众居住生活条件、促进区域经济发展的重要工作，推动两个老镇改造工作取得实质性进展。调整南苑地区规划，完成南苑老镇建设用地与南苑西绿地置换，积极推进南苑西对接安置用房项目建设，保证南苑镇棚户区改造顺利实施。要研究制定长辛店老镇改造方案，积极推进长辛店经济适用房建设。

加快推进绿隔地区建设。要按照灵活处理、一事一议原则，加快推进旧村改造。整合土地资源，合理安排产业用地和农民住宅用地，促进绿化、产业开发和新村建设协调推进。

认真做好城市改造拆迁和回迁安置工作。下大力量解决好拆迁难问题，以后凡是新增项目必须做好回迁安置，减少社会矛盾，积极探索货币安置与回迁安置相结合的办法，建设拆迁安置用房和两限房用于安置。

二是加快路网等基础设施建设。要着力打通关键节点和重点道路，提高路网通行能力。重点推进北京南站外部路网、蒲黄榆路、西六环、万寿路南延等重点道路建设，积极推进梅市口路西延等交通节点的改造、建设，完善与全市路网快速相连的道路体系。加大便民、社区道路改造力度，大修改造便民路43条，方便居民出行。积极配合市里做好重点工程建设,做好地铁九号线、十号线等轨道交通拆迁工作。

三是提升环境建设水平。继续巩固和扩大奥运环境建设成果,推动环境建设向纵深化、高水平发展,从街面向街里纵深发展,从主要大街向小街小巷纵深发展,从一般水平向高水平纵深发展。

加强绿化美化。河西地区要进行大规模绿化,多种树,完成二道绿化216公顷,提高绿化程度。同时抓好山体生态修复,加强生态环境建设。河东地区要提高美化程度,完成城市绿化美化21公顷,抓好具有休闲娱乐功能的万米以上大绿地和郊野公园建设。

加强老旧小区和城市“边角地”整治。重点抓好55个老旧小区和21个“城市边角地”的整治。加大出租大院整治力度,拆除违法出租大院。完成70条主要大街的环境整治工作。坚决遏制新生违法建设。

加强环卫设施建设。完成永合庄填埋场除臭和雨污分流工程,启用丰台区生活垃圾综合处理中心。继续推进公厕改造,新建公厕30座,改造农村户厕2800户。

加强环境秩序管理。打击小广告、黑车等违法违规行为,疏导摊贩、游商,进一步规范城市秩序。

(三)加快推进城乡一体化

认真制定并落实我区《关于加快形成城乡经济社会发展一体化新格局的意见》,加大在规划管理、基础设施、社会管理、就业和社会保障等方面的城乡统筹力度,积极推进城乡一体化发展。特别是要按照市委全会要求,突出抓好城乡结合部的建设,建立统筹指挥机制,积极促进相关政策和规划的调整,争取在绿化隔离带建设、土地使用、农民转居上楼、产业发展和社会保障、社会管理体制等方面取得重大突破。

一是继续加大对农村地区的投入。始终保持强农惠农政策力度不减,建立和完善公共财政覆盖农村的长效机制,保证财政对农村发展的投入逐步增加。大幅度增加财政对农村基础设施建设和社会事业发展的投入,完善农村地区路网建设,加快推进村庄街坊路等新农村“五项基础设施”和文化体育基础设施建设,大大改善农村地区环境。健全对农村地区公共事业的投入增长机制。认真落实农业补贴制度,保证各项补贴及时到位。完善农村生态补偿机制,继续开发农村地区保洁员、护林员、协管员等公共服务岗位,逐步提高补偿标准和补助水平,努力增加农民收入。帮助农民解决失业、医疗、养老等保险问题,农村合作医疗参合率和农保参保率分别达到95%以上,逐步提高最低生活保障标准。

二是着力发展农村地区经济。积极统筹农村土地利用规划,加强土地规模化、集约化利用,增强城乡结合部地区吸聚优质产业要素的能力。同时积极打造特色街区,优化城乡产业布局。积极调整农业结构,河东地区重点发展花卉产业,着力抓好花卉研发等关键环节,打造以盛芳园为主体的花卉千亩基地,把花卉产业做大做强。河西要按照生态休闲旅游区的发展要求,着力发展以采摘、观光、休闲为主的生态旅游业和都市农业。

三是加强城乡一体化管理。统筹推进城乡环卫保洁、市政养护、绿化美化等工作,进一步健全农村生活垃圾“村清扫收集、区运输消纳”的模式,加强农村地区的专业化环卫保洁和市政养护、绿化美化工作。完善出租房屋契约化管理模式,促进城乡流动人口服务和管理的一体化。积极探索城乡结合部环境的无缝隙管理机制,深化街乡联手、居村共建模式,整合地区资源,联建联管,促进城乡尤其是结合部地区的融合。

四是深化农村各项改革。按照十七届三中全会精神,积极探索推进土地承包权流转等深化改革的工作。在第一道绿化隔离地区开展城乡一体化综合配套改革试点,使城乡结合部地区在基础设施、环境面貌、社会管理等方面加快城市化步伐。研究制定《关于进一步深化乡村集体经济产权制度改革的意见》，指导和促进农村集体经济产权制度改革。建立健全农村土地承包经营权流转管理和服务制度，完善农用土地登记和办证制度。继续制定和完善农民养老、低保等社会保障制度。

（四）努力促进社会和谐

建设“人文北京”，必须把改善民生摆在更加重要的位置，努力促进社会和谐。要进一步加大财政对民生方面的投入，继续抓好“无零就业家庭”、“无城镇危房户”、“无拖欠工资问题”、“无重大重复上访户”、“无社会救助盲点”等工作，努力让更多的群众享受到改革发展的成果。

一是认真做好就业工作。就业是民生之本，没有就业就没有民生。要围绕促进农村劳动力和就业困难群体就业这一重点，建立“零就业家庭”保障机制，制定低保人员就业补贴政策，对规模招用城乡困难人员就业企业实施奖励。有针对性地开展各种类型的就业培训，进一步提高城乡劳动力的就业能力。加强失业预警，及时掌握企业关闭停产和规模裁员动向。进一步完善区、街乡镇、社区村三级就业服务网络，建立城乡统一的失业登记制度和劳动力市场信息系统，千方百计挖掘就业岗位，促进更多群众实现就业。积极支持鼓励创业，建立创业指导中心，为城乡劳动者提供平等的创业就业环境和条件。

二是切实加强社会保障和救助工作。保持社会保险覆盖人数和基金收入的稳步增长，实现各项保险基金收缴率达到95%以上。认真落实城乡养老保险制度，及时发放城乡老年保障金，统筹解决农民、小城镇居民、转居未转工人员的养老保险问题。认真落实城乡低保政策，切实保障低收入群体的基本生活。加大临时救助和专项救助力度，多途径筹集救助资金，拓宽社会救助覆盖面，努力帮助困难群众解决急事难事。

三是加快教育卫生事业发展。紧紧抓住市区财政体制调整的契机，加快我区教育、卫生等公共服务体系建设。加快推进北京十二中科丰校区、北京十八中示范高中校工程建设。突出抓好农村地区教育发展，改善河西地区办学条件。推进城乡教育均衡发展，提高一般学校办学水平。提高对教师待遇的财政投入，解决不同学校收入差距大的问题。积极发展社区卫生，规范社区卫生收支两条线管理，加快品牌社区卫生服务中心建设。重点抓好区属医院和社区医院的改造，方便群众看病就医。继续做好人口和计划生育工作，促进人口素质不断提高。

四是积极促进文化繁荣发展。进一步加强社会公德、职业道德、家庭美德和个人品德建设。拓展精神文明创建活动覆盖面，将“五大文明行动”等系列主题活动常态化。加强基层群众文化基础设施建设，今后，凡新开发的项目都要安排文化体育设施，每个社区的办公和活动场所都要达到350平米以上，村要达到1000平米以上。加快推进文化创新，着力发展面向基层的公益性文化事业和以文化创意产业为重点的文化产业，在社区村大力开展社区文化节等文化体育活动，加强科普社区创建工作，使文化成为推动发展、改善民生的重要力量。进一步加大宣传工作力度，做好舆论引导和媒体服务工作，努力营造良好的舆论环境。以纪念建国六十周年为契机，举办系列活动，集中展现我区经济社会发展成就。切实加强国防和后备力量建设，做好双拥共建工作，发挥好驻区部队在我区发展建设中的重要作用。

五是努力改善群众居住生活条件。按照市里的要求和我区2009－2012年廉租住房保障规划，积极推进廉租房、经济适用房、两限房等保障性住房建设。多渠道筹措房源，抓好商品房配建保障性住房和项目规划、选址工作，加快建设进度，保障困难群众住房。抓好涉及群众切身利益的40件实事的落实，努力解决群众居住、生活、工作、娱乐等方面的困难和问题,为群众办好事、办实事。

六是加强社会管理工作。认真落实我区加强社会建设的实施意见,推进社区建设、社会组织培育和社会工作人才队伍建设。认真做好16个社区服务站规范管理试点工作。加强社区工作者队伍建设,逐步提高社区工作者素质。进一步完善志愿服务体系,推进志愿活动规范化、长效化。加强社会组织管理体系建设,充分发挥社会组织在反映利益诉求、提供公共服务等方面的重要作用。积极扶持公益性、服务性社会组织发展,提高社会管理和服务水平。

(五)切实维护社会安全稳定

维护稳定是首都工作压倒一切的政治任务。我们要继续把这项工作作为全区工作的重中之重,认真巩固“平安奥运”成果,总结和坚持奥运期间形成的好经验、好做法,全力维护社会安全稳定。

一是继续做好矛盾纠纷排查调处工作。坚持领导包案、领导干部接访、协调化解矛盾纠纷等项制度,进一步加大矛盾纠纷排查化解力度。加强对历史遗留信访问题特别是引发集体访问题的分析,能解决的抓紧解决,不能解决的做好稳控工作。全面推广决策风险评估制度,从源头上减少矛盾发生。加强对开发建设的管理,维护好被拆迁群众的利益,避免引发新的矛盾。增强人民调解、行政调解和司法调解的实效性,更多地通过教育、协商、疏导的办法化解矛盾纠纷。继续发挥好“四级网络”作用,充分调动社区村的积极性,及时发现、报告、解决问题,维护区域稳定。

二是强化社会治安综合治理。进一步健全党委领导、政府负责、社会协同、公众参与的社会管理格局,坚持“打防结合、预防为主、专群结合、依靠群众”,不断完善社会治安防控体系,继续深入开展平安创建活动。进一步加强流动人口和出租房屋管理,抓好治安重点地区整治,严厉打击各种严重刑事犯罪,特别是“两抢两盗”等多发性侵财犯罪。坚持群防群治,充分发挥治安志愿者的作用,加强治安巡防队建设,整合各种协管力量,增强群众安全感。继续加强反恐防暴工作,加强对各种敌对势力、敌对分子的防范、打击和控制,深化与“法轮功”等邪教组织的斗争,加强对有极端倾向行为人的防范。要确保不出现重大暴力恐怖事件,不出现危害国家安全和社会稳定的重大政治事件,不出现大规模群体性事件,为建国60周年营造安全稳定的社会环境。

三是狠抓安全生产工作。要严格落实政府部门的监管责任、街乡镇的属地管理责任和企事业单位法人的主体责任,强化对重点行业、重点部位的安全监控和防范。加强经常性检查和专项检查,及时发现、消除安全隐患。抓好事故多发行业和流动人口的安全教育,提高全民安全防范意识。现在正是火灾、煤气中毒和施工事故的多发期,各单位要加大防范力度,坚决避免群死群伤事故发生。

(六)积极推进社会主义民主政治建设

坚持把发展人民民主、建设政治文明作为全区各级党组织的重要政治任务,不断巩固和发展我区民主团结、生动活泼、安定和谐的政治局面。

一是进一步加强人大、政协工作。要发挥党总揽全局、协调各方的领导核心作用,坚持和完善人民代表大会制度和中国共产党领导的多党合作和政治协商制度,积极支持人大、政协依法依章程履行职能。加强人大监督和代表工作,认真办理代表建议、批评和意见,不断加强和完善人大工作。认真做好政协建议案和提案办理工作,加强知情通报等制度建设,积极为委员履职创造条件,不断提高政治协商、民主监督、参政议政的水平。要开好区人大十四届四次会议和区政协八届三次会议。

二是加强统战、群团等工作。认真落实民族、宗教、侨务政策,加强港澳台和新的社会阶层人士工作，建设和谐政党关系、民族关系、宗教关系、阶层关系、海内外同胞关系。加强工会、共青团、妇联工作，充分发挥各人民团体联系人民群众的桥梁和纽带作用。

三是不断巩固和扩大基层民主。通过健全基层民主管理制度，增强群众的主人翁责任感，调动群众推动区域经济社会发展的积极性。积极推进村民自治、居民自治和企业民主管理，特别是财务公开、重大决策事项公开，保证人民群众依法直接行使民主权利，管理基层公共事务和公益事业。

四是积极推进依法治区工作。按照市里要求，研究推进政府机构改革，深化行政审批制度改革，转变政府职能，全面推进依法行政，建设法治政府。认真落实“五五”普法规划，抓好社会主义法治宣传教育，加强法律服务和法律援助工作，培育市民法律意识和法治精神，形成自觉学法守法用法的社会氛围。

**四、全面加强党的建设**

做好明年各项工作，关键在提高各级党组织领导科学发展的能力。要以深入开展学习实践科学发展观活动为主线，扎扎实实做好党的建设各项工作。

一是进一步深化思想政治建设。按照市委统一部署，认真开展好深入学习实践科学发展观活动。通过学习教育，增强广大党员特别是各级领导班子和领导干部贯彻落实科学发展观的自觉性和坚定性，完善推进科学发展的思路，解决一些影响科学发展的突出问题，确保教育活动取得实效。加强对“人文北京、科技北京、绿色北京”理念的宣传、教育，把党员干部的思想和认识统一到市委市政府新的战略部署上来。以庆祝建国60周年为契机，加大对广大党员干部的宣传教育，引导党员干部积极投身丰台现代化新城区建设。

二是进一步加强领导班子和干部队伍建设。严格执行民主集中制，完善全委会、常委会的各项工作制度，坚持常委分工负责制，加强区委常委会自身建设。规范街乡镇党（工）委决策程序，落实《街道党的工作委员会议事规则》、《乡镇党的委员会议事规则》，不断提高决策的民主化、科学化水平。制定《加强处级党政领导班子建设2009－2013年规划纲要》，加大干部培养交流，改善领导班子结构，增强班子凝聚力、执行力和战斗力。严格做好领导干部选任工作，继续坚持定向引进、公开选拔、竞争上岗等举措，选拔更多的优秀干部。进一步组织实施大规模干部培训工作，提高干部培训的针对性和实效性，多渠道提升干部素质。加强干部考核，完善体现科学发展观和正确政绩观要求的干部考核评价体系，促进干部自觉落实科学发展观和正确政绩观。

三是进一步推进基层党建工作。认真落实区委党建工作责任制，发挥区委党建工作领导小组的统筹协调作用和基层党组织推动发展、服务群众、凝聚人心、促进和谐的作用，不断增强基层党建工作实效。认真做好社区“两委”换届工作，深化农村党建“三级联创”活动，不断推进机关、企事业单位党建工作。加强社会领域党建，积极推进新社会组织和新经济组织党建工作，创新流动党员管理服务方式，努力实现党组织和党的工作的广泛覆盖。

四是进一步加强反腐倡廉建设。认真落实《北京市建立健全惩治和预防腐败体系2008－2012年实施办法》和《丰台区2008－2012年反腐倡廉建设重点工作任务》，进一步健全我区惩治和预防腐败体系。结合不同行业、部门、岗位特点以及干部成长规律，深化反腐倡廉宣传教育，推进廉政文化建设。加大党风廉政建设责任制的落实力度。严格执行党内民主和党内监督各项制度，积极开展乡镇党代表任期制试点工作。以重点领域、关键环节和主要领导干部为重点，全面推进廉政风险防范管理工作。加强对贯彻落实科学发展观情况的监督检查,强化对政府重要投资项目资金的过程监督,提高行政效能和服务水平。切实纠正损害群众利益的不正之风,深入开展治理商业贿赂等专项工作。进一步畅通信访投诉渠道,加大信访件初核力度,坚决查处违纪违法案件,确保党员干部正确行使权力,始终保持为民、务实、清廉的良好形象。高度重视、认真抓好农村基层党风廉政建设。随着道路、轨道交通等重点工程的推进,现在很多农村集体经济组织掌握着大量的征地拆迁补偿资金,必须管好用好。各村要严格管理,决不允许少数村干部乱投资、乱花钱、乱借贷、乱担保。各乡镇也要切实负起责任,加强教育和监管,保证集体资产全部用在农民身上。

明年是新中国成立60周年,做好各项工作具有十分重要的意义。全区各级党组织和领导干部要充分认识明年工作的严峻形势,进一步强化宗旨意识、大局意识、忧患意识、责任意识,以更加强烈的责任感和使命感,迎难而上,全身心地投入工作,确保明年各项任务落到实处。要认真落实《关于进一步加强处级领导班子和领导干部作风建设的意见》,强化各级干部队伍作风建设,重点解决好部分干部中存在的作风飘浮、管理不严、工作不扎实、落实不到位等问题,始终保持昂扬奋进的良好精神状态。要注重工作实效,严格落实工作责任制,形成一级抓一级、层层抓落实的工作局面。要加强调查研究,坚持和完善领导干部联系基层单位、重点工程和困难群体的制度,更多地关注民生、改善民生。要坚持勤俭节约,反对铺张浪费,坚决贯彻中央关于增收节支的各项规定,严格控制一般性支出,严格执行公务购车、用车经费、会议经费、公务接待费、出国(境)经费零增长,严肃查处各种违反财经纪律的行为。要加强协调配合,各部门之间、街乡镇之间、部门与街乡镇之间要互相支持,团结协作,共谋发展,齐心协力完成好明年的各项任务。

同志们,做好2009年的各项工作,任务艰巨、责任重大。我们要坚决贯彻中央经济工作会议和市委全会精神,深入落实科学发展观,迎接挑战,抢抓机遇,锐意创新,扎实工作,出色地完成明年的各项任务,为建设富裕、文明、宜居、活力、和谐丰台而努力奋斗。

# 丰台区人民代表大会常务委员会工作报告

（2009年1月7日在丰台区第十四届人民代表大会第四次会议上）

丰台区人大常委会主任 杜瑞琴

各位代表：

我受丰台区第十四届人民代表大会常务委员会委托，向大会报告工作，请予审议。

## 2008年主要工作

2008年是不平凡的一年。奥运会的成功举办，抗震救灾的伟大胜利，充分展示了我国改革开放的巨大成就和万众一心、不屈不挠的民族精神。面对新形势，区人大常委会在区委的领导和市人大常委会的指导下，坚持以邓小平理论和“三个代表”重要思想为指导，认真学习贯彻党的十七大、十七届三中全会和市、区党代会精神，深入践行科学发展观，坚持党的领导、人民当家作主和依法治国有机统一，认真履行宪法和法律赋予的职责，为促进我区经济、社会又好又快发展，发挥了地方国家权力机关的作用。

### 一、围绕奥运和全区发展大局，切实加强监督工作

一年来，常委会按照监督法的要求，明确重点，改进方式，加大力度，讲求实效，监督工作不断深入。

（一）明确监督重点，依法履行监督职权

常委会按照区第十四届人大三次会议确定的工作任务，将奥运服务保障、全区经济运行、重点功能区建设、改善民生等工作，作为监督工作重点，着力加强监督，促进“一府两院”依法行政，公正司法。

紧紧围绕奥运加强监督。在奥运召开之年，常委会紧紧围绕新北京、新奥运战略构想，按照区委做好奥运各项工作的要求，结合人大工作实际，将促进奥运筹备和奥运服务保障工作列入常委会审议议题，认真听取和审议。组织组成人员和代表对与奥运相关的工作进行多次视察检查，及时提出整改意见和建议。将区第十四届人大一次会议确定的“加强城乡结合部地区环境建设，促进城乡协调发展”议案，列入跟踪督办重点，督促区政府坚持不懈地抓好城乡环境整治与建设，我区的城市面貌发生了明显变化，城市管理水平有了显著提升，为成功举办奥运营造了良好环境。

认真听取和审议专项工作报告。2008年共召开7次常委会会议、10次主任会议，重点围绕奥运服务保障、科技园区建设、丽泽金融商务区建设、义务教育、“五五”普法、行政审判、检察官队伍建设和代表议案、建议办理等项工作，听取了“一府两院”9项工作报告。为促进科技园区和丽泽金融商务区等重点功能区建设与发展，常委会领导多次听取主管区长和有关部门负责人情况介绍，召开科技园区企业、科技园区管委会和区政府有关部门负责人座谈会，针对科技园区和丽泽金融商务区建设发展情况，提出了“加快丽泽

金融商务区建设”和“加大科技园区统筹协调力度,完善配套服务功能,发挥辐射作用,带动周边发展”等建议,引起了区政府的高度重视。

深入开展执法检查。常委会按照年度工作安排和市人大常委会执法检查工作的总体部署,采取市、区、街、乡镇上下联动,三级代表共同参与的方式,对奥运环境、食品卫生与安全及清真食品生产经营、道路交通、义务教育等19项法律法规的实施情况进行检查,督促相关法律法规的进一步贯彻落实。

积极参与立法工作。按照市人大常委会的要求,完成了食品卫生法、实施义务教育法办法、消防法、法律援助条例和城乡规划条例等法律法规征求意见工作。配合市人大开展了设施农业和农村污水处理情况的专题调研工作。

切实重视信访工作。坚持信访接待日制度,定期研究信访工作,参与全区信访联席会议。全年共受理群众来信52件次,接待群众来访136人次,对群众反映的一些实际问题,及时与“一府两院”沟通,并督促、协调解决。

(二)改进监督方式,增强监督实效

常委会注重监督方式的不断改进,讲求工作方法,力求监督实效,着力推进“一府两院”工作。

努力实现工作方式“三个转变”。对重要调研课题,将工作部门牵头调研,变为主管主任牵头,全体主任参与调研;听取专项工作情况,将听取政府部门负责人情况介绍,变为既听取部门又听取主管区长情况介绍;对重点执法检查,将单一的明察转变为明察与暗访相结合。

严格把握会议审议“四个环节”。立足全面,掌握实情。坚持听取区政府组成部门年初工作安排和上年度工作任务完成情况。围绕议题,深化调研。在审议议题的前期调研过程中,注重相关政策法规的学习,并不断扩大调研参与面,使组成人员、各委员会委员和代表更多地参与。利用网络与媒体征求选民意见,多方了解情况。在此基础上起草调查报告,为常委会议题审议提供依据。组织审议,注重质量。精心准备会议材料,提前发给与会人员认真研读,并做好发言准备。审议发言时,注重发扬民主,坚持实事求是。同时,改进了会议主持方式。做好反馈,跟踪督办。综合会议审议情况并形成审议意见书,交由“一府两院”办理,要求在规定的时间内回复办理情况。对重要议题跟踪督办。

常委会在学习贯彻监督法和总结工作实践的基础上,制定了《提高审议质量,增强监督实效的意见》,修订了《常委会议事规则》、《预算监督办法》、《落实常委会审议意见办法》,使监督工作更加规范有序。

**二、严格依法办事,认真行使重大事项决定权和人事任免权**

重大事项决定权和人事任免权是宪法、法律赋予人大及其常委会的重要职权。常委会紧紧围绕全区中心工作,把国民经济和社会发展计划、预算执行等作为讨论决定重大事项的重点,审查和批准了2007年决算,审查了2008年上半年及全年国民经济和社会发展计划、预算执行情况,初步审查了2009年国民经济和社会发展计划草案及预算草案。常委会深入区税务、审计、教育等有关部门,了解国民经济和社会发展计划、预算执行情况,就产业结构调整、重点地区建设、税源建设、财政管理和民生支出等提出意见和建议,对全区经济、社会发展起到了积极的促进作用。

为切实推进“五五”普法工作,常委会听取了区第十四届人大一次会议作出的“五五”普法决议贯彻落实情况专项报告,进行了视察检查,并就进一步深入开展法制宣传教育工作,提出了意见和建议,促进了我区普法工作深入开展。

坚持党管干部与人大依法任免相统一的

原则，依照法定程序，把贯彻区委决定落实到行使人事任免权之中。一年来，共任免53人次。其中，任免国家机关工作人员39人次，人大街工委主任14人次 。坚持对被任命人员进行任前法律知识考试，有6人在常委会会议上作了供职报告。

## 三、尊重代表民主权利，加强议案和建议督办工作

常委会坚持把议案和建议办理作为尊重代表民主权利、发挥代表作用的过程，作为接受代表监督、改进和促进工作的过程，作为为广大人民群众办实事、促进社会和谐稳定的过程。对办理工作，不断加大力度，努力增强督办实效，形成了常委会统一领导，工作委员会具体组织，代表共同参与，与区政府承办部门沟通协调、密切配合的督办工作机制。

区第十四届人大三次会议上确立了《加快建立统筹城乡就业机制，完善社会保障体系》议案，体现了代表们对城乡就业和社会保障工作的高度关注。常委会将议案督办列入年度工作要点，制定了督办工作方案，组织学习培训，了解掌握与议案相关的法律法规和政策规定，提高督办能力。开展议案办理情况的视察检查，听取办理情况汇报，促进任务落实。发挥乡镇人大、人大街工委和代表联组作用，促进基层就业和社会保障工作。通过区政府认真办理和区人大常委会的积极督办，我区统筹城乡就业和社会保障工作取得了可喜成绩。

在区第十四届人大三次会议上，代表提出了279件建议，这些建议涉及到我区多方面的工作和广大群众切身利益。常委会十分重视，逐件研究，按事权交由“一府两院”办理。通过听取办理情况汇报、研究难点建议办理、常委会领导督办重点建议、搭建沟通协调平台等措施，所有建议全部办理答复。其中，关于“东管头水庄南里7、9号楼饮水”和“望园东里路中电线杆迁移”等39件建议已办理完毕；关于“加快地铁九、十号和万寿路南延建设，带动丰台南部地区发展”和“农居混住地区环境建设标准统一问题”等137件建议，有关部门正在积极办理之中；关于“解决无产权单位楼院管理”和“推进二元体制改革”等103件建议，因受政策、资金及管理权限等诸多因素的限制，解决尚需时日。代表在闭会期间提出建议28件，其中25件已经办理答复，3件正在办理之中。市人大代表丰台团提出的124件建议全部办理答复。

为提高代表建议提出、交办、办理、督办的质量，常委会重新修订了《区人民代表大会代表建议、批评和意见办理办法》，进一步规范了代表建议办理和督办工作。

## 四、保障代表依法行使职权，不断改进代表工作

常委会不断深化对代表地位和作用的认识，把代表工作作为经常性、基础性、根本性的工作来抓，积极支持、规范和保障代表依法履行职责和行使权力。

### （一）认真学习贯彻落实市、区委加强代表工作的文件精神

按照市委23号文件精神，区委召开了加强人大代表工作会议，转发了《中共丰台区人大常委会党组关于进一步加强人大代表工作的实施意见》。为贯彻落实市、区委文件精神，常委会着重做了三项工作。

领会精神，明确责任。常委会和各乡镇人大、人大街工委、代表联组及人大机关各委室在认真学习领会文件精神的基础上，结合各自工作实际，就如何进一步做好代表工作进行了深入讨论，统一思想，提高认识，明确任务，落实责任。

健全机构，完善格局。改变以往代表工作由部门负责的认识和做法，构建了由区人大常委会统一负责，各工作委员会充分发挥作用，办公室和代表联络室综合协调，各乡镇人大和人大街工委为工作基础，航天一院、解

放军代表联组根据自身特点开展代表活动，各级密切协同为代表履职服务的工作格局，使代表工作的组织领导层次更加清晰。

深入开展专题研讨活动。常委会以“代表密切联系群众，充分发挥代表作用”为主题，组织各乡镇人大、人大街工委、代表联组和机关委室负责人分别座谈交流，举办了第三次代表工作论坛，强化代表工作重要性的认识，增强新形势下做好代表工作的自觉性。

(二)积极为代表执行职务提供服务和保障

完善代表联系机制。按照市、区委的要求，建立了市人大代表联络处并明确了工作职责，为市代表开展活动、履行职责提供了组织保障。完善了常委会联系各级人大代表、市代表联系区代表、区代表联系乡镇代表和区、乡镇代表联系选民等多层次联系网络。成立了农村代表小组，着力推进我区“三农”工作和新农村建设。

加强代表学习培训。坚持代表学习制度，采取集中培训与分级培训、理论学习与实地考察、以会代训与坚持自学相结合等多种方式，组织代表学习监督法、组织法、代表法等法律法规，学习中央和市、区委有关文件，并根据工作需要和代表履职需求，分阶段、有重点地组织代表学习相关知识，开展经验交流，不断提高代表的责任意识和履职能力。

畅通代表知情知政渠道。坚持为代表订阅相关刊物，按时发送文件、信息等内部材料。通过人大网站、《人大在线》电视栏目及举办经济和社会发展形势报告会等方式，及时向代表通报区人大常委会和“一府两院”工作情况。围绕审议议题和重点工作，组织代表视察检查、列席常委会会议、参与常委会各工作委员会活动、旁听法院公开审理案件。推荐10名市代表、41名区代表担任市、区“一府两院”特约监督员。认真组织市人大代表丰台团活动，注重发挥他们在建设丰台中的作用。一年来，常委会和乡镇人大、人大街工委、代表联组共组织市、区代表活动200多次，参加代表近3000人次。

(三)组织各级人大代表积极投身于抗震救灾和奥运服务保障工作

四川汶川等地发生地震后，常委会积极响应区委号召，认真组织广大代表采用多种方式支援灾区人民抗震救灾，市、区代表共捐款255万元。一些代表除积极捐款外，还深入灾区支援建设，体现广大代表无私、无畏的高尚情怀。

区人大常委会、各乡镇人大、人大街工委、代表联组及广大代表积极参与奥运的各项工作。常委会领导还到街、乡镇慰问志愿者和特派员，并视察检查了垒球场和木樨园训练馆群外围保障工作。据不完全统计，奥运会和残奥会期间，有2600多人次的代表参与治安巡逻、环境治理等活动，为奥运成功举办做出了积极贡献。

(四)加强对乡镇人大的指导和人大街工委的领导

更加重视乡镇人大和人大街工委工作。坚持每季度召开乡镇人大主席联席会议制度，及时沟通情况，交流经验，就乡镇人代会一些实际问题进行研究。组织部分乡镇人大主席到其它区县人大学习交流，拓展人大工作视野。加强对人大街工委工作的领导，听取年度工作安排汇报，就进一步做好人大街工委工作，召开人大街工委主任工作座谈会。乡镇人大、人大街工委和代表联组在充分发挥代表作用、促进地区发展和稳定等方面，做了大量富有成效的工作。

**五、加强常委会基础建设，着力提高组成人员和机关工作人员素质能力**

常委会始终坚持把自身建设放在重要位置，切实加强政治建设、能力建设和制度建设，不断提升常委会组成人员和机关工作人员的思想政治素质和工作能力。

坚持学习制度。把学习作为提升组成人

员素质能力的基础性工作来抓，持之以恒，常抓不懈。加强政治理论学习，坚定做好人大工作的政治方向。学习法律、法规和科学文化知识，不断提高人大工作水平。一年来，结合常委会审议议题，重点学习了预算法、劳动就业和社会保障政策法规、行政诉讼法、检察官法等，常委会组成人员的履职能力不断提高。

加强调研和信息宣传工作。坚持调研为履行职责服务，并不断实现调研成果的转化，全年共撰写调研报告20多篇。将在市以上刊物发表的调研文章汇编印发，供大家学习工作参考。把信息宣传工作作为反映“三情两声”的渠道和交流工作经验的平台，定期研究分析，专门召开工作会议，改进《丰台人大信息》版面，扩充信息条目，积极向市人大刊物和《新丰台》报送信息及宣传稿件。坚持办好《人大在线》电视专题栏目和人大网站，为宣传代表履职，宣传人大和“一府两院”工作发挥积极作用。

加强机关干部队伍建设。人大机关是常委会的参谋和助手，担负着组织协调、服务保障的重要职责。常委会注重机关干部队伍建设，坚持学习制度，组织学习政治理论、法律法规和业务知识。认真落实工作制度，确保工作规范运行。注重对干部的培养和管理，调动积极性和主动性，努力营造团结向上、严谨务实的工作氛围。

加强制度建设。制度建设是常委会规范工作程序、依法履职的重要保证。常委会按照监督法的要求，对议事规则、任免国家机关工作人员办法、落实常委会会议审议意见等5项工作制度进行了修订，废止了述职评议和监督司法等2个工作办法。

各位代表，在过去的一年里，常委会工作取得了一定成绩。这是在区委的领导和市人大常委会的指导下，全体组成人员和人大代表共同努力的结果，是社会各界和全区人民关心、支持、帮助的结果。在此，我代表区人大常委会，向各位代表和所有关心、支持人大工作的同志们表示崇高的敬意和衷心的感谢！

在肯定成绩的同时，我们也清醒地认识到，常委会工作还有很多方面需要改进和加强，主要是：监督工作方式有待改进；代表工作力度仍需加大；常委会自身建设需进一步加强。在今后的工作中，我们要不断提高认识，改进工作，努力发挥地方国家权力机关在我区经济、社会建设中的作用。

## 2009年的主要工作

各位代表，今年是进一步学习贯彻党的十七大、十七届三中全会精神和全面落实科学发展观的重要之年，是经济、社会发展面临严峻考验的一年，我们将迎来建国六十周年和地方人大常委会设立三十周年。区人大常委会要在区委的领导和市人大常委会的指导下，坚持以邓小平理论和“三个代表”重要思想为指导，深入贯彻落实科学发展观，围绕建设人文北京、科技北京和绿色北京的战略目标，认真履行宪法和法律赋予的职责，求真务实，积极进取，努力开创人大工作新局面。

### 一、学习实践科学发展观，以科学发展观统领人大工作

按照区委的统一部署，深入开展学习实践科学发展观活动，增强贯彻落实科学发展观的自觉性和坚定性，更好地履行常委会的职责。在工作中按照科学发展观的要求，客观全面认清我区发展形势，注重经济、社会的可持续协调发展，注重推动解决人民群众最关心、最直接、最现实的利益问题，有效地促进我区经济发展和社会全面进步。

### 二、切实加强监督，促进“一府两院”依法行政，公正司法

按照区人代会确定的目标任务，把经济、

社会发展中存在的重要问题和广大人民群众关注的热点、难点问题,作为监督工作的重点。听取审议国民经济和社会发展计划、预算执行、“十一五”规划中期评估、议案办理等工作报告。对重点功能区建设和民生问题的解决进行跟踪检查。与市人大上下联动,开展执法检查和绿化、规划、水污染防治等立法调研工作。

**三、切实增强大局意识,依法讨论决定重大事项**

坚持从全区工作大局出发,按照有关法律、法规的规定,听取和审议“一府两院”专项工作报告,对关系全区改革发展稳定大局的重大事项,依法行使决定权,必要时作出决议或决定。认真落实区人大常委会人事任免办法,严格按照法定程序做好国家机关工作人员的任免工作。

**四、保障人大代表依法履职,充分发挥代表作用**

深入贯彻落实市、区委关于加强代表工作的文件精神,切实加强代表工作,努力提升为代表履职服务的水平。畅通代表知情知政渠道,扩大代表对常委会工作的参与。加强制度建设,完善代表工作机制,不断规范代表工作。加大代表议案、建议督办力度,提高督办质量。注重发挥代表行业、智力等资源优势,在积极探索农村代表小组活动方式基础上,适时建立其他系统专业代表小组。加强与市人大代表的联系,进一步发挥市人大代表在我区建设中的作用。

加强对乡镇人大工作的指导和对人大街工委的领导,支持乡镇人大、人大街工委和代表联组有效地为代表履职提供服务。

**五、加强自身建设,提高履职能力和工作水平**

进一步加强常委会组成人员的学习培训,不断提高政治觉悟、法律意识和履职能力。深入开展调研,了解掌握全区经济、社会发展情况,提出科学合理的意见和建议。完善落实各项工作制度,不断规范常委会工作。以开展“改进工作方式,提高服务水平”主题研讨活动为契机,不断加强机关建设。

按照市人大常委会的统一部署,完成好市人大交办的各项工作任务。

各位代表,新的一年,我们站在了新的历史起点上。我们的前景光明而美好,我们的责任重大而光荣。让我们在区委的领导下,坚定信心,振奋精神,扎实工作,为推进我区经济、社会更好更快发展做出新的贡献!

# 政府工作报告

## ——2009年1月6日在北京市丰台区第十四届人民代表大会第四次会议上

丰台区区长　李超钢

各位代表：

现在，我代表丰台区人民政府，向大会报告政府工作，请予审议，并请区政协各位委员提出意见。

### 一、2008年工作回顾

过去一年，在市委、市政府和区委的正确领导下，区政府紧紧围绕举办一届“有特色、高水平”奥运会和建设现代化新城区两大目标，扎实做好奥运会筹办和赛时保障任务，切实转变发展方式，丽泽金融商务区等功能区建设取得重大进展；切实加强基础设施和环境建设，以出租大院整治为重点的环境整治成效显著；切实改善和保障民生，“五无”目标全面实现，区域经济和社会事业呈现出平稳较快发展局面。141件折子工程和为民办理的40件重要实事全部落实，区十四届人大三次会议确定的各项任务圆满完成。

（一）按照“有特色、高水平”的要求，奥运服务保障任务圆满完成

赛事服务优质高效。把丰台奥运垒球场作为保障的重中之重，严格落实“双进入”体制，确保了场馆内部运行和外围保障无缝衔接。赛事期间，共举办奥运女垒比赛32场，接待了罗格、萨马兰奇、布什等贵宾900余人次，观众10万余人次。组织服务工作达到了让国际社会满意、让运动员满意、让广大人民群众满意的要求。圆满完成了4826束、400余次颁奖花卉的配送任务。组织2.7万名城市志愿者和334名驾驶员志愿者完成了奥运赛事志愿服务任务；组织5万余名群众和1.5万人次文明啦啦队，观看奥运火炬传递、奥运垒球及其它赛事，营造了积极参与、文明有序、欢乐祥和的奥运氛围。

涉奥场所安全稳定。认真制定方案，精心布置环境，顺利完成区域奥运火炬传递和奥运人家接待任务。分别成立木樨园训练馆、世界公园、丰台清真寺、基督教堂、北京博爱医院等涉奥场所服务保障工作指挥部，实行全天候、全覆盖、不间断联合执法，确保了涉奥场所及其周边赛时“零故障”。认真落实食品安全保障和监控方案，确保了奥运比赛、训练场馆食品供应“零事故”。

城市运行顺畅有序。严格落实交通限行措施，赛事交通和城市交通和谐运转。着力抓好无障碍设施建设，为残疾人朋友提供了体贴入微的服务。配合做好新发地、岳各庄批发市场向二、三级蔬菜市场运输。加强应急管理和处置，成立了20支应急抢险小分队，做好道路、桥梁、水电气热、通信等市政设施的安全维护，城市运行井井有条。

（二）按照“稳中求进、好字优先”的要求，区域经济实现平稳较快发展

区域经济运行总体平稳。采取有效措施，及时应对经济运行的新情况和国际金融

危机的影响,保持了区域经济增长平稳、效益提高的势头。地区生产总值达到510亿元,增长10%;财政收入达到34.8亿元,增长15%。投资和消费增长较快,全社会固定资产投资达到200亿元,增长5%;社会消费品零售额超过500亿元,增长20%以上,经济发展的协调性进一步增强。狠抓节能减排增效工作,完成2家"三高"企业退出任务;全面完成二氧化硫和化学需氧量年度减排任务;全区规模以上工业企业实现总产值365亿元,同比增长11%,经济运行的质量不断提升。

产业结构调整成效明显。高新技术产业实现技工贸总收入1250亿元,增长25%;第三产业比重达到73%。新引进高新技术企业315家,新增注册资金43.5亿元。文化创意产业得到发展,万丰千禧街婚庆文化创意中心、戏曲动漫产品开发等5个项目获得北京市文化创意产业发展专项资金支持。生活性服务业加快发展,资和信百货正式开业,搜宝商务中心完成结构工程,西南商圈逐步成型。

重点功能区建设加快推进。丽泽金融商务区被确定为北京市新兴金融功能区和金融机构聚集区,功能定位实现重大突破。完成了丽泽发展战略研究和城市规划设计方案国际征集,出台了丰台区促进金融产业发展的意见,启动了B6、B7地块征地拆迁工作,丽泽的开发建设取得了重大进展。通过参加京港洽谈会等形式,加强宣传推介和招商引资工作,丽泽的知名度进一步提高。科技园区东区一、二期开复工面积124.7万平方米,超额完成24.7%;西区的整体规划工作顺利推进;园区内高新技术企业的自身竞争力不断增强。大红门服装商务区被认定为全市服装服饰创意产业集聚区,与服装学院签订了合作协议,构建了服装交易、产品展示、发布的贸易平台和电子商务平台,传统交易方式得到改进。河西生态休闲旅游区完成了旅游产业总体发展规划,千灵山风景区完成一期工程,"卢沟晓月"景观恢复再现,北宫森林公园被评为国家4A级旅游景区。全力配合做好拆迁等工作,保障了新北京南站投入运营。

(三)按照"基础先行、环境促进"的要求,城市面貌发生显著变化

基础设施不断完善。坚持整体规划,合理布局,推进全区路网建设。光彩路、张仪村路、西客站南路已建成通车,西六环路、蒲黄榆路等12条道路的征地拆迁和建设工作如期推进。北宫路、梅市口路西延、万寿路南延、六圈路和科丰桥改造等道路建设的前期工作如期开展。通久路等30条便民路大修改造全部完成。积极配合做好地铁四号线、九号线、十号线、亦庄线、大兴线、动车段走行线、京沪高速铁路以及南水北调南干线工程的征地拆迁工作。马草河上段、丰草河治理工程前期工作积极推进,河西再生水厂前期工作全面启动。

环境整治成果显著。对城乡结合部地区的出租大院进行整治,拆除357处、规范298处,完成拆后绿化硬化28万平方米,消除了辖区的安全隐患,改变了环境脏乱的状况,为促进区域经济社会发展奠定了基础。完成了全区58条重点大街的整治工作,拆除违法建设260万平方米,清洗粉饰建筑外立面214.2万平方米。对95条大街进行户外广告规划设计和清理规范。实施了15个"城中村"、12个"城市边角地"治理,完成了26个老旧小区的改造。坚持集中整治与服务管理相结合,一批重点路段、重点地域的非法运营、无照经营、张贴小广告、露天烧烤等现象得到有效遏制,城市环境干净整洁、靓丽温馨。

生态建设持续开展。完成绿化隔离地区绿化271公顷,荒山爆破造林67公顷,裸露山体生态恢复80公顷;完成城市绿化95公顷,新建郊野公园5个,全区绿化覆盖率达到43.1%。完成丰草河、旱河、水衙沟河道的污水口截流工作。做好垃圾减量收集和综合利

用，新发地绿色垃圾处理厂已投入使用；41个党政机关窗口单位及90个小区（大厦）已实行垃圾分类并完成了市级验收。认真做好污染源普查工作。进一步加强大气污染控制工作，空气质量二级和好于二级天数的增长率与全市保持同步，其中云岗子站在全市率先完成市定目标。

（四）按照“突出重点、狠抓落实”的要求，社会秩序保持安全稳定

社会综合治理全面加强。坚持专群结合、综合治理，发挥“红袖标”、志愿者的作用，全力维护社会安全稳定。组织安全稳定特派员、民兵、治安巡防队员、治安志愿者、各类协管员工作，全区发案数同比下降76.7%；强化人防、地防、物防、技防措施，投入防控力量15万人次，加强对重点区域的排查控制，实现了“平安奥运”目标。

社会突出矛盾逐步化解。强化基层基础工作，建立了区社会矛盾调处中心、21个街乡镇矛盾调处中心、344个社区（村）社会矛盾调处站、1.5万余名矛盾调解信息员的四级调处网络。拓宽群众诉求渠道，建立信访督导组，开展挂牌接访试点，变上访为下访、接访、约访，把矛盾化解在萌芽状态。实行主要领导大接访制度，落实区领导接待日115个，接待上访群众156批150个案件，集中解决了一批群众反映强烈的热点难点问题，实现了奥运期间“双零”指标和全年“无重大重复上访户”目标。

安全生产监管毫不放松。对全区2000多家非法生产经营和存在安全隐患的单位进行专项整治，消除了一大批安全隐患，该做法在全市进行了推广。突出抓好建筑工地、地下空间、出租大院等重点领域和场所的安全监管，整改了刘家窑东里9号楼地下室火灾隐患等31项市、区挂账隐患。进一步加大工作力度，重大动物疫情和林木病虫害得到有效防控。对商场、文化娱乐场所等人员密集场所开展百日安全大检查。安全完成奥运会闭幕式焰火燃放工作。奥运会期间未发生生产安全死亡事故，全年实现了“无重大安全生产事故”目标。

（五）按照“生产发展、生活改善”的要求，城乡一体化进程加快推进

强农惠农政策有效落实。累计投入新农村建设资金8.9亿元，同比增长9.6%；农民人均纯收入11592元，增长12%。都市型现代农业和河西生态休闲旅游初见成效，已建成设施农业105万平方米。制定经济薄弱村振兴计划，启动了南苑生态园等6个产业项目。健全了区、乡政策性农业保险政策体系，投保面积7.7万余亩。率先在全市推出三项新型农村养老保险补贴政策，参保人数5.8万人，参保覆盖率达到80.6%。实施了农村居民低保分类救助，1.78万名农村无保障老年人享受养老待遇，农村五保供养标准由每人每月平均487.8元提高到700元。新型农村合作医疗实现区级统筹，参合人数12.7万人，参合率达94.8%。

农村环境面貌明显改善。完成新农村建设试点村和基础设施整体推进村规划。有序推进“五项工程”建设，完成了39.6万平方米街坊路硬化和95公里污水处理管线铺设工程，完成户厕改造6000座，安装太阳能灯1300盏。四环路以内所有5米以上或具备条件的行政村道路移交区环卫中心进行保洁。完成河东51个行政村环境整治工程，整修道路306条，粉饰房屋50万平方米，农村环境基本达到了“干净、整洁、路畅、村绿、建制”的标准。

农村公共事业全面进步。选派城镇教师和大学生到农村地区支教，改善河西地区办学条件。完成了38个农村社区卫生服务站标准化改造，完善农村卫生室设备配置，强化了农村三级医疗卫生服务网络。建立了农村实用人才库，完成农民职业技能培训1万余人次，引导性培训1.6万人次，实现转移就业5300余人。启动了区乡一体信息化建设，

"移动农网"三级架构已经形成。全区已有65个行政村完成社区股份合作制改革。对42个村新型集体经济组织运行情况进行检查,促进了村务公开、民主管理。

(六)按照"优质均衡、协调发展"的要求,社会事业健康发展

教育事业均衡发展。落实"两免一补"和对困难家庭学生资助政策,免收进京务工农民子女借读费,共惠及6万余人次。北京十中分校、北京十二中初中分校、草桥分校完成公办转制,优质义务教育规模进一步扩大。完成542校次校舍维修改造工程,53个学校的办学条件达标工作以及60个学校现代教育技术设备办学标准配置达标工作,基本实现中小学办学标准三年规划目标。在47所学校开展校长任期制试点工作,师德建设、骨干教师和农村教师队伍建设进一步加强。学前教育、职业教育和成人教育进一步发展。

就业和社会保障体系日趋完善。多渠道开发就业岗位,培训劳动力3.3万人,实现就业2万人,城镇登记失业率2.56%,实现"无零就业家庭"目标。加强劳动合同管理,督促310家建筑企业建立农民工工资专用帐户,为1万余名劳动者追回拖欠工资2000余万元,实现"无工资拖欠现象"。社会保险累计收缴基金24.2亿元,增长17%,收缴率均达到97%以上。7.3万人参加"一老一小"大病医疗保险。在全区50个社区(村)设立养老服务站,增设养老服务床位1000张,养老服务体系逐步完善。规范使用"大病应急救助周转金",对低保、重残疾人员及低收入特困职工实施医疗救助;全区近1.6万名城乡低收入群众纳入低保范围,实现了"无社会救助盲点"要求。

公共卫生服务水平全面提高。完成19个社区卫生服务中心、98个社区卫生服务站标准化改造工作,群众就医环境得到改善。加强"片儿医"内涵建设,整合驻区三级医院资源,启用社区健康医疗信息系统,方便居民就医。开展了药品放心街乡镇达标工作,加强对医药市场的监管。积极采取措施应对问题奶粉事件,全力做好3.6万余名儿童的筛查、救治。强化手足口病防控力度,对重大突发疫情、传染病的预防控制及处置能力进一步提高。大力推进"幸福家庭工程"和"基础管理工程",计生工作进一步加强。

群众生活条件逐步改善。城市居民人均可支配收入23042元,增长12%。实现保障性住房项目开工80万平方米,完成1498户经济适用房、1883户限价商品房的配售工作,完成1120户廉租家庭的租金补贴和39户实物配租,基本实现廉租户应保尽保。想方设法为671户居民修缮危房1625间,实现了"无城镇危房户"目标。变市场主导为政府主导,按照产权置换、对接安置房源的思路,确定了南苑镇棚户区改造方案,南苑老镇改造已列入2009年市政府实事项目。加快危旧房改造进程,完成了水源四厂等5个危改项目。完成2.6万人安全饮水工程。完成了20家社区菜市场的新建、改造任务。

和谐社区建设加速推进。成立社工委、社会办,统筹推进我区社会建设各项工作。根据市委市政府社会建设"1+4"文件精神,深化社区体制改革。完成了9个街道122个社区服务站标准化建设,134个社区办公用房达到350平方米以上标准,474名社区事务助理全部到岗到位,社区服务站工作框架基本形成。新兴家园社区、京铁家园社区和云西路社区荣获北京市第三届十大魅力社区称号,永善社区荣获国家级奥运会、残奥会先进集体。

(七)按照"共建共享、欢乐祥和"的要求,城市文明程度不断提升

迎讲树活动深入开展。以文明乘车、文明赛场为突破口,狠抓礼仪、秩序、赛场、窗口、环境五大文明建设。在重点区域30个社区中进行公共文明礼仪、垒球规则及文明观赛知识培训,创新推出"沙包打垒"游戏,传播

人文奥运理念。加强对场馆周边107个商务、商贸单位在岗培训,提高窗口单位的业务技能和服务水平。深入开展群众性精神文明创建活动,文明社区(村)创建率达到80 %以上。加强国防教育,支持部队建设,实现了城乡义务兵优待金标准并轨。不断拓展双拥和军警民共建活动,实现全国双拥模范城"四连冠"。

文化服务体系日趋健全。制定了公共文化设施五年规划。已有258个社区建有文化室,新建了4个群众文化活动广场和2个数字影院,"六个十"文化建设示范工程成效明显。对102套全民健身工程器材进行了更新。建立了市、区级科普型社区5个,区级科普教育基地1个,东高地青少年科技馆异地新建工程已经开工,科普网络进一步健全。加大网络和音像制品等文化市场监管力度,营造了健康的文化产业环境。

群众文体活动丰富多彩。举办了首届北京"卢沟晓月"中秋文化节暨第四届卢沟文化节。全面实施文艺演出星火工程、夏日文化广场等文化惠民工程,举办公益性演出301场,放映电影4623场,受众30余万人次。举办了莲花池奥运文化广场、奥运火炬传递文化庆典活动以及周末场演出、戏曲进社区(村)等群众文化活动,形成了欢庆奥运、喜迎改革开放30周年的浓厚氛围。

民主法制建设成效显著。全面执行人大及其常委会的决议,自觉接受监督,认真听取各民主党派、工商联、无党派人士和人民团体的意见。坚持与人大代表、政协委员的联系制度,认真向区人大常委会报告专项工作,认真接受区政协专项工作视察,邀请区人大、区政协领导参与区政府重大事项决策。共办复市、区人大代表议案、建议332件,政协委员建议案、提案144件。推进政府信息公开,完善重大决策的规则和程序。开设区长信箱、便民电话,建立媒体监督机制,广泛接受社会监督。扎实推进政府法制建设,共审定行政措施21件。深入开展普法宣传教育活动,做好行政复议、法律服务和法律援助工作。支持工会、共青团、妇联、残联等人民团体在公共管理公共服务中发挥积极作用。认真贯彻党的民族、宗教政策。侨务、外事、对台、档案、保密等工作取得新成绩。

各位代表,在奥运筹办的关键阶段,面对突如其来的四川省汶川特大地震,全区人民第一时间迅速行动起来,积极开展支援抗震救灾工作。累计捐款捐物1亿多元。开辟绿色通道,全力保障南苑机场及大红门货运站抗震救灾物资的运送秩序。共派出186名医务人员和70名消防队员奔赴灾区一线抗震救灾。积极为200多名灾区学生来京就读提供便利条件。全力以赴完成好市委市政府交给的对口支援任务,压缩公用经费10%,节省的资金全部用于灾区重建。

一年来的工作使我们深刻体会到,做好政府各项工作必须深入贯彻落实科学发展观,把奥运服务保障工作与推动经济社会又好又快发展结合起来,才能实现各项工作不断取得新成绩;必须坚持统筹协调的工作机制,形成上下贯通、内外衔接、协调运行的工作格局,才能完成艰巨复杂的历史任务;必须坚持以人为本,使发展成果更好地惠及人民群众,才能赢得人民群众的衷心拥护和支持。

在总结成绩的同时,我们也清醒地认识到,我们的工作与人民群众的期望还存在一定差距,还存在一些突出问题:一是经济总量仍然不足,产业结构比较单一,转变经济发展方式需要投入更多的努力;二是基础设施建设仍然不能满足经济社会发展需要,区域发展环境需要进一步改善;三是实现城乡一体化的任务仍然繁重,政府公共服务能力有待于进一步提高;四是还存在一些制约科学发展的体制机制问题需要加快解决;五是一些政府部门创新意识、服务意识不够,加快发展的紧迫性和责任感需要进一步增强。对于这些问题,我们要高度重视,采取更加有力的措施切实加以解决,决不辜负人民的期望。

各位代表,2008年是极不寻常、极不平凡的一年,是各项工作压力巨大、充满挑战的一年,是奥运服务保障工作成果丰硕、各项事业全面进步的一年。在国际经济环境迅速恶化、国内经济困难明显加大的情况下,全区人民紧抓奥运机遇、克服重重困难,全面完成了区十四届人大三次会议确定的各项目标任务,在加快建设现代化新城区的征程上迈出了坚实的一步,取得这样成绩的确来之不易。成绩的取得,是在区委的坚强领导和区人大的依法监督、区政协的民主监督支持下,全区人民奋力拼搏、真抓实干的结果。在此,我代表区政府,向全区人民,向人大代表、政协委员,向各民主党派、无党派人士、各人民团体、社会各界人士,向驻区部队和中央、市属单位,向所有关心、支持丰台区建设的同志们、朋友们表示崇高的敬意和衷心的感谢!

## 二、2009年工作安排

今年是新中国成立60周年,是实现"十一五"规划目标的关键之年。面对严峻的国际国内经济形势,中央适时调整宏观调控方向和重点,实施积极的财政政策和适度宽松的货币政策,出台了一系列有力促进经济发展的政策措施。市委市政府将"绿色奥运、科技奥运、人文奥运"进一步拓展为首都今后发展的新理念,努力推动"人文北京、科技北京、绿色北京"建设。奥运后,首都的发展战略布局转向了产业功能聚集区、发展新区和南城地区。虽然国际金融危机的影响和国内房地产市场持续低迷的影响不可避免,但总体上是机遇与挑战并存、机遇大于挑战。我们在充分看到保持区域经济平稳较快发展有利条件的同时,一定要增强忧患意识,把困难估计得更充分一些,把措施准备得更周密一些,坚定必胜信心,扎实做好工作,迎接各种挑战,奋力渡过难关,全力推进现代化新城区建设,为实现丰台区"十一五"规划奠定坚实的基础。

2009年区政府工作的总体要求是:全面贯彻党的十七大、十七届二中、三中全会精神,深入贯彻落实科学发展观,按照建设"人文北京、科技北京、绿色北京"的要求,落实好中央和市委市政府扩大内需的各项政策措施,加大基础设施和民生工程的建设力度,加快推进产业结构调整和发展方式转变;巩固奥运成果,建立环境建设和城市管理长效机制,提高城市现代化水平;着力改善民生,促进社会和谐,实现发展成果由人民群众共享,以优异的成绩迎接新中国成立60周年。

2009年全区经济社会发展的主要预期指标是:地区生产总值增长10%;实现财政收入36.5亿元,增长5%以上;城镇居民人均可支配收入和农民人均纯收入分别增长6%以上;城镇登记失业率控制在3.2%以内;全区二氧化硫和河西地区化学需氧物排放总量削减指标完成市政府下达的任务。

### (一)坚持科学发展,深入推进发展方式转变和产业结构调整,切实提高区域经济的发展水平

保持经济平稳较快发展是今年经济工作的首要任务,因此,要把保增长、扩内需、调结构更好地结合起来,把推进发展方式转变和结构调整作为应对外部环境变化、实现区域加快发展的根本出路。

保持经济平稳较快发展。充分发挥投资拉动作用,积极落实年度政府投资计划,加大对基础设施、环境建设、民生工程等关键领域的投资力度,支撑区域经济社会发展。加快保障性住房和限价商品房建设,努力做到低端需求有保障、中端需求有支持、高端需求有市场,促进房地产业和建筑业的健康有序发展。加快推进项目前期工作,完善项目储备库的动态管理。发挥区重大项目办公室的职能作用,加强部门之间的协调配合,健全项目审批绿色通道,加快重大项目手续办理,促进

项目尽早开工。加大对中小企业的支持力度,提高企业的自主创新能力,利用土地资源、空间资源优势,引进优势规模企业。

加快产业结构优化升级。落实调整产业结构、促进服务业发展等政策措施,大力发展高新技术、房地产、现代服务、商贸物流、文化旅游等产业。通过投资补助、贷款贴息等方式,支持重点产业和重点企业发展。积极推进“三高”企业的退出进程,升级楼宇经济和租赁经济,为高端产业腾出发展空间。做好第二次全国经济普查工作,重点摸清区域产业结构现状和分布,为制定“十二五”规划提供数据支撑,推动第三产业内部结构调整,促进区域产业结构优化。发挥循环经济发展专项资金的引导作用,加大对节能降耗、清洁生产、资源综合利用等领域的支持力度。落实2009年全区节能降耗行动计划,强化目标责任,强化节能管理,强化重点耗能大户和污染企业清洁生产审核,重点对年耗能5000吨标煤以上企业进行能源审计,实现万元GDP能耗下降3.5%目标。

加快推进重点功能区建设。落实建设“人文北京、科技北京、绿色北京”示范区的要求,深化丽泽金融商务区城市规划设计,完成控规调整,加快道路、水、电、气、热等基础设施建设,完成B6、B7地块土地一级开发;积极宣传促进金融产业发展的相关政策,做好招商引资工作,吸引金融总部机构入驻,力争成为区域经济新引擎。科技园区要加快推进东区三期土地一级开发,研究确定西区的功能定位和发展重点;推动总部国际、托普科技园等重点项目的招商工作。大红门服装商务区要加快总体规划编制,积极推进CBC创意大厦等重点项目建设,促进服装设计、展览展示及物流配送等产业优化升级。河西生态休闲旅游区要继续完善北宫森林公园的配套设施,创建北京市生态休闲旅游示范区;抓住“卢沟晓月”景观恢复的难得机遇,深入推进宛平旅游区开发建设;加快生态旅游产业和都市型现代农业发展,实现生态富民、旅游富民。北京南站经济圈要结合蒲黄榆路沿线功能区的开发建设,进一步拓展和提升经济辐射带动效应。

(二)坚持基础先行,加快基础设施和环境建设,着力提升城市可持续发展能力

按照组团式发展、层层推进的要求,积极推动道路等基础设施建设,巩固环境建设和秩序整治成果,为区域经济平稳较快发展创造良好环境。

全面推进基础设施建设。完成成寿寺路、石榴庄路等4条道路及北京南站外部路网拆迁。实现蒲黄榆路、万寿路南延等道路开工建设。启动梅市口路西延、北宫路、北宫南路等道路的征地拆迁工作。实施地铁九号线、地铁十号线二期、亦庄线、大兴线丰台段的征地拆迁工作,做好地铁十四号线征地拆迁前期准备工作。河西再生水厂实现年底开工建设,马草河上段治理工程年内启动。实施110千伏五里店、七里庄输变电工程,年内实现送电;力争110千伏高立庄、王佐输变电工程年内开工。加强与京能集团合作,建设丰台区集中供热点。推进科技园区、玉泉营一级普通消防站建设和大红门消防中队改建。继续加强与金融机构和企业沟通,进一步拓宽融资渠道,缓解资金不足的矛盾。开展征地拆迁多元化补偿安置试点。采取“三定三限”方式解决重点工程征地拆迁安置用房。

深入推进城乡环境建设。从二环向三环、四环推开,由重点功能区向周边扩展,21个“城中村”、“城市边角地”的拆迁整治和53个老旧小区的改造。继续加大出租大院整治力度,拆除三环以内所有出租大院,进一步优化区域发展环境。完成70条主要大街环境整治,遏制新生违法建设,逐步消除城乡结合部地区的脏乱问题。实现垃圾综合处理中心投入使用,启动垃圾处理中心堆肥厂建设和渗沥液处理站工程,实现原生垃圾的零填埋,

从源头上解决垃圾异味问题。建立绿色垃圾减量处理体系,在科技园区实施垃圾分类收集、减量处理和综合利用试点。开展万丰路等地区餐厨垃圾处理试点,实现餐厨垃圾分类运输,集中处理。整合各部门信息化平台,建立起统一指挥、资源共享、快速推行、有效监督的城市信息化管理的体制与机制,强化市容环境、治安、交通、市场经营、旅游等城市秩序管理。

继续加强生态环境建设。完成城市绿化美化21公顷,建设郊野公园5处,创建首都绿化美化花园式单位20个,创建首都绿色村庄1个。完成二道绿化工程271公顷,太行山绿化工程133公顷。做好千灵山周边等矿山植被恢复工程。继续做好5个新农村污水治理工程。实施水衙支沟综合治理工程。做好李家峪村循环水务示范工程、北宫清洁小流域综合治理工程和晓月湖水环境生态系统构建工程。建设节水灌溉工程1000亩,雨洪利用工程11处。认真落实市政府第十五阶段大气污染控制措施,强化污染治理,推进全区20吨以上燃煤锅炉改清洁能源工作,开展城乡结合部地区原煤散烧替代工作,确保二级和好于二级天数达到65%以上。继续推进生态示范区创建工作,巩固环境优美乡镇、生态文明村创建成果。

(三)坚持城乡统筹,贯彻落实十七届三中全会精神,深入推进农村改革和发展

始终保持强农惠农政策力度不减弱,以促进农民就业增收、维护农民权益为根本,以加强农村制度建设为保障,以发展农村产业为重点,加快转变农村经济发展方式,加快发展农村公共事业,努力形成城乡经济社会发展一体化新格局。

积极推进农村各项改革措施。建立健全土地承包经营权流转管理和服务制度,做好李家峪村农村土地流转试点工作。深入推进农村集体经济产权制度改革。实施林权制度改革,全面完成基层林业站改革。建立河西地区统筹发展机制,促进河东与河西协调发展。继续研究和出台农民就业、医疗、养老、失业等社会保障和农村基础设施建设相关政策,努力在城乡规划、产业布局、基础设施建设、公共服务一体化等方面取得实质性突破。

着力提高农村经济发展水平。大力发展生态休闲旅游,推进千灵山风景区、李家峪农艺风情体验园、长辛店村农业设施生态园等项目建设。继续深化北宫南路、长青路两条都市型现代农业生态走廊建设。依托花卉千亩基地,建设花卉文化创意园、花卉展示区和苗木展销区。完善白盆窑草花一条街基础设施和生产设施,建成为北京市规模最大、功能健全的草花集散街。推进北京西南恒源物流园区建设。加强对绿化隔离地区的整体规划,改变乡自为战、村自为战的分散发展模式,实现绿化、产业开发、新村建设、城市化互相统筹,实现“以业控人、以业兴村”。

切实改善农民生产生活条件。完成23个新农村村庄规划,启动16个村新农村基础设施建设。完成长辛店镇人畜饮水管网更新和王佐镇人畜饮水管道改造工程前期工作。在河西地区改造无害化农村户厕2800户。实施“亮起来“工程,为农村村内道路、健身活动场所安装太阳能灯1500盏。完善农村社会保障机制,提高新型农村社会保险参保率和最低生活保障标准。加强新型农民培养,完成引导性培训12000人,乡镇企业职工岗位技能培训4000人,实用人才培训100人。

(四)坚持以人为本,加大公共财政投入力度,切实保障民生和改善民生

坚持把关注民生、保障民生、改善民生作为政府的重要职责,加大民生领域薄弱环节的投入力度,努力提高城乡居民特别是低收入群体的收入水平,使群众共享改革发展成果。

努力促进和扩大就业。以促进就业困难群体和农村劳动力就业为重点,完善就业政策,拓宽就业渠道,加强就业服务,稳定就业

局势。将工资性岗位补贴、职业培训补贴等优惠政策延伸到农村。积极开发家庭护理、养老服务、便民维修等社区就业岗位,实现社区灵活就业。建立奖励机制,调动用人单位和基层公共就业服务机构促进就业积极性。落实小额担保贷款财政贴息管理办法,提高城乡劳动力自谋职业、自主创业积极性。建立创业服务中心和专家队伍,完善创业服务功能,为城乡劳动者提供平等的创业就业环境和条件。认真落实最低工资标准,完善解决农民工工资拖欠机制,加大对拖欠工资案件的查处力度。完善城乡困难群体就业帮扶制度,将城镇登记失业率控制在3.2%以内,城镇失业人员再就业2.1万人,农村劳动力转移就业4000人,努力实现“无业者有业,有业者乐业”。

稳步提升城乡社会保障水平。建立统筹城乡的居民养老保障制度,扩大农村养老保险覆盖面,农保参保率达到98%。实施农村居民低保分类救助,建立以基本生活保障为基础、专项救助相配套、应急救助和社会互助为补充的社会救助体系,实现社会救助全覆盖。继续开展“一老一小”和劳动年龄内无业居民大病医疗保险工作。大力发展居家养老服务,完善居家养老服务补贴政策。建立健全养老服务体系,新增养老床位300张,社区养老站达到100个。借鉴抗击冰冻灾害和抗震救灾经验,积极发展慈善事业,健全慈善工作网络。继续做好五项社会保险收缴工作,确保基金运行安全。

进一步加大住房保障力度。推进南苑西经济适用房项目,提供拆迁安置房源35万平方米,加快控规调整,落实改造方案,加速南苑镇棚户区改造步伐。加快长辛店等保障性住房建设,实现自建保障性住房新开工20万平方米。研究制定长辛店老镇改造方案。为50户农村特困户进行危房改造,实现低收入家庭廉租住房应保尽保。采取配建、选址自建、定向建设等多种方式,多渠道筹集房源,满足结构调整、建设拆迁等方面居民的住房需求,让群众住上放心房、满意房。

全力改善群众生活环境。改善三环新城小区的道路交通及居住环境问题。大修改造便民路43条,整修农村街坊路38.7万平方米,在城乡结合部地区硬化街坊路8万平方米。实施五里店南里等小区供水管网改造和水质改善工程,确保居民饮水安全。解决诚苑等地区临电带永久问题。在10个街道推广连锁配送便民菜店(站),解决居民买菜难问题。

(五)坚持优质均衡发展,促进基本公共服务均等化,不断推进社会事业全面进步

全面提升教育、科技、卫生、文化、体育等各项社会事业发展水平是首都功能拓展区和现代化新城区建设的重要内容。要在发展中解决均衡问题,努力办好人民满意的教育、卫生、文化等社会事业。

推进各级各类教育协调发展。做好北京十八中扩建、北京十二中科丰学校建设工程,推进示范高中校建设,实现高中教育优质化。采取“名校办分校”方式,加快引进区外优质教育资源。实施教学研究资助计划,提高普通高中教育质量,实现民办教育规范化。加大对农村地区政策倾斜力度,开展城乡学校支教活动,缩小城乡差距,实现义务教育均衡化。加强学前、职业、成人等各类教育,努力实现学前教育普及化、职业教育市场化、成人教育社会化的目标。继续落实“两免一补”政策,规范教育收费,体现教育公平。实施国学经典诵读计划,全面提高学生综合素质。加强教育系统队伍建设,继续推进“校长工作室”建设,建设高素质的教育系统人才队伍。

推动公共卫生和食品安全改革发展。采取“名院办分院”方式,加快引进区外优质医疗资源。规范社区卫生“收支两条线”管理,加快品牌社区卫生服务中心建设。整合城乡卫生资源,健全村级医疗卫生服务网络,为全区村级卫生机构完善基本医疗设备。完成丰

台妇幼保健中心楼和南苑医院翻扩建工程。继续抓好重大疾病防控工作,落实全民健康行动计划,提高群众健康水平。为重点单位、重点行业培养3000名食品卫生管理员,提高餐饮业自身管理水平。健全食品安全监测网络,检测抽查与群众生活密切相关的食品、商品样本3100个。深入开展药品放心工作达标区创建,完成药品抽验任务450件。重视妇幼卫生和计划生育事业,保持稳定的低生育水平。

大力促进文化事业繁荣发展。加快基层文化设施建设,新建文化体育休闲广场5个,建立农村数字影院32个。组织好国庆60周年专场文艺演出,精心策划第二届北京"卢沟晓月"中秋文化节和首届社区文艺汇演等活动。继续推进文化惠民工程,完成农村文艺演出272场次,数字电影放映3320场次。做好非物质文化遗产保护,注重多功能利用。全面推进第三次文物普查。推进行政许可规范化,确保文化市场平稳有序。加强科普工作,争创市级创新型科普社区1个,创建区级科普型社区、科普示范村5个。利用人防工程建设社区服务和宣传教育中心3个。在行政村配建全民健身设施,更新64套全民健身器材。广泛开展全民健身运动,举办首届社区体育比赛。做好丰台垒球场的赛后改造利用工作,为大众健身提供多样化的场所,让群众共享奥运成果。

(六)坚持和谐发展,加强社会建设和管理,切实维护安定团结的社会环境

经过奥运会的洗礼,我们在城市管理和社会管理方面积累了许多宝贵的经验。要以完善志愿服务体系为重要抓手,着力创造全民参与和谐社会建设的体制机制,全面推进和谐丰台建设。

努力提高社会管理水平。落实社会建设纲要,加强基层基础工作和社区建设,加强社会组织培育和社会人才队伍建设。建立街乡镇行政区域调整日常协调工作机制。在全区20个社区开展社区服务站试点工作。做好全区第七届居委会换届选举工作。加强基层流动人口管理服务站规范化建设,充实流管基层管理队伍。进一步完善志愿服务体系,推进志愿活动规范化、长效化。充分发挥工会、共青团、妇联等群团组织的重要作用,大力扶持公益性、服务性社会组织发展。

全力做好安全稳定工作。巩固平安奥运成果,全面开展城市风险评估与控制,强化风险监管和动态管理。按照社区安全应急机制要求,建立居民应急疏散区域。健全基层应急管理组织和预案体系,全面提升城市应对突发事件能力。继续推进安全监管重心下移和安全生产隐患排查治理法制化、规范化,建设安全生产长效机制,全力压减各类事故,保障人民群众生命财产安全。继续抓好消防、森林防火、动植物疫病防治等工作。进一步完善人民内部矛盾的协调化解机制,畅通群众利益诉求表达渠道,努力把各类矛盾化解在萌芽状态、化解在基层。大力推进"平安丰台"建设,进一步加强社会治安综合治理,努力把丰台建设成为城市秩序好、群众安全感高的现代化新城区。

不断提高城市文明程度。拓展精神文明创建活动覆盖面,将"五大文明行动"等系列主题活动常态化。组织开展普及文明风尚志愿服务,引导人们知礼仪、重礼节、讲道德,全面提高市民文明素质。积极推进残疾人职业康复站、老年活动中心建设,为800户残疾人家庭进行家庭无障碍改造,创建14个街乡镇级示范残疾人"温馨家园"。开展形式多样的双拥创建活动,开创我区双拥工作新局面。

继续加强民主法制建设。加大行政执法协调力度,加强行政复议工作,探索复议案件听证及公开审理模式。在110个社区(村)建设法律服务工作站,推广建立社区公益法律工作室的做法,积极开展法律援助,依法维护老年人、妇女儿童、残疾人等弱势群体的合法权益。进一步加强政府信息公开工作,健全

工作机制和制度规范，增强政府工作的透明度和公信力。认真落实党的民族、宗教、侨务等各项政策，进一步调动各方力量参与现代化新城区建设的积极性，维护好团结和谐的大好局面。

(七)坚持奥运精神，加强政府自身建设，不断开创现代化新城区建设的新局面

面对严峻的经济形势和繁重的工作任务，我们要以开展学习实践科学发展观教育活动为契机，巩固奥运成果、继承奥运财富，形成科学发展的共识，提高抢抓机遇的能力，发扬奋发有为的精神，展现后来居上的气魄，切实加强政府自身建设。

认真抓好学习实践科学发展观活动。要把开展深入学习实践科学发展观活动作为首要的政治任务抓紧抓好。围绕党员干部受教育、科学发展上水平、人民群众得实惠的总要求，进一步解放思想、实事求是、改革创新，切实把科学发展观的要求转化为推进科学发展的意志、谋划科学发展的思路、领导科学发展的能力、促进科学发展的措施，在全区上下形成推动科学发展的共识和强大合力。

全力推进体制机制创新。要认真总结奥运筹办和服务保障工作经验，加大改革攻坚力度，努力构建科学高效的体制机制，为推动科学发展提供有力保障。继续深化预算管理等制度改革。加大投融资体制改革，完善国有资产监管。建立大红门服装商贸区和河西生态休闲旅游区领导体制，加大对重点功能区建设统筹协调力度。健全促进重点产业发展、重点企业招商服务、征地拆迁、属地纳税等工作机制，确保经济平稳较快增长。

努力优化区域发展环境。深化全程办事代理制，改进“一站式”服务，优化工作流程，简化审批手续，开辟项目审批绿色通道，切实提高行政效能，真正做到办事提速、服务争优。发挥好对外联络机制，积极争取市政府及相关部门的支持。加强与驻区中央、市属机构的沟通交流，建立协作机制，强化合作关系。完善企业定期走访制度，协调解决企业发展中的困难，为企业发展提供良好的环境，实现以环境谋发展、以环境促发展。

继续加强勤政廉政建设。继承发扬奥运筹办中形成的“五种精神”，牢固树立全局观念，强化责任意识、大局意识、奉献意识，创造性地抓好各项工作的落实。坚持勤俭节约、反对铺张浪费，加强财政预算管理，强化财政监督，严肃财经纪律，严格控制行政运行成本。认真落实党风廉政建设责任制，从源头上预防和治理腐败。自觉接受社会监督，认真调查处理新闻媒体、百姓热线等反映的问题，切实做到“廉洁、勤政、务实、高效”。

做好政府各项工作，离不开各位人大代表、政协委员及社会各界的参与、支持和监督。我们要自觉接受人大及其常委会的法律监督和工作监督，自觉接受政协的民主监督，高度重视舆论监督和公众监督。支持各民主党派和工商联开展工作，支持工会、共青团、妇联、科协等群团组织更好地发挥联系群众的桥梁纽带作用，充分调动全社会一切积极因素，促进我区经济社会全面、协调、可持续发展。

各位代表，新的一年，形势催人奋进，使命重大光荣。让我们解放思想、开拓创新、扎实工作，为把丰台区建设成为经济繁荣、社会和谐、环境优美的现代化新城区而努力奋斗！

# 中国人民政治协商会议北京市丰台区第八届委员会常务委员会工作报告

(2009年1月5日在区政协八届三次会议上)

胡 燕

各位委员:

我受政协北京市丰台区第八届委员会常务委员会委托,向大会报告工作,请予审议。

## 2008年工作回顾

2008年是全面贯彻中共十七大精神,全力办好北京奥运会极为重要的一年。区政协在中共丰台区委的领导下,坚持以邓小平理论和"三个代表"重要思想为指导,深入贯彻落实科学发展观,为举办一届"有特色、高水平"奥运会,紧紧围绕奥运和区委、区政府中心工作,牢牢把握团结、民主两大主题,突出重点,发挥优势,求真务实,扎实工作,认真履行政治协商、民主监督、参政议政职能,为奥运和我区现代化新城区建设做出了积极贡献。

### 一、加强时事政治学习,提高委员履职水平

加强中共十七大精神和时事政治学习、提高委员履行职能水平,是2008年工作的一个显著特点。区政协采取系列报告会形式,邀请有关专家学者,举行了"台湾地区选举前台海关系"、"西藏问题及达赖集团反动本质"、"改革开放以来的历史进程及十六大以来的重大成就"三次报告会。组织委员认真学习、贯彻中共十七届三中全会精神,弘扬奥运精神、抗震救灾精神。通过听报告,深入学习讨论,使广大委员更加全面地了解了台海形势和中央的对台政策,深入宣传"和平统一、一国两制"方针,增强了维护祖国统一的强烈愿望。特别是关于纪念改革开放30周年的报告,认真总结改革开放30年来的巨大成就和重要经验,区政协常委和各民主党派、工商联、人民团体负责人以及各族各界代表人士普遍反映收获很大。在座谈中大家结合党派工作、自身经历和感受,畅谈改革开放三十年来取得的巨大成就,进一步坚定了走中国特色社会主义道路和坚持中国共产党领导的多党合作和政治协商基本政治制度的信念,增强了做好新形势下人民政协工作的光荣感和责任感。

为帮助委员了解区情,更好地履行政协职责,区政协采取双月学习座谈会、暑期学习班、专题通报会等形式,请区委、区政府领导通报全区奥运工作、上半年经济形势;请区纪检委、区监察局领导通报了我区党风廉政建设情况。通过学习时事政治,了解区情,座谈讨论,进一步提高了委员们的思想理论水平和履职积极性。

### 二、紧紧围绕奥运开展工作,为奥运增光添彩

围绕举办一届"有特色、高水平"奥运会

开展工作，是去年的头等大事，也是区委、区政府中心任务。区政协紧紧围绕奥运开展工作，做出了积极贡献。

围绕奥运开展调查研究。教文卫体委员会与民盟、农工党、致公党、九三学社区工委组成联合调研组，开展了“关于完善丰台区社区卫生服务”的调研，听取情况通报，召开座谈会，深入13个街道、乡、镇，实地考察，经反复研讨，形成了调研报告。城乡建设和管理委员会与民盟、农工党区工委和区工商联组成调研组，就“丰台区城乡结合部地区流动人口管理与服务工作”进行调研。邀请专家作报告、听取情况通报、进行走访座谈，深入有关乡镇、街道进行调研，认真总结基本经验，分析当前流动人口管理与服务工作遇到的问题和困难，提出了意见和建议。两项专题调研报告经常委会研究，形成建议案，报送区委、区政府研究参考。区政协经科委部分委员应邀参加了市政协经济委的联合调查组，对奥运后首都经济可持续发展的若干问题进行了调查研究，委员们认真负责，充分表达意见，许多好的意见和建议被市政协调查报告采纳。

围绕奥运组织委员视察考察。区政协按照《中共丰台区委关于加强人民政协工作的意见》的有关规定，先期将视察内容、时间等有关情况告知区政府，由政府办公室组织实施，区政协领导、区政府分管副区长，区政府有关部门负责人参加视察活动，向委员认真通报情况。在视察我区清真饮食管理工作中，委员们踊跃发言，提出了改进工作的建议。在视察区城管监察大队工作时，委员们参观了城管队员的办公和生活环境，了解了罚没物品的管理情况。在座谈中，委员们对城管工作给予充分肯定。视察考察中所提意见和建议，得到了区政府的高度重视和认真采纳。去年视察工作上的这一改进，不仅有效地规范了政协的视察工作，同时也强化了视察效果。

组织委员对北京奥运交通指挥中心、我区奥运场馆周边食品卫生和病媒生物防治、我区涉及奥运定点的宗教场所和环卫工作、文化创意产业、非物质文化遗产、幸福家庭工程、学前教育等方面进行考察。召开河西生态旅游休闲区水资源状况专题座谈会，对提高地区水资源可持续利用进行研讨。围绕大红门服装商贸区和丽泽金融商务区建设，组织委员和有关专家参与政府组织的研讨会，为推进我区重点区域的建设建言献策。

努力为奥运增光添彩。组织委员和机关工作人员开展了“迎奥运、促和谐、共建民族团结林”植树活动，共栽种象征民族团结的56棵银杏树和其它树种200余株。积极参加全区“迎奥运、讲文明、树新风”活动。举办了全体委员乒乓球赛。在奥运工作中，广大委员积极参与，乐于奉献，发挥了重要作用。王建亚委员带领的供电保障突击队工作出色，成绩突出，被评为全国供电先进单位；王虹、张兆旗、李凤琴三名委员被评为北京市先进个人；还有很多委员为奥运会、残奥会做出了积极贡献，分别受到了丰台区和有关系统的表彰。区政协机关被评为全区奥运先进集体，参加奥运的志愿者和社区特派员，1人被评为市先进，4人被评为区先进个人。区政协领导和政协机关积极参与区直机关组织的歌咏比赛和运动会，并在区直机关和全区群众歌咏比赛中取得优异成绩。通过开展丰富多彩的活动，充分体现了“我参与、我奉献、我快乐”的奥运精神。

**三、发挥政协优势，为区域经济发展建言献策**

区政协为发挥人民政协人才荟萃、智力密集、联系广泛的优势，组织委员为区域经济发展献策出力。

积极参加第二届首都西南区域经济发展论坛。认真做好论坛的宣传工作，将“论坛征稿公告”刊登在《丰台报》、区政协、区政府网站上,用书面通知形式发给区政协各组成单位和全体委员,并为论坛征集到28篇建言立论文章。协调和安排部分党派市委、社会团体调研组开展调研活动。经科委和民革、九三学社区工委组成联合调查组,并邀请有关专家教授参加,深入西南五区开展调查研究,形成了《关于推动首都西南区域经济加快发展的建议》的调查报告,调查报告数据具体,情况详实,明确提出了五条建议。按照论坛组委会的要求,以此报告为基础,起草了《关于推动首都西南区域经济又好又快发展的建议》草案。我们还以"西南区域经济发展问题研究"为主题,举办了丰台分论坛;组织部分委员和党派同志参与了石景山区政协主论坛和门头沟、房山、大兴三区政协分论坛活动,为第二届首都西南区域经济发展论坛成功举办做出了贡献。

加强委员地区活动组工作。委员地区活动组是政协委员履行职能的一种重要载体。区政协高度重视委员地区活动组工作,在借鉴原来委员分片联谊组经验的基础上,召开了街、乡、镇党(工)委书记和委员组长座谈会,制定了《关于加强委员地区活动组工作意见》,就活动组指导思想、活动内容与方式、分组设置等提出了明确的意见和要求。八个地区活动组积极开展活动,委员踊跃参加,地区党政领导大力支持。委员们认真听取区有关部门和地区党政工作情况通报,就经济、社会发展中的重要问题,组织视察、座谈,积极献计献策。

举办企业家联谊会。去年举办了第八、九两届企业家联谊会,分别请原国家劳动部劳动工资司领导做新《劳动合同法》讲座,请市发改委领导做"金融危机影响下的北京经济发展走势"报告,企业家联谊会进一步帮助委员深入了解形势和区情,加强了委员之间的信息沟通和区政府与企业之间的沟通,增进了委员之间的友谊,受到了与会企业领导的欢迎,为促进我区经济发展发挥了积极作用。去年还与有关部门共同举办了第二十届国际科学和平周活动。

编辑《咨议建言集》。为了充分反映委员们在调查研究、视察考察中的意见和建议,去年区政协编印了两期《咨议建言集》,共收录委员建言立论文章52篇,26万余字,由于这些文章贴近群众,贴近实际,对领导科学决策有一定参考价值,得到了广泛好评。

**四、深化专项监督,增强民主监督实效**

实施对财政、教育工作专项民主监督。区政协财政工作民主监督小组按照有关规定,年中听取了区财政局《关于丰台区2007年财政决算情况和2008年上半年财政预算执行情况的报告》,年底听取了《关于丰台区2008年财政预算执行情况和2009年财政预算草案的报告》,并进行了协商讨论。就加快制定促进丰台区服务业发展的政策、推动制造业发展、加大产业结构调整力度、财政要为抑制通货膨胀做贡献等工作提出了改进意见和建议。区政协教育工作民主监督小组听取了区教委关于小学规范化建设的有关情况通报,实地考察了两所学校,提出了中肯的建议。担任特约监督工作的委员和被选派的20名参加公共评议的委员,积极开展工作,发挥了应有的作用。

认真做好提案工作。去年,提案立案163件。其中确定为重点提案的19件。区政协把提案工作摆在重要位置来抓,积极协调区委、区政府提案办理部门,引起了办理部门的高度重视;在主席、副主席、秘书长和各专委会督办重点提案的过程中,发挥了协调服务作用,推动了办理工作;加大提案督办力度,选择重点提案进行跟踪办理,对提案成果转化起到了重要的作用。经科委对委员关于科技事业和食品安全方面的提案进行了分析,请区政府有关部门进行通报,召开座谈会,协商讨论我区科技和食品安全工作,提出了10条意见和建议,得到了重视和采纳。区委办、区政府办分别就提案办理情况向区政协常委进行了通报。

加强建议案跟踪办理。区委、区政府领导高度重视政协建议案，逐件进行批示；各有关部门认真办理。为促进建议案成果的转化，区政协进行了跟踪视察。区委宣传部、发改委、司法局领导分别就政协关于"文化创意产业"、"土地资源状况"、"节能减排"、"发挥律师队伍作用"四个建议案办理情况，向区政协常委会作了答复，对区政协建议案给予了高度评价，就办理和采纳情况作了详细说明。如区委、区政府成立了文化创意产业领导小组，在2007年完成3个文化创意项目审批立项，5个文化创意产业项目得到1200万元资金支持的基础上，去年大红门服装服饰创意产业集聚区被认定为市文化创意产业集聚区，俏佳人传媒公司被命名为国家文化产业示范基地；上报25个文化创意产业项目，目前正在接受有关专家和部门的评审，并将得到更多的资金支持。区政府加强了对土地资源规划和有关政策的研究，积极争取资金支持，进一步加快了产业结构优化升级和重点功能区产业优化布局；2007年区政府出台了《丰台区关于加强节能减排工作的实施意见》；加强了律师担任政府法律顾问、区领导参与信访接待工作，使政协建议案得到了落实，促进了成果转化。

**五、开展形式多样的活动，推动和谐社会建设**

举办"我与和谐社会论坛"。民族宗教和港澳台侨委员会与区委统战部、区政府民族宗教侨务办公室组成论坛组委会，以"社会和谐人人有责，和谐社会人人共享"为主题，动员区各民主党派、人民团体、少数民族委员、台侨界人士、爱国宗教团体，开展了"我与和谐社会"论坛工作。论坛得到了有关民主党派、人民团体、爱国宗教团体和各族各界委员的高度重视和积极参与。论坛共收到论文77篇，内容涉及构建和谐社会的方方面面。论文主题鲜明、内容丰富、情感真挚，质量较高，经整理编辑出版了《论坛文集》，收录论文65篇，共11万字，图片200余幅，充分体现了人民政协大团结、大联合的特点。

广泛开展联谊活动。经科委与民宗台侨委合作，邀请中国前外交官联谊会的领导到我区视察工作，在区委、区政府和区政协领导陪同下，参观了丰台科技园区，并进行了座谈。组织300多名前外交官参观游览了北宫森林公园。积极牵线搭桥，促成了前外交官联谊会妇女工作组、巴基斯坦驻华大使馆在我区的扶贫、助残、助学活动，既加强了对丰台的宣传，又巩固和发展了区政府、区政协与外交官联谊会的友好关系。

召开专题座谈会，反对藏独分裂活动。民族宗教和港澳台侨委员会召开座谈会，强烈谴责达赖集团的"藏独"分裂活动。包括藏族委员在内的各少数民族委员、人民团体、界别代表及有关民主党派成员参加了座谈。与会人员在认真学习的基础上，对"藏独"分子制造破坏活动，企图干扰破坏奥运圣火传递的恶劣行径表示了强烈的愤慨和谴责，以所见所闻、亲身经历、鲜明的数字说明，西藏自古以来就是中国神圣不可分割的一部分。维护祖国统一、促进民族团结是我们义不容辞的责任。

赴少数民族地区学习考察。在暑期学习班期间，组织区政协常委、各民主党派、工商联负责人、各界代表人士和区政协机关赴宁夏回族自治区学习考察。通过学习参观、广泛联谊，进一步加强了民族团结，增强了人民政协的凝聚力。

文史资料工作取得了新成绩。为纪念改革开放30周年，广泛开展了文稿征集工作，现已征文60多篇。丰台区政协文史资料委员会编辑出版的《航天文史资料专辑》获市政协优秀文史资料图书一等奖，《七七事变追忆》获优秀奖；与市政协共同编辑的《北京市文史资料精选》获特等奖。

六、注重自身建设,促进政协工作

强化委员和机关两支队伍建设。通过各种报告会、学习座谈会和大会发言等多种形式,强化常委会组成人员的政治意识、大局意识、责任意识和表率意识。坚持理论联系实际,积极探索新形势下做好政协工作的新思路、新形式、新方法。对常委参加常委会议、委员参加全委会议、参加专门委员会活动,撰写委员提案、反映社情民意、参加政协其他活动等履职情况进行认真登记,并向委员反馈,进一步提高了委员履职意识和水平。切实加强政协机关建设,强化思想教育和业务培训,加强机关作风建设,创新工作机制,进一步增强为委员服务的意识,提高了工作效率和质量。

积极参与支援抗震救灾工作。在我国南方发生冰雪灾害,特别是汶川突发特大震灾后,广大政协委员,政协机关工作人员积极响应上级号召,情系灾区人民,以各种形式积极参与抗震救灾,踊跃向灾区献爱心,送温暖,积极捐款捐物,中共党员捐出"特殊党费"支援灾区建设。郑卫国委员带领车队奔赴南方冰雪灾区,捐赠了20万元的物资;赵红梅委员为灾区捐款20万元人民币;王丰委员亲赴抗震救灾一线慰问、服务;苏秋玉委员不畏风险,在灾区积极救治伤病员,表现突出,获得首都五一劳动奖章。很多感人的事迹,充分体现了广大政协委员为国分忧,为民解难的高尚情怀。

加强政协宣传工作。区政协高度重视宣传工作,调整了领导分工,建立健全工作机制,切实加强政协宣传工作。一年来,会同广电中心报道电视新闻59条,在《人民政协报》报道政协活动13条,在《北京调研》、《政协研究》等北京市书刊上登载文章5篇,在《丰台报》报道16条,拍摄《政协视窗》10期。继续办好区政协网站,在区政协网站上发布了大量的宣传报道文章、信息等,及时报道政协工作动态,反映委员的重要活动。

回顾一年的工作,我们的主要体会是:

第一,围绕中心,把握重点是政协工作取得实效的关键。2008年是极不平凡的一年。年初南方发生严重冰雪灾害、五月份汶川大地震,面对严峻的考验,在党和政府的领导下,全国人民万众一心,一方有难、八方支援,抗震救灾壮举令世人瞩目和叹服,充分体现了社会主义制度的优越性。成功举办奥运会、残奥会,神州七号飞船载人飞行、宇航员出舱的成功,极大地振奋了民族精神,进一步增强了中华民族的凝聚力。2008年的最大特点就是奥运年,区委、区政府中心任务就是奥运工作。为举办一届"有特色,高水平"奥运会作贡献,区政协紧紧围绕区委、区政府中心工作,围绕奥运开展调研,组织视察考察,就社区卫生、流动人口、食品卫生等方面积极建言献策,受到高度重视,取得了明显实效。

第二,突出主题,发挥优势是做好政协工作的根本要求。团结和民主是人民政协工作的两大主题,是政协性质的集中体现。去年区政协注重加强同各民主党派、人民团体和各族各界人士的团结协作,充分发挥专委会基础作用和委员主体作用,发挥人民政协智力密集、人才荟萃的优势,坚持发扬社会主义民主,在履行职能中贯彻民主协商、求同存异的原则,围绕人民群众关心的热点问题建言献策。广泛开展统战联谊活动,举办"我与和谐社会论坛",召开专题座谈会,反对"藏独"分裂活动,在迎奥运活动中加强民族团结,为加快我区发展,促进安定团结等方面发挥了不可替代的作用。

第三,关注民生,促进和谐是人民政协肩负的重要任务。政协工作必须坚持以人为本,关注民生,为促进和谐社会建设做贡献。去年区政协积极围绕民生问题和群众切身利益的社会热点问题,如水资源、食品安全、宗教场所、环卫工作、教育、特困户住房等诸多问题深入开展视察考察,主动反映群众的利益和呼声，有效地密切了政协与人民群众的联系，进一步扩大了人民政协在社会上的影响。

在过去的一年里，区政协工作虽然取得了一定的成绩，但也存在一些问题和不足。主要是：在加强委员队伍建设管理方面需要深入研究和探讨；政协工作在规范化、制度化、程序化方面需要进一步加强。

## 2009年工作任务

2009年是深入学习贯彻十七大、十七届三中全会精神，落实科学发展观的重要一年，也是建国60周年大庆之年。我们要高举中国特色社会主义伟大旗帜，以邓小平理论和“三个代表”重要思想为指导，紧紧围绕把丰台建设成现代化新城区的战略目标，认真履行政治协商、民主监督、参政议政的职能，坚持“与时俱进、开拓创新、求真务实、争创一流”的工作指导思想，为丰台区的科学发展、社会和谐作出更大贡献。

### 一、深入学习贯彻中共十七大精神，以科学发展观指导政协工作

党的十七大对高举中国特色社会主义伟大旗帜，夺取全面建设小康社会的新胜利作出了全面部署。也对人民政协工作提出了新的要求，赋予了人民政协工作新的时代内涵，为人民政协事业的发展指明了前进方向。人民政协深入贯彻、落实党的十七大精神，必须坚持以邓小平理论和“三个代表”重要思想为指导，用科学发展观统领政协工作。科学发展观是同马列主义、毛泽东思想、邓小平理论和“三个代表”重要思想既一脉相承又与时俱进的科学理论，是我国经济、社会发展的重要指导方针。今年我们要按照市、区的统一部署，结合政协的自身特点，采取常委会、双月学习座谈会、专题报告会、暑期学习班等多种形式，组织广大委员、各党派、工商联、人民团体和政协机关干部，深入开展学习实践科学发展观活动，全面把握科学发展观的内涵、精神实质和根本要求，切实增强贯彻落实科学发展观的自觉性和坚定性，把科学发展观贯穿于政协履行职能的各个方面。要抓住改革开放30周年和建国60周年的重要机遇，认真总结人民政协取得的重大成就和宝贵经验，深入探索人民政协工作的规律，不断推进人民政协事业发展。要把贯彻、落实科学发展观和贯彻中共十七届三中全会精神结合起来，同市、区委的部署结合起来，结合北京市深入学习“实践科学发展观，建设人文北京、科技北京、绿色北京”活动，结合丰台区经济和社会发展的实际，努力提高政协履职能力和工作水平，全面推进政协工作。

### 二、大力开展调查研究，为促进丰台区经济又好又快发展贡献力量

最近，中央经济工作会议指出：国际金融危机对中国发展的影响将更加明显，中国经济社会发展中的一些矛盾可能更加突出。要把保持经济平稳、较快发展作为2009年经济工作的首要任务，把保增长、扩内需、调结构更好地结合起来。人民政协要始终坚持围绕中心、服务大局的原则，把以经济建设为中心，落实科学发展观作为履行职能的第一要务。要认真组织全体委员在本次会议期间就区政府工作报告和其他报告进行协商讨论，积极建言献策。按照区委确定的年度协商议题，做好充分准备，搞好政治协商。以科学发展观为指导，针对金融危机大环境下我区经济和社会事业的发展开展专题调研，为促进我区经济发展和现代化新城区建设献计出力。积极参加第三届首都西南区域经济发展论坛，围绕我区重点发展区域建设、重点项目建设、科技事业发展、绿化隔离地区建设、文化卫生等方面工作，开展视察考察。征集编辑《咨议建言集》，积极为我区经济建设和社会发展提供决策依据。

**三、继续拓展民主监督渠道,增强民主监督力度**

在完善和规范民主监督方式、方法的基础上,继续拓展民主监督渠道,强化民主监督职能。坚持请区委、区政府领导和有关职能部门向区政协常委、各民主党派和工商联负责人、各族各界代表通报全区政治、经济、党风廉政建设、社会建设的情况,通过开展视察考察、专题座谈等多种活动,在了解区情的基础上提出意见和建议。加强建议案、提案办理过程中的民主监督,进行跟踪办理,促其成果转化。加大社情民意信息反映力度,发挥党和政府的桥梁纽带作用。继续做好区政协财政民主监督小组和教育民主监督小组工作,发挥专项监督作用。召开特约工作人员和聘请单位负责人座谈会,积极探索特约监督工作的有效形式,为推进我区民主政治建设做贡献。

**四、坚持团结民主两大主题,为构建和谐丰台发挥积极作用**

要把突出团结民主与促进社会和谐贯穿于人民政协工作的始终,发挥人民政协作为广泛爱国统一战线组织的优势和作用,促进政党关系、民族关系、宗教关系、阶层关系、海内外同胞关系的和谐。积极协助党和政府做好协调关系、化解矛盾、争取民心、凝聚力量的工作。进一步做好统一战线联谊工作,以庆祝建国60周年为契机,组织全体委员开展“迎传统佳节,庆建国60华诞”大型联欢活动。以“民族团结林”为载体,开展爱国主义、民族团结教育。进一步加强委员地区活动组工作,组织委员深入基层,深入社区,关注民生,反映民意。编辑出版纪念改革开放30周年文史资料。积极宣传“和平统一、一国两制”方针,结合改善两岸关系的重要契机,积极为推进祖国和平统一大业贡献力量。

**五、贯彻落实中央对人民政协提出的要求,努力开创政协工作新局面**

《中共中央关于加强人民政协工作的意见》明确了人民政协自身建设的特有内涵。中共十七大对发展社会主义民主政治、推进人民政协工作作出了全面部署和深刻的论述。区政协要把落实中央对人民政协提出的要求,与进一步贯彻落实丰台区政协工作会议精神结合起来,增强做好人民政协工作的责任感和使命感。积极推进我区民主政治建设,推进政协工作规范化、制度化、程序化建设,提高参政议政实效。切实加强自身建设,政协常委会、广大委员和机关干部要紧跟时代步伐,与时俱进、开拓创新。高度重视和发挥民主党派、无党派人士的作用,积极为他们履职搭建平台。突出界别特点,探索界别活动形式,使界别活动更加经常有效。进一步修订和完善委员管理办法,切实实行委员“履职四要”。进一步发挥专委会基础作用和委员主体作用,加强协调,精心组织,不断提高活动质量。在政协机关开展深入学习实践科学发展观活动,突出实践特色,努力创建“学习型、服务型、创新型、和谐性”政协机关,充分发挥政协机关的服务职能,提高服务质量。重视机关干部的培养和交流。进一步加强政协宣传工作。努力开创政协工作新局面。

各位委员,新的时代、新的任务,为人民政协事业创造了新的机遇和广阔的发展空间。让我们更加紧密地团结在以胡锦涛为总书记的中共中央周围,在中共丰台区委的领导下,高举中国特色社会主义伟大旗帜,深入贯彻落实科学发展观,努力推进人民政协工作,为丰台区现代化新城区建设做出新的更大的贡献。

# 大 事 记

## 2008年丰台区大事记

### 1月

**8日至10日** 召开政协丰台区第八届委员会第二次会议。

**9日至11日** 召开丰台区第十四届人民代表大会第三次会议。应到代表274人，实到252人，共收代表议案15件。

**13日** 市委副书记、代市长郭金龙到丰台区调研。

**16日至17日** 由中共北京市委组织部、农工委、共青团市委、市民政局等部门组成的市农村“三级联创”检查考核组对丰台区2007年度农村党建“三级联创”工作进行了检查考评。

**18日** 北京北水嘉伦水产品市场在新发地开业。该市场占地面积9万平方米，建筑面积6.9万平方米，建有5个单层密闭式钢架结构经营大厅。总投资3.2亿元。

**19日** 第七届长丰草莓节在新发地市场举行。

**23日** 重达66吨的“中华第一龙砚”落户世界花卉大观园。整方砚长13.8米，宽3米，高1.8米，是由易县十余名民间雕刻大师，历时18个月雕刻而成。

**同日** 丰台区交通安全综合监管办公室成立挂牌。在北京市属首家。

**25日** 和义街道和马家堡街道被授予“药品放心街道”称号，是北京市首批两家药品放心街道。

▲ 总部国际一期工程收尾移交。该工程自2005年12月开工建设，共27栋、10万平方米。

### 2月

**7日至12日** 举行第八届北京莲花池庙会。

**26日** 召开丰台区平安奥运行动工作部署大会。

▲ 巴基斯坦驻华大使夫人携巴基斯坦国际学校老师及10名巴基斯坦国际学校儿童慰问孤残儿童福利院。

▲ 区青少年活动中心（少年宫）“小星星”艺术团一行31人先后赴英国参加“2008伦敦中国文化年”和波黑“2008萨拉热窝艺术节”活动。

### 3月

**14日** 丰台区“12315快速解决消费者纠纷绿色通道”开通。

**26日** 丰台区“幸福生活讲师团”宣讲活动正式启动。这是丰台区围绕人文奥运、绿色奥运、科技奥运为主题开展的全民素质培训工程。

**28日** 丰台区首个大学生村官团支部在卢沟桥乡成立。

## 4月

**5日** 丰台区5万军民参加义务植树活动。

**10日** 中纪委副书记李玉赋到丰台区调研工作。

**11日** 全国人大常委会领导到丰台区北宫义务植树。

**23日** 上海市普陀区党政代表团来丰台区考察访问,并与丰台区签订《建立友好城区加强合作交流协议书》。

**同日** 举行丰台区孵化器网络"缓释制剂、液体制剂共享实验室"启动仪式。

**25日** 水利部部长陈雷视察卢沟桥分洪枢纽。

▲ 京城首个蓝莓大棚落户王佐镇南宫地热博览园。

## 5月

**4日** 新加坡中华总商会代表团访问园区。

**7日** 全国人大副委员长司马义·铁力瓦尔地参观中国人民抗日战争纪念馆和卢沟桥。

**14日至15日** 丰台区组建的66名医疗队,从西客站乘火车绕行37个小时到达成都,支援救助"5·12"四川汶川大地震造成的伤员。

**17日** 2008丰台科技周暨科普直通车——全民科学素质行动号召启动仪式在西罗园第三社区举行。

**19日** 丰台区各单位举行为汶川大地震遇难同胞的默哀仪式。

**23日** 全国首个儿童绿色科普乐园落户东高地。

▲ 日本友人到卢沟桥永定河畔的"中日友好森林公园"参加友谊林10周年树林养护活动,养护树木150余株。

▲ 丰台区24家劳动争议调解中心挂牌成立。

## 7月

**3日** 市委副书记王安顺到卢沟桥街道、大井社区、花乡新发地和黄土岗村调研。

**7日** 仅仅有水一周的北京"燕京八景"之一的卢沟桥畔,引来8只国家二级重点保护动物白鹭、灰鹭在桥西北200米远的沼泽地水面嬉戏飞翔。

**10日** 丰台区委社会工作委员会和丰台区社会建设工作办公室挂牌仪式在丰台区文化馆举行。

**12日** 市委书记刘淇,市委副书记、市长郭金龙到丰台区新发地农产品批发市场调研。

**13日** 丰台区公安分局新110指挥中心投入使用。

**19日** 丰台区科普之夏暨第二届科普旅游月活动在王佐镇青龙湖公园举行。

**23日** 召开丰台区奥运安保群防群治队伍动员誓师大会。

**29日** 丰台区奥运会、残奥会保障工作总指挥部每日会商制度正式启动。

**31日** 召开防范处理邪教工作暨"平安奥运"动员部署会议。

▲ 西客站南广场74000平方米地下商业及配套项目投入使用。

## 8月

**3日** 中共中央政治局常委、国务院总理温家宝到丰台区卢沟桥街道大井社区,考察奥运保障等工作。

**6日** 奥运火炬在丰台区传递。83名火炬手完成了3公里的火炬接力。

**8日** 德国客人与北京人在莲花池广场共同举行奥运会开幕庆祝活动。

**20日** 乌干达运动员赛后参观丰台区学校。

**26日** 召开丰台区实施"社区科普益民计划"工作会。

**29日** 丰台区科技园区管委会与北京

市投资促进局签订战略合作协议。

▲ 北宫建成15000平方米的湿地景观。

▲ 循环处理“树枝树叶”基地在草桥建成。

## 9月

**4日** 国务院副秘书长、国家信访局局长王学军到丰台区检查接待信访活动开展工作。

**10日** 举行卢沟桥历史博物馆开馆仪式。

**12日** 首届北京“卢沟晓月”中秋文化节文艺演出在卢沟桥广场举行。

**21日** 丰台区开展“全国科普日”活动。

**24日** 市委书记刘淇到丰台区科技园区地铁施工现场调研。

**25日** “盛世方鼎”亮相世界花卉大观园。盛世方鼎菊花造型长达5米、高4.5米、宽3米,由近万盆悬崖菊组成。

▲ 卢沟桥历史博物馆对外开放。

## 10月

**9日** 丰台区召开北京奥运会、残奥会总结表彰大会。

**11日** 第22届卢沟桥醒狮杯越野跑比赛在中国人民抗日战争纪念雕塑园举行。

**16日至20日** 举办2008北京大红门国际服装节。

**21日** 丰台区第一个“人口文化园”在郭庄子公园正式开园。

**23日** 国家统计局局长马建堂带队到丰台区调研。

**24日至26日** 举办“北宫彩叶节”。北宫公园彩叶面积3000亩,其中红叶2100亩、其它树种900亩。

**28日** 区委党校举行成立五十周年纪念大会。

▲ 水利部部长陈雷视察卢沟晓月景观。

## 11月

**1日** 新兴重工北京三兴汽车有限公司揭牌。

**4日** 中央综治办督导室副主任崔红星到丰台区右安门街道检查验收2005－2008年度综治工作。

**8日** 举行第20届“国际科学与和平周”活动。

**15日** 举办首届青少年科技创新大赛。

**17日** 5位美国老战士参观抗日战争纪念馆。

**22日** 位于北京西站南广场的万博汇商业中心开业。

**27日** 英国路透社专程到东高地街道感受“北京的绿色变化”,采访拍摄万源东里社区的“居民节能健身”全过程。

**26日至27日** 区长李超钢率团参加第十二届京港贸易洽谈会,重点推介北京丽泽金融商务区。

## 12月

**2日** 香港嘉里集团领导成员到丰台区考察北京丽泽金融商务区。

**18日** 举行“总部基地金融港”揭幕仪式。

**19日** 丰台区首家医疗养护型敬老院成立。

**20日** 第三届北京南宫温泉养生节开幕。本届养生节共推出了十二种特色茶浴,主打健康品牌。

# 政党 团体

## 中国共产党丰台区委员会

【概　况】 年内,全区紧紧围绕办好北京奥运会、残奥会这件大事,先后召开十届六、七、八、九次全会和32次常委会,就奥运服务保障、科学发展、环境建设、安全稳定、改善民生等重大问题进行了深入研究,作出了决策和部署。按照总揽全局、协调各方的要求,团结带领全区人民,奋力拼搏,扎实工作,完成了奥运服务保障和区域经济社会发展等各项任务,全力开展了支援汶川抗震救灾工作,各项事业都取得了新的进展。

圆满完成了奥运会、残奥会服务保障任务。加强领导,成立奥运筹办和赛时保障工作领导小组,建立战时运行指挥体制,奥运会、残奥会期间坚持每天召开战时运行指挥部会商会,及时研究解决场馆建设、运行和涉奥场所服务保障中的问题。严格落实丰台垒球场内部运行和外围保障"双进入"体制,成立了由一名区领导负责的奥运场馆外围保障指挥部和各涉奥场所服务保障指挥部,加大统筹力度,确保了奥运场馆和涉奥场所服务保障工作万无一失。圆满完成了奥运花卉配送和生活必需品市场保障工作,奥运期间城市运行平稳有序。"平安奥运"工作深入开展,奥运环境建设进一步加强,"迎讲树"主题活动扎实推进,志愿者服务、群众组织工作细致高效,确保了奥运火炬传递和垒球赛事的顺利进行,营造了和谐稳定的社会环境、欢乐祥和的人文环境、靓丽温馨的城市环境。奥运丰台垒球场的赛事组织服务工作得到国际垒联和媒体的高度评价。

区域经济平稳较快发展。在做好奥运服务保障工作的同时,加强对经济发展重大问题的研究决策,坚持常委会每季度听取经济形势分析和定期听取重点功能区建设情况汇报,研究制定了促进丽泽金融商务区金融产业发展的意见、物流产业发展指导意见等政策措施,加快推进重点功能区、重点产业、重点项目建设,进一步促进了经济结构调整和发展方式转变。在国际国内经济形势严峻的情况下,全年实现地区生产总值510亿元,同比增长10%;财政收入34.8亿元,增长15%。人民群众生活水平进一步提升,城镇居民人均可支配收入和农民人均纯收入达到23042元和11592元,分别增长12%。

重点功能区建设积极推进。科技园区东区一期、二期开复工面积达125万平方米,东区三期土地一级开发和西区产业规划正加紧推进;高新技术产业预计实现技工贸总收入1250亿元,增长25%,留区税收占区财政收入的20%。丽泽金融商务区明确了功能定位,启动了B6、B7地块征地拆迁工作,规划调整、城市设计、政策研究、宣传招商等工作扎实推进。大红门服装商贸区已成为北京市服装贸易最活跃的地区，进一步加强了周边环境整治，举办了2008北京大红门国际服装节。河西生态休闲旅游区加快了道路等基础设施建设，继续巩固关闭非煤矿山成果，做好山体生态修复，发展生态旅游产业，“卢沟晓月”景观得到恢复，北宫森林公园成为国家4A级景区，千灵山公园开园。

优化发展环境，加大了招商引资力度。引进注册资金千万元以上企业247家，其中，注册资金超亿元企业11家。高新技术产业、文化创意产业、生产性服务业和都市型现代农业进一步发展，第三产业比重达73%。严格落实节能减排目标，加强监测考核，在全区党政机关深入开展节电、节水、封存公车、压缩公用经费支出等工作，积极推动居民家庭节能、节水工作。

基础设施和环境建设成效明显。紧紧抓住筹办奥运和市委市政府加快南城发展的机遇，进一步加强道路等基础设施建设，西客站南路、张仪村路、光彩路建成通车，西六环路、蒲黄榆路和北京南站周边路网等道路征地拆迁工作如期推进。地铁四号线、九号线、十号线、京沪高铁以及南水北调等中央、市级重点工程征地拆迁工作进展顺利。狠抓环境建设，全面治理五环内环境，加强了主要大街、与其它区交界处和城乡结合部51个村的环境整治，拆除了违法出租大院357处，实施了27个“城中村”和“边角地”治理，完成了26个老旧小区改造，城市面貌明显改观。加大联合执法力度，对影响城市秩序的“六小七黑”等进行了深入整治。完成二道绿化、荒山爆破造林和裸露山体生态恢复共418公顷、城市绿化95公顷，新建郊野公园5个，新建和改造万米绿地4块，林木绿化率和城市绿化覆盖率分别达到38.1%和42.7%。

新农村建设力度进一步加大。推动城乡统筹发展，加大了公共财政向农村倾斜力度，共投入8.9亿元重点用于农村地区基础设施建设和教育卫生等社会事业发展，同比增长9.9%。对河东51个村的道路进行了修整，推进了街坊路硬化、安全饮水、垃圾污水处理、厕所改造等工作。农村地区339条道路全部移交区环卫中心保洁，“村清扫收集、区运输消纳”的垃圾处理模式得到全面推广。完成了38个农村社区卫生服务站标准化改造，实现了新型农村合作医疗区级统筹。通过选派城镇教师到农村支教、加强硬件设施建设等途径，进一步改善了河西地区办学条件。认真落实新农保政策，参保人数达到6.2万人，参保覆盖率为92%。对2.6万名农民进行就业培训，实现转移就业6300人。实施了经济薄弱村振兴计划，南苑生态园等6个重点产业项目取得新进展。深化了以集体产权制度改革为重点的农村体制改革，卢沟桥乡、花乡、长辛店镇乡级集体产权制度改革积极推进，全区12万农民93%已成为集体经济组织的股东。

文化建设取得新的进步。按照社会主义核心价值体系建设的要求，加强了社会公德、职业道德、家庭美德和个人品德建设。制定了公共文化设施布局规划，建设了大红门街道文化体育休闲广场等一批街乡镇、社区村文化体育活动场所和设施，深入开展了莲花池奥运文化广场、卢沟晓月中秋文化节等一批节庆文化、广场文化和社区文化活动。汽车博物馆主体结构基本完工，展陈准备工作有序开展。结合开展“迎讲树”活动和五大文明行动，扎实推进群众性精神文明创建工作，市民文明素质和区域文明程度进一步提升。加强宣传思想工作，着力宣传我区在经济发展、环境建设和筹办奥运等方面取得的成绩和工作亮点，发挥了内聚人心、外树形象的作用。

民主政治建设进一步加强。常委会坚持党的领导、人民当家作主、依法治国有机统一，不断健全民主制度、丰富民主形式，努力营造民主团结、生动活泼、安定和谐的政治局面。根据社会主义民主政治建设的新要求,积极支持人大、政协依法依章程充分发挥作用。区人大常委会加大了依法监督、代表工作和制度建设力度,加强了对奥运筹办工作的监督,组建了区人大农村代表小组,人大的政治优势进一步发挥。区政协围绕奥运服务保障和经济社会发展深入开展了调研、视察活动,使政治协商、民主监督、参政议政更具成效。围绕奥运筹办,加强了统战工作,加强了党的民族、宗教工作和港澳台侨工作。充分发挥了工青妇等人民团体在服务保障奥运方面的作用。加强社区民主自治,深入开展民主法制村创建活动,推进了基层民主管理和办事公开。扎实推进"五五"普法,开展了奥运法制宣传"百千万"工程,加强了法制宣传阵地和志愿者服务网络建设。

以改善民生为重点的社会建设扎实推进。重视社会建设,加大了对社会建设的领导力度,成立了区社会建设领导小组,组建了区委社会工委、区社会建设办公室,研究制定了我区加强社会建设的具体意见,统筹推进了各项工作。围绕实现"五无"目标,加大了财政专项资金投入,有效解决了一批关系群众切身利益的问题。坚持教育优先发展,投入1.22亿元用于校舍维修、办学条件达标等硬件建设,投入2600万元用于落实"两免一补"和对困难家庭学生资助政策,全面发展各级各类教育,促进了城乡教育均衡发展。稳步推进医疗卫生体制改革,完成了19个社区卫生服务中心和98个社区卫生服务站标准化改造。加强了就业和社会保障工作,城乡劳动者职业培训3.2万人次,城镇新增就业近2万人,消除了"零就业家庭"。及时发放城乡无保障人员低保金和福利养老金,实行动态化无盲点社会救助。完成了1159户廉租住房保障任务,南苑西、长辛店老镇西区经济适用房项目已开工建设,看丹桥西北角等廉租房项目积极推进,保障性住房项目开工80万平方米。

"平安奥运"目标全面实现。坚持把"平安奥运"作为最重要、最突出的任务来抓,认真落实"平安奥运重于泰山、奥运平安人人有责"的要求,进一步落实了维稳工作领导责任,深入开展了矛盾纠纷排查化解、重点人群稳控、安全隐患整治等十项专项行动。加大矛盾纠纷排查调处力度,严格落实重点矛盾领导包案、领导干部大接访等制度,50件区级重点矛盾已化解和基本解决25件,其它正在办理和稳控之中,加大了对信访重点人和上访老户的稳控力度,实现了奥运期间信访"双零"指标。强化社会面防控,全面开展了流动人口和出租房屋调查摸底工作,组织7万余名各类群防群治力量上岗执勤,有效维护了区域治安秩序和环境秩序。有效预防处置了"法轮功"等邪教组织和境内外敌对势力的破坏活动。始终高度重视安全生产工作,进一步强化政府部门的监管责任、街乡镇的属地责任和企事业单位法人的主体责任,加强检查和监管,奥运期间未发生死亡事故。

党的建设全面加强。全区各级党组织紧紧围绕着筹办奥运这件大事,全面加强了思想、组织、作风、制度和反腐倡廉建设。采取培训班、座谈会、研讨会、报告会等形式,深入学习贯彻党的十七大和十七届三中全会精神,领导干部实践科学发展观的自觉性不断增强。加强领导班子建设,制定了《关于进一步加强处级领导班子和领导干部作风建设的意见》、《乡镇党委议事规则》。开展大规模培训干部工作,区委党校干部培训水平进一步提高,举办了43个干部培训班,采取周末大课堂、在线学习等方式,丰富办班形式和内容。选派后备干部和新进机关的年轻干部到基层实践锻炼。积极推进党建创新,制定下发了《关于进一步发挥全区基层党组织和共产党员在奥运筹办中的战斗堡垒作用与先锋模范作用的实施意见》,强化了基层党组织和党员在奥运服务保障方面的作用,机关党员干部带头参加社区治安巡逻、便民服务。建立健全了惩治和预防腐败体系,制定了《丰台区2008－2012年反腐倡廉建设重点工作任务》,加强了反腐倡廉教育,严格落实党风廉政建设责任制,积极开展廉政风险防范管理试点工作,着力解决损害群众利益的突出问题,严肃查办违纪案件,党风廉政建设和反腐败工作进一步推进。

认真做好干部选拔任用工作。严格贯彻《党政领导干部选拔任用工作条例》,认真落实民主推荐、民主测评、考察预告、廉政调查、任前公示等制度,所有拟提拔干部都经过了民主推荐和廉政调查,努力做到全面准确了解干部。严格区委议事规则和决策程序,坚持了干部议题全都经区委专题会议充分酝酿后,提交区委常委会集体讨论决定。对30名处级党政正职拟任人选和推荐人选,通过2次召开区委全会、3次书面征求意见的方式,进行了全委会票决或者闭会期间征求意见。加大了公开选拔和定向引进力度,分别面向全市和全区公开选拔了5名政府工作部门副处级领导干部和7名街道办事处副主任。针对专业性较强职位的要求,先后从高校定向引进2名年轻干部到区任职。全区共选拔任用处级干部178人,其中提拔正处级干部15人、副处级干部35人,交流正处级干部16人、副处级干部33人,核定处级非领导职务21人,改任处级非领导职务12人,兼任职务等46人。

(陈仲举)

**【召开十届六次全委会】** 1月3日,丰台区委十届六次全委(扩大)会议在区委区政府大楼报告厅召开,闫满成同志主持。会议认真学习贯彻党的十七大精神和市委十届三次全会精神,总结丰台区上年工作,部署全年各项工作任务。张大力同志代表区委常委会作工作报告,李超钢同志在讲话中强调了今年丰台区经济社会发展工作。

(陈仲举)

**【市"三级联创"检查考核组到区检查考评】** 1月16日至17日,由中共北京市委组织部、农工委、共青团市委、市民政局等部门组成的市农村"三级联创"检查考核组对丰台区2007年度农村党建"三级联创"工作进行了检查考评,闫满成同志主持考评汇报会,杨逸铮同志汇报丰台区农村党建"三级联创"工作情况。市委农村创建检查考评组充分肯定了丰台区2007年农村"三级联创"工作。

(陈仲举)

**【举行百家企业团拜会】** 1月31日,百家企业团拜会在中央警卫局招待所举行,汪洪同志代表区委区政府向与会企业界负责人拜年,区领导张大力、李超钢、杜瑞琴、初建华、于鹭隆、吕跃进、鲍顺新出席,各街乡镇、委办局领导和部分驻区企业负责人参加了团拜活动。

(陈仲举)

**【区领导走访慰问驻区部队】** 2月1日,区领导张大力、李超钢、杜瑞琴、初建华同志分别带队走访慰问了海军装备研究院、总参军体大队、北京军区六分部、空军南苑场站等驻区部队。张大力同志对驻区部队在区重大活动、精神文明建设和绿化环境建设等方面给予的支持和帮助表示感谢,并表示丰台区将一如既往地支持部队建设。

(陈仲举)

**【召开各届代表人士春节座谈会】** 2月2日,丰台区2008年各界代表人士春节座谈会在丰台科技馆召开,杨逸铮同志主持。区领导张大力、初建华、于鹭隆、吕跃进、周大春、鲍顺新等与各界代表人士进行座谈。丰台区各民主党派、工商联负责人、无党派人士、少数民族人士、宗教界人士、非公经济人士、新社会阶层人士以及侨台界人士共70多人参加了座谈会。

(陈仲举)

**【十七大精神培训班在区委党校开班】** 3月21日,副处职干部学习党的十七大精神培训班在丰台区委党校开班，全区580名副处职干部参加了开班式。区委副书记、区委党校校长闫满成同志作开班动员讲话，指出：举办学习党的十七大精神专题培训班，是新形势加强处级干部队伍建设的迫切需要，也是为丰台区经济社会发展提供人才支持的需要，并要求广大学员认真学习，圆满完成学习任务。

（陈仲举）

**【召开平安奥运行动工作部署大会】** 3月26日，区平安奥运行动工作部署大会在区政府报告厅召开。会议传达了中央领导同志在北京奥运会和残奥会筹办工作情况通报会上的讲话精神以及全市领导干部大会精神，部署了丰台区"平安奥运"的有关工作。李超钢同志到会讲话，强调：要认清形势，充分认识做好"平安奥运"工作的极端重要性；要明确责任，迅速落实平安奥运行动的各项工作任务；要加强领导，确保平安奥运行动目标任务的圆满完成。全区各街乡镇党政主要领导、区直机关各委办局、区群团组织和企事业单位负责人出席了会议。

（陈仲举）

**【上海市普陀区党政代表团到区考察】** 4月23日，上海市普陀区党政代表团到丰台区考察访问，并与丰台区签订《建立友好城区加强合作交流协议书》。区领导张大力、李超钢、王苏维、李明圣、孙钫、于鸷隆、吕仕杰等出席了签字仪式。

（陈仲举）

**【全区为汶川大地震遇难同胞举行默哀仪式】** 5月19日上午，全区各单位举行为汶川大地震遇难同胞默哀仪式。区领导张大力、王子生、杜瑞琴、初建华、闫满成等和全区人民一同志哀。仪式结束后，区领导和区直机关干部再次为灾区捐款。

（陈仲举）

**【召开服务和保障奥运工作经验交流会】** 5月26日，全区基层党组织服务和保障奥运工作经验交流会在区政府报告厅举行，杨逸铮同志主持。张大力同志到会并讲话，指出：奥运筹办工作已进入临战状态，确保奥运会成功举办，是当前最大、最重要的政治任务，全区各级党组织要高度重视，切实增强抓党建、促奥运的紧迫感和责任感。同时，要按照市委市政府的统一部署，进一步做好抗震救灾工作，帮助灾区解决实际困难，将对口支援工作抓紧抓好抓实。区领导王苏维、李明圣、于鸷隆等参加会议。

（陈仲举）

**【举行抗震救灾英模事迹报告会】** 6月30日，丰台区抗震救灾英模事迹报告会在区文化馆举行。杨俊海、常以民、徐亮等六位四川抗震救灾英模作了报告。区领导张大力、李超钢、杜瑞琴、闫满成、李明圣、于鸷隆、周大春出席报告会。

（陈仲举）

**【大接访工作正式展开】** 为落实中央联席会议和北京市工作要求，从7月1日起，丰台区区级党政领导干部大接访工作正式展开。每周二、四上午固定由区委、区政府主要领导在区社会矛盾调处中心接待来访群众，其他工作日由一名区委常委或副区长负责接访。上午，张大力同志在区社会矛盾调处中心接待了两批4名上访群众，对其反映的房屋拆迁补偿和申请经济适用房问题，责成有关部门认真研究解决。

（陈仲举）

**【王安顺同志到丰台区调研】** 7月3日，市委副书记王安顺同志到丰台区卢沟桥街道、大井社区、花乡新发地和黄土岗村，调研奥运安保社会面控制和市委联席会议精神落实情况。在听取丰台区工作汇报后，王安顺同志强调，要认真贯彻中央、市委要求，紧密结合工作实际，深入做好群众工作，健全社会治安防控体系，做好领导干部大接访和机关干部下访工作，加大各类矛盾纠纷排查调处力度，最大限度消除各类影响奥运安全、社会稳定的因素。区领导张大力、闫满成、于鸷隆陪同调研。

（陈仲举）

**【社会工作委员会挂牌成立】** 7月10日，丰台区委社会工作委员会和丰台区社会建设工作办公室挂牌仪式在区文化馆举行。市委常委梁伟同志到会讲话，强调社会工委、社会建设办要着力解决好民生问题，认真落实“五无”任务，努力消除各种不安定因素。张大力同志在讲话中指出，社会工委、社会建设办要加快完善组织机构，健全各项规章制度，配强配齐人员，理顺职能分工，迅速进入角色，在工作中注重发挥好参谋助手、协调指导和服务管理作用，为办好一届有特色、高水平的奥运会，建设富裕、文明、宜居、活力、和谐的丰台做贡献。市委副秘书长王翔、市政府副秘书长侯玉兰、市委社会工委书记兼市社会建设办主任宋贵伦，区领导李超钢、杨逸铮、于鸷隆、吕仕杰出席挂牌仪式。

（陈仲举）

**【举行平安奥运社会面防控工作实战演练】** 7月11日，丰台区平安奥运社会面防控工作实战演练在21个街乡镇展开，王苏维同志主持，闫满成同志任总指挥。在巡视部分街乡镇实战演练情况后，闫满成同志强调，各街乡镇要全面总结演练经验，查找漏洞，加强防控队伍培训力度，扎实做好各项工作，增强处理突发事件能力；各街乡镇要在奥运前根据各自实际情况组织专项演练，确保措施更严密、工作更到位。区领导郭兴斌及“平安奥运行动”主要责任单位领导观摩演练。

（陈仲举）

**【刘淇、郭金龙同志到新发地农产品批发市场调研】** 7月12日，市委书记刘淇，市委副书记、市长郭金龙同志到丰台区新发地农产品批发市场，调研农产品流通和市场供应情况。刘淇同志在讲话中强调，要从成功举办奥运的高度，采取切实有效措施，确保农产品“绿色通道”畅通无阻，在抓好农产品货源的同时，做好食品安全工作。郭金龙同志在讲话中指出，要认真落实农产品价格每日动态监测分析制度，加强市场监管，保持价格稳定，服务保障好奥运和群众生产生活，确保城市安全高效运行。市领导李士祥、牛有成、赵凤桐、程红，市政府秘书长黎晓宏一同调研。区领导张大力、李超钢、于鸷隆陪同调研。

（陈仲举）

**【每日会商制度正式启动】** 7月29日，丰台区奥运会、残奥会保障工作总指挥部每日会商制度正式启动。会商时间为7月29日至9月20日期间的每日17时，主要是听取和总结当日关于垒球场馆赛时运行、平安奥运工作、城市运行及保障工作和重点涉奥场所保障工作等总体情况，研究部署下一步工作。第一次会商会研究了奥运媒体服务及接待方案、慰问志愿者方案和奥运期间值守应急工作。区领导王苏维、杨逸铮、李明圣、汪洪、于鸷隆、吕仕杰参加会议。

（陈仲举）

**【温家宝总理到丰台区考察奥运保障工作】** 8月3日，中共中央政治局常委、国务院总理温家宝到卢沟桥街道大井社区考察奥运保障工作，并指出要认真做好各项奥运保障工作，通过大家的共同努力，真正把奥运会办成让国际社会满意、让运动员满意、让人民群众满意的国际盛会；加强基础设施建设、场馆建设、绿化建设和环保建设，为促进北京的可持续发展和改善民生创造条件，使居民成为举办奥运会的最大受益者。市委书记、北京奥组委主席刘淇，国务委员、北京奥组委副主席刘延东，市长、北京奥组委执行主席郭金龙，常务副市长吉林及区领导张大力、李超钢陪同考察。

（陈仲举）

**【李超钢同志慰问奥运服务志愿者】** 8月4日，李超钢同志到丰台体育中心、六里桥长途客运站和西客站南广场慰问奥运服务志愿者。李超钢同志代表区委区政府对志愿者为奥运会所做的贡献表示感谢,表示将全力支持志愿者的奥运服务工作。区领导闫满成、杨逸铮一同慰问。

(陈仲举)

**【举办奥运圣火传递仪式】** 8月6日,奥运圣火丰台传递仪式在丰台科技园区文化广场举行,闫满成同志主持。张大力同志将火炬交给首棒火炬手李超钢同志,共83名火炬手进行了火炬传递接力。区领导杜瑞琴、初建华、杨逸铮、王苏维、李明圣、于鹭隆、郭兴斌等出席火炬传递仪式。

(陈仲举)

**【吉林同志和新华社领导到丰台区调研】** 8月15日,市委常委、常务副市长吉林同志和新华社领导到丰台区调研,察看了丽泽桥金融商务区,参观了丰台科技园区和卢沟桥景区,并听取了丰台区丽泽金融商务区规划建设情况汇报。区领导张大力、李超钢、李明圣、汪洪、于鹭隆、李昌安陪同调研。

(陈仲举)

**【张大力检查治安志愿者防控情况】** 8月19日,张大力同志到卢沟桥街道路口社区、光彩路第一社区检查治安志愿者防控情况,慰问群防治安队伍,听取相关部门汇报。张大力同志在讲话中强调,平安是办好奥运的前提,要继续按照"奥运一天不结束,平安奥运一天不放松"的要求,再接再厉,扎实工作,取得奥运外围保障工作的最后胜利。区领导闫满成、王苏维、于鹭隆、吕跃进一同检查。

(陈仲举)

**【牛有成调研残奥会用花保障】** 9月5日,市委常委牛有成到丰台区调研残奥会用花保障工作时指出,丰台奥运花卉服务保障工作切实体现和践行了绿色奥运、人文奥运、科技奥运的"三大理念",今后要认真总结经验,以奥运会和残奥会为契机,进一步开发高端市场,打造名优品牌,弘扬花卉文化,让丰台花卉走向世界。市园林局局长董瑞龙,区领导张大力、李超钢、于鹭隆、张建国陪同调研。

(陈仲举)

**【第24届教师节表彰大会召开】** 9月8日,区第24届教师节表彰大会在北京十二中礼堂召开,李丽萍同志主持,闫满成同志宣读了表彰决定,北京十八中教师成丽英代表获奖教师发言。张大力同志在讲话中指出:一要坚持服务方向,努力办人民满意的教育;二要坚持优质均衡发展方向,着力提升丰台区的教育发展水平;三要坚持人才强教,努力建设高素质的教育人才队伍;四要坚持改革创新,推进丰台区教育事业的新发展。市教工委副书记、市政府教育督导室主任线联平,区领导李超钢、杜瑞琴、初建华、闫满成、李明圣出席了大会。

(陈仲举)

**【刘淇同志到科技园区地铁施工现场调研】** 9月24日,市委书记刘淇到丰台区科技园区地铁施工现场调研时强调,要深入学习实践科学发展观,加快轨道交通建设步伐;要不断解放思想,实现体制机制创新和科技创新;要继续实践奥运"三大理念",又好又快地发展好首都的公共交通事业;要加强施工和运营安全,坚决杜绝各类安全事故发生;要把奥运会的成功经验长效化、固定化,使奥运精神在包括地铁建设在内的城市建设和管理等各个方面得到发扬。市委副书记、市长郭金龙要求,要按照科学发展观要求进一步做好公共交通建设与管理工作;要把奥运精神延伸到地铁建设中,抓住重点,加快进度。市委常委、市委秘书长李士祥、副市长赵凤桐、陈刚,区领导张大力、李超钢、于鹭隆陪同调研。

(陈仲举)

**【召开奥运表彰奖励大会】** 10月9日,全区奥运表彰奖励大会在北京电子科技学院礼堂召开,李超钢同志主持。闫满成同志宣读了表彰决定,受表彰的先进集体、先进个人、优秀志愿者代表分别作了发言。张大力同志在讲话中强调:一是要结合丰台区实际深入贯彻落实科学发展观，推动全区经济社会又好又快发展；二是要坚持体制优势，凝聚全社会力量加快现代化新城区建设步伐；三是要坚持以人为本，高度重视、切实解决民生问题，使发展成果更好地惠及人民群众；四是要坚持把安全稳定摆在突出位置来抓；五是要坚持发扬奥运五种精神，使之成为推动各项工作的强大动力。区委、区人大、区政府、区政协领导出席了表彰大会。

（陈仲举）

**【郭金龙同志到花乡调研】**　11月26日，市委副书记、市长郭金龙就城乡结合部地区环境整治和绿化隔离地区建设到花乡调研。在察看了花乡白盆窑村和郭公庄环境建设情况后，郭金龙强调：要充分认识加快推进城乡结合部建设与管理的重大意义，进一步转变思维方式，创新发展思路，发挥资源优势，促进结构调整，狠抓产业形成，提升发展水平，要把城乡结合部建设与社会主义新农村建设紧密结合，突出重点、加快推进，不断改善农民的生产生活环境。副市长赵凤桐、市政府秘书长黎晓宏，区领导张大力、王苏维、汪洪、于鹫隆陪同调研。

（陈仲举）

**【郭金龙到丽泽金融商务区调研】**　11月28日，市委副书记、市长郭金龙考察北京丽泽金融商务区时强调：要巩固金融业对首都经济发展的支撑作用，着力提升金融产业功能区的承载能力，提高综合服务能力，吸引国内外金融机构和高端金融人才落户北京；要引导和支持金融业创新发展，引导金融支持新农村建设，推进金融支持结构调整和重点产业发展，努力促进金融业更好地服务首都经济又好又快发展。副市长陈刚、市政府秘书长黎晓宏，区领导张大力、汪洪、于鹫隆陪同调研。

（陈仲举）

**【召开有突出贡献人才和优秀青年人才表彰大会】**　12月29日，丰台区第二届有突出贡献人才和优秀青年人才表彰大会在科技园区大讲堂召开，对18位优秀人才进行表彰。张大力同志强调要采取多项措施为人才成长搭建广阔平台。区领导李超钢、杜瑞琴、初建华、闫满成、杨逸铮、李明圣、汪洪、于长辉、于鹫隆、吕仕杰、张建国、李丽萍出席了大会。

（陈仲举）

## 组 织 工 作

**【概　况】**　组织工作认真学习贯彻党的十七大精神，深入贯彻落实科学发展观，按照“围绕大局、改革创新、群众满意”的要求，以服务保障奥运成功举办为重点，进一步加强领导班子、干部人才队伍、基层党组织和党员队伍建设。扎实开展党的十七大精神轮训，党员干部的理论武装工作取得新成效；充分发挥各级党组织和广大党员在服务保障奥运中的积极作用，党的组织优势和政治优势进一步增强；以提高执政能力和领导水平为重点，领导班子和干部队伍建设得到全面加强；以公开竞争、规范民主为重点，干部人事制度改革取得新进展；以促进区域经济社会发展为动力，人才发展环境进一步优化；以巩固执政基础和先进性建设为主线，基层党建工作焕发新活力；开展“讲党性、重品行、作表率，树组工干部新形象”的“集中教育年”活动，选取卢沟桥乡党委作为基层党代会代表任期制工作试点，探索党代表履行职责的方式和途径。全区党员缴纳特殊党费1336万余元。

（赵　军）

**【党的十七大精神轮训】**　年内，按照区委《认真学习宣传贯彻党的十七大精神的决定》，制定《处级干部党的十七大精神专题轮训方案》和《基层党组织党的十七大精神学习培训方案》，针对领导干部、基层党组织负责人、普通党员等不同对象采取不同形式，突出重点内容，增强学习针对性，确保培训全覆盖，实现了中央提出的“普遍轮训一遍”的要求。以处级领导干部为重点,正处级干部分3批集中脱产培训,副处级干部分6批举办轮训班。举办了基层党组织负责人学习贯彻党的十七大精神示范培训班。

(赵　军)

**【大规模培训干部】** 年内举办各类培训班43个,培训各类干部12000余人次。充分利用首都教育资源丰富的优势,邀请知名专家学者授课,举办了处级党政正职“学习实践科学发展观”周末大讲堂;着眼于解决本职岗位的难点问题,精心设计了副处级干部社会建设、建设服务型政府专题培训班;重点打造中青年干部培训班品牌,联合团区委举办了35岁以下优秀青年干部培训班,加强后备干部培养。

(赵　军)

**【动员组织各级党组织和广大党员服务保障奥运】** 制定了《关于进一步发挥全区基层党组织和共产党员在奥运筹办中的战斗堡垒作用与先锋模范作用的实施意见》,对全区领导干部、基层党组织和共产党员参与服务保障奥运提出明确要求。及时组织召开街道乡镇党组织服务保障奥运工作座谈会、全区基层党组织服务保障奥运工作经验座谈交流会,提高服务保障奥运工作的科学领导力,形成服务保障奥运工作的高效执行力,彰显了服务保障奥运工作的强势聚合力,增强了服务保障奥运工作的强大攻坚力。

(赵　军)

**【选派干部服务保障奥运】** 年内,为保障奥运会成功举办,选派了3名青年干部到北京奥组委技术部担任相关处室的负责人以及业务部门经理;选派了23名青年干部充实到垒组委运行团队,组织了30人的垒组委运行团队后备队。制定了《丰台区关于加强奥运特派员管理工作的意见》和《关于组织区机关干部下访的工作方案》,从全区抽调349名工作人员组成特派员队伍,抽调30名干部成立下访督导组,深入社区、农村,协助党(工)委开展矛盾排查调处工作。

(赵　军)

**【开展思想政治建设调研】** 8－10月,在2个街道、2个乡镇、4个委办局开展了领导班子和领导干部思想政治建设工作的调研,形成了《坚持把科学发展观贯穿到领导班子思想政治建设工作全过程》调研报告,在《北京组工通讯》刊载。

(赵　军)

**【加大干部交流力度】** 年内,调整干部154人,其中提拔干部39人,交流干部51人,核定副调研员21人,改任非领导职务11人,其他调整32人。对2007年提拔的副处级领导干部严格执行试用期制度,35名干部通过了试用期考察,按期转正。

(赵　军)

**【培养锻炼青年干部】** 年内,召开了青年干部实践锻炼工作部署会,启动第四批青年干部培养锻炼工作,选派15名青年后备领导人才、24名新进大学生,采取机关和基层互派,实现双向交流,加强培养。

(赵　军)

**【公开选拔副处级领导干部】** 10－12月,在全市范围内公开选拔了6名政府机关副处级领导干部,在全区范围内公开选拔7名街道办事处副主任。经网络报名、资格审查、笔试、面试、组织考察、任前公示等环节,从区外选拔了5名政府机关副处级领导干部,在区内选拔了7名街道办事处副主任。进一步扩大了选人用人的视野,更科学的实现了领导人才资源的引进与配置。

(赵　军)

**【调整补充后备干部库】** 年内,继续完善以考任分离为基础的领导干部资格准入制度,对全区处级党政领导班子后备干部队伍进行调整补充。现有在库人员526名,正处级后备171名,副处级后备355名。

(赵　军)

**【完善干部考核评价体系】** 年内，健全完善了体现科学发展观和正确政绩观要求的干部考核评价体系。将处级干部划分为正职、副职和非领导三种类型分层次进行考核，按照“德能勤绩廉”五个方面区分类别，科学设置不同内容的16个考核指标。所有处级干部测评结果均可以用线性方式表现，既可以分析其所在系统的平均值、最高值和本人16个指标所标的曲线，又可以分析各级干部在本系统、本级别的总体排名，为处级干部的考核、奖励提供了较为科学合理的依据。

（赵 军）

**【接收安置团职军转干部】** 2月，完成了2007年度行政团职军转干部接收安置工作，实际接收29人，其中正团职10人，副团职19人，共核定军转干部副调研员9人，主任科员18人。

（赵 军）

**【建设处级干部信息库】** 3月，根据市委组织部统一安排，完成全区807名处级干部信息库建设。

（赵 军）

**【接收云南、新疆来京挂职干部】** 3月和10月，先后接收云南、新疆来京挂职的两批干部，共8名。联系区委办、政府办、统战部、行政处等相关单位对挂职干部从各方面给以关照和帮助，为他们在京的生活、学习和工作提供最大的便利。

（赵 军）

**【博士生挂职】** 5月，按照市委统一部署，对第一批10名博士生挂职工作进行总结，对第二批6名博士生挂职工作进行部署。

（赵军）

**【组织干部体检】** 5月－7月，组织全区38名区级领导干部在北京体检中心进行了健康检查，573名处级干部在丰台区体检中心进行了体检。

（赵 军）

**【完善乡镇领导班子民主议事机制】** 年内，为进一步加强和改进乡镇党委工作，促进乡镇党委集体领导的制度化、规范化和科学化，经区委常委会研究通过，印发了《丰台区乡镇党的委员会议事规则》。

（赵 军）

**【加大干部经济责任审计力度】** 年内，对12名处级干部离任审计，对5个乡镇10名党政主要领导干部的任期经济责任“捆绑”审计。召开了街道系统领导干部审计工作会，进行了集中警示教育。

（赵 军）

**【开展科级干部选拔作用专项检查】** 深化对《干部任用条例》的监督，与区纪检委、人事局组成四个检查组，对卫生局党委等12个区属单位党委（党组）自2006年1月以来选拔科级干部（共191人）工作，进行了专项检查。采取知识测试、民主测评、查阅档案和干部谈话等方式进行，然后检查组对每个单位形成了专项科级选拔干部工作的评估报告。通过检查，有效地规范了区属单位党委（党组）用人行为，进一步加强了在干部选拔任用工作中坚持党的干部政策和原则的自觉性、主动性。

（赵 军）

**【一报告两评议】** 12月30日，在区委十届十次全会上，区委书记张大力代表区委在全会上报告了2008年的干部选拔任用工作情况。区委委员采用无记名画票的方式，在《干部选拔任用工作民主评议表》上对2008年区委的干部选拔任用工作情况进行了民主评议；在《新提拔干部民主测评表》上对全年选拔的15名正处级干部进行了民主测评。市委组织部干部监督处副处长杜彩霞同志莅临，指导落实“一报告两评议”工作。

（赵 军）

**【评选表彰优秀人才】** 年内，评选了8名突出贡献人才和10名优秀青年人才，隆重举行了表彰颁奖典礼，加强对外宣传，在社会上产生了广泛的影响。5名优秀人才获得北京市资助17万元。

(赵 军)

【召开人才工作领导小组会议】 4月1日,召开了区人才工作领导小组会议。坚持“集成要点、划分重点、分类指导、分层落实”,推进重点工作项目责任制,围绕“强化人才意识、加强人才管理、优化人才环境、加强人才宣传”四个方面,确立20个要点,细分为36项具体任务。

(赵 军)

【开展主题党日活动】 年内,开展了“树丰台形象、展党员风采、作奥运先锋”主题党日活动,组织了“五环相映党旗红”DV大赛和展板的评比活动。

(赵 军)

【完善社会领域党建工作格局】 年内,完成与社会工委党建工作交接,保持社区党建和“两新”组织党建工作的连续性。超前谋划2009年社区“两委”换届工作。指导推进楼宇党建、社区服务站、街道社会工作党委等试点工作。

(赵 军)

【实施基层党建创新项目】 年内,修订了《基层党建工作创新项目管理办法》,总结了2007年创新项目实践成果,确立了41个项目,加强立项审核和中期指导,有效推进了基层党建创新。

(赵 军)

【加强流动党员教育管理】 年内,完善流动党员信息库。纳入属地管理的流动党员984人,持有《活动证》398名。落实与外省市(河南新野县、四川巴中市)签订的流动党员双向共管协议,建立日常沟通交流机制,加强双向联系,协助流动党员党组织开展工作。

(赵 军)

【健全党内激励、关怀、帮扶机制】 年内,制定了全区困难党员帮扶工作意见,设立帮扶老党员、困难党员专项资金,规范了帮扶工作流程,完善了老党员、困难党员爱心医疗帮扶制度。全年为25名困难党员拨付12.5万元专项帮扶奖金,拨付老党员医疗和生活补助专项经费27.84万元,为444名老党员、困难党员办理爱心医疗服务卡。

(赵 军)

【开展“讲党性、重品行、作表率”活动】 年内,开展“集中教育年”系列活动,安排内容丰富多彩,采取方法灵活多样。分2批组织专职组工干部赴井冈山进行革命传统教育,举办系列专题培训,开展主题研讨活动,开拓工作新思路,达到“武装头脑、坚定信念、熟知业务、开阔思路”的目标。

(赵 军)

【开展调研分析活动】 年内,精心设计民意调查问卷。调查问卷分处级党政一把手、专职组工干部、其他干部群众三类不同调查对象,制定了三份不同问卷,共计发放800余份。围绕领导班子建设、组织部形象和组工干部能力素质、基层党的建设、扩大党内民主和党外监督等方面召开了由不同层面人员参加的6个座谈会。坚持“开门搞活动”,通过《丰台报》、政府网站等渠道广泛征求意见。经过分析评议,共整理出五大类共88个问题。

(赵 军)

【组工干部培训】 年内,举办组工干部培训班,把工作部署、专业知识学习、研讨交流、沟通联系四个方面紧密结合,全区136名组工干部参加了培训。

(赵 军)

## 宣传工作

【概 况】 年内,丰台区宣传工作把握正确的思想、舆论导向,努力为建设现代化新城区提供理论指导、舆论力量、精神支持和文化条件。以学习宣传贯彻党的十七大、市第十次党代会和区第十次党代会精神为重点,抓好中心组学习，创新学习方法，开展深入系统的理论学习，进一步提高领导干部运用理论指导实践的能力。坚持面向基层，创建“社区周末大讲堂”，加强理论宣传的力度和广度。加强新闻制度建设，坚持正面报道为主、负面报道为辅，突出重点栏目报道，推出全新栏目，正确把握舆论导向。深入宣传区委区政府的重大决策部署，重点宣传丰台区全面落实科学发展观、构建社会主义和谐社会、建设社会主义新丰台所取得的重要成果，统一全区干部群众的思想和行动。整合媒体资源，加强四大功能区、迎讲树活动、文化创意产业等重点工作的宣传报道力度，策划了“奥运倒计时500天”、卢沟文化节、总部文化论坛、花乡草花节、卢沟晓月中秋庙会、大红门服装节等重大宣传活动，集中展示了全区的发展成果，巩固发展了积极向上、团结和谐的社会主流舆论。

（袁铁军）

**【举办贯彻十七大精神研修班】** 1月14日至16日，为深入贯彻十七大精神，丰台区举办了为期三天的文化研修班。参加人员为各单位主管宣传的领导及部门通讯员。区委常委、宣传部长李明圣做了“实施文化战略，建设文明丰台”的专题报告，进一步明确了2008年宣传思想工作的主要任务，副区长吕仕杰做动员讲话，通过培训，进一步理解掌握了十七大精神，为建设人文丰台、魅力丰台和顺利开展2008年思想教育宣传工作奠定了基础。

（袁铁军）

**【组织草桥灯会的策划与宣传】** 2月，会同有关部门，进行了草桥灯会的新闻策划与宣传，首都媒体采访及地方媒体转载报道100多篇；《北京日报》刊发两个半版，《北京晚报》刊发一个半版，北京电视台黄金时段播出广告，《竞报》刊发5个整版，千龙新闻网开设新闻专题，进行全程跟踪报道，吸引游客16万人。

（袁铁军）

**【组织实施“幸福生活讲师团”宣讲试点】** 3月26日，丰台区举行了“幸福生活讲师团”启动仪式。“幸福生活讲师团”以“我学习，我收获，我幸福”为主题，按照先试点，后推广的方法，把法律与生活、节能与生活、健康与生活、公德与生活内容制成菜单，下发到试点单位，由居民按需求选择讲课内容，在此基础上进行梳理，共进行了32讲，活动得到居民的高度赞扬，起到了较好的社会效果，各大新闻媒体给予了及时报道。

（袁铁军）

**【组织实施社区周末大讲堂】** 4月29日，2008年度“社区周末大讲堂”启动仪式在长辛店街道启动，2008年“社区周末大讲堂”秉承“以人为本、传承文明、构建和谐、迎接奥运”的理念。全年共举办11场讲座，每次讲座都由社区居民选题目、选场所、选时间，讲座内容充实，形式活泼，3000居民直接收益，受到群众一致好评。

（袁铁军）

**【举办抗震救灾英模事迹报告会】** 6月30日，在区文化馆举办了“丰台区抗震救灾英模事迹报告会”。来自南苑机场、武警丰台消防支队、武警黄金水电指挥部、丰台医院急诊科、东铁匠营医院、北京电力医院等八个单位参加抗震救灾的同志，报告了在抗震救灾工作中平常但不平凡的英雄事迹，诠释了万众一心，抗震救灾的的中华民族的宝贵精神，凝聚了人心，取得了很好的社会效果。

（袁铁军）

**【组织奥运系列宣传活动】** 年内，结合迎奥运倒计时100天，组织了系列宣传活动。成功举办了“丰台为绿色奥运添彩”、评选“金牌治安志愿者”等新闻发布会。奥运火炬在丰台区传递期间，注重加强媒体管理，做好分段服务，确保了境内外记者采访团和自发前来的记者有序采访，北京电视台等主流媒体充分报道了火炬传递盛况。奥运会开幕当天，《北京日报》登载了《丰台为奥运盛会添彩》整版文章，《丰台报》推出《奥运特刊》，丰台有线推出奥运系列报道；莲花池公园奥运文化广场演出32场,演员和观众达21万人。得到中央电视台、北京电视、澳大利亚国家电视台、卡塔尔半岛电视台、日本电视台等近20家境内外媒体报道,创下了公园阶段性游客最多、活动最丰富、媒体采访最多的新纪录。

(袁铁军)

**【组织丰台一日游活动】** 9月25日至10月26日,组织了"爱祖国、爱北京、爱家乡"丰台一日游,机关各部委办局、社区居民、丰台区"百名文明之星"和参与"神七"发射的"航天一院"、"航天三院"的工程技术人员、"首都五一劳动奖章获得者"共15000人次参与了一日游活动。此次一日游,共分三条路线。参加人员可自愿选择一条线路、一个景点,也可选择多条线路、多个景点。达到了方便群众、拓宽教育宽度、深化教育效果的目的,极大的激发了区内民众爱丰台、建丰台的热情。北京广播电台、北京电视台、北京日报等媒体分别作了专题采访、刊播了消息。

(袁铁军)

**【组织"我的丰台我的家"征文活动】** 4月-11月,组织了"我的丰台我的家"纪念改革开放30周年征文活动,共收到社会各层面、各行业人员征文928篇。按照"公开、公正、公平"的原则,由五位专家,对每篇文章进行了编号,进行了两轮筛选、两轮初评,分别评出一等奖1名、二等奖3名、三等奖9名。通过征文活动,极大的激发了丰台民众知丰台、爱丰台、建丰台的热情。

(袁铁军)

**【组织"我的丰台我的家"演讲比赛】** 12月18日,丰台区举办"我的丰台我的家"纪念改革开放30周年演讲比赛,11名来自不同行业的参赛选手讲述了丰台改革开放30年的巨大变化,得到广泛的赞誉。

(袁铁军)

**【组织大红门服装节的策划宣传】** 10月,组织策划了2008年大红门国际服装节的宣传与报道。"神舟七号航天服现身大红门服装节"、"大红门服装表演队身着56个民族服装亮相天安门广场"、"金剪刀"服装工艺大赛、"大红门市场十年巨变"等主流媒体的宣传报道引起广泛关注,推动了大红门培育"品牌、时尚、活力"的市场形象。使其获选人民网2008年最受关注评选活动。

(袁铁军)

**【组织策划首届北宫彩叶节】** 10月20日至26日,举办"到北宫看彩叶、到千灵山观金佛、到南宫泡温泉、到长辛店吃农家饭"为主题的"2008北宫彩叶节"。区委宣传部组织了中央及市级媒体,召开了两次新闻发布会。新华社进行了专题宣传,BTV-1《北京新闻》对"北宫彩叶节"进行了独立报道。《北京晚报》做了北宫彩叶节的宣传专版。通过策划性报道,北宫旅游场面火爆,知名度极大提升,河西旅游资源进一步整合。新闻宣传产生了极大的社会效益,有效扩大了北宫及丰台的知名度、美誉度。

(袁铁军)

**【推动文化创意产业】** 年内,按照"抓调研、抓规划、抓政策、抓基地、抓项目、抓企业"的基本思路,积极推动区内文化创意产业发展。DPOK跨媒体复合出版示范工程、戏曲动漫产品开发示范项目、世界花卉大观园花卉文化旅游产业项目、万丰千禧街婚庆文化创意中心及易通时代广场等5个项目获得北京市1201.11万元专项资金的支持。北京大红门服装服饰创意产业集聚区获得北京市文化创意产业领导小组的认定,实现了丰台区文化创意产业集聚区零的突破。俏佳人传媒股份有限公司、北京松雷文化传媒发展有限公司被文化部评为国家文化产业示范基地称号。推荐星派九苑等有关企业参加北京市文化创意产业投融资推介会。积极推荐优秀企业参加2008第三届中国创意产业年度大奖活动,北京松雷文化传媒发展有限公司、俏佳人传媒股份有限公司等单位获得六项大奖。

(袁铁军)

## 精神文明建设

【概　况】　丰台区精神文明建设工作在区委区政府的正确领导下，在首都文明办的具体指导下，以科学发展观为统领，以建设社会主义核心价值体系为根本，以营造良好的人文奥运环境为重点，大力开展“迎讲树”活动，圆满完成了奥运会和残奥会筹办保障任务。被市委市政府、北京奥组委、北京奥运会志愿者工作协调小组和首都文明委授予北京奥运会、残奥会先进集体，北京奥运会、残奥会文明观众、拉拉队工作优秀组织单位，首都志愿奥运好团队等荣誉称号。

（章广伟）

【深入开展“迎讲树”活动】　年内，“迎讲树”活动到了最后冲刺和成果检验阶段。着重抓了三个方面的工作：高标准做好规定动作，不折不扣地完成市委市政府下达的任务；高质量做好区、委办局、街乡镇的自选动作，靠自选动作出彩；健全长效机制，并在此基础上协调开展赛时服务保障工作。

（章广伟）

【开展宣传普及文明风尚志愿服务行动】　全区40多万群众参与《全国迎讲树文明礼仪知识竞赛》答卷；广泛开展了“学习公德楷模、争做文明市民”主题宣传教育活动；奥运场馆周边的17万市民群众接受了迎奥运全民培训强化培训。

（章广伟）

【开展赛场文明志愿服务行动】　年内，通过千人“文明啦啦队”组建、培训、演练和展示，开展赛场文明引导行动；组织2000多名市民现场观看亚冠足球联赛，进行赛场礼仪知识和中日关系等内容的培训，并对文明赛场行动成果进行了检验。

（章广伟）

【开展窗口行业志愿服务行动】　年内，对全区9个窗口行业单位2.9万名员工进行了专项奥运培训，通过岗位规范、职业技能和英语、手语、防灾避险培训，推动奥运微笑服务形成规范。全区窗口行业24万人次参与了志愿服务活动。

（章广伟）

【开展平安奥运志愿服务行动】　年内，广泛发动基层组织和市民群众开展“看家护院”、“护城筑城”为内容的社会治安综合整治，努力化解不安全、不稳定因素，350万人次的市民参与其中。

（章广伟）

【开展改善城乡环境志愿服务行动】　调动社会力量参与绿化美化和环保实践活动，开展了3次“清洁城市，走进2008”活动，10万群众参加，有效改善了乱扔乱涂等不文明行为，引导市民群众自觉维护市容环境，养成良好行为习惯。

（章广伟）

【开展文明交通志愿服务行动】　年内，围绕“过路要看红绿灯，开车礼让斑马线”全民行动和“文明乘车从我做起”活动，组织各类社会公共文明志愿者参加每月11日的宣传实践活动，为行人答疑指路、清理非法小广告、制止不文明行为，公共文明环境得到优化。

（章广伟）

【开展扶残助残志愿服务行动】　年内，积极推进“无障碍推动日”暨“志愿者服务奥运，争做文明使者”主题实践活动，广泛开展志愿者助残、红领巾助残、贴心人服务队助残活动。全区50支志愿服务队5000多人经常为2万多残疾人提供服务。

（章广伟）

【重点活动规模大覆盖面广】　年内，全区统一策划开展了“文明和谐迎新春系列服务民生活动”、“欢欢喜喜过新年系列春节文化活动”、“学雷锋志愿服务月”、幸福生活讲师团宣讲、周末社区大讲堂等活动，22万余市民直接参与，覆盖人群190余万人。全区700多支群众文化活动队伍和489个晨、晚练点组织了各种类型的活动,每天吸引2.6万群众参与。丰体中心场馆周边地区开展的“微笑北京、唱响奥运”、“和谐卢沟与奥运同行”主题活动,吸引5万余市民群众参与。

(章广伟)

【基层特色活动影响大有新意】 年内,各街、乡(镇)积极组织社区(村)和社区单位,结合奥运倒计时100天、50天等节点,积极举办了“唱奥运歌曲,圆百年梦想”群众演唱比赛、文明百星放飞奥运风筝、“小手牵大手,奥运同步行”、“我参与、我奉献、争做一天奥运宣传员”、“赞和谐新村,迎奥运盛会”笔会等特色活动,吸引百万市民参与、奉献和快乐。委办局结合自身实际,先后开展了“万家齐参与,同心迎奥运”、“和谐丰台,快乐奥运”社区奥林匹克文化年和奥运文化广场、“健康奥运、活力丰台”全民健康行动、“全民健身与奥运同行——我参与,我奉献,我快乐”、“保驻地平安,为奥运奉献”、“办奥运有我一份,讲文明从我做起”、“迎奥运礼仪培训大讲堂”、“迎奥运、强素质、树形象”、“丰台十大志愿者评选”和妇女岗位练兵展示会等活动。

(章广伟)

【社会宣传全方位声势强】 年内,全区着重从环境布置、媒体宣传、内部信息3方面着手,开展活动营造氛围。利用社区750组精神文明宣传栏、宣传橱窗和社区单位电子显示屏开展“迎讲树”宣传。统一印发了宣传海报5万张,宣传年历10万张。《丰台报》刊发“迎讲树”活动专题栏目23期。《丰台有线》电视台制作播出相关新闻600余条,播出《相约奥运》专题宣传栏目16期。在国家、市级报刊媒体发稿200余篇,在中央电视台、北京电视台播出相关新闻12条。在千龙等大型门户网站发稿及被其他网站转载稿件163篇,首都文明热线网站发稿180篇,区政府网站发稿210篇。编发《丰台区“迎讲树”活动简报》68期、《文明乘车工作简报》77期。

(章广伟)

【拓宽创建范围完善创建工作机制】 年内,创建活动进一步向驻区中央、市属单位,新经济组织开放并为他们参与创建和评选提供便利,同时将区委区政府所属工作部门、机构全部纳入创建申报和评比范围,拓宽了文明创建的范围。年内,全区参创申报文明单位达到623家,比2007年的551家增加72家。其中,扩展范围内参与创建活动并提出参评申报的区属机关42家,科技园区企业13家。

(章广伟)

【优化创建环境】 年内,以筹办奥运为契机,优化社会文明氛围,实化文明创建功能,积极解决城乡创建中的瓶颈问题,重点突破老旧小区创建中环境改造等难点,把精神文明创建工作做深做实。充分调动各单位和各界群众参与创建的热情,促使其更多地关注和参与社会公共事务,城乡环境明显改善,社会文明风尚大幅提升。

(章广伟)

【精神文明创建成果显著】 年内,花乡榆树庄村获得全国文明村镇称号,丰台一小获得全国文明单位称号,卢沟桥乡大井村获得全国创建文明村镇工作先进村镇称号,丰台地税局、长辛店医院、云岗街道南一社区获得全国精神文明建设先进单位称号。军警民共建工作成果显著,年内有15个军地单位和7名个人获得市级先进称号,受到首都文明委表彰。21个街道(乡镇)全部开展了创建活动,17个街道(乡镇)被评为市、区级文明街道(乡镇),街道(乡镇)创成率为81%;334个社区(村)开展了创建活动,239个社区(村)被评为市、区级文明社区(村),创成率为71.6%;全区612家单位获得市、区级文明单位称号,在2007年基础上增长11.3%。

(章广伟)

## 统战工作

【概况】 年内,统一战线工作以邓小平理论和“三个代表”重要思想为指导，全面贯彻落实科学发展观，深入学习贯彻党的十七大精神，按照中共丰台区委第十届六次全会工作部署，以“平安奥运”、纪念改革开放三十周年、“五一口号”发表六十周年和抗震救灾等重点工作为主线，充分发挥统一战线凝聚人心、汇集力量的作用，为实现区域经济又好又快发展、推动和谐社会建设、举办一届有特色高水平的奥运会做出了突出的贡献。

（刘占江）

**【尤兰田调研统战工作】** 4月3日，市委常委、统战部长尤兰田调研统战工作，并认真听取基督教聚会点管理和治理工作情况和贯彻落实《北京市宗教界代表人士2008—2012年培养规划》情况汇报。尤部长强调指出：今年是奥运之年，要着重抓好三项工作。第一，要进一步强化责任意识和政治意识，认真学习好、落实好2008奥运宗教工作预案，突出两手抓。一手抓好宗教服务，另一手抓好抵御渗透。第二，落实好《北京市宗教界代表人士2008—2012年培养规划》，要按照“政治上靠得住，学识上有造诣，品德上有操守”的原则，进行有针对性的教育和培训。第三，要进一步树立基层工作意识，把工作重心向下移、向前移，加大对基层工作的投入，切实抓好基层宗教工作，同时对丰台区的统战工作给予了充分肯定。

（刘占江）

**【召开纪念改革开放30周年座谈会】** 12月13日，丰台区统一战线各界人士汇聚一堂，以“抚今追昔 展望未来”为主题，隆重纪念改革开放30周年。7名分别来自民主党派、无党派、工商联、民族宗教、侨界、台商的代表，用各自的经历和感悟与大家共同回顾了改革开放30年来丰台区统一战线发展壮大的历程。区委副书记闫满成，区委常委、组织部长、统战部长于长辉，区人大常委会副主任吕跃进，区政协常务副主席鲍顺新，区政协副主席、区委统战部常务副部长周大春，区政协副主席刘占良出席了座谈会。

（刘占江）

**【纪念“五一口号”发表60周年活动】** 年内，紧紧把握坚持中国特色的政治发展道路这个主题，开展纪念“五一口号”60周年纪念活动。在《丰台报》刊登了纪念“五一口号”发表60周年文章。组织各民主党派和无党派人士赴西柏坡参观学习，重温建立新中国的光荣历史，回顾了多党合作的光荣历程，增强了在中国共产党领导下发展中国特色社会主义的信心和决心。

（刘占江）

**【各界人士奉献爱心】** 5·12汶川大地震后，各民主党派、民族宗教、归侨侨眷和非公有制经济企业紧急行动起来，捐款捐物近500万元。8名党派成员到灾区第一线参加医疗救治和抗震救灾工作，多名企业家紧急赶赴灾区，参与灾害救助和灾后重建工作。

（刘占江）

**【为统战成员办实事】** 年内，为民主党派增加培训费10万元；改善民主党派办公环境，为各民主党派装修、安装设备共计100万元；为民主党派、工商联负责人体检；为5名家庭特别困难的党派、工商联负责人给予一定生活资助。

（刘占江）

**【多党合作建设】** 年内，进一步贯彻落实京丰发［2006］12号文件精神，协助区委召开协商会、通报会、座谈会8次。通报了区委十届八次会议精神、党风廉政建设和区域经济运行情况，座谈了全区奥运筹办和改革开放30周年的伟大成就，广泛听取和吸纳党外人士的意见和建议。为区委区政府决策提供了参考和依据，促进决策的科学化、民主化。

（刘占江）

**【区委常委与党外人士交朋友】** 年内，完善区委常委与党外人士交朋友制度，调整、充实了9名区委常委与18名党外人士交朋友名单。特别增加了9名新的社会阶层代表人士比例。

(刘占江)

【组织知识竞答活动】 年内,组织区属各单位积极参加市委统战部与《北京支部生活》杂志社联合举办的《中国的政党制度》知识竞答活动。全区共有56个单位参与竞答,收到答卷10617份,并获得优秀组织奖。对知识竞答活动进行了评比表彰,进一步推动了基层单位对中国政党制度的学习,深化了对国家政党制度的理解。

(刘占江)

【提案办理】 年内,办理农工党区工委提出的关于"加强我区民主党派女性参政议政能力培养的建议"的提案;工商联提出的"关于在非公有制经济人士中大力开展宣传贯彻十七大精神活动的建议"的提案和王虹委员提出的"加强对党派推荐人员履职情况反馈的建议"提案。

(刘占江)

【宗教工作纳入平安奥运体系】 年内,为认真做好奥运宗教工作,确保奥运会、残奥会顺利召开,丰台区把奥运宗教工作纳入了平安奥运体系,成立了丰台区奥运宗教服务工作协调小组,制定了《丰台区奥运宗教服务工作预案》,召开了全区奥运宗教服务工作会议,对奥运前和奥运期间的宗教工作进行了部署,提出了工作要求和工作目标,确保了"平安奥运"工作的顺利进行。

(刘占江)

【确保宗教活动场所安全】 年内,为确保平安奥运总体目标的实现,保证宗教活动场所的安全,区奥运宗教服务工作协调小组办公室对全区六处宗教活动场所进行了系列安全检查。区财政拨款六万元为基督教丰台堂更换了新的变压器,消除了安全隐患。指导各爱国宗教团体就突发事件的应急处置、信教群众骨干力量的配备等问题进行了详细部署。

(刘占江)

【宗教活动场所平安迎奥运】 区各爱国宗教团体依据区委、区政府工作部署,针对各宗教活动场所的不同情况,制定工作预案,安排神职人员和信教群众骨干反复演练,区基督教三自爱国运动委员会在丰台堂,安排神职人员和200多名信教群众骨干做好信徒接待和安全保卫工作。对讲道人、讲道内容、教堂的内外环境布置、堂内安全保卫、贵宾席的安全保卫、突发事件的应急处置、贵宾车辆的停放、信教群众随身物品存放等问题都做好了充分准备。

(刘占江)

【"我与和谐社会"论坛活动】 年内,与区政协、区政府民宗侨办联合举办"我与和谐社会"论坛活动,统战系统各单位共推荐77篇作品参选,邀请12名各界代表人士发言,交流了参与和谐社会建设的经验和体会,强化了为社会服务的意识,增强了构建和谐社会的信心。

(刘占江)

【社区民族】 年内,丰台街道永善社区《创造力 感召力 生命力 凝聚力,"四力合一"实现社区民族和谐》等四篇社区民族工作经验介绍编入《北京市社区民族工作经验交流会资料汇编》。

(刘占江)

【举办培训班】 4月17－19日,举办民主党派中青年骨干成员、党外代表人士及新社会阶层代表人士培训班,各民主党派、无党派人士、新社会阶层共计180人参加了培训。4名党外后备科级干部参加了区委组织部中青年后备干部脱产培训班学习。4名新社会阶层代表人士参加北京市社会主义学院研修班学习。对街乡(镇)和社区、村干部400余人进行民族宗教知识培训,增强了基层干部处理民族宗教问题的能力。组织街乡(镇)和社区干部举办4场涉台教育大讲堂,受教育者达1200余人。

(刘占江)

## 对台工作

**【概 况】** 年内,在区委、区政府的领导和市台办的指导下,全区对台工作坚持以十七大精神为指导,深入贯彻落实科学发展观,认真贯彻上级部门的工作部署和指示要求,紧紧围绕应对台海形势的变化"营造良好稳定局面和全力办好奥运"两件大事,切实履行"组织、指导、管理、协调"八字职能,较好的完成了各项对台工作。全年办理赴台手续18件,46人次;独立组团1个。接待台湾团组3个,65人次。

(马伟忠)

**【召开区委对台工作领导小组扩大会议】** 3月初,组织召开了区委对台工作领导小组扩大会议。会上,副区长吕仕杰传达了市涉台稳定专项工作会议精神,部署了"高危期"的对台工作。区委书记张大力强调了对台工作具有很强的政治性、政策性、敏感性,要求全区各级党委、政府和涉台工作部门要妥善处理台商投诉,防止重大政治影响事件的发生,确保涉台工作稳定。

(马伟忠)

**【高标准做好涉台奥运工作】** 年内,积极落实市委、市政府、市台办会议精神,以讲政治和高度负责的态度,备战奥运服务奥运。召开全区会议,及时传达了上级指示精神,部署奥运期间涉台稳定工作;在区长办公会、区奥运筹备及赛事保障领导小组进行专题汇报;就奥运期间涉台突发事件应对及妥善处置,对有关人员进行了专项培训;制发了《丰台区奥运期间涉台突发事件处置应急预案》,建立紧急联系人制度;对北京奥组委推荐"采访线"涉及丰台区的垒球场、卢沟桥旅游区、科技园区等重点地区予以关注;参与完成奥运火炬在丰台区的传递及奥运期间集会和游行点的维稳工作。

(马伟忠)

**【认真做好涉台赛事服务与保障】** 年内,针对台湾的重点项目女垒在丰台区场馆比赛的实际情况,积极做好赛事保障工作。做好赛事期间的媒体接待工作。组织场馆工作人员进行了专项培训,并发放宣传及工作手册;与区工会协调,对丰台区啦啦队进行专项指导,在各项涉台赛事中承担重要任务;关注涉台赛事,重要赛事现场观赛。陪同国台办、市台办领导,现场观看中国女子垒球队与中国台北女子垒球队等涉台重要赛事。

(马伟忠)

**【结合台海形势开展涉台教育】** 根据北京市涉台宣传教育工作安排,积极开展"三推进"工作。加强与承担过涉台交流任务和有台生就读的学校以及赴台交流过的师生的联系指导,通过丰富的涉台活动带动校园深入开展涉台宣传教育。就不同层次培训班开设涉台教育课目与组织部沟通,在副处级领导干部"建设服务型政府"专题班上纳入了涉台教育课,使广大干部更好的领会中央对台大政方针。组织基层干部举办了6次涉台教育大讲堂,受教育干部群众达1200余人。

(马伟忠)

**【举办"台情"交流座谈会】** 11月,组织有关单位、街乡主管领导,与区民革党员、台研院的专家开展了"台情"交流座谈会,深层研究和探讨了台海形势,为促进交往搭建了平台,扩大了对台教育的影响力和广泛性。

(马伟忠)

**【接待台湾有关人士来访】** 年内,受邀接待台北广播工会参访团到驻区台企"中华卫星电视股份有限公司"参访;接待了台湾东森电视台到丰台区拍摄《发现新大陆》纪实片的任务;圆满完成前国民党副主席蒋仲苓及夫人一行参观抗日战争纪念馆及卢沟桥的接待任务。

(马伟忠)

**【组织参加"六一"国际儿童节计算机大赛】** 5月,由信息产业部等八个部委联合主办,台企威盛公司冠名赞助的第十七届全国"六一"国际儿童节计算机大赛北京赛区决赛在区教委信息中心成功举办。区台办组织参赛指导老师参加培训,督促全区中小学生报名参赛。全区8000余名中小学生参加了比赛,其中11名选手进入总决赛,丰台区获得最佳组织奖。

(马伟忠)

**【妥善处理台商投诉】** 年内,受理台商投诉11起。区领导高度重视台商投诉,主管区领导亲自参与走访企业、处理疑难案件,涉台投诉信件主管领导阅批率达100%。

(马伟忠)

**【驻区台企台商积极参与抗震救灾】** 四川发生特大地震灾害后,驻区台资企业通过不同渠道向灾区奉献爱心,积极参与抗震救灾。旺旺集团北京大旺食品有限公司向灾区捐赠3000箱价值28万余元的食品。区台办积极协调区民政局捐赠中心,为赴灾区的爱心车辆办理了"绿色通道"手续。

(马伟忠)

**【为台商、台企提供服务】** 10月,走访了几家驻区重点台企,针对台企、台商在执行《劳动合同法》过程中遇到的问题,举办了台企《劳动合同法》座谈交流暨区长接待日活动,做到了"服务面对面、交流心换心"。市台办副主任于建明、副区长吕仕杰及市、区劳动和社会保障局有关负责人参加了座谈交流。

(马伟忠)

**【组织驻区台商参加各项活动】** 年内,组织台商"丰台一日游"活动,参观了中关村科技园区丰台园、南宫新农村建设,游览了北宫森林公园;组织台商参加丰台区统一战线改革开放30周年座谈会和经济专家针对受美国金融危机影响的全球经济形势专题报告会;组织基层对台干部、台企参加了北京市第三届"台商杯"球类运动会。

(马伟忠)

## 调查研究工作

**【概　况】** 年内,全区调查研究工作加快工作节奏,认真贯彻党的十七大精神,充分体现落实科学发展观,坚持围绕中心,服务大局,在调研选题、出刊、基层联络和培训形式上力求创新,调研成果丰富。加强对区委区政府重点调研课题的研究和协调;《丰台研究》以"参阅信息"、"正刊"、"专题信息"三种形式成为展示全区调研成果的平台。强化对基层调研人员的联络,将集中培训与日常调研指导结合起来。重视研究资料的收集和整理,建立了报纸和电子资料文件库。组织好区委区政府专家顾问工作,及时征求专家对丰台经济社会发展的建议。认真做好民主党派提案的答复工作。

(王志英)

**【区重点调研课题】** 年内,由区级领导主持的全区重点调研课题9个,研究室承担《丰台区实践科学发展观研究》、《北京丽泽金融商务区发展战略研究》、《丰台区城乡一体化发展研究》和《丰台区文化创意产业研究》4个重点调研课题。对区重点调研给予指导,及时协调调研工作中出现的问题。4月17日,召开区重点课题10个牵头单位负责人会议,研究讨论调研工作方案,进行反复论证,以求调研报告有较强的针对性和可操作性。9月5日,再次召开主管领导和执笔人协调会,确定完成时间,保证区重点课题按时高质量完成。创新研究方式,在《北京丽泽金融商务区发展战略研究》调研中,充分发挥北京市智力密集优势,聘请北京特华财经研究所,借助专家学者力量,着力提高研究水平。创新报告形式。《丰台区文化创意产业研究》在集中完成主报告的基础上,采取子课题的形式,形成系列调研报告并及时刊发《丰台研究》,区领导先后做出批示,成果得到了尽快转化。

(王志英)

**【重要文稿和文稿起草】** 年内,参与起草区委区政府文件主要有:《向市委研究室作关于加快南城发展的汇报》、《区委区政府贯彻〈北京市加强社会建设实施纲要〉实施意见》、《区委区政府贯彻十七届三中全会的实施意见》、《政府工作报告》等。完成和参与完成的区领导文稿有:《张大力书记在区委全会上的报告》、《在奥运会残奥会总结表彰大会上的讲话》、《在区委党校成立50周年大会上的讲话》、《李超钢区长上半年经济形势分析会上的讲话》等,市委组织部《区委书记谈人才》;闫满城副书记在北京日报上的理论文章《做好新时期群众工作》,区领导《在大红门国际服装节和京港洽谈会上的讲话》等等。

(王志英)

**【统筹协调全区调研工作】**　4月10日召开全区调研工作大会。5月5日,下发《关于进一步做好年度调研工作的通知》。及时与全区各委办局和基层单位进行沟通,5月中旬,分口、分片召开3次专题工作会,指导协调调研选题和工作进展,督促各单位按时高质量完成调研任务。

(王志英)

**【协助配合调研工作】**　年内,市委、市政府研究室4次到区进行南城发展、道路微循环建设、社区建设、绿化隔离地区和城中村建设等专题调研,研究室积极创造条件,认真组织调研会议,使市委市政府研究室及时准确地了解丰台区最新情况和最迫切需要解决的问题,力争为区建设发展争取到更多上级支持。配合市委办公厅和北京电视台南城发展专题拍摄,力争在片中多反映丰台情况,多关注丰台发展。此外,认真配合区相关部门开展贯彻十七届三中全会调研和城市管理体制创新调研。

(王志英)

**【区领导听取调研工作汇报】**　6月16日,区委书记张大力听取了研究室主任汝玉虎工作汇报,在对研究室全面工作表示肯定的同时,也对全区调研工作提出了指导性意见。他强调:要切实提高学习能力和工作创新能力。研究室是理论和实际工作结合最紧密的部门,要加强各种理论知识、政策法规、社会知识的学习,在把握区委区政府决策意图、工作思路和重要部署的基础上,深入研究区情,准确掌握理论和实际工作的结合点;调查研究工作要紧密结合实际,深入基层,掌握实情,准确把握经济社会发展的实际情况和群众的真实意愿,及时把调研成果转化为推动工作开展的新思路和新举措;要注重调研报告的多样性,既要有很深刻的分量重的调研课题报告,也要有针对具体问题一事一议的专题解决方案和建议;研究室要加强培训,强化指导,充分发挥全区专兼职调研队伍和社会调研力量的作用;要加强班子和队伍建设,不断提高调研工作人员的整体素质。区领导于鸷隆陪同参加。

(王志英)

**【丰台区实践科学发展观研究】**　年内,对区重点调研课题丰台区实践科学发展观情况进行了深入调研。该调研报告在全面总结全区产业结构调整、基础设施建设、统筹城乡发展、妥善处理社会矛盾、领导班子和干部队伍建设等贯彻落实科学发展观总体情况的基础上,指出了影响和制约丰台区实践科学发展观的六大突出问题,提出了走高端高效高辐射产业发展之路、加快基础设施建设、深化城乡二元体制改革、创造更多民生资源,全力维护社会稳定、建立科学考核评价体系等丰台区进一步实践科学发展观的具体思路。

(王志英)

**【丽泽金融商务区研究】**　年内,为贯彻落实北京市委、市政府《关于促进首都金融业发展的意见》,形成《丽泽金融商务区发展战略研究》。该调研报告对北京丽泽金融商务区面临的形势、发展机遇、发展条件、功能定位和战略目标进行了详细的分析论证;对丽泽金融商务区重点发展产业(银行业、保险业、证券业、信托、期货、金融租赁、财务公司)及金融中介服务业进行了详实阐述;对丰台区加快丽泽金融商务区开发建设在规划、建设、运作、宣传、招商引资、体制创新、政策倾斜等方面提出了可操作性的具体意见和建议。

（王志英）

**【养老服务社会化研究】** 为加快推进以养老服务社会化为重点的社会福利事业发展，建立以居家养老为基础、社区照顾为依托、机构服务为补充的养老服务体系，由民政局承担，对区这一重点课题进行了深入调研，形成《丰台区养老服务社会化发展状况调研报告》。该报告对丰台区老年人社区养老及机构养老的情况进行了详细摸底调查；针对养老服务社会化存在的问题，提出了养老服务社会化体系建设的目标和对策。

（王志英）

**【编辑出版《丰台研究》】** 年内，编辑出版《丰台研究》36期，其中"参阅信息"7期、"正刊"19期、"专题信息"10期。《丰台研究》在内容上注重反映全区各单位工作和政策执行中存在的问题和困难、工作创新体会及工作探索等。全年共收到全区各单位一把手调研报告近110篇，有5篇调研报告被市委研究室《北京调研》和市政府研究室《工作研究》采用。

（王志英）

## 老干部工作

**【概　况】** 全区老干部局工作以学习贯彻党的十七大和十七届三中全会精神为统领，以邓小平理论和"三个代表"重要思想为指导，深入贯彻落实科学发展观，按照"全面做好离退休干部工作"的要求，明确"抓学习，迎奥运，保健康，促和谐"的总体工作思路，全面落实北京市第21次老干部座谈会和丰台区2008年老干部工作会议精神，进一步落实离休干部政治、生活待遇，扎实推进老干部党支部建设和思想政治工作，积极发挥老干部在全面建设小康社会中的作用，关注老干部工作面临的新情况，努力开创老干部工作的新局面。

（田　雨）

**【召开区老干部工作会议】** 1月30日，在国润商务酒店召开2008年老干部工作会议。贯彻市第21次老干部座谈会精神，总结2007年老干部工作，部署2008年工作，并对2006－2007年度老干部工作先进集体和先进个人进行表彰。区委书记张大力，区长李超钢，北京市老干部局副局长高力，原人大主任贾长威，原丰台区区长郭俊彦，原人大主任石修耕，区委副书记阎满成，区委常委、组织部长杨逸铮，区委常委、区委办公室主任于鸷隆出席了会议。区委老干部工作领导小组成员及有离休干部单位的主管领导、局级离休干部及离休干部代表等参加了会议。会议由区长李超钢同志主持。

（田　雨）

**【改善活动中心设施】** 年内，投入120多万元，对活动中心主楼外墙、楼内上下水管线、电路及门球场进行了维修改造，改善了老干部的活动环境，确保了活动安全。

（田　雨）

**【开展老年健康系列活动】** 元宵佳节游艺活动期间，聘请医疗专家为老同志进行《老年健康与自我保护》专题讲座，同时开展"健康老人喜迎奥运"大型签名活动和"奥运杯"综合项目运动会。

（田　雨）

**【老年大学建设新探索】** 年内，区老年大学开阔办学思路，加大对老年教育的探索。开设了5个专业26个教学班，学员人数达到750余人。通过电教课、公开课、名家讲座、社区课堂等方式丰富教学内容，增强教学效果。卢沟书画艺术研究院通过近两年的精心筹划，组织百名书画家创作了百幅作品，装裱成了一幅"百米长卷"，长卷以"丹青颂奥运"为主题，歌咏奥运精神和太平盛世，以表达广大书画爱好者和老干部关心、期盼、支持北京奥运会的真挚情感，奥运开幕前夕捐赠给了奥组委。

（田　雨）

**【生活待遇得到全面落实】** "春节"、"十一"

前夕，近300名离退休干部走访慰问；5月中下旬，组织全区离休干部和副处级以上退休干部进行体检；向易地安置离休干部原单位下发了公务费催缴单，确保易地安置离休干部服务管理经费的及时到位；转发了《关于调整我市因瘫痪等原因生活长期完全不能自理的离休干部护理费标准的通知》、《关于调整本市去世离休干部无工作配偶生活困难补助费标准的通知》，并做好落实工作。

（田 雨）

**【发挥老干部作用】** 年内，区委老干部局金秋艺术团在参与由区委、区政府开展的“星火工程”送文化下乡、“莲花池奥运文化广场”的工作中，完成了近30场的演出任务；同时参加了由中组部、总政及市委举办的“高举旗帜、唱响奥运”大型演唱活动，于七一前夕进行了演出，取得圆满成功。几位老人历时两年收集、整理编辑的《丰台风情咏》正式出版。

（田 雨）

**【为老干部办实事】** 年内，为全区老干部办实事，做好事：确保了三个机制的正常运转，全面落实离休干部每人2.22万元的医疗统筹金；组织部分老干部参观了奥运场馆和国家大剧院等文化娱乐场所；离休干部社区“四就近”活动经费54.74万元全部下拨；积极协调养老机构，满足居家养老有困难的鳏寡孤独、生活不能自理离休干部的养老需求；加大了走访慰问老干部工作力度；全面落实为全区离休干部和局级退休干部每人每年增加200元活动经费，总计13.54万元。

（田 雨）

**【开展主题实践活动】** 年内，在老干部中开展了“高举旗帜促和谐，携手奥运乐晚年”主题实践活动，举办了6场形势报告会，围绕纪念改革开放30年，开展征文、座谈会和文艺汇演等活动。

（田 雨）

**【组织学习党的十七大精神】** 年内，分三个阶段组织全区老干部学习党的十七大精神。举办了由中央党校周锡荣教授主讲的“十七大精神专题辅导”和“深入学习实践科学发展观”报告会，就党的十七大精神和学习实践科学发展观进行了专题辅导；举办了两期老干部十七大报告理论学习班，重点交流了学习党的十七大精神的心得；组织全区老干部开展了“学习贯彻党的十七大精神”征文活动。

（田 雨）

**【加强和改进老干部党支部建设】** 年内，继续加强对基层各老干部党支部工作的指导；加强对京组发〔2008〕8号文件精神的学习，对《丰台区进一步加强和改进离退休干部党支部建设工作的意见》进行修订；区委老干部党校召开了老干部党支部书记工作会，为老干部党支部定期下发学习光盘，为全区老干部定期下发老干部学习读本；积极组织老党员参加为汶川地震灾区捐款，积极缴纳特殊党费，表达老党员对灾区人民的关爱之情。

（田 雨）

**【社区为老干部服务】** 年内，积极开展离休干部社区“四就近”服务管理工作，组织各街道老干部工作主管到青岛参观学习“四就近”工作。召开街道系统老干部工作人员会议，布置离休干部社区“四就近”服务管理经费事宜；制作下发了丰台区社区离休干部“四就近”工作手册、《丰台区老干部党校、丰台区老年大学社区课堂意见》；定期为各社区课堂下发学习光盘；为2007年工作成绩突出的社区课堂下拨了奖励经费；对申报建立社区课堂的部分社区进行实地考察，为进一步推进社区课堂工作奠定基础。

（田 雨）

**【加强老干部工作队伍建设】** 年内，先后举办了全区老干部工作主管领导学习班、老干部工作人员和党支部书记培训班，邀请市老干部局领导就如何落实老干部的政治待遇和生活待遇进行详细讲解，同时各单位间交流了工作经验。

（田 雨）

## 信访矛盾排查调处工作

**【概　况】** 年内信访工作北京市委、市政府首次将列入市五项重点工作之一(即年度达到"五无"中的"无重大重复上访户"),也是丰台区委区政府年内"5+1"工作目标之一。全区信访工作,实现"平安奥运",扎实做好为北京奥运会、残奥会成功举办营造良好社会环境中心议题,实现了市委市政府提出的全年"无重大重复上访户"、区委区政府提出的在奥运会、残奥会期间"无非正常上访、无群体性事件"的"双零"工作目标。区信访办共受理群众来信来访4284件19757人次。其中,来信3484件15587人次(联名信157件,12260人次),同比上升11.5%,涉及人数上升85.3%;来访800批4170人次(集体访153批3739人次),同比上升19%,人次下降10%。电话接访2029人次。立案137件,办结126件,办结率92%。在全市信访工作考核评比中,丰台区信访工作被评为优秀。同时,荣获北京市处理信访突出问题及群体性事件联席会议表彰的"北京奥运会、残奥会信访工作先进集体"称号。

(杜心明)

**【成立区信访事项复查委员会】** 按照《中共中央国务院关于进一步加强新时期信访工作的意见》(中发[2007]5号)文件和《北京市人民政府办公厅关于成立北京市人民政府信访事项复查复核委员会的通知》精神,依据《北京市信访条例》,区政府5月16日成立丰台区人民政府信访事项复查委员会。其主要职责是负责区政府信访事项复查工作;对全区信访事项复查工作的领导、检查、督办等重大问题;对重大、复杂、疑难信访事项的复查进行研究、协调,做出决定;履行市复查复核委员会制定的相关工作职能。其组织机构设置为主任委员1名、副主任委员2名、委员若干名,下设办公室(主任1名、工作人员2名)。首任主任委员:副区长李昌安。

(杜心明)

**【领导干部大接访】** 区委、区政府结合本区信访工作形势,从7月1日起开展了各级党政领导干部大接访活动。区级党政领导干部共实现接待日105个,接待来访群众120批544人次(集体访23批406人次),已化解78批,其余的已基本稳控并已落实领导包案。其中党政主要领导区委书记张大力、区长李超钢同志共落实领导接待日56个,接待来访群众40批172人次(集体访7批112人次),已化解33批,其余的已基本稳控并已落实包案领导。各街、乡(镇)主要党政领导干部共落实领导接待日1868个,接待来访群众2324批11466人次(集体访252批8109人次),大多信访问题在基层得到了有效化解。

(杜心明)

**【信访工作督导组下访】** 为确保"平安奥运"的目标实现,区委、区政府,在区各部门中抽调工作经验丰富,善于做群众工作的机关干部30人,分别组成10个信访工作督导组,7月20日下派到全区所有街、乡(镇),对信访工作进行检查督导。通过督导组成员积极工作,向区信访办反馈信访信息200余条,协助基层化解矛盾80余件,在奥运会和残奥会期间有效帮助指导了基层信访工作,为预防、稳控各类社会矛盾的发生起到了重要作用,确保实现了把矛盾化解在基层、把上访群众吸附在当地的要求,有力地推动了中央和市委、市政府信访工作决策的落实,促进了一大批地区挂帐督办案件的解决。

(杜心明)

**【复查复核成效显著】** 年内复查复核办公室共受理信访事项复查案46件,涉及信访人员187人次;复查结案46件,复查复核结案率100%;确保了信访事项"三级终结"制实现。通过复查复核工作制度落实,有效地维护了信访人的合法权益;使信访人多年的缠访、闹访、遗留问题得以理清、结案,达到了"案结事了"的目的。

(杜心明)

**【中央督导组驻区工作】** 奥运会期间,中央信访工作督导组一行3人驻区指导信访工作。在工作期间,区领导高度重视,以求真务实的精神、以开放诚肯的态度向中央督导汇报了我区的信访工作形势、特点、任务及工作措施、方案;积极配合督导组的同志到街、乡(镇)、社区、村了解真情实况。受到中央督导组织同志的高度评价。

(杜心明)

**【下基层挂牌接访】** 5月6日到7月1日,由3名副主任一名科长到一街、一乡、一镇挂牌接访试点工作。坚持每周到各接访点两天,直接面对上访人,变上访为下访、接访、约访,深入社区村、掌握情况真实,能及时把矛盾化解在当地,解决在基层。通过挂牌接访试点,对基层工作这种面对面的指导效果明显,降低了群众上访成本。该期间共挂牌接待26次,接待上访群众45批次,上访人142人,化解矛盾21件。

(杜心明)

**【中央、市领导来区指导信访工作】** 9月4日上午,国务院副秘书长、国家信访局局长王学军一行来丰台区检查指导领导干部大接访工作。区委书记张大力、区长李超钢、区委副书记闫满成陪同检查。张大力汇报了落实领导接访工作开展情况。王学军充分肯定了丰台区领导接访工作和区委区政府好的做法和经验,检查了区信访办领导接待室、花乡政府信访接待室等工作接待现场。市信访办主任薄钢,国家信访局领导赵春林、赵文华,区委常委、区委办主任于鸷隆陪同检查。

(杜心明)

**【媒体报道见信访工作成效】** 1月10日,《北京日报》、《北京青年报》等13家主流媒体采访报道信访工作,采取到基层实地了解情况、找上访人单独交谈、听取基层领导介绍情况等形式,采集信息进行报道。《北京青年报》等刊物分别刊载了《丰台区信访工作卓有成效》等文章,对区委、区政府结合本区实际,创新信访工作思路,采取有效措施,化解了大量社会矛盾的做法给予了充分肯定和广泛宣传,为树立区委、区政府良好形象起到深远的积极作用。

(杜心明)

**【设立化解重大信访矛盾基金】** 年内,区政府投入2000万元设立专项资金,用于解决部分土地征用、拆迁安置、环境建设等信访中的突出问题,解决了宛平街道辖区永合庄垃圾填埋厂问题,给1500多村民临时周转住房费用问题、万柳西园社区万利佳平房区的居民吃水难问题、东铁营街道辖区石榴园南里平房区居民的用电难问题、卢沟桥街道辖区青塔南里平房改造和卢沟桥乡张仪村修路引发的社会矛盾。为"平安奥运"、"双零"目标的实现,起到了重要作用。

(杜心明)

**【强化宣传教育 规范信访秩序】** 5月25日,在全区384个社区开展了以"平安奥运,依法信访"、"公民依法信访,共筑和谐丰台"为主题的信访工作宣传日活动。5月下旬,在全区开展了"信访化解民怨,赈灾凝聚民心"宣传活动。通过系列活动的开展,有效地提高了上访人的法制观念,全局意识;加深了人民群众对党和政府的理解,促进了信访问题的解决。

(杜心明)

**【市、区"折子工程"圆满完成】** 年内,区信访工作按照区委年初制定的工作要点和市政府、区政府"折子工程"《项目管理责任制》年度工作任务,圆满完成了市、区政府折子工程中的192、195号两项和108、109、110三项工作任务。实现了完善信访工作机制、规范信访秩序、提高办案效率的目的。

(杜心明)

**【重点矛盾得到化解稳控】** 年内,围绕"平安奥运",充分发挥人民内部矛盾排查调处"四级”网络作用,全区进一步健全和完善了矛盾纠纷调处员(调解员)、信访信息员队伍,累计人员达到1.5万余人,覆盖了全区所有的农村、社区和企业,大量的矛盾纠纷得到及时发现和就地化解;从区直机关系统到各街道、乡镇直至社区、农村和企业,按照姓名、年龄、单位(居住地)、矛盾起因、解决意见、稳控措施,建立了区委政法委、区信访办、街(乡镇)、社区(村)四级台帐,落实主责和协办责任,逐人谈话、逐人教育、逐人稳控,有效地把74名信访重点人稳控在了当地。按照“随谈随走,减少滞留”的要求,奥运会、残奥会期间区联席办、区公安分局等积极配合中央和市联席办,实施集中劝返与日常劝返相结合,共劝返分流非正常上访人员88人次、正常上访人员126人次,做到了辖区“首都社会面干干净净”。

(杜心明)

**【信访知识进课堂】** 年内,区委区政府将信访工作知识纳入处级干部轮训班、中青年后备干部培训班、军转干部到地方工作培训班、大学生村官培训班的教学内容。年内,共接受到信访工作知识教育的干部学员700余人次,提高了学员对做群众思想工作和化解社会矛盾重要性的认识,增强了化解矛盾的能力,为全区可持续做好信访工作打下了坚实基础。

(杜心明)

**【信访工作网络业务培训】** 7月17、23、24日分别组织街、乡(镇)及部分委、办、局、企事业单位信访工作人员60余人,进行了北京市信访工作网上办公系统业务骨干培训。通过培训,更加畅通了全区街、乡(镇)、委办局至区机关网上信访、接访办公,畅通了信访渠道,便捷信访方式,提高了接访办案率,收到较好地社会效果。

(杜心明)

## 保 密 工 作

**【概况】** 年内,丰台区保密工作,在区委区政府的高度重视和市保密局的业务指导下,认真贯彻党的十七大和十七届三中全会精神,全面落实科学发展观,按照市区委领导的重要批示和区委保密委的工作部署,以成功举办奥运会为工作重点,加强组织领导、深化宣传教育、严格保密管理、狠抓督促检查,使全区保密工作领导责任制进一步落实,保密工作管理水平进一步提升,全年未出现失泄密问题,为圆满承办奥运体育赛事做出了积极贡献,也为全区经济发展、和谐丰台建设起到了服务和保障作用。

(孙万松)

**【召开保密委员会会议】** 3月,召开年度第一次区委保密委会议。会议总结2007年保密工作情况,结合市保密工作会议精神和保密工作要点,对2008年全年工作进行了研究部署;11月,区委保密委召开第二次会议,会上传达学习中保委一次会议和市委保密委第二次会议精神,学习了胡锦涛总书记、市委刘淇书记等领导对保密工作的批示,研究部署了区落实中央和市委保密委会议精神的工作意见。

(孙万松)

**【国家保密局调研】** 5月,国家保密局到云岗街道进行保密普法教育工作调研,并参加了座谈会。将云岗地区针对“特殊人群”的“五进五讲”宣传教育经验,在全国刊物《保密工作》杂志“五五．普法”栏目上刊登。结合奥运“以点带面”及时将宣传教育经验推广到涉奥场馆周边、火炬传递沿线、国家重点保密工程周边的社区、村和企业,开展了一系列的奥运保密宣传活动。

(孙万松)

**【政府信息公开保密管理】** 5月,《中华人民共和国政府信息公开条例》实施,及时制定《丰台区政府信息公开保密审查办法(试行)》,明确了全区政府信息公开的保密职责和要求,同时,积极协助区信息办共同把关,严格审查公开信息的属性,确保涉密信息不上网。

(孙万松)

**【以会代训提高业务技能】** 年内,坚持以"平安奥运,服务奥运"为目标,把握区域和各单位职能特点,将各部门分为重点单位、部委办、街乡镇、局处公司四个系统,结合各系统的工作实际,先后4次采取"以会代训"的形式,分别对保密干部进行了有针对性的教育培训。

(孙万松)

**【保密宣传教育活动形式多样】** 年内,不断深化宣传教育形式、方法和途径。在全区开展保密基本常识和保密法律法规知识答卷活动,参加答卷的领导干部、保密干部和涉密人员共8000余人;开展《警钟常鸣》教育活动,印发自编宣传画册5000份;制作保密宣传教育展板40余块,发放保密专业书籍30套、宣传画挂图60套、保密法律知识资料10000余份、《保密工作》杂志120本等宣传教育素材。

(孙万松)

**【国家级考试考务保密检查】** 年内,在高考、中考、成考、春季高考、高中会考等涉及国家级考试工作中,依据国家四部委《国家教育考试考务安全保密工作规定》的要求,着重做好对区考试中心及各考点校试卷保密室启用前的检查验收工作;对区考试中心试卷分装、封装及各考点校试卷交接等环节进行全程监督和服务;考试期间对考试中心及各考点校试卷保密室的安全防范、责任落实等方面进行执法检查。

(孙万松)

**【计算机和移动存储介质管理与检查】** 年内,对全区109个单位的计算机和移动存储介质使用与管理情况进行调查统计,建立台帐,进一步强化涉密计算机移动存储介质分级保护的有效管理,同时,对各单位的制度落实情况开展专项检查。

(孙万松)

**【加强网上信息的检查】** 年内,按照区委保密委对网络管理的工作要求,在以往不定期检查的基础上,安排专人(奥运期间保持"双人")每天对互联网丰台网页、区政府政务网及OA政务办公系统的信息安全进行保密监督检查,检查信息21879条。做到发现及时、处理及时,确保全区不发生网络泄密问题。

(孙万松)

**【加强涉密网络建设的监督管理】** 年内,在涉密网的建设过程中,按照国家保密局的要求,加强保密指导,严格保密监督,积极做好保密初审工作,及时主持召开了专家评审会,顺利完成指导监督工作。

(孙万松)

**【制定《应急处置预案》】** 年内,为有效预防和处置重大泄密突发事件,加强应对"突发事件"的准备工作,经过反复论证制定了《丰台区泄露国家秘密事件应急处置预案》,进一步提高区保密工作部门处置泄密事件的协调应急能力。

(孙万松)

## 区直机关工委工作

**【概　况】** 区直机关工委在区委的领导下,坚持以邓小平理论和"三个代表"重要思想为指导,深入贯彻学习党的十七大、十七届三中全会精神,以做好奥运服务保障工作为契机,狠抓机关党组织的思想、组织和作风建设,全面提升机关党员干部队伍的整体素质,为促进机关党建服务区域经济建设、城市发展和社会和谐提供了有力的思想政治保证。先后组织机关党员干部参与卢沟桥重点地区环境整治、参与奥运火炬传递、集体参观奥林匹克公园、奥运平安志愿者服务、做奥运赛场文明观众等活动,圆满完成了机关工委所承担的奥运保障工作。

(姜新)

**【多种形式学习贯彻"十七大"精神】** 年内,组织机关党员干部深入学习贯彻党的十七大精神,机关工委系统党组织负责人、党务干部全部进行了集中轮训,以支部为单位开展了学习交流活动。

(姜 新)

【纪念改革开放三十年系列教育活动】 年内,以"迎奥运、讲文明、树新风"活动为载体,歌颂改革开放三十年成果,区直机关系统组织优秀选手参加全区"我的丰台我的家"演讲比赛,获得第二名、第三名;召开了"纪念改革开放三十周年——光辉的历程、美好的生活"座谈会。通过组织各种教育活动,使党员干部思想上受到了教育、精神上激发了活力、工作上增强了动力。

(姜 新)

【党员发展】 年内,抓好党员发展和入党积极分子的培训培训,注重从青年人中发展新党员。严格按照"坚持标准、保证质量、改善结构、慎重发展"的十六字方针,积极稳妥地做好发展党员工作。全年共审批发展新党员30名,办理党员转正48名。培训入党积极分子63名。

(姜 新)

【党组织建设和党员管理】 严格落实《中国共产党党和国家机关基层组织工作条例》、《发展党员工作细则》,年内,共审批新改选党总支、党支部13个;举办支部书记十七大理论培训班,经验交流和实地考察,进一步增强了支部负责人的工作能力。通过一系列组织工作程序,不断壮大了党员队伍,扩大了党组织的覆盖面,增强党组织的号召力、凝聚力和战斗力,保证了各项组织工作的落实和组织活动的正常开展。

(姜 新)

【签订党风廉政建设责任书和保证书】 年内,各单位党政一把手与副处级干部签订责任书129份,处级干部与机关科长签定责任书250份,机关科长与科员签订保证书652份,处级干部与基层科队站所长签订责任书62份,基层科队站所长与执法人员签订保证书260份。

(姜 新)

【开展党风廉政宣传教育活动】 年内,组织2007年度新发展的48名党员参加党纪条规考试;组织2006、2007两年新任的35名科级干部到市纪委教育基地第三监狱进行警示教育,取得了良好的学习效果。

(姜 新)

【机关作风建设】 年内,组织机关大院25个单位召开机关作风建设座谈会,听取各单位作风建设的工作汇报,通报社会监督员明查暗访情况;定期对作风建设落实情况进行检查、督导,通过优化办公环境、文明办公用语、严格作息时间等工作细节,规范了机关工作制度。

(姜 新)

【组织赈灾捐款物活动】 年内,共组织捐款捐物4次、共捐衣物1257件,收到特殊党费及捐款总计234万元。在抗震救灾期间,做到了认识高,行动快、动静大,效果好、影响教育面广,在上交特殊党费活动中,涌现出一大批先进典型,向社会充分展示了丰台区直机关系统的广大党员干部先锋模范作用。

(姜 新)

【与基层结对联建制度】 年内,通过协助农村基层党组织开展三级联创,开展排查整治农村治安,组织平安奥运行动机关特派员下基层维护安全稳定工作,促进了农村社区基层党组织综合工作能力以及基层重点问题的解决和中心工作的完成。

(姜 新)

【开展机关文明单位创建活动】 年内,组织工委系统各单位参与文明单位创建,其中,申报首都文明单位标兵10个,申报首都文明单位3个,申报丰台区文明单位44个,同比增加31个单位,文明单位争创率达到100%。

(姜 新)

【组织机关文体活动】 年内,认真落实区委、区政府关于"关心体育事业、关爱职工健康"

的工作指示，组织机关干部职工积极参加市、区足球、篮球、乒乓球、羽毛球等项体育活动，开展机关扑克、象棋等智力游戏赛。举办了80个单位、6000多人参与，人数最多、规模最大的区直机关运动会。通过开展各项文化体育活动，活跃了机关文化生活，提高了干部职工素质，营造了良好的文化环境，促进了机关文明建设。

（姜　新）

**【机关阅览室改造】** 年内，在区科委和区总工会的大力支持下，对原有面积小、藏书数量少、借阅不便的机关阅览室进行了升级改造，新增设9台电脑连接成的机关综合阅览平台，拓展了阅览室的社会教育功能和文化服务功能，为干部职工查阅资料、学习知识创造了一个良好环境。

（姜　新）

## 党校工作

**【概况】** 年内，全校认真贯彻落实中共中央总书记胡锦涛在全国党校工作会议上的重要讲话和新颁布的《中国共产党党校工作条例》精神，改革人事管理制度，创新干训教学布局，拓展教育培训渠道，全年举办各类干部培（轮）训班26期，培（轮）训学员2961人次；兼办成人学历教育班35个，本年度毕业大本和大专学员1215名，招收大本和大专新学员475名。

（黄水生）

**【改选机关党总支部委员会】** 3月27日，召开党员大会，选举产生新一届委员会，经上报区委后批复：王珏、李晋、李秀平、吴亮枝、张晓霞为总支委员会委员，王珏为总支委员会书记。

（黄水生）

**【实行干部参照公务员法管理】** 根据北京市委组织部和市人事局联合下发的（京组通[2007]93号）文件和12月16日，市委组织部批复（京组字[2008]118号），同意本校校委会办公室、校办公室、教务处、培训办公室、科研办公室、成人教育办公室、总务处七个职能科室，31名党务和行政管理工作干部以及11名退休干部，列入参照《国家公务员法》管理范围，并按照规定进行登记和工资套改。

（黄水生）

**【制定“三个纳入”教学新布局】** 一是从理论上深化，将学习中国特色社会主义理论体系纳入基本理论学习的中心内容，增强学员学习中国特色社会主义理论体系的自觉性；二是从认识论上深化，将研究中国特色社会主义理论体系纳入能力素质培养的重要课题，增强学员研究中国特色社会主义理论体系的自觉性；三是从实践上深化，将践行中国特色社会主义理论体系纳入履行岗位职责的重要使命，增强学员践行中国特色社会主义理论体系的自觉性。这一教学新布局，较好地保证了中国特色社会主义理论体系进课堂、进教材、进头脑，开辟了丰台区干部教育培训的新路子，受到中央党校和北京市委党校的高度评价。这一创新成果分别在中央党校《学习时报》和《党校工作通讯》、北京市委党校《校院信息》和《北京干部教育报》上刊发。

（黄水生）

**【拓宽党校干部教育培训渠道】** 年内，加入了全国四个直辖市（北京、上海、天津、重庆）干部教育培训协作区。该协作区规定每个直辖市原则上只允许一所区级党校参加协作区，过去，北京市是海淀区委党校参加的。年内协作区破例将丰台区委党校纳入。加入协作区，意味着协作区丰富的教学资源可有效地为丰台区干部教育培训工作提供服务，这对丰台区提升培训质量，拓宽培训渠道，扩大培训成果，将产生深远影响。

（黄水生）

**【建立军训基地】** 年内，在中国人民解放军总后涿州训练大队正式建立军训基地。区委副书记、党校校长闫满成代表丰台区委宣布，正式确定总后涿州训练大队为丰台区委党校干部教育培训军事训练基地，并亲自为军事训练基地挂牌剪彩。

（黄水生）

**【确定异地办学点】** 年内，选定三个异地办学地点：首钢新址——河北曹妃甸。通过现场教学，学员们对我国建设资源节约型、环境友好型社会，实现统筹区域发展、人与自然和谐发展，全面贯彻落实科学发展观有了全新的认识；西部开发领头军——重庆市。到重庆异地办学，进行"弘扬红岩精神，缅怀革命先烈"的传统教育，学员们的爱国情怀和党性修养受到了洗礼；改革前沿阵地——深圳。参观深圳市行政服务大厅，学员们从理论和实践的结合上，加深了对服务型政府深刻内涵的理解。

（黄水生）

**【举行建校50周年纪念大会】** 6月25日是党校成立50周年纪念日。为了弘扬光荣传统，发展党校事业，10月28日，纪念大会在校礼堂举行。区委书记张大力，区政协主席初建华，区委副书记兼党校校长阎满成，区委常委、区纪委书记杨逸铮，区委常委、区委办主任于鸷隆，区人大常委会副主任任光明等出席；出席大会的领导还有中央党校《学习时报》副总编辑钟国兴，市委党校副校长王群，本校原校长、市纪检委巡视组组长陈继平，房山区政协主席范文彦以及各城区党校校长。大会由阎满成主持，常务副校长李富国做工作报告，王群代表市委党校讲话，张大力在讲话中要求党校要在干部教育培训工作上大有作为，努力把党校建设成为弘扬科学理论的基地、培育后备干部的摇篮、服务政府决策的智囊、加强党性锻炼的熔炉。

（黄水生）

## 党史资料征集工作

**【概　况】** 年内，区委党史办公室编写出版《丰台建设史》、《丰台改革开放30年》、《丰台区2006年党建资料汇编》、《丰台党史资料汇编》第4辑等共173.6万字，期刊2期21.3万字，撰写发表专题文章5篇6.2万字。出版两期《丰台党史》刊物，共20余万字，完成了2007年丰台区大事记7.9万字的编写工作。同时，完成了"丰台区新农村建设带头人口述史料"的采访、编辑、整理、定稿工作。在丰台区委资料中心网页上增设了党史工作专栏，并启动了将党史办历年出版的期刊电子化的工作。与长辛店镇张郭庄村结成对子，了解他们对党史工作的意见。年内，党史办两次接待外来的记者和专家，扩大了丰台党史的知名度。四川汶川地震发生后，党史办两次为灾区捐款，两次作为特殊党费为灾区捐款、捐物。参加平安奥运特派员行动。同时，全体党员都到社区报到，利用业余时间，参与奥运值班、巡逻。

（张国庆）

**【出版《丰台党史资料汇编》第四辑】** 3月31日，继《丰台党史资料汇编》第一至第三辑以后，又正式编辑出版了《丰台党史资料汇编》第四辑。32万字，分党史天地、丰台人物、往事追忆、历史回顾等13个专题，再次展现了丰台区党史征研成果。

（张国庆）

**【《丰台建设史》正式出版】** 4月25日，《丰台建设史》正式印刷出版。该书47万字，是丰台区近20年党史工作成果的结晶，是一项反映全区社会主义革命和建设、反映改革开放历史的重大工程。该书2004年5月开始拟定提纲，收集资料，历经5年，九易其稿。如实记录了建国50多年来丰台区所走过的道路，着力突出全区人民在区委、区政府的领导下，对本地区社会主义建设道路的不懈探索，总结了地方党组织的执政经验，集中体现了丰台区党史资料征集成果和党史研究工作的水平。

（张国庆）

【开展党日活动】 6月12日，组织12名党员到革命纪念地狼牙山开展党日活动。参观“狼牙山五壮士”英雄事迹展览及“狼牙山五勇士陈列馆”，并在“五壮士纪念塔”下进行党旗宣誓活动。

（张国庆）

【接待军史专家】 10月23日，中国人民解放军总参动员部编辑室张主任、军事科学院军史专家孔教授等10余人到党史办调研“中国共产党领导的第一支人民武装是否诞生在长辛店”。党史办有关人员详细介绍了中国共产党早期在长辛店领导二七大罢工前后有关工人纠察队的情况，以及中共北京支部早期领导人张国焘、邓中夏在此地的活动情况，赠送了《丰台地区革命斗争史料选编》等书籍资料，并陪同到长辛店二七纪念馆进行实地调研和考证。

（张国庆）

【出版《丰台改革开放30年》】 12月1日，《丰台区改革开放30年》正式出版。该书是在全区18个综合部门的共同努力下，经过近一年的征集、整理、补充、反复修改，是对丰台区改革开放30年各项事业的全面总结。全书32.5万字，彩色照片45张。

（张国庆）

【出版党史刊物】 6月30日，《丰台党史》2008年第一期正式出版。该刊新增设了《改革开放30年》专栏，刊登《丰台区改革开放30年党建工作概况》、《丰台区经济体制改革开放的实践》和《丰台区环卫中心30年发展简况》，从三个侧面展示了改革开放30年给丰台区带来的巨大变化。11月15日，《丰台党史》2008年第二期（总第32期）纪念丰台区改革开放30周年专刊正式出版。该刊10.8万字，以纪念党的十一届三中全会召开30周年为主题，刊载了丰台区改革开放的文章10篇。

（张国庆）

# 纪检监察

【概　况】 丰台区各级纪检监察组织在市纪委、监察局和区委、区政府的正确领导下，在区人大、区政协的大力支持，社会各界的广泛参与下，围绕改革发展稳定大局，以科学发展观为指导，以完善惩治和预防腐败体系为重点，坚持“改革创新、惩防并举、统筹推进、重在建设”的方针，将反腐倡廉建设放在更加突出的位置，有目标、有计划、有步骤地开展工作，取得了新的成效。

（石　昆）

【贯彻落实党风廉政建设责任制】 狠抓责任分解和责任考核。逐级签订党风廉政建设责任书和廉政保证书，推进农村、社区和基层科队站所的责任延伸，责任分解进一步细化。采取日常检查与年终检查相结合的方式，会同组织部门加大检查力度，并将检查结果应用于机关效能建设考核评议和处级领导干部年度绩效考核之中，进一步突出了责任考核的实效。积极探索完善责任追究办法，确保党风廉政建设责任制真正落到实处。

（石　昆）

【完善惩治和预防腐败体系】 按照“贯彻中央精神，落实市委要求，体现丰台特色”的思路，在认真学习中央惩防体系工作规划和市委实施意见的基础上，制定了《丰台区2008－2012年惩防体系建设重点工作任务》，对全区反腐倡廉建设各项工作进行了梳理，明确了115项任务和责任主体。各部门、各系统、各领域反腐倡廉制度建设取得新进展，党员干部特别是主要领导干部权力运行制约机制进一步完善，党政机关和领导干部的从政行为得到进一步规范。

（石　昆）

**【开展奥运专项监督】** 按照“全程介入、全面监督,关口前移、重在预防,各司其职、相互配合,各负其责、积极协调”的原则,加强对落实奥运筹办和服务保障任务的监督检查。制定了《丰台区奥运场馆外围保障监督工作方案》,明确重点监督项目8项,对7起大气污染和6处安全隐患问题进行了纠正。成立丰台垒球场运行团队监督办公室,进驻奥运场馆,对应急预案编制、场馆运行规范、硬件设施改造、临时设施建设、志愿者招募、财务收支、物资采购等方面进行了专项监督,对场馆运行情况开展日常巡查,强化赛时纪律监督,确保奥运各项工作阳光透明、廉洁高效。奥运监督不仅为奥运垒球赛事的成功举办提供了保证,也为今后加强对重大建设项目、重要事项和重大活动的监督积累了宝贵经验。

(石 昆)

**【廉政风险防范管理】** 年内,开展了廉政风险防范管理试点工作,全区7个试点单位1792名干部共查找风险点3112条,制定防范措施2214项,完善制度340项,岗位职责更加明确,工作流程更加规范,“以廉保勤、以勤促廉”的联动效应得以体现。加强预防腐败的理论研究,区检察院联手清华大学廉政与治理研究中心,从应用型预防理论、预防实践和预防培训三个方面展开合作。

(石 昆)

**【领导干部专项清理检查】** 严格执行领导干部廉洁自律规定,认真开展对党员领导干部公务用车、企业兼职情况的专项清理检查,加强对党政机关违规修建楼堂馆所、公款出国(境)旅游等问题的监督检查,对发现的问题进行了调查处理,并完善了相关制度,从源头上加大了管理力度。

(石 昆)

**【纠正损害群众利益的突出问题】** 深入治理教育乱收费,集中开展春、秋季教育收费检查,及时清理纠正学校违规收费,“两免一补”、“高中三限”等政策得到有效落实,群众对教育收费的投诉举报同比下降47.3%。推行医院院务公开和医疗服务信息公开,加强对医院药品集中招标采购、医疗器械政府招标采购工作以及社区常用药品零差率销售有关政策落实情况的监督检查,有效缓解了群众看病难、看病贵的实际困难。对社保基金管理使用和政府采购执行情况进行了专项检查。加强对居民生活品价格、抗震救灾急需物资商品价格的监督检查,对群众投诉的价格问题及时进行了调查处理。发挥区政府特约监察员、效能监督员作用,深入各单位服务大厅、服务窗口开展经常性明察暗访,对区直机关作风建设、卫生系统政风行风建设、初中入学电脑派位、保障性住房摇号发售等情况进行了专项监察。强化“政风行风热线”、“政风在线”办理工作,群众监督渠道更加畅通。

(石 昆)

**【查办违纪违法案件】** 发挥信访举报案源主渠道作用,全年各级纪检监察组织共受理群众来信、来访和举报电话611件次,实施信访监督28人。初核违纪线索26件,立案18件,结案14件,给予党纪政纪处分16人,移送司法机关3人,挽回经济损失3480余万元。推进纪检监察信访举报办事公开,按照市纪委统一部署,深入开展农村基层信访问题排查专项工作,有效防止了群体性和突发性信访问题的发生。加强组织协调,明确了执纪执法部门在查办案件中的职责和任务,整合了办案力量,提高了办案效率。积极探索建立防治商业贿赂工作的长效机制。

(石 昆)

**【反腐倡廉宣传教育】** 教育引导广大党员干部特别是领导干部自觉用科学发展观武装头脑、指导实践、转变作风,着力解决影响科学发展和党性党风方面存在的突出问题。按照分层分级分类施教的原则,开展党纪法规教育活动,组织区处两级领导干部参加了惩防体系建设专题辅导,组织全区600余名处级干部参加了中纪委举办的学习贯彻惩防体系工作规划知识竞答活动，1700余名科级干部参加了“警示杯”法律法规知识竞赛，坚持开展处级领导干部任前廉政谈话教育活动，党员干部遵纪守法和廉洁从政的自觉性进一步增强。巩固“大宣教”格局，整合教育力量，丰富教育形式，积极开展典型教育、警示教育和廉政文化建设，在《丰台报》开设“一把手谈廉政”专栏，在全区各行政村开展农村党员干部职务犯罪典型案例巡展，在部分社区建立廉政文化教育基地。组织廉政公益广告作品征集活动。以“清风苑”栏目为载体，大力宣传党风廉政建设和反腐败工作取得的成果，大力宣传各单位、各部门在廉政勤政、改进作风和保障民生等方面的先进经验，风清气正的社会氛围更加浓厚。

（石 昆）

**【执法监察】** 严格执行中纪委、市纪委加强对抗震救灾捐赠款物管理使用情况监督的有关规定，全程介入捐赠工作各个环节，对捐赠款物接收机构的受理登记、管理台帐、财务收支、款物交接、信息公开等情况开展专项检查，对1起挪用抗震救灾捐款问题进行了严肃处理。组织“回头看”检查，督促存在问题的单位进一步健全制度、堵塞漏洞、规范管理，建立了救灾款物监督管理的长效机制。积极协调配合有关部门，加强对区“十一五”规划项目实施、落实《行政许可法》和《政府信息公开条例》、节约集约土地、城市建设、政府采购等重点工作的监督检查，加强对公共管理、保障性住房政策、城乡环境整治等涉及民生问题的监督检查。规范行政投诉工作流程，完成了“丰台区行政投诉数字平台”建设任务，及时发现并纠正行政机关履职中出现的问题，有力推动了政府部门转变作风、提高效能，增强了政府工作的公信力。

（石 昆）

**【行政机关效能建设】** 在全区66个政府工作部门中，深入推进行政机关效能建设。将区政府年度重点工作分解为535项规定任务和153项自定任务，针对任务落实情况，进一步改进考评方式，完善考评机制，将领导评议与公共评议相结合，规定任务考评与自定任务考评相结合，明察暗访与网上监控相结合，重点行业评议与部门集中评议相结合，着力提高效能考评的实效性，有效促进了行政效能和服务水平的提升。

（石 昆）

**【加强纪检监察干部队伍自身建设】** 在全区纪检监察系统深入开展“做党的忠诚卫士，当群众的贴心人”主题实践活动。坚持与服务区域发展相结合，用活动的实际成效，为区委区政府各项工作落实提供纪律保证。坚持与密切联系群众相结合，活动期间，各级纪检监察干部走访慰问困难家庭320户，解决群众实际困难171件，树立了纪检监察干部的良好形象。坚持与加强自身建设相结合，将活动中形成的经验做法以制度形式固定下来，推进纪检监察工作体制机制创新，纪检监察组织和干部队伍建设得到进一步加强。

（石 昆）

# 民主党派

## 民革丰台区工委

**【概 况】** 民革丰台区工委全年顺利完成支部换届工作，召开了纪念区工委成立十五周年大会，参加了第二届首都西南五区经济发展论坛，开展了主题支部活动和纪念征文活动，《丰台民革之声》进行了扩版。年底区工委实有党员120名，发展新党员6人。新增区政协委员3人。

（康冬花）

【真情互动汇聚博爱】 5月15日区工委召开扩大会。传达民革市委《关于及时报送民革北京市各基层组织抗震救灾捐款捐物信息的通知》。区工委主任在会上号召辖区民革党员积极在单位或社区为灾区人民捐款捐物。组织各支部开展“真情互动汇聚博爱”主题支部活动,践行孙中山先生的“博爱”精神,广大党员除通过单位等渠道积极捐款外,再次捐款21160元,充分体现了为重建灾区奉献微薄之力的社会责任感。

(康冬花)

【举办“迎奥运,创建和谐社会”征文活动】 年内,配合区政协发出“迎奥运、创建和谐社会”征文活动通知,各支部和广大党员积极响应,共征集论文13篇。5月举办专题座谈会。围绕“社会和谐人人有责,和谐社会人人共享”、“迎接奥运,创建和谐”、“积极建言献策,促进祖国统一”等方面畅所欲言。座谈会后,区工委推荐13篇论文参加了区政协举办的“和谐社会论坛”,有3篇论文获一等奖并在论坛会上作重点发言,其余均获二等和三等奖,区工委获优秀组织奖。

(康冬花)

【组织知识问答活动】 年内,为纪念中共中央发布“五一口号”60周年,结合政治交接学习教育,开展了“重温五一口号、共建和谐社会”纪念征文活动,回顾民革坚决拥护中国共产党领导,认真践行响应“五一口号”时所做出的政治承诺“献其绵薄,贯彻始终”,与现阶段响应构建社会主义和谐社会结合起来。同时积极组织各支部学习《中国的政党制度》白皮书,并开展了知识问答等系列活动。

(康冬花)

【开展主题教育活动】 为开展好纪念改革开放30周年活动,区工委向各支部发出“开展改革开放30周年和学习实践科学发展观主题教育活动”征文通知,要求各支部结合支部换届工作,开展改革开放30周年和学习实践科学发展观主题支部活动,提高对中共十七届三中全会重要意义的认识,把智慧和力量凝聚到完成十七届三中全会确定的目标和任务上来,增强责任感和使命感,为推动社会全面发展积极建言献策,履行参政党职能。区工委主任在区统战部举办的纪念改革开放30周年座谈会上代表各民主党派做了“肝胆相照做诤友、荣辱与共献真言”的发言。同时区工委两位同志参加了中央统战部与团结报社共同举办的“统战系统纪念改革开放30周年征文活动”纪念文章在团结报上发表。

(康冬花)

【纪念区工委成立十五周年】 10月17日,在燕丰饭店召开纪念民革丰台区工委成立十五周年暨政治交接教育活动阶段性汇报大会,区工委主任汇报了15年工委发展历程,并对加入民革区工委十五年以上的31名党员进行了表彰。民革市委副主委李蔼君、区政协副主席、区委统战部常务副长周大春、常务副主席鲍顺新参加会议并讲话。

(康冬花)

【召开提案答复会】 年内,在区政协八届二次全会上提出的“加强对我区重点产业发展进行细分化研究”党派提案,得到区发改委、区政协、区委办、区统战部的联合答复。答复会上区发改委副主任针对原提案提出的加快新经济产业发展的研究积极引进市重点支柱产业发展项目、加强西南地区趋同产业细分化研究实现跨区域经济互促互补发展、加强房地产业发展与宜居丰台的研究、将现代服务业与文化旅游业发展统筹规划配套推进的四个方面建议的办理情况,进行了逐一答复。

(康冬花)

【开展各项调研活动】 年内,积极开展《加快发展丰台区生产性服务业》等调研活动。区工委以参政议政委员为依托,发挥具有专业特长党员的优势,确定调研课题,成立调研小组,形成“抢抓拉动内需的机遇,促进我区经济又快又好发展”的大会发言稿;完成《丰台区丽泽商务区发展的建议》2个党派提案。

区工委被评为《丰台区 2007 年各民主党派、工商联调研工作表彰》一等奖。

(康冬花)

**【后备干部培养和推荐】** 年内,按照民主集中制原则,经各支部推荐,主任会研究,选拔政治素质好、德才兼备的 40 岁以下的 18 名优秀同志作为后备干部,重点为他们创造更多的学习和参政议政机会,尽快得到锻炼和培养。

(康冬花)

**【定期举行台情交流活动】** 11 月,组织部分区工委委员和台属召开台情交流会。区台办邀请了北京联合大会台湾问题研究所所长、原市台办主任等三位台湾问题研究人员,从改革开放 30 年以来的对台政策、"海协会"会长应邀赴台商谈的意义等进行通报,台属与专家们进行热烈交流。区工委还组织参加"台海形势报告会"和"反对藏独分裂活动,坚决维护祖国统一"座谈会。参加人员踊跃发言,对拉萨"3·14"严重暴力犯罪事件,表示强烈的愤慨,对达赖集团不断制造事端,抹黑中国、破坏奥运的可卑行径进行了分析和声讨。12 月 21 日,区工委与区台办一起看望了台胞、台属,与他们畅谈了改革开放后祖国的变化,共叙实现"大三通"的喜悦,进一步增进了与台胞、台属的感情。

(康冬花)

## 民盟丰台区工委

**【概　况】** 民盟丰台区工委坚持以邓小平理论,"三个代表"重要思想为指导,深入贯彻落实科学发展观,认真学习领会中共"十七"大精神和民盟"十大"精神,学习贯彻两个"五号文件"和《中国的政党制度白皮书》,及时传达学习民盟市委和区委统战部的会议精神。盟员骨干积极参加统战部和各级盟组织举办的各种学习班和报告会。13 位盟员担任区政府各职能部门特约监督员和人民陪审员,积极参加政府部门效能建设监督和行风评议活动,得到政府相关部门的好评。全年发展盟员 8 名,现有盟员 265 人。

(张桂敏)

**【组织征文活动】** 年内,18 位盟员积极参加盟中央、盟市委、区政协和区委统战部组织的纪念改革开放 30 周年征文活动,投稿 25 篇,分别在《北京盟讯》《丰台盟讯》刊登。为了让盟员充分表达对 30 年的感慨之情,工委以《丰台盟讯》特刊的方式发表盟员纪念改革开放 30 周年的文章。8 位盟员参加市委统战部主办的纪念改革开放 30 周年摄影比赛。广大盟员积极参加了市委统战系统学习"5.1 口号"和《中国政党制度白皮书》活动。

(张桂敏)

**【认真履行参政党职能】** 年内,区工委积极参加区委区政府举行的协商会、座谈会和情况通报会,就构建和谐丰台、区政府工作报告、区领导人选、区域经济形势和教育卫生等问题提出了建议和意见。在区政协八届一次全会、二次会议上,分别提交了《加强我区社区安全建设的建议》、《拓展优势,促进丰台区社区卫生服务持续发展》和"关于促进低保人员再就业的建议"的党派提案和大会发言,盟员张昌斌的《关于加强长途汽车站周边环境整治的建议》获得区政协优秀提案奖。在区政协八届三次会议上区工委提交了《关于加强丰台区"居家养老"社会化服务的建议》的政协提案。完成了与卫生局和劳动与社会保障局等政府部门的提案答复和丰台区专门教育实施情况及对策研究的调研。7 位盟员参加区政协的社区公共卫生服务和加强丰台区流动人口管理调研活动。区工委获得 2008 年区委统战部参政议政工作成果三等奖。

(张桂敏)

**【举办信息工作培训班】** 年内,针对信息工作的薄弱现状,专门举办信息工作培训班,对盟员骨干进行信息培训,盟市委和工委负责信息的同志作了专题讲座,区工委对信息工作提出了新要求,全年提交信息42条。

(张桂敏)

【建立后备干部数据库】 年内,根据政治交接主体学习教育活动的部署,对区工委领导班子的自身建设以及工作进行了民主评议。区工委通过参政议政和盟务工作,对后备干部进行动态考察,建立后备干部数据库,向民盟市委呈报优秀高素质后备人才。

(张桂敏)

【丰台盟讯扩版】 年初,召开了宣传暨《丰台盟讯》工作会议,会议总结了2006年换届以来的宣传工作,进一步完善了《民盟丰台区工委宣传工作制度》。在盟员的共同努力下,丰台盟讯的内容更加丰富,文章质量提高,版面由过去的四版扩大为六版。

(张桂敏)

【推动统战理论研究】 年内,区工委统战理论研究会成立后,在会长张升允的带领下,会员们积极探讨参政党基层组织建设规律,有6位盟员撰写了关于加强民主党派基层组织建设的6篇文稿。

(张桂敏)

【开展基层支部活动】 年内,继续实行工委委员联系支部制度,充分调动支部干部的积极性和主动性,创新支部活动的形式和内容。医务二支部、电力医院支部、首医大支部分别组织了"社区奥运健康咨询"、"欢迎抗震救灾一线盟员归来"、"人文北京–走进宋庄"等系列活动。老龄委组织部分老盟员游览平谷老象峰,参观王佐镇游千灵山等活动。

(张桂敏)

【参加抗震救灾献爱心活动】 四川汶川大地震发生后,丰台盟员以不同方式表达爱心,共捐款10.9万元。六一前夕,向汶川县教委捐赠书籍《撑起生命的蓝天》200本。十二中支部以交纳"特殊盟费"的方式,再次为灾区孩子捐款。首医大支部8名盟员在援建地震灾区"希望小学"活动中,再次捐款奉献爱心。盟员曹家绪、田祖豪、李建军、张通和艾辉及时到第一线参加抗震救灾的医疗和新闻报道工作。

(张桂敏)

【召开抗震救灾表彰大会】 区工委及时召开抗震救灾表彰大会,向赴一线的5位盟员颁发了荣誉证书和奖励,获奖盟员汇报了在汶川抗震救灾的亲身体会,盟员书法家胡家辉同志分别向5位盟员敬献了自己精心绘制的书法作品。

(张桂敏)

【积极参与奥运各项活动】 年内,响应盟市委和区委统战部的号召,积极参与"迎、讲、树"活动。组织盟员参加区政协和区委统战部举办的迎奥运书画展、乒乓球比赛和登山比赛等活动;参加盟市委举办的人文奥运报告会;医务二支部的13位盟员在奥运倒计时100天,在北大地社区举行健康咨询活动,首经贸支部的盟员郭晓航先生在生命的最后时刻,通过其女儿将遗失100多年的顾拜旦手稿《奥林匹克宣言》从北京向世界传播;盟员王雄心被任命为奥运急救站站长;盟员吴应甲创作的书画作品被奥组委收藏;北京京剧院盟员胡家辉多次出席奥组委在人民大会堂举办的华夏名人迎奥运笔会,并且在人民日报、光明日报登出其书法作品5幅;中国康艺音像出版社盟员艾辉参与了奥组委举办的大部分活动,约上百次,参加残奥会金牌交接仪式;盟员李存彩培训了奥运驾驶员30多人次,在奥运召开期间直接参与接送奥运专员工作;盟员史卫东在北京奥运运会期间负责分批接待江西、福建、河北、湖北四个省的奥运比赛参观团共计1000多人;6位女盟员被盟市委聘为迎奥运"女教授进社区"讲师团成员,4位盟员被聘为丰台区"迎、讲、树"讲师团成员及丰台区平安奥运特派员,1位盟员被丰台区聘为奥运法制宣传志愿者及迎奥运"法治与生活"讲师团成员,17位盟员被聘为社区志愿者。(其中一位正式聘为北京市奥运志愿者)104名盟员参与了北京奥运会和残奥会的各项活动，盟员李存彩、史卫东被评为北京市统战系统奥运标兵。

（张桂敏）

## 民建丰台区工委

**【概　况】** 年内，区工委认真学习和贯彻落实《民建市委组织发展工作暂行规定》对做好基层组织发展的要求，坚持“三个为主”的方针和保持特色、注重质量和注意数量的组织发展原则，不断优化队伍结构，提高会员队伍的整体素质。年底共有会员348人，16个支部，大专以上学历122人，大本148人，研究生以上学历10人；科级16人，处级8人，形成科学合理组织结构，建立了工委后备人才梯队，向市委报送民建市委后备干部人选（处级以上）9名，向区委统战部报区工委后备干部人选（科级）16名，其中2名具有高级职称。

（张　杨　曲德龙）

**【多种形式开展思想建设】** 年内，根据民建市委的部署，开展了以坚持走中国特色社会主义政治发展道路为主题的政治交接学习教育活动，组织广大干部、会员，把政治交接学习教育活动与“五个坚持、四种精神”紧密结合，带领全区广大会员认真学习中国特色社会主义理论，学习多党合作的历史、理论和政策，学习民建会的会章、会史和优良传统；结合“五一口号”发表六十周年，组织会员学习“五一口号”的历史，认真领会中国共产党领导的多党合作的历史。

（张　杨　曲德龙）

**【举办新会员学习班】** 3月28日，举办新会员学习班，邀请原民建中央副秘书长安冠英作了专题报告，详细讲述了“五一口号”的历史，使大家对中国统一战线的历史有了更深入的认识。通过开展政治交接学习教育活动，使广大会员深刻了解政治交接的丰富内涵和精神实质，从而增强广大会员接受中国共产党领导的自觉性和坚定性，进一步坚定了走中国特色社会主义发展道路的政治信念。

（张　杨　曲德龙）

**【组织政治交接活动】** 8月6日，召开政治交接教育第三阶段会议，工委主任王虹，副主任解刚、王德文、康建辉，工委委员及各支部主任参加。与会者填写了《民建丰台工委领导班子评议表》和《政治交接学习教育活动对民建丰台区工委工作的评议表》，对工委换届以来的工作给予了测评。民建市委常务副主委任学良到会并做了具体指导。9月3日，工委召开主任会，对政治交接活动进行了总结。

（张　杨　曲德龙）

**【出版《丰台民建》】** 4月创办了《丰台民建》，该刊是开展思想宣传的阵地，联系会员的桥梁与纽带，展示广大会员风采的窗口。《丰台民建》全年出版三期，推进了工委的思想宣传工作。

（曲德龙）

**【组织多种形式支部活动】** 年内，与区委统战部协商，对要求入会的同志进行了谈话和审查，全年市委审批入会14人。工委成立宣教部、组织部和议政部，各部先后召开了会议，制定了工作计划。各支部以多种形式开展活动，民建北京市委主委王永庆参加了冶金自动化研究院支部和铁匠营在职综合支部联合举办的支部活动。综合一支部与丰台区房屋经营管理中心右外分中心一起向区民政局捐赠两百双运动鞋，并向区民政局下属儿童福利院捐赠大量文化用品和儿童玩具。红狮支部举行在春节前举行座谈会，主题是为构建和谐社会多作贡献。综合三支部组织会员到位于通州区焦王庄的中国民兵武器装备陈列馆参观。科技支部举行了一次内容充实而丰富的关于“回顾改革开放三十年、迎接和谐平安奥运会”学习活动。

（曲德龙）

**【组织新老会员联谊活动】** 年内,召开了老会员迎重阳座谈会,工委老领导王亚男、王泽亭、车大为、刘福荫和30余位老会员参加了座谈会;组织会员举办了“迎、讲、树”保龄球联谊赛。市委常务副主委任学良,区工委主任王虹、副主任解刚、王德文、康建辉分别参加了活动。

(曲德龙)

**【举办后备干部培训班】** 年内,举办了后备干部和中青年骨干会员培训班,积极组织骨干会员参加区委统战部和民建市委举办的各类学习班、培训班,努力提高政治素质和综合能力。同时,积极推荐参加民建中央、市委各专委会,承担一定的工作责任,使其在实践中得到锻炼。工委经过民主推荐初步建立了一支结构合理,代表性强、群众基础好的后备干部队伍。

(曲德龙)

**【举办信息员培训班】** 年内,为了不断提高反映社情民意的质量,组织信息员培训班,市委常务副主委任学良参加了培训班并作了讲话,市委主管信息工作的同志做辅导。工委信息员在发展文化创业产业、建立地震博物馆、吸收灾区劳动力就业等方面有多条信息上报民建市委、区委统战部,有的被市政协采用。

(曲德龙)

**【完善各项制度】** 年内,工委领导班子认真贯彻民主集中制原则,坚持集体领导,民主集中决策,不断完善和规范议事规则、决策程序和工作程序。工委先后制定和完善了《工委工作制度方法》、《常设机构组织建设办法》、《例会制度》、《参政议政办法》、《支部管理办法》、《信息工作办法》等7项会议制度和工作制度。这些制度的建立和完善是贯彻民主集中制,坚持集体领导,民主决策的有力保障。

(曲德龙)

**【定期召开参政议政座谈会】** 年内,工委议政部定期召开参政议政座谈会,就丰台区的经济发展、社会发展的难点热点问题进行研讨,发现和选拔有专长的优秀会员参与。

(曲德龙)

**【落实提案答复】** 3月,为认真落实区工委在区政协八届二次全会上提出第五号“加强城乡结合部环境建设 促进区域经济和谐发展”提案答复工作,工委领导与区委调研室召开了座谈会,开展了提案答复前的协商工作,以确保提案答复的高质量;7月30日,工委主任王虹,副主任王德文、康建辉参加了提案答复会;8月22日,在区委调研室对此提案的正式办理报告上,工委签署了意见。

(曲德龙)

**【积极调研参政议政】** 年内,工委主任王虹,副主任王德文与工委委员王燕明、曲德龙和部分会员积极分子与区国资委领导共同对丰台区十二家国有企业进行了调研;10月17日,王德文在石景山区召开的首都西南五区经济发展论坛发言;12月6日,王虹参加了区委统战部召开的民主协商会,协商《政府工作报告》(讨论稿)意见。

(曲德龙)

**【捐赠献爱心服务展风采】** 年内,切实做好会员参与社会服务的组织和引导工作,充分发挥骨干会员的带头作用,非公经济会员是开展社会服务的生力军,通过社会服务活动展现民建的社会形象。5月18日全国助残日,工委副主任王德文同志在向地震灾区捐款的同时,又向丰台区残疾人联合会捐赠了价值6万元的移动存储设备;22日,区工委将会员募集的6.7万元捐款,送到了中华思源工程基金会;30日,工委主任王虹等参加了市委统战部组织的“为了汶川的孩子—首都统一战线定点重建灾区学校大型募捐活动”,并在活动中捐了款。

(曲德龙)

**【节日慰问活动】** 年内,市委常务副主委任学良、组织处处长杨虹,与区工委领导王虹等慰问了工委老领导和会员;重阳节前,驻会干部代表工委看望了四位八十岁以上工委老会员，向他们表示节日的问候，并赠送了慰问品。充分体现了民建组织对老会员、老领导的关心和关怀，增强了民建组织的凝聚力。

（曲德龙）

## 民进丰台区工委

**【概　况】** 民进丰台区工委工作在以区工委领导为核心、支部工作为基础、发挥全体会员的主体作用，围绕市、区工作大局和工作重点，按照区工委年初制订的工作目标展开工作，在抗震救灾捐款活动、保平安、保奥运的工作中会员们表现出了极高的政治热情，使得区工委在各个方面都取得了有效进展。年内共召开主任办公会3次，委员会2次，工委扩大会5次、提案协商办复会2次，党派政协提案研讨会3次。全年共发展会员17名，其中界别有2名律师、1名艺术界、3名科技界、11名教育界；另由外地转入会员1名，其中硕士研究生1名。全年共有会员300人。

（范寿春　李朝晖）

**【参政议政受社会关注】** 1月8日，在区政协八届一次会议上提出的《关于重视文化产业发展，着力打造几个重点文化品牌的建议》被评为丰台区优秀提案；《关于心理服务进社区》的提案刊载在1月8日《北京晚报》上；《关于宛平城打造民营博物馆的建议》、《有效治理大气污染，为奥运会成功举办和北京可持续发展奠定基础》两个提案由京华时报记者在北京市政协会议期间进行了报道。

（范寿春　李朝晖）

**【信息直通彰显参政议政】** 2月16日，在区文化馆召开表彰大会。58名会员参加了大会。民进市委常委方志远、组织处处长鲁剑、区政协副主席、统战部常务副部长周大春、副部长蒋旭东、区政协副主席、区工委主任刘占良、副主任董华林、曹继成、徐朝晖等出席大会。大会表彰了7个先进、优秀支部；并有45名会员被评为优秀会员。全年共上报信息提案18件、社情民意信息76件，其中16件被民进北京市委采用，并在一季度民进市委召开的信息工作会议上，区工委荣获2007年度信息工作先进集体，2人获参政议政突出贡献奖。

（范寿春　李朝晖）

**【提案办复有成效】** 2月28日，民进丰台区工委参政议政小组成员与区民政局有关负责人共同协商《关于心理服务进社区》的提案办理情况；9月3日，区工委与区教委、区民政局、区统战部、卢沟桥旅游办事处召开了《关于宛平城打造民营博物馆的建议》的答复会。民政局副局长王野就心理服务进社区的现状、计划开展工作的内容、思路，建立“居民需求，政府买单”的心理服务进社区的长效工作机制等问题的办理情况进行了介绍；卢沟桥文化旅游区办事处副主任王广华就宛平城打造特色商业街、城内引入民营博物馆，展示历史沿革史料等办理情况进行了答复。区委办公室副主任薛红对于民进工委关注丰台区文化建设和建设和谐社会做出的努力给予很高的评价。

（范寿春　李朝晖）

**【参与西南五区论坛】** 年内，工委参加了民进市委“西南五区经济发展论坛征稿协调会”，并在会上介绍了丰台区调研报告简要内容。10月16日，区工委代表民进市委在第二届首都西南区域经济发展论坛丰台分论坛会上做了题为《西南区域经济发展迫切需要政策支持》的大会发言。

（范寿春　李朝晖）

**【推荐培训后备干部】** 6月1日，举行民进市委入围中青年后备干部座谈会，17人参加。区工委主任刘占良在会上介绍了后备干部的遴选、报送、确定程序以及民主党派的组织建设和人才选拔培养状况，使与会人员了解了相关信息以及作为后备干部所承担的责任。将20名后备干部分成议政调研、宣传编辑、社会服务、组织发展、活动联络五个组,为后备干部提供更多的参与和锻炼机会。

(范寿春　李朝晖)

**【举办暑期培训班】**　7月27日,在丰台教委信息中心举办了暑期会员培训班。民进市委常务副主委吴文彦、组织处处长鲁健、区统战部副部长蒋旭东等领导出席了培训班。新入会的会员部分工委委员、支部主任30多人参加了培训。

(范寿春　李朝晖)

**【抗震救灾献大爱】**　5月12日四川汶川大地震发生后,工委积极响应民进市委号召,组织了捐款活动,会员们积极踊跃捐款,共捐款35150元;广大会员还积极在所在单位、街道社区捐款143651元。在民进市委抗震救灾总结表彰会上,区工委会员段志霄、李京华和民进之友高大勇捐款5000元以上,受到表彰。

(范寿春　李朝晖)

**【社会服务有行动】**　5月15日,征集了80台电脑,送往河北容城县小里镇中心学校,捐给该校,建立计算机教室。得到当地有关部门的好评。

(范寿春　李朝晖)

**【支部活动有特色】**　6月21－22日,以桥南支部以及大红门、蒲黄渝联合支部为主,吸收丰台二中、食品报社、中华书局、长三中支部的部分会员在南戴河举行了联合支部活动,交流了信息提案的撰写情况和体会。

(范寿春　李朝晖)

**【参与奥运我光荣】**　8月1日,会员韩冰在天津滨海新区火炬传递区,亲自参加传递奥运火炬接力活动。

(范寿春　李朝晖)

## 农工民主党丰台区工委

**【概　况】**　农工区工委设有9个支部,党员220名。党员中有北京市政协常委1名;区政协委员6名,其中:区政协副主席1名、区政协常委1名;区人大常委1名;区青联委员2名;北京市政法系统特邀监察员1名;北京市人民检察院特邀监察员1名;北京市公安局人口处特邀监察员1名;国家邮政总局特邀监察员1名;区政府特邀监察员1名;北京市二中院人民陪审员1名。

(朱桂荣)

**【参政议政提案多】**　1月8日,区工委在政协区第八届委员会第二次会议上提交《关于加强丰台区社区服务工作的建议》、《关于完善丰台区文明生态村建设的建议》、《关于加强我区民主党派女性参政议政能力培养的建议》提案3件及个人提案5件,郭春生委员的《关于安安市场门前无照餐饮摊点撤销的建议》、武晋军委员的《关于迎奥运抓环境充实城管队伍建设的建议》、《关于限制公交车载电视安装的建议》;温智勇委员的《关于建立人体科技馆的建议》;李江委员的《关于提升丰台形象综合整治桥南环境的建议》;武晋军副主任代表农工区工委作了《关于完善丰台区文明生态村建设调研》的大会发言。《关于完善丰台区文明生态村建设的建议》被评为丰台区政协2008年优秀党派提案。1月9日,工委主任高彦彬向区第十四届人民代表大会第二次会议提交了《关于解决社区服务用房问题的建议》、《关于社区服务中心重新定性的建议》个人建议2件;1月19日向市政协第十一届一次会议提交了《关于加强我市社区建设与社区服务的建议》、《关于加强低保边缘人群救助的建议》、《关于降低大型商场、超市冬季取暖温度的建议》、《关于采取有效措施降低亲情杀人案件的建议》个人建议4件。

(朱桂荣)

**【积极参加调研】**　年内区工委主任高彦彬参加了市政协组织的"关于奥运食品安全、公共安全"风险评估调研;参加农工市委"关于构建北京老年医疗体系"调研,形成的调研报告获北京市委统战部一等奖。孙力参加了北京市政协组织的“关于残疾儿童康复”的调研;区工委就关于加强丰台科技园区与地区经济互动发展问题、关于构建丰台区老年医疗服务体系问题分别到科技园区和卫生部门进行了调研;先后参加了区政协组织的“关于完善丰台区社区卫生服务工作”、“关于丰台区流动人口服务与管理”、“首都西南区域经济发展”调研。

(朱桂荣)

**【工委成立十周年大会】** 12月26日,在燕丰饭店召开纪念工委成立十周年大会。区政协常务副主席鲍顺新、农工党北京市委秘书长刘迎、丰台区政协副主席、区委统战部常务副部长周大春、区政协秘书长乔世红、农工党北京市委组织处处长刘清萍、调研处处长马家麟、咨询处副处长魏云齐、区委统战部副部长蒋旭东、各党派负责人及100多名农工党员参加了大会。农工党北京市委、丰台区委、丰台区政协分别发了贺信,刘迎秘书长代表农工市委向区工委赠送一幅画,祝贺农工丰台区工委成立10周年。区工委主任高彦彬总结了工委工作,向先进集体、先进个人颁发了荣誉证书。鲍顺新、刘迎分别在会上发表了讲话。会议还对历任区工委7位领导赠送了纪念品,衷心感谢他们对工委工作做出的突出贡献。

(朱桂荣)

**【加强学习提高素质】** 年内,先后召开了工委会议2次、扩大会议5次,学习贯彻中共十七大会议精神、政治交接文件及研究工委工作。27人(次)参加市委统战部、农工党市委举办的学习贯彻实践科学发展观、政治交接理论、纪念“五一口号”发表60周年等学习班及报告会。36人(次)参加区政协、区委统战部组织的基层理论干部学习、“丰台区民主党派中青年骨干成员、党外代表人士、新社会阶层代表人士参加培训”。

(朱桂荣)

**【举办骨干学习班】** 12月初,在怀柔诚天志长城会议中心举办了支部委员及骨干学习班。胡燕副主席通报了政协工作情况及2009年工作任务,介绍了农工区工委参政议政、社会服务等工作情况。曹京梅同志讲了党派如何更好地参政议政、怎样做好调研,履行党派职能。学习班期间大家认真学习了胡锦涛总书记在全党深入学习实践科学发展观活动动员大会暨省部级主要领导干部专题研讨班开幕式上发表的重要讲话。大家表示一定要继续深入学习实践科学发展观,用中国特色社会主义理论体系武装思想,不断提高参政议政能力,履行好党派职能。

(朱桂荣)

**【国际科学与和平周】** 11月8日,组织党员参加了在东高地万源文化广场举行的以“科学和平和谐发展”为主题的第20届“国际科学与和平周”丰台会场活动。农工党员现场进行了义诊、咨询及发放健康咨询报等宣传材料3000余份,有上千名群众参加了活动。区工委获得“国际科学与和平周”最佳组织奖。

(朱桂荣)

**【抗震救灾献爱心】** 北京电力医院支部主任、工会主席周刚、丰台区二支部党员、南苑医院外科副主任医师王计辰、丰台医院支部党员、皮科副主任医师韩秀娟参加了四川灾区抗震救灾工作。工委有122名党员捐款33290元、价值3000元儿童服装。在多次捐款的基础上又有156名党员向农工市委缴纳特殊党费26227元,是农工市委系统人均缴纳特殊党费最多的单位。

(朱桂荣)

**【组织重阳节活动】** 重阳节前夕,工委组织20多名退休党员到怀柔县红螺寺景区开展了登山活动。大家漫步在古松林中,兴致勃勃地游览了500个按真人大小比例、用青石雕刻而成形态各异的“罗汉”。

(朱桂荣)

【担任专门委员会职务】 3月,农工市委任命了第十一届专门委员会主任、副主任、委员。高彦彬任医药卫生工作委员会主任、郭自强任委员;李江、李守志任科技工作委员会委员;刘志成任教育工作委员会副主任、赵博任委员;武晋军任经济工作委员会委员;崔允文任联络工作委员会委员;饶依群任青年工作委员会委员;孙力任妇女工作委员会副主任、陈丽任委员;刘京徽任老龄委员会委员。3月刘志成被任命为农工中央教育工作委员会副主任。

(朱桂荣)

【编写出版纪念册】 在中国农工民主党北京市丰台区工作委员会成立十周年之际,组织编写出版《荣辱与共 共建丰台》纪念册。书中展现了工委成立以来参政议政、社会服务、建功立业的风采。

(朱桂荣)

## 九三学社丰台区工委

【概 况】 年内,九三学社丰台区工委始终以坚持政治交接学习教育活动为主线,以举办奥运及中共中央发布"五一号召"60周年、多党合作制度恢复建设30周年、改革开放30周年为契机,积极推进各方面工作。年底共有8个支社,社员180人,平均年龄49.4岁,博士18人,硕士45人。高级职称116人,占64.4%。其中新发展社员10人,博士后1人,博士2人,硕士学历3人,学士学历4人。高级职称4人。九三学社社中央委员1人,社北京市委常委1人,区人大常委1人;区人大代表1人;区政协常委3人;区政协委员9人;市政协委员1人;市政府特约监察员1人;年内完成冶金自动化院支社、综合支社、文化艺术支社换届工作,成立九三学社丰台医药卫生支社。向社市委推荐优秀后备干部,初步完成本级组织的后备人才库建设。全年共编辑印发《丰台九三社讯》6期,上报信息计70余篇次。

(李翠红)

【加强自身建设】 年内,加强理论学习,创新活动形式,进一步通过开展活动促进政治交接思想教育活动的深入推进;开展十七大知识有奖问答活动,走访老社员;专门召开区工委会议,查找工委工作中的不足,及时研究制定整改措施,认真总结政治交接思想教育活动成果。

(李翠红)

【举办信息写作培训班】 7月12日,在燕丰饭店举办培训班,区工委委员、中青年骨干及社内人大代表、政协委员40余人参加培训。社市委主委马大龙、常务副主委王琳、秘书长刘永泰,区委统战部常务副部长周大春等有关领导及社市委各部室负责人应邀莅会;市政协委员、中国石化北京化工研究院教授级高工朱良就信息写作介绍经验,对社员撰写信息、提高信息质量起到了积极的推动作用。

(李翠红)

【成立丰台医药卫生支社】 经社市委批准,区工委积极筹备,并与区统战部和有关社员所在单位党委沟通,将综合支社医卫界人员分出成立医卫支社。12月29日,成立大会在区民主党派楼会议室召开,区委统战部副部长蒋旭东出席了会议。

(李翠红)

【多出提案履职参政】 年初,区工委在区政协八届二次全会上提出"关于强化政府主导作用,促进公共卫生建设的建议"和"关于进一步加强节能减排工作的建议"2件党派提案,并就"强化政府主导作用 促进公共卫生建设"进行了大会发言。"关于进一步加强节能减排工作的建议"被评为优秀党派提案,程留恩"关于发展我区资本经营、创新经济发展模式的建议"获政协委员优秀提案。

(李翠红)

【参加专题调研】 年内参加区政协组织的"关于完善丰台区社区卫生服务工作建议"调

研，历时3个月，最终完成《关于促进丰台区社区卫生服务发展的调研报告》；参加区政协组织的第二届西南五区区域经济发展论坛调研；参与社市委“关于整合西南五区文化旅游资源，打造第七功能区”、“关于进一步改善西南五区交通基础设施建设，促进区域经济发展”的调研；参加了第二届西南五区区域经济发展论坛丰台分论坛。

（李翠红）

【组织迎奥运系列活动】 3月21日，配合社市委及区委统战部为北太平桥街道社区居民送去奥运知识图书及挂图，并举办了奥运知识讲座；3月28日，组织社员参加了社市委举办的“民科杯”羽毛球比赛，获得团体比赛三等奖。4月24日，组织社员参加社市委举办的“百年奥运、百年期盼”书画摄影展，区工委社员范贻光提交的书画作品获书画摄影展二等奖。参与“迎奥运讲文明树新风”礼仪知识竞赛。

（李翠红）

【健康服务进社区】 3月25日，与区疾控中心联合，邀请社市委专家讲师团成员，在北大地三里16号院一楼礼堂举办健康教育讲座。健康服务首次深入部队大院，受到了部队离退休老干部及所在社区居民的热烈欢迎。

（李翠红）

【献爱心积极应对突发事件】 5月12日四川汶川发生强烈地震后，社员自发通过所在单位、社市委、区工委、区委统战部、区慈善协会、区红十字会和各街道社区捐款捐物。5月31日，组织社员参加市委统战部在集美家居举办的“为了汶川的孩子们——首都统一战线定点重建地震灾区学校大型募捐活动”；组织社员缴纳特殊社费；各类捐款87010元；

（李翠红）

【组织编印抗震防病书籍】 抗震救灾期间，学苑出版社支社孟白策划出版的《地震灾后防病必备常识》，得到社中央主席韩启德高度重视和支持，组织社内专家编写，并亲赴灾区免费送到灾民手中，该书时效性强、针对性强，通俗易懂，结合实际，有利于灾民自救。学苑出版社支社获得社中央抗震救灾先进集体称号。孟白获九三学社中央抗震救灾先进个人称号。

（李翠红）

## 致公党丰台区工委

【概　况】 年内区工委主委当选中国致公党第十三届中央委员、全国政协委员；一名党员增补为区政协第八届委员。共有党员53人，其中发展新党员5人，外转进1人。区工委委员5人，工委下设2个支部。党员中40岁以下的17人，41至50岁的14人；高级职称21人，中级职称18人；大学以上学历47人；致公党中央委员1人，致公市委常委1人，致公市委委员1人，全国政协委员1人，区人大代表2人，区政协常委1人，委员2人，区青联委员2人，区政府特邀监察员1人。年内提供工作信息30余条，被《北京致公信息》采用。撰写了21篇关乎社情民意信息，其中6篇被市委统战部信息采用，1篇被《北京致公》内刊采用。积极参政议政，开展政治交接学习教育活动，组织社会服务等工作，努力为奥运会的胜利举办和和谐社会建设做出贡献。

（贵兴珍　袁　明）

【参政议政】 年内，区第十四届人大第三次会议上提交建议案4件，区政协第八届委员会上提交提案4个，《关于丰台区和谐社区创建工作的建议》获党派优秀提案；举办了纪念改革开放30周年座谈研讨会；与其他党派区工委联合开展了“为奥运建言献策”活动，共撰写建议文章3篇；完成了《农村医药人员继续教育体系的搭建》和《社区早期教育的调查》2个调研课题。

（贵兴珍　袁　明）

【开展征文活动】 年内开展了《我与和谐社会

论坛》征文活动,5篇征文均获奖;开展了纪念改革开放30周年征文活动,6篇文章被《北京致公》期刊第6期(专刊)刊载,1篇文章被北京市政协和北京市社会主义学院刊用。

(贵兴珍　袁　明)

**【政治交接学习教育活动】** 成立了以工委主委为组长的政治交接领导小组,制定了实施方案。活动以学习教育为主线,坚持了四个结合,即坚持学习教育活动与迎奥运做贡献相结合;坚持学习教育活动与贯彻十七大精神相结合;坚持学习教育活动与纪念改革开放30年相结合;坚持学习教育活动与队伍建设相结合。学习教育活动取得了四大成果,即提高了支部工作自觉性;提高了党员参政议政能力;提高了工委的凝聚力;壮大了党员队伍,提高了工委知名度。区工委被评为政治交接活动优秀集体,4名党员被评为政治交接活动先进个人,均在市委政治交接学习教育活动总结表彰大会上受到表彰。

(贵兴珍　袁　明)

**【组织学习培训】** 3月,区工委率先学习中共党的十七大会议精神。选派了6名党员参加了区委统战部举办的民主党派中青年骨干成员培训班。

(贵兴珍　袁　明)

**【组织竞答活动】** 3月,组织了《中国的政党制度》竞答活动。区工委获得致公市委和区委统战部颁发的优秀组织奖。1名党员获得个人一等奖,中共市委宣传部、市委统战部为其颁发了证书。

(贵兴珍　袁　明)

**【工委制度建设】** 年内,完成了区工委会议制度、学习制度、公文处理和档案管理办法、财务管理制度、工作制度、工作内容、支部工作制度等七项制度的《中国致公党北京市丰台区工作委员会规章制度汇编》的定稿,并开始实施。规范了工委的制度建设和作风建设,为建立长效机制奠定了基础。

(贵兴珍　袁　明)

**【献爱心捐款捐物】** 初春,区工委带领全体党员积极参加了支援南方抗冰冻灾害的捐款捐物活动;3月29日,组织开展了主题为"办绿色奥运建生态城区"的植树活动。抗震救灾期间,为四川地震灾区人民捐款,共收到特殊党费7550元,一名党员被致公党中央评为抗震救灾先进个人。

(贵兴珍　袁　明)

**【组织迎奥运活动】** 年内,组织党员参加《致力为公,笔墨丹青迎奥运》书画展活动,收到书法作品稿件5幅;4月19日,组织了30多名运动员组成的代表队参加致公市委趣味运动会,区工委获得最佳贡献奖,并获得个人项目一等奖1名、二等奖3名、三等奖3个和集体项目二等奖1个、三等奖1个。

(贵兴珍　袁　明)

**【组织各种联谊活动】** 1月24日,组织全区党员聚集一堂,举行了迎春团拜会,同时作了全年工作总结。10月12日,举办了重阳节老同志座谈讨论会,10多位老党员参加。两节期间,慰问了9名七十岁以上的高龄和患病党员。

(贵兴珍　袁　明)

# 群众团体

## 丰台区区总工会

**【概　况】** 年内,在区委和市总工会的领导和指导下,区工会组织和广大工会干部以"三个代表"重要思想为指导,深入学习贯彻科学发展观,,积极参与各种形式的"迎、讲、树"活动,较好地完成了年内的各项工作,为奥运会、残奥会的成功举办作出了积极贡献。年内,共建有基层组织1099个,会员12.65万人,专职工会工作人员298人,兼职工会工作人员3836人。

(熊 英)

**【经济技术创新工作】** 年内,全区共有31个基层工会参加经济技术创新和“奥运立功竞赛”活动,参赛职工7.48万人。在“迎奥运、学技能、建丰台、我奉献”为主题的群众性经济技术创新活动和“奥运立功竞赛”活动中,北京第十二中学的李有毅等20名同志被授予“首都劳动奖章”和奥运立功奖章,北京方庄购物中心股份有限公司烟酒组等8个集体被授予“北京工人先锋号”称号,孙玲等124名同志被评为“北京市经济技术创新标兵”和北京市奥运立功标兵,丰台地税局二所等7个集体被授予首都劳动奖状和北京市奥运立功奖状。区总工会被市总工会评为“北京市群众性经济技术创新优秀组织单位”。

(熊 英)

**【劳模服务管理工作】** 年内,区总工会加大了劳模管理力度,分别组织劳模和首都劳动奖章获得者参观高科技园区。办理了公园年票和世界花卉大观园年票。

(熊 英)

**【建会工作】** 年内,全区新增会员20447人,覆盖法人单位497家,新建会企业174家,超额完成了市总下达的工作任务。

(熊 英)

**【构建和谐劳动关系】** 积极参与国有企业改制工作,推动解决拖欠职工工资、职工分流安置、职工社会保险接续等问题,在维护改制企业职工权益、确保国企改制顺利进行中发挥了作用。加强和谐劳动安全网络建设,与区劳动局、区建委、区安监局、区公安分局等单位建立了处理突发案件联席会制度。联合各三方协商成员单位开展《劳动合同宣传月》现场宣传咨询活动,在宛平城地区办事处召开了丰台区街道、乡镇三方工作现场会,通过经验介绍和调解劳动关系矛盾的现场模拟,提高了三方协商工作人员解决实际问题的能力。年内,全区各级工会组织检查和受理各类侵权案件264件,工会协同有关部门均已解决落实,案件查处率为100%。

(石 杰)

**【确保职工生命安全】** 一是坚持工会和区安监局例会制度,配合区安监、商务、卫生部门加强了对区企事业单位“安康杯”竞赛活动和商业系统“安康企业”、“安康企业家”评价活动的指导,促使相关部门落实安全生产责任制,有效控制了重大安全生产事故的发生。二是与区安监局联合开展了安全生产系列活动,召开了以“全员参与强基础、全力以赴保奥运”为主题的“安康杯”竞赛工作会。举办了“唱响安全奥运、共建和谐丰台”主题演讲比赛,普及了安全生产知识、传播了安全文化理念。年内,丰台区“安康杯”竞赛组委会被北京市“安康杯”竞赛组委会评为优秀组织单位。

(石 杰)

**【撑起职工维权“保护伞”】** 年内,工会直属基层单位和街道、乡镇所属企业共有劳动者29.94万人,签订劳动合同人数为28.53万人,签订率为95.3%。贯彻落实党和政府关于解决农民工问题的政策措施。

(石 杰)

**【保障困难群体基本生活】** 年内,坚持开展“送温暖”系列活动,“两节”期间筹措资金196万元,对3300户生活困难家庭进行了走访慰问。为113名困难劳模补助26.2万元。“五一”前夕,区总工会又从北京市职工帮扶中心筹集了粮、油等物资,对全区130名困难职工45名困难劳模进行了节日慰问,并对共建单位羊坊村和大灰厂村100名困难村民家庭发放了慰问品。“三八”节期间,区总工会共慰问特困单亲女职工59人,发放各类慰问品和慰问金1.3万元。积极开展金秋助学活动,帮助三位单亲子女办理了“珍贝助学”手续,涉及资金6000元。挂牌成立了丰台区职工帮扶中心。

(石 杰)

**【做好职工互助保险工作】** 年内,丰台区代办处已先后开办了女职工安康互助保险等六个险种,累计发展会员65425人,其中新增会员7100人。投保储金累计达2184.76万元,办理女职工特殊疾病保险保费收入63.6万元,在职职工住院医疗互助保险保费收入16.57万元,职工团体意外伤害互助保险和在职职工子女意外伤害保险保费收入共4.78万元。职工重大疾病互助保险保费收入35.24万元。保费金额达到120.19万元。年内,共赔付各项保障互助金121万元,受益人数419人。

(石　杰)

**【开展职工文体活动】** 围绕"绿色奥运、科技奥运、人文奥运"三大理念,深入开展主题教育系列活动。一是开展了文明引导行动,以职工文明啦啦队为载体,组织奥运知识竞答和"你我同心"诺言征集活动。二是举办了"劳动颂歌、激情奥运"为主题的"五月的鲜花"文艺汇演和丰台区第十一届职工艺术节活动。三是积极开展职工健身活动,使广大职工在强健体魄的同时,增强了团队意识和集体荣誉感,掀起了奥运之年职工健身活动的热潮。

(原　燕)

**【实施职工素质教育工程】** 联合区劳动和社会保障局、北京广播电视大学丰台分校,大力开展职工素质教育,内容涉及失业人员再就业培训、本地农民工转岗培训、外来农民工职业技能培训等多个方面,进一步完善了以职工通用能力培训为基础,以技能培训、学历续接为延伸,以企事业单位岗位培训、农民工素质教育培训和奥运礼仪培训为补充的多元化素质教育工程体系,为职工搭建了全方位的学习平台。

(原　燕)

**【倡导奥运赛场文明】** 按照市总工会工作的总体安排,组建了由各街道、乡镇和部分委、办、局等28家单位的1820名职工组成的丰台区北京职工文明啦啦队。奥运期间,共组织啦啦队员14745人次,观看了70余场奥运赛事。区总工会被中共北京市委、市政府、北京奥组委授予"北京奥运会残奥会先进集体"称号;被北京奥运会志愿者工作协调小组、第29届奥林匹克运动会组织委员会授予"北京奥运会残奥会文明观众、啦啦队工作优秀组织单位"称号;区职工文明啦啦队组委会被北京市总工会授予"奥运立功首都劳动奖状"称号。

(原　燕)

**【全力支援抗震救灾】** 汶川地震发生后,各级工会组织开展捐款捐物和慰问活动,卫生系统的苏秋玉同志被授予"抗震救灾重建家园首都劳动奖章",花乡草桥村等6家单位荣获"抗震救灾重建家园工人先锋号"荣誉称号。

(原　燕)

**【分类分层加强工会干部培训】** 中国工会十五大召开后,及时组织基层工会干部对修改后的《中国工会章程》进行了系统学习。区总工会累计培训工会干部4000人次。

(原　燕)

**【促进工会经费规范运作】** 年内,对基层工会经费计拨审计共计443.78万元,查出拖欠工会经费70.44万元,及时补交43.34万元。

(原　燕)

## 共青团北京市丰台区委员会

**【概　况】** 共青团北京市丰台区委员会(以下简称团区委)是负责全区团员青年教育、管理和服务的群众性团体。团区委以科学发展观为统领,认真贯彻落实党的十七大和十七届二中、三中全会、团十六大精神,紧密围绕奥运城市志愿者、驾驶员志愿者工作这一核心任务和建设社会主义和谐社会首善之区的要求,认真履行育人职能,大力弘扬奥运五种精神和志愿精神,全面推进"志愿、公益、创业、成才”工作，积极进取，拼搏奉献，有效整合地区资源，以丰富多彩的活动为载体，团结带领全区广大团员青年和志愿者为奥运筹办和首都现代化建设做出了新贡献，推动共青团各项事业取得了新发展。截至2008年12月底，丰台区共有14周岁至35周岁青年人数49875人，其中团员人数14195人，团员入党人数198人；团员干部人数165人，其中专职团干部82人。团组织1318个，其中，基层团委71个，基层团总支73个，基层团支部1167个。

（司　丽）

**【服务青少年月活动】** 1月23日，由共青团中央主办，团区委、希望工程北京捐助中心丰台区工作站承办的共青团2008年“服务青少年月”活动暨“恒鑫？爱心”助学基金捐助仪式在丰台二中大礼堂隆重举行。共青团中央少年部部长张学军，团市委副书记于庆丰，团市委中少部部长孙武权，丰台区副区长闫傲霜，区教委副书记张涛，区民政局副局长彭增芬，团区委书记申跃等领导出席了仪式。捐助仪式上，有关领导将首批10万元助学基金亲自发到167名受助学生手中，团中央中少部领导向希望工程丰台区工作站赠送了图书与英语学习卡。

（司　丽）

**【共青团丰台区十届五次全委（扩大）会议】** 3月6日，共青团丰台区十届五次全委（扩大）会议暨2008年工作会召开，区委常委、组织部部长、统战部部长杨逸铮，团市委社区工作部部长祁治国出席了会议并讲话。会议总结了2007年工作情况，部署安排了2008年工作任务，表彰了2007年度全区共青团工作先进集体和先进个人。

（司　丽）

**【区青联四届二次常委（扩大）会议】** 4月24日，区青联秘书处在北京国际孵化中心召开了青联四届委员会第二次常委（扩大）会，区青联主席申跃，副主席贾丽君、鲁爱国，团区委副书记高文娟及部分四届常委、各界别组组长出席了会议。会议增补了团区委副书记高文娟同志为第四届青年联合会副主席兼秘书长。

（司　丽）

**【首都青年公务员风采大赛】** 按照团市委、市委宣传部、市直机关工委、首都文明办、市人事局等单位联合举办“微笑北京 奥运先锋”首都青年公务员风采大赛的要求，从区二级团组织中严格挑选了6名青年公务员，举办“微笑北京 奥运先锋”首都青年公务员风采大赛丰台区初赛，决胜出2名优秀青年公务员代表参加全市比赛。

（司　丽）

**【丰台区十大志愿者评选】** 为普及奥林匹克知识，推广志愿服务理念，倡导公益实践精神，根据团市委的科学部署，年初，团区委结合“迎奥运、讲文明、树新风”活动的开展，联合有关单位，着力举办了“丰台区十大志愿者”评选活动，甘沁力等来自基层和各行各业的十人最终脱颖而出，成为“志愿者明星”。

（司丽）

**【丰台区大学生村官风采大赛】** 3月至6月上旬举办了“迎奥运—丰台区大学生村官风采大赛”。初赛由团区委和各乡镇联合举办，各乡镇团委组织动员全区共计76名大学生村官参加初赛，并从中选出32名优秀选手晋级决赛；决赛由团区委举办，通过即兴演讲、综合知识问答和个人才艺展示三个环节，评选出了10名优秀选手晋级总决赛暨成果展示活动。

（司　丽）

**【城市志愿服务站点负责人核心素质训练营】** 5月29日，34名城市志愿服务站点负责人参加了“情系奥运 放飞梦想”——北京奥运会城市志愿服务站点负责人核心素质训练营，接受了为期4天的集中封闭强化培训。

（司　丽）

**【城市志愿者站点建设】** 在奥运会、残奥会赛会期间,按照北京奥组委志愿者部、团市委的统一安排,在全区设立36个城市志愿服务站点。

(司 丽)

【城市志愿者培训】 年内,经过严格的面试、政审工作,在前期踊跃报名的4.6万名志愿者中招募了2.7万名城市志愿者,其中骨干志愿者5247名。团区委举办了5场全区性大型培训,对所有志愿者进行了应急事件处理、文明礼仪、医疗救助、媒体应对等方面的通用培训;对各个站点站长进行了站点岗亭使用、团队组织建设、应对新闻媒体等专项的培训。

(司 丽)

【城市志愿者上岗服务】 从8月1日起,城市志愿者三十六个站点全部上岗,奥运会期间,共有4104班次约20520人次上岗服务,提供信息咨询、语言翻译、应急服务等工作100余万次,发放各类宣传资料60余万份。残奥会期间,城市志愿者共有2012班次约10060人次上岗服务,提供信息咨询、语言翻译、应急服务等工作80余万次,发放各类宣传资料45万余份。

(司 丽)

【金牌城市志愿服务站点评选】 为全面落实北京奥运会、残奥会城市志愿者工作,鼓励志愿者参与奥运、激情奉献,举办了"金牌城市志愿服务站点"评选。评选配合城市志愿服务开展的6个阶段进行,激励了城市志愿者的工作热情。

(司丽)

【城市志愿者之家】 8月26日,"城市志愿者之家"在万芳亭公园举行启动仪式。团市委副书记姜泽廷、团市委社区部部长祁治国、团区委书记申跃、副书记朱立达等领导,以及来自36个城市志愿者站点的100余名骨干城市志愿者参加了启动仪式。

(司 丽)

【驾驶员志愿者选调】 驾驶员志愿者来源主体为全区各级政府机关、企事业单位工作人员,并由来源单位负责推荐,经过6次政审、驾驶技能测试等工作,共有313名奥运驾驶员志愿者和12名中层管理干部正式入选。

(司 丽)

【驾驶员志愿者工作平安无事故】 在奥运赛事期间,驾驶员志愿者服务的石景山和海淀两个场站主要负责13个竞赛场馆,20个训练场管,6个IF驻地、2个合同酒店及其它50多个不确定预约服务场所。累计共出动车数3756次,服务总车次6129次,共累计行驶里程242616公里,做到了"安全无事故、服务零投诉"的目标。

(司 丽)

【社区闲散青少年排查防控】 年内,成立了由团区委书记申跃任组长的丰台区社区闲散青少年排查防控工作领导小组,并在各街乡镇成立了由主管领导挂帅,综治、团委等部门组成的专项工作机构,通过排查人员、制定管理方案、完善紧急预案、落实监管措施、开展帮扶教育,圆满完成了奥运期间全区1064名社区闲散青少年、15名三级重点人员的排查、管理、防控、帮扶工作。

(司 丽)

【青年干部培训班组织工作】 由区委组织部与团区委联合主办的青年干部培训班有来自全区40名优秀青年公务员参与培训,于11月顺利完成。

(司 丽)

## 丰台区妇女联合会

【概 况】 年内,丰台区妇联在区委、区政府领导下,在市妇联的指导下,坚持以邓小平理论和"三个代表"重要思想为指导,认真贯彻党的十七大精神,全面落实科学发展观、年初召开丰台区第十一次妇女代表大会,确定今后五年妇女工作的指导思想和主要任务;团结动员各族各界妇女,为实现丰台区"十一五”期间国民经济和社会发展的宏伟目标，为构建和谐丰台而奋斗。

（白金荣）

**【召开区第十一次妇女代表大会】** 2月25日，丰台区第十一次妇女代表大会在京丰宾馆召开，会上，听取并审议丰台区妇联第十届执行委员会工作报告；选举产生丰台区妇联第十一届执行委员会。根据全国妇联章程及选举工作有关规定，本次大会拟产生正式代表203名；列席代表7名，选举产生执行委员31名；十一届一次执行委员主席1名；副主席3名；常务委员8名。

（白金荣）

**【服务奥运参与奥运】** 年内，组织卢沟桥街道、太平桥街道、卢沟桥乡、区环卫中心成立24支姐妹指路队。指路队上岗1184人次，工作5600多个小时，服务22098人次。西罗园街道16个社区的巾帼志愿者服务17047人次，145对夫妻志愿者参与安保值班13579个小时。在首都各界妇女奉献奥运表彰大会上，丰台体育中心管理处等15个单位荣获北京市“三八”红旗集体、花乡乡长肖文燕等30名妇女荣获首都“三八”红旗奖章、卢沟桥街道大井社区主任杨秀清等70名妇女荣获首都“奥运巾帼”奉献奖。

（白金荣）

**【开展特色活动】** “三八”节期间，组织全区女处级领导干部参观北京电影博物馆；组织全区妇女“庆三八，健康奥运、健康女性”为主题拔河比赛；举办了“巾帼杯”门球比赛；开展各类慰问活动。区委、区人大、区政府、区政协等领导慰问获得北京市“三八”红旗集体和丰台区“巾帼文明岗”的卢沟桥乡西局女子保洁消防队、丰顺驾驶员培训学校、北京汽车博览中心、王佐学校和丰台区儿童福利院；与区少年宫联合举办“同享一份快乐，共创美好明天”义演、义卖、义画大型公益活动；承办了全国妇联、北京市妇联、美国圣徒慈善基金会向丰台区“蓝天丰苑”学校捐赠书款的启动仪式。奥运期间区妇联拍摄了“和谐家庭文明基石”专题片，积极宣传“五好文明家庭”创建成果。结合奥运期间环境整治，开展了“比比谁家阳台美”活动。

（白金荣）

**【“双学双比”“巾帼建功活动新颖独特】** 年内，调整了丰台区农村妇女“双学双比”竞赛活动协调小组成员单位，制定了成员单位与对口联系单位办实事计划。被市妇联命名的市级“妇字号基地”5个、“巧娘工作室”2个，区级“巾帼文明村”6个，争取市财政资金70万元。

（白金荣）

**【再就业和培训工作取得新成效 】** 依托区妇女儿童培训中心对全区失业失地妇女开展了就业和创业培训，在卢沟桥乡等13个街乡（镇）举办了23期1099人参加的手工编织培训班；举办女性就业专场招聘会，与本区各街道社区和医院联系，帮助学员实现再就业。

（白金荣）

**【提供法律服务】** 年内，为信访接待指定了专业律师，接待来信来访共198件，结案率为100%。区法院在刑事审判庭、未成年人案件审判庭、民事审判第一庭和各派出法庭都设立了维护妇女儿童权益合议庭，审理婚姻家庭民事纠纷案件2495件，审理侵犯妇女儿童权益的刑事案件48件。

（白金荣）

**【落实“十一五”妇女儿童规划】** )年内，在《妇女规划》中期监测评估45项指标中有33项达标，达标率为80%；《儿童规划》中期监测评估12项指标中有11项达标，达标率为91.7%。

（白金荣）

## 丰台区工商业联合会

**【概　况】** 年内，丰台区工商业联合会（简称：丰台工商联），在北京市工商联的指导和区委、区政府的领导下,坚持以邓小平理论和“三个代表”重要思想为指导,深入学习十七大、十七届三中全会精神,认真贯彻和落实科学发展观,紧紧围绕全区工作大局,充分发挥新时期工商联的职能作用全面履行工商联职能,积极投身奥运服务;投身抗击南方雪灾、汶川大地震赈灾活动;推动非公经济党建工作深入发展,建立党支部发展新党员等工作。发展有一定规模的企业会员30家,累计新老会员1269家。丰台区工商联第八届执行委员会委员90人(其中:非公经济人士78人),有市政协委员1人,区人大代表8人,区人大常委1人,区政协委员32人,市工商联执行委员10人(常委4人,执委6人);还有部分代表人士担任区政府特约监察员;市企业家协会理事;区青联主席、常委、委员;区总工会、区妇联委员等职务。有46家会员企业分别被首都文明办、区文明办和市工商联系统评为“精神文明单位”(其中评为首都文明单位有5家)。有40多家会员企业获市联系统抗震救灾奉献奖;3家会员企业获“参与首都社会主义新农村建设先进民营企业单位”称号;2家非公经济会员企业建立了党支部,发展新党员5名,建立工会组织4家。丰台区工商联被市联分别授予“精神文明建设组织奖”;“抗震救灾组织奖”;“为企业服务先进集体”;并再次被全国工商联评为“全国工商联先进单位”光荣称号。

(杨士广)

**【开展调查研究参政议政活动】** 年内,深入走访会员企业170余家 ,发挥会员中政协委员、人大代表、特邀监察员和区工商联执常委的作用,围绕丰台经济建设和社会发展情况进行调研,积极提出建设性意见和建议。以加强流动人口管理与服务为主题撰写的《关于流动人口问题的进一步探讨》和《努力改善区域生态环境,为加快经济发展营造良好氛围》的两篇调研报告,分别获得市工商联和区政协的奖励和表彰,工商联界别有4名委员的提案被区政协评为优秀提案。

(杨士广)

**【发展新会员壮大骨干队伍】** 年内,发展有代表性,有一定规模的新企业会员30家,截至12月31日,累计在册新老会员1269家,区联会员结构进一步改善,人士队伍进一步调整,其中股份制,私营独资,有限责任等各类私营企业469家,个体工商户及个体会员200余人;原工商业者老会员300余人;保留原国企、集体企业在册近200家,另有少量团体会员。丰台区工商联第八届执行委员会委员90人(其中:非公人士78人),增补特邀执委9名,设常务委员会委员45人,主席13人,秘书长1人,党组书记1人。年内认真接待原工商业者来信来访100余次,继续为原工商业者及遗孀100多人次,发放节日慰问金,困补金合计10万元,使他。协调、帮助困难企业会员解决资金短缺融资1000万元,组织法律知识讲座3次,接受教育培训400余人次。

(杨士广)

**【私企工会二届三次委员会】** 1月15日,召开私企工会二届三次委员会议。会议以迎奥运、创和谐为主题,总结了2007年主要工作,报告了工会经费的收缴及使用情况,研究了2008年上半年工作计划。

(杨士广)

**【冰雪无情,人间有爱】** 2月12日,由工商联副主席,金杯创业集团董事长、总经理郑卫国带队,丰台工商联会员企业丰新电气公司、光达晨星电力公司等单位人员参加,赴南方冰雪灾害重灾区湖南新化赈灾慰问车队,一行20人,历时5天多的时间,行程4222公里,灾区人民送去了棉衣、棉被、毛衣共1.2万件,价值24万元,现金20万元。

(杨士广)

**【赵凤桐视察会员企业】** 4月6日,北京市副市长赵凤桐一行来到丰台区工商联会员企业北京天路通科技有限责任公司,视察奥运电动清洁车辆的研制工作。区长李超钢，副区长王苏维和有关部门的领导陪同视察。

（杨士广）

**【区工商联八届四次执委会】** 4月9日，工商联八届四次执委会在工商联大厦召开，60多名执常委和新聘任的特邀执委参加了会议。会议由区联秘书长隋军主持，区委统战部领导到会并讲话。

（杨士广）

**【抗震救灾，众志成城】** “5.12”汶川大地震发生后，在工商联大厦组织召开了区联广大会员企业单位和大厦入住企业大型捐款活动，共捐款170万元，通过社会各方面捐款物的会员企业合计捐款500多万元。圣火公司等会员企业还组成志愿者服务队赶赴灾区，参与震后灾区的重建工作。

（杨士广）

**【双爱双评活动见成效】** 10月，在区联全体企业会员单位开展“双爱双评活动”（双爱：老板爱员工，员工爱企业，双评：评选优秀企业家，评选优秀员工）。38个参评单位中，选出了15家先进企业，15名优秀企业家，142名优秀员工。

（杨士广）

**【参与奥运、服务奥运】** 年内，组织400名企业员工，完成了迎接火炬的传递活动。会员企业绿山谷芽菜有限公司，丰新电气工程有限公司和光达晨星电力工程有限公司，万泉寺出租汽车有限公司，麦可士（北京）建设工程有限公司，芊润苑公司，妮森服务有限公司等企业单位在服务、供应、安全和运营等方面，完成了保奥运任务。在北京市工商业联合会、北京市私营个体经济协会、北京非公有制经济人士联谊会联合召开表彰大会上，对在北京奥运会和残奥会做出贡献的首都非公有制经济中的先进集体和先进个人进行了表彰，区工商联会员企业北京天路通科技公司等19家企业单位被授予先进集体。北京金星房地产开发有限公司董事长王宝军等11位企业家，被授予先进个人。在区委、区政府召开的表彰会上，区工商联会员企业天路通科技公司总经理陈守碧和区联副主席伊建才等6位个人被授予北京奥运会先进个人。

（杨士广）

**【弘扬改革开放三十周年】** 为纪念改革开放三十年，弘扬改革开放精神，区联《丰台工商界》和会员企业自办的报刊《金杯俱乐部》《国力达报》《庆洋通讯》《魅力人生》《万年基业》《圣火采暖》等七家报刊，分别获得市工商联系统优秀奖，《丰台工商联简报》和《肉类商会信息》获鼓励奖。

（杨士广）

## 丰台区归国华侨联合会

**【概　况】** 丰台区归国华侨联合会（简称：丰台区侨联）在区委、区政府的领导下，在北京市归国华侨联合会的指导下，坚持以科学发展观为指导，认真学习贯彻党的十七大会议精神，认真学习胡锦涛总书记对侨务工作的重要指示精神，听取丰台区区委常委全会和区统战工作全会旨要，找准自身角色定位，按照凝聚侨心、汇集侨智、发挥侨力、维护侨益为工作要求，力争最大限度地团结归侨侨眷和海外侨胞，充分发挥他们在推动我国现代化建设、推进祖国和平统一大业、传播中华文化、增进中国人民同各国人民相互了解和友谊。

（李　琰）

**【深入学习贯彻党的十七大会议精神】** 年内，组织各街道侨联全体干部专门学习党的十七大会议精神，通过开展丰富多彩的主题教育活动，探索如何在实际工作贯彻落实“民生问题”的解决，为构建自强型侨联奠定思想基础，达到涵养侨联干部的效果，维护广大归侨侨眷的合法权益。

（李　琰）

**【积极参与抗震救灾工作】** 汶川地震灾害发

生后,根据不完全统计,8个设立侨联的街道共有563名归侨侨眷参与捐款、献血等救灾活动,捐款数额共计65805元。7月,根据中国侨联、北京市侨联关于倡议归侨侨眷、海外侨胞和港澳台同胞援建北川中学的通知》,号召街道侨联倡导辖区归侨侨眷及其亲朋好友积极参与援建北川中学活动,捐款人民币5790.9元整。区侨联副主席、北京市太空板业股份有限公司与什坊市人民政府签订投资建厂协议:通过在什坊设立太空板生产基地,投资2亿元,建立一万套灾后重建用房。

(李　琰)

**【履行参政议政职能】**　年初,在丰台区政协八届二次全会上,侨联界别委员针对侨联在工作遇到的突出问题的调研总结,提出《关于解决海外留学人员归国创业、就业问题的建议》的团体提案。

(李　琰)

**【建言平安奥运】**　区侨联积极配合市区的各项奥运筹备工作,并参与市侨联组织的"平安奥运建言"活动,各街道侨联组织辖区归侨侨眷集思广益,踊跃建言,共收到建言百余条,内容涉及文明礼仪、居民生活、社会管理等多个方面。

(李　琰)

**【参与和谐社会建设】**　5月20日,丰台区侨联召开"我与和谐社会"论坛,北京市侨联副主席兼秘书长马坚、丰台区政协常务副主席鲍顺新、丰台区政协副主席、区委统战部常务副部长周大春、丰台区政协办公室主任洪玫、丰台区委统战部副部长王文泉出席,来自八个街道侨联及太平桥街道的共140余名归侨侨眷和侨联干部到场参加。八个街道侨联推选出共63篇文章报送区侨联,经区侨联组织评审,评选出一等奖14篇,二等奖19篇,三等奖30篇,在一等奖中精选6篇代表文章参加区侨联论坛,有15篇文章报送区政协,并收集成册出版。10月9日,丰台区侨联参加丰台区"我与和谐社会论坛",司徒双、关裔煌两名同志作为侨联代表发言,并荣获一等奖,区侨联单位获得组织奖。

(李　琰)

**【纪念改革开放三十周年】**　区侨联选送归侨张日城撰写的文章《人民币下南洋》参加市侨联举办的"三十年大背景、一瞬间小故事"征文活动,区侨联及侨界群众代表参加区委统战部举办的统一战线纪念改革开放30周年座谈,副主席王亦和同志作为代表发言。

(李　琰)

**【北京市城区侨联工作交流】**　3月,区侨联参加北京市城区侨联工作会,听取各区侨联工作经验总结和市侨联2008年工作部署。会上,区侨联就"整合侨界资源"、"多方式推动海外联谊和海外华文教育"提出的工作事项得到好评。

(李　琰)

**【领导班子顺利交接】**　7月2日,在区委组织部、统战部的指导帮助下,通过四届十二次委员会的选举表决,顺利完成侨联四届领导班子变动工作。由孙金来同志担任侨联主席(兼职),谢焕明同志任侨联副主席兼秘书长(专职)。

(李　琰)

**【方庄地区侨联换届】**　在统战部的指导下,区侨联积极和方庄地区办事处党委沟通,做好换届推荐选拔侨联委员的工作,于12月30日顺利召开方庄地区第二次归侨侨眷代表大会。

(李　琰)

**【老侨工作继续稳步开展】**　4月,6月5日,侨联和老龄委为丰台区属单位十八位七十岁以上的老归侨共同举办"祝寿会"。到会的年龄最大的77岁,最小的70岁。老龄工作组还通过登记表方式,详细记录老侨每个人的基本情况、健康状况,并向大家征求意见和建议,便于今后 提供更好的服务。

(李琰)

**【引导侨界参与社会建设】**　年内,发挥"凝聚侨心、汇集侨力”的职能，组织各街道侨联积极通过网站宣传、文化交流等形式，引导侨界群众积极参与新时期社会建设。通过街道奥运倒计时百天纪念活动、奥运场馆参观、区侨联“我与和谐社会论坛”、四川地震救灾活动等活动，踊跃参与区、街道、社区的各项工作。

（李　琰）

**【拓展海外联谊】** 10月11日至18日，区侨联协办印度尼西亚巴中五八届毕业五十周年纪念北京聚会，来自国内外的240多名归侨侨眷相聚北京，平均年龄七十岁。区侨联认真做好必要的服务工作，帮助他们了解祖国日新月异的发展变化，并就侨联工作进行交流，进一步密切了海外侨团的联系 。

（李　琰）

## 红十字会

**【概　况】** 年内，丰台区红十字会围绕区委、区政府关于“构建和谐丰台、服务奥运”的中心工作，重点抓了“两个能力”建设：组织建设能力和救助能力；搭建好“三个平台”：百姓参与应急救护、志愿者充分发挥作用、社会各界奉献爱心的平台；探索“四支队伍建设”：会员队伍、志愿者队伍、专兼职干部队伍和通讯员队伍；建立并完善“五项管理制度”：备灾工作、捐助回访、项目管理、综合培训和会议制度。履行政府人道救助的助手职责，发扬红十字“人道、博爱、奉献”精神，突出做好“风雪救援”、“抗震救灾”及特困家庭危重病人的紧急救援、救助工作，注重打基础、提高救助实力和应急能力，完成红十字奥运志愿者各项服务工作。

（张玉林）

**【提升公益影响力】** 红十字会把“汇聚爱心，壮大队伍”作为工作主线，以“5·8”世界红十字日为契机，举办了以“红十字与奥运同行，感谢爱心、传递爱心、呼唤爱心红十字在行动”为主题的集募捐、奥运救援队授旗、先进表彰为内容的纪念世界红十字日大型活动，对130个集体和个人进行了表彰，5家爱心企业当即捐款45万元。区委书记张大力为红十字服务奥运救援队授旗。

（张玉林）

**【风雪救援】** 年初，南方遭受了严重的冰雪灾害，区红十字会紧急召开基层红十字会秘书长工作会议，迅速进行宣传发动，连夜赶印2.5万份宣传材料，发往全区社区、乡村，号召全区人民为灾区人民献爱心活动，三天内就筹集募捐款28万余元 。

（张玉林）

**【抗震救灾】** 5月12日，四川汶川地震发生后通过举办各种公益劝募活动，共接收社会各界爱心捐款共计2164.2372万元。

（张玉林）

**【人道主义救助】** 广泛开展了政府关注、百姓急需的人道主义救助工作。组织开展了元旦、春节“两节”送温暖活动。共支出救助款物合计10.8万元，对300个困难家庭进行了走访慰问。国庆、重阳节前夕，对大病致困、低保边缘和70岁以上特困老人总计204人开展了救助慰问活动，共发放救助金10.2万元。全年共计救助大病特困人员10人，发放大病救助金和专项救助金6.4万元，有效的缓解了部分大病特困家庭的燃眉之急。

（张玉林）

**【奥运志愿服务】** 招募红十字服务奥运志愿者5152名，设立了298个红十字服务站，开展社区服务3.6万余次，开展了以服务奥运为主题的社区百场自救互救知识讲座，5000余名社区居民初步掌握了自救互救知识。在红十字奥运志愿服务活动中，完成市区交办的各项服务任务。区红十字会荣获了全国红十字参与奥运组织工作奖、北京市最佳组织奖、丰台区先进单位。

（张玉林）

**【青少年工作】** 深化北京市红十字会提出的红十字青少年“道德教育工程”，逐步让红十字会在学校成为学生学习知识、进行社会实践的第二课堂,促进了学校素质教育的全面开展。在北京市开展的“迎奥运,我为北京添点绿”——饮料软包装回收及征文等主题活动中,区王佐学校荣获“活动组织奖”,丰体时代小学等4所学校获得“组织鼓励奖”,丰台一小的侯亦凡同学获得征文大赛“三等奖”。

(张玉林)

**【救护培训】** 坚持以服务奥运为重点,在各街、乡镇开展了“百场自救互救知识专题系列讲座”,参加听讲的有6000余人。结合市红十字会“红十字与奥运同行——珍爱生命 关注健康”活动,在社区开展了健康知识的普及工作,培训重点行业人员3240人,培训初级急救员4506名,超额完成市会下达的4000名的任务。

(张玉林)

**【造血干细胞】** 协调高校红十字工作委员会,组织首都经济贸易、燕京华桥、中国戏曲大学等高校进行志愿捐献造血干细胞活动,号召青年一代奉献爱心,挽救白血病患者的生命,各校纷纷在校园内开展以“聚集青春力量,点燃青春之火——关注生命、关爱他人、从我做起”为主题的宣传活动。招募志愿捐献造血干细胞志愿者593人,其中有451人已留取了血样,加入了中华骨髓库。

(张玉林)

**【全国示范社区创建】** 坚持以社区为依托,以服务百姓为重点,全面开展红十字“六进社区工作”。结合全区开展的“百场健康知识讲座”,在部分社区开展普及救护健康知识讲座,开展贴近百姓、扶危济困、健康咨询等便民活动,深受社区百姓的欢迎。10月份,通过了中国红十字总会评审和验收,获得了“全国社区红十字服务示范区”荣誉称号。

(张玉林)

# 政权 政协

## 北京市丰台区人民代表大会常务委员会

【概况】 年内,区第十四届人大常委会共召开7次常委会会议,听取并审议了15项议题,作出7项决议、决定;召开11次常委会主任会议,听取了区政府1项工作情况的报告。共任免53人次,其中,任免国家机关工作人员39人次,人大街工委主任14人次;接待群众来访136人次,受理人民群众来信52件次。推荐10名市代表,41名区代表代表担任市、区"一府两院"特约监督员,有40位代表列席了常委会会议。

(宋锁妮)

【区第十四届人大第三次会议】 1月8日至1月11日,区第十四届人民代表大会第三次会议在京丰宾馆举行。应到代表274人,因病因事请假28人,实到代表246人。会议听取和审议了丰台区人民政府工作报告、区人大常委会工作报告、区法院工作报告、区检察院工作报告,并作出了相关决议。会议审议了丰台区2007年国民经济和社会发展计划执行情况与2008年国民经济和社会发展计划草案的书面报告,审查和批准了丰台区2007年国民经济和社会发展计划执行情况的报告与2008年国民经济和社会发展计划;审议了丰台区2007年预算执行情况和2008年预算草案的书面报告,审查和批准了丰台区2007年预算执行情况和2008年预算。

(宋锁妮)

【常委会第九次会议】 3月11日召开。会议共三项议程:通过了《北京市丰台区人民代表大会常务委员会2008年工作要点》;决定了人事任免事项;区人民检察院副检察长常青讲解了《检察官法》的有关内容。

(宋锁妮)

【常委会第十一次会议】 5月29日召开。会议共四项议程:听取和审议了区人民检察院关于检察官队伍建设情况的报告;听取和审议了区政府关于中关村科技园区丰台园建设发展情况的报告;听取了区政府关于奥运服务保障工作情况的报告;决定了人事任免事项。

(宋锁妮)

【常委会第十二次会议】 7月29日召开。会议共进行了四项议程:听取和审议了区政府关于2007年本级预算执行和其他财政收支的审计工作报告;听取和审议了区政府关于2007年财政决算草案和2008年预算上半年执行情况的报告,审查和批准了2007年决算;听取和审议了区政府关于2008年国民经济和社会发展计划上半年执行情况的报告;决定了人事任免事项。

(宋锁妮)

【常委会第十三次会议】 9月27日召开。会议共进行了四项议程:听取和审议了区政府关于我区义务教育工作情况的报告;听取了区政府关于"五五"普法工作情况的报告;修订了区人大常委会有关工作制度;决定了人事任免事项。会议还书面审议了区人民政府和区人民检察院关于落实区第十四届人大常委会第十一次会议审议意见情况的报告。

(宋锁妮)

【常委会第十四次会议】 11月28日召开。会议共进行了四项议程:听取和审议了区政府关于"加快建立城乡统筹就业机制,完善社会保障体系"议案办理情况的报告;听取和审议了区政府关于丰台区第十四届人大三次会议代表建议、批评和意见办理情况的报告;听取和审议了区人民法院关于行政审判工作情况的报告;决定了人事任免事项。会议还书面听取了丰台区人民政府关于落实区第十四届人大常委会第十二次会议审议意见情况的报告。

(宋锁妮)

【常委会第十五次会议】 12月12日召开。会议共进行了三项议程:听取了丰台区2008年国民经济、社会发展计划执行情况和2009年国民经济和社会发展计划草案的报告,初步审查了丰台区2009年国民经济和社会发展计划草案;听取了丰台区2008年预算执行情况和2009年预算草案的报告,初步审查了丰台区2009年预算草案;研究决定了区第十四届人民代表大会第四次会议的有关事项;决定了人事任免事项。

(宋锁妮)

【增强议案和建议督办实效】 年内,形成了常委会统一领导,工作委员会具体负责,代表共同参与,与区政府承办部门沟通协调、密切配合的督办工作机制。将区十四届人大三次会议确立的《加快建立统筹城乡就业机制,完善社会保障体系》议案列入年度工作要点,制定督办方案,开展视察检查,听取办理情况汇报,促进任务落实。区第十四届人大三次会议期间,代表共提出建议279件,均按规定期限办理完毕。闭会期间代表提出建议28件,其中25件已经办理答复,其余上半年全部办复。

(宋锁妮)

【认真开展法律监督】 常委会按照年度工作安排和市人大常委会执法检查工作的总体部署,采取市、区、街、乡镇上下联动,三级代表共同参与的方式,对奥运环境、食品卫生与安全及清真食品生产经营,道路交通、义务教育等19项法律法规的贯彻落实实施情况进行了检查督促。组织代表参加了市人大常委会关于食品卫生法、实施义务教育法办法、消防法、法律援助条例和城乡规划条例等法律法规的修改和讨论,配合市人大开展了设施农业和农村污水处理情况的专题调研工作。坚持每季度组织代表旁听法院案件审理制度,加大对申诉案件的督办力度,促进了司法机关公正司法,共组织旁听活动4次,56位代表参加。

(宋锁妮)

【依法履行监督职权】 年内,按照监督法规定,着力加强监督奥运服务保障、全区经济运行、重点功能区建设、改善民生等工作。常委会听取和审议了奥运服务保障、科技园区建设、丽泽金融商务区建设、义务教育、行政审判、检察官队伍建设等9项专项工作报告。加强了对重点功能区建设的监督,多次听取主管区长和有关部门负责人情况介绍,针对科技园区和丽泽金融商务区建设发展情况,提出了加快丽泽金融商务区建设和加大科技园区统筹协调力度完善配套服务功能,发挥辐射作用,带动周边发展等建议,引起了区政府的高度重视。

(宋锁妮)

【改进监督方式增强监督实效】 年内,常委会实现监督方式"三个转变",即对重要调研课题,将工作部门牵头调研,变为主管主任牵头，全体主任参与调研；将听取政府部门负责人专项工作情况介绍，变为既听取部门又听取主管区长情况介绍；将重点执法检查单一的明察转变为明察与暗访相结合。严格把握常委会审议“四个环节”，立足全面，掌握实情；围绕议题，深化调研；组织审议，注重质量；做好反馈，跟踪督办。常委会在学习贯彻监督法和总结工作实践的基础上，制定了《提高审议质量，增强监督实效的意见》，修订了《常委会议事规则》、《预算监督办法》、《落实常委会审议意见办法》，使监督工作更加规范有序。

（宋锁妮）

**【各级代表充分发挥履职权利】**　年内，常委会规范和保障代表依法履行职责和行使权利。按照市委23号文件精神，区委召开了加强人大代表工作会议，转发了《中共丰台区人大常委会党组关于进一步加强人大代表工作的实施意见》。常委会和各乡镇人大、人大街工委、代表联组认真学习领会文件精神，明确任务，落实责任。构建了由常委会统一负责，各工作委员会充分发挥作用，办公室和代表联络室综合协调，各乡镇人大和人大街工委为工作基础，各级密切协同为代表履职服务的工作格局。以“代表密切联系群众，充分发挥代表作用”为主题，组织各乡镇人大、人大街工委、代表联组和机关委室负责人分别座谈交流，举办了三次代表工作论坛。建立了市人大代表联络处并明确工作职责；完善了常委会联系各级人大代表、市代表联系区代表、区代表联系乡镇代表和区、乡镇代表联系选民等多层次联系网络；成立了农村代表小组，着力推进我区“三农”工作和新农村建设。

（宋锁妮）

**【组织多种形式代表活动】**　年内，坚持代表学习制度，采取集中培训与分级培训，理论学习与实地考察，以会代训与坚持自学相结合等多种方式加强代表学习培训。围绕审议议题和重点工作，积极组织代表视察、检查、列席常委会会议、参与常委会各工作委员会活动、旁听法院公开审理案件。举办经济形势报告会，畅通代表知情知政渠道。全年共组织市、区代表活动200多次，参加代表近3000人次。

（宋锁妮）

**【调研成果转化】**　年内，坚持调研为履行职责服务，全年共撰写调研报告20多篇。把信息宣传工作作为反应“三情两声”的渠道和交流工作经验的平台，定期研究分析，专门召开工作会议，改进《丰台人大信息》版面，扩充信息条目，积极向市人大刊物和《新丰台》报送信息及宣传稿件。坚持办好《人大在线》和人大网站，为宣传代表履职，宣传人大和“一府两院”工作发挥积极作用。

（宋锁妮）

## 北京市丰台区人民政府

**【概　况】**　年内，高标准、高质量完成了垒球场及相关配套设施的建设。确保了奥运火炬丰台段传递活动平安顺利，营造了热烈喜庆的奥运氛围。着力抓好无障碍设施建设，为残疾人参与奥运活动提供体贴入微的服务。加大环境综合整治力度，做好奥运场馆周边、火炬传递沿线等主要大街和重点区域的花卉景观布置，为奥运创造了干净整洁、优美靓丽的城市环境。城市运行顺畅有序。严格落实交通限行措施，赛事交通和城市交通和谐运转。认真落实食品安全保障和监控方案，保证了奥运食品供应“零事故”。积极为新发地、岳各庄农副产品批发市场办理各类通行证，保证了全市蔬菜等生活必需品的供应。统筹协调全区各方力量和资源，加强应急处置，保障了道路、桥梁和水电气热、通信等市政设施的安全运转,城市运行实现"零故障"。

区域经济运行总体平稳。地区生产总值达到510亿元,增长10%;财政收入达到34.8亿元,增长15%;全社会固定资产投资达到200亿元,增长5%;社会消费品零售额超过500亿元,增长20%以上;全区规模以上工业企业实现总产值365亿元,同比增长11%;完成了节能减排降耗全年工作任务,经济发展的质量进一步提高。

产业结构调整成效明显。先后出台了促进金融、物流等区域经济发展的政策意见,建立了产业引导基金,鼓励和支持高新技术产业、文化创意产业和现代服务业的发展。新引进高新技术企业335家。高新技术产业预计实现技工贸总收入1250亿元,增长25%。千禧街婚庆文化中心、戏曲动漫等5个项目获得市文化创意专项资金支持,俏佳人传媒成为国家级文化创意产业基地。资和信百货、万源购物广场正式开业,搜宝商务中心完成结构工程。一、二、三产业比重为0.2∶26.6∶73.2。

重点功能区建设加快推进。丽泽金融商务区被市政府确定为首都新兴金融功能区和金融机构聚集区,完成了发展战略研究,确定了近期和中远期建设目标;通过公开招标的办法选择5家国内外顶级规划设计机构,开展了丽泽城市规划设计方案国际征集;启动了B6、B7地块征地拆迁;加强了宣传推介和招商引资,开发建设取得重大进展。科技园区东区开复工面积125万平方米,超额完成25%;总部基地金融港项目正式启动;13家企业获得创新基金支持,企业自主创新能力不断增强;科技园区对区财政收入的贡献率达到20%以上。大红门服装商贸区被认定为服装服饰创意产业集聚区,加强与服装服饰专业机构的合作,搭建了服装交易、产品展示、信息发布等电子商务贸易平台,传统交易方式得到改进。河西生态休闲旅游区完成了旅游产业总体发展规划,千灵山风景区完成一期工程,北宫森林公园被评为国家4A级旅游景区。"晓月湖"成功实现蓄水,"卢沟晓月"景观恢复再现。

基础设施不断完善。光彩路、张仪村路、西客站南路建成通车,西六环路、蒲黄榆路和北京南站周边路网等12项道路征地、拆迁、建设以及前期工作如期推进。通久路等30条便民路大修改造全部完成。积极配合做好地铁四号线、动车段走行线、京沪高速铁路以及南水北调等重点工程的征地拆迁工作。马草河上段、丰草河等水系治理工程和河西再生水厂前期工作全面启动。

环境整治成果显著。开展出租大院整治,拆除357处、规范298处,完成拆后绿化硬化28万平方米,消除了安全隐患,改善了环境面貌。实施了15个"城中村"、12个"城市边角地"治理,完成了26个老旧小区改造。拆除违法建设260万平方米,清洗粉饰建筑外立面215万平方米,清理规范了95条大街户外广告。重点路段、重点区域的非法运营、无照经营、张贴小广告等现象得到有效遏制。

生态建设持续开展。建成5个郊野公园,完成城市绿化95公顷,城市绿化覆盖率达到42.7%;完成第二道绿化隔离地区绿化271公顷,荒山爆破造林67公顷,裸露山体生态恢复80公顷,林木绿化率达到38.1%。完成了丰草河、旱河、水衙沟河道污水口截流。新发地绿色垃圾处理厂建成并投入使用,生活垃圾综合处理中心建设加快推进。完成第一阶段污染源普查工作。空气质量二级和好于二级天数达到68%以上,超额完成市定指标,二氧化硫和化学需氧量年度减排任务顺利完成。

社会突出矛盾逐步化解。组建了1.5万人的矛盾调解信息员队伍,完善了区、街乡镇、社区(村)和信息员四级调处网络。建立信访督导组,开展挂牌接访试点。实行主要领导大接访制度,集中解决了一批关系群众切身利益的社会矛盾和反映强烈的热点难点问题，实现了“无重大重复上访户”目标。

安全生产监管不断强化。开展经常性的安全生产检查，重点抓好建筑工地、危险化学品、地下空间、出租大院等重点领域和人员密集场所的安全监管，关停存在安全隐患的非法经营场所和人防工程，整改了刘家窑东里9号楼地下室重大火灾隐患等31项市、区挂账隐患。重大动物疫情和林木病虫害得到有效防控，全年未发生生产安全、交通、火灾等重特大事故，实现了“无重大安全生产事故”目标。

社会治安综合治理全面加强。组织7万余名安全稳定特派员、民兵、“红袖标”等治安志愿者，强化了奥运场馆周边、世界公园等重点区域的社会面防控。开展流动人口基础调查，进一步健全出租房屋管理工作机制，提高了管理和服务水平。依法严厉打击各类违法犯罪活动，刑事案件和治安案件大幅下降，群众的安全感进一步增强。

强农惠农政策有效落实。累计投入新农村建设资金8.9亿元，同比增长9.9%；农民人均纯收入11592元，增长12%。河西地区纳入市山区政策支持范围。制定了《促进设施农业发展的意见》，建成黄土岗花卉、太子峪采摘园等设施农业105万平方米，都市型现代农业和河西生态休闲旅游业初见成效。制定经济薄弱村振兴计划，启动了南苑生态园等6个产业项目。健全了区、乡镇政策性农业保险政策体系。率先在全市推出新型农村养老保险补贴政策，农民参保覆盖率达到92%。新型农村合作医疗实现区级统筹，参合率达到94.8%。深化以集体产权制度为重点的农村经济体制改革，全区已有93%的农民成为集体经济组织的股东。

农村环境面貌明显改善。完成新农村建设试点村和基础设施整体推进村规划。完成河东51个行政村环境整治工程，整修道路306条，粉饰房屋50万平方米，铺设污水管线95公里，按计划完成户厕改造和太阳能灯安装任务。四环以内农村地区全部纳入信息化城市管理，农村地区339条道路全部移交区环卫中心进行保洁，农村环境基本达到了“干净、整洁、路畅、村绿、建制”的标准。

农村公共事业全面进步。完成新型农民培训2.6万余人次，实现农村劳动力转移就业6300余人。完善农村三级医疗卫生服务网络，完成了38个农村社区卫生服务站标准化改造。选派54名城镇教师到农村支教，选拔61名大学生担任“村官”。农村民主法治建设进一步加强。

就业和社会保障体系日趋完善。城镇登记失业人员实现就业2万人，城镇登记失业率2.56%，实现了“无零就业家庭”目标。加强对农民工的法律援助，实现了“无拖欠工资现象”目标。建立了城乡无保障老人养老保险制度，实施了农村居民低保分类救助。社会保险基金收缴率均达到97%以上。9.8万人参加“一老一小”大病医疗保险。在全区40个社区（村）设立养老服务站，新增养老服务床位1000张。增加“大病应急救助周转金”额度，对低收入、特困群体实施医疗救助，全区近1.6万名城乡低收入群众纳入低保范围，实现了“无社会救助盲点”目标。

基础教育优质均衡发展。北京十二中科丰校区、北京十八中扩建工程已进场施工。北京十二中初中分校等5所体制改革校完成转制。完成了53所学校办学条件达标工程和146项校舍维修改造工程。落实“两免一补”、困难资助等政策，惠及学生7.7万人。完成区域网100兆进校园工程，教育信息化水平进一步提升。整合社会教育资源，广泛开展科技、艺术、体育等活动，不断提高素质教育水平。实行校长任期制，教师队伍建设进一步加强。学前教育、职业教育和成人教育进一步发展。

公共卫生服务水平全面提高。改善群众就医环境，完成了19个社区卫生服务中心、98个社区卫生服务站标准化改造工作。完善“片儿医”服务机制,启用了社区健康医疗信息系统,方便群众就医。加强医药市场监管,开展药品放心街乡(镇)达标工作。积极应对问题奶粉事件,强化手足口病防控力度,公共卫生应急处置和防控能力进一步提高。深入推进“幸福家庭工程”,人口和计划生育工作进一步加强。

群众生活居住条件逐步改善。城市居民人均可支配收入23042元,增长12%。实现保障性住房项目开工66万平方米,完成1498户经济适用房、1883户限价商品房的配售工作,为1120户廉租家庭发放了租金补贴,对39户实行了实物配租,基本实现廉租户应保尽保。为671户居民的1625间危房进行解危,实现了“无城镇危房户”目标。加快危旧房改造进程,完成了农村36户危旧房改造和水源四厂等危改项目。变市场主导为政府主导,按照产权置换、对接安置房源的思路,确定了南苑镇棚户区改造方案并列入2009年市政府实事项目。完成了2.8万农民安全饮水工程和20家社区菜市场的新建、改造任务。

和谐社区建设加速推进。成立了社会建设办公室,统筹推进我区社会建设各项工作。9个街道122个社区服务站完成标准化建设,新增32个社区办公用房达到350平方米以上,利用人防工程建成3个社区服务中心,474名社区事务助理全部到岗到位,社区服务工作框架基本形成。

文化服务体系不断完善。制定了公共文化、体育设施布局规划,新建4个群众文化体育休闲广场,完成云岗、大红门文化活动中心改扩建,建立和完善了252个社区文化室,60个基层图书室实现计算机联网。新建8个科普教育基地,5个科普型社区。更新全民健身器材102套。深入开展“扫黄打非”,进一步加大网络和音像制品等文化市场监管力度,文化环境得到净化。

精神文明建设深入开展。广泛开展“迎讲树”活动,以社区、窗口单位为重点,狠抓礼仪、秩序、赛场、窗口、环境五大文明建设。文明社区(村)创建率达到80%以上。全面实施文艺演出星火工程、周末场演出、戏曲进社区(村)、夏日文化广场等文化惠民工程,举办公益性演出322场,放映电影5540余场。举办了首届北京“卢沟晓月”中秋文化节、莲花池奥运文化广场、“我的丰台我的家”纪念改革开放30周年等群众性文化活动,“卢沟晓月”中秋文化节被列为北京市节庆文化品牌。城乡义务兵优待金标准实现并轨,双拥和军警民共建活动不断深入开展。

民主法制建设成效显著。认真执行人大及其常委会各项决议,自觉接受监督。坚持与人大代表、政协委员的联系制度,认真听取各民主党派、工商联、无党派人士和人民团体的意见。共办复市、区人大代表议案、建议332件,政协委员建议案、提案144件。深入开展“五五”普法,法律服务和法律援助不断加强。扎实推进依法行政。认真落实惩治和预防腐败体系各项任务,大力开展效能建设和效能监察。

(隆 重 张 灵)

## 重要活动

**【郭金龙调研区域经济】** 1月13日,代市长郭金龙调研,听取工作汇报后指出:城乡结合部和“城中村”是丰台发展的区域优势和空间优势所在,是承接城市核心功能拓展、现代经济要素配置和转移的前沿阵地,绝不是城市发展进程中的断层和鸿沟。丰台区要高度重视、深入研究、辨证看待城乡结合部和“城中村”问题,在北京建设国际化大都市过程中,充分认识自身发展优势,挖掘自身发展潜力,加快区域经济社会发展。区委书记张大力、区长李超钢、区人大主任杜瑞琴、区政协主席初建华等领导参加座谈。

(隆 重 张 灵)

【水利部部长检查防汛抗旱工作】 4月25日，水利部部长陈雷率领国家防总海河流域防汛抗旱检查组到区视察卢沟桥分洪枢纽工作。检查组重点查看了永定河左堤、卢沟桥分洪枢纽、滞洪水库，详细了解了防汛物资准备情况，听取了市政府关于防汛抗旱工作的汇报。副市长赵凤桐、市水务局局长程静、副区长王苏维等陪同视察。

（隆 重 张 灵）

【吉林调研丽泽商务区】 5月2日，常务副市长吉林到我区调研丽泽金融商务区相关工作。吉林同志对丽泽商务区作为北京金融新区的定位给予了高度肯定，认为丽泽金融商务区的建设发展将有力促进丰台区产业结构的调整，促进区域又好又快协调均衡发展。从发展潜力来看，在几个金融功能区中，承载空间最大的是丽泽金融商务区。对于下一步工作，吉林同志要求，一是研究产业定位，二是深化功能规划，三是选好开发模式，四是处理好各方利益。区领导张大力、李超钢、于长辉等陪同调研。

（隆 重 张 灵）

【市发改委主任张工到区调研】 7月8日，听取了关于丽泽金融商务区及河西地区发展规划的汇报。张工建议：要在开发规划、国际招标等前期工作上加大投入；要统筹考虑商务区路网建设、水电气管线铺设、垃圾清运等各种问题；要将公园绿地、城市河道建设与商务区建设结合起来，尽力美化商务区环境；要积极吸引一些金融业业内人士参与开发建设，确保商务区建设最大程度贴近市场；要搞好后奥运时期的招商推介工作。同时，要在启动顺序上慎重考虑，加强与市发改委的定期沟通联系，共同推进工作。市发改委副主任霍学文、宋宇，区领导张大力、李超钢、汪洪、于鸷隆、于长辉参加调研。

（隆 重 张 灵）

【聘请专家绘蓝图】 8月1日，丰台区聘请国务院发展研究中心金融研究所所长夏斌、市规划院原院长柯焕章担任北京丽泽金融商务区常务顾问。区长李超钢向两位顾问颁发了聘书，并就北京丽泽金融商务区发展与两位顾问进行了座谈。区领导张大力、汪洪、于长辉参加座谈。

（隆 重 张 灵）

【牛有成进行花卉产业调研】 9月5日，市委常委牛有成到奥运花卉配送中心调研。牛有成指出，奥运花卉配送工作是展示丰台区花卉产业的一次机会，花卉配送体现了绿色奥运、科技奥运、人文奥运三大理念，要利用好奥运会这一无形资产，通过奥运进一步提升形象，培育高端花卉产业，在发展花卉产业的同时满足农民增收的愿望。市园林局局长董瑞龙，区领导张大力、李超钢、于鸷隆、张建国陪同调研。

（隆 重 张 灵）

## 法 制 工 作

【概况】 年内，区法制办按照《全面推进依法行政实施纲要北京市人民政府关于全面推进依法行政的实施意见》、《〈北京市人民政府关于全面推进依法行政的实施意见〉任务分解方案》和《北京市二〇〇八年全面推进依法行政工作要点》的要求，紧紧围绕“建设法治政府、服务型政府和廉洁高效政府”的目标和区委、区政府中心工作，认真组织，周密部署，狠抓贯彻落实。在奥运环境整治工作中，充分发挥政府法制工作的支撑作用，圆满完成工作任务，获得“北京奥运会、残奥会政府法制保障工作先进集体”称号，1人获得国务院法制办“行政复议先进工作者”称号，2人被评为北京奥运会、残奥会政府法制保障工作先进个人。

（张 薇）

【制度建设】 年内，制定和完善了《行政复议工作规定》、《行政诉讼、行政复议案件指导与监督备案办法》、《行政复议接待工作规定》、

《行政复议文书送达办法》等系列制度,全面规范依法行政各项工作,形成了较为完善的行政复议、诉讼制度体系。

(张 薇)

**【设立丰台区政府行政复议委员会】** 年内,区政府设立行政复议委员会,负责审议区政府重大疑难行政复议案件,研究行政复议工作中的重大问题。行政复议委员会办公室设在区法制办,主要负责一般性案件的审理和日常工作,负责行政复议委员会议定事项的督促落实工作。

(张 薇)

**【清理行政规范性文件】** 年内,按照市政府统一部署,对区政府2007年12月31日前发布的现行有效的77件行政规范性文件进行了全面认真的清理,保留区政府规范性文件48件,废止和宣布失效25件,修改4件。同时,组织全区51个单位对本单位2007年12月31日前制发的现行有效的规范性文件进行了全面认真的清理。经清理,各单位保留行政规范性文件共计149件,决定废止和宣布失效9件,决定修改10件。

(张 薇)

**【审核合同、协议】** 年内,共完成重大合同、协议的审核26件,提出修改意见80余条。

(张 薇)

**【重大强制案件审核】** 年内,共审核行政强制拆迁案件44件;审核强制拆除违法建设76件,面积1万余平方米。

(张 薇)

**【征求意见反馈】** 年内,共办理法律、法规、规章征求意见14件,提出修改意见40余条。

(张 薇)

**【行政规范性文件备案检查】** 年内,对64个部门进行规范性文件备案检查,发现7个单位的8件行政规范性文件存在应备案未备案现象,将结果向全区通报并给予限期备案。

(张 薇)

**【案卷评查】** 年内,两次对28个执法部门,共计48册行政处罚案卷进行了评查,对25个执法部门的50册行政许可案卷进行了评查,并组织10个单位的10卷行政处罚案卷参加市政府法制办评查,评查成绩全市排名第10位,参检卷宗的优秀率为100%。

(张 薇)

**【行政复议】** 年内,承办行政复议案件33件,已全部审结。其中维持行政机关具体行政行为14件,复议申请人撤回申请15件,驳回复议申请2起,中止行政复议2件。接待群众复议咨询、群众来访150余人次。

(张 薇)

**【街乡镇依法行政试点】** 组织王佐镇、方庄街道两个单位开展街乡镇依法行政试点工作,制定试点工作方案,完善试点工作制度,提供试点工作思路,及时解决试点过程中遇到的问题。

(张 薇)

**【依法行政培训】** 制定丰台区《2008年依法行政培训工作计划安排》,形成了各部门配合、分类别、分层次的培训工作大格局,分别开展了对处级领导干部、街乡镇领导干部、行政执法人员、法制工作人员的培训。对1330执法人员进行处罚资格培训和考试。

(张 薇)

**【矛盾排查化解】** 年内,为重点矛盾纠纷包案领导提供法律意见10余条,为信访部门提供法律支持10余次。办理市法制办批转来的信访案件3件。办理区委、区政府批转的信访案件5件。

(张 薇)

## 国有资产监督管理工作

**【概况】** 年内,国资委监管企业积极应对国内诸多复杂因素和经济下行环境的影响,企业总体上保持平稳运营。年底,全区76户监管企业资产总额180.51亿元增幅13.76%;所有者权益总额35.26亿元增幅8.43%。实现销售(营业)收入11.06亿元,同比减少6.09亿元降幅35.51%;盈亏相抵后实现利润总额1825万元,同比减少5282万元降幅74.32%。完成上缴各项税金1.43亿元。国有资本保值增值率100.13%,连续四年实现增值目标。企业在岗职工4262人,离退休人员10152人。国有在岗职工年均工资36855.47元同比增长6594.99元,增幅21.79%。

(李鑫雅)

**【区领导深入企业调研】** 2月22日下午,区委副书记闫满成分别到丰台区综合投资公司、丰台区城市建设综合开发公司调研。与两家公司领导班子成员进行座谈,听取公司基本情况和经营现状的介绍。闫满成充分肯定了两家企业在自身发展的同时,为丰台区整体发展作出的重要贡献。强调指出:重点功能区的建设是丰台区今后几年经济发展的重要增长点,国资委和有关企业要高度重视,树立信心,紧密结合区域功能定位,围绕加快城市基础建设的重点任务,进一步增强做好工作的责任感。企业本身要加强学习,提高本领,提高竞争能力,为自身发展赢得空间。国资委要进一步深入了解企业情况,多解决企业实际困难,在监管企业的改革调整中,注意扶持重点企业,支持企业的发展。

(李鑫雅)

**【召开国资系统工作会】** 3月25日,召开2008年度工作会。会议由副区长于长辉主持。区委副书记闫满成对2008年工作提出了4点意见:充分认清形势,进一步增强推进国资监管企业改革发展的责任感和紧迫感;突出工作重点,继续深入推进国资国企改革与发展;突出服务保障,全力以赴地做好安全稳定工作,坚持服务中心,扎实推进国资监管企业党的建设。国资委党委书记、主任徐鸣凤同志对国资系统2007年工作进行了总结,对2008年工作进行了部署。国资委直接监管和指导监管企业的领导班子,双管企业主管党务工作的领导和区委、区政府有关部门及所属企业领导参加了会议。

(李鑫雅)

**【完善国有资产监管机制】** 年内出台《关于加强和改进区属国有企业负责人管理的意见》。对19家监管企业2007年度经营指标进行考核,依据考核结果核定企业负责人薪酬,对经营业绩突出、配合改革调整做出突出贡献的企业主要负责人给予了特别奖励。加强薪酬兑现监督检查,回访了近3年来薪酬管理工作落实情况。对世界公园的联营合作体制进行了调查,提出了理顺体制的建议上报区政府;完成国有控、参股企业国有资产产权登记年检、产权转让监督检查工作。启动兴源粮油贸易总公司新《企业会计准则》试点工作,帐目对接进展顺利。

(李鑫雅)

**【监督管理规范化】** 3月25日,聘请北京市嘉安律师事务所为常年法律顾问,全过程参与各项监管和企业改革工作。该所为国资委提供非诉讼类法律咨询意见书9件,参与国资委交办的诉讼类案件23件,防止了国有资产流失,促进了企业法律顾问队伍建设。用法律手段加强国资监管,有效规避了企业改革中的法律风险,挽回了大量国有资产。通过国资监管各项制度的建设,丰台区企业国有资产的监管已基本形成监督管理法制机制、国有资产统计评价机制、企业负责人激励约束机制、产权交易规范监管机制等四大体系,有效保障了国有资本保值增值,促进了企业改革发展。

(李鑫雅)

**【首钢康宏带钢厂划转丰台区管理】** 5月16日,首钢康宏带钢厂划转丰台区管理的签字仪式在首钢总公司举行。为配合北京市经济结构调整工作,自1999年以来已先后接收了市属划转工业企业27家。

(李鑫雅)

**【国资系统开展赈灾捐款活动】** 国资委党委

积极号召和动员所属各级党组织组织和动员广大共产党员、干部职工积极发扬“一方有难,八方支援”的优良传统,踊跃开展为四川汶川特大地震灾区捐款、捐物活动。各企事业单位党组织积极响应号召,用实际行动支援四川汶川地震灾区,用真诚的爱心温暖受灾群众,共捐款800068元。

(李鑫雅)

**【举办重点企业发展规划研讨会】** 10月22日,举办企业发展规划中期交流指导座谈会,会议围绕如何以科学发展观为指导,筹划企业未来发展这个主题,10家企业参会进行了交流,闫满成副书记和区财政、发改委、建委等主要领导到会进行了指导。通过研讨,进一步明确了国有企业围绕区域经济发展的方向、目标和途径。

(李鑫雅)

**【李超钢到北京建材化工厂调研】** 12月16日,区长李超钢带领区发改委、国资委、建委、规划局、环保局、国土分局、水务局等相关单位的负责人到云岗,就北京建材化工厂与京能集团北京京丰热电有限公司合作事宜进行调研。区委常委、副区长汪洪,区政府办公室主任高峰参加调研。在听取了工厂领导的工作汇报后,李超钢对今后企业发展提出了具体要求。

(李鑫雅)

**【维护企业稳定确保平安奥运】** 年内与监管企业双签了《维护企业安全稳定,实现平安奥运目标责任书》,各企业层层签订责任书,抽调干部职工参加街道、社区奥运保障工作;奥运场馆周边企业严格管理、加强监控,确保改革各项工作落到实处。认真分析梳理了6家企业5个方面的7个重点矛盾,采取重点企业派驻工作组、加强与相关部门的协调、争取各项政策资金支持、开展深入细致的思想工作等各项措施,有效化解各类矛盾。奥运期间,在国资系统中开展“领导干部大接访”、“五查五看”、“安全生产100天”活动,加大对涉及稳定和安全生产的问题进行检查整改的频度,企业领导共接访53人次,实现了职工群众非正常上访和群体性事件“双零”目标。

(李鑫雅)

**【加快企业退改进程】** 年内,2家困难企业纳入破产退出计划,严格按程序制定职工安置方案、实施人员分流,做好3家已破产企业的善后工作。第三工具厂已基本完成企业改制;有色金属机械厂、益丰建筑集团已基本完成人员分流;双菱实业公司进入法院破产程序;为划转移交奠定基础,对“兴丰公司”非经营性资产移交和人员分流工作开展调研。全年共分流破产企业在职职工312人,安置离休干部7人,破产企业退休人员移交社会化管理1104人,涉及13个区县、115个街道办事处。

(李鑫雅)

**【国有资本参与区域经济建设】** 年内,着眼丰台区域经济的发展要求,推动企业国有资本向城市基础设施建设集中。综合投资公司取得土地一级开发资质,参与丽泽开发区、地铁9号线站口合作开发,并建立道路投资公司,负责实施区内道路建设;成立北京正融国有资产经营中心,为基础设施建设提供了又一融资平台;城建开发公司承担区望园东里、长辛店经济适用房建设,在建项目7.5万平方米。

(李鑫雅)

**【企业负责人管理】** 年内制定了《丰台区国资委党委关于加强和改进区属国有企业负责人管理的意见》,选拔任用9名企业管理干部,选调了5名企业中层干部参与国资国企改革发展的重点工作;举办了两期专题培训班,共培训企业领导和中青年干部92人。对19家企事业单位领导班子和67名企业负责人测评考核,领导班子的民主测评很满意率89.5%,企业负责人优秀率为89.6%。

(李鑫雅)

**【企业党建不断深入】** 年内,组织开展了基层党支部书记17大精神专题培训,组织广大党员结合职工关心的热点问题和改革发展实际开展了科学发展观大讨论活动;广泛开展“树丰台形象、展党员风采、做奥运先锋”主题党日活动;组织开展了以“保持党员先进性,立足岗位做贡献”系列活动;举办“我的丰台我的家”主题演讲比赛,并推荐2名选手参加全区比赛,1人获得三等奖。

(李鑫雅)

**【开展帮困献爱心活动】** 春节、七一慰问企业困难党员84人次,发放企业困难党员慰问金45000元。组织系统党组织和党员共为四川地震灾区捐款800068元。

(李鑫雅)

## 北京丽泽金融商务区

**【概　况】** 北京丽泽金融商务区(Lize Financial Business District of Beijing,英文简称FBD),地处北京西二、三环路之间,以丽泽路为主线,东起菜户营桥,西至丽泽桥,南起丰草河,北至红莲南路,商务区占地面积5.25平方公里,是北京三环内最后一块成规模的待开发区域。2007年4月3日,区编办下发《关于成立北京市丰台区丽泽商务区开发建设指挥部办公室的通知》(丰编发[2007]7号),明确丽泽开发办为丽泽商务区开发建设指挥部的办事机构,内设机构为3个,分别是综合科、发展规划科和开发建设科。2008年4月2日,向区编办提出《丽泽商务区开发建设指挥部办公室关于内部设置调整的请示》,4月10日取得区编办《关于调整区丽泽商务区开发建设指挥部办公室职能和内设机构的批复》(丰编办函[2008]3号),批复将丽泽开发办内设机构相应调整为4个,保留综合科,将发展规划科和开发建设科调整为战略发展科、宣传招商科和规划建设科。丽泽商务区以生态环境优美、发展空间广阔、交通优势显著、后发优势突出为发展优势。建设生态商务区、打造金融不夜城、构建立体交通网为发展理念。

(林　博)

**【丽泽纳入首都金融产业发展规划】** 4月,在市委、市政府联合发布的《关于促进首都金融业发展的意见》中,北京丽泽金融商务区被纳入首都“一主一副三新四后台”的金融业总体发展规划布局,确定为首都金融发展新空间。

(林　博)

**【推进规划调整工作】** 年内,丽泽开发办按照区政府的工作安排,委托市规划院、北京科技园拍卖招标有限公司,开展商务区城市设计征集工作。11月7日,面向全球发布招标公告,共有92家单位报名,最终有66个应征申请人提交资格预审文件,涉及中国大陆、中国香港、美国、德国、法国、日本、澳大利亚、新加坡等14个国家和地区。12月1日,区政府组织多名国内知名规划专家学者对66家应征申请人进行资格评审,经过严格的资质预审和审慎比选,以优中选优的方式确定涉及美、德、澳等国家的5个应征人参与丽泽的规划设计工作。

(林　博)

**【土地一级开发工作全面启动】** 10月8日,全面展开商务区示范地块B6B7地块的土地一级开发工作。制定丽泽区域内道路建设计划,将柳村路北段、凤凰嘴西路、金中都北路、骆驼湾东路及三路居路等5条市政道路纳入区2008——2010年基础设施建设计划。

(林　博)

**【宣传推介工作】** 年内,北京丽泽金融商务区参加了北京市奥运经济市场推介会、第四届北京金融博览会以及京港洽谈会等重要会议。在奥运推介会、京港洽谈会上,北京市将丽泽作为奥运会后的重大项目,进行重点推介。

(林　博)

**【聘请常务顾问】** 年内,聘请国务院发展研究中心金融研究所所长夏斌、市规划院原院长柯焕章担任商务区的常务顾问,为丽泽的开发建设工作提供指导和帮助。先后举办4次专家研讨会,邀请金融、规划、房地产等领域的专家和学者,与常务顾问一起,共同探讨商务区发展思路。

(林　博)

## 人事管理工作

**【概　况】**　丰台区人事局(编委办)是区政府综合管理全区人事人才工作的职能部门,全年以科学发展观为统领,认真贯彻全国人才工作会议、北京市人才工作会议、编制工作会议以及区第十一次党代会要求,大力实施人才强区战略,贯彻实施《公务员法》,加强公务员队伍、人才市场和人事部门自身建设,深化行政管理体制、事业单位人事制度改革和工资制度改革,强化机关效能建设,为现代化新城区建设提供了坚强有力的人事人才保障。人事局(编委办)被评为北京奥运会残奥会先进集体、第二次全国农业普查先进单位、区双拥工作先进集体和精神文明创建工作先进单位,公务员管理科被评为丰台区巾帼文明岗。先后有12人次受表彰,其中市级表彰3人次,区级表彰9人次。

(张　轶)

**【政府机构改革调整】**　年内,不断完善组织机构和管理体制。组建了区委社会工作委员会和区社会建设办公室。在区政府办成立了政府信息公开办公室,并增加了相应人员编制,健全了社会建设管理领导体制和工作机制。成立了区安全生产执法监察队,在区建委组建了区建设工程安全质量监督站。

(张　轶)

**【机构编制调整】**　年内,在区环保局成立了丰台区机动车排放管理站,对机动车尾气排放进行专项管理。根据丽泽商务区开发建设工作的现状和需求,为其调整了内设机构。实现事业单位法人网上管理,及时将事业单位法人成立、变更、注销情况录入全国事业单位在线系统,建立纳入编制管理人员实名制管理数据库,以年统数据为底数,建立实名制管理制度。

(张　轶)

**【事业单位法人年度检查登记】**　年内,事业单位法人年检深入基层,联合代码办等有关部门,上门办理联合年检,按时完成了全区事业单位法人年度检查工作。截至3月底,对应参加年检的728家事业单位进行了法人年检,681家单位年检合格,23家单位因故缓检,年检合格率94%。

(张　轶)

**【科级以下公务员年度考核及奖励】**　年内,以"群众认可"为重点,认真组织开展2007年度考核奖励工作。坚持年度考核优秀指标和行政奖励指标向基层公务员倾斜,同时对考评政府部门活动中受表彰的单位加大了奖励力度。全区党政群机关科级以下公务员(含机关工勤人员、纳入规范管理事业单位工作人员)共3262人参加考核,考核率达99.8%;6人未参加考核。确定优秀等次557人,占17.1%;称职等次2629人,占80.6%;4人因不能有效履行岗位职责,被评为基本称职。567名考核优秀、称职人员受到奖励,其中嘉奖445人,记三等功117人,申报记二等功5人。

(张　轶)

**【科级干部竞争上岗】**　全年共组织了20个单位83个科级领导职位的竞争上岗工作,83名优秀干部通过竞争脱颖而出,走上科级领导岗位。组织了由58个党政群机关共468人参加的党政机关科级干部竞争上岗统一笔试,为330名达到分数线(60分)的考生颁发了合格证书。通过大力推行竞争上岗工作,对优化科级干部队伍结构起到了良好的促进作用,使丰台区在改进机关干部的选拔任用、优化机关中层干部结构,推动机关干部队伍建设，提高干部队伍整体素质等方面取得了明显成效。

（张　轶）

**【公务员公开招考】**　年内，根据各单位编制空缺及人员需求情况，按照公开、平等、竞争、择优的原则，采取面向应届毕业生、面向社会公开招考的方式，对核定的31个单位99个职位进行了统一招考。500余人报名参与竞争。经过资格审查、单位初试、集中面试、体检、考察及公示等一系列程序，72名考生在竞争中脱颖而出，分别被25个党政群机关录用。其中，具有硕士研究生学历17人，占24%；双学士及大学本科学历55人，占76%，中共党员26人，占36%，女性49人，占68%，平均年龄27岁。根据市委组织部、市人事局、市编办、北京奥组委的统一部署，丰台区组织面向北京奥组委公开招考公务员。通过报名、笔试、面试等程序的严格筛选，有6名综合素质较强的奥组委工作人员被录用。

（张　轶）

**【事业单位参照公务员法管理】**　根据市人事局《关于丰台区地方志编纂委员会办公室等单位列入参加公务员法管理范围的通知》（京人发〔2008〕51号）和有关会议精神，丰台区严格按照工作程序和实施要求，按时完成了事业单位参照公务员法管理人员确定、审核、公示、培训、过渡考试等环节工作。此次参照公务员法管理共涉及8个事业单位，经审核确定参加过渡203人，组织32人参加了北京市统一组织过渡考试，组织188人参加了统一组织的培训考试。

（张　轶）

**【奥运会先进评选推荐】**　年内，按照中央及北京市的要求配合区委办公室、区委组织部、区政府办公室评选及上报中央先进集体1个，先进个人1名，北京市级先进集体10个，先进个人40名。配合区委办公室做好丰台区北京奥运会、残奥会先进集体和先进个人的表彰工作，共评选先进集体252个，先进个人989名，优秀志愿者1350名。

（张　轶）

**【青年公务员到基层实践锻炼】**　年内，在总结第一批青年干部实践锻炼工作的基础上，组织了第二批24名青年干部分赴到10个街道、5个乡镇和2个区属企业参加实践锻炼，锻炼时间为半年（6月－11月30日）。从而进一步提高青年干部综合素质和实践能力，密切青年干部与基层干部的联系，推进青年干部队伍建设。

（张　轶）

**【举办各类公务员培训班】**　年内，对全区新录用公务员67名进行了为期一周的培训，并将结业考试首次引入培训过程中。通过联合命题、闭卷考试、成绩备案等措施保障考试效果，使学员尽快熟悉丰台、了解丰台，培养学员热爱丰台、奉献丰台的情感，坚定学员立足丰台、服务丰台的理念。全年共举办了二期科级公务员任职培训班，培训科级公务员90人次，并在广泛邀请区优秀处级领导和专家学者授课的基础上，引入以“挑战自我、熔炼团队”为主题的户外体验式教育拓展培训，有效提高科级公务员的执行能力和写作能力。人事局在年初制定下发了《丰台区属机关单位参加公共管理（MPA）核心内容考试时间一览表》，明确了各单位参加考试的具体时间、考点和人数。

（张　轶）

**【军转干部培训】**　5月5日至30日，分别举办了一期机关编制军转干部培训班、一期事业编制军转干部培训班，全区共有115名军转干部参加培训。培训突出实用性和针对性，同时将丰台区网格化管理和奥运礼仪分别设置到培训课程中，在内容设置上继续坚持“学用结合，按需施教，注重实效”的原则，加强政治理论、廉政教育，讲授公务员法、奥运礼仪、公文写作与处理等，请有关部门领导介绍区情，圆满完成了2008年度军转干部培训任务。

（张　轶）

**【加大继续教育投入】** 年内,区人事局为各单位参加学习人员办理报名手续。共征订教材4075册,征订量同比增长200%,征订教学VCD光盘56套,较好地完成了公共课讲座的报名学习工作。对各申请单位进行调研,评估申报材料,区卫生局主办的《丰台区构建和谐医患关系高级研修班》获得成功,并得到一万元专项资助经费,成为25个市级高研班之一。

(张 轶)

**【军转干部安置】** 年内,坚持把军转安置工作与实施人才强区战略、推行干部人事制度改革和事业单位改革紧密结合,2007年度丰台区计划分配289人,实际接收248人,经过笔试、报名、双向选择等环节,最终安置到行政岗位(含参照、纳入规范管理的事业单位)65人,全额事业单位183人,安置率为100%,最终实际报到116人,其中行政岗位51人,全额事业单位报到64人。

(张 轶)

**【服务随军家属】** 结合人事部门工作职责,积极为驻区部队符合条件的干部办理家属(干部身份)随军审核手续,共审核档案80余份,开具接收函52份,办理接收手续64人;按照丰台区相关规定,办理随军家属(干部身份)自谋职业扶助金审核手续30余件。

(张 轶)

**【人才引进管理与服务】** 年内,积极引才引智服务区域经济社会发展,引进各类高级人才8人,办理配偶随调6人,子女随迁7人。为4名高新技术企业专业技术人才、区属单位业务骨干解决夫妻分居困难。细化服务内容,提高工作效率,及时更新网上公布的办事流程,耐心解答电话咨询,新办《北京市工作居住证》151件,续签74件,办理各类数据变更84件。年内,共为1676名毕业生办理接收手续(不含教育系统),其中北京生源1478人,非北京生源优秀毕业生198人;博士生2人,硕士生164人,本科毕业生487人,大专毕业生472人,中专毕业生551人。

(张 轶)

**【大学生"村官"选聘】** 年内,按北京市分配计划选聘大学生"村官"61人,其中男生25人,女生36人;硕士研究生6人,本科42人,大专13人;党员23人,团员37人,群众1人;北京生源39人,非北京生源22人。努力做好大学生"村官"的后期管理服务工作,组织大学生"村官"培训,共138人参加;开展"村官"调研,分析存在的问题,提出相应的对策及建议;及时和市区相关部门沟通,按时发放工资、缴纳社会保险及协调公积金建立事宜。

(张 轶)

**【人才服务中心和人才市场建设】** 年内,按照《北京人才服务标准》继续完善人事代理和档案管理工作,健全和完善养老、失业、住房、医疗等社会保障代办制度。全年共办理企业立户65家,接收档案5471份,档案调出2184份,现有档案2.38万份,办理招工6人,办理集体户口落户320人,为应届毕业生签订协议书1061份,为存档人员办理申请生育服务证710本,办理毕业生转正定级1043人次,出具存档证明等2620份。为立户单位办理五项保险8530人次,办理住房公积金640余人,收缴住房公积金120余万元,审定工龄220余人次,办理退休手续155人,办理保险基数核定等其它手续6320余人次,清理滞留社保基金210余万元。全年举办综合类招聘会110场,承办了区公务员公开招考等专场会3场,全年参会单位达到2010家次,参会个人达31610人次,提供职位17030余个。同时完成个人求职登记6110余人次,办理单位入库查询530家,丰台人才网浏览量达到20.8万余人次。

(张 轶)

**【人事争议仲裁】** 全年,共接待人事争议仲裁咨询60余例,人事争议仲裁申请6例,其中立案受理裁决完毕3例,还有3例申请不属受理范围。参加编辑室起人事仲裁庭审。规范人才市场经营秩序，积极查处违规现象，经群众举报，查获2家违规举办招聘会。

（张 轶）

【事业单位公开招考】 年内，为了有效落实事业单位“凡进必考”，根据实际需求和缺编情况，报经区委、区政府批准，先后组织六批次的事业单位公开招考。考录工作坚持“公开平等、竞争择优”的原则，经过笔试、面试、体检等程序，共招录工作人员199名，其中教师55名，其他工作人员144名。

（张 轶）

【事业单位年度考核、奖励】 年内，组织开展了2007年度事业单位年度考核、奖励考核工作。2008年度一线工作人员年度考核优秀等次人数比例由15%提高至至20%。全区456个事业单位20943名科级及以下工作人员参加了考核，考核率为99.03%。有3024人评定为优秀等次；17889人评定为合格等次；28人评定为基本合格等次；2人考核不合格；205人未参加考核。其中，优秀、合格、基本合格、不合格人数分别占参加本考核人数的14.4%、85.4%、0.13%、0.07%。

（张 轶）

【专业技术人员职称管理】 年内，印发了《关于开展2008年北京市享受政府特殊津贴人员选拔工作的通知》，部署丰台区选拔推荐工作，上报四名同志作为北京市享受政府特殊津贴人员人选。为区属单位和非公经济组织专业技术人员备案职称证书75份，其中高级48份，中级11份，初级16份。为驻区非公经济幼儿园参评专业技术职称开具委托书22份，其中申报高级职称2人，中级19人，初级126人。顺利完成了3项专业技术人员资格考试任务，参考人数10299人。发放2008年应届毕业生公务员资格考试合格证257份，发放全国职称外语等级考试成绩单1869份。同时，为了不断加强对专业技术人员职称申报、评定及聘用情况的管理，修改完善了区属企事业单位、人才服务中心流动存档人员专业技术人员数据库，为进一步加强职称管理工作奠定了基础。

（张 轶）

【工资福利管理】 年内，为纳入规范管理单位的在职人员7000多人晋升一个级别工资档次；为全区所有事业单位的在职人员15000多人晋升一个薪级工资。为2007年度的转业干部核定了工资。为2008年度公开招考的公务员67人和事业单位150多人核定了工资。为纳入规范管理的区属机关、事业单位和公安分局、地税分局、安全分局、规划分局的在职人员发放年终督查考核奖，人均1万元，为机关提前发放2000元督查考核奖，事业单位人员一次性核增2000元/人绩效工资。

（张 轶）

【套改工资】 年内，为2000年新增参照公务员管理的劳动局社保中心、环保局监察大队和水务局水利工程质量监督站共计近200人套改了工资。为新增纳入规范管理的行政处南院管理所、文化中心管理所和区武装部40多人套改了工资。

（张 轶）

## 民族宗教侨务工作

【概 况】 年内，民族宗教侨务工作全面贯彻党的十七大精神，坚持科学发展观，关注民生，服务大局，围绕平安奥运主题，着力做好奥运服务相关工作，着力推进少数民族经济社会发展，着力促进宗教关系和谐，着力发挥侨界人士和侨资企业的作用，准确把握形势，创新思路，统筹考虑，制定切实可行、扎实有效的工作措施，健全完善突发事件应急预案，共办理变更恢复民族成份116份，办理清真经营许可证101件，办结民族宗教界人大代表和政协委员提出的涉及民族、宗教问题的建议和提案共4件，依法取缔2起非法宗教聚会，办理归侨侨眷身份确认31个，办理归国华侨证8个,华侨、港澳和外籍华人子女来京接受中小学义务教育审批20人,办理三侨子女升学身份审查9人。走访慰问了70位民族宗教界代表人士、少数民族贫困户及30位归侨侨眷、侨资企业家和归侨特困户。被北京市委市政府评为第六届首都民族团结进步先进集体。

(李小月　马艳辉)

**【开展各类社区民族活动】** 年内,民族工作重点街道创新思路,开拓社区民族工作新局面。丰台街道结合奥运场馆周边地区和辖区民族特点,举办推广少数民族传统体育社会化研讨活动,成立"微笑北京"文化社——少数民族文化委员会,成立街道"民族之家",组建群众健身操舞队;南苑街道社区组织少数民族春节文艺演出,为少数民族活动站购置图书,举办民族、民间工艺品展会并组织开展学做民族菜肴活动,并组建区第一支社区蹴球队;长辛店街道开展社区争创民族团结进步活动;右安门街道社区中心成立了街道少数民族乐队;和义街道组织外来少数民族人口开展民族团结进步宣传活动,融洽居民关系。

(李小月　马艳辉)

**【依法检查清真市场】** 年内,与区工商分局联合下发了《丰台区饮副食网点检查整治工作方案》及《丰台区涉奥场所周边清真市场安全工作预案》,对所有清真企业采取拉网式摸排,消除"清真不真"隐患,采取边检查、边培训、边发证的方式,共为101家清真企业颁发了清真标志牌和清真经营许可证,确保清真市场的安全。

(李小月　马艳辉)

**【发展少数民族传统体育】** 年内,三路居小学花样跳绳队应邀随国家民委代表团参加奥运圣火香港传递活动,承办了第二届"丰台杯"全市蹴球、陀螺邀请赛,组队参加北京市第三届"民族团结杯"群众健身操舞大赛。

(李小月　马艳辉)

**【支持清真网点建设】** 年内,向欣源斋餐厅、阿西娅食府和永明轩餐厅发放清真餐饮企业扶持经费共50万元,并进行监督管理。

(李小月　马艳辉)

**【培训宗教教职人员】** 年内,组织宗教教职人员学习《宗教事务条例》、《中华人民共和国境内外国人宗教活动管理规定》等法规文件,观看奥运礼仪宣传片,请市宗教局领导授课辅导,各宗教团体组织英语培训班、礼仪培训班,教职人员的素质明显提高。

(李小月　马艳辉)

**【服务宗教涉奥场所】** 年内,按照"提素质、严规范、促和谐、保安全"的工作思路,投资二十多万元修缮丰台清真寺和基督教丰台堂涉奥宗教场所,并安装残疾人无障碍设施,设立了英文标识和交通标识。奥运期间,基督教丰台堂1万余人次和清真寺500余人次过宗教生活,其中接待外国人116人次。

(李小月　马艳辉)

**【专项治理基督教聚会点】** 奥运期间,制定了《2008年奥运宗教工作预案》,组织丰台清真寺和基督教丰台堂按方案进行演练。各基层单位成立了领导小组,对聚会点逐一进行摸排,对涉奥场所周边六个聚会点,指定负责人,强化监管措施,建立涉奥场所及周边风险控制台帐,制定管理措施。

(李小月　马艳辉)

**【侨资企业及归侨侨眷献爱心】** 3月,怡海置业控股有限公司累计向湖南湖北两地灾区捐赠款物合计人民币3311万元;5月,捐款1100万港币作为教育基金支援汶川灾区,1000余名归侨侨眷和4家侨资企业分别向地震灾区捐款4万余元、捐赠款物80余万元。

(李小月　马艳辉)

**【开展北京侨商会发展调研】** 年内,配合北京市侨办经科处到中关村科技园区留学生创业园内的多家企业进行调研,调研以座谈会的形式征求对新一届北京市侨商会工作的意见和建议。

(李小月　马艳辉)

**【接待海外华裔青少年夏令营团】** 奥运会前夕,组织了以“携手奥运、相约北京”为主题的海外华裔青少年夏令营。来自澳大利亚中文学校联合会的40名华裔青少年,参观了奥运主体育场、航天博物馆,游览了名胜古迹,与航天中学的学生联欢。

(李小月 马艳辉)

## 对外事务

**【概 况】** 丰台区外事工作以邓小平理论和“三个代表”重要思想为指导,贯彻落实科学发展观,按照市委外事领导小组和区委、区政府的要求,紧紧围绕举办一届“有特色、高水平”奥运会、残奥会和建设现代化新城区两大目标,结合本区外事工作的实际情况,积极发挥外事工作的窗口服务作用,以促进本区经济建设和扩大对外宣传力度为中心,重点突出服务和管理两大职能作用。年内共办理58批160人次的因公出国(境)手续。其中自组团20批114人次,占出访总人数的71%,随团出访38批46人次,占出访总人数的29%,共涉及25个国家和地区。出访任务涉及友好访问和文化、教育、医疗、卫生、环境保护等方面的考察,均取得了良好的效果。

(高 瑞)

**【外事接待活动】** 年内,随着奥运会的临近和丰台区国际影响力的提升,外事接待任务日益增多。除圆满完成上述奥运接待任务外,全年配合中央、市、区有关部门还接待党宾、国宾、友好团组25批480余人次。全年共受理外国记者采访13批83人次。

(高 瑞)

**【蒙古国代表团考察新农村建设】** 3月3日,蒙古报业集团主席拉·哈德巴特尔率蒙古库苏古尔省代表团60余人到区王佐镇考察新农村建设情况。

(高 瑞)

**【巴哈马副总督参观艺术幼儿园】** 4月1日,巴哈马副总督福克斯夫妇一行三人到方庄试验艺术幼儿园进行参观。副总督夫妇亲切看望了幼儿园的孩子们,了解了园里的基本情况,并详细询问了孩子们的生活和学习情况。

(高 瑞)

**【芬兰代表团考察服装商贸区】** 4月19日,芬兰万达市市长尤哈尼·巴亚宁一行7人到大红门服装商贸区进行参观考察。代表团此行是就中芬贸易合作问题进行商务洽谈,并促成芬兰中国合作中心与北京鑫福海工贸集团签订商务合作意向。

(高 瑞)

**【英国教育代表团来访】** 5月13日至20日,应区教委邀请,英国赫尔市教育代表团一行5人对丰台区进行友好访问,代表团此行主要是就双方开展教育交流与合作进行项目洽谈。

(高 瑞)

**【驻华大使夫人慰问孤残儿童】** 6月5日上午,巴基斯坦驻华大使夫人塔拉努姆·巴希尔女士到区儿童福利院慰问孤残儿童。

(高 瑞)

**【江东区青少年友好访问团来访】** 9月19日至22日,以韩国首尔市江东区城内2洞洞长金亨淑女士为团长的江东区青少年友好访问团一行16人对丰台区进行友好访问,并以民宿的形式与十二中学生开展了丰富多彩的交流活动。

(高 瑞)

## 档案工作

**【概 况】** 全年档案工作以做好奥运档案工作为切入点,以民生档案资源体系的建立为基础,以加速档案信息化和数字化建设为突破口,紧紧围绕全区中心工作,开拓创新,扎实工作,圆满完成了各项任务。全区档案部门共接待查档利用者2万余人次,提供调阅档案4.05万卷(件)。编撰了《丰台区伊斯兰教历史回顾》、《丰台区基督教史》《丰台区解放史实》等资料。区档案局(馆)继续保持“首都文明单位”称号;荣获“北京奥运会、残奥会档案工作先进集体”、“2006—2008年度北京市档案系统先进集体”荣誉称号、2008年《北京档案工作信息》宣传报道工作先进单位。

(王国欣)

**【区领导调研】** 1月4日,区委书记张大力在区委常委、区委办公室主任于鹫隆和副区长吕仕杰的陪同下,到区档案局(馆)进行工作调研。张大力同志强调指出档案工作要努力拓展服务领域,扩大服务范围,全心全意为社会单位和群众查询资料服务;要切实加强档案整理编目、保管保护、编研利用等基础工作,进一步提高丰台区档案工作整体水平。

(王国欣)

**【档案法制建设】** 年内,制发了《丰台区档案局关于加强民生档案工作的意见》、《丰台区奥运档案工作管理意见》、《关于确保档案利用安全的通知》、《丰台区机关文件材料归档范围和文书档案保管期限规定实施细则》、《丰台区档案馆利用馆藏开放档案管理办法》、《丰台区档案馆利用馆藏未开放档案管理办法》、《丰台区档案馆外借档案管理办法》。新聘任了档案执法联络员并进行了专项培训。组织档案行政执法员参加市档案局、区法制办组织的法规培训和考试,均获得合格成绩。全区600多人参加档案法律、法规学习培训。

(王国欣)

**【档案执法检查】** 4月16日-17日与市、区爱卫会组成联合考评组,对16个街道、5个乡(镇)的“创卫”档案工作进行了检查评比和考核。6月16日-30日与区法制办联合对各处级单位进行了档案行政执法检查,并对2007年度档案案卷质量进行验收。

(王国欣)

**【档案信息化建设】** 年内,共完成4125卷(件)档案数字化工作,积累档案原文数字影像58万幅。完成馆藏文书档案文件级目录数据库结构调整与转换工作。合格归档目录数据67652条。制定了《丰台区档案局(馆)计算机信息系统安全和保密管理工作办法》、《网站安全应急预案》,区档案信息网全年累计发布更新文字、图片300余件次,网站访问量2000余人次。

(王国欣)

**【召开档案工作会议】** 4月24日,召开丰台区档案工作会议。全区处级单位的分管领导、办公室主任、档案员参加会议。会议总结了2007年全区档案工作,部署了2008年档案工作任务。会议由副区长吕仕杰主持,区档案局局长董化斌做工作报告。市档案局副局长姜之茂,区委常委、区委办公室主任于鹫隆作了讲话。区人大副主任苗华,区政协副主席胡燕,区政府办公室、区人事局、区法制办的主要领导出席了会议。

(王国欣)

**【召开新农村建设档案工作经验交流会】** 7月18日,北京市社会主义新农村建设档案工作经验交流会在花乡黄土岗村召开。国家档案局经科司司长李晓明,市档案局局长陈乐人、副局长姜之茂、市新农办副主任高华、市民政局副处长刘燕芳,区人大副主任苗华、副区长张建国,14个区县农委、民政局、档案局领导出席会议。黄土岗村作为丰台区新农村建设档案工作试点村,作了题为《夯实民生档案基础 提升档案管理水平 为村域和谐发展服务》的经验介绍。与会人员参观了该村档案室。会后,北京市档案局印发了《北京市社会主义新农村建设档案工作经验交流会材料汇编》,推广了丰台区的经验。

(王国欣)

**【档案业务培训】** 年内,举办档案工作专业知识培训班,140名新参加档案工作人员参加培训及考试,全部取得档案工作人员岗位资格证书。深入企事业单位、社区、农村,对

800多人次进行了档案专业知识培训。

（王国欣）

**【档案达标升级】** 年内，经考评，花乡纪家庙村，黄土岗村、草桥村、看丹村、郭公庄村、六圈村、葆台村、高立庄村、白盆窑村、四合庄村、樊家村、鑫华祥物资供应公司等单位晋升为“丰台区农村档案工作优秀村”。方庄地区办事处晋升为北京市区县机关档案管理工作市一级单位；西罗园街道办事处晋升为北京市区县机关档案管理工作市二级单位。

（王国欣）

**【档案接收与征集】** 年内，共接收区委办、区政府办、统战部、民族宗教侨务办、民政局、08办、东铁匠营街道、卢沟桥街道、丰台体育中心等9家单位的奥运专项档案1486卷/件/张/册。征集民间有价值的档案600余件。

（王国欣）

**【档案抢救与修复】** 年内，完成馆藏重点档案的抢救修复任务。其中包括馆藏1949年前的革命历史档案，重要房地契、土地证存根、婚姻等档案。

（王国欣）

**【举办展览激发爱国热情】** 年内，举办了《中华民族不可辱》抗战展、《“丰台美景”旅游风光馆藏摄影展》、“北京档案珍藏展”等系列爱国主义教育基地宣传日活动。与北京收藏家协会、卢沟桥历史博物馆、卢沟桥文化旅游区办事处联合举办了迎奥运系列展、“卢沟卧虹传千古”展览。与宣武区档案馆进行档案交流展。

（王国欣）

**【开展学术研讨与档案学会活动】** 年内，承担了市档案局列项科研项目 《国家档案馆社教功能的开发研究》课题，在充分调研的基础上，形成了《国家档案馆社教功能的开发研究》课题报告初稿。推荐的《谈档案馆社教功能在学校教育中的发挥》被收入第五次华北地区档案学会学术讨论会论文集。

（王国欣）

**【体制发生变革】** 12月16日，根据京组字〔2008〕118号，区档案局、档案馆列入参照《公务员法》管理机构，局、馆在职人员、退休人员列入参照《公务员法》管理范围，并按照规定进行登记和工资套改。2009年1月1日起执行。区政府办公室（丰政办发[2008]43号）文批复了区档案局、档案馆新的三定方案。

（王国欣）

## 地方志工作

**【概　况】** 丰台区地方志办公室是区政府主管本行政区域地方志工作的机构。主要职责是:组织编纂指导、督促和检查地方志工作；拟定地方志工作规划和编纂方案；组织编纂地方志书，地方综合年鉴；搜集，保存文献和资料；组织整理旧志，推动地方志理论研究；组织开发利用地方志资源。完成了2008年《北京丰台年鉴》编纂出版工作；《丰台区情》资料的收集、撰写、报送和其它各项工作任务。

（金正东）

**【为卢沟桥乡编写村志业务培训】** 年内，邀请市地方志《北京志》常务副主编赵庚奇先后两次给卢沟桥乡20个村进行村志业务编纂人员培训，参训人员达100余人次。

（金正东）

**【编写丰台区情】** 根据区情编写要求，撰稿人经过资料收集、加工、整理《丰台区情》初稿撰写完成，3月下旬上报区领导和有关部门审阅后按时报送北地方志办公室，《丰台区情》全文近6000字、图片4幅，客观真实的反映丰台区的政治、经济、文化、社会等各行业的发展变化。

（金正东）

**【举办城八区地方志业务研讨会】** 7月9日，城八区地方志办公室主任及部分工作人员在丰台区参加了地方志、综合年鉴等业务编纂交流和研讨，参会人员30余人。

（金正东）

【市志办领导到丰台指导工作】　11月13日，市地方志办公室副主任王春柱、区县处长高文瑞等领导来到区地方志办公室检查指导工作，区志办负责人就第二轮修志的各项准备、综合年鉴编写等工作作了详细的汇报。市地志办领导参观了区地方志办公室资料库，并慰问了办公室工作人员，对区地方志办公室的工作成绩给予充分肯定。

(金正东)

【参与奥运安全保卫工作】　6月—9月，向长辛店镇李家峪村派遣了平安奥运特派员1名，通过特派员和村委会班子的协调工作，维护了奥运期间李家峪村社会面的稳定工作。7月—9月，全体党员利用业余时间前往自己所居住的社区加入平安奥运志愿者队伍工作。

(金正东)

【为地震灾区捐款捐物】　四川汶川地震后，全体人员响应区委、区政府的号召，参加"我们和你在一起——汶川地震紧急救援行动"，为灾区捐款、捐物，党员还交纳"特殊党费"2300元，棉衣、棉被18件。

(金正东)

【丰台年鉴出版】　在全区各单位的大力支持下，经过编纂人员的努力，11月下旬《丰台年鉴》2008年版正式出版，全书共设20个一级栏目，103个二级栏目，彩页16页、图片124幅、全书近60.24万字，精装16开本，比较全面的反映了丰台区各条战线的重要情况信息。

(金正东)

## 机关事务管理工作

【概　况】　机关事务管理处隶属丰台区人民政府办公室，主要负责机关财务，固定资产，物资设备，环境秩序，安全保卫，机要通讯，车辆，食堂，医务保健，办公用品的采买及发放，办公设备的配备和集中采购，办公区内办公用房的规划、建设、调配、物业和维修管理。年内，以确保"两奥会"的成功举办为重点，坚持规范化、制度化管理，坚持个性化、标准化服务，干部职工的服务意识明显改变，服务质量和服务水平明显提高。完成了5个办公区、21600多平方米的装修改造任务，解决了区安监局、社工委等10个部门、156人的办公用房。全年机关财务管理资金23857.5731万元。其中上年结余2707.2184万元，财政拨款20039.1441万元，其他收入1111.2105万元。丰台区政府食堂被评为北京市食品安全示范单位；区政府保安班荣获北京市公安局集体嘉奖；盛世物业公司评为北京市优秀物业管理大厦。

(王俊豪)

【圆满完成奥运保障任务】　8月1日，有14名同志直接参与和服务"平安奥运"工作，出色完成了服务保障任务；所辖七个办公区按照区委区政府的统一部署，以奥运促服务，奥运促保障，本着"主动热情，微笑服务"的工作宗旨，圆满完成了保障任务。

(王俊豪)

【固定资产的管理更加规范】　年内，按照申报、采购、验收、入库、领用、出库、报损、处置等环节对固定资产进行规范化管理，负责管理的机关办公区固定资产总计达到2.1亿。为各部门购置办公设备355件，金额364.12万元；购置办公家具369件，金额28.99万元；购置车辆两台，金额25.804万元；报废办公设备56件，办公家具46件，报废金额0.67万元。新增丽泽办公区和财贸干校小楼2个直管办公区，房屋面积达到10.15万平方米，其中新增面积2.02万平方米；土地面积是6.09万平方米，其中新增0.42万平方米。

(王俊豪)

【重点工程圆满完成】　年内，完成了21600多平方米的装修改造任务，解决了10个部门、156人的办公用房。主要包括：北大街9号院，装修主楼及平房2700平方米，办公单位包括区安监局(33人)、社区工委(15人)、08办(20人)、奥运安保办(10人)；北大街14

号院,装修面积1120平方米,办公单位包括七个民主党派(15人)、区侨联(3人)、区纪委(近20人)、宣传部(8人);南院联合办公区,装修粉刷面积14200多平方米;丰北路办公区,办公楼3层粉刷600多平方米,解决司法局集中办公问题;党校北楼装修3000多平米,以解决区统计局办公需求问题。

(王俊豪)

**【两所体制成功划转】** 8月21日,处长办公会研究了两所改制后的人员调整、工资的划转事宜。南院和文化中心管理所撤所建科,成立南院联合办公区管理科和文化中心办公区管理科,为管理处直属机构,将两所承担的后勤保障管理服务职能划入机关统一管理,经费形式由差额拨款转为全额拨款,30名在职人员和16名退休人员的工资全部纳入规范管理。

(王俊豪)

**【干部队伍建设实现三化】** 5月31日,符合条件的8位同志进行了副科级职位竞争面试,2名优秀的青年干部步入科级领导岗位。实行科级职位竞争上岗,打破以往干部使用论资排辈的传统方式,体现了“知识化、年青化、专业化”的干部使用原则,干部队伍建设更加制度化、规范化和科学化。

(王俊豪)

**【南院办公区食堂运营顺畅】** 1月7日,彻底改造后的南院办公区食堂正式投入使用。新的就餐环境深受南院办公区广大干部职工的欢迎,对食堂的意见少了,就餐的人数多了,达到了预期目的。

(王俊豪)

**【丽泽办公区完善便民设施】** 1月23日,丽泽办公区正式投入使用。在逐步完善硬件设施和一系列保障制度的基础上,办公区突出个性化服务和便民服务疏通引导工作,先后安装了监控设备、电开水器、楼梯扶手、围墙护栏、完善空调系统、增装部分厨房设备和无障碍设施,食堂管理通过卫生B级评定。为机关工作人员创造了良好的办公环境,受到7个办公单位的好评。

(王俊豪)

**【机关幼儿园创办分园】** 9月1日,机关幼儿园与卢沟桥乡郭庄子大队合作创办了机关幼儿园分园,成功招收了2个小班,1个亲子班,解决了当地47户居民子女入托难、入托远的实际困难,收到了良好的社会效益。

(王俊豪)

**【规范食堂管理】** 年内,对区委区政府办公区、南院联合办公区、丽泽办公区、丰北路办公区五个食堂实行了统一管理,做到了粮、油、肉、蛋等主副食原材料统一配送、菜谱统一制定、工作服统一制作,食堂财务做到统一管理单独核算。4个食堂在用餐环境和饭菜品种上都得到就餐人员的好评,未发生任何餐饮安全事故。

(王俊豪)

**【车辆管理有序】** 年内,强化奥运年的车辆管理,封存机关30%的车辆、封停黄标车7辆、限制车牌单双号停驶12辆、抽调驾驶员志愿者10人,克服车辆紧、驾驶员少的困难,做好机关公务用车的调配管理工作,完成了机关交通运输和信件传递工作。安全行驶189万公里,办理报废车6辆,更新车4辆,办理了原南院和文化中心管理所4辆车的过户手续。

(王俊豪)

**【抗震救灾献爱心】** 南方雪灾和汶川地震后,5次为灾区捐款4.27万元,捐物191件,共计749人次。

(王俊豪)

**【安全工作万无一失】** 年内,认真落实安全生产责任制和安全排查工作,严格执行行业规范,加大保安队伍建设和消防技能培训力度,抓好机关食堂、档案、司机、机要交换、人事等重要岗位人员的安全保密教育,突出抓好各办公区聘用合同制人员的教育与管理工作,注重培训与工作相结合,提高素质与强化安全意识相促进,在防盗、防火、交通、食品、生产安全上,做到了万无一失。

(王俊豪)

# 政协北京市丰台区委员会

【概况】 区政协在中共丰台区委的领导下,坚持以邓小平理论和“三个代表”重要思想为指导,深入贯彻落实科学发展观,为举办一届“有特色、高水平”奥运会,紧紧围绕奥运和区委、区政府中心工作,牢牢把握团结、民主两大主题,突出重点,发挥优势,求真务实,扎实工作,认真履行政治协商、民主监督、参政议政职能,为奥运和现代化新城区建设做出了积极贡献。

(王格平)

【八届二次会议】 1月8日—10日在建银大厦举行,鲍顺新、赵仑分别作常务委员会工作报告和关于八届一次会议以来提案工作情况的报告。列席了北京市丰台区第十四届人民代表大会第三次会议,听取并讨论了李超钢区长所作的政府工作报告及其他报告,通过了会议决议。市政协副主席黄承祥到会,区委书记张大力讲话。区长李超钢及区人大、区政府、纪律检查委员会、区法院、区检察院的主要领导出席了开幕式和闭幕式。

(王格平)

【第7次常务委员会会议】 1月10日召开,初建华主持。听取了大会秘书长关于区政协常委会两个工作报告和区政府工作报告讨论情况的汇报;审议通过提案委员会关于区政协八届二次会议提案审查情况的报告;审议通过区政协八届二次会议决议(草案);听取了大会秘书长关于全会进行情况的汇报,协商决定会议如期闭幕。

(王格平)

【第8次常务委员会会议】 3月7日召开,初建华主持。周大春通报市十一届政协领导班子组成情况和市政协常委会2008年工作要点;会议审议通过了《政协北京市丰台区第八届委员会常务委员会2008年工作要点》;听取区综治办主任姚建国关于社会治安综合治理工作和开展“平安奥运”工作的情况通报。初建华在会议结束时讲话,就努力作好2008年的工作提出了要求。

(王格平)

【第9次常务委员会会议】 7月30日召开,初建华主持。审议了《关于完善丰台区社区卫生服务的调研报告》和《丰台城乡结合部地区流动人口管理与服务工作调研报告》,决定以调研报告为基础形成区政协常委会建议案报送中共丰台区委、区人民政府研究参考。

(王格平)

【第10次常务委员会会议】 11月13日召开,初建华主持。听取区委、区政府关于2007年区政协常委会建议案办理情况的通报和2008年区政协提案办理情况的通报;决定召开区政协八届三次会议,原则通过了区政协八届三次会议议程、日程安排;协商决定了个别区政协委员的资格问题;通报了《区政协关于加强委员地区活动组工作的意见(试行)》。初建华对认真学习中共十七届三中全会精神、谋划区政协2009年工作、筹备并开好区政协八届三次会议提出了要求。

(王格平)

【第11次常务委员会会议】 12月18日召开,初建华主持。审议通过区政协八届常委会工作报告和区政协八届常委会关于提案工作情况的报告,决定提交区政协八届三次会议审议;审议通过区政协财政工作民主监督小组《对丰台区2008年财政预算执行情况和2009年财政预算草案的建议》,决定印发区政协八届三次会议;审议通过区政协八届三次会议日程、执行主席分工、秘书处机构设置和人员分工;根据中共丰台区委、各民主党派、各人民团体联合建议书，决定调整、增补5名区政协委员；审议通过区政协八届三次委员讨论组及召集人名单。

（王格平）

【学习委员会工作】　年内，邀请中国社会科学院台湾研究所研究员刘红作台海形势专题报告。6月22日～24日举行2008年暑期学习班。初建华、鲍顺新、胡燕、周大春、赵仑、刘占良、乔世红，区政协常委、区各民主党派、工商联负责人，无党派人士、各族各界代表、区政协机关干部80余人参加。学习班邀请中央党校党史教研部副主任谢春涛教授作了《改革开放以来的历史进程与十六大以来的重大成就》的报告；听取了区委副书记闫满成关于奥运会筹备情况、区委常委常务副区长汪洪关于全区1至5月份经济情况、区纪检委副书记监察局局长胡春溪关于党风廉政建设和反腐败工作情况的通报并进行了座谈，与会人员围绕通报，提出了意见和建议。邀请中央统战部发言人、政策研究室主任庄聪生为全体政协委员、区各党派、工商联负责人，无党派人士、各族各界代表人士和全区基层统战干部作了《西藏问题及达赖集团的反动本质》报告，帮助大家进一步了解所谓西藏问题，认清达赖反动集团妄图分裂祖国的罪恶行径。

（王格平）

【提案委员会工作】　年内共收到提案178件，经审查立案163件。未立案的15件作为信息和来信转送有关部门研究参考。经承办单位及有关部门的共同努力，提案已全部办复。提案者对提案办理满意和基本满意的有130件，占立案总数的79.8%；对办理提出希望的33件，占20.2%。召开提案交办会，区委常委、常务副区长汪洪在会上提出办理要求，鲍顺新在会上讲话。对重点提案进行督办；尝试发函充分了解职能部门相关需求，在此基础上引导委员有针对性地提出提案，为提高提案质量创造条件；对不符标准的提案在不予立案的同时提出修改建议。把提案委员会与其他专门委员会的工作结合起来；配合区委办公室、区政府办公室实现了在全体会议期间进行提案交办。

（王格平）

【教文卫体委员会工作】　年内，组织关于完善丰台区社区卫生服务工作的调研，邀请原卫生部基层卫生与妇幼保健司司长，现任中国社区卫生协会副会长、卫生部政策与管理专家委员会专家李长明和北京市妇幼保健与社区卫生工作处处长肖珣作专题讲座，听取区建委、人口与计生委、编制办、财政局、民政局、宛平街道及丰台医院、疾控中心、妇幼保健院、卢沟桥医院、精神病防治院情况通报，深入花乡、宛平地区进行调研，召开社区居民代表座谈会和中央市属驻区卫生单位负责人座谈会，最后形成《关于完善丰台区社区卫生服务的调研报告》提交常委会审议。组织委员考察学前教育、食品卫生情况、奥运场馆周边食品卫生工作，跟踪考察了区文化创意产业发展情况。教育民主监督小组考察了小学规范化建设工程实施情况。

（王格平）

【文史资料委员会工作】　年内，组织部分委员及文史资料征集员赴门头沟区学习，参观了中国首批历史文化名村、市级文物保护单位爨底下村。

（王格平）

【经济科技委员会工作】　年内，组织“紧抓奥运机遇推动首都西南区域经济可持续发展”调研，到石景山区、门头沟区、房山区、大兴区调研，召开首都西南区域经济发展政策研讨会，考察了永定河生态建设情况。举办区政协第八届企业家联谊会，邀请原国家劳动部劳动工资司司长邱小平作新劳动合同法讲座。财政工作民主监督小组听取了区财政局关于丰台区2007年决算（草案）和2008年上半年预算执行情况的报告；关于丰台区2008年预算执行情况和2009年预算草案的报告，提出了推动经济发展的意见和建议。

(王格平)

**【城乡建设和管理委员会工作】** 年内,组织“丰台区流动人口管理与服务工作”专题调研,邀请北京市社会科学院社会学所副所长、丰台区政府顾问冯晓英作专题讲座,听取了区流管办情况通报,到卢沟桥街道、大红门街道、卢沟桥乡、南苑乡、花乡调研,最后形成《丰台城乡结合部地区流动人口管理与服务工作调研报告》,提交常委会审议。组织委员考察环卫工作、河西生态旅游区水资源环境,视察区城管监察大队。

(王格平)

**【社会法制委员会工作】** 年内,组织委员参观北京交通奥运指挥中心,考察了区残联示范“温馨家园”及家庭无障碍改造工作。

(王格平)

**【民族宗教和港澳台侨委员会工作】** 年内,召开纪念胡锦涛同志关于新形势下发展两岸关系四点意见发表三周年座谈会。与外交部中国前外交官联谊会共同牵线搭桥,安排巴基斯坦驻华大使塔拉努姆·巴希尔夫人到丰台区儿童福利院进行捐助,何东舜铭国际文化基金创会副主席陈复生女士到丰台区考察。联系中国前外交官联谊会领导到丰台区视察工作;向丰台区培智中心学校和第二培智学校的智残儿童捐赠。组织委员视察区清真饮食管理工作,考察区涉奥定点宗教场所的活动;召开“反对藏独分裂活动,坚决维护祖国统一”座谈会,强烈谴责达赖集团蓄谋已久的“藏独”分裂活动与区委统战部、区政府民族宗教侨务办公室联合举办以“社会和谐人人有责 和谐社会人人共享”为主题的“我与和谐社会”论坛。

(王格平)

## 重要活动

**【各界人士共建“民族团结林”】** 4月19日上午,区政协组织政协委员和机关工作人员近100人开展了迎奥运、促和谐、共建“民族团结林”植树活动。初建华、鲍顺新、胡燕、区政协副主席、区委统战部常务副部长周大春,区政协副主席赵仑、刘占良,区政协秘书长乔世红,各室主任及区林业局、王佐镇有关领导参加了活动。区政协领导为“民族团结林”纪念石揭幕,鲍顺新主持了揭幕仪式。初建华作了讲话。本次植树共栽种各类树苗200余株。

(王格平)

**【何鲁丽考察丰台】** 10月14日,原全国人大常委会副委员长何鲁丽一行到区考察。初建华、胡燕陪同。何鲁丽一行到北宫森林公园,听取了公园和北宫山庄建设、发展情况的介绍,参观了公园的景致及配套设施建设,并为和平友谊林浇水、培土。到卢沟桥,听取古桥历史及近年来维修、保护过程的介绍,参观了桥梁全貌,还考察了桥下水面恢复(卢沟晓月湖)的景观。

(王格平)

**【西南区域经济发展论坛举行】** 10月16日下午,第二届首都西南区域经济发展论坛丰台分论坛在丰台科技园区招商中心举行。本次分论坛的主题是:京西南区域经济发展研究。初建华、闫满城、汪洪、任光明、鲍顺新、胡燕、刘占良,市发改委综合处处长赵磊,以及区政府有关部门领导和各民主党派区工委负责同志,石景山、门头沟、房山、大兴区政协主管副主席、经科委主任和政协委员等共100多人出席了论坛。初建华在论坛上致词。

(王格平)

**【葛剑平到新发地调研】** 11月20日,市政协副主席葛剑平带队到新发地绿色有机垃圾处理厂进行调研。了解了新发地绿色有机垃圾处理厂的投资建设、日常运行等相关情况。

(王格平)

# 政法　军事

## 政　　法

**【概　况】** 年内，区委政法委坚持以科学发展观为指导，认真贯彻落实胡锦涛总书记关于“平安奥运是北京奥运会取得成功的最大标志，是最重要的国家形象”的重要指示精神以及中央、北京市有关做好奥运安保工作的一系列决策部署，坚持把“平安奥运”作为压倒一切的中心任务，全面履行政法职能，扎实开展“平安奥运行动”，深入做好矛盾纠纷排查调处工作，10件中政法委挂帐和1件市委政法委挂帐督办的涉法涉诉上访案件已全部化解，69件区重点矛盾已化解41件，12名上访重点人息诉罢访；完善维稳工作组织体系，成立总指挥部和21个应急处置小组，开展出租房屋集中整治和城乡结合部地区出租大院专项整治行动，确保了奥运赛事的活动安全和社会持续稳定。区委政法委机关荣获北京奥运会、残奥会全国先进集体。

（马劲忠）

**【“平安奥运”行动扎实有效】** 年内，成立区“平安奥运行动”指挥协调领导小组及办公室，组建区级“平安奥运行动”督查组，组织了8次集中督查活动，组织近7万名治安志愿者、治安巡防队员和7000余名党员、公务员参与治安巡逻、秩序整治等工作，抽调349名机关干部担任安全特派员，指导和督促基层平安奥运工作，组织580名民兵对主要桥梁和地下通道进行看护，确保了对涉奥场所、设施、路线及其周边区域的有效防控。

（马劲忠）

**【矛盾排查化解工作深入推进】** 年内，不断完善长效工作机制，3次组织全区性拉网式矛盾纠纷大排查。落实领导包案、党政领导干部大接访、机关干部下访等制度，严格责任追究，建立专项资金，加大化解力度，有效化解了一批重点矛盾纠纷。整合各种力量，加强协调配合，坚持多部门联动，成功处置了木樨园商贸中心业主维权、新宫村原京力家具厂工人闹访等31起群体性事件。全年各级调解组织共调解矛盾纠纷4761件，成功率达97%。

（马劲忠）

**【维护稳定工作卓有成效】** 年内，成立总指挥部和21个应急处置小组，深入分析维稳工作形势，加强情报信息研判会商，研究制定应对重大敏感问题的对策办法，有效防范了重大敏感事件的发生。完善重点人基础台帐，精细落实重点人防控措施，确保了对重点人的有效管控。成立区处置工作联合指挥部，建立四级响应机制，实行24小时超常规布控，扎实开展培训演练，做好世界公园境内外集会游行示威活动的处置工作。

（马劲忠）

**【完善流动人口服务与管理】** 年内,组织开展为期26天的基础调查大会战,精心开展出租房屋集中整治,切实消除出租房屋各类隐患。拆除治安问题突出的出租大院360个,面积101万平方米。对保留的309个出租大院严格落实管控措施。

(马劲忠)

**【职能作用进一步强化】** 年内,组织协调的突出信访矛盾和涉法涉诉案件的化解,妥善处置了23起影响重大的案件;区公安分局进一步完善"严打"经常性工作机制,稳、狠、准、快地依法严厉打击刑事犯罪,成功破获了"6.26"杀人案等要案,打掉了"文星社"等特大跨区涉恶团伙,区检察院全年共受理审查提请逮捕案件1575件,受理移送审查起诉案件2182件,提起公诉1744件。区法院全年共受理各类案件34332件,审结30017件。

(马劲忠)

**【打击预防经济和职务犯罪】** 年内,集中力量查办经济案件等大要案件,破获大要案件12起,为国家集体挽回经济损失5000余万元。出台《关于共同做好查办和预防渎职等职务犯罪工作的意见》,深入开展查办各类渎职犯罪活动,依法严惩各种职务犯罪。开展形式多样的警示教育,在羊坊村建立服务新农村建设工作试点,促进了预防职务犯罪工作向农村延伸。

(马劲忠)

**【群众合法权益得到切实维护】** 年内,加强对诉讼活动的法律监督,受理刑事立案监督案件29件,民事行政申诉案件93件,法院共受理民商事案件21582件,审结18330件,执结各类民生案件450件,执行标的额921万元,执结率89.3%。

(马劲忠)

**【法律服务形式多样成效显著】** 年内,深入开展以"人文奥运、法治同行"为主题的法制宣传教育活动,全面启动"百千万"工程,印发《丰台区"五五"普法系列丛书》,举办法制讲座、法律咨询,开通普法班车,开设夏日普法广场。积极开展司法救助和法律援助工作,精心挑选律师参与区领导信访接待,设立专门窗口,为下岗职工、农民工、残疾人等弱势群体提供法律援助。

(马劲忠)

**【健全基层工作制度】** 年内,切实加强执法规范化建设,努力在规范工作制度上狠下功夫。法院对原有规章制度进行全面修订,重新下发《规章制度汇编》,强化"五化"管理工作机制,进一步提高了法院工作规范化水平。检察院扎实推进执法规范化建设,制定《廉政风险管理实施办法(试行)》、《合同制书记管理规定》等,健全落实学习制度、例会制度、议事制度等,进一步规范了廉政防范管理工作。公安分局制定并实施《领导干部政绩档案考核机制》、《主要领导诫勉谈话机制》、《队伍保障效能动态考核机制》等制度,进一步促进了有关工作的规范化运行。

(马劲忠)

**【基层基础工作得到加强】** 年内,大力加强基层基础工作,不断夯实工作基础,促进了基层各项工作的落实。法院不断完善干部考核评价系统,量化考核标准,并把考核结果与个人奖惩、晋职晋级、提拔使用等挂钩,进一步调动了广大干警的积极性和创造性。检察院大力加强侦查能力建设,认真做好涉检信访专项督察工作,编制检务公开系列宣传手册,进一步夯实了检察工作的基础。公安分局制定《社区民警工作规范》等,在街乡镇、社区村组建联合执法队、巡防队,加强对基层队所工作的指导帮促,有力地促进了基层工作的落实。

(马劲忠)

**【改善基层基础设施】** 年内,用于基层科技创安的资金达1000万元。完成了公安分局指挥中心二期工程建设,更换了部分基层单位的公务用车,完善了28个派出所三级指挥平台,实现了社区警务站计算机联网,确保对全区大部分重点地区、场所、部位的全时段监控。政法基层“两所一庭”办公条件不断改善，技术保障水平进一步提升。

（马劲忠）

**【加强思想政治建设】** 年内，把学习贯彻党的十七大精神和胡锦涛总书记在全国政法工作会议代表和全国大法官、大检察官座谈会上的重要讲话作为重大政治任务，组织开展了“大学习、大讨论”活动，以纪念建党87周年为契机，召开表彰大会，对全区政法系统18个先进基层党组织和40名优秀共产党员进行表彰，并发出倡议号召在平安奥运行动中“当先锋、做贡献、保奥运”，在政法系统中掀起了学先进、赶先进的热潮。

（马劲忠）

**【提升政法队伍形象】** 年内，积极开展“树丰台形象、展党员风采、做奥运先锋”主题党日活动，组织开展政法系统“我的丰台我的家”演讲比赛、书画摄影展、乒乓球赛、篮球赛等文体活动。积极开展交纳“特殊党费”、“为地震灾区送温暖献爱心”等活动，政法系统共捐款140余万元。

（马劲忠）

**【召开2008年政法工作暨“平安奥运行动”动员部署会】** 1月29日，召开2008年政法工作暨“平安奥运行动”动员部署会，传达贯彻全国和北京市政法工作会议精神，部署2008年全区政法稳定工作及“平安奥运行动”实施方案。区领导张大力、李超钢、闫满成、王苏维、孙钫、苗华、鲍顺新和区委政法委委员，政法委机关各部门主要领导及政法各单位主要领导出席会议。全区各街乡（镇）主管领导和政法各单位中层以上领导200余人参加会议，李超钢主持会议。

（马劲忠）

**【公安部副部长刘京慰问西罗园派出所民警】** 2月1日下午，公安部副部长刘京专程到区公安分局西罗园派出所，代表公安部党委向全所民警致以新春的问候，并送去了慰问金。公安部三局副局长黄双全，市公安局副局长傅政华，区委副书记、政法委书记闫满成，区委常委、分局党委书记、局长孙钫，政委耿飞等领导参加了慰问。

（马劲忠）

## 公　　安

**【概　况】** 年内，丰台分局以“平安奥运、平安丰台”为总体工作目标，以积极促进和谐社会建设为中心，共出动警力3万余人次，圆满完成了“奥运会”、“残奥会”等398场次的安保和警卫任务。共接报“110”报警22.45万余件，同比上升1%。其中刑事类警情1.35万余件，同比下降23.2%；够立案标准的刑事类警情4288件，同比下降26.2%。破获各类刑事案件7473起，抓获各类作拘留以上处理嫌疑人10832人。破获“法轮功”案件65起，打掉法轮功团伙9个、地下窝点17个，抓获法轮功违法犯罪嫌疑人86人，控制法轮功人员2901名。治安系统累计打掉各类违法犯罪团伙468个，抓获作拘留以上处理嫌疑人4183人。进一步加强街面巡逻防控网建设，重新调整37条巡段警力配置，采取车巡、自行车巡、步巡三种巡逻工作模式，不断增加街头路面的见警率、管事率和亲和力。接报街面警情和够立案刑事类警情同比分别下降42%和42.1%。妥善处置各类集体访1500批次3万余人，分流劝返非正常上访人员10万余人。年内接待群众来信来访1524件次，结办1463件次，结办率96%。登记出租房屋125757户、377271间。登记流动人口1101701人，列管流动人口高危人员5589人。采集录入人、地、物、组织四大类信息107万余条，情报信息录入数量上升103%，信息数据合格率99.5%。运用信息核录系统破获各类刑事案件654起，抓获网上在逃人员201人。深入开展调研工作，完成各类文字材料1174余篇，42万余字。撰写《方庄餐饮一条街治安管控模式调研》、《科技园区写字楼维稳工作现状调研》等调研课题8篇,被市局《首都公安理论与实践》、《首都公安报》等杂志期刊转发4篇。严格干部选拔程序和作用标准,重点选配了刑侦、预审、法制等核心业务部门和能够左右丰台区治安局势的大派出所的"一把手"。建立现职领导干部政绩档案,加大考核力度,进一步强化干部队伍科学管理。不断拓展先进典型人物的示范导向作用,树立了刘福亮、谢红娟等一大批新的先进标兵和岗位能手。继续加强警察文化建设,举办了足球、游泳等一系列的体育比赛活动。进一步坚持和完善廉政谈话制度,开展集体廉政谈话3次97人,个别谈话7次,廉政讲课6次。全年共投入专项资金6270万元,顺利完成保障服务奥运类、支持中心运行类、推进科技强警类等公安基础建设。

(郭凤华)

**【圆满完成女垒场馆安保任务】** 年内,先后制定完善了《第29届奥运会丰台赛区安全保卫总体方案》、《第29届奥运会丰台赛区安全保卫分指挥部垒球场紧急疏散工作预案》等149个工作方案、预案;构建了由分局党委、奥运办公室和主要职能部门组成的三级指挥体系,形成指挥调度灵敏高效、情报信息沟通顺畅、点线面工作协调有序、场馆内外无缝衔接的良好局面。赛时期间,共累计组织安保力量1634人次,安检各类人员213086人,车辆5970台,包裹164128件,现场查获禁带物品31件,限带物品14805件,圆满完成了由8个国家和地区,120名运动员、40名随队官员和34名技术官员参加的32场赛事的安全保卫任务,确保了女垒奥运场馆达到"零发案、零报案、零丢失、零失窃、零纠纷、零闹事"的安保工作目标。

(郭凤华)

**【新型勤务运行模式取得实效】** 年内,分局以实现"动态调兵布阵,直接指挥一线"为目标,以指挥中心为中枢,以现实警情的起伏、涨落变化为核心,及时调整警力部署和投向,运用科学管理方式和手段,系统、全面地规范固化日常勤务工作,形成"警情监测—会商研判—启动等级—警力投入—指挥调度—实时监测"的勤务运行模式。整个勤务的运作过程,抓住了警情监测的预先控制,咬住了"三高"的同步控制,强化了管理的环节控制,突出措施前置、预防在先新型勤务指挥运行模式的特点,取得了明显效果。

(郭凤华)

**【情报信息综合研判工作得到加强】** 年内,分局指挥中心接报110报警20万余件,从中筛选出有价值的各类信息1.5万余条,编写《昨日勤务》、《值班信息》、《联勤区警情分析》、《警情警示通报》等判研刊物1200余期,根据警情"三高"变化,发布《警情通报单》300余份,《启动防控等级通知单》500余份,累计调动警力2500余次、涉及1.2万人次,发布警情通播1500余次。

(郭凤华)

**【监督检查工作】** 年内,勤务检查组共出动警力600余人次,入所队检查1500余次,电台检查2200余次,检查巡逻车组2100余个,检查社区200余个,确保了勤务指挥工作落到实处。

(郭凤华)

**【发挥宣传职能,创奥论氛围】** 年内,共组织开展各类新闻发布会30次,在各类报纸、电视台、广播电台、网络等新闻媒体发稿1910篇(条),与丰台广电中心合作完成《丰台警方》电视专题栏目24期,总时长360分钟。召开应对媒体策略、摄影等各类相关培训5次,深入突发案(事)件一线,积极妥善应对处置涉及新闻媒体各类事件30次。拍摄分局各类重大活动影像资料3300余分钟,照片2500余张,编辑制作内部汇报片、专题片10余部,总时长200余分钟。

(薄士德)

**【奥运安保系列教育持续深入】** 年内,丰台分局有节奏、分层次、循序渐进、持续深入地开展了以“牢记国家利益，投身奥运安保，体现人生价值”为主题，以奥运大讲堂、大演讲、誓言大征集等8种形式为载体的奥运安保“八个一”系列教育活动，给奥运安保工作氛围分步预热。依托政工网，先后设立“奥运安保先锋人物”、“专题报道”、“奥运安保体验日记”等8个奥运专栏，刊登专题报道300余篇，图片报道200余张，宣传、报道、表扬民警达到800余人次。

（郭凤华　郝晓莉）

**【奥运演练培训工作成效显著】**　年内，丰台分局对辖区女垒场馆、木樨园训练场馆、世界公园非政府组织示威游行现场处置及支援国家体育场和工体足球勤务团队等5个安保团队1000余名实名制民警，开展了12大项40小项的奥运安保专项集中培训，开展各种形式的培训6000余人次。共完成41次、63项方案、180个科目全局性拉动演练及各职能部门开展的多警种实兵演练，分局参与各种演练警力达到4420余人次。丰台分局被评为“北京市首都窗口行业奥运培训工作先进单位”。

（郭凤华　郝晓莉）

**【开创暖警心活动】**　年内，丰台分局为缓解民警身心压力，组织系列心理健康讲座和大型职业健康、食品卫生安全讲座，先后9次请专家现场对400余名民警进行心理调适。成立赛时医疗服务队，深入一线为民警巡诊，提供健康咨询。配发小型体育器材1000余件。先后3次对30个安保任务繁重的单位、岗位团队，65名特困民警进行走访慰问。组织全员谈心，及时解决思想问题120余件。奥运前夕为近百名民警解决了部分民警家属就业、子女入学等方面存在的实际困难，确保了民警全身心投入奥运安保之中。

（郭凤华　郝晓莉）

**【奥运会警务督察任务圆满完成】**　年内，全力以赴投入奥运安保现场督察工作。共出动督察小组185次、督察民警484人次，检查民警9000余人次、带班领导1500余人次，检查执勤岗位3240余个次，发现各类问题56件，下发《公安督察通知书》17份，《公安督察建议书》21份，行政告诫9人次，诫勉谈话32人次，提出督察工作建议25条。全面推动了分局奥运安保各项工作措施的落实。

（郭永超）

**【奥运后勤保障】**　年内，丰台分局着力做好724名奥运安保人员、209名安检志愿者的后勤保障和121名外地支援警力、6名外地语言志愿者、40名武装处突备勤民警、189名非政府集会游行处置力量的日常后勤保障工作。严格执行经费方案，充分合理利用奥运安保专项资金716.48万元，共为各场馆安保人员送餐106623份；为全局配发警械装备15375件套；共出动运兵车420余次，累计运送执勤警力36500余人次，出色地完成了奥运安保后勤保障任务。

（郭凤华　王季平）

**【加强对涉疆涉藏人员查控】**　年内，丰台分局紧紧抓住发现、核查、控制三个重要环节，不断加大对涉疆涉藏人员的滚动排查工作，核查涉疆涉藏人员522名，对351名暂住的相关人员建立了档案，有效的防止了对上述人员的漏登、漏管和失控问题发生。

（郭凤华　张玉苹）

**【“猎豹”专项行动成效显著】**　年内，丰台分局开展了为期一年的“猎豹”专项打击行动，共打掉涉黄、涉赌等违法犯罪团伙453个，抓获作拘留以上涉黄、涉赌嫌疑人3081人（刑事拘留180人，治安拘留2901人）。共接报赌博、卖淫嫖娼、贩卖淫秽物品警情6969件，比去年同期减少573件，同比下降8.%。

（李　勇）

**【出入境大厅被评为文明窗口】**　年内，出入境接待大厅共受理申请材料3.6万余件，接待咨询群众6.7万余人次，日均接待260余人次，高峰期日均达到350余人次，证件受理准确率和及时率始终保持100%,被公安部评为“省级文明窗口”单位,并荣获丰台区“巾帼文明岗”称号。

(林海莺)

【监所深挖犯罪线索】 年内,看守所共摸排深挖各类违法犯罪线索585余件,破获各类案件214起,抓获网上通缉在逃人员3人。其中破命案9起,收缴枪支4支,子弹434发,砍刀3把,摇头丸142粒。

(郭凤华 史进忠)

【开展“110”主题宣传日活动】 1月10日丰台分局在全区范围内开展“110”主题宣传日活动。区政法委常务副书记杨永华,政法委副书记、综治办主任姚建国,分局副局长贾福清到主展示区参加了宣传活动。采取集中宣传、分散宣传、开放警营、警民共建等四种方式展开宣传。共出动警力310人、设立宣传站(点)35个,发放各种宣传材料6万余份,接待咨询、参观群众3000余人,解答群众提出的各类问题1000余个。

(郭凤华)

【顺利完成两会安全保卫任务】 “两会”期间,丰台分局完成了中共中央政治局常委、全国人大委员长吴邦国,中共中央政治局常委、国务院总理温家宝,全国政协副主席周铁农等党和国家领导人先后到京丰宾馆、建银大厦看望委员的2次外围警卫任务;顺利完成了39次大会的开、闭幕、参观等往返公路路线警卫或勤务,47趟次代表抵、离京铁路路线警卫或勤务,建银大厦、京丰宾馆住地外围昼夜24小时安全保卫任务,共投入警力9445人次,圆满完成了“两会”安全保卫工作。

(郭凤华)

【打掉一个特大贩卖假烟网络】 4月16日,丰台分局刑侦支队经过缜密侦查,并会同丰台烟草专卖局等多家单位,对40多家贩售假烟网点进行了查处,共查获假烟1374万只,涉案价值达1028万余元,查控涉案车辆10辆,抓获林某某(男,1974年12月29日出生)、黄某某(男,1971年7月26日出生,均为福建省闽侯县人)等犯罪嫌疑人10人。5月13日,犯罪嫌疑人林某某等7人被依法批准逮捕,5月14日,李某某等3人被取保候审。

(赵 雄)

【法制专项培训取得实效】 4月16日下午,丰台分局对148名参加奥运场馆安保人员进行了题为“提高执法意识,规范执法行为”的法制业务专题培训。

(郭凤华 杨 光)

【取缔七类黑开场所】 5月1至6月30日,丰台分局开展打击取缔黑歌厅、黑洗浴、黑酒(茶)吧、黑旅店、黑棋牌室、黑发廊、黑游戏厅的专项行动。共取缔、关停“七黑场所”544家(其中:歌厅20家、洗浴45家、旅店25家、棋牌室146家、发廊301家、游艺厅5家、茶吧2家)。抓获违法犯罪嫌疑人23人(刑事拘留2人,行政拘留21人),收缴赌博机30台,赌资4400元,扣押电脑、按摩床、灯箱等物307件。

(郭凤华 李 勇)

【指挥中心办公大楼正式启用】 6月7日,丰台分局新建的办公大楼二期工程正式启用,机关大院总占地面积12301.76平方米,总建筑面积31823平方米,其中地上面积18386平方米,地下13437平方米。规划绿地面积3689平方米,绿化率为30.74%,建筑容积率为1.5。整个工程总投入资金1.03亿元。

(郭凤华)

【举行警力投入最高峰值拉动演练】 7月20日上午,丰台分局围绕奥运场馆、点、线、面、勤务支援五方面的安保工作,举行奥运期间警力投入最高峰值的实兵拉动演练。演练历时40分钟,涉及警力2000余人、民兵116人、保安、红袖标等群防群治力量20652人。

(郭凤华)

【完成奥运火炬传递安保工作】 8月6日,第29届奥运会火炬传递在区科技园区举行,中心现场及周边52600余人观看了火炬传递盛况，300余名媒体记者在现场进行宣传采访。分局按照“提前观察、早期疏导、远端控制、梯次投入、保障重点”的指导思想，共出动安保力量3357人(其中，民警1169人，武警800人，保安1388人)。

(郭凤华)

**【加强督察保奥运】** 8月8日，分局警务督察队出动全部督察警力15人，分成5个督察小组，对分局奥运场馆、鸟巢支援警力、文化广场、重点人管控、社会面防控、处突备勤、内部安全等工作情况展开了全方位现场督察，共检查现职领导干部144人次，其中双正职125人次，执勤民警520余人次，各类安保岗位280余个。

(郭凤华)

**【丰台前卫体协乒羽俱乐部成立】** 10月18日，分局举行丰台前卫体协乒羽俱乐部成立大会暨揭牌仪式。市局副局长、北京市前卫体协主席傅政华，分局局长、俱乐部名誉理事长孙钫，丰台区总工会主席王春兰，市局工会副主席马峰，分局政委、丰台前卫体协主席耿飞以及分局其他党委成员出席了揭牌仪式。

(郭凤华)

## 案例举要

**【破获一起强奸杀害幼女案】** 11月30日，分局刑侦支队充分抓住案发后前72小时的黄金时间，开展侦破工作，经过缜密侦查和大量的调查走访，将涉嫌强奸杀害杜某某(9岁幼女)的犯罪嫌疑人曲某某(男，1992年5月27日出生，北京市丰台区人)等3人抓获。经审查，曲某某等3人供述了由徐某(男，1993年12月7日出生，北京市丰台区人)将被害人杜某某骗至长辛店大队东南街生产队果园小屋内，王某某(男，1991年10月26日出生，北京市大兴区人)在外望风，曲某某、徐某对杜某某实施了强奸并杀害后，用凉席把被害人包裹抬出屋外准备埋掉时被发现即逃离现场的犯罪事实。12月1日，犯罪嫌疑人曲某某等3人被依法刑事拘留。

(赵　雄)

**【打掉一个系列诈骗犯罪团伙】** 1月2日，丰台分局刑侦支队经过缜密侦查，利用技术手段成功锁定犯罪嫌疑人，一举打掉以“看病消灾”方式进行诈骗的犯罪团伙，抓获犯罪嫌疑人祁某某(男，1970年11月30日出生，黑龙江省肇东市人)等3人。经审讯，祁某某等人供述了该团伙于2007年8月以来，先后在朝阳、丰台、通州三区，采取虚构“老中医、神医”为事主“看病消灾”的手段，诈骗事主王某某等多名事主财物40余万元的犯罪事实。1月29日，犯罪嫌疑人祁某某等3人被依法批准逮捕。

(赵　雄)

**【破获一起特大运输毒品案】** 1月26日，丰台分局刑侦支队禁毒队会同市局禁毒处、行动技术处，设伏蹲守，破获一起特大运输毒品案，抓获犯罪嫌疑人全某(男，1969年5月3日，四川省遂宁市人)，收缴毒品485.68克(其中甲基苯丙胺类毒品480.63克，海洛因5.05克)。经审讯，全某供述了其于26日由四川省成都市乘T8次火车至北京西站后，打一辆黑车将毒品运至其暂住地的犯罪事实。2008年6月25日，北京市第二中级人民法院以运输毒品罪判处犯罪嫌疑人全某无期徒刑。

(赵　雄)

**【打掉一个诈骗团伙】** 3月10日，丰台分局刑侦支队会同刑侦总队三支队、市局行动技术处、网监处，经过为期2个月的缜密侦查，一举打掉了一个假冒“人民大会堂事务管理办公室”及“中国产品质量监督委员会”等名义向国内企业进行诈骗的犯罪团伙，抓获团伙成员施某某(男，1968年7月13日，江苏省金湖县)、张某某(男，18岁，安徽省天长市人)等6名犯罪嫌疑人。经审查，施某某等供述了该团伙通过捏造“人民大会堂事务管理办公室”、“中国产品质量监督委员会”等单位,从报纸、网上查找公司名称和地址,然后打电话以评选“人民大会堂指定用品”、“国家免检产品”、“中国行业十大影响力品牌”等名义与对方联系,在骗取对方信任后,即要求对方往指定账户转帐,并给对方邮寄事先做好的假铜牌和假证书进行诈骗的犯罪事实50余起,涉案金额15万余元。4月17日,犯罪嫌疑人施某某等6人被依法批准逮捕。

(赵　雄)

**【破获8.12入室抢劫杀人案】** 9月6日,丰台分局刑侦支队经过缜密侦查,在市局刑侦总队和行动技术处的大力配合下,在天津市河西区某网吧内将涉嫌抢劫杀人的犯罪嫌疑人尹某(男,1988年9月2日出生,吉林省蛟河市人)抓获。经审查,尹某供述了其于2008年8月12日凌晨,爬楼进入丰台区菊园北里小区某住户室内进行盗窃时被事主徐某某发现后,用随身携带的水果刀将徐某某夫妇杀死,抢劫两部手机,一架照相机,一台摄像机等物逃离现场,潜逃至天津的犯罪事实。10月13日,犯罪嫌疑人尹某被依法批准逮捕。

(赵　雄)

## 检　　察

**【概况】** 年内,丰台区人民检察院受理审查逮捕案件1905件2567人,同比下降9.0%与14.6%;批准(决定)逮捕1851件2498人,同比件数上升3.1%、人数下降3.3%;不(予)批准逮捕42件63人,同比下降51.7%与51.9%;提捕单位撤回23件27人,同比下降89.1%与90.7%;无复议复核案件。受理审查起诉案件2442件3139人,同比分别上升2.3%与3.4%;提起公诉2347件3011人,同比分别上升9.9%与11.0%;不起诉52件69人,同比分别上升30%与43.8%。立案侦查职务犯罪案件18件18人,其中贪污贿赂案件17件17人,渎职侵权案件1件1人。查处要案2件,大案10件,其中百万元以上大案4件,千万元以上大案3件,查处的大要案占总数的67%。通过办案挽回经济损失5300余万元。协助其他省市查办职务犯罪27件,追逃抓捕职务犯罪嫌疑人2名。受理立案监督线索29件,发出要求公安机关说明不立案理由通知29份,公安机关主动立案8件10人,通知公安机关立案1件1人。参与、引导公安机关侦查活动65次。依法提起刑事抗诉4件4人,提请抗诉1件3人。开展各项监所检察290次,发口头和书面检察建议26次,开展大型教育2次,专题教育1次,个别教育75次。受理各类信访线索286件,举报中心初查74件,办理刑事申诉案件2件,办理不立案复议案件1件,连续3年保持涉检问题零上访。

(李毅荣)

**【控申干警被评为“十佳信访接待员”】** 1月,控申处干警孙英程荣获北京市检察机关“十佳信访接待员”称号。

(李毅荣)

**【反贪局荣获“人民满意的政法单位”称号】** 1月10日,在北京市委政法委举办的“崇高的荣誉—2008年北京市政法系统春节慰问暨第五届北京市‘人民满意的政法干警(单位)’标兵揭晓电视颁奖晚会”上,丰台检察院反贪局被授予“人民满意的政法单位”荣誉称号。

(李毅荣)

**【与清华大学开展预防合作】** 1月17日,丰台检察院与清华大学廉政与治理研究中心举行《预防理论与实践合作意向书》签字仪式,双方将从应用型预防理论研究、预防实践、预防研讨培训三个方面,开展为期3年的合作。

(李毅荣)

**【开展红线警示教育活动】** 3月—12月,丰台检察院在驻区7家电力单位启动了以“七个一”,一次法制教育讲课,一次高墙警示教育,一次警示教育展览,一次职务犯罪庭审旁听，一次法律知识测试，一次红线制度预防工作交流会，一次外出学习考察。活动为载体的系列红线(警戒线)警示教育活动。

（李毅荣）

**【签署《办理未成年人法律援助工作办法》】** 4月10日，丰台检察院与丰台区司法局法律援助中心签署《办理未成年人案件法律援助工作办法》，主要内容将未成年被害人列入援助对象；要求以书面形式记载法律援助的提起、申请、转交、效果反馈情况；对相关工作人员的职责及办理时限进行规定。

（李毅荣）

**【检举揭发动员打击牢头狱霸】** 5月7日下午，丰台检察院驻所检察室会同丰台区看守所管教队在监区主筒道组织打击牢头狱霸和检举揭发动员活动。

（李毅荣）

**【设立未成年人谈话室】** 5月，丰台检察院未成年谈话室设立并启用，专门用于讯问未成年犯罪嫌疑人和询问未成年被害人。

（李毅荣）

**【开展廉政风险防范管理工作】** 6月，丰台检察院廉政风险防范管理工作启动。年内，结合全院80多个岗位深入查找廉政风险点486个，制定防控措施503条。

（李毅荣）

**【召开专项工作联席会】** 6月12日上午，丰台检察院与丰台区环保局等10个行政执法单位召开查办危害能源资源和生态环境渎职犯罪专项工作联席会，对专项工作重点和实施步骤进行具体部署。

（李毅荣）

**【获评检察理论研究先进单位】** 6月12日上午，在全市检察机关贯彻落实第九届全国检察理论研究年会上，丰台检察院被评为“北京市检察机关检察理论研究先进单位”。

（李毅荣）

**【出台律师会见在押犯罪嫌疑人实施办法】** 6月，根据市公检法司等五家单位联合下发的《关于律师会见在押犯罪嫌疑人、被告人有关问题的规定(试行)的通知》精神，丰台检察院出台《关于律师会见在押犯罪嫌疑人的实施办法》，着重明确了4方面内容：会见的具体流程；内部审查事项；开具会见文书的时间要求；承办人在场的案件范围。

（李毅荣）

**【开展举报宣传周活动】** 6月，丰台检察院开展了以“依靠群众，惩防并举”为主题的举报宣传周活动，通过与区职能部门就完善信访事项移送协调机制进行座谈、检察长发表电视讲话和接受媒体采访、奖励3家举报有功单位、到市电力公司座谈交流等形式，取得了良好的宣传效果。

（李毅荣）

**【组织课题答辩暨调研比武选拔】** 6月25日，丰台检察院以“法律监督科学发展求索”为主题，召开了2008年度重点调研课题中期答辩会暨调研比武选拔活动，中国人民大学博士生导师田宏杰教授、一分院研究室刘祥林主任、二分院研究室李继华主任、该院部分检委会委员担任评委，市院研究室郭兴莲副主任代表市院对答辩会进行了全程监督。答辩会评出前3名选手代表该院参加全市调研技能大比武。

（李毅荣）

**【服务新农村建设试点揭牌】** 7月2日上午，丰台检察院在花乡羊坊村，举行《服务新农村建设羊坊村试点协议》签字揭牌仪式。区委书记张大力、检察院党组书记、检察长蔡柏林等领导参加了仪式。

（李毅荣）

**【落实奥运期间交通保障方案】** 7月，丰台检察院推出四项措施落实奥运期间交通保障方案：一是高度重视，成立专门领导小组；二是组织动员，提出具体要求；三是统筹兼顾，停驶部分车辆；四是明确责任，签订安全责任书。

（李毅荣）

**【举办警示教育巡展】** 5月下旬至7月中旬,丰台检察院在航天部三院驻丰台区、东城区、海淀区和天津市的院属20个单位举办警示教育巡展,共有干部职工6000余人参观了展览。

(李毅荣)

**【专题审议诉讼监督工作】** 7月,丰台检察院检委会先后召开两次会议,专题审议该院侦查监督处、公诉处、反贪局、反渎局等主要业务部门履行诉讼监督职能的情况,并提出具体指导性意见。

(李毅荣)

**【强化三类接访】** 奥运期间,丰台检察院以强化"三类接访"为抓手,发挥服务保障作用:强化检察长接访工作,强化日常接访工作,强化联合接访工作。

(李毅荣)

**【与区地税局建立惩防渎职犯罪联动机制】** 8月12日下午,丰台检察院与区地税局召开联席会议,共同签署了《关于加强协调配合共同开展渎职侵权犯罪查办和预防工作的意见》,与区地税局初步建立起惩防渎职犯罪的联动机制。

(李毅荣)

**【开展以案释法活动】** 9月,丰台检察院在长辛店镇政府组织召开案件分析会,结合长辛店镇某村原村委会主任马某侵占集体占地补偿款一案,深入分析了该案暴露出的在占地补偿管理方面的问题,并提出相应的预防对策。

(李毅荣)

**【举办医药商业贿赂"潜规则"预防研讨会】** 10月15日,丰台检察院举办医药购销环节商业贿赂"潜规则"预防研讨会,丰台检察院、朝阳检察院、大兴检察院联合组成的《治理医药购销环节商业贿赂"潜规则"》课题组和北京市卫生局纪委书记姚绍亮参加了研讨。

(李毅荣)

**【《刑事法理与案例评析》出版发行】** 10月,由丰台检察院承办、高检研究室主编的《刑事法理与案例评析》(2007年第5辑)正式出版发行。书中共收录文章25篇,14余万字,其中24篇系该院领导和干警的调研成果。

(李毅荣)

**【干警作品在区职工艺术节获奖】** 10月,在丰台区第十一届职工艺术节艺术作品评选活动中,丰台检察院机关工会选送的3件参赛作品获奖。其中韩雪的散文《灾难中,平凡的人给我最多感动》获文学作品类二等奖;李振湖的诗词《灾难时刻》获文学作品类三等奖;闫俊瑛的摄影作品《祥云路》获摄影类三等奖,机关工会获优秀组织单位奖。

(李毅荣)

**【与烟草专卖局建立移送追刑联动工作制度】** 11月,根据《北京市人民检察院、北京市烟草专卖局印发关于在烟草专卖执法活动中向检察机关抄备移送涉嫌犯罪案件若干问题的意见(试行)的通知》精神,丰台检察院与区烟草专卖局建立了移送追刑联动工作制度,具体包括案件备案制度、立案监督制度、联席会议制度。

(李毅荣)

**【干警荣获"十佳"公诉人称号】** 11月,丰台检察院干警张启明在全市第六届"十佳"公诉人评比活动中名列第六,并荣获"十佳"公诉人称号。

(李毅荣)

**【开展"检察开放日"活动】** 12月5日,丰台检察院开展了以"首都法律监督三十年"为主题的"检察开放日"活动,共接待社会各界人士30余人,发放宣传材料100余份。

(李毅荣)

**【看守所讯问监控系统启用】** 12月,丰台检察院在区看守所讯问犯罪嫌疑人同步录音录像系统建设完成并启用。

(李毅荣)

**【开展职务犯罪预防培训】** 12月,丰台检察院召开预防经验交流暨预防理论培训会,区

90余家单位的纪检监察部门负责人参加了会议，清华大学廉政与治理研究中心副主任郭勇教授进行了题为《腐败的指标与测量》的专题讲座。

（李毅荣）

**【举办“诉讼监督的理论研讨与实践推进”论坛】** 12月17日上午，由市院和丰台检察院共同举办的“诉讼监督的理论研讨与实践推进”检察官论坛在丰台检察院举行。中国社会科学院王敏远教授、市院研究室邹开红副主任、区人大内司委鲍国森主任到会点评。市院、二分院、西城、宣武、石景山、怀柔区检察院的部分领导、干警以及4位区人大代表参加了会议。论坛就当前诉讼监督的实践和理论研究情况进行了探讨和交流。

（李毅荣）

**【四部门在比武中取得良好成绩】** 年内，丰台检察院积极备战北京市检察机关第三届检察业务技能比武活动，并在预防、民行、法警、控申业务比武中分别取得第一、第三、第六、第八的良好成绩。

（李毅荣）

**【检察长直接办理案件】** 年内，丰台检察院积极落实高检、市院关于检察长、副检察长直接办理案件的要求，检察长、副检察长和其他院领导参加办案8件，出庭支持公诉5次，接待信访人员60余次。

（李毅荣）

## 审　　判

**【概　况】** 年内，丰台法院出台一部新的《规章制度汇编》及制定了《财产保全工作细则（试行）》。共受理各类案件36208件，同比增加428件，上升1.2%；审结35864件，同比增加45件，上升0.1%；未结1102件，同比增加343件，上升45.2%。结案率97%。审判人员人均结案228.4件，位居全市法院第一名；全院人均结案142.3件，位居全市法院第三名。法院被评为“全国模范法院”、“1989年至2008年全国法院学术讨论会20周年基层法院组织工作先进单位”、“北京市先进法院”、“首都精神文明单位标兵”；刑事审判庭被评为北京市“人民满意的政法单位”、“北京市法院先进集体”；民事审判第二庭荣立“北京市法院集体二等功”；执行庭被评为“北京市法院先进集体”，荣获北京市政府“南水北调北京段工程优秀建设集体奖”；立案庭被评为“北京市法院‘迎奥运、树形象’立案工作文明单位”；右安门人民法庭被评为“北京市法院十佳人民法庭”；王佐人民法庭被评为“北京市优秀青少年维权岗”。

（兰国红）

**【依法惩处刑事犯罪】** 年内，共受理刑事案件2337件3029人，同比增加382件457人，分别上升19.5%和17.8%；审结2340件3035人，同比增加385件466人，分别上升19.7%和18.1%；未结2件2人，同比减少3件6人，分别下降60%和75%。在判决生效的2256名案犯中，适用非监禁刑的209人，占9.3%。

（兰国红）

**【妥善调处民商事纠纷】** 年内共受理民商事案件22578件，审结22230件，未结866件。受理知识产权案件180件，审结172件。

（兰国红）

**【依法行政审判】** 年内共受理行政诉讼案件149件，审结145件，未结9件。受理行政非诉审查与执行案件147件，审结147件。

（兰国红）

**【继续加大执行力度】** 年内共受理执行案件10922件，同比增加443件，上升4.2%；执结10925件，同比增加476件，上升4.6%；未结225件，同比减少3件，下降1.3%；执行标的额103130万元；执结率98%。执结了影响区重点工程中关村科技园区丰台园二期建设的4起腾退房屋案和影响平安奥运的北京中华汽车制造有限公司执行案等一批重点案件。

（兰国红）

**【立案信访及审判监督工作】** 共接待处理群众立案来信399封,来访5419人。全年共受理申诉案件50件,决定再审20件,审结22件。

(兰国红)

**【迁入新审判办公大楼】** 5月12日上午,法院举行新审判大楼启用仪式,正式迁入新审判办公大楼。

(兰国红)

**【开展集中执行涉及民生案件活动】** 3月20日至6月30日,共执结涉及民生案件450件,执结标的额达921万元。

(兰国红)

**【举行法院诉前调解室揭牌仪式】** 7月17日,法院和区司法局联合举行了法院诉前调解室和丰台诉前人民调解工作室揭牌仪式。

(兰国红)

**【联合区司法局建立"主审法官训导制"】** 7月份,为确保平安奥运,联合区司法局建立了针对社区服刑人员进行训导预防犯罪的"主审法官训导制"。

(兰国红)

**【化解挂账督办案件】** 7月,对最高法院挂账督办的35件案件有效化解28件,落实稳控措施7件。

(兰国红)

**【开通"丰台法院网"】** 10月23日,举行"丰台法院网"开通仪式,正式开通该院互联网站。

(兰国红)

## 案例举要

**【冒用全国人大常务委员会信访督办函进行诈骗案】** 2007年11月21日,被告人汪大想(男,33岁,安徽省宿州市农民)伙同杨振彪(在逃),在丰台区角门星光宾馆内,以能够为被害人余兴中、麻均祥、刘开波、朱穗江办理全国人大常务委员会信访督办函为名,使用假的全国人大常务委员督办函,诈骗余兴中、麻均祥、刘开波、朱穗江人民币1万元。2008年5月21日,被告人汪大想伙同杨振彪(在逃),在北京市丰台区角门星光宾馆内,以能够为被害人吴弟富办理全国人大常务委员会信访督办函为名,使用假的全国人大常务委员督办函,诈骗吴弟富人民币1万元。法院经审理认为,被告人汪大想无视国家法律,使用欺骗手段骗取公民财物,数额较大,其行为已构成诈骗罪,应予处罚。鉴于被告人汪大想认罪态度较好且积极退赔了被害人的全部损失,故该院酌情予以从轻处罚。2008年10月10日,法院以诈骗罪依法判处被告人汪大想有期徒刑6个月,并处罚金人民币5000元。已退赔的违法所得人民币1万元返还被害人余兴中、麻均祥、刘开波、朱穗江;已退赔的违法所得人民币1万元退还被害人吴弟富。一审宣判后,汪大想未提出上诉。

(兰国红)

**【奥运会门票案】** 原告王小豪(男,38岁,北京市人)为北京中新基业国际贸易有限公司经理,被告吴兰兰(女,25岁,北京市人)原系王小豪所在公司的员工。2007年4月,王小豪委托吴兰兰代为网上申购奥运门票,吴兰兰以自己的名义上网填写了申购信息。此后,第29届奥林匹克运动会组织委员会确认以吴兰兰名义成功申购了田径与艺术体操两场比赛共4张门票。王小豪在得知门票申购成功后,将1600元现金购票款交给吴兰兰。吴兰兰交付票款后,将付款业务凭证和奥运门票确认函交给了王小豪。此后,吴兰兰离开了北京中新基业国际贸易有限公司,并凭自己的身份证领取了所申购的门票。王小豪在获知吴兰兰将门票领走后,与其联系。但吴兰兰不同意将门票交付王小豪。故王小豪诉至丰台区法院,要求吴兰兰返还奥运会门票4张,或者返还购票款1600元。该院经审理认为,根据北京奥组委《购票须知》的相关规定,奥运门票应当由购票人实名申购并领取。本案争议所涉门票,系吴兰兰以自己名义申购，并自行付款领取，其对门票的占有并不违法。王小豪规避《购票须知》“每人只能提交一份门票预订单”相关规定的行为，不受法律保护。其要求吴兰兰返还已领门票的请求，法院不予支持。但其给付吴兰兰的1600元购票款，吴兰兰应予返还。2008年8月20日，该院依法判决吴兰兰于判决生效后10日内返还王小豪购票款1600元，驳回王小豪的其他诉讼请求。一审宣判后，吴兰兰不服，提出上诉。市第二中级人民法院经审理后，于2008年12月18日依法驳回上诉，维持原判。

（兰国红）

**【违规使用“奥运”字样行政案】** 2008年7月1日，北京市工商行政管理局丰台分局（以下简称丰台工商分局）执法人员在进行日常检查时，发现北京玉楼东餐饮管理有限公司（以下简称玉楼东公司）在其营业场所二层对外玻璃的醒目位置张贴了“迎奥运 创新低 九元菜 大酬宾”的广告标语，后丰台工商分局以玉楼东公司涉嫌违反《奥林匹克标志保护条例》为由立案调查，并于9月3日作出京工商丰处字（2008）第1357号《行政处罚决定书》，认定玉楼东公司的行为属于《奥林匹克标志保护条例》第五条第（三）项所指的未经奥林匹克标志权利人许可，将奥林匹克标志用于广告宣传以及其他商业活动中的行为，同时责令玉楼东公司立即停止侵权行为，对该公司罚款3万元。玉楼东公司不服，在缴纳罚款后向丰台区法院提起行政诉讼。法院经审理认为，玉楼东公司作为餐饮业经营者，未经奥林匹克标志权利人许可，在营业场所推销其菜品的宣传广告中擅自使用奥林匹克标志“奥运”字样，该行为属于《奥林匹克标志保护条例》第五条第（三）项所列举的“将奥林匹克标志用于广告宣传、商业展览、营业性演出以及其他商业活动中”侵犯奥林匹克标志专有权的行为。丰台工商分局认定玉楼东公司侵权行为成立，认定事实清楚、证据充分、定性准确。2008年11月19日，丰台区法院依法判决维持被告北京市工商行政管理局丰台分局2008年9月3日作出的京工商丰处字（2008）第1357号《行政处罚决定书》。一审宣判后，双方当事人均未提出上诉。

（兰国红）

**【影响本市廉租房重点工程建设的腾房案】** 丰台区法院依法判决北京华昊餐饮有限公司（以下简称餐饮公司）将其占用的房屋及场地全部腾退给北京化工三厂，但该公司一直未履行。上述涉案房屋正好位于本市宋家庄保障住房项目的廉租房规划用地当中，餐饮公司拒绝搬离的行为严重影响了工程建设进度。为确保工程顺利进展，法院依法向餐饮公司发出执行通知，并多次赶赴执行现场，要求被执行人及其租户腾退房屋，但被执行人以种种理由拒不执行。法院经向区委政法委汇报后决定对其采取强制执行措施。经过连续多天的数十人次入户排查，法院详细掌握了执行现场约两千平米房屋的具体情况，并在精心安排和周密部署的基础上，于10月22日上午9时正式开始强制执行工作。当天，在区委政法委的组织领导下，在公安、建委、城管、消防、民政、卫生局以及当地街道办事处等相关部门的协助配合下，该院执行干警挨家挨户做工作，劝说商户和租户尽快搬离执行现场。在耐心细致的思想工作和强制执行威慑力的共同作用下，住户们纷纷表示配合执行工作。当天下午4时左右，涉案房屋全部腾退完毕，执行工作圆满完成。

（兰国红）

## 司法行政

**【概　况】** 年内，司法局先后荣获了“北京市司法行政系统集体三等功”、“首都文明单位”、“北京市三八红旗集体”等称号。在奥运安保工作中，1名同志和1个集体受到司法部表彰，2名同志获市委、市政府表彰；11个集体和24名同志分别被全市系统和区委、区政府授予三等功、先进集体和优秀个人,2名同志在区政法系统"我的丰台我的家"演讲比赛中获得二等奖,共收到锦旗38面、表扬信7封、感谢匾1块。紧紧围绕"平安奥运"的工作目标,制定《奥运会及其筹备期间丰台区法律援助突发性案件应急预案》。法律援助机构及时受理有关敏感案件,共受理法律援助案件1221件;启动应急预案3次,成功解决群体性案件3起100余人。全年共建法律服务工作站142个,解答法律咨询5303人次,调解民间纠纷2498件,开展法制宣传、法制讲座2155次,协助办理法律援助事项101件。

(沙　莎)

**【法制宣传教育】** 年内,全面启动了奥运法制宣传"百千万"工程,,组织了以律师为主的3400多人次、33支奥运法制宣传小分队,在奥运场馆周边、火炬传递线路、旅游景区和流动人口聚集地,开展了五百余场法制讲座,发放五十万余份自办的《奥运法制报》、《"五五"普法系列丛书》等宣传品。利用奥运倒计时等重要纪念日,开展奥运普法主题活动。立足流动人口"三类四地"全面实施了"普法暖流"工程,在全市首次聘任农民工担任"义务普法宣传员",将农民工普法学校延伸到各街乡,开通流动人口法律向导站网上送法平台;在奥运场馆周边设立夏日普法广场,并充分发挥了"奥运法制宣传百米长廊"和"奥运法律文化墙"的作用;利用流动电影放映车,定期在全区各街乡的社区(村)巡回播放百场奥运法制宣传片,举办"12.4法制电影节"等丰富多彩的普法活动。打造"普法班车"品牌效应,在全区上百个社区和村巡回开展普法宣传活动600余场,开设了首家民间公益性法律服务网站,受益群众达上万人次;借助"普法茶亭"宣传基地,建立健全了区和社区两级法制宣传志愿者服务网络。

(沙　莎)

**【律师参与信访接待】** 年内,成立丰台区奥运法律机动小组,奥运期间为场馆周边群众提供了法律咨询133件,接待来访320人次。与区信访办联合出台《关于加强律师参与信访接待工作的意见》,建立律师参与各街、乡(镇)信访接待工作机制。奥运期间,选派25名律师每周两次参与区委书记和区长的信访接待工作,律师直接参与区领导的信访接待57次,接待信访群众200批,1329人,其中集体访58批,1107人。

(沙　莎)

**【引导律师服务农村群众】** 年内,制定《关于进一步加强律师法律服务进社区的指导意见》,组织律师到南苑乡、王佐镇等地区开展义务法律服务,共为200余名群众提供了免费咨询,发放法律知识读本3000余册;组织律师参与农村集体经济合同的清理和审查工作,制定了合同样本。

(沙　莎)

**【开展普法咨询服务】** 年内,律师及基层法律工作者共开展法制讲座927次,参加群众达67787人次;提供义务法律咨询9110人次;免费代书597份;参与纠纷调解752件;参加法制宣传869次;开展法律援助637件。

(沙　莎)

**【人民调解工作】** 年内,5017名人民调解员共调解纠纷5562件,成功5371件,成功率97%;成功预防和化解群体访52件、5298人次。

(沙　莎)

**【社区矫正和帮教安置】** 年内,开展奥运安保工作以来,组织对两类人员的全区性大排查7次、计12000余人次;走访谈话13000余人次;解决各类生活困难283人次,发放临时救助86人次49500元。区478名社区服刑人员和1277名帮教安置人员实现了奥运期间无脱管漏管、无重新犯罪、无涉奥事件,实现了"五个确保"的工作目标。

(沙　莎)

**【打造民心工程启动"幸福生活讲师团"宣讲**

活动】　区司法局与区委宣传部、区文明办、区卫生局、区科协、区信访办、区安监局、区人口计生委、区红十字会共同举办“幸福生活讲师团”宣讲活动。讲师团的启动实现了社区居民在社区内自由选择喜欢的“幸福生活课”，授课形式采取全天候集中宣讲方式，在丰台区119个社区(村)开展，打造了丰台区惠民便民的民心工程，广泛提高了居民群众的法律素质。

（沙　莎）

**【建立奥运安保电子信息系统】**　7月，区司法局与区城市管理指挥中心联合开发并建立了集日常办公和电子地图为一体的奥运安保电子信息系统。

（沙　莎）

**【奥运安保法律服务站挂牌成立】**　7月11日，丰台区奥运安保法律服务站在丰台体育中心北门正式挂牌成立，向过往群众提供免费咨询、代书等法律服务，为符合条件的群众提供法律援助。

（沙　莎）

**【开设首家民间公益性法律服务网站】**　8月1日，丰台区“普法班车”全新升级普法服务，开设了首家民间公益性法律服务网站，推出了网络视频咨询、普法讲座录像、普法班车在线论坛等多项便民服务。

（沙　莎）

**【稳固法律援助合作机制】**　年内，丰台法律援助中心办理刑事法律援助案件214件，其中法院指定辩护的98件，检察院转交犯罪嫌疑人的法律援助申请的100件，当事人自行申请的16件，共有6名刑事案件的被害人申请并获得了法律援助。

（沙　莎）

**【法律服务工作站建设成效显著】**　年内，在全区新建社区、村法律服务工作站142个，其中农村法律服务工作站20个，社区法律服务工作站122个，右安门、东铁营、太平桥、卢沟桥街道法律服务工作站覆盖率已达100%。全年各法律服务工作站共解答法律咨询5303人次，调解民间纠纷2498件，开展法制宣传、法制讲座2155次，接待法律援助事项101件。

（沙　莎）

**【加强机关党建发挥党员先锋模范作用】**　年内，区司法局认真落实《2008年度党组中心组理论学习安排意见》，建立了处级领导干部培训信息库和《处级领导干部培训手册》，制定了《领导干部谈心谈话制度》。经区委组织部批准，完成了21个司法所党员组织关系的接转工作，加强了对司法所党组织建设和党员的教育管理；新成立9个律师党支部，截止12月底，律师党员增至115名。心系地震灾区，司法局干部共捐款9万余元、党员交纳特殊党费10.6万元。

（沙　莎）

**【开展服务残疾人法制宣传活动】**　9月5日，司法局在北京博爱医院，开展以“点燃激情、奉献关爱”为主题的服务残疾人法制宣传活动。活动分为残疾人权益保障、残奥百科、残奥历史、残奥与北京、新编残疾人礼仪、志愿者的故事等专题，共有20名残奥会志愿者参与了活动，发放宣传材料500余份，接待群众咨询50人次。

（沙　莎）

**【针对残疾人合法维权开展便民服务】**　9月，为方便辖区残疾人申请法律援助，区法律援助中心拓宽援助渠道，为辖区残疾人提供上门服务、电话申请、紧急情况先予援助等便民服务。

（沙　莎）

**【出台两类人员集体户口实施办法】**　10月，司法局与公安分局联合制定了《关于落实社区服刑罪犯和刑释解教人员落户工作的实施办法》，该办法的出台，打破社区服刑人员和刑释解教人员落户难的瓶颈。

（沙　莎）

**【设立“私密接待室”，强化法律援助人性化服**

**务】** 10月,设立了法律援助"私密接待室",满足当事人的隐私需求,突出法律援助人性化服务。私密接待室采取"以受援人为中心"的工作原则,主要用于接待因家庭暴力受害的妇女、未成年人及有隐私需求的残疾人等当事人,法律援助中心精心选派专业性强、工作经验丰富的工作人员专人负责"私密接待室"的接待工作。私密接待采取申请原则,对于提出隐私需求的当事人,法律援助中心及时指派工作人员进行接待,对于当事人为妇女的,由女工作人员进行接待。在指派案件时,优先照顾当事人的隐私需求,为受援人为妇女的案件指派女律师承办。

(沙　莎)

**【探索建立农民工群体自我普法维权新机制】** 年内,依托农民工普法学校,组织专业律师面向农民工学员免费开展普法讲座和维权培训,农民工普法学校已开展培训讲座60余场,接待咨询8225件,培训农民工学员1000余人,并从中选聘农民工义务普法宣传员20余人。

(沙　莎)

## 案例举要

**【发生新损害未过时效 法律援助帮其维权终获胜】** 一场26年前发生的交通事故损害赔偿案在区法律援助中心指派律师的代理下成功胜诉,受援人张女士得到了包括手术费、法医鉴定费、伤残赔偿金等共计14万余元的赔偿,合法权益得到了有效保护。

1981年10月,当时只有14岁的张女士骑自行车从丰台区榆树庄至看丹公路上由西向东行使,在黄土岗附近,恰遇另一骑车人老李,二人在同方向行驶时相碰,张女士摔倒后,右眼角内被自己的自行车闸把扎入受伤。经宣武医院诊断为"左中枢性偏瘫、急性闭合性颅脑损伤(重)"等。经交通大队认定为双方责任,后经一审、二审,双方达成调解协议,老李除负担张女士的伤后经济损失外,再一次性给付她2500元赔偿。

然而,噩梦却未就此结束,2005年8月的一天,张女士突然出现肢体抽搐,口吐白沫等症状,随着时间的推移,症状愈发频繁且加重。2006年11月被医院诊断为"外伤性癫痫",后经法医鉴定为七级伤残,且鉴定出张女士自2005年8月始发生的癫痫与1981年10月的交通事故有因果关系。"已经过了26年,还能索要赔偿款么?"存疑惑的张女士来到了区法律援助中心。

中心工作人员及律师在了解案情后,认为根据《中华人民共和国民法通则》第137条规定:"诉讼时效期间从知道或者应当知道权利被侵害时起计算。但是从权利被侵害之日起超过二十年的,人民法院不予保护。"虽然事故发生已经超过了规定的最长保护期20年,但是张女士发生的癫痫属于新发生的损害事实,在26年前的医学条件下是属于无法发现且预知的,所以此事故的诉讼时效应当从2005年8月起计算,据此,并未超过20年,可以要求对方赔偿相关损失。

鉴于张女士家庭经济困难,法律援助中心为其提供法律援助,指派了律师代理此案。最终,法院采纳了代理律师的意见,判决对方赔偿手术费、法医鉴定费、伤残赔偿金等共计14万余元。当事人得到赔偿,事件得以圆满解决。

(沙　莎)

**【及时调解涉外纠纷 外籍人士真诚道歉】** 一名日本人在大红门地区一烟酒店内,与店内售货员发生肢体冲突,把店玻璃门、柜台等砸坏。纠纷起因并不复杂,这名日本人在与朋友吃饭时喝了不少白酒,在神智不清的状态下进小店买东西,因为语言不通,情绪便激动起来,砸碎了店内的玻璃柜台和大门,还不慎将自己的额头和手碰伤。

110在出警了解情况之后,对日本人和田守进行了批评教育,转交石榴园联合调解室进行民事调解。调解员耐心细致对双方进行了调解:根据《民法通则》第一百零六条第二款规定:公民、法人由于过错侵害国家的、集体的财产,侵害他人财产、人身的,应当承担民事责任。因此,和田守在酒醉后损坏了烟酒店的大门及玻璃柜台,侵害了对方的财产权,理应承担赔偿责任。调解员向和田守及其中国朋友进行了劝导:作为一名外国人,到中国来也要遵守中国的法律。即使因为语言不能及时沟通,也不能通过这种方式解决问题。损坏的物品应当进行赔偿。和田表示对自己的行为感到羞愧,在醉酒的情况下伤害到了对方,是一种不理智的行为。自己真诚的向对方道歉,并希望通过经济补偿来表示自己的歉意。

经过调解,双方达成协议:由于双方都未受到伤害,和田守向店员赔礼道歉,并就损坏的物品赔偿经济损失500元。在当场解决纠纷后,和田表示了对调解员的感谢,并称赞了调解员的工作,"作为一名日本人,我亲眼见证了中国人民的友好和大度。尤其是两位调解员的工作让我钦佩,他们用自己的辛勤工作解决着各类纠纷,用通俗的道理诠释着法律的尊严,我真诚的感谢他们"。

(沙　莎)

## 社会治安综合治理

**【概　况】**　是年,区综治办圆满完成了牵头组织开展"平安奥运行动",营造和谐稳定社会环境,实现"平安奥运"目标的任务。被北京市委、市政府、奥组委评为"北京奥运会残奥会先进集体",被首都综治委评为2005－2008年首都社会治安综合治理先进集体、2008年度首都铁路护路联防工作先进集体,右安门街道被推荐为2005－2008年全国社会治安综合治理先进集体。

(张义勋)

**【建立"平安奥运行动"责任体系】**　年初,成立由区委书记、区长负总责的奥运筹办和赛时保障领导小组,负责奥运会服务保障全面工作;在奥运安保社会面安全保卫分指挥部的基础上,成立以区委副书记为组长的"平安奥运行动"指挥协调领导小组,负责奥运安保社会面控制工作的组织开展;分别成立由区级领导负责的丰台垒球场、木樨园综合训练场馆群外围保障团队,直接指挥协调涉奥场所及周边地区安保工作。区委、区政府主要领导与21个街乡镇和26个职能部门,分别签订"平安奥运"责任书,街乡镇党政主要领导与所属社区村和辖区相关单位,部门领导与所属单位负责人和系统管辖单位负责人分别签订"平安奥运"责任书,把奥运安保任务、措施和责任,层层落实到具体单位和具体人。同时,成立5个以区级领导为组长的"平安奥运行动"督查组,对各街乡镇、各部门落实奥运安保措施情况进行督导检查。奥运期间,针对"重点人防控"、"流动人口基础调查"、"奥运安保社会面防控力量组织"、"社会面防控演练"、"矛盾纠纷排查化解"等工作,开展了8次集中督查活动,有力促进了"平安奥运行动"各项工作的落实。

(张义勋)

**【抓好全国"两会"期间社会面防控】**　全国"两会"期间,每天平均动员和出动各种警力近2000人、群防群治力量4万余人,对社会面及政协委员驻地周边进行巡逻防控。保证了社会面及政协委员驻地的安全稳定。

(张义勋)

**【开展"平安奥运行动"专项整治】**　年初,集中组织开展十个专项治理行动,即严厉打击刑事犯罪、文化娱乐服务场所清理整治、城市秩序治理整顿、流浪乞讨人员集中救助、来京非正常访滞留人员集中劝返、安全隐患排查整治、矛盾纠纷排查化解、流动人口和出租房屋基础调查、重点人群排查控制、涉奥场所及周边清理整治。

(张义勋)

**【加强涉奥场所周边风险控制】**　4月,成立5

个涉奥场所风险控制工作组，由区级领导任组长，所在街乡负主责，相关部门参加。在上年建立重点人员、重点部位、重点单位、重点区域台帐的基础上，又建立5个涉奥场所周边200米和400米制高点范围工作台帐，开展涉奥场所风险源调查评估。扎实做好世界公园境内外人员集会游行示威处置安保工作，成立处置工作联合指挥部，下设四个工作小组，制定五类处置方案，建立四级响应机制。投入各类防控力量800余人，实行超常规布控；搭设监控探头，设立24小时流动观察哨；做好世界公园外围人员、车辆疏导和分流，实现了“零聚集、零滋事、零炒作”的工作目标。

(张义勋)

**【组建城市管理联合执法队】** 3月6日，召开组建街乡镇城市管理联合执法队工作部署会，部分街道主管领导介绍了本地区组建联合执法队的运行情况，决定4月1日全区成立城市管理联合执法队。联合执法队由公安分局、工商分局、城管大队抽调素质好、业务精、情况熟的骨干共66人组成，分派到涉奥场馆、重点大街、繁华场所、重点交通场站和重点旅游景区所在的11个街乡，固定办公地点和成员，全天候充实街乡执法力量。同时指导其他10个街道乡镇组建非固定式联合执法队，累计从公安、工商、城管等部门及街乡镇抽调388人，对全区城市管理方面存在的问题进行整治，有效维护了辖区治安秩序、市场秩序和环境秩序。

(张义勋)

**【召开奥运安保群防群治队伍动员誓师大会】** 7月23日，组织召开奥运安保群防群治队伍动员誓师大会，区“平安奥运行动”指挥协调领导小组成员和街乡镇党政领导、综治办主任，公安、武警及治安巡防队、治安志愿者、护桥民兵、党员、公务员等代表400余人参加了大会。

(张义勋)

**【发动群防群治力量共保奥运平安】** 奥运期间，组织发动群防群治力量7万余名，新增治安志愿者3万余人，总数达6万人，比上年增长110%。以“争当金牌治安志愿者”活动为平台，治安志愿者积极参与社区(村)隐患排查、邻里守望、重点防控、区域巡逻等工作。组织580名民兵参加全区二环、三环、四环路上的桥梁、地下通道守护和外围治安查堵工作，组织3800余名治安巡防队员参与社区(村)治安巡逻、重点防控、秩序整治等工作，同时2400多名城管、交通、流管等各类协管人员及1.7万多名社会单位内部安保人员，在社会面防控工作中充分发挥了基础保障作用。

(张义勋)

**【组织安全稳定特派员包社区(村)】** 6月初，从88个单位抽调349名干部作为区委、区政府安全稳定特派员，充实到336个社区(村)，支援基层开展维护安全稳定工作。区有关部门专门研究制定加强特派员管理工作的意见，成立特派员工作协调指导组。

(张义勋)

**【市委督查组到丰台区督查】** 4月29日，以市建委委员张农科为组长的市委“平安奥运行动”督查组一行15人，对丰台区奥运场馆和相关设施的安保体系、流动人口和出租房屋基础调查工作进行督查。督查组分别查看了丰体中心女子垒球场、光彩体育馆、卢沟桥街道大井社区流动人口服务站、东铁营街道光彩第一社区一处普通地下室和武警总部宿舍郭庄子施工工地。5月15日，市委“平安奥运行动”督查组一行12人，由市建委机关党委副书记秦学武带队，对丰台区重点人排查防控和涉奥场所周边风险控制与清理整治工作进行调研。

(张义勋)

**【王安顺到丰台区检查奥运安保工作】** 7月3日，市委副书记、政法委书记王安顺带队到丰台区检查奥运安保社会面控制工作和市委联席会议精神落实情况。检查组一行先后实地考察了卢沟桥街道及大井社区，花乡新发地和黄土岗村，听取了区委副书记、政法委书记闫满成及有关街乡、社区（村）领导汇报，并与社区（村）领导及基层综治干部就奥运安保社会面防控工作进行了交流。。

（张义勋）

**【总结固化“平安奥运”成果】**　奥运期间，区奥运办编辑印制了《“平安奥运行动”系列文件汇编》，指导街道乡镇和有关部门更好的开展社会面防控工作。奥运会后，，汇集成《丰台区“平安奥运”成果汇编》。

（张义勋）

**【深入开展“平安丰台”建设】**　以“平安丰台”建设为总揽，继续组织有关部门和街道乡镇广泛开展平安街道（乡镇）、平安社区（村）、平安单位、平安商（市）场、平安校园、平安旅游景区、平安医院、平安家庭、平安铁路示范路段、流动妇女平安之家等10项平安创建活动，全区各项平安创建工作均达到或超过预期指标。4个街道、15个社区（村）、3个学校、1个单位、2个商（市）场进入首都平安示范先进行列。积极推进农村地区物防技防建设，提高治安防范水平，年内指导各乡镇创建了卢沟桥乡东管头村、花乡四合庄村、南苑乡分钟寺村、长辛店镇太子峪村、王佐镇南宫村、宛平地区北天堂村6个区级“科技创安示范村”。圆满完成了2006－2008年科技创安三年规划任务。

（张义勋）

**【右安门街道被评为全国综治工作先进集体】**　右安门街道被首都综治委评为2005－2008年首都社会治安综合治理先进集体，同时推荐为2005－2008年全国社会治安综合治理先进集体。12月4日，中央综治办督导室副主任崔红星率中央综治委综治工作暨全国综治先进检查验收组一行9人，由市委政法委副书记、首都综治办主任李万钧陪同，到右安门街道检查验收2005－2008年度综治工作。

（张义勋）

## 交通管理

**【概况】**　年内，交通支队各级领导上路指挥9860人次，发布指挥调度指令3.8万余次，上报路况1.6万余次，调整、增加路面值勤岗位36处；指挥调度室共接警103516起，回访62109起，群众满意率99.8%；利用电视监控系统直接发现问题9855起，其中，事故1826起，故障车辆2554起、拥堵1096起、禁限货车1446起。组织开展区域交通秩序夜查整顿60次，高速公路、涉牌涉证、酒后、残三摩的交通违法行为专项整顿35次。全年共处罚各类交通违法行为71万零7百余笔，其中现场处罚各类违法40万1千5百笔，非现场处罚29万零5百笔。现场罚款占总罚款的40.92%，非现场占46.53%，另有14.3%为一般程序。处罚交通违法行比数在局属十一个支队中排名第一。新增交通信号灯43处，完善各类交通标志2000余个，增加交通护栏4800余米，企划交通标线15000米，完善14条道路的路侧停车，增加1600余个停车泊位，完成13处乱点、堵点、黑点的治理；核准施工项目164次，发现违法违规施工56起，除转城管12起外全部进行处罚，拆除非法广告牌100余块，修剪路树275处，治理积水点段39处；召开解体机动车现场会8次，清理报废各种车辆2000辆。接待群众来电、来访投诉复议2835人次，立案226件，其中执法纠错案件198件，行政复议案件28件，办理行政拘留案件1239件。对外办公窗口办理驾驶证年审、换证各类手续143182件次。组织召开各类交通安全工作大会28场次，千人动员大会2场次，组织开展全区性大型交通安全宣传活动22场次，组织开展交通安全挂图、展板巡展4800场次，播放交通安全宣传片1200场次，印制、下发各类交通安全宣传品20多种200多万份。追查落实重大交通事故25起，严重交通违法行为6200起，社会违法超标单位1338家次，专业运输违法超标单位197家次，组织开展交通安全大检查4次，检查单位4358家，消除各类安全隐患456件，排查奥运交通服务保障驾驶11127人次，清退不符合标准驾驶人员85名，追查有吸毒等重点驾驶人5322人次，发动社会单位7800多家、7802人投入奥运安保工作，“两会”及“奥运会”期间累计消减交通流量停驶机动车19955辆，圆满完成了奥运交通安保等各项中心工作。是年，执勤民警使用简易程序快速处理各类交通事故26867起，与去年同比下降36.4%(去年为42252起)；管界内处理伤人以上交通事故382起，伤443人，死亡事故61起，死亡71人，比年度89人的控制指标减少18人，与2007年(75人)比，少死4人；重大安全监管事故25起，死亡26人，比年度29人的控制指标减少3人，辖区单位杜绝了一次死亡3人(含)以上特大交通事故。年内发生逃逸事故54起，其中亡人交通肇事逃逸案件17起，亡17人，侦破15起，侦破率为88.2%；伤人交通肇事逃逸案件30起，伤45人，侦破25起，侦破率为83.3%；财产损失交通肇事逃逸案件7起，侦破7起，侦破率为100%。全年，有5个集体荣立三等功，1人荣立个人二等功，44人荣立个人三等功，213人受到嘉奖。

(张　驰　韩　忠)

**【警组警长选拔】**　年内，为进一步规范细化警组职责任务，配齐配强警组警长，切实增强支队奥运实战能力，根据局政治处《警组警长选拔任用工作实施方案》的部署要求，支队周密部署、严格程序，按照公开、公平、公正、竞争、择优的原则，积极稳妥地开展选拔任用工作，有36名同志任职警组警长职务。

(张　驰　韩　忠)

**【制定完善各种规范加强形象建设】**　年内，支队党委建立完善了《车辆使用规范》、《值班工作规范》、《内部安全规范》、《民警录音笔使用规范》、《执勤执法着装规范》、《执勤执法语言规范》、《电台用语使用规范》、《对外办公电话值守规范》等一系列执勤执法制度，切实从细节、小事上规范民警执勤执法形象，真正体现文明服务、礼貌执勤。

(张　驰　韩　忠)

**【成立支队督导检查组】**　年内，为进一步提高支队整体法水平和执法质量，规范民警执法行为，提升服务意识，强化监督检查，成立了支队督导检查小组，负责支队执法工作的督导检查任务。主要采取路面检查的方式严格监督路面执勤民警的执法行为。

(张　驰　韩　忠)

**【科学编排提升勤务管理空间】**　年内，推进扁平化指挥模式，建立了完善的交通指挥调度系统，奥运会赛事期间，现场共指挥机动车2462辆，疏导观众10余万人，执行美国总统布什、北京奥运会协调委员会主席维尔布鲁根、摩洛哥国王、国际奥委会名誉主席萨马兰奇、国际奥委会主席罗格等现场勤务10余次，出动警力110人次，未发生任何问题，确保了奥运安保及各项交通管理指挥工作。

(张　驰　韩　忠)

**【完善道路交通安全隐患排查治理】**　年内，对会城门桥、大红门桥、南苑机场北门、公益西桥4处交通秩序乱点，京周路、京石路等7处事故隐患以及3处交通堵点的全面治理，同时，为减少五环路交通事故、杜绝重特大交通事故，对五环路进行安全事故隐患排查，并协调设施处、首发公司对五环路道路设施进行完善。

(张　驰　韩　忠)

**【优化调整管界内交通设施】**　年内，根据管界内道路交通设施需求现状，结合代表、委员建议以及群众意见，新增信号灯43处、各类交通标志2000余个、交通护栏4000余米，复划交通标线15000余米，其中，在奥运期间对管界内大井路、丰体北路、光彩北路局部路口的交通组织和相关附属设施进行调整完善，相继调整路口交通组织1处，增设各类交通指示、管控标志30多面，增设交通隔离护栏800多米，完成了世界公园门前步道桩设置、丰台清真寺临时标志设置、丰葆路奥运火炬传递路线交通设施调整、临时性管控标志的设置工作。

（张　驰　韩　忠）

**【管界内停车秩序管理动静结合】**　年内，管界内30余条道路开展调研。调整完善13条道路的路侧停车设施，新增路侧停车泊位1600余个，组织解体机动车现场会8次，清理报废逾期未处理车辆近2000辆。

（张　驰　韩　忠）

**【建立完善奥运事故现场处置工作预案】**　年内，制定完成了《丰台支队涉奥事故及突发事件应急处置预案》，进行了三次大规模的实战演练检验准备工作，为奥运火炬传递、奥运场馆比赛训练及路线勤务任务的顺利完成奠定了坚实的制度保障。

（张　驰　韩　忠）

**【完成奥运交通保障】**　年内，支队在奥运期间主要承担丰台垒球场馆、木樨园综合训练馆、光彩训练馆、公路自行车赛木樨园外围交通疏导等场馆、现场、常备路线以及国内外要人、贵宾的临时性的现场和路线的交通警卫工作。丰台支队制定行之有效的具体维护和交通保卫方案12套；分级别制定常备路线警力、社会面控制警力、安保处突警力上勤方案11套；针对恐怖袭击、恶劣天气、重大交通故事等各类紧急突发事件，修订完善了5类19项应急处突预案。期间，共出动警力2893人次，警车1952辆次，圆满完成了各项交通保卫任务。

（张　驰　韩　忠）

**【执勤大队警区计算机联网】**　年内，为加强公安信息化建设，提高民警网络科技应用水平。支队为所属五个执勤大队、13个警区分别增发台式电脑和打印机各13台，并将电脑全部联入公安局域网。

（张　驰　韩　忠）

**【承办全市春运交通安全宣传启动日大型宣传活动】**　1月23日春运第一天，在六里桥长途客运主枢纽设立的全市中心宣传站点，掀起春运交通安全宣传启动仪式。区属各街乡镇领导及驻区长途客运站、公交系统400多名春运驾驶员参加了启动仪式，春运启动日出动警力52名，发动交通安全积极分子1200多人，悬挂宣传横幅150条，摆放展板260块，设立宣传播放点11处，发放各类宣传品3万份，受教育5万多人次。

（张　驰　韩　忠）

**【平安奥运交通纳入区司法宣传】**　年内，支队依托区安委会，加强与区委宣传部、区司法局等职能部门协调，借势借力，将交通安全纳入了司法宣传工作日程。4月10日上午，丰台区司法局举行了奥运法制宣传“百千万”工程启动仪式。启动仪式上，交通支队组织的中小学生奥运交通宣传小分队参加了启动仪式并接受区领导授旗。启动日共出动警力10名，深入社区10家，发放宣传材料2000多份。

（张　驰　韩　忠）

**【做好抗震救灾抢运交通保障工作】**　年内，四川汶川发生“5.12”大地震发生后，支队管界内有京石、京开高速、南苑机场、北京西客站、丰台西站等铁路和空中运输枢纽展开各项交通维护保障工作，有效确保各项赈灾物资及时输送出京。

（张　驰　韩　忠）

**【完成“中超联赛”“亚冠联赛”交通保卫工作】**　2008年中国足球超级联赛北京赛区北京主场比赛自3月29日至11月，亚冠联赛北京国安队主场比赛自3月19日至5月7日在丰台体育中心体育场举行，共18场次比赛。为确保比赛期间交通安全畅通，丰台交通支队按照局统一安排，精心组织，周密部署，减少勤务对周边小区及道路的影响，圆满完成“中超联赛”“亚冠联赛”交通保卫工作。

（张　驰　韩　忠）

**【召开千人平安奥运交通动员大会】** 4月9日上午,在京丰宾馆礼堂,召开了丰台区属各委办局领导,各街道、乡镇主管主任、主管乡镇长、安办主任,交通支队各队主管队长,安监民警,驻区所有专业运输单位、长途客运站、公交公司主管领导,全区所有中小学校主管领导、驻区部队系统单位主管领导、车管干部,社会单位主管领导,获得2007年市、区级先进单位、个人等1400余人参加的"平安奥运交通"工作动员部署大会。

(张　驰　韩　忠)

**【整顿高潮日严打涉牌涉证违法行为】** 5月13日,丰台支队协调城管、治安、工商、交通执法等相关执法部门营造集中整顿高潮日,组织开展了针对涉牌、涉证交通违法行为专项整治活动,共查获涉牌违法97起,收到了良好的效果。

(张　驰　韩　忠)

**【开展夏日广场奥运交通普法宣传活动】** 6月20日上午,支队与区司法局再次联合,在丰台花园广场举行了"夏日广场奥运交通普法宣传"活动。共摆放宣传展板20块,横幅4条,发放各类宣传材料500多份,咨询群众100多人次。

(张　驰　韩　忠)

**【召开奥运会残奥会削减机动车交通总量千人动员大会】** 6月27日下午,在总参第六十一研究所,召开了全区削减交通流量工作动员部署大会,区委常委、副区长、区交通安全委员会主任王苏维,区政府办副主任、区交通安全委员会常务副主任张洋,支队政委孟宪忠,区安监局副局长张建平等领导及区属各委、办、局,各街道、乡镇主管领导及驻区专业运输、社会单位等领导一千多人参加了大会。大会通报了全市和丰台区上半年重大交通事故及驻区单位交通违法超标、严重违法情况,支队政委孟宪忠对奥运会残奥会期间削减机动车总量工作进行动员部署,明确了驻区国家机关、企事业单位、社会团体所属机动车削减交通总量每天必须达到单位机动车总量70%的总目标;区委常委、副区长王苏维提出了具体要求。

(张　驰　韩　忠)

**【举行决战奥运交通安保誓师大会】** 7月17日上午,支队举行决战奥运交通安保誓师大会。支队党委班子成员、科队全体现职干部、民警代表和交通协管员代表200人参加了会议。

(张　驰　韩　忠)

**【制定了四到位原则】** 年内,支队在奥运期间专门成立了交通涉奥案事件依法处置小分队,制定了"四到位"工作原则,要求全体同志要必须做到:每次执法整顿要到位,民警执法遇到难题时要到位,司机拒绝民警纠正、抗拒执法时要到位,遇敏感事件时要到位。以严格的办案程序对违法行为人进行精确打击,有力保障民警的正常执法。

(张　驰　韩　忠)

**【圆满完成奥运火炬传递交通保卫任务】** 8月6日下午,奥运圣火在丰台科技园区文化广场举行传递活动。火炬传递转运交通保卫工作,共部署岗位120处,出动警力188人,参加火炬传递活动大小车辆达到470辆,有组织观看传递活动观众达到3.5万人。道路未发生交通拥堵,保证了传递、转运活动的绝对安全。

(张　驰　韩　忠)

**【圆满完成丰体垒球比赛奥运交通保卫任务】** 8月21日下午,第29届奥运会女子垒球决赛圆满结束。在安保工作中,共指挥车辆2462辆,其中大型车844辆,小型车1618次,疏导观众10余万人次,赛事期间,支队共执行美国总统布什、北京奥运会协调委员会主席维尔布鲁根、摩洛哥国王、国际奥委会名誉主席萨马兰奇、国际奥委会主席罗格等贵宾要人现场勤务10余次,共出动警力110人次,确保了国际要人、国际奥委会贵宾外事活动的安全。

(张　驰　韩　忠)

【圆满完成2008年中国网球公开赛交通保卫任务】 9月20日至28日中国网球公开赛在北京网球中心举行，共有352名世界职业和业余网球选手参赛，支队按照赛前制定的交通安全保卫工作方案，在比赛场馆周边道路采取管控措施，保证交通安全畅通，圆满完成赛事期间交通安全保卫。

（张　驰　韩　忠）

【召开重大交通事故连续违法超标公开处理大会】 9月25日下午，在总后科研所礼堂，召开了重大交通事故、连续违法超标公开处理大会，对驻区发生重大交通亡人事故、连续违法超标、发生严重违法行为单位进行了通报，对近期发生重大亡人事故单位、4家连续交通违法超标专业运输单位、63家连续超标社会单位采取了禁止机动车上路行驶处罚措施。

（张　驰　韩　忠）

# 军　事

## 人民武装

【概　况】 年内，丰台区人民武装工作坚持以邓小平理论和"三个代表"重要思想为指导，全面贯彻落实科学发展观，围绕深入学习贯彻十七大精神这条主线和奥运安保这个重点，本着"增强创新意识、提高创新能力、加大创新力度、谋求创新发展"的工作思路，围绕区中心工作，狠抓区委党管武装工作细则落实，强化了各级领导党管武装责任意识。继续开展国防教育"五个一"活动，增强了全民国防意识。

（杨红卫）

【开展专题教育活动】 年内，组织在干部职工中扎实开展了"讲党性、重品行、作表率"专题教育活动，采取动员学习、专题辅导、讨论交流、实践感悟的方法，打牢了人员的政治思想基础。教育过程中，积极响应卫戍区的号召，开展了向周波烈士学习活动，组织干部职工、新任基层武装部长和新入队民兵到烈士牺牲地方缅怀悼念英雄，观看英雄事迹展板，并与周波生前的战友进行座谈，强化了大家的牺牲奉献精神。卫戍区政治部转发了经验做法，军地媒体分别进行了报道。

（杨红卫）

【民兵整顿】 年内，根据民兵难找、训练难搞的新情况、新特点，党委"一班人"深入到街乡（镇）和企业进行调查研究，按照"扩大组建范围、拓宽编兵渠道、挖掘兵员潜力"的思路，探索出了布局跟着形势走、组织跟着兵员走、结构跟着质量走的编组新模式。重点编组了四种队伍：民兵作战队伍、勤务保障队伍、应急队伍和其他队伍。全区共编民兵16000人，其中基干民兵7500人，普通民兵8500人。5月，分3个小组对所有单位的编组情况进行了检查，通过拉动点验，促进了整组工作落实。6月，在接受北京市检查中得到好评。

（杨红卫）

【严格组织民兵训练】 5月，组织新任武装部长参加卫戍区组织的为期7天的业务培训，提高了专武干部开展武装工作的实际能力。6月，组织一个高炮连共120人进行了为期一个月的集中训练。选拔组织民兵教练员和民兵同班进行强化训练，代表北京市参加了军区组织的华北5省市民兵能力素质比武考核，并取得第二名。

（杨红卫）

【开展安全隐患大排查活动】 4月，按照卫戍区统一部署，自下而上深入开展了安全隐患大排查，结合部里实际进行了"10查46治60看"，梳理出5个方面10大类问题进行了集中整治，投资20余万元，建立文件生成处理中心，购买了电脑信号干扰器，更换了笔记本硬盘,配齐了碎纸机,配置了办公电脑,使保密设施和设备按上级要求全面得到落实。特别是在奥运会特殊时期,依据总部、军区、卫戍区有关要求,研究制定了特殊时期教育管理10项措施,加强了隐患排查力度,确保内部安全稳定。卫戍区朱副主任检查安全工作时,给予较高评价。

(杨红卫)

**【组织民兵奥运安保执勤】** 4月,划分了丰台体育中心、光彩体育馆和重要目标(区政府大楼、航天一、三院等)3个防卫区,建立了3个2250人的民兵应急队伍,制定了五个行动方案。组织对辖区二、三环路及奥运行车线路涉及的四环路段的54处桥梁(含立交桥、铁路桥、过街桥)、地下通道进行了勘察和标定,设置了57个哨位,在全区15个街乡镇选拔了580名民兵执勤人员,7月15日至9月17日,在长达65天的民兵执勤过程中,成立3个检查小组24小时进行检查督导。

(杨红卫)

**【对"920"专项保障】** 根据奥运安保"920"专项小组计划和保障要求,及时对奥运场馆周围设施进行了详细勘察,与有关单位加强协调,配合空军和高炮团选定最佳对空指挥引导点的位置,确定北京体育局、丰体时代和国润商务酒店3个低空目标观察点。

(杨红卫)

**【精心组织征兵】** 年内,高标准完成了3名从普通高校毕业生中直接招收士官任务,圆满完成了北京市给我们下达的231名征兵任务,没有出现退兵现象。11月5日,市体检中心抽查了区体检情况,合格率百分之百,北京电视台报道了我们体检工作经验做法。12月,隆重召开了欢送新兵大会,区"四大班子"领导全部出席了大会,营造了"一人当兵,全家光荣"的良好氛围。北京电视台、《解放军报》、《战友报》等新闻媒体分别进行了宣传报道 。

(杨红卫)

**【组织开展主题演讲活动】** 10月至12月,结合纪念改革开放30周年活动,在驻区部队中开展了"我的丰台我的家"主题演讲活动,先后组织了20场预赛、决赛,参加官兵达10万余人。推荐前2名参加全区预赛、决赛,分别获得第二名和第三名。

(杨红卫)

**【深入开展全民国防教育活动】** 年内,继续开展了国防教育"五个一"系列活动。投资10万余元进一步完善了区国防教育中心,组织2万余名学生和民兵参观学习。结合纪念建军81周年,认真组织了以"维护国家安全,共建和谐家园"为主题的第八个全民国防教育日宣传活动,80　社区安装国防教育宣传牌7000多个。结合开展"新北京、新奥运、新丰台"活动,自下而上广泛开展了国防知识竞赛,直接接受教育4万余人。

(杨红卫)

**【武器装备管理】** 年内,重点加强了"两成两力"和"五库"建设。1月,重新给箱子编号喷字、上锁归类,枪支物品逐件进行检验和清点,确保了帐物相符,圆满完成了轻武器装备的调运工作。5月,对两个仓库的监控设施进行检修、升级,给新配发的武器装备制作箱子、架子,使武器装备管理完全达到"三化"标准。10月,利用10天时间,组织25名民兵修理员对所有武器、器材进行了维护保养,确保了武器完好率。

(杨红卫)

## 消 防 工 作

**【概　况】** 年内,区公安消防支队以奥运安保工作为中心,以"三基"工程建设为着力点,以科学发展观为统领,紧紧围绕"新北京、新奥运"的战略构想,坚持"实行整体防控、打造平安奥运"的工作思路,采取多项有效措施,立足支队实际情况,不断开拓工作思路,精心组织,圆满完成了年内各项消防保卫任务。全年消防支队先后参加国家体育场开闭幕式安保执勤、奥运会火炬传递现场执勤、奥运会开幕式天安门广场反恐处突执勤、丰台垒球场奥运安保执勤、木樨园、光彩训练场馆群、莲花池奥运文化广场消防安保执勤等一系列大型奥运消防保卫勤务工作；圆满完成了全国"两节"、"两会"、十七大等重要节日、重大活动执勤保卫；圆满完成了"好运北京"第十一届世界女子垒球锦标赛、中国银行杯世界女子垒球挑战赛、中国网球公开赛、亚冠和中超足球联赛等重大体育赛事的消防安保工作。期间，共执行勤务116场次，共派出执勤警力14260人次，车辆553台次，解决现场火灾隐患400余件，帮助群众320余人。

（李　朴）

**【挂账火灾隐患按时销账】**　年初，公安消防支队将11件突出火灾隐患列为市级，25件突出火灾隐患列为区级进行挂账督办，整改过程中通过采取"台账式管理、兜底式检查、网格化推进"三步曲，7月1日，在奥运会召开前提前一个月全部销账。遗留4年之久的市级挂账重大火灾隐患刘家窑东里9号楼地下室火灾隐患于8月13日得以彻底解决。

（王　冉）

**【奥运火灾防控点安全】**　年内，涉及奥运消防安保"点"共有23个。场馆各重点部位的灭火救援预案进行实战演练9次，模拟演练15次。对于奥运会定点医院、文化广场、闭幕式烟花燃放点以及涉奥场所和重点地区进行了三次全面检查，截至8月14日共计检查上述单位和地区1276次，出动警力2500余人次，发出限改通知书106份，"三停"5起，行政处罚32起，累计处罚金额12万余元。

（王　冉）

**【圆满完成奥运安保任务】**　奥运决战期，全区共发生火灾48起，直接财产损失40093元，无重特大火灾，无人员伤亡，全区火灾形势达到历史最好水平；对116场次重大活动全力保驾，执勤备战达到历史最佳水平。

（王　冉）

**【迅速出击抗震救援】**　5月13日晚11点，消防支队接到总队抗震救灾命令后，迅速集结由70名支队骨干力量组成的抗震救灾突击队，在张进茂副支队长的带领下赶赴四川青川县。在灾区的八天七夜，共计抢救出伤员276名，就地安抚群众数百人，圆满完成了赴四川抗震救灾任务。

（王　冉）

**【大红门街道组建第一支社区义务消防队】**
2月27日，东街社区义务消防队成立仪式在丰台消防支队大红门中队举行，大红门街道领导、辖区派出所民警、街道27个社区负责人、辖区消防监督员及大红门中队官兵共100余人参加了成立仪式。

（王　冉）

**【召开奥运消防安保誓师大会】**　3月7日，消防支队隆重召开奥运消防安保誓师大会，消防总队武志强副总队长，丰台公安分局秦卫国副局长，丰台消防支队刘万生支队长、古炳文政委等支队党委成员及支队机关全体干部，各中队干部代表、部分官兵代表共108余人参加。刘万生支队长与各部门、各中队负责人签订了《奥运安保工作责任书》和《廉政建设责任书》。

（王　冉）

**【社会面火灾防控】**　年内，先后制定印发了《丰台区"平安奥运行动"社会面火灾防控工作实施方案》、《丰台区平安奥运行动社会面火灾防控百日督查专项行动方案》等相关文件通知49份。开展了社区消防通道专项治理、商市场专项治理、消防产品专项治理、加油加气站专项治理、出租大院专项治理、非（违）法经营单位专项治理、非法自办幼儿园专项治理、社会面五级区域排查整治等10个专项治理行动，检查社会单位8265余次，发现并解决火灾隐患万余件，填发《责令限期改正通知书》841份，消防执法745起，处罚463万余元，"三停"207起。

（王　冉）

**【全面检查驻京办事机构消防安全】** 3月15日至16日,消防司法局丰台支队组织警力安排10支检查组共对落户丰台区的90余家驻京办事联络机构进行了监督检查,发现隐患问题55项,当场责令改正32项,下发《责令限期改正通知书》21份,并拟对其中三家进行处罚。

(王 冉)

**【乘客安全获救】** 3月10日晚7点49分,消防支队长辛店中队在救火返回途中,遇见一辆客车与一辆货车追尾相撞,车内有43名乘客被困,救援官兵及时对前车门进行了破拆,车内43人全部获救。

(王 冉)

**【政府专职消防队成立】** 7月29日上午,丰台区第一支政府专职消防队成立暨汇报演练仪式在武警北京总队十五支队训练场上隆重举行。

(王 冉)

**【卢沟晓月中秋文化节消防保卫】** 9月10日至12日,消防支队共出动执勤警力30余人次,并出动消防车1部,完成了丰台区委、区政府与北京市委宣传部在卢沟桥联合举办了以"欢乐·祥和·团圆"为主题的首届北京卢沟晓月中秋文化节的消防安保任务。

(王 冉)

**【中国网球公开赛消防保卫】** 9月20日至9月29日,2008年中国网球公开赛在北京网球管理中心举行,丰台消防支队出动1部消防车、8名灭火岗位官兵及2名防火监督员完成赛事的消防保卫工作中。

(王 冉)

**【圆满完成2008年度中超联赛消防保卫任务】** 自3月29日至11月在北京丰台体育中心体育场主场进行了15场比赛,支队共出动上勤警力200余人次,40余车次。圆满完成赛事现场的消防执勤保卫任务。

(王 冉)

**【出版火灾防控工作汇编】** 年内,出版了《北京奥运会、残奥会丰台赛区社会面火灾防控工作汇编》,汇编除去序言和结束语,共由四大部分组成,共计263页。是消防支队在奥运会、残奥会消防安保总结。

(王 冉)

**【右安门中队被市共青团授予"优秀青少年维权岗"称号】** 12月29日上午,总队政治部组织处处长王瑜在孙勤宇、肇宇两名干事陪同下来到丰台支队右安门中队,送来了北京市共青团颁发的"优秀青少年维权岗"牌匾。

(王 冉)

## 民防工作

**【概况】** 年内,区民防工作紧紧围绕"平安奥运和应急准备"两大主题,坚持以转变工作作风为重点,以提高保障能力为目标,以为民服务为根本,以强化服务意识、健全制度措施为手段,强化组织指挥、城市防护、民防工程管理、民防法制及公共安全宣传教育培训"五大体系"建设,较好完成了全年的各项任务。民防局被区委、区政府评为丰台区奥运保障工作先进单位,被市民防局评为市民防系统奥运保障先进集体和"准军事化"建设达标先进单位。

(杨秋生)

**【指挥通信系统建设】** 年内,建立了新村街道防空防灾宣传教育中心。完成了"531"工程的施工图设计、战时深水井的前期调研和设计方案,确定了施工单位。制订了人民防空应急准备工作措施,完成了丰台区三环到四环之间38台警报器的更新。对所属的警报器进行了检查和维护,在纪念汶川大地震遇难同胞时正常鸣放。开展了人防专业队危险品泄漏事故应急救援演练,锻炼了专业队伍,提高了处置突发事件的能力。修订完善了街道、乡镇人口掩蔽与疏散计划。7月,市民防局为区民防局配备了应急通信指挥车。组织了应急演练,并参加了北京南站、世界公园、丰台体育中心等重点地区的应急通信保障，完成了开幕式彩排重点地区、奥运火炬传递丰台现场和闭幕式丰台烟花燃放地区等地段的监控和通信保障任务。

（杨秋生）

**【人防工程使用管理】** 年内，按时完成了区政府利用人防工程为民办实事项目：在右安门街道水岸家园1号楼人防工程、和义街道南苑北里一区4号楼人防工程建成社区活动中心。制定了人防工程平安奥运行动方案，召开了由各街道、乡镇民防干部动员部署会议，与相关单位签订了安全责任书。举办了两期人防工程安全管理员培训班。向人防工程使用、管理、产权单位发放2000余份《加强奥运之年人防工程安全管理工作告知书》、《关于奥运期间丰台区人防工程停止使用、停产停业工作告知书》。严格居住场所人员登记备案管理制度，建立健全了基础数据台帐。对未用工程进行了逐一摸排，并登记造册，明确责任主体，纳入管控视线。对用于人员居住的工程分别登记建档，明确责任人，督促落实安全管理措施。配合市民防局在总部基地和在各街道、乡镇开展了大规模、大范围的人防工程应急救援拉动演习，为奥运期间应对突发事件做好准备。制定并落实了区民防局和各街道（乡镇）、管理站对人防工程的层次管理机制和每处人防工程责任到人的管理办法，实现了奥运期间全区人防工程安全管理零事故、零投诉。制定了《丰台区单位人防工程安全使用管理办法》（试行）和补充规定，完成了区房管中心38处人防工程的移交。制作了《丰台区人防工程规范管理工作综述》，推广了马家堡西里21号楼人防工程管理使用经验。制定了《丰台区人防工程防汛应急预案》、《重点防汛部位防汛措施》和《安全迎汛责任制》，对早期隐患人防工程进行了回填和防护处理，人防工程安全渡汛。制定了《平安奥运行动—丰台区单位人防工程维护管理工作方案》，编制了《丰台区人防工程维修维护项目基准价目表》和主要工艺做法，建立了工程维修维护管理档案和机制。全年续签人防工程租赁合同106处，新签合同59处，收缴人防工程使用费1217余万元，均全额上交区财政。

（杨秋生）

**【民防执法】** 年内，制定了《奥运期间丰台区人防工程审批、关停（暂停）的处理意见》，暂停了用于人员居住工程的审批。关停、暂停工程503处，占原在用工程总数的82.4%。加大了执法检查力度，发协调函件105份、责令通知书28份，发关停通知书近5000份，行政处罚80起、23.7万元。其中一般处罚12起、18.59万元，简易处罚68起、5.11万元。

（杨秋生）

**【公共安全知识教育培训】** 年内，开展了民防知识进机关工作，制作了20块民防知识宣传展板，在区政府1号楼一楼大厅举办了防空防灾、公共安全知识展出，并在21个街道、乡镇进行巡回展览。在《中国人民防空》、《华北人防》、《北京民防》、《丰台报》和丰台有线电视等媒体上广泛宣传区民防工作成果和民防知识。向5个乡镇发放《农村避险应急使用手册》5万余册。成立区公共安全知识宣传教育领导小组，制作完成了《丰台民防风采》专题片，在北京市丰台区民兵训练基地设立了区民防教育培训基地。

（杨秋生）

**【推动民防知识进企业活动】** 经考察论证，形成了《2008年民防宣传进企业活动实施方案》。与区开发总公司协调，对企业员工进行了民防知识宣传。

（杨秋生）

**【机关准军事化建设】** 年内，出台了《单位人防工程管理暂行办法（试行）》等6项制度。制定了2008年公务员培训计划，对5个空缺的副科级岗位和6个人防工程管理站站长实行竞争上岗。组织了人防工程知识培训、依法行政培训、保密制度培训、档案管理工作等多种培训。开展了创建学习型、务实型、创新型、和谐型、廉洁型民防机关活动,组织全局干部职工到三军仪仗队观摩学习,强化国防意识和纪律观念,培养民防干部职工求真务实、雷厉风行的作风。实行了岗位目标责任制,把各项任务完成情况列入机关年终考核项目。及时更换了机关政务公开栏、各科室工作职责、个人岗位职责等内容。完善全程办事代理制度。在值班室门口安装了丰台区民防局办事查询系统,方便了办事群众。严格网格化城市管理工作,做到每天上网查看、接收、处理、回复案卷,做好记录。完成了2003年至2008年民防局政府信息公开工作。落实了各项财务管理制度,完成了市、区两级财务决算工作。

(杨秋生)

**【成立防空防灾信息中心】** 9月28日,经丰台区机构编制委员会办公室批准,成立了丰台区防空防灾信息中心。

(杨秋生)

# 农村经济和农业

## 农村经济

**【概况】** 年内,农村经济总收入216亿元,同比增长10.2%;实现利润总额20.3亿元,同比增长0.4%;上缴税金总额8.2亿元,同比增长7.8%。农民人均纯收入11584.3元,同比增长11.9%。产业结构比例趋于合理,农村三产比例达到3:27:70。集体土地169.81平方公里,占全区总面积的55.56%。其中耕地31.48平方公里,基本农田13.33平方公里。共有乡镇5个、地区办事处1个,行政村68个。农业人口12.2万人,农村劳动力9.3万人。其中就业人员85907人,占劳动力总数的91.9%。在一产就业的13318人,占15.5%;在二产就业的16318人,占19%;在三产就业的56217人,占65.5%(非公经济就业21082人,占24.5%)。农村经济实行乡、村两级管理体制。

(温淑华)

**【完成奥运服务保障】** 年内,完成奥运礼仪和景观用花、奥运场馆施工以及奥运期间农副产品供应等各项任务。北京奥运花卉配送中心落户花乡草桥,完成417次、6020束颁奖礼仪用花制作配送任务。盛芳园奥运草花优良品种示范和繁育基地为奥林匹克公园提供了6个品种100余万盆草花,满足全市主要道路、奥运场馆、机场、饭店等公共场所60%的奥运花卉的保障任务。榆树庄构件厂完成鸟巢工程等奥运场馆看台板、墙面装饰挂板的设计、生产和施工。高立庄华北铜铝排厂为奥运场所提供了高质量母线槽。绿山谷芽菜有限责任公司完成奥运会境外媒体入驻酒店的蔬菜配送保障。新发地、岳各庄农副产品批发市场确保奥运会实行临时交通管理措施期间农副产品的市场供应。

(温淑华)

**【基础设施建设取得进展】** 年内,张仪村路建成通车。新农村"五项基础设施建设"工程有序推进,完成赵辛店、庄户和西王佐3个村的新农村建设规划,启动西王佐、庄户、怪村、赵辛店、李家峪等5个村的街坊路建设工程。实施自来水并网工程,解决了2.88万农民的安全饮水问题。辛庄、大灰厂、沙锅村的污水治理工程基本完成,铺装污水管线95公里。

(温淑华)

**【环境卫生治理】** 年内,拆除出租大院357个、100.2万平方米,流动人口自动流出约4.6万人。河西两镇累计拆违4.5万平方米,清运垃圾渣土11万吨,整理规范户外、路边广告和标语牌。实现绿化美化1129亩。完成28处非正规垃圾场治理,生活垃圾无害化处理率达到100%,新发地农副产品批发市场"绿色垃圾处理厂"建成投入使用。全区农村地区 339 条道路自 6 月 1 日起移交区环卫中心保洁。

(温淑华)

【改善生产生活环境】 年内,完成长辛店镇大灰厂村、辛庄村、王佐镇沙锅村新农村街坊路 40 万平方米硬化工程。"亮起来"工程完成安装 1300 盏太阳能灯,协助市路灯中心完成五环路内 51 个行政村、181 条无灯道路的勘察工作;完成河东 51 个行政村 306 条(90 万平方米)道路修整和外立面粉刷工程,新建二类公厕 9 座、改建公厕 136 座。完成无害化户厕改造 6123 座,超额完成 123 座。

(温淑华)

【加大农村生态建设力度】 年内,完成二道绿化 271 公顷,爆破造林 67 公顷,彩叶工程 33 公顷,绿色通道工程 10 公里,平原防沙治沙 85 公顷。完成千灵山地质矿山环境治理项目主体土石方工程。卢沟桥乡小屯村、王佐镇魏各庄村创建"文明生态村"通过了市政府检查验收。

(温淑华)

【生态旅游蓬勃发展】 年内,国家旅游局正式命名世界花卉大观园为"全国工农业旅游示范点",北宫国家森林公园为国家 4A 级旅游景区。李家峪生态休闲旅游项目建设全面启动,李家峪村"农业观光体验园"列为丰台区重点支持项目。南宫民俗村、御景山庄民俗村被授牌为"北京市级民俗村"。

(温淑华)

【都市型现代农业】 年内,设施农业规模 105.1 万平方米。市级重大科技项目盛芳园"草本花卉良种繁育基地建设与示范"项目通过验收。河西地区确定"一带两廊"产业发展格局,总体规划项目 39 个,其中已建项目 6 个,在建项目 23 个,拟建项目 10 个,预计总投资 43.8 亿元。太子峪采摘博览园温室主体全部完成,中华名枣园已种植长辛店白枣和冬枣等 123 个枣品种近 800 亩,建成相应的水利设施和观光长廊、餐厅、林区健身场地等设施。

(温淑华)

【重点项目建设有序推进】 年内,举办 2008 国际服装节;国际轻纺城、木樨园购物广场等重点工程建设有序推进;完成西南物流中心无线局域网络系统和白盆窑物流中心办公大楼信息平台建设;新发地和岳各庄农副产品批发市场升级改造进展顺利。完成千灵山风景区一期工程、"北京千禧街"一期工程建设;万丰路餐饮街完成设计方案并组织招商推介。

(温淑华)

【重点功能区建设】 3 月,北京市文化创意产业领导小组批准并认定大红门服装商贸区为市级文化创意产业集聚区。河西生态休闲旅游区完成旅游产业总体发展规划,完善基础设施和配套设施。长青路部分采摘园区已完成道路、门区、围栏的建设。

(温淑华)

【深化农村经济体制改革】 年内,继续推进村级社区股份合作制改革,南苑村、张郭庄完成改制工作。截止年底,全区共有 66 个村完成村级社区股份合作制改革,占村级总数的 93%。完成乡(镇)级改革 3 个(卢沟桥乡、南苑乡、王佐镇),占乡(镇)总数的 60%。

(温淑华)

【滞留资产处置工作】 年内,转居转工人员滞留资产处置资金 7594 万元,涉及 8484 人。截止年底,全区累计完成 33 个村 4.89 万人的资产处置工作,兑现给原集体经济组织成员资产 7.04 亿元,占村级总数的 46%。完成万泉寺村股权设置、资产量化等试点工作,注册了中阳创兴投资管理公司。对 42 个村级新型集体经济组织经营管理情况进行检查和指导。

(温淑华)

【规范政策性农业保险】 年内,建立区乡村三级政策性农业保险组织体系,制定下发了《丰台区关于建立政策性农业服务网点(站)的实施办法》、《丰台区政策性农业保险网络体系及工作职责》。完成投保面积 7.7 万亩,保费总额达799.0316万元，分别比2007年增长3.1倍、1.62倍。

（温淑华）

【新农村公共财政投入逐年增加】 年内，累计投入新农村建设资金8.9亿元，同比增长9.9%，其中市财政投入资金3.1亿元。重点用于农村基层政权建设1.5亿元；农村教育1.3亿元；农村文化、科学、体育事业0.2亿元；农村社会保障0.6亿元；农村道路、人畜饮水、户厕改造以及非正规垃圾场治理等基础设施建设2.0亿元；农林水事务支出1.2亿元；农村绿化0.4亿元。

（温淑华）

【健全农村社会保障】 年内，推出普惠补贴、困难群体补贴和落后区域补贴三项新型农村养老保险补贴政策，参保人数61829人，参保率92%。为17796名农村无保障老年人发放养老待遇3932万元。31630名（男60岁女55岁以上）农民享受养老（退休）金。农村义务兵优待金标准提高到1万元。建立农村低保对象分类救助制度，完成36户农村特困户危房改造。新型农村合作医疗实现区级统筹，参合人数127059人，参合率达到94.8%。

（温淑华）

【新型农民培养及就业】 年内，完成职业技能培训10099人次，引导性培训16309人次；建立农村实用人才库，入库人才107人。发挥区、乡镇、村三级就业服务网络的作用，实现转移就业6317人，实现农村无“零就业家庭”目标。全年接收67名大学生“村官”。

（温淑华）

## 林　业

【概况】 年内，全区夏粮收获面积2377亩，秋粮收获面积13172亩。蔬菜播种面积12937亩。生猪出栏13258头。奶牛存栏1445头，产奶4755吨。蛋鸡存栏15.25万只，产蛋1397吨。肉鸡出栏5.84万只。水产养殖面积328亩，成鱼捕捞量48万公斤。举办第16届全国种子交易大会，交易额3亿多元，实现地方税收500余万元。全区林木绿化率38.08%，全年抚育林地7万余亩。完成农业污染源清查和入户普查工作，摸清肥料、农药、秸秆使用和畜禽、水产粪便污染等情况，生态示范区七项指标全部达标。小麦和玉米秸秆实现全面禁烧。实施玉米保护性耕作12575亩。采取作物留茬、生物覆盖、种植冬小麦等方法，对14772亩秋粮和蔬菜种植面积进行了地表覆盖，实现了“三季见绿、四季无扬尘”目标。

（李　娟）

【北宫国家森林公园建设】 年内，北宫国家森林公园新建仿古式商亭47间，凉亭、长廊1000余平方米，购置休闲桌椅50多套、旅游电瓶车10辆，更新各类标牌2600多块。完成动物园建设，引进观赏动物20余种。改造小江南景区，新增小型瀑布4处。补种各种树木4万余株，更新优质果树300余株，栽植花灌7万余株，播种草花1万多平方米。首次举办“北宫彩叶节”，3天共接待游客9.6万人，近30家新闻单位进行报道，各大网站点击率180万次。组织登山、摄影、笔会等各类文化活动130余场次。

（李　娟）

【农村绿化】 年内，农村二道绿化4065亩、爆破造林1000亩，栽植各类苗木35.5万株。完成平原治沙工程4000亩、彩叶工程500亩、林下经济1500亩、太行山绿化工程3000亩。实施河西村庄绿化5万平方米，重点道路绿化10公里，永定河两岸绿化4.5万平方米。绿堤郊野公园建设全面展开。建材化工厂12.8万平方米生态修复工程竣工，形成7级绿化平台。完成北宫周边1000亩裸露山体植被恢复工程。年内组织全国人大常委会、中纪委、国家林业局机关等大型义务植树活动7次,2000余人参加,栽植各类树木1万余株。

(李　娟)

**【果树、花卉产业】** 年内,有花卉市场11个、面积18万平方米。完成6000束奥运颁奖花卉的配送任务。新买断火鹤新品种7个,较上年提高75%。完成中国花协委派的马来西亚业内人士技术培训任务,与日本签订草花新品种研发项目合作合同书。全区果树生产面积1.5万亩,果品产量265万公斤,产值934万元。全区55个苗圃基地产苗141万株,绿化工程苗木自给率83%。

(李　娟)

**【森林防火】** 年内,投资300余万元新建2座防火瞭望塔、6.3公里水泥防火公路,购置3辆扑火运兵车,升级了地理信息系统,防火监测面积由原来的65%提高到75%。全年签订防火责任书2100份,清理林地可燃物1750公顷、防火隔离带13万延长米,清除7600座散坟周边杂草,组织森林防火实战演练4次。组织大型宣传活动3次,制作宣传册、宣传单、年画、学生尺各2万份,更换森林防火宣传牌300余块。连续8年荣获北京市无森林火灾先进区县称号。

(李　娟)

**【行政执法与林木资源】** 年内,接警41起,立案8起,结案8起;对经营野生动物违法行为全面检查,立案5起,结案5起。主动为六环路、京沪线等重点工程服务,审批采伐树木1.6万株,移植树木3.6万株,审核征、占用林地78公顷,完成林地征占、林木采伐行政许可200件。对太子峪古树群进行科技复壮,对全区193株古树名木进行GPS定位,建立档案,换发标牌,签订责任书。

(李　娟)

**【动物防疫和食品安全】** 年内,签订动物防疫责任书700余份。全区存栏的畜禽实施牲畜口蹄疫、高致病性禽流感、高致病性猪蓝耳病、猪瘟、狂犬病、鸡新城疫的计划免疫率100%。对全区所有养殖场(户)进行2次大消毒,发放消毒药品6.8吨。检测禽类样本1290个,马属样本580个,奶牛样本1794个,监测率100%。对4000多家经营动物产品的市场和单位进行全方位监管。对辖区内3个奶牛养殖场、36家养殖散户和8家奶牛饲料厂进行拉网检查。严格甲胺磷等5种高毒农药的监管,对蔬菜生产基地、新发地等农产品批发市场配备检测设备,加大抽检力度。全年组织各种执法检查744次,对畜禽产品养殖、加工、流通、使用等环节进行全程监管。

(李　娟)

**【植物检疫】** 年内,加强以美国白蛾为重点的林木有害生物防治工作,完善《丰台区突发林木有害生物事件应急预案》,拓宽1个国家级监测中心、55个市级测报点和103个区级测报点的功能,完成林木有害生物防治作业面积23.41万亩,施用药剂16.89吨。

(李　娟)

# 农村经济管理

**【概　况】** 年内,全区农村经济总收入完成216亿元,比上年同期增加20亿元,同比增长10.2%,其中主营业务收入完成209亿元,比上年同期增加20.2亿元,同比增长10.7%。在总收入中,集体经济完成108.8亿元,增长0.6%;非公经济完成107.2亿元,同比增长22.1%。产业结构进一步调整,第三产业占主要地位。第一、二、三产业的收入分别占主营业务收入的比重为2.8%、26.1%、71.1%,第三产业所占比重比上年增加3.4个百分点,商饮业和服务业分别比上年增加 9.7 亿元、18.3 亿元，增幅分别达 35.8%、23.8%。非公经济所占比重加大。实现非公经济总收入 107.2 亿元，比上年同期增加 19.4 亿元，占总收入的比重为 49.6%，比上年增加 4.8 个百分点，其中卢沟桥乡和长辛店镇增幅均达到 30%。规模企业数量增多，成为农村经济发展的带动力量。年内全区农村营业收入在 500 万元以上的集体企业有 191 家，比上年同期增加 11 家，总的营业收入达 77.6 亿元，占全区集体企业营业收入的 91.8%。除原老庄子乡总收入比上年同期减少 371 万元，下降 17%外，其余五个乡镇的总收入增幅均较大，其中卢沟桥乡、长辛店镇、王佐镇增幅均超过 10%，分别为 12.6%、12%、12.4%。实现利润与上年基本持平。实现利润总额 20.3 亿元，同比增长了 0.4%。其中农村集体经济实现利润 11.2 亿元，比上年同期减少近 1.2 亿元，下降了 9.4%。第三产业实现利润所占比重提高。第一、二、三产业分别实现利润 0.9 亿元、3.3 亿元、16.1 亿元，占利润总额的比重分别为 4.5%、16.3%、79.2%。与上年同期相比，第二产业实现利润比上年同期减少 5104 万元，下降 13.4%，所占比重下降了 2.6 个百分点，一、三产所占比重分别上升了 0.1 和 2.5 个百分点。税金保持平稳较快增长。实现税金总额 8.2 亿元，同比增加 0.6 亿元，增长 7.8%，其中增值税 0.9 亿元，下降 14.4%。所得税 1.4 亿元，下降 21.5%。营业税增幅大，完成 4.1 亿元，增长 35%。村级组织实现的税金及企业实现的其他税金共完成 1.8 亿元，增长 5.1%。与上年同期相比，一、三产业实现税金所占比重分别上升了 0.1、8.2 个百分点，二产业下降了 8.3 个百分点。农民人均劳动所得实现较快增长，达到 11795 元，较上年同期增加 1078 元，同比增长 10.1%，其中从集体所得 7392 元，增加 692 元，从非公经济所得 4403 元，增加 385 元。

（夏全书）

**【农村劳动力分布情况】** 年内，农村劳动力统计数字为 93052 人，其中就业人数为 85624 人、待业人数为 7428 人。集体就业的有 66138 人，比上年增加 1313 人，占就业劳动力的 77.2%，其中乡级就业的有 4474 人、村级就业的有 61664 人，占就业劳动力的 72%，比上年提高了 1.6 个百分点；私营企业、个体工商户及农户家庭经营等非公经济就业的有 19486 人，占就业劳动力的 22.8%。

（夏全书）

**【农村集体资产管理】** 年内，加大对农村集体资产运营的监管力度，实现农村集体资产总额年报数为 300 亿元，比上年同期增加 39 亿元，同比增长 15%。其中乡（镇）级集体资产总额为 46 亿元，比上年同期增加 4.8 亿元，同比增长 11.5%。村级集体资产总额为 254 亿元，比上年同期增加 34.4 亿元，同比增长 15.6%。农村集体所有者权益为 119 亿元，比上年同期增加 12.4 亿元，同比增长 11.6%。其中乡（镇）级集体所有者权益为 15.9 亿元，比上年同期增加 3.9 亿元，同比增长 32.7%；村级集体所有者权益为 103.4 亿元，比上年同期增加 8.5 亿元，同比增长 9%。

（夏全书）

**【农村集体资产产权证管理】** 年内，共年检 293家单位的《产权证》，其中：年检286家、换证 4 家、变更 2 家（包括变更单位名称、法人、地址、占用土地面积）、新办证1家、注销12家。

（夏全书）

**【农村社区股份制改革和深化】** 年内，完成南苑乡南苑村、长辛店镇张郭庄村的改制工作，累计完成 63 个村，占全区 68 个行政村的 92.6%。对已完成社区股份合作制改革的卢沟桥乡万泉寺、菜户营、东管头、大瓦窑等村进行了改革的深化工作，扩大个人股，增加了基本股的份额，理顺量化人员范围。

（夏全书）

**【转居转工人员资产处置工作】** 年内，对卢沟桥乡万泉寺和卢沟桥乡原南蜂窝、南苑乡原蒲黄榆、花乡原马场4个村8484人的资产进行处置,共处置资金7594万元,解决了原南蜂窝、蒲黄榆、马场3个整建制撤村遗留的资产问题。全区累计完成29个村4.89万人的资产处置工作,兑现给原集体经济组织成员资产7.04亿元。

(夏全书)

**【农村集体资产审核界定工作】**　年内,对3个乡办企业的资产评估结果进行审核认定,共认定资产8858万元。对8个村办企业的资产进行界定,界定资产26527万元。

(夏全书)

**【农村审计工作】**　年内,完成全区三分之一行政村的例行审计,及时纠正发现的问题。开展专项资金审计,对村级2007年财政专项补助资金使用情况和2008年财政专项补助资金拨付情况进行审计,共审计金额1710万元,未发现截留、挪用和违规使用情况。开展乡级集体资产审计工作。对卢沟桥乡和原老庄子乡的2005年至2007年集体资产管理和经营效益情况进行了审计。

(夏全书)

**【合同清理和规范工作】**　年内,开展农村集体经济合同的清理和规范工作,全区共清理合同7097份,涉及合同总金额138943万元,其中问题合同2024份。调整不规范合同352份,增加租金809万元。

(夏全书)

**【农民负担监督管理】**　年内,开展春秋两季农民负担监督管理执法检查,特别对城市主干道建设加重农民负担的情况、市级新农村建设试点村负债情况、村级组织承担居委会经费情况、村委会管理非农业人口情况以及教育收费、公款订阅报刊、农村用电等情况进行检查,发放农民负担监督卡6万份。

(夏全书)

**【农民信访接待】**　年内,共处理信访件12起,接待信访人员400余人,对涉及农村土地确权、旧村改造、集体资产等方面的问题进行调处解决。

(夏全书)

**【农村管理信息化建设】**　年内,共培训农村管理信息化人员80余名,完成2007年农村管理信息化数据库资料的收集和录入工作,对11个数据库的数据先后进行3次核实、录入、上报,共录入数据700余万个。对8个村开展触摸屏进行村务公开的试点工作,全区累计有12个村安装触摸屏。

(夏全书)

**【农村财务人员培训】**　年内,共开办农村会计人员继续教育培训班15期,培训学员3428人。举办1期农民专业技术职称培训班,培训学员93人。

(夏全书)

**【农村义务教育债务的清理】**　年内,与区有关部门一起,开展农村义务教育债务清理,帮助乡村逐一核实债务2714万元。

(夏全书)

## 水　务

**【概况】**　年内,完成7项重点工程,做好奥运期间供水安全保障、51个行政村水环境保障、河道行洪及防汛安全保障。获得国务院南水北调征地移民先进单位,北京市政府颁发的南水北调北京段优秀建设集体奖,北京市农民安全饮水优秀奖,市、区奥运会、残奥会先进单位,北京市防汛先进集体,北京市水务系统文明单位等荣誉称号。

(王　屹)

**【"卢沟晓月"景观再现工程】**　年内,在做好晓月湖周边居民户厕改造、污水治理、周边绿化、护栏安装等工程建设基础上,利用南水北调冲洗管道弃水使晓月湖蓄水50多万立方米,形成水面 40 多万平方米,还原“卢沟晓月”历史景观。

（王　屹）

**【小龙河上游整治工程】** 年内,小龙河上游整治工程将河道由原来 3 米拓宽到 7 米,长度为 1125 米,恢复了“一亩泉”湿地原貌。河道绿地由原来的 19 万平方米增加到 30 万平方米,建设 4 座橡胶坝,水面由 20 万平方米增加到近 90 万平方米,增加了 7000 米护栏,48 个宣传栏。

（王　屹）

**【新农村污水治理工程】** 年内,完成大灰厂、辛庄、砂锅村污水收集管网和太子峪、西庄店二期污水治理工程,铺设污水收集管网 183 公里,建设小型污水处理站 11 座,日处理能力 2050 吨。

（王　屹）

**【安全供水工作】** 年内,实施农民安全饮水工程。新建水站 4 处,建筑面积 1140.4 平方米;改建水站 4 处,建筑面积 962.6 平方米;建设清水池 4 座;接入市政管网工程 2 处,铺设主管道 13.3 千米、入户管线 0.7 千米,设消防栓 14 个,安装入户水表 237 块、节水龙头 454 个,解决了卢沟桥乡、南苑乡、花乡 3 个乡 10 个村 2.88 万人安全饮水问题。完建东高地益丰园小区 10 栋楼、东管头社区 2 栋楼供水管网工程,排除了丽泽桥、公益东桥等地区居民供水隐患。全区所有水站和两大乡镇集中供水厂均安装视频监控系统,进行了 2 次水安全综合演习。

（王　屹）

**【水资源管理工作】** 年内,对 7 眼自动化监测井进行太阳能和无线传输改造,新建 3 个人工观测站。对 25 眼水质监测井进行取样检验。全区 5 个乡镇完成了水务站信息化建设,6 个农民用水协会、68 个村分会均配备了计算机,实现联网办公。对 200 名管水员进行了业务培训。

（王　屹）

**【生态环境建设】** 年内,对 51 个村进行全面水环境整治,铺设排污管线 123.1 公里,疏挖雨水沟 27.5 公里,清运淤泥垃圾 7.6 万方。对五环路内河道支流支沟进行整治,截流污水口 20 余个,清运淤泥垃圾 3500 吨,河道绿化 9300 平方米。会同区 08 办建立城乡结合部水环境整治台帐,提出治理方案。实施长辛店镇小流域综合治理工程,总治理面积约 13.1 平方公里。

（王　屹）

**【城镇节水工作】** 年内,开展丰台区城市节水宣传活动,聘请知名人士为丰台区节水形象大使。对老旧小区节水器具进行改造,在 16 个街道启动低保户节水器具安装工程,为 2100 户低保家庭安装节水马桶,更换水龙头 4000 余个。推广节水灌溉措施,全区绿化隔离区和农业种植区节水灌溉面积达 100%,年节水 2000 万立方米。建设雨洪利用工程 12 处,总蓄水能力 54 万立方米。

（王　屹）

**【全程办事代理制工作】** 年内,共受理行政审批件 54 件,全部在规定时间内办结,群众满意率为 100%。

（王　屹）

**【依法行政工作】** 年内,加强水政执法力度,严查建筑工地不办理取水指标、非法洗车和乱开采地下水的行为,共查处各类水事案件 43 起。开展“迎奥运保安全水环境保护专项执法”行动,联合城管大队,严厉查处盗采砂石、浪费用水、建筑工地临时用水、非法打井和洗车、宾馆、饭店、洗浴不规范用水,以及往河道内乱倒垃圾等行为。

（王　屹）

**【办理群众关心的热点难点问题】** 年内,共承办市、区人大、政协建议和提案共计 34 件,办结率为 100%。办理水务热线、政风在线等 119 件。办理网格化反映问题 100 余件。

（王　屹）

# 气　象

【概　况】 年内,丰台区气象站由国家二级站改为国家一般气象站。主要气象业务工作是地面气象探测、气象服务,重点工作是奥运气象服务保障工作。年度综合业务质量评定为A级。自动气象站单轨业务运行。《丰台区气象灾害应急预案》5月16日印发施行。完成办公楼装修工程。成立北京市丰台区防雷装置安全检测站。科技服务主要为本区域内防雷装置安全检测。行政许可工作主要为升放无人驾驶自由气球或者系留气球活动审批、防雷装置设计审核、防雷装置竣工验收。气象执法工作包括雷电防护、施放气球、探测环境和设施的执法检查。区气象局连续6年获得"首都文明单位"及"首都花园式单位"称号,被评为北京市消防工作先进单位、丰台区交通安全先进单位。

(李晓琳)

【气候评价】 本年度年平均气温12.9度,比常年(12.1度)偏高0.8度。年极端最高气温37.5度(7月3日),年极端最低气温-13.4度(12月22日)。1月、5月、12月气温接近常年,6月气温较常年偏低,其余各月气温均比常年偏高,3月比常年明显偏高(3.1度)。本年度日最高气温大于等于35度的日数出现3天(常年为6.5天)。本年度降水量686.1毫米,比常年(567.0毫米)偏多21%,比去年偏多161.1毫米,是近12年降水之最。全年降水特点是春、秋季偏多,主汛期的7月、8月降水偏少。其中3月至6月降水量较常年偏多172.1毫米,2月、11月无降水,12月仅有微量降水。本年度降水日数94天。共出现2次暴雨天气,其中日最大降水量为76.8毫米(6月13日);有8次大雨天气和22次中雨天气。年度日照为2173.6小时,比近十年平均值(2302.6小时)偏少129.0小时。

(刘海悦)

【灾害性天气】 由于强对流天气影响,6月13日、6月23日出现暴雨伴有冰雹天气,最大冰雹的最大直径为15毫米,最大平均重量为1克。造成多起车辆进水、车身被砸损。其中6月13日降水量达到76.8毫米,为年内最大日降水量。受强降雨云团影响,8月11日出现暴雨天气,日降水量为54.1毫米。雷电灾害较往年有所减少,仅在5月14日、9月6日接到报案3起,造成家用电器、消防报警器被击坏,经济损失约3万元左右。年末,由于69天无有效降水,致使冬季出现干旱天气。

(刘海悦)

【气象业务与现代化建设】 年内,建成气象服务短信平台并使用。拓宽气象业务领域,增加一氧化碳指数服务,配合市局进行能见度观测、大气成分负离子观测及干沉降观测工作。新增800兆电台一台,便携式移动自动站一台。

(李晓琳)

【气象法制建设和依法行政】 年内,共办理行政许可385件。执法检查35次,其中雷电防护26次,与安全生产监督管理局联合执法检查5次,施放气球9次,行政处罚案件4件。

(李晓琳)

【科技服务】 年内,对奥运工程建设项目多次服务、考察、检测,通过防雷行政许可即防雷装置设计审核和竣工验收。建筑物防雷年检,共检测单位540家,检测建筑物2070栋;新增检测单位35家、建筑物270栋;发放整改通知172份,已整改127家,整改率73.8%。

(李晓琳)

**【气象科普】** 年内,利用"3.23"气象日、"奥运气象科普行"进社区、安全生产月咨询日和区119消防宣传周等活动,通过开放气象站、展板宣传、气象技术人员讲解、发放宣传资料及播放宣传片等形式,开展气象科普知识宣传。气象技术人员参与丰台有线"科普大讲堂"节目的录制,讲解"夏季与衣食住行"、"紫外线对人体健康的影响"等内容。气象科普展板及挂图在23个社区进行展出。

(李晓琳)

# 工　　业

## 区属工业

【概　况】 年内,丰台区工业企业共计2000家。规模以上企业实现工业总产值362.3亿元,比上年增长9.9%;其中新产品产值91.9亿元,增长18%,占全区工业总产值的比重为25.4%。;外向型生产形势较好,实现出口交货值11.9亿元,比上年增长13%。全员劳动生产率9.76万元/人,比上年提高11.9%。丰台区规模以上工业企业完成工业总产值在城八区排第5位,增速列第3位。现代制造业和高技术产业发展势头良好。现代制造业完成工业总产值153亿元,同比增长6%;高技术产业完成工业总产值50亿元,同比增长8.3%。重点企业生产增长较快。丰台区产值排名前十位的工业企业共完成工业总产值145.7亿元,同比增长47.2%,占全区规模上工业总产值比重为40.2%,重点企业已成我区工业的骨干力量。五大行业拉动作用明显。产值排名前五位的行业占全区工业总产值比重为57%,支撑全区工业生产。2008年工艺品及其他制造业累计实现工业总产值44.4亿元,同比增长119.7%,拉动全区工业经济增长7.4%。其中中钞国鼎完成工业总产值32.4亿元,同比增长223.8%。科技园区企业是丰台区工业主导力量。丰台区科技园区企业完成工业总产值181.5亿元,增长20.1%,占全区比重为50.1%。其中新产品产值完成80.8亿元,同比增长11.9%,占全区比重87.9%,是本区新产品生产的主要力量。截止12月底,园区企业完成出口交货值6.3亿元,同比增长19.1%,高出全区平均增速5.61个百分点,成为本区工业产品出口的生力军。全区出口形势较好。实现出口交货值16.3亿元,同比增长13.5%,增幅高于全区平均水平3.61个百分点。其中北京当升材料科技有限公司由于生产自主研发的手机电池用新型材料,产品逆势增长,实现出口交货值3.6亿元,同比增长35.8%,高出全区平均水平22.27个百分点。

(张伟力　葛亚莉)

【技术改造】 年内,共审批技术改造项目9项,投资总额共计4648.83万元(含330.8万美元),其中内资企业投资3448.83万元,外资企业投资1150万元,9家企业项目达产后,预计新增销售收入22820.81万元,新增利税4814.77万元。

(葛亚莉　付晓东)

【技术成果转化】 通过宣传《北京市技术市场条例》,优化企业服务环境,使区域内技术交易日趋活跃,技术合同成交额不断增长,促进了科技成果转化,推动了区域科技经济的全面发展。是年,登记合同3906份,合同成交总金额 171.24 亿元，其中技术交易额 129.86 亿元。

（李咏红　葛亚莉）

**【企业自主创新】** 年内，丰台区赛欧科园科技孵化中心正式被北京市知识产权局授予“知识产权托管试点基地”称号，标志着丰台区知识产权托管工程试点正式启动。同时，建立定期联系制度，与中介机构、孵化器、企业形成四方联动，让企业享受到知识产权托管的实惠。一方面解决了企业的知识产权方面的需求，增强企业的核心竞争力，另一方面又丰富了孵化器的服务功能，吸引更多的科技企业入驻。孵化器内全部 94 家高新技术企业签订了托管协议，企业知识产权需求意愿达到 100%，企业通过托管申请专利数量大幅度上升。已申报专利 40 件，是科技孵化中心企业同期专利申请量的 5 倍。

（李咏红　葛亚莉）

**【实际利用外资增长迅速】** 年内，实际利用外资连续两年突破 1 亿美元。新引进外资项目 32 个，其中投资额超 500 万美元项目（含增资）13 个，比上年同期增加 10 个；实际利用外资 1.2 亿美元。

（李颖全　葛亚莉）

**【对外贸易和经济合作稳步发展】** 年内，对外贸易稳步发展。据北京海关统计，丰台区完成进出口额贸易总额 56.07 亿美元，居全市各区县第七位，同比增长 3.2%。其中出口 12.37 亿美元，同比增长 51.9%；进口 43.7 亿美元，同比下降 5.3%。对外经济合作取得进展。批准设立境外企业 4 家，对外投资额 3000 余万美元，同比增长 40%，分别从俄罗斯远东地区、非洲从事矿产资源开发和在香港从事航运服务。

（陈　涛　葛亚莉）

**【完善中小企业服务工作】** 是年，印制完成了《丰台区促进中小企业发展政策汇编》，着重宣传国家、北京市和丰台区近年来对企业鼓励和支持的相关政策，该政策汇编通过街乡镇和相关部门下发到各企业，受到了广大企业的欢迎和好评。

（姚怀玉　葛亚莉）

**【推进融资担保工作成效显著】** 是年，为扩大融资担保规模，区政府向诚信佳担保公司增资 1000 万元。同时，积极参与企业贷款担保的评审工作，丰台技术创新及生产力促进中心和诚信佳担保公司共为 36 家企业提供贷款担保 5530 万元，其中丰台技术创新及生产力促进中心为 25 家企业提供贷款担保 2760 万元，诚信佳担保公司为 11 家企业提供贷款担保 2770 万元，两家担保公司担保金额分别比上年增长 63.3% 和 280%。

（葛亚莉　姚怀玉）

**【推进企业上市融资工作】** 是年，进一步优化发展环境，促进企业上市融资。积极主动协助和指导企业上市，对拟上市公司按照国家证监会的规范要求，分类排队，确定每年上市企业的目标。推荐申报上市预选企业，解决企业在上市过程中的各种困难以及上市的后顾之忧。区发展改革委企业上市培训和辅导资源库的企业共有 15 家，市发改委已将这些企业纳入北京市“百家中小企业上市育成计划”。

（葛亚莉　姚怀玉）

**【建立产业发展引导基金】** 为加快产业结构调整，转变经济发展方式，制定了《丰台区产业发展引导基金管理办法（试行）》，产业发展引导基金初步安排 5000 万资金，并逐年递增，主要支持符合本区功能定位和产业发展方向的高端产业、特色产业、产业集聚区和特色街区、低端产业的淘汰和改造升级以及国家、北京市支持并要求区政府配套资金的产业项目。

（姜新华　葛亚莉）

**【召开重点用能单位节能工作会】** 是年，召开年耗能 2000 吨以上标煤重点用能单位节能工作会。会上，市发改委领导就北京市节能工作形势及重点用能企业考核办法进行了讲解,区发改委介绍了丰台区能耗现状,并讲解《丰台区重点用能企业节能工作实施方案(2008—2010)》,区质量技术监督局对用能企业配备计量器具的相关要求进行了说明,节能专家对重点用能单位的能源审计、清洁生产审核等相关政策法规进行了介绍。在会议现场,区发改委还与六家重点用能单位代表签订了节能目标责任书。

(姜新华 付晓东)

**【做好企业项目申报和推荐工作】** 是年,做好项目前期准备工作,北京东方通科技发展有限责任公司的SOA安全中间件产业化项目、中安网脉(北京)技术股份有限公司的中安源TM可信网络安全平台—电子文档生命周期安全管理系统产业化项目分别获得450万元国家补助资金支持,依文和谊安公司分别获200万元北京工业品牌专项扶持资金支持。11月份推荐6家企业参加北京市21世纪成长在北京投融资峰会,6家企业涉及电子信息、航空航天、先进制造业、生物医药、新型材料等行业。向市发改委推荐国家2009年关键产业领域自主创新和产业化专项项目11个,总投资14.8亿元。

(葛亚莉 姚怀玉)

**【留学生服务直通车计划稳步推进】** 年内,聘请北京睿合达会计师事务所、北京市慧海天合律师事务所、北京市卓华知识产权公司、北京市大公国际信用评估公司等信誉好的中介机构,作为丰台园留学生企业的财务、法律、知识产权发展战略、企业信用评级的顾问,为留学生企业提供专业化的中介服务;组织留学生企业参加中国海外留学人员及国际科技项目交流会、北京市创业留学人员庆奥运迎国庆联谊会、中关村各创业园举办的“三三会”,开展了创新基金、新企业所得税法等专题培训,协助留学生企业申请房租补贴和创业资助经费24万元,为留学生企业快速成长营造了良好环境。

(郭英卿 葛亚莉)

**【北京软件行业协会丰台分会成立】** 是年,北京IBI通过整合社会资源和丰台科技园区软件企业资源,与北京软件行业协会经过近一年的接洽协商,合作成立了“北京市软件协会丰台园分会”,拟建立面向会员的共享存储空间、共享检测平台。在丰台园孵化器网络技术服务中心形成了“软件著作权→双软认定→技术合同登记→税费返还”专业化的一条龙配套服务,不仅为企业降低创业成本提供了帮助,而且使园区的产业聚集优势得到进一步发挥。

(郭英卿 葛亚莉)

**【建立招商引资综合信息平台】** 是年,建立了招商引资综合信息平台,并在各街、乡镇和重点项目单位建立招商信息工作联络机制,明确各单位主管领导和联络员,保障信息平台的运行。通过平台宣传丰台区投资环境、深化投资服务、促进项目对接,完善投资项目信息征集渠道,汇集信息资源。

(李颖全 葛亚莉)

**【组织国际投资机构招商洽谈会】** 是年,组织召开2008北京丰台国际投资机构招商洽谈会,整理推出产业用地1600亩,办公空间900万平方米。吸引了西班牙、荷兰等6家驻华使馆机构,中国华商会、新加坡商会等33家国内外商、协会和64家中外投资机构参加。

(李颖全 葛亚莉)

**【推进企业资源整合】** 为推进首钢建材化工厂和京丰热电有限责任公司企业的合作,支持首都能源战略布局调整和服务首都经济发展,同意无条件、整建制地将首钢建材化工厂划转京能集团。目前,《北京市丰台区人民政府与北京能源投资(集团)有限公司的战略合作框架协议书》、《北京首钢建材化工厂成建制划转北京能源投资(集团)有限公司协议书》等合作文件已起草完成。

(姜新华 付晓东)

## 北京丰印诚科技发展有限公司

**【概　况】** 年内,在市场经济日益竞争激烈的情况下,深化企业改革,创新发展思路,在竞争中挖潜力、增效益,稳步推进企业发展。是年公司拥有员工161名。

(张　艳)

**【服务两会】** 1月份,区召开"两会",公司直属的丰印诚印务有限公加班加点印制两会资料及政府工作报告,以优质的服务提供会务保障。

(张　艳)

**【再捧"安康杯"】** 把安全生产工作做为维护企业安全稳定的大事来抓,广范开展群众性"安康杯"竞赛活动,连续被区总工会、丰台区安全生产监督管理局评为丰台区"安康杯"先进企业。

(张　艳)

**【为灾区献爱心】** "5·12"四川汶川发生强烈地震,公司领导和全体员工纷纷解囊相助,共捐款2.689万元,其中员工捐款1.591万元,交纳特殊党费1.098万元。

(张　艳)

# 中央市属工业

## 首都航天机械公司

**【概　况】** 2008年是首都航天机械公司实施"十一五"规划承上启下的关键之年,是航天发射的高峰之年,也是重点战略工程的决胜之年。公司全体员工面对发射密度高、总装测试多、在制任务重、试验任务多、生产周期短等特点,团结一心,扎实工作,完成了各型号的生产、发射试验和产品交付任务。其中长征二号丙SMA、长征三号丙、长征三号乙、长征二号F四个型号的运载火箭6次发射全部成功。特别是长征二号F火箭的发射,完成了神舟七号载人飞船航天飞行任务。公司研制的航天服配套产品第一次同航天员走向太空。是年,公司被授予"北京市和谐劳动关系单位"称号,荣获第八届北京质量管理优秀企业称号,荣膺2008年中国机械500强称号。

(孙欣荣)

**【旁听经济刑事庭审活动】** 4月14日,公司纪委组织50名中层领导干部和签订重点岗位廉政责任书人员,参加了北京市第二中级人民法院经济刑事庭审活动,旁听的干部受到一次深刻的预防职务犯罪的教育。

(孙欣荣)

**【污染源普查工作】** 4月7日,公司完成第一次全国污染源普查任务。在国务院决定开展的第一次全国污染源普查中,公司由于耗能大、污染物排放量大、污染物种类多而被列为重点污染源行业。普查内容包括企业基本情况,原材料消耗情况,各类污染物产生、治理、排放、综合利用情况,污染物处理设施及其运行情况,污染物排放监测情况等指标。

(孙欣荣)

**【长征三号丙火箭进行首次发射】** 4月25日23点35分,长征三号丙火箭进行首次发射,成功将我国首颗中继卫星——天链一号卫星01星送入太空,25分钟后,星箭分离,卫星准确进入地球同步转移轨道。长征三号丙运载火箭为公司生产总装的新型三级液体推进剂火箭,捆绑2个助推器,全长约55米,起飞质量约343吨,运载能力3.8吨。火箭继承了长征三号甲火箭和长征三号乙火箭的成熟技术,首次采用两个助推器和两个尾翼,是中国运载火箭历史上第一枚结构外形非全对称的大型运载火箭,在气动设计、载荷设计以及姿态控制等技术上均有创新。

(孙欣荣)

**【捐款捐物支援灾区】** 5月12日,四川汶川县发生强烈地震,公司全体员工积极捐款捐物支持灾区,共计捐款210多万元、捐赠衣被4690件。在得知地震受灾地区急需的物资中需要担架时,公司紧急组装两副LMN－D02铲式铝合金救护担架和20副LMN－D03车式铝合金救护复苏担架,于5月16日送达北京航天总医院,随医院第二批医疗救援人员运抵灾区。

(孙欣荣)

**【长征三号乙火箭发射成功】** 6月9日20点15分,长征三号乙火箭成功将中星9号卫星送上预定轨道,再一次证明捆绑式大推力运载火箭制造技术的成熟性和可靠性。

(孙欣荣)

**【长二丙SMA一箭双星首发成功】** 9月6日11时25分,公司研制生产的长征二号丙SMA火箭,成功将我国环境与灾难监测预报小卫星星座A、B星送入太空,约51分钟后,卫星准确入轨,发射任务完成。长征二号丙SMA火箭是在长征二号丙火箭基础上改进的火箭,通过对上面级等方面的更改,以适应串联式发射需要。公司从2005年开始大型地面试验,2007年初样转试样,并正式投产。

(孙欣荣)

**【成功发射神舟七号飞船】** 9月25日21时10分,长征二号F遥七火箭成功发射神舟七号飞船,将翟志刚、刘伯明、景海鹏3名航天员送入太空,完成了神舟七号载人航天飞行任务。这次发射是长征系列运载火箭的109次发射。

(孙欣荣)

**【成功发射委内瑞拉星】** 10月30日凌晨,长征三号乙火箭在西昌卫星发射中心发射升空,成功将委内瑞拉一号卫星精确送入预定轨道。这是我国首次向拉丁美洲用户提供整星出口和在轨交付服务。

(孙欣荣)

**【舱外航天服躯干结构制造技术】** 12月3日,在中国航天科技集团公司召开的“舱外航天服躯干结构制造技术”科技成果鉴定会上,公司的舱外航天服躯干结构制造技术通过鉴定。鉴定委员会听取了公司所作的项目技术总结报告、用户使用报告、测试报告和标准化审查报告、知识产权状况报告,并观看了项目研制宣传录像片。鉴定委员会专家经过认真讨论,一致同意该项制造技术通过科技成果鉴定。

(孙欣荣)

**【长征三号甲火箭成功发射卫星】** 12月23日8时54分,长征三号甲运载火箭从西昌卫星发射中心起飞,成功将风云二号06星送入预定轨道。这次发射是长征系列运载火箭的第115次飞行。风云二号06星是04星、05业务星的在轨备份星和接替星,可增强风云气象卫星在轨连续、稳定运行的可靠性,为我国及周边国家天气观测、气象预报和减灾防灾发挥重要作用。

(孙欣荣)

## 北京北方车辆集团有限公司

**【概　况】** 年内,北京北方车辆集团有限公司,实现销售收入172030万元,同比增长25.3%;实现考核利润3118万元,第四次跻身北京百强企业。北京举办奥运会,公司成为北京奥运会最主要的设备设施供应商和服务商之一,公司提供的北方牌视频转播车、演员化妆车、导演指挥车、高空表演吊具装置、奥运会运动员点火举升装置,为奥运会提供了设备技术保障。1000套世界首创的膛压烟花发射装置,用脚印、笑脸、五环、倒计时点亮了北京奥运璀璨的夜空,北方牌自行走举升车以快捷安全的服务保障了场馆的运行。

(俞留章)

**【“解放思想 改革创新”实践活动】** 公司结合企业改革发展和生产经营工作实际,以破解制约企业发展突出问题为主线,以促进企业科学、快速发展为目标，扎实有效开展“解放思想 改革创新”主题实践活动，认真落实考核评价制度，在解决重点困扰企业发展的难点问题上取得了突破，为公司快速发展提供了重要保证。

（俞留章）

**【经济效益和社会效益并重】** 年内，完成技改项目25项，投资570万元，解决了部分生产和科研窄口，为顺利完成军品生产任务创造了条件。完成大型基建项目14项，总投资额2338.9万元，全年新增建筑物面积1. 54万平方米，竣工1.135万平方米；新增厂房地面、道路面积3.4515平方米，为公司的生产、科研、物资储运奠定了基础保障。特别是大锅炉脱硫除尘、污水处理改选等项目的完成，进一步减少了污染排放，在经济效益快速提高的同时，突显出社会效益。

（俞留章）

**【拓展北方大客车海外市场】** 2008年，大客车首次走出国门。本公司与埃及某公司签订了出口协议，首批订购了10台北方客车，是年已发运3台。这是自1986年引进客车技术以来北方客车首次实现出口。通过近年来的产品调整，北方客车性价比日益合理，市场竞争力大大提高。

（俞留章）

## 南车二七车辆有限公司

**【概　述】** 年内，南车二七车辆有限公司在册人数4231人，其中教授级高级工程师7人、具有高级专业技术职称85人、中级专业技术职称227人；设置行政部室18个，党群部门5个，生产车间9个，控股合资企业2个，全资子公司1个；公司固定资产原值4亿元，生产用地64万平方米，房屋建筑19.6万平方米；有各类机械动力设备2255台，其中主要生产设备1527台。全年实现销售收入19.67亿元，净利润8009万元，完成了中国南车下达的各项经营指标。从业人员劳动生产率为42.7450万元/人，在岗员工年平均工资4.2856万元/人，万元产值综合能耗0.143吨标准煤。公司质量、环境/职业健康安全管理体系11月份通过北京新世纪认证有限公司的复评审核。继续保持“国家一级安全质量标准化企业”称号。公司获“全国五一劳动奖状”、“首都文明单位”、“北京市职业卫生示范企业”、“北京奥运会残奥会环境质量保障特别贡献奖”、“北京市交通安全先进单位”称号。全面加强工艺基础管理，以继续实施工艺技术改造方案为重点，开展了工艺试验与研究工作。全年投资3000余万元，购置设备87台（项），组织实施了轮对、转向架、平车车体、油漆涂装、检修车体工艺线建设，对原铸造车间实施工艺布局调整，完成了制动装置检修工艺布局调整和整车抛丸除锈技术改进；策划并组织实施新的《制动装置检修规则》；进一步加强了工艺纪律检查。完成机械、电气、动力设备大修57项。

（冯　丹）

**【改革改制】** 中国南车集团北京二七车辆厂（简称“二七厂”）是中国南方机车车辆工业集团公司（简称“中国南车”）出资并拥有100%权益的全民所有制企业。因中国南车整体改制，自2008年1月1日起启用“南车二七车辆有限公司”名称。依据《关于中国南车集团北京二七车辆厂重组改制方案的批复》，中国南车集团北京二七车辆厂经营性资产划转至南车二七车辆有限公司。二七厂主营业务进入南车二七车辆有限公司，非主营业务保留在二七厂。2008年1月23日铁道部发布《关于同意中国南车集团公司所属部分改制企业铁路机车车辆设计生产维修资质转移的函》，明确了南车二七车辆有限公司继承二七厂相应的权利、责任和义务，二七厂不再拥有铁路机车车辆产品的设计、生产、维修资质。故南车二七车辆有限公司承继了中国南车集团北京二七车辆厂的业务范围及与其相应的权利、责任和义务。

(冯　丹)

【生产经营与服务】 年内,公司各项指标均创历史最好水平。共计完成新造货车9个品种3152辆,检修货车3357辆,累计生产供外配件159,668件(套)。公司在巩固并拓展整车产品销售的同时,进一步强化配件销售管理,制定了代理商管理办法,零散配件销售货款到位率达95%以上。为拓宽营销渠道和业务领域,公司专门成立项目开发办公室,实行项目经理负责制,效果良好。积极开拓海外市场,参与国际项目竞标,完成了泰国米轨集装箱专用平车项目合同履约工作,签订了出口美国SE缓冲器箱体合同。配件销售外发工作克服了奥运会期间北京市交通限行的困难,提前做好预案,未发生因配件供应不及时而引发的停产纠纷或用户投诉事件。按照铁道部要求,继续组织相关人员对包片区域进行驻点服务;加强赴段访问,了解产品运用状况,及时处理修造产品在运用中发生的问题和用户对公司产品的改进建议;重点做好新产品运行前的服务培训和大秦线驻点服务工作,为确保铁路运输安全提供了保障。

(冯　丹)

【新产品开发】 年内,二七车辆全面推进设计、制造、产品"三大技术平台"建设。完成6项整机项目的新产品研制、3项产品的增载改造与提速改造设计、2项货车主要零部件研制,全面提升了企业核心竞争力和市场竞争力,巩固了公司作为铁路平车及运输汽车专用车的主导地位。TJ165型架桥机组用平车的研制成功,为公司打开铁路工程机械市场奠定了坚实的基础;自主研发的凹底双层运输汽车专用车,成为目前国内铁路唯一可运输较高小汽车的双层运输汽车专用车;25米大平车的推出,为铁路长大货运车辆系列增添了新的成员;在出口泰国米轨集装箱专用平车项目中,公司自主研发了100km/h的米轨转向架,打开了国际市场的技术通道。公司进一步改进和完善设计、试验平台,提高产品设计质量。采用PRO/E软件,实现产品全三维设计,产品数据实现PDM管理;通过强度分析、动力学仿真分析、疲劳分析软件,不断提高产品设计的安全性、可靠性;在建成缓冲器落锤试验机、冲击试验线的基础上,增加了高低温试验设备,使公司成为国内具备全套缓冲器试验设备的单位。按照铁道部标准项目计划要求,完成3项铁道行业标准和检定规程的制定或修订;逐步规范知识产权管理,完成30项专利项目申报。2008年通过北京市企业技术中心认定;成功申报了北京市高新技术企业。

(冯　丹)

【质量管理】 年内,二七车辆厂产品实物质量有所提升,出厂货车无重大、大责任行车事故和批量返厂。在上半年全路货车制动系统质量抽查中,公司通过质量抽查并获得第一名;在铁道部货车实物质量"对规、对标"检查中,新造货车获得第一名。制定并认真落实了"大反思、大检查、大整改"活动实施计划;加强源头及过程控制,进一步完善对合格供方的管理;继续开展专项检查、"质量月"活动和"信得过检查员"评比;综合管理体系及测量管理体系通过外审,运行有效。

(冯　丹)

【财务基础核算】 是年,公司进一步加强会计基础核算工作,提高财务核算质量和水平。落实全面预算管理,严把预算质量关,节约成本费用近400万元;进一步加强成本费用核算,降低产品成本和费用支出;继续清理债权债务,积极组织收入和资金回笼工作,进一步压缩库存资金,不断提高资金使用效率;抓审计监察工作,取得较好成效;导入风险管理理念,初步建立全面风险管理体系。

(冯　丹)

【安全生产工作】 安全生产保持良好态势,完成"三零"安全生产目标;全年发生轻伤事故11件,事故频率2.75‰,同比降低21%;

坚持“安全第一，预防为主，综合治理”的方针，积极落实安全生产责任制；开展安全生产百日督察活动，提高设备设施本质安全度；建立应急救援体系；加强专项安全检查，突出重点管理，注重过程控制，构筑安全生产长效机制；企业一级安全质量标准化运行有效；公司荣获北京市首届“安全生产月”活动优秀组织奖。探索并逐步形成了公司精益生产工作思路，明确了项目和方向，开展了内部培训，以轮对、转向架组装为切入点，组织实施精益生产工作。现场管理狠抓动态督察，整改问题564项；结合精益生产工作的推进，开展生产现场“5S”整理、整顿活动。

（冯　丹）

**【节能减排】** 严格执行北京市政府污染物减排措施，采取多项举措，工业废气、废水排放全部达到北京市排放标准要求，大气污染物排放减少60%，实现北京奥运期间环境污染“零投诉、零事故、零处罚”的要求，获北京市环保局颁发的“北京奥运会残奥会环境质量保障特别贡献奖”。

（冯　丹）

**【人力资源管理】** 为适应公司发展要求，提升人力资源管理水平，公司聘请了专业咨询机构开展了公司组织管理提升项目设计工作，结合设计方案及公司实际，对公司组织机构和职责进行了调整，重新下达了机构令，核定了新的定员，制定下发了岗位绩效工资制实施办法，初步完成了中层及以上领导的竞聘上岗工作。根据管理需要，公司撤消了解体车间；整合装备机械维修业务，成立机修车间；因产品调整，撤消铸造车间，成立构件车间。为加强存续资产管理，根据中国南车要求，成立综合管理部。全年教育经费支出中，技术工人培训费用占总支出的74.8%。组织完成一级培训班79期，培训2906人次；二级培训班81期，培训3220人次。

（冯　丹）

**【“三高”退出】** 为贯彻落实科学发展观，响应北京市关于工业企业加快退出“高污染、高耗能、高耗水”产业的精神，保护首都环境，降低资源消耗，公司调整产业结构，彻底关闭了铸造产业。铸造产业原为公司极为重要的生产环节，自企业成立以来，为公司的新造、检修货车提供配件，产品远销海外。所属的铸造车间正常生产年份470多人，拥有生产各种铸件1万吨的能力，产值近亿元。铸造产业停产后，减少能耗折标准煤5206吨，减少新鲜水耗6万吨，减少粉尘排放45413万立方米，减少固体废弃物8909.5吨；从业人员全部进行了有序分流或转岗培训，生产作业场地实施改造，转产从事铁道车辆的生产检修工作。

（冯　丹）

**【和谐企业建设】** 公司继续保持“首都文明单位”称号；在企业快速发展的同时，实现员工收入同步增长，是年（本部）员工年收入同比增长16%。响应北京市和中国南车号召，15名志愿者（司机）参与奥运服务工作。面对南方雨雪冰冻、汶川地震等自然灾害，组织员工爱心捐款，支援灾区重建。继续加大环保投入、噪声治理及绿化养护工作，基本完成环境改造工程，厂容厂貌整洁、有序。

（冯　丹）

## 北京二七轨道交通装备有限责任公司

**【概　况】** 北京二七轨道交通装备有限责任公司（原中国北车集团北京二七机车厂有限责任公司，以下简称公司）有机械动力设备3000余台（套），占地面积43万平方米，厂房建筑面积15.2万平方米。拥有固定资产原值8.45亿元。员工总数为3546人，其中具有高级专业技术职称151人、中级职称268人。公司下设14部3室1中心、12个分厂（分公司）；另设有7个党群部门。电力机车引进消化吸收项目如期进行，大规模技术改

造已完成,"和谐"3型7200KW电力机车开始批量生产。公司引进的两个铁路大型养路机械项目正式启动。全

年共完成新造电力机车15台、内燃机车125台,大修内燃机车79台,实现销售收入8.1亿元(税后)。

(姚春立 胡跃平)

**【改革改制】** 年内,根据集团公司《关于全面落实国务院批复加快推进整体改制上市工作的通知》等文件要求,完成了"二七装备公司"投资人变更的工商登记注册等工作。按照辅业改制工作进程,先后撤销了长铁运输公司、宏铁工贸公司、热加工分厂、设备维修安装公司、技工学校、铁路小学、铁路中学等组织机构设置。根据公司产品结构变化成立了大型养路机械分厂和科研管理部。在金属结构分厂设立了工程机械工段。编制了《组织机构定员管理办法》。完成了北京二七宏丰机械有限责任公司的工商登记注册工作。完成了第三批辅业改制单位资产核减的准备工作。制定了存续企业《北京二七机车厂有限责任公司管理办法》。

(姚春立 胡跃平)

**【企业管理】** 完成87个各项规章制度的整理、修订和补充完善。完成了《生产能力调查报告及阶段性生产能力平衡方案》。制定了《生产法则》。编制并实施了重点设备的配件储备计划。制定了以计件工资为基础的实物量计件工资分配办法,并在机车分厂、金属结构分厂、机械二分厂和传动分厂进行试点。制定了《大型养路机械分厂项目工资分配办法》,并开始实施。对技术、研发等部分关键岗位进行岗位工资调整。完成了15项质量目标。制定并执行了古巴机车、电力机车、铁路大型养路机械等产品质量控制计划。确定了机车修理分公司和柴油机分公司的职能,使修理的机车的在厂日数全部控制在50天以内。修订了《采购招标管理办法》等制度,规范了物资、设备、工装等招标采购程序,对50万元以上的项目全部实施招标采购。规范了价格体系、资金占用额度、合同审核、委外加工管理工作。在财务部、技术中心、物资供应部分别成立了定额室。完成了电力机车材料消耗定额初稿,并装入公司ERP系统运行。成立了节能减排工作组,通过节能审计、能源计量检测、节能监察和取消锻造生产等措施,提高了能源综合利用水平,全年万元增加值综合能耗降低率为5%。

(姚春立 胡跃平)

**【生产发展情况】** 年内,新造内燃机车125台,全部为出口和路外市场订单。其中DF7G型14台、DF7C型23台、GK型31台;出口古巴40台、安哥拉15台、刚果2台。完成电力机车15台。完成大修机车79台。完成路用配件约2000万元。加工韩国曲轴117根。

(姚春立 胡跃平)

**【新产品新技术自主开发】** 年内,电力机车车体钢结构形成批量生产能力,对转向架构架进行了净强度和疲劳试验。完成了电力机车整车型式试验,达到技术标准和规范要求。基本完成了路基处理车和钢轨打磨列车首列车钢结构主体制造,初步形成了技术引进产品制造体系。完成了出口古巴DF7G-C型机车的改进设计。开发并出口古巴DF7K-C型机车。完成了安哥拉内走廊机车的设计开发,对出口安哥拉外走廊机车和越南机车进行了改进设计。柴油机申请通过CCS船级社认证的论证报告。

(姚春立 胡跃平)

**【技术引进消化吸收和国产化工作】** 年内,路基处理车和钢轨打磨列车项目前期项目已经开始实施,成立四个专项工作组,形成工作体系,开展了土建过程、工艺布局调整和相关设备工装的采购招标,金属结构分厂铁路大型养路工段的工装已陆续投入使用。按照技术引进合同,分5批接收路基处理车5个主车架等图纸以及分工明细、制动系统原理图、焊接工艺标准等技术文件,完成图纸审核、工

艺分析，编制的工艺文件已应用于钢结构生产，完成制动系统国产化方案，并由中铁咨询公司进行了国产化可行性专题技术论证。接收了钢轨打磨列车方案图、打磨小车外型图、集尘装置技术规范等图纸资料，完成了动力车和6节打磨车的国产化设计和钢结构生产工艺文件。接收伏伊特液力传动箱图纸及文件资料，全部完成了翻译转化。依据技术引进合同，举办铁路大型养路机械项目培训班57期，培训1255人次，60名电焊工获得了《铁路大型养路机械钢结构焊接上岗证》，其中12人在哈尔滨焊接技术培训中心取得EN287－1碳钢国际焊接证书。派员到北京机械段进行了检修和线路作业现场培训。

（姚春立　胡跃平）

**【市场营销】**　年内，共签订路外新造内燃机车合同57台，新开发的用户25家。按照《路外机车最低销售限价和销售指导价》办法，与各厂家沟通，使机车销售价格向符合市场价值规律的水平回归。按照新价格签订三种型号路外机车30台，比上一年增加了销售收入。机车的原材料和自制半成品费用下降。路外机车的预付款达到了70%，降低了财务费用。在配件销售方面，制定了2573项配件销售指导价。

（姚春立　胡跃平）

**【售后服务】**　年内，共派出售后服务人员600人次，处理电报12份，电话信息306件，电话传真30个，用户满意率为91%。除完成古巴、刚果、安哥拉的售后服务工作外，完成国内路内外质保期内385台机车的售后服务工作：其中HXD3型电力机车17台、DF7C型内燃机车19台、DF7G型内燃机车70、GK1E型内燃机车18台、大修机车218台。

（姚春立　胡跃平）

**【基本建设与技术改造】**　年内，HXD3型电力机车项目签订合同1056项，累计金额36139万元。完成厂房改造59688.31平米，其中新建厂房6681平米。基本建成了“两区、七线、一库”：两区是电力机车调试区和内燃机车大修区；七线是机车组装流水线、电力机车电气化试验线、车体钢结构生产线、表面处理及涂装生产线、板材处理下料成型生产线、机车轮轴加工线、转向架加工组装生产线；一库是机车配件立体仓库。路基处理车和钢轨打磨列车项目的部分先期项目已通过评审，正式批复，资金规模为4000万。完成了大修机车车体检修和总装工序的搬迁。对工艺布局进行了调整，投入了400万元进行技术改造。

（姚春立　胡跃平）

**【献爱心帮扶困难群体】**　5·12四川汶川地震后，组织公司员工为灾区捐款24.3135万元，1030名党员自愿缴纳特殊党费16.0863万元。共救助困难员工349人次，有10名困难职工子女拿到1000－2000元不等的今秋助学金；有10个家庭得到了“爱心基金”，每人400元的救助。

（姚春立　胡跃平）

## 京丰电力公司

**【概　况】**　年内，公司围绕“维护平安奥运、确保能源供应”的工作重心，早谋划、早部署；克服燃机单机运行等诸多不利因素，全力以赴确保燃机安全运行，燃机发电量创历史新高，机组利用小时数居全国同行业同型号机组的首位，利润创公司历史最好水平。按照国家政策关停燃煤机组，顺利实现电量转移，剩余人员转入新岗位培训工作有序进行。“上大压小”工程进展顺利，CDM项目通过第三次核查，和谐企业创建工作稳妥推进。

（吴　鹏）

**【燃煤供热机组技改工程】**　2月18日至19日，召开3＊350MW超临界燃煤供热机组技改工程初步可行性研究报告评审会，城市规划、能源、环保、热电工艺、技术经济等方面的专家参加了会议。专家组通过现场踏勘、听取报告、研究讨论认为,该项目属于“上大压小”技改项目,符合国家节能减排的相关政策,项目建成后能够满足北京市电力负荷增长的需要,对提高北京电网能源保护、抵御电网风险具有积极的作用。

(吴　鹏)

**【关停两台燃煤机组】**　4月30日,关停了一台运行18年的50MW燃煤机组和一台运行13年的100MW燃煤机组。这是京丰公司贯彻北京市政府关于关停小机组会议精神、实施节能减排的重大举措,是保护北京环境的实际行动。同时关停两台高能耗、高污染的小机组,为公司上节能、环保、高效的大机组奠定了基础。

(吴　鹏)

**【交纳特殊党费支援灾区】**　5月12日,四川省汶川县发生强烈地震后,全体党员交纳特殊党费共8.601万元。

(吴　鹏)

**【迎接白俄罗斯友人考察】**　12月4日,白俄罗斯国家监察委员会主席洛马奇一行在中国海外经济合作总公司总裁马志武等人的陪同下来到京丰公司,对公司天然气－燃气蒸汽联合循环机组的运行情况进行了考察。洛马奇先生赞扬了燃机的良好性能,希望与京丰公司加强合作,并表示将根据白俄罗斯本国的实际情况兴建一台自己的燃气机组。

(吴　鹏)

## 北京三兴汽车有限公司

**【概　述】**　年内,北京三兴汽车有限公司在新兴铸管集团公司、新兴重工公司的领导下,以科学发展观为统领,坚持“两个解放”,着力落实“五抓”(抓思想、抓市场、抓调整、抓管理、抓人才)、“五学”(学经济、学财务、学管理、学技术、学法律),不断调整产品结构和人力资源结构,全力抗击军品小年、奥运限产、资金紧张、钢材涨价等困难,实现销售收入3.85亿元、利润700万元,在职职工人均收入3.77万元,全面完成年初既定目标。

(陈　静)

**【产品结构调整】**　在2008年度计划工作会议上,北京三兴汽车有限公司把技术研发、产品调整摆到了公司重中之重的位置。针对拉臂车市场日渐饱和、军品市场不断萎缩的情况,公司坚定不移地进行产品结构调整,努力寻找新的经济增长点。57台BSX5070越野加油车的订货,成为公司未来几年跨越式发展的保障点和关键点。

(陈　静)

**【物资再生协会考察工作】**　3月18日,中国物资再生协会领导到北京三兴汽车有限公司考察,就申请汽车零部件再生基地、军队退役物资处理的有关事宜进行指导。

(陈　静)

**【改造市政网水】**　克服资金紧张的困难,投入386万元,接通老家属区市政用水,解决了多年以来3000多人的饮水困难。

(陈　静)

**【北京汽车行业协会到公司调研】**　3月19日,北京汽车行业协会会长安庆衡一行到北京三兴汽车有限公司进行调研,听取了董事长郭福军的汇报,对北京三兴汽车有限公司在发展专用车、调整产品结构、开拓外贸市场方面取得的成绩给予了充分肯定,并表示将在企业改制、搬迁等方面给予政策上的大力支持。

(陈　静)

**【外商考察】**　4月20日,美国惠万环保技术设备有限公司总裁在美国阿克泰克有关人员、中国物资再生协会副会长郝雪陪同下,到北京三兴汽车有限公司考察。印度Xindia和SML公司高层主管人员到北京三兴汽车有限公司参观考察。

(陈　静)

**【质量管理体系通过军方审核】**　4月28日—29日,解放军总装车船军事代表局驻北京军区军事代表室对北京三兴汽车有限公司的质量管理体系和质量保证能力进行审查，认定北京三兴汽车有限公司通过GJB9001A—2001《质量管理体系要求》军方审核。

（陈　静）

【救灾捐款】　5月12日，四川地震发生后，组织广大职工捐款6.6217万元，交纳特殊党费2.718万元，特殊团费3051.5元，公司捐款5万元。

（陈　静）

【出国访问】　6月10日，带着了解澳洲商业环境、投资环境、中国产品在澳洲的生存环境、产业现状、产品出口的现状、寻找合作项目、为公司产业结构的调整明确方向的使命，郭福军董事长赴澳大利亚、新西兰考察。在澳期间，参加了“2008澳大利亚中小企业周”，访问了澳大利亚汽车零部件制造业协会、维多利亚汽车商会、奥克兰汽车行业协会，参观了Rambler和Compaction两个特种车辆厂。

（陈　静）

【救灾物资生产】　“5·12”在四川汶川发生强烈地震，为保障地震灾区受灾群众的正常生活和生产自救，北京三兴汽车有限公司在接到130台10立方米运输罐的生产任务后，克服重重困难，出色完成了任务。

（陈　静）

【首席评聘】　紧密围绕企业发展战略目标，开展争当“首席技术专家”、“首席职工”、“首席工人技师”和“关键岗位首席操作员”活动，以营造“劳动光荣、知识崇高、人才宝贵、创造伟大”的文化氛围，打造高素职的职工队伍，全面提高公司的科技创新水平。是年评聘首席技术专家1名、工人技师6名、关键岗位首席操作员10名。

（陈　静）

【参与奥运】　北京奥运会期间，北京三兴汽车有限公司53名职工入选“首都文明职工拉拉队”，参加了天安门前的奥运火炬传递活动，观看了国家体育场、奥林匹克森林公园等场馆的比赛，为奥运助威，展三兴风采。

（陈　静）

【科技创新】　10月8日，在新兴铸管集团公司科技工作大会上，北京三兴汽车有限公司获得优秀科技成果二等奖、三等奖各一项，并获得“科技创新先进企业”荣誉称号。

（陈　静）

【改制更名】　11月1日，北京三兴汽车有限公司成立庆典暨揭牌仪式。中国人民解放军总后勤部孙承军将军、周国泰将军、北京市工促局局长李树藩、北京市汽车行业协会会长安庆衡、丰台区工会主席王春兰以及地方政府部门领导、军队院校、兄弟单位、客户单位、协作单位、媒体和公司历任书记、厂长等老领导共600多人参加了庆典。新兴铸管集团有限公司总经理刘三省、北京市汽车行业协会会长安庆衡为公司揭牌。

（陈　静）

【第一次党员代表大会】　11月24日，召开中共新兴重工北京三兴汽车有限公司第一次党员代表大会，选举产生了新一届党委和纪律检查委员会委员，标志着新兴重工北京三兴汽车有限公司党的建设进入了一个新的阶段。会上，新兴重工公司副董事长兼北京三兴汽车有限公司董事长郭福军作了提前学习实践科学发展观总动员。

（陈　静）

【第一次职工代表大会】　12月28日，北京三兴汽车有限公司举行第一次职工代表大会暨年度计划工作会议。大会选举产生了公司新一届工会委员会委员和工会经费审查委员会委员。

（陈　静）

【中国汽车工业杰出人物】　在中国汽车工业协会、中国汽车工程学会、中国汽车技术研究中心、中国贸促会汽车行业分会、中国汽车报社联合举办的“纪念改革开放30年中国汽车工业杰出人物表彰大会”上，北京三兴汽车有限公司董事长郭福军荣获“中国汽车工业杰出人物”奖。

(陈　静)

**【“四好”领导班子】** 北京三兴汽车有限公司努力建设政治素质好、经营业绩好、团结协作好、作风形象好的领导班子，2008年度被新兴铸管集团公司授予“四好领导班子”光荣称号。

(陈　静)

## 北京市赛欧工贸有限公司

**【概　况】** 年内，赛欧工贸有限公司全系统共有在职职工246人，退休退职人员1948人(退休1830人，退职118人)。公司机关设置三部一室，下属六个基层单位。全年营业收入4313.08万元，同比减少0.52%；费用支出3199.58万元，同比减少0.6%；实现利润1215.58万元，同比增长13.24%；上缴国家税金885.06万元，同比增长27.45%，超额完成了市社下达的任务指标。在经济效益增长的同时，人均收入有所增长。是年，公司党委开展“落实科学发展观”主题教育活动，以党建促进经济发展，发挥了基层党支部的战斗堡垒作用和党员的先锋模范作用，企业三个文明建设进一步加强。全年安全生产无事故。计划生育、献血工作连年保持先进单位。档案工作继续保持市一级单位的称号。

(刘志荟)

**【国家高新技术创业服务中心】** 1月18日，赛欧孵化中心有限公司在赛欧孵化广场一层大厅，举行了国家高新技术创业服务中心揭牌仪式。应邀出席的主要领导有：国家高新区协会秘书长王瑞明，科技部火炬中心孵化器处处长张峰海、副处长李志远，北京市创业孵育协会秘书长颜镝，中关村科技园区丰台园副主任刘少华等领导。此外，丰台园管委会相关部门、园区五所、孵化器网络成员及赛欧公司主要领导和各兄弟单位均派代表出席了揭牌仪式。中心主任梅春才简要汇报了赛欧孵化中心的发展情况，总结了中心六年来的工作和取得的成绩，描述了中心未来的发展思路；参会领导先后发言，对孵化中心几年来的工作给予了肯定。

(刘志荟)

**【两节送温暖活动】** 两节期间，公司党委带领各级领导干部走访慰问了公司原退休领导干部38人、困难职工5人、退休职工及长期患病职工73人，看望了5位劳动模范，共发放慰问款物5.2376万元。为1924名退休人员发放慰问款62.8万元。全系统共计发放慰问品、慰问金折合金额68万元人民币。

(刘志荟)

**【为灾民开展爱心捐赠活动】** 2月2日，公司员工为南方遭受雪灾地区的灾民开展爱心捐赠活动，机关人员共捐款600元、捐献棉衣18件；系统人员向所在街道社区捐款、捐物。“5·12”四川汶川地震后，公司员工为地震灾区人民捐款10万元，缴纳特殊党费计313人次共7.146万元。

(刘志荟)

**【服务平安奥运工作】** 2月18日，公司安委会召开了第一次会议，根据市社关于贯彻落实“平安奥运行动”确保安全稳定工作方案的通知精神，结合公司实际制定工作方案并成立了专项工作领导小组。为了加强安全管理，公司与各分公司签订了《维护首都安全稳定，实现平安奥运目标责任书》、《预防重特大道路交通事故，全国两会期间交通安全责任书》。2月28日，公司组织各分公司经理、安全主管领导和安全员30人依法进行了安全培训，学习了公司贯彻落实“平安奥运行动”确保安全稳定工作方案、公司安全工作规定、市社开展道路交通安全工作方案和维护稳定工作等项内容；组织观看了全国火灾案例和交通安全教育片；公司总经理陈思勇对公司安全工作提出了要求。

(刘志荟)

**【召开2008年股东会】** 3月12日，公司组织召开了2008年度股东大会，应到股东46名，实到股东42名。会议审议通过了《2007年董事会工作报告》、《2007年监事会工作报告》、《2007年度财务决算报告》、《2008年度财务预算方案》和《2007年度利润分配方案》。会议还审议并通过了关于投资世欣鼎成投资中心（合伙企业）的提案。

（刘志荟）

**【北京世欣鼎成投资中心成立】** 3月28日，北京世欣鼎成投资中心（有限合伙）成立，公司与其他12家企业作为有限合伙人入伙。公司出资2000万元，占合伙企业总出资额的4%；首期出资额为人民币400万元，占其全部认缴出资额的20%。北京世欣鼎成投资中心的总出资额为人民币50000万元，经营场所设在北京市朝阳区关东店28号。

（刘志荟）

**【知识产权托管工程启动仪式】** 4月21日，北京市知识产权局、丰台区人民政府在赛欧创业孵化广场举行了全国首个知识产权托管工程启动仪式。国家知识产权局协调管理司司长马维野、北京市知识产权局副局长刘东威等领导出席启动仪式并为试点基地揭牌。知识产权托管是指将企业对知识产权管理的需求与中介机构专业化的服务相结合，在严格保护企业商业秘密的前提下，接受企业的委托，代办所有与知识产权相关的业务，为企业量身定制别具一格的一揽子服务模式，是有效利用知识产权社会力量为中小企业服务的有效途径。知识产权托管工程的启动，是孵化中心为入驻中小企业知识产权工作搭建的桥梁，是中心特色孵化服务的一种新的尝试，随着试点工作的不断完善，受托中介机构还将为企业提供更多的个性化服务；随着试点经验的不断积累，知识产权托管工程将会在全市各园区进行推广。

（刘志荟）

**【全力支援地震灾区】** 5月13日下午，在四川省汶川县发生强烈地震后，急需调运中国联通储存在京西商业分公司的卫星地面接收设备，为争取时间，分公司抽调二线全体员工全力协助，积极配合出库、搬运装车，使100套重约18吨的通讯设备准时发往灾区，以实际行动支援灾区人民抗震救灾。

（刘志荟）

**【召开在孵企业高新认定说明会】** 6月12日，赛欧孵化中心有限公司在孵企业高新认定说明会在赛欧创业孵化广场多功能厅召开，丰台区科委副主任解刚、中心主任梅春才及孵化中心50余位在孵企业代表参加了会议。会议根据在孵企业的特点及新近出台的《高新技术企业认定管理办法》，结合北京市知识产权局在赛欧孵化中心实施的知识产权托管工程，对企业知识产权的重要性及托管工程实施背景、办理流程以及知识产权托管服务软件众多功能一一做了说明，并就参加托管工程试点的企业，能够享受的北京市知识产权局实施的系列优惠政策做了详细介绍，受到了企业的欢迎。

（刘志荟）

**【迎接奥运圣火传递】** 8月6日下午，赛欧孵化中心有限公司全体员工，身着统一的服装，挥舞着国旗和奥运旗帜，与三万名观众一起观看了隆重的奥运圣火传递仪式。

（刘志荟）

**【获得技术创新基金立项支持】** 9月9日，国家科技部、财政部及北京市公布了2008年度第一批科技型中小企业技术创新基金立项项目，赛欧孵化中心内两家在孵科技企业获得基金立项支持——联盟博大（北京）生物工程技术研究所“新型肝组织灌洗保存液（UID液）的研究与应用开发”，获得科技部创新基金无偿资助50万元；北京天圣泰生物科技有限公司“疟疾预防国家Ⅰ类新药的临床研究—复方萘酚阿奇片”，获得北京市科技型中小企业创新资金无偿资助55万元。

（刘志荟）

**【技术创新国际研讨班】** 10月30日，第八期科技型中小企业技术创新国际研讨班的学员一行18人,到赛欧孵化广场进行参观交流。赛欧孵化中心有限公司主任梅春才代表公司接待了分别来自俄罗斯、墨西哥、尼日利亚、蒙古、泰国等11个国家的学员,并简要介绍了公司的基本情况。企业部的李丹丹和投资部的张士峰分别用英语介绍了公司的孵化服务体系和各项服务功能。通过此次参观活动,促进了公司与国际间同行的交流与沟通,为公司今后开展更广泛的合作打下了良好的基础。

(刘志荟)

**【通过ISO9000质量管理体系复评】** 11月25日,赛欧科园ISO9000质量管理体系顺利通过北京新世纪认证有限公司实施的换证复评,颁发了新的证书。赛欧科园ISO9000质量管理体系于2005年12月通过外审正式取证获准运行,在随后的三年内正常运转持续改进,顺利通过了两次年度监督审核并获得好评。本年是运行期满第三年,按照标准要求须进行换证复评。经过审核组认真、细致、客观的审核,赛欧科园科技创业服务和物业管理服务满足质量体系要求,同意继续保持北京孵化中心有限公司认证资格。

(刘志荟)

**【公司召开2008年临时股东会】** 12月11日,公司召开2008年临时股东会,应到股东46人,实到股东37人,委托5人,占股东股本总额3173.55万元,占总股本的93.33%。经参会股东审议,以票决方式全票通过了关于投资建设丰台科学城中核路项目的提案。

(刘志荟)

**【项目合作开发签字仪式】** 12月25日,北京市赛欧工贸有限公司、中国原子能科学研究院在中国原子能科学研究院举行丰台科学城中核路项目合作开发签字仪式,市社党委书记郑国本、理事会主任符敬群、副主任兼赛欧公司董事长郭宗喜、中国原子能科学研究院院长赵志祥、党委书记张昌明、副院长张锦荣及赛欧公司党委书记兼总经理陈思勇等领导同志参加了签字仪式。此次转让的中核路项目位于丰台科学城中核路,紧邻西四环南路。项目包括丰台科学城中核路1号已建03楼(面积为6499.60平方米)及规划条件已获批准的1号、3号待建项目34900平方米(不含地下部分),地块总面积15363平方米。项目转让总价款为8428万元人民币。

(刘志荟)

# 商贸　服务业

## 商业贸易

【概　况】　年内，丰台区商业贸易顺利开展，消费品市场表现活跃，社会消费品零售额持续增长。实现社会消费品零售额544亿元，同比增长38.4%，居城八区第三位。居民消费心理稳定，继续保持城乡市场活跃态势。社区商业逐步发展，服务功能不断完善，流通领域行业监管工作稳步进行。以生活必需品供应保障为核心的奥运会及残奥会服务保障工作有序进行，为实现平安奥运做出了贡献。

（陈华芳）

【大型商业设施建设】　新增1万平方米以上大型商业设施3家，总计建筑面积近10万平米。7月28日，大型商业中心"万源商业广场"开业，为附近居住的居民提供了商业服务保障。9月2日，韩国大型综合超市"易买得"超市开业，改善了马家堡地区商业配套设施缺乏的状况，方便了周边社区居民。11月8日，丰台区首家大型高档百货商场"资和信"正式开业，汇集国内外知名品牌300多个，吸引了众多区内外的消费者光顾。开业当日单日销售额超过100万元，创是年全市新开业百货商场单日销售额最高纪录。截止年底，总经营收入超过5000万。

（陈华芳）

【社区商业发展红火】　64家社区菜市场进行了升级改造，其中33家通过北京商务、工商部门的验收，达到北京市地方标准，共得到市政府资金补助1610万元，为百姓提供了安全、舒适、放心的购物环境。争取专项资金200万元，支持新发地、岳各庄等大型农副产品批发市场升级改造，岳各庄市场新建了2个蔬菜批发大棚、电子安全监控中心、鲜肉电子统一结算中心等工程；完成新发地市场禽蛋交易大厅、精品水果冷藏保鲜库、京良路果品南区等项目。

（陈华芳）

【商业示范社区建设】　区京铁家园、西罗园第一社区、鑫福里、开阳里第三社区共4个社区被评为北京市商业示范社区，草桥欣园社区被评为国家级示范社区。

（陈华芳）

【物流业指导意见出台】　出台了《关于促进丰台区物流业发展的指导意见》，确定了丰台区今后物流业发展的功能定位、目标和重点。功能定位：在五环以里，着重发展以生活消费品配送为主导的都市终端物流；在西部地区五环沿线及以外区域，适度发展生产消费型物流，形成服务北京、面向全国的北京南城物流基地。发展目标：推进物流园区建设，优化物流业的功能布局；发挥政府服务和引导作用，改善物流业发展环境，提升物流企业的现代化服务水平;加快物流业发展方式转变和产业升级,逐步建立起适应区域经济发展的现代物流体系。发展重点:利用区位优势和物流资源优势,积极构建综合物流区与专业物流区总体框架,优化物流功能布局,加快王佐、五里店、首钢钢材综合物流区和榆树庄、白盆窑、玉泉营、大红门、南苑专业物流区的建设,积极推进其他符合规划要求的物流项目的建设步伐。

(陈华芳)

**【流通领域行业监管工作】** 完成1904家的酒类备案登记工作,社区再生资源回收体系建设全面开展,制定了《丰台区社区再生资源回收体系建设方案》,会同七部门拟定了《丰台区社区回收站点设置与管理办法》;规范社区回收站点、专业物流配送和分拣中心建设改造工作全面开展。在全区范围内开展再生资源回收行业经营情况调查和备案工作,完成85家企业备案。如期完成成品油零售企业年审工作,共受理资质初审77家,企业变更10家。开展食品安全专项整治活动。一是开展产品质量和食品安全专项整治工作;二是开展生猪屠宰专项整治工作。两项整治工作按照有关部门要求,制定专项整治方案,并按照部门职责组织专项检查10次,检查商市场、餐饮企业21家。

(陈华芳)

**【生活必需品应急和市场监测】** 完成市生活必需品应急投放网点的选定和《丰台区战时给养供应保障动员预案》、《丰台区防汛抢险生活必需品供给应急预案》的制定工作;市场监测任务范围逐步扩大,市场监测体系进一步完善,丰台区监测企业已经达到94家,涵盖百货、超市、餐饮、美容美发、粮食加工企业等诸多行业。

(陈华芳)

**【商业零售企业促销安全检查】** 在中秋、国庆节假日前后,会同区安监、工商等有关部门,出动100余人次,对促销安全重点的北京乐天超市有限公司洋桥店、北京易买得有限公司洋桥店、北京家乐福超市有限公司方庄店等20家零售企业促销安全进行一次全面检查,消除了安全隐患。

(陈华芳)

**【商业系统迎奥运工作】** 华堂丰北路店、贵友大厦方庄店、中贸联万客隆洋桥店3家大型商业企业单位进行停车引导系统改造。华堂丰北路店、物美北大地店、贵友方庄店等4家商业企业完成无障碍设施改造工作;丰台区奥运场馆周边12家商业、餐饮企业完成了POS机安装工作;辖区64家商业餐饮企业完成了2008好运北京"商业满意服务"主题测评工作。完成商业服务业各工种员工服务礼仪培训15000余人次。3年来,共培训商业服务业员工40000人次,包括奥运知识、职业道德、岗位技能、外语和手语、管理人员培训等,5000余人领取《首都窗口行业奥运培训工作合格证书》。

(陈华芳)

**【奥运服务保障工作】** 为保障奥运期间鲜活农产品和基本生活必需品的充足供应,为辖区内新发地、岳各庄批发市场,家乐福、首航国力等43家商业和物流配送企业办理各类货运机动车通行证近700余个。积极协调,对承担全市蔬菜供应的新发地、岳各庄两大批发市场满足货运车辆用证,为全市奥运期间鲜活农产品和基本生活必需品的充足供应做好服务保障。

(陈华芳)

## 裕丰投资经营公司

**【概　况】** 北京市裕丰投资经营公司现有职工29人,退休职工8人。公司设有财务部、人力资源部、市场开发部、经营管理部、投资管理部、办公室等六个部室。是年公司加强对国有资产的管理,营业收入2072万元,实现利润734.64万元,分别比上年增长27%和

76.24%,超额完成了全年的经济计划指标。共签订了房屋租赁合同55份,办理房产证4处,协助办理土地证及产权过户3处。编写了上年至本年度的重大事项情况说明及企业三年规划,并将公司房屋资产整理完毕,使公司账目与实有资产得以清晰,公司净资产及回报状况更切合实际。

(国 帅)

**【党员群众献爱心】** 南方冰冻灾害、"5·12"四川汶川大地震发生后,全体干部职工主动捐款捐物,全体党员还主动交纳了特殊党费,向灾区人民奉献一份爱心。

(国 帅)

**【安全生产常抓不懈】** 成立安全领导小组,明确分工、责任到人,签订安全生产责任书,加强安全生产的巡视和寻访。多次对管辖商业网点进行系统全面的安全检查,发现问题及时纠正,并下达限期整改通知书。在奥运期间,对重点单位、人员相对集中场所进行逐一排查,确保了安全生产运营。

(国 帅)

## 北京博兰特食品工贸集团

**【概 况】** 北京博兰特食品工贸集团是区属国有企业单位。集团设1个总部(有四部一室)和9个基层单位。其中3个监管集体企业,2个参股企业,是相对的经营单位,具有法人资格,享有法人权利。在职职工333人,离退休职工2674人。现有自然网点264个,总建筑面积20.1624万平方米,经营性资产14.6817万平方米。集团党委是企业的政治领导核心,在企业中起监督保证作用。集团实行总经理负责制,总经理承担着企业经营和资产运营的双重职责。企业职工采用合同用工制度,中层以上领导干部实行一年一聘任制。

(董秀兰)

**【经营情况】** 集团资产收益3095万元,比上年2969万元增加126万元,同比增收4.24%;实现利润284万元,完成计划的101.45%;上交国家各种税金553万元;国有资产保值增值率实现102.3%,比上年102.12%增加0.18个百分点。

(董秀兰)

**【安全生产】** 坚持"安全第一,预防为主"的方针,以"维护企业安全稳定,实现平安奥运目标"为主线,与所属单位书记、经理分别签订了经济目标、党风廉政建设、安全生产目标责任书。各类安全检查487次,解决各类安全隐患35起。投资19万余元购置设施确保资产安全运营。制定重大事件应急预案。为确保人员稳定,督促租赁户员工办理了暂住证,外来人口管理已全部登记造册。所属各单位坚持月报、周报制度,及时为领导提供全方面安全情况。2008年集团被评为丰台区北京奥运会残奥会先进集体、丰台区安全生产工作先进单位。总经理刘峰同志被评为丰台区"奥运先进个人"。

(董秀兰)

**【财务审计】** 加强资金管理,发挥资金的集中效应,将所属部分单位分散的资金集中管理,全年资金收益额同比增加了24多万元,为企业今后发展提供了资金的保障。对本企业进行了2次内审,对所属各单位所提供的2008年的账簿、凭证、合同、报表进行了认真核对、分析。荣获2005年至2007年北京市内部审计先进单位。

(董秀兰)

**【办实事】** 为353名在职干部职工准确核定了五项社会保险基数,进行了住房公积情况调查摸底及缴费基数核定工作。为408名符合条件的患病职工,由企业补充医疗保险金报销了医药费31.51万元,为49名符合条件的人员进行了特殊工种的认定。春节、"七一"开展了"送温暖"活动,走访慰问职工、困难党员120人,慰问老干部及遗属48人次,送慰问金7.6846万元。

(董秀兰)

【帮扶济困】 为19名患病和生活困难党员办理医疗救助卡。四川汶川大地震后,开展赈灾捐款活动,共捐款6.2271万元。

(董秀兰)

【党风廉政建设】 落实企业“三重一大”、领导干部述职述廉、收入申报和个人有关事项报告制度。组织开展了“做党的忠诚卫士、当群众的贴心人”活动。将《丰台区国资委党委关于建立健全惩治和预防腐败体系的实施办法(试行)》纳入了党建工作目标管理,以“平安奥运”为核心,服务保障奥运为重点,强化一岗双责制,严把“人、财、物”三大关口,确保了企业万无一失。坚持任用干部聘前廉政谈话制度。受理接待处理群众来信来访、来电26件次,对群众提出的问题,遇到的困难,较妥善地给予了办理。

(董秀兰)

【调研报告】 编辑印发了《博兰特集团三十年改革发展回顾》、《关于博兰特集团发展规划的思考》,结合平安奥运上报各类信息139份,调研论文2篇。

(董秀兰)

## 兴源粮油贸易总公司

【概　况】 兴源粮油贸易总公司是丰台区国资委系统一家区属国有骨干企业,其前身为丰台区粮食局。主要从事房屋租赁、联营承包、粮油销售、食品加工销售、物业管理等项业务。公司总部位于丰台六里桥南里,紧邻北京西南交通枢纽。总资产0.8亿元,200多个经营网点遍布丰台区内,现有在岗职工194人。总公司管理六个经营部及花城公司、聚兴高科技孵化公司、饲料公司,托管三家区属企业和两家市属企业。是年,公司党委坚持以人为本,落实科学发展观,实现利润125万元,职工平均收入增加了10 %,达到39431.16元。被授予“北京市和谐劳动关系单位”称号。

(唐亦文　潘爱爱)

【资产盘点】 根据国资委的部署,配合有关部门对接收的纺织器材厂资产进行了盘点,核对账目,逐项分解审报核销项目,摸清了底数,制定了财务工作整改措施。

(唐亦文　潘爱爱)

【为四川地震灾区献爱心】 5月12日,四川汶川发生了强烈地震,组织全体党员、群众开展献爱心活动,共捐款4.307万元,其中党员捐款1.465万元、职工捐款2.842万元。

(唐亦文　潘爱爱)

【为平安奥运做贡献】 北京举办奥运会,为确保一方平安,公司从抓内部安全入手,进行了信访和矛盾排查,各支部认真坚守岗位、履行职责,坚持做到有问题早发现、早解决、早汇报,确保了公司内部的稳定。组织16人参加了火炬传递活动。本单位被评为奥运先进集体,有两名同志被评为先进个人。

(唐亦文　潘爱爱)

【关心职工生活】 春节期间为24名离退休老干部发放了慰问金1.23万元,并召开了春节团拜会。国庆节期间给13位离休干部送去每人300元的慰问金。为6名无工作的去世离休干部配偶调整了生活补贴,每人每月至450元。在“三八”妇女节期间,为女职工拨付活动经费8540元。

(唐亦文　潘爱爱)

## 北京市丰台区烟草专卖局(公司)

【概　况】 北京市丰台区烟草专卖局(公司)实行“统一领导,垂直管理、专卖专营”的经营管理体制,主要负责辖区内的卷烟经营和市场管理。年内,实现销售收入10.85亿元,同比增长9.83%;实现利税2.45亿元,同比增长19.95%,其中实现利润1.98亿元,同比增长16.93%。丰台烟草的企业效益稳中有升。

(张云琴　吕海东)

【质量管理工作】 组织相关人员参加了北京

市烟草专卖局(公司)组织的ISO9000质量管理体系认证培训,并按要求绘制了质量管理体系流程图,并以此为契机,全面提升本局(公司)的质量体系管理水平。

(张云琴 吕海东)

**【烟草专卖打网络工作】** 截至12月底,查办涉烟案件139起,其中100万元以上案件4起,假烟网络案3起,共查获违法卷烟3877.74万支,实现罚没收入163.63万元。与区政法委建立了行政执法联席会议制度,与检察院共同下发了《北京市丰台区人民检察院、北京市丰台区烟草专卖局移送追刑联动工作制度》。与十个区县局烟草公司及公安联合了共同破获"4·16"、"12·18"大型违法经营卷烟网络案件,查获了大量违法卷烟,主犯及涉案上中下游人员全部抓获,受到北京市烟草专卖局(公司)领导的充分肯定。是年被拘留26人,判刑21人。

(张云琴 吕海东)

**【固定资产数字化管理】** 新增固定资产软件管理系统,配置条码录入和输出设备,实现了固定资产数字化管理,提高了工作效率,并通过计算机设备使用者实名制管理增强了使用者责任意识。

(张云琴 吕海东)

**【网建试点验收合格】** 3月7日,丰台烟草作为国家烟草专卖局网建工作试点单位,接受并通过了国家烟草专卖局试点工作组的检查验收。

(张云琴 吕海东)

**【落实开展三项检查工作】** 根据国家烟草专卖局提出的行业"三项检查"工作内容要求,开展了"物资采购、宣传促销、工程投资"三个专项整顿规范工作,从立项审批、决策公开、透明角度入手,严格监督管理,规范了企业内部制度和工作流程。

(张云琴 吕海东)

**【明确劳动管理制度】** 认真贯彻执行《劳动合同法》,梳理劳动合同、规范劳动用工行为,制订出台了现行《劳动合同管理办法》和《劳动管理办法》。参加了市局(公司)组织的人力资源管理系统操作培训,并按要求完成了数据录入及审核任务,加快了人力资源管理系统建设。按市局(公司)《关于下达2008年度聘用人员部分福利发放标准的通知》要求,提高了聘用人员福利待遇。

(张云琴 吕海东)

**【迎接奥运火炬传递】** 8月6日,奥运祥云火炬在总部基地进行传递,本局有20余名干部职工到指定地点迎接了火炬传递活动。

(张云琴 吕海东)

## 北京天正时威物资回收有限责任公司

**【概　况】** 北京天正时威物资回收有限责任公司(原丰台区物资回收公司),现有职工102人,离退休职工957人,总资产3077.9万元。年内商品销售额6107.76万元,经营费用277.04万元,管理费用873.73万元,平均毛利率实现5.97%,上交缴税费114.56万元。

(于淑芳)

**【职工代表大会】** 1月11日,召开了公司第七届三次职工代表大会,会上职工代表听取了年度工作报告、业务招待费使用情况的报告以及安全生产报告。表彰了2007年度优秀员工11名。

(于淑芳)

**【企业改制工作】** 北京市供销合作总社于3月20日批复《丰台区物资回收公司关于企业改制方案的请示》,同意丰台区物资回收公司进行产权制度改革。4月3日公司召开了第七届四次职工代表大会,讨论并通过了《丰台区物资回收公司关于企业改制方案》。4月18日职工开始认购股份。4月24日召开了北京天正时威物资回收有限责任公司第一次股东大会,会上通过了《北京天正时威物资回收有限责任公司章程》,选举了王又强等七名董事会成员和一名执行监事。市供销合作总社企业管理部刘凯部长、丰台区国资委主任徐鸣凤参加了会议。同日下午,召开了北京天正时威物资回收有限责任公司第一次董事会,选举王又强为公司董事长兼总经理。5月9日新公司“北京天正时威物资回收有限责任公司”注册成功。

(于淑芳)

**【用车制度改革】** 企业改制后,为了控制费用,理顺管理促进新企业发展,进行了用车办法的改革,把现有办公车辆进行评估后作价给个人。车改后,企业不再大量养车,采用费用包干的办法,超出自付。

(于淑芳)

**【企业机构重组和新建工作】** 企业改制后,为了进一步按照新的企业制度进行经营管理,对企业机构进行重新组合分立,按照企业发展规划注册登记新公司。原公司收购网点部与再生资源管理部合并成立社区回收公司;在子公司——中乐物资公司的基础上建立了再生资源分拣中心;将原综合管理部分为人力资源部、经营管理部和综合管理办。11月注册登记云南京丰置业有限责任公司,计划在外阜开发房地产、花卉种植、文化旅游等产业,以扩充经营内容,改善经营结构。11月注册登记北京天正通裕物资运输有限责任公司,主要经营再生资源废旧物资的物流配送。这个公司是丰台区再生资源体系建设的一部分,公司的成立,使“两点一线”的体系构想成为现实。

(于淑芳)

**【企业标准化管理体系认证工作】** 3月1日新认证了职业健康安全管理体系。至此,企业已具备了质量管理(ISO9001:2000)、环境管理(ISO14001:2004)和职业健康管理(GB/T28001-2001)三标体系认证。

(于淑芳)

**【互访学习参观】** 6月12日澳大利亚商人考察亦庄分公司,双方探讨再生资源利用方面的合作问题。7月3日西安市供销回收处马景泉处长一行5人前来考察学习再生资源体系建设工程。10月10日中国物资再生协会副会长刘强带香港客商前来参观。11月3日广州市供销合作总社章树和副主任带广州市再生资源管理办公室人员,前来学习再生资源体系建设。

(于淑芳)

**【落实区重点工作】** 按照区政府为民办实事的折子工程要求,落实在街、乡、社区建设回收亭工程。这是“两点一线”构想的基本端点。

(于淑芳)

**【再生资源体系建设】** 再生资源加工分拣中心的办公、宿舍楼以及用于加工的3400平方米的厂房已建成。分拣中心用于废纸、废塑料分类打包等,年设计加工能力为8万吨。是年区再生资源回收的“两点一线”(两点:即社区收购亭、分拣中心;一线:即再生资源运输车)体系工程已基本建成。

(于淑芳)

# 外经外贸

**【概　况】** 年内,丰台区利用外资、对外贸易和经济合作基本平稳,新引进外资项目32个,批准设立境外企业3家,实际利用外资1.2亿美元,对外投资额近2300万美元,完成进出口额贸易总额56.08亿美元,投资信息平台建成开通,各种投资促进活动日渐活跃。

(陈华芳)

**【实际利用外资】** 全年新引进外资项目32个,其中投资额超500万美元项目(含增资)13个,比上年同期增加10个;实际利用外资1.2亿美元,连续两年突破1亿美元,在全市

18个区县和3个开发区中居第八位。外商增资快速增长，是年在本区的法国家乐福、韩国现代重工、韩国乐天超市、德国柯诺木业等15家外商投资企业追加投资，外商增资额达8500万美元，同比有大幅度的增长。

（陈华芳）

**【对外贸易稳步发展】** 全年完成进出口额贸易总额56.08亿美元，同比增长3.24%，居全市各区县第七位。其中出口12.37亿美元，同比增长51.89%；进口43.71亿美元，同比下降5.33%。

（陈华芳）

**【对外经济合作取得新进展】** 批准设立境外企业3家，对外投资额近2300万美元，同比增长8.4倍，分别在俄罗斯远东地区、非洲从事矿产资源勘探以及在香港从事航运服务。

（陈华芳）

**【完成招商引资信息平台建设】** 完成丰台区招商引资综合信息平台建设，并在全区街、乡镇和重点项目单位建立招商信息工作联络机制，明确各单位主管领导和联络员，保障信息平台的运行。通过平台宣传丰台区投资环境，深化投资服务，促进项目对接，完善投资项目信息征集渠道，汇集信息资源，招商工作取得新进展。

（陈华芳）

**【参加经贸活动】** 组团参加第十二届京港洽谈会，牵头组织展览展示、编制招商项目册、参加京港金融服务合作论坛，进行宣传推介，并通过凤凰卫视、文汇报等媒介进行深入宣传报道。在港期间，安排区主要领导会晤了嘉里控股有限公司、香港证券经纪业协会等多家企业高层，仅隔8天，嘉里控股有限公司便率团对丰台区丽泽金融商务区进行了详细考察，招商工作取得了明显成效。组团参加第十二届中国投资贸易洽谈会，以展览展示、组织专场推介等形式宣传丰台区重点招商区域和项目。参与协办“第四届中国总部经济高层论坛”，通过会刊专题，推广丰台区近几年在践行总部经济理论上的成绩与经验。

（陈华芳）

**【组织招商洽谈会】** 组织“2008北京丰台国际投资机构招商洽谈会”，整理推出产业用地1600亩，办公空间900万平方米。吸引了西班牙、荷兰等6家驻华使馆机构，中国华商会、新加坡商会等33家国内外商、协会和64家中外投资机构参加。新华通讯社、中国国际广播电台、香港文汇报等30多家媒体进行了宣传报道。

（陈华芳）

# 服　务　业

## 丰台区修理公司

**【概　况】** 是年，公司按照科学发展观的要求，克服困难，发展生产，努力提高经济效益，实现了资产的保值、增值，完成了年度工作任务，职工收入同比增长28.3%。解决历史遗留问题，清还历史债务13万余元。

（吴淑红）

**【明确责任实施奖惩】** 年初，公司与所属基层单位重新签订《经营业绩考核责任书》。严格落实年度考核制度，按照业绩指标完成情况实施奖惩。奖励约束机制的建立与履行，实现了风险与利益共同承担，激发了基层企业负责人的责任感和事业心。

（吴淑红）

**【制订劳动用工制度】** 为维护职工的合法权益，充分调动职工的工作积极性，依据《劳动合同法》、《职工带薪年休假条例》，制定了《丰台区修理公司职工带薪年休假实施办法》，规范了劳动关系。

（吴淑红）

**【献爱心活动】** 四川汶川大地震后,公司开展了赈灾捐款活动,共捐款1.216万元,其中员工捐款6990元、交纳特殊党费5170元。

(吴淑红)

**【服务奥运做贡献】** 北京举办奥运会,为确保一方平安,公司成立了平安奥运领导小组,与各基层独立法人单位签订了平安奥运责任书,机关各部室提交平安奥运保证书,将责任分解落实到人。开展了“迎、讲、树”主题实践活动,营造了和谐向上的企业氛围。经过严格政审,8名同志参加了丰台区火炬传递活动。

(吴淑红)

**【制定企业发展规划】** 为进一步推动产业结构优化升级,转变经济增长方式,加速推进企业改革,根据企业实际情况和工作中存在的问题,制定出《丰台区修理公司2008—2010年企业发展规划》,为公司下一步发展筹划思路,指明方向,为建立现代企业制度奠定了坚实的基础。

(吴淑红)

**【生产安全工作】** 坚持“安全第一、预防为主、综合治理”的方针,严格落实各项规章制度,领导带领工作组,深入一线查隐患、查漏洞,发现问题及时整改,实现了全年安全事故零指标。

(吴淑红)

## 北京天旭饮食服务公司

**【概　况】** 年内,公司以构建“和谐企业”为目标,强化管理,提高资产运营效益,实现利润40.38万元,同比增长63%;职工人均年收入2.02万元,同比增长20.54%。年末在职职工112名,离退休人员382名。

(李世红)

**【强化管理】** 加强财务管理,调整和规范财务科目,实行会计电算化,履行财务审批程序,大额度资金的使用由领导班子集体讨论决定,使财务管理更加规范化。抓好合同管理和租金收缴,完善合同文本,新签、续签、终止合同18份,视市场和位置因素合理确定租金,以确保租金适度增长。抓好合同履行,维护企业权益,租金收缴率100%。

(李世红)

**【为奥运保平安】** 成立平安奥运工作领导小组,坚持一把手负总责,主要领导分工负责和职能部门科室具体负责的领导机制,将安全工作划片、分解到个人,与25个单位签订《维护企业安全稳定实现平安奥运责任书》。做好宣传教育工作,组织下属单位37人进行安全防火培训。加大安全检查监督力度,进行安全检查9次,检查自然门店320个,发放各种安全材料125份,实现奥运一方平安。

(李世红)

**【送温暖】** 出资8500元,走访慰问17户困难职工和离退休老同志,送去了党的温暖和企业的关怀,促进了和谐企业建设。

(李世红)

**【献爱心】** 汶川地震后,积极组织募捐活动,党员群众共募捐善款6430元,缴纳特殊党费9100元。

(李世红)

## 北京市京都公司

**【概　况】** 北京市京都公司下属三个市场、一个汽车修理厂、一个大都休闲俱乐部。是年,公司努力践行科学发展观,克服困难,谋求创新,在主营业务上下功夫,实现了年初预期目标。新建卫生间两座、粉刷墙面20万平方米,实现利润20.8万元。

(李　芳)

**【抓安全保平安】** 北京举办奥运会,公司将“抓安全、保稳定”上升到讲政治的高度,制定紧急情况处置预案,安排人员24小时值班,落实责任追追究制,将责任落实到人。公司安全生产工作领导小组坚持每月对所属单位进行一次全面检查,对人员密集型场所不定期地进行抽查,重点查找防火设备、电器线路存在的安全隐患，对检查中发现的问题及时制定整改措施，记录整改情况，建立长效安全的监管机制。密切配合北京市各项专项治理、检查行动，认真做好本企业内窗口行业的环境整治和职工教育工作。

（李　芳）

**【劳动合同签订工作】** 为落实国家关于企业职工社会保险政策，公司就保障企业和职工利益做了认真的研究，根据公司实际制定措施，召开贯彻落实《劳动合同法》专题会议，对公司下属企业的员工进行宣传教育，落实并完善了《劳动合同》的签订工作。

（李　芳）

## 丰台区饮食服务旅店行业协会

**【概　况】** 年内，区饮食服务旅店行业协会在区商务局的正确领导下，在上级各有关部门的关怀和支持下，以党的十七大精神为指导，围绕“十一五”规划发展思路，深入学习实践科学发展观，推进行业自律，提升行业服务水平，努力为会员企业提供服务，组织会员企业开展各类活动，为服务奥运，充分发挥协会的职能作用。

（贺培云）

**【中文菜单英文译法规范工作】** 3月份，北京市人民政府外事办公室、北京市商务局下发了《关于本市餐饮业开展中文菜单英文译法规范工作的通知》，按照《通知》要求，在本区内的18家特色风味餐厅、20家国家级特级酒家、18家国家一级酒家及奥运场馆周边大、中型餐饮企业中积极认真的推进了规范工作，并将《中文菜单英文译法规范》一书发给企业。据统计，这些企业累计制作、更换中英文对照的规范菜谱达1553本，合格率为87.7%。

（贺培云）

**【宣传指导检查控烟工作】** 4月份，北京市政府颁布了《北京市公共场所禁止吸烟范围若干规定》，协会利用网站、会刊进行了宣传，组织餐饮企业负责人学习政府禁烟令，并号召餐饮企业按规定抓好落实。截止六月底，丰台区内18家特色风味餐厅、20家国家特级酒家、18家国家一级酒家及奥运场馆周边的大、中型餐饮企业均已张贴禁烟指示牌，设立无烟区和无烟厅房。

（贺培云）

**【完成奥运培训工作】** 采取入户和集中相结合的方法，对3000名服务人员进行了服务礼仪、英语、手语的培训。截止到六月底，完成了迎奥运三年行动工作计划提出的14360人的培训任务，连续两年被评为北京市奥运培训工作先进单位。

（贺培云）

**【奥运志愿者服务行动誓师大会】** 在距奥运会召开30天之际，承办了由区商务局主办的，丰台区商业、服务业“迎奥运我们准备好了”主题演讲比赛暨奥运志愿服务行动誓师大会。来自全区商业、服务业的11家企业的选手围绕“迎奥运我们准备好了”的主题，结合企业的实际情况进行了演讲，东方名剪美发美容连锁有限公司成为本次演讲比赛金奖得主；银奖分别被迪斯康特购物中心和商都酒店夺取；贵友大厦、方庄全聚德、天天渔港分别获得铜奖。太熟悉右安门店、方庄购物中心、南国水乡生态美食广场、华堂商场、普德宾馆获得优秀奖。演讲比赛后，区商业、服务业49名奥运志愿服务标兵上台宣誓。（誓词：我志愿为奥运服务，礼迎八方宾客，微笑周到服务，展现首都形象，弘扬中华文明，为祖国争光，为奥运添彩，“We are ready！”）

（贺培云）

**【完成奥运属地餐饮管理工作】** 区商务局与餐饮服务商签订了《奥运餐饮服务合同》；督促餐饮服务商完成了33名奥运场馆服务工作人员和2辆送餐车辆的注册工作；完成了餐饮服务商与所有供应商的接洽工作；督促服务商按照各相关部门的要求，落实了整改措施；完成区商务局领导和区饮食服务旅店行业协会工作人员及车辆的注册工作;奥运赛时亲临场馆做好对服务商的餐饮服务工作的监督、检查、指导及与各有关部门的协调;每日按时向奥组委报送场馆运动员茶点、志愿者供餐信息。

(贺培云)

**【解决拖欠农民工工资问题】** 落实《劳动合同法》和《丰台区人民政府关于进一步解决拖欠农民工工资问题的意见》,企业与协会签订了“不拖欠员工(农民工)工资”承诺书,有效地解决了会员企业拖欠员工(农民工)的工资问题。

(贺培云)

**【丰台美食新体验活动】** 10月份,在儒宴酒楼举办了“2008北京购物季”——丰台美食新体验活动启动仪式,百家餐饮企业负责人纷纷在印有活动主题的条幅上联名签字。活动的开展对带动区的餐饮消费起到了促进作用,进一步提高了区餐饮业的整体影响力。

(贺培云)

**【2008北京发型化妆大赛】** 4月份,组织区美发美容行业的22名美发、美容师,参加了“2008年北京市第二十二届发型、化妆大赛暨迎奥运美发师、美容师职业技能总决赛”,区白天鹅美容美发中心的王涛和皇家沙宣美容美发学校的白福芳两名选手分别荣获男士板寸和晚宴妆银奖;皇家沙宣美容美发学校的唐春晨和白福芳两名选手分别获得女直中长碎发和婚纱新娘妆铜奖;东方名剪刘志乾、东方美容美发培训学校宋佳丽、皇家沙宣美容美发学校胡全华等6名选手分别获得9个项目的优秀奖,协会荣获“优秀组织奖”。

(贺培云)

**【开展健康知识讲座】** 5至8月份,配合区爱卫会,开展了以《健康奥运? 健康丰台》为主题的知识讲座,为会员企业共举办了六场不同内容的健康知识讲座,来自全区餐饮业、美发美容业的33家企业的500多名员工到场听课。通过健康知识讲座,使很多员工对健康理念有了新的认识,并了解和掌握了一些卫生、健康等方面的知识。

(贺培云)

**【心系灾区 奉献爱心】** “5·12”四川汶川特大地震发生后,举办了一场题为“心系灾区、奉献爱心”的活动,募得善款17.2922万元。

(贺培云)

**【完成协会换届选举工作】** 按照协会章程,3月28日召开了第五次会员代表大会,来自全区餐饮、旅店、沐浴、洗染、摄影、美发美容六大行业的会员代表,共计226人参加了大会。大会通过了区饮食服务旅店行业协会第四届理事会工作报告和第四届监事会工作报告;区饮食服务旅店行业协会《章程》草案及修改说明;推荐并通过了第五届理事会和监事会候选人名单。理事会又选举产生了由39人组成的新一届常务理事会。天天渔港饮食娱乐有限责任公司总裁、区饮食服务旅店行业协会会长李京华同志继续当选为新一届会长。

(贺培云)

## 丰台维修服务行业协会

**【概　况】** 丰台维修服务行业协会成立于1990年,其业务主管部门是丰台区商务局。会员单位主要由从事家用电器、电子产品、计算机及办公设备、空调制冷设备、通讯终端设备等商品的安装、维修和售后服务工作的企业和个体经营者组成。是年共有会员单位78户,其中有限责任公司46户,占总数的59%;个体经营者32户,占总数的41%。

(梁生荣)

**【行业规范】** 为提高本区维修行业的服务水平,按《丰台区维修服务行业规范性文件汇编》的要求,对会员单位进行宣传、检查、落实,以提高会员单位的经济效益,促进行业健康发展。验证更换《专业资格证》78户。未发生一例投诉。

(梁生荣)

**【为奥运服务】** 在奥运会期间,部分会员单位负责首体、五棵松等八个奥运场馆的空调系统运行保障任务，先后组织40多名技术人员工作在一线，完成了保障任务。有几家会员单位，间接为奥运场馆建设和后勤保障服务，都受到了奥组委的好评。三个会员单位被市劳动和社会保障局评为市级"首都窗口行业技能示范单位"，有五个会员单位的技术人员(每单位一人)被评为"奥运技能服务明星"。

（梁生荣）

**【为灾区献爱心】**　四川地震发生后，会员单位通过各种渠道和各种方式向灾区人民捐款2万多元，捐物300多件。

（梁生荣）

**【技术培训交流】**　是年，为会员单位培训了制冷设备、电子产品、通讯设备、计算机维修等四个工种的中、高级维修工62名，经职业技能鉴定，全部取得劳动部《职业资格证书》。组织高端电子产品——平板液晶电视原理、故障与维修技术讲座两次，同行业技术交流一次。使行业内技术人员对高新产品的维修技术水平有了进一步提高。

（梁生荣）

**【社区维修服务】**　在区商务局网站上公布了23家参加社区维修服务会员单位的经营地址、服务项目、服务品牌、服务承诺、服务电话等信息，以便为创建和谐社区、方便人民生活服务，协会并负责监督。年内，社区上门服务39617次，修理物品39579件，比上年增长了15%，且无投诉。

（梁生荣）

## 旅　游

**【概　况】**　年内，丰台区旅游市场发展稳定，实现营业收入34.3亿元，同比上升17%；接待901万人次，同比上升8%，接待人数和营业收入实现同步增长，景区建设不断取得突破，北宫森林公园通过验收，被正式批准为国家AAAA级旅游景区。世界花卉大观园通过国家旅游局AAAA级景区初步评审。丰台区国家AAAA级旅游景区(点)增至4家。旅游接待设施改造不断取得实效，以北宫国家森林公园和南宫旅游景区为代表的河西地区旅游业取得长足进展，河西生态旅游格局基本形成。

（陈华芳）

**【卢沟晓月景观重现】**　7月20日，干涸了20年的卢沟晓月湖蓄水成功，终于有了水波映月的条件。水、月、桥连成一片，交相辉映，"五更他处不见月，独惟卢沟桥见之"的独特景观再次长久重现。

（陈华芳）

**【景区荣誉】**　国家旅游局命名世界花卉大观园为"全国工农业旅游示范点"，是丰台区继北京南宫旅游区后的第二个"全国工农业旅游示范点"。世界花卉大观园花卉文化旅游项目获得"中国创意产业潜力品牌奖"，进一步提升了花卉大观园的品牌形象。

（陈华芳）

**【旅游接待设施改造】**　各景区先后投入了1500余万元，对基础设施、标识系统、环境绿化美化等硬件及配套服务设施进行了改造。世界公园建成"北京礼物"旅游纪念品专营店，被市旅游局誉为"京城旅游景区第一店样板店"。南宫温泉度假酒店和南宫体育公园开始试营业，南宫综合游客中心主体建设基本完工。卢沟桥历史博物馆正式对外开放，拥有800多年历史的卢沟桥第一次有了自己的桥史博物馆。

（陈华芳）

**【旅游格局】**　制定完成了《河西地区旅游产业发展规划》，为指导、培育生态旅游产业链的形成，促进河西旅游的整体发展提供了指导。民俗旅游景区建设取得突破。王佐南宫村、长辛店御景山庄、中华名枣园被评定为“北京市级民俗村”。王佐镇南宫村进行了“一村一品”全面创意策划,提出了“温泉南宫–绿色田园”的旅游发展定位,将成为全区乡村旅游的样板和示范。以北宫国家森林公园和南宫旅游景区为代表的河西地区旅游业取得长足进展,已经具备了农业观光、温泉养生、生态采摘、登山健身、军事体验和休闲度假等多种旅游功能,河西生态旅游格局基本形成。

(陈华芳)

**【旅游活动】** 区旅游局与区委宣传部共同推出“科学发展之旅”活动,以西部生态旅游资源为基础,以旅游的形式展示科学发展观在促进新农村建设、改善生态环境、调整产业结构等方面发挥的巨大作用,吸引了来自内蒙、湖北、河北、贵州等各地近万人来丰台区组织参观考察和学习。先后举办了“第八届北京荷花节”、“第二届海峡两岸花灯会”、“新春赏花游”、“梅花展菊艺展”、“炫彩世界,相约奥运–大型歌舞花车巡游”、“南宫温泉养生文化节”、“千灵山登山健身节”、“乡村旅游进社区”等10余项内容丰富的旅游活动,吸引游客100余万人。

(陈华芳)

**【宣传推介工作】** 先后参加了国际旅游博览会、全国旅游交易会、北方旅游交易会、北京旅游博览会等旅游宣传推介活动,共发放各类宣传资料4万余份,开拓了国内旅游市场。编制出版《畅游丰台一册通》,汇集区域旅游信息,面向全市发放。举办首届丰台旅游商品设计大赛,面向社会征集作品300余件,评选出优秀作品32件,挖掘出一批具有丰台特色的旅游产品,“卢沟醒狮”印章和丰台旅游纪念套币分获实物类和创意类一等奖。

(陈华芳)

**【奥运保障工作】** 全区旅游行业系统单位加强安保措施,狠抓安全落实,各景区和星级饭店认真提高服务质量和接待水平,全力做好奥运接待服务工作,奥运接待服务零投诉,实现了“四零三满意”的工作目标。卢沟桥文化旅游区、世界公园、南宫旅游景区、建银大厦等8家企业和旅游系统30余人荣获“服务奥运”先进集体和先进个人。

(陈华芳)

**【奥运旅游接待】** 奥运期间,作为“奥运宾客项目”首条线路,卢沟桥景区接待了来自瑞典、瑞士、格鲁吉亚等国的奥林匹克大家庭成员宾客一行30余人参观游览卢沟桥、宛平城;南宫旅游景区和世界花卉大观园先后接待了来自100个国家的600多名奥林匹克青联营营员;世界公园开辟的“中国传统文化体验区”,丰富奥运期间外国游客的在京文化生活;莲花池公园奥运文化广场作为北京26个奥运文化广场之一,开放期间共举办文艺演出和各类文艺表演近百场,接待游客十余万人次。同时,全区20个家庭幸运成为“奥运人家”,奥运期间接待五湖四海的朋友,体验和了解北京文化。

(陈华芳)

## 世界公园

**【概　况】** 年内,世界公园在区委、区政府及行业主管部门的领导下,以“平安奥运”为工作目标,努力开拓旅游市场。完善配套基础设施,开展旅游促销宣传,挖掘文化特色,完成平安奥运的各项接待工作,受到市区领导的好评。共接待游客近65万余人。

(黄　洁)

**【实现“平安奥运”总体目标】** 根据中央和市委、公安系统的部署,世界公园被确定为2008年北京奥运会、残奥会期间非政府组织集会、游行和示威活动的三处场所之一。成为建国以来首次由官方指定的合法游行示威场所。接到上级指示后,公园成立了“北京世界公园安全保卫应急指挥部”,制定了《北京奥运会、残奥会世界公园安全保卫应急预案》、《奥运会期间境内、外人员集会、游行、示威世界公园安全保卫方案》等应急安全预案，逐级签订了《世界公园安全责任书》、《岗位安全责任书》、《安全工作告之书》，把安全工作任务和责任落实到部门、岗位、班组和个人。配备了必要的安全设施，实现了奥运期间安全有序。奥运会期间公园共接待11万名中外游客，得到了市、区领导的好评。

（黄　洁）

**【改造基础设施】** 投入130万元粉饰大门区和景点建筑，制作全景图2块，更新景点说明牌18块，制作道路指示牌23块，景区提示牌120块，制作天气预报显示屏1处，增加5处无障碍措施。在市旅游局的资金支持下在美洲景区新建了一家奥运旅游商品精品店，在奥运会前如期开放，被市旅游局誉为“京城旅游景区第一店样板店”。

（黄　洁）

**【布置园容园貌】** 围绕“同一个世界、同一个梦想”的主题，利用260个工作日，以夏菊花、四季海棠等花卉为主，摆放一座大型花坛；悬挂80面“同一个世界、同一个梦想”——炫彩世界、相约奥运彩旗；投入30万元对园内主路及大门广场花坛进行布置，共摆放花卉10万余盆，得到了市区领导的一致好评。

（黄　洁）

**【拓展对外经营业务】** 利用公园一年四季不同的园林风景拓宽对外承接服务。完善了婚纱摄影的签约手续和各项规章制度，对外承接了婚纱摄影外景地的业务，承接了露天会议、冷餐会、年会、答谢会等。与老龄委合办“情系重阳，构筑和谐”老年文化游园活动，招商开发后勤区、小商业街等业务，收到了经济效益。

（黄　洁）

**【开展奥运“大课堂”活动】** 围绕奥运会的起源发展分阶段开展了奥运文化快车、奥运大讲堂、奥运图片展、奥运吉祥物我来画、“我手印圣火”签名秀、“爱琴海之帆”船帆表演等活动，向游人宣传和普及了奥运文化知识。12月17日至21日，公园带队参加了在北京国际展览中心举办的“北京礼物”第三届中国北京国际文化创业产业博览会，接待了参观者15万人次，发放宣传材料近7万份，收集了参观者意见近千条，吸引了中新社、北京晚报、北京您早等媒体的关注报道，起到了很好的宣传作用。

（黄　洁）

**【加强内部管理】** 加强内部管理，完善规章制度，抓好奥运旅游培训，规范旅游服务。重点加强一线员工的英语、手语、岗位技能培训工作，提高服务质量和服务水平。树立“游客至上，热情周到，顾全大局，注意细节”的行业作风和“以游客满意为目标”的服务宗旨。发挥法律顾问的作用，提高全园依法经营的意识。严格赠票制度，出台工作赠票发放管理制度。

（黄　洁）

**【开展城市志愿者服务活动】** 做为丰台区重点涉奥场所之一，公园还肩负着组建奥运会、残奥会志愿者队伍，参加站点服务的任务。自7月1日至9月17日，共上岗800多人次，其中信息咨询服务38500多人次，语言翻译服务900多次，应急服务300多人次。

（黄　洁）

# 高新技术产业

## 中关村科技园区丰台园

【概　况】 年内,实现技工贸总收入1250亿元,同比增长25%以上;上缴税费31.22亿元,同比增长25%;留区财政7.06亿元,同比增长21%,占区财政收入的20.3%。招商引资取得新进展。全年引进企业335家,注册资金新增50亿元,其中注册资金千万元至亿元企业40家,超过亿元企业10家。重点建设项目加快。全年开复工面积125万平方米,同比增长25%。总部基地项目东区33#地块15栋楼、12万平方米竣工验收,34#地块23栋楼,已有5栋封顶,构建了总部基地金融港。国美广场项目56万平方米进入内外装修和市政配套工程建设阶段。总部国际项目二期14万平方米主体结构封顶。

(叶福果　韩纬东)

【产业结构调整成效明显】 年内,有总部型企业205家,上缴税费占园区总量的70%。寻求各方面的合作,加快生产性服务业发展,打造园区文化创意产业品牌,已有俏佳人、航美传媒、画中画、卓望信息、冠华荣信等一批文化创意企业在园区聚集,技工贸总收入占园区总量的20%。

(叶福果　韩纬东)

【东区三期土地开发取得突破】 年内,完成东区三期土地开发可研报告以及地质灾害、交通、环境影响评价等13项重点工作。与涉及的自然村探讨了征地补偿和建立利益共同体等事宜。与六圈村及住户签订了拆迁补偿合同,已拆除80%的房屋。产业定位初步确定。经过充分论证,东区三期初步定位于"高技术服务总部区"。

(叶福果　韩纬东)

【西区规划深化调整】 年内,以中关村军民融合创新园二期选址在西区Ⅱ为契机,西区产业定位正式启动,初步定位于"先进制造业创新中心"。按照高新产业用地的发展格局,西区Ⅱ控规调整报审方案编制完成,编制土地一级开发实施方案和道路规划方案。

(叶福果　韩纬东)

【创新成果广泛应用国家重点工程】 年内,发挥园区技术创新平台的作用,完善实验室共享体系,一批航天军工企业参加了神舟七号飞船的研制发射。入园企业的奥运火炬珠峰燃烧技术、快速切换电源、纯电动客车等技术成果服务奥运会。7家入园企业参与开发建设的青藏铁路工程和大秦铁路运输成套技术与应用,分别荣获国家科学进步特等奖和一等奖。

(叶福果　韩纬东)

【企业技术中心加快扩容】 年内,在30多家企业研发机构的基础上,全年有8家企业被认定为市级企业技术中心。累计园区共有市级技术中心12家，国家级技术中心2家。

（叶福果 韩纬东）

【创新资源不断在园区聚集】 年内，引进各类人才918名，成立北京软件行业丰台分会，12家企业入选第二批“中关村百家创新型试点企业”，9家企业成为中关村百强突出贡献企业，6家企业科技成果荣获“第十一届北京技术市场金桥奖”。

（叶福果 韩纬东）

【配套环境借助服务奥运提升】 年内，以服务奥运为契机，大力整治重点区域环境。重新装修创新大厦外立面；实施源之园休闲文化广场改造；完成园区干道沿线的拆墙透绿；建设园区文化广场和两座大型过街天桥。在完成富丰园老旧小区改造的基础上，有18栋楼通过“平改坡”工程验收；改造了原园区公园为生态主题公园。

（叶福果 韩纬东）

【火炬传递服务工作】 年内，开展“迎奥运、讲文明、树新风”活动，在奥运会倒计时100天之际，举办“总部经济区第二届运动会”。广泛开展志愿者服务行动，组织50多人参加首都职工文明拉拉队，培训17名交通驾驶员志愿为两个奥运服务。制定火炬传递方案和多项应急预案，精心布置火炬传递沿线花卉、串旗、景观，营造热烈喜庆的奥运氛围，确保奥运火炬在园区传递活动平安顺利进行。

（叶福果 韩纬东）

# 综合经济管理

## 发展改革综合管理

**【概　况】** 年内,区发展改革委认真贯彻落实党的十七大精神,围绕政策研究、投资管理、经济运行和机制创新的工作重点,立足科学发展,充分发挥综合经济部门的职能作用,在服务区域发展、加快城市建设、奥运服务保障、增强发展活力上取得了新成效,为加快推进现代化新城区建设做出了贡献。围绕市委市政府加快南城发展的机遇,着眼区域经济社会发展的全局,抓住影响和带动全区发展的战略问题,加强对重大政策措施的深入研究,为区委区政府决策提供参考和依据。充分发挥投资对区域发展的重要推动作用和调控作用,加强投资的宏观管理,统筹安排各类建设项目,加大项目推进和资金筹措力度,推进区域建设进程的加快。以奥运服务保障为重点,积极履行保障运行职能,保证电力供应,狠抓节能降耗,依法履行价格监管,实现区域平稳运行。以优化区域发展软环境为目标,以深化体制改革和推动机制创新为抓手,建立健全税源建设机制、全程办事代理制、企业服务机制,激发区域经济发展活力。

（陈英红）

**【紧抓南城倾斜机遇谋划丰台发展】** 紧紧抓住市委市政府加快南城发展的机遇,积极配合市发改委、市委研究室、市规划委、市人大代表丰台团等部门和领导做好加快南城发展调研,多次邀请市发改委领导来丰台区考察工作,积极争取市有关部门加大对本区的支持力度。加强调查研究,完成了《加快丰台区经济社会发展的思考和建议》,认真分析丰台区发展差距,明确了“抓统筹、引领发展,抓布局、协调发展,抓基础、保障发展,抓环境、促进发展,抓协调、助推发展”的加快发展思路,并提出了全额返还土地出让金、给予贷款贴息优惠政策、增加对财政转移支付、提高基础设施投资补助比例等需要市政府支持的政策建议。该报告已经通过区政府提交市政府,与市有关部门加快南城发展形成有力呼应,为丰台区抓住全市发展战略向南城转移、促进区域加快发展和科学发展奠定了重要基础。

（陈英红）

**【加快产业结构调整和优化升级】** 是年,初步核算实现地区生产总值510亿元,增长10%;财政收入达到34.8亿元,增长15%。消费对经济增长的拉动作用日趋明显,实现社会消费品零售额527亿元,增长27%;全社会固定资产投资完成200亿元,增长5%。产业结构不断优化,第三产业比重达到73.2%,同比提高1个百分点。高新技术产业快速发展,实现技工贸总收入1250亿元,增长25%。

（陈英红）

**【功能区建设取得重大突破】** 经过多方努力，丽泽金融商务区已纳入全市金融产业“一主一副三新四后台”总体空间布局，被确定为新兴金融功能区和新兴金融机构聚集区。完成了发展战略研究，确定了近期和中远期建设目标。启动了B6B7地块的土地一级开发，积极开展了控规调整、城市规划设计方案国际征集等工作。借助各类洽谈会、推介会，扩大商务区的知名度和影响力，为打造区域经济发展新引擎创造了条件。科技园区东区一、二期实现开复工125万平方米，东区三期土地一级开发前期工作基本就绪，总部基地金融港项目正式启动，启动了科技园西区产业定位研究，完成土地一级开发方案编制和部分地块控规调整工作。大红门服装商贸区被认定为全市服装服饰创意产业集聚区，北京CBC创意大厦的前期策划和鑫福海大厦的征地拆迁工作基本完成。河西生态休闲旅游区建设加快，编制了旅游产业总体规划，完成了千灵山风景区一期工程，北宫森林公园被批准为国家4A级旅游景区，与鹰山、青龙湖共同构筑了生态休闲旅游产业带，促进了生态旅游产业的发展。协助完成了北京南站改扩建工程，为发挥南站经济圈的辐射作用奠定了基础。

（安　静　陈英红）

**【政策导向作用继续强化】** 研究拟订了《关于进一步促进服务业发展的意见》，主要通过拓展服务业的承载空间、强化招商引资服务工作机制、积极引进和培育服务企业、加大财政资金扶持力度、做好服务业发展人才的引进和培养、强化服务业统计工作等措施，继续促进区域服务业的发展。制定了《丰台区产业发展引导基金管理办法(试行)》，产业发展引导基金初步安排5000万资金，并逐年递增，主要支持符合本区功能定位和产业发展方向的高端产业、特色产业、产业集聚区和特色街区、低端产业的淘汰和改造升级以及国家、北京市支持并要求区政府配套资金的产业项目。落实《关于促进丰台区经济发展的若干政策意见》，奖励标准创制突出贡献企业、经济发展突出贡献企业、品牌创造突出贡献企业、投资创业突出贡献企业255家，奖励金额2765.55万元。

（安　静　陈英红）

**【发挥规划引领功能】** 一是制定印发了《丰台区基础设施发展规划(2008－2010年)》。坚持规划引领和基础先行，对全区2008－2010年基础设施建设重大建设项目需求情况进行了全面梳理，为以规划确定项目、以项目落实规划提供了前提，也为安排好年度重点工程、加强项目管理和争取市级资金支持创造了条件，有利于加快本区基础设施建设，提高城市承载能力。二是初步完成“十一五”规划中期评估，基本评价是：经济发展健康平稳，综合实力大幅提升；社会公共服务体系逐步完善，人民生活水平不断提高；城市建设和管理水平得到提升，区域形象明显改善；创新能力得到较大发展，经济社会发展基础更加稳固，为加快现代化新城区建设奠定了坚实的基础。

（安　静　陈英红）

**【健全税源建设工作机制】** 制定了《关于进一步转变政府职能，加强企业服务，促进财税建设的意见》，强化政府为企业的服务，稳定现有税源基础。建立了属地纳税工作机制，制定并落实了2008年属地纳税工作计划，加强了建筑施工企业的税收征管。继续加大奖励力度，调动了街乡镇协税护税和招商引资的积极性，强化了税源建设的工作合力。共有8家重点异地纳税企业实现属地纳税，增加税收149万元。35家异地纳税的建设、施工单位实现属地纳税，完成留区税收1812万元。

（安　静）

**【政府年度投资计划】** 为统筹安排2008年

全区政府投资建设项目,合理安排政府投资资金,做好资金与项目的匹配与对接,区发改委会同区财政局编制完成了2008年政府年度投资计划,于4月11日上报区政府,4月21日经区长办公会审议通过,确定2008年区政府年度投资规模为82.9亿元,5月4日向全区正式下发了政府年度投资计划。

(王　巍)

**【积极争取市政府资金支持】**　是年,共争取市发改委资金支持72034万元,项目总投资262505万元,共涉及六类37个项目。其中城市交通类项目7个,市发改委安排投资30584万元;能源节约、生态建设和环境保护类项目20个,市发改委安排投资23816万元;城市社会发展和公共服务设施类项目6个,市发改委安排投资11467万元;政权基础设施类项目1个,市发改委安排投资100万元;产业发展类项目1个,市发改委安排投资1500万元;城区危改和城中村整治类项目2个,市发改委安排投资4567万元。

(王　巍)

**【政府投资建设项目代建制管理】**　是年,在继续做好光彩路、光彩西路、晨光路、丰台妇幼保健中心楼、丰台区卫生服务中心(站)等项目代建制管理工作的基础上,又新签订了残疾人综合服务中心、南苑医院翻扩建工程、丰台镇教育资源整合项目北京十二中科丰校区工程、北京市第十八中学新建校舍工程4个项目的代建合同。在代建管理中,批复开立资金专户,严格资金拨付程序和月报制度,督促代建单位加快办理前期手续,推进工程建设。

(王　巍)

**【固定资产投资行政许可】**　是年,共受理固定资产投资行政许可项目365件,其中行政许可项目立项184件(含项目审批34件,项目核准108件,项目备案42件),其他181件(含建设任务45件,立项延期17件,费用减免18件,项目变更30件,“四源”接用手续23件,初步设计概算8件,招标方案16件,资金申请报告12件,节能专篇12件)。立项项目涉及总建筑面积667.6万平方米,总投资334.9亿元,与2007年同期相比,立项减少122件,建筑面积减少336.8万平方米,投资减少10.4亿元。

(王　巍)

**【政银合作拓宽政府融资渠道】**　根据区政府审议通过的丰台区2008年政府年度投资计划,从全区政府财力出发,加强政银合作,积极与国家开发银行北京分行、北京银行丰台支行、北京银行总部基地支行等金融机构开展了政府投资项目贷款的洽谈工作。是年,共落实贷款23.1亿元,其中区发改委落实12.1亿元、区财政局落实11亿元。

(王　巍)

**【完善中小企业服务工作】**　是年,印制完成了《丰台区促进中小企业发展政策汇编》,着重宣传国家、北京市和丰台区近年来对企业鼓励和支持的相关政策,该政策汇编通过街乡镇和相关部门下发到各企业,受到了广大企业的欢迎和好评。

(姚怀玉　葛亚莉)

**【资源综合利用取得成效】**　是年,共有资源综合利用企业26家,其中新通过认证企业3家。消纳粉煤灰57.2万吨,尾矿石133.1万吨,煤矸石3.27万吨,尾矿石477.04吨。资源综合利用企业实现产值18.15亿元,实现利润1.7亿元,减免税1.28亿元。

(姚怀玉　付晓东)

**【狠抓节能降耗】**　是年,成立了由区长任组长,常务副区长任副组长,区委办、区发改委等46家行政单位主管领导任成员的节约能源管理工作领导小组,主要负责全区节能工作的统筹协调,制定节能降耗年度行动计划,明确各部门、各单位的工作目标和职责任务。召开了年耗能2000吨以上标煤重点用能单位节能工作会,就北京市节能工作形势及重点用能企业考核办法进行了讲解,并与六家重点用能单位代表签订了节能目标责任书。召开《丰台区节能工作实施方案（2008—2010）》培训会，对政府节能、建筑节能、重点耗能企业节能等16项重点节能工作，提出了工作目标，明确了责任单位，健全了保障措施。

（姜新华　陈英红）

**【制定区电力应急预案】** 是年，研究制定了《丰台地区电力突发公共事件应急预案》。为确保奥运期间区域内涉奥场所及周边的安全稳定供电，积极与丰台供电公司协调沟通，督促其制订了《丰台供电公司电力系统突发事件应急组织工作预案》，该预案下设14个子预案，以保证奥运期间电力设施安全、平稳运行为主要内容。敦促丰台供电公司针对架空线路抢修、配电室运行维护、电缆线路运行维护、电缆事故处理成立了12支抢修队伍，对48户城市运行重要用户、42户同母线用户、33户防汛用户、21户施工带永久用户制订了保障措施。

（姜新华　葛亚莉）

**【电力安全隐患整治成效显著】** 是年，全区电力安全隐患共计18处。其中在市政府挂帐的涉奥高压线下隐患13处，区级配电线路及重要用电用户安全隐患5处。为做好安全隐患整治工作，采取三项重点措施：一是“两早”，即早排查早部署，组织相关街乡镇对全区涉及奥运供电的高压线路保护区进行了逐一排查确认隐患，全面动员部署隐患整治工作。二是充分发挥隐患所在地街乡镇的工作优势，督促相关街乡镇确定电力安全隐患整工作负责人和承办部门，按照全区电力安全隐患整治的具体要求全力推进全乡的电力安全隐患治理工作。三是加强与北京输电公司的沟通联系，促进了电力安全隐患整治工作的顺利进行。

（姜新华　葛亚莉）

**【临时价格干预措施】** 为防止粮、肉、蛋、奶、油等食品和液化石油气等民用燃料价格的显著上涨，按照市发改委的要求，认真落实对上述这些商品及服务实行临时价格干预措施，主动与重点商品零售企业了解相关商品零售经营现状，全面掌握调价备案的进展情况，切实控制市场与人民生活密切相关的主要生活必需品的价格。

（陈志辉）

**【保障奥运期间价格平稳运行】** 为了及时掌握奥运场馆周边以及与奥运举办关系密切的服务价格变动情况，按照市发改委的要求并征得市发改委同意，将北京重庆山峡美食大茶楼、郭林家常菜望园店和世界公园喷泉工艺品商店列为奥运期间餐饮和旅游行业价格监测定点单位。在北京奥运会举办期间，重点对两家餐饮行业经营的全部商品品种和世界公园喷泉工艺品商店经营的部分旅游纪念品价格实行每日价格监测，以此了解奥运场馆周边相同行业所经营商品的价格变动情况，为市发改委进行全市价格调控和管理工作提供参考和依据。

（陈志辉）

**【行政事业性收费许可证】** 根据市发改委《关于2007年度行政事业性收费许可证年审的通知》精神，3月3日至5月31日，对本区行政事业性收费进行了年审工作，共审核行政事业性收费许可证总数735个。注销收费许可证12个，其中正本数6个、副本数6个。新核发收费许可证总数723个，其中正本数245个、副本数478个。领证收费单位总数478个，其中国家机关77个、事业单位212个、社会团体1个、其他单位188个。应年审的收费单位484个，实际年审收费单位484个，年审合格率100%。

（陈志辉　陈英红）

**【政府企业服务大厅】** 政府企业服务大厅共有11家入驻单位，38个对外办公窗口。是年，企业服务大厅共接待各类企业办事人员506951人（次），比上年增加105841人（次），增长26.4%；受理审批申请176647件，比上年增加27849件,增长18.7%,日均受理701件;完成审批申请154541件,比上年增加24023件,增长18.4%,日均完成614件;办结率87.5%。在区工商注册新办企业(不含个体工商户)共9465家,日均注册37家。

(黄迎春)

**【全程办事代理制工作】** 全程办事代理制工作不断规范和深化,并把考核重点转为向基层延伸服务的规范和深化。共有54家单位开展实施全程办事代理制工作,共建有服务大厅(受理室)84个,向基层科、站、队、所延伸86个,向社区居委会、行政村延伸346个。纳入全程办事代理制服务的事项1342项,向基层延伸服务事项603项。是年,共受理服务事项1367641件,办结事项1366587件,办结率99.9%,受理即办件902465件,即办率100%,群众满意率99.9%。全区对服务大厅(受理室)新增投资640多万元,全区农村五个乡镇分别投资新建了全程办事服务大厅,各单位新增投资主要用于改善本单位服务大厅(受理室)对外服务环境。

(黄迎春)

**【价格监督检查和奥运价格监管】** 以安民生、保稳定、创造奥运良好价格秩序作为贯穿全年的工作重点,开展了涉农、教育、医疗、医药、长途客运、电信等服务性收费及商品价格和全区明码标价执行情况的检查,共检查单位1346户,查处各类违纪案件48件,经济制裁总金额12.29万元。为确保奥运会期间市场价格秩序稳定,先后制定了《奥运会期间价格监督检查应急预案》、《价格举报应急预案》,并成立了领导小组统一指挥,全面部署市场检查工作。奥运期间每日安排2个检查组对重点地区、重点行业进行巡查。对待举报案件实行快速处理,共接待举报案件78件,经济制裁7250元,现场纠正错误32件,办结率100%,群众满意度100%。

(周国军)

**【价格举报】** 为贯彻《信访条例》的全面执行,对价格举报扩大了受理范围,在奥运等重要活动期间实行快速反应机制,重要时期实行24小时人工值守。接待咨询举报1138件,其中上级部门交办49件、有关部门转办19件。83812358价格举报电话接到各类投诉1048件,来访14件,来信7件,电子邮件1件。在接到的举报件中,调查协调解决各类价格纠纷387件,处罚57件,罚款11070元,没收款478元,责令退还消费者47976元;协调退款72件,协调退还举报人20875元。办结率100%,群众满意度100%。

(陈　健)

**【价格认证工作】** 以保稳定,服务奥运,创造奥运良好社会治安秩序作为重点,为公安系统(包括区公安局、铁路公安局、林业公安,计88个处、所、站)涉案物品价格鉴定2476件,评估金额1639.27万元。

(竺文成)

# 安全生产监督管理

**【概　况】** 年内,区安全生产监督管理局在区委区政府的正确领导下,围绕“平安奥运”制定年度安全生产工作计划,修订完善了丰台区安全生产应急救援、危险化学品事故应急救援、职业病危害事故应急救援等3个预案。突出监管,注重落实,生产安全死亡事故起数和死亡人数大幅下降,无重特大生产安全事故,保持了全区安全生产形势的总体稳定,确保了“北京奥运”的一方平安。

(张　强)

**【年度安全生产控制指标】** 是年,全区共发生道路交通、火灾、生产安全死亡事故69起,死亡81人,死亡人数约占全年控制指标107人的75.7%,与上年同期相比死亡事故起数减少20起，下降22.4%；死亡人数减少13人，下降13.8%。

（张　强）

【非法违法经营单位专项整治】　7月，区安监局牵头，联合各街乡镇、区工商分局、公安分局、卫生局、文委、商务局、消防支队、城管大队等多部门对本区非（违）法生产经营单位进行大规模专项整治，摸排出并建帐的非（违）法生产经营单位2090家，其中“六小”场所750家、易燃易爆等小化工场所16处、非法食品制售单位401个，不符合消防安全条件的地下空间102处、大杂院17个，其它不具备安全生产条件、存在较严重安全隐患的单位804个。

（张　强）

【奥运安保工作】　成立安全工作领导小组，制定安全保障方案，逐级签订安全稳定责任书，将安全责任指标分解到人。严格检查监督，奥运会期间全区共出动安全生产执法人员24735人次，检查生产经营单位19174家，下达现场检查记录10420项，发现并整改隐患7117项，确保了涉奥单位、周边沿线单位的生产安全，为平安奥运做出了贡献。

（张　强）

【危险化学品专项整治】　区安监局与200家重点危险化学品企业签订安全生产责任书，对354家涉爆、涉毒单位，特别是涉奥场所周边单位进行整治；对剧毒、隐患严重的单位实施关停；对有允许生产经营的单位实施严格管理；对重点储存企业实施限量存储，并安排专人24小时值班，每天上报情况，实施全天候监管；对57个重点危险化学品企业，派驻“红袖标安全督导员”，实施全方位死盯死守，以确保重点危险化学品企业处于安全可控状态。

（张　强）

【执法检查情况】　是年，区安监部门检查生产经营单位4493家，查出并整改事故隐患11336处，下达各类执法文书2577份，其中整改指令书428份、强制决定书226份，超额完成了市里下达的年度执法检查指标。调查处理伤亡事故及突发事件55起（含轻伤和举报），执法检查和事故处理共罚款390万元，比上年增加101万元。

（张　强）

【百日督查专项行动】　在开展“百日督查专项行动”中，区安委会牵头，联合区安全生产、防火、交通、食品四个安委会组成四个督查组，对各街乡镇开展安全隐患排查治理工作进行督查，抽查危险化学品、人员密集场所、建筑施工企业、涉奥场所、工业企业等42家单位、25个社区，发现问题和隐患90余项，依法责令2家单位限期整改，行政处罚3万元，取得了较好的效果。

（张　强）

【烟花爆竹的安全监管工作】　共审批180个经营网点，其中临时点176个、长期点4个；是年春节总订货5.6万箱，销售2000多万元。对全区835名从业人员和21个街乡镇50名管理人员进行了安全培训；对销售网点进行专项检查720家次，下达强制措施2份、整改指令书9份、暂扣许可证9家、吊销许可证2家、行政处罚2.1万元，确保了春节期间烟花爆竹的安全。

（张　强）

【开展安全月活动】　围绕“治理隐患，防范事故－－携手共筑奥运平安”的活动主题开展了一系列活动，6月4日组织了危化品泄露事故应急救援演练；6月6日各街乡镇都开展了安全月咨询日活动，共发放各类宣传材料近50万份；举办街乡镇负责人、安全检查员、危化企业负责人、受限空间预防职业急性中毒和汽修企业负责人培训班6期830余人；派出30人次为委办局、街乡镇组织的培训班授课，共培训4000余人次；组织特种作业人员培训11期，取证和复审19000余人。

（张　强）

# 统计工作

【概　况】 年内,统计局、调查队围绕全区中心工作和北京市统计局"发展提高年"的要求,深入贯彻落实科学发展观,以创新为灵魂,以文化为动力,努力开创"服务型统计"新局面。深化统计管理体制改革,加强基层基础工作;强化统计执法检查,统计服务水平全面提高。通过对本区国民经济各行业运行情况的监测,全年实现地区生产总值510.3亿元,比上年增长10.2%;全社会固定资产投资198.8亿元,增长4.4%;社会消费品零售额544.1亿元,增长31.2%;城镇居民人均可支配收入23006元,增长11.8%;农村居民人均纯收入11584元,增长11.9%。全区经济持续健康协调发展,人民生活水平稳步提高。在完成国家和市、区各项日常工作的基础上,完成了丰台区第二次全国经济普查前期准备工作、全国投入产出调查工作、环境卫生和环境秩序群众满意度调查、群众安全感调查等专题调查任务。统计网站建设、统计宣传、统计调研、统计执法等30多项工作进入全国、市、区先进行列。荣获全国投入产出调查先进集体、北京市统计系统先进集体等荣誉。

(赵国红)

【年报定报工作】 本年是统计管理体制改革和市信息化二期按照"一级平台、两级监管、三级共享"模式运行后的第一年,面对新形势,局党组提出"克服困难,全力以赴,争先创优"的目标,成立年报工作领导小组,加强对全区年、定报工作的领导,制定了工作方案、工作责任制及评比办法,建立科所共建机制;严格落实统计单位,保证统计范围完整;认真把好培训关,加强对数据的审核、评估,做到月度有信息、季度有分析、年度有报告,准确及时地反映区域经济发展情况。完成了2007年统计年报和2008年定期报表工作。2007年年报工作在北京市统计局综合考评中获二等奖。

(赵国红)

【举办三八群芳会】 3月6日,"统计风·巾帼情"三八群芳会在丰台区举行,市统计局局长崔述强、国家统计局北京调查总队总队长潘璠、丰台区委书记张大力、区长李超钢、区委组织部长杨逸铮以及市统计局、调查总队全体班子成员参加了活动。北京市统计局、国家统计局北京调查总队处级以上女干部、全市十八个区县统计局、调查队副处级以上女干部100余人参加了同庆三八群芳会。

(周　敏)

【开展为灾区献爱心活动】 "5·12"汶川大地震发生后,丰台局队全体人员积极捐款捐物支援灾区人民,先后五次累计捐款9.0455万元。

(赵国红)

【开发利用农业普查资料】 发布了丰台区第二次全国农业普查1—5号数据公报,并分别于5月29日、6月11日向区委、区政府汇报了十年来全区"三农"发展的基本状况、运行趋势和面临的问题。根据区委、区政府和各乡镇对"三农"数据的需求,参照市统计局《农村全面小康监测》和区政府《丰台区农村城市化评价指标体系》,在农普数据的基础上,建立了全区农村社会经济基础性指标数据库。结合本区农业自身发展特点,制定了《丰台区花卉统计报表制度》。与高校联合完成了《丰台区农村基础设施及运维问题研究》和《丰台区都市型现代农业进程评价及对策建议》2个农业普查专项课题。

(赵国红)

【2007年全国投入产出调查】 2007年全国投入产出调查涉及全区11个行业284家企事业单位。丰台局队精心组织、合理安排,采

取参加市局集中统一培训和本区培训相结合,现场收审和执法检查相结合,集中会审与专家指导相结合等方式,确保数据质量。6月30日,投入产出调查基层表、过录表和电子版数据按时上报市投入产出办公室并通过审核验收。丰台区投入产出办公室(丰台区统计局、调查队)获2007年全国投入产出调查先进集体。

(赵国红)

**【第二次全国经济普查】** 丰台区第二次全国经济普查是列入区政府折子工程的重点工作。7月17日区政府下发了《丰台区关于开展第二次全国经济普查的通知》,7月24日区第二次全国经济普查领导小组正式成立,7月31日街道、乡镇普查机构组建完毕。8月27—29日,召开区第二次全国经济普查清查工作布置会,抽调4000名普查员对辖区内的建筑物和企事业单位进行全面清查,共清查法人和产业活动单位36834个,个体经营户78259个。10月30日,在北京市第二次全国经济普查领导小组扩大会上,副区长王苏维代表丰台区做的题为《突出政府行为、加强部门协作、扎实做好第二次全国经济普查工作》的典型发言得到北京市经济普查领导小组好评。11月24—29日,召开丰台区第二次全国经济普查暨年定报工作布置会,对街道、乡镇普查机构和统计所进行了普查表填报工作培训;连续举办192场针对普查对象的普查表填报培训工作,完成了普查报表布置工作。12月7日,经济普查宣传月启动仪式隆重举行。12月31日,常务副区长、区经济普查领导小组组长汪洪发表电视讲话,对区第二次全国经济普查工作再次进行了动员。经济普查各项准备工作全部就绪,填报工作全面展开。

(赵国红)

**【统计文化建设】** 按照市统计局总队关于在全系统开展"忠诚统计、求真务实、追求卓越、乐见其成"主题大讨论的安排,在全局队范围内开展了统计文化核心价值观大讨论。7月25日,举办了旨在弘扬"三求三创"(求真、求是、求成、创新、创优、创业)统计精神、打造"和谐丰统"文化品牌的北京丰台统计文化先锋论坛。统计文化这座平台的搭建,凝聚了人心,鼓舞了干劲,增强了统计人求真务实、无私奉献的敬业精神,政风行风建设得到有力保证。

(赵国红)

**【开展奥运旅游监测】** 为做好北京奥运会各项保障工作,加强对重点领域、重点行业的监测,先后对辖区内的宾馆、饭店、旅行社、旅游景点等66家单位进行了13次阶段性调查、72次日报调查,奥运会和残奥会期间每日向区委、区政府报送《奥运旅游监测专报》共38期,分析奥运对本区经济社会发展的影响。

(赵国红)

**【迎接国家统计局局长调研】** 10月23日,上任伊始的国家统计局局长马建堂在北京市统计局局长崔述强、国家统计局北京调查总队总队长潘　的陪同下,到丰台区调研基层统计工作情况,区委书记张大力、区长李超钢陪同调研。马建堂一行听取了统计局领导的工作汇报,并走访了记账户,亲切慰问了基层统计工作人员。

(赵国红)

**【发行纪念改革开放三十周年画册】** 为了纪念中国改革开放三十周年,全面反映三十年来全区经济社会发展的巨大成就,编辑发行了《数说三十年　回眸新丰台》专题画册,该画册由区长李超钢任总编,常务副区长汪洪任主编,画册相关内容在丰台有线电视台《丰台新闻》"数字看丰台"栏目连续播放了25期。画册通过大量的数据和图片,反映了全区综合实力显著增强、城市化进程不断推进、各项社会事业全面进步、人民生活水平大幅提高的历史性转变,受到区"两会"代表、委员和社会各界的好评。

(赵国红)

**【开展专项调查】** 完成了居民生活必需品价格日监测任务,继续与区市政管委和08办完成了对各街道、乡镇环境卫生和环境秩序群众满意度调查,继续与区综治办联合开展对各街道、乡镇群众安全感调查,与区委组织部联合开展农村"三级联创"考评调查、组织干部满意度调查、街乡镇绩效评估调查,满足了区领导和职能部门需求,提升了统计服务水平。

(赵国红)

**【全程办事代理工作】** 继续推行全程办事代理—统计登记工作,区政府企业服务大厅统计窗口全年共接受各类咨询6112件,审批、办理、办结各类事项3073件,即办率、办结率均为100%,未发生一起争议、投诉事件。

(赵国红)

**【服务型统计上新水平】** 坚持"三服务"方向,即为领导和部门服务、为企事业单位服务、为社会公众服务,努力建设服务型统计,全面提升服务水平。《丰台报》"每周看点—来自区统计局的报告"栏目发布统计信息48篇,自2005年以来累计发布200期。自5月份开始,与区广电中心联合在丰台有线电视台《丰台新闻》"请您关注"栏目开播经济类信息,全年播出26期。改版丰台统计信息网,设置一级栏目12个,二级栏目47个,发布各领域、各行业数据和信息。年内共撰写调研报告12篇,统计分析115篇,各类信息645篇,接受统计信息咨询300人次以上。在2007年的基础上,对《丰台区情手册》内容、结构进行了调整和完善,突出了高新技术产业、房地产业、商贸物流业和文化旅游业等重点产业发展情况,该手册已成为各级领导工作中的参考依据。

(赵国红)

**【统计执法工作】** 统计局、调查队把统计执法工作纳入本局工作重点,在"稳定数量、保证质量"的基础上,突出"公正执法、和谐执法"。通过集中检查和区县互查相结合、局机关检查和统计所检查相结合、执法检查与服务企业相结合等方式开展执法检查工作,超额完成了市统计局下达的执法检查任务。共检查单位390家,立案28起,罚款15.8万元。

(赵国红)

# 劳动和社会保障工作

**【概　况】** 劳动和社会保障局内设机构19个,其中行政科室11个,下属事业单位8个;共有干部职工250人,其中行政编制49人、事业编制201人。年内,劳动保障系统以"关注民生、保障民生、改善民生"为立足点和出发点,以牵头承办"加快建立统筹城乡就业机制,完善社会保障体系"议案为契机,认真落实科学发展观,不断加大统筹城乡就业工作力度,加快推进城乡社会保障制度改革,努力维护劳动者合法权益和社会稳定,完成了全年各项指标任务,为平安奥运,为构建和谐丰台、促进区域经济社会事业又好又快发展做出了贡献,连续十年被评为全市劳动保障系统出色完成任务的单位。

(郭斯萌)

**【全区就业局势基本稳定】** 城镇新增就业3.19万人,登记失业人员就业2.32万人,就业困难人员就业1.1万人,农村劳动力实现转移就业6317万人。开发社区就业岗位1.6万个,安置失业人员1.4万人。职业介绍成功2.9万人。对3.5万名劳动者进行培训,其中培训失业人员1.4万人。是年城镇登记失业率为2.63%,控制在2.9%指标之内,保持了全区就业局势的基本稳定。

(郭斯萌)

**【实施积极就业政策】** 完善促进城乡劳动力就业的各项政策,形成了以经济发展促进就业为主,社区灵活就业、自谋职业、劳动者创业为补充的多渠道就业格局。实施“三同时”制度,成功推荐2.9万人在企业实现就业;开发社区便民服务就业岗位,帮助8210名失业人员实现社区灵活就业;加大创业扶持力度,实现创业835人,带动就业4255人。

(郭斯萌)

【实现城乡就业一体化服务】 规范就业管理制度,对城乡劳动者就业实行了统一求职登记、统一管理制度、统一服务内容和程序、统一服务规范、统一考核内容和标准的“五个统一”,完善了区、街(乡镇)、社区(村)三级公共就业服务体系,初步形成了城乡统一的人力资源市场,职业介绍管理服务信息系统延伸到社区、村。

(郭斯萌)

【突出就业培训实用性】 按照劳动力市场岗位需求和空岗信息,开展有针对性的技能素质提升培训。根据大龄就业困难人员和残疾人特点开展实用性、灵活性强的培训;按照农村劳动力不同需求开展技能培训、引导性培训、专业培训、储备培训等多项培训,实现城乡劳动者职业培训3.5万人,其中失业人员技能培训1.4万人。

(郭斯萌)

【加强对困难群体就业帮扶】 制定下发了《丰台区进一步做好零就业家庭就业帮扶和创建充分就业社区(村)工作方案》,建立协调小组,明确工作责任,确定优惠政策,形成了区、街道(乡镇)、社区(村)三级援助工作机制。创建充分就业社区(村)166个,达到社区、村总数的49.6%,1万余名城乡困难人员实现就业。安置21户新增“零就业家庭”的23名劳动力就业,实现了“无零就业家庭”目标。

(郭斯萌)

【社会保险覆盖面不断扩大】 建立社会保险扩面征缴长效机制,社会保险覆盖范围不断扩大。全区养老、医疗、失业、工伤、生育保险参保人数分别达到43.9万人、50.5万人、35.5万人、41.3万人和17.9万人,同比分别增长7%、13%、13%、10%和13%;五项社会保险累计收缴基金29.7亿元,同比增长19%,基金收缴率均达到97%以上。重点推进了养老和医疗保障制度由以覆盖城镇职工为主向覆盖城乡全体居民的转变。

(郭斯萌)

【推进城乡养老保险制度改革】 一是实施新型农村养老保险制度。区委、区政府在市政策的基础上,根据丰台区实际,按照普遍惠及、向困难群体和困难地区倾斜的原则,对参保农民进行补贴,年内参保人数6.2万人,参保率达到92%。二是积极落实城乡无保障老年居民养老补贴制度。通过发放福利养老金,解决无保障老人养老问题,为3.1万名无保障老人发放了福利养老金。

(郭斯萌)

【推进医疗保险制度改革】 一是扎实开展“一老一小”大病医疗保险。全区共有10万名“一老一小”人员参加了大病医疗保险,6597人次享受到医疗费报销待遇。二是建立了城镇劳动年龄内无业居民医疗保险制度。对重残和低保户给予全额补助,参保人数达6294人,其中低保、重残人员达4827人。

(郭斯萌)

【提高社会保险基金安全管理水平】 成立社会保险基金监督管理科,强化基金监管工作,制定“社会保险基金内控制度”;从业务程序控制、财务内部控制、信息系统控制等方面入手,强化收支、管理、运营各环节监控管理,集中清理沉淀资金1980.6万元,确保基金运行安全透明。

(郭斯萌)

【劳动关系基本保持和谐稳定】 全区各类企业劳动合同签订率达99.8%,劳动合同续订率达90.6%。对1.2万家用人单位进行执法检查,涉及劳动者24.41万人,纠正414家企业违法行为；受理劳动争议案件1416件，审限期内结案率100%，劳动争议案件调解率40.75%。

（郭斯萌）

**【推进劳动合同制度建设】** 以贯彻落实《劳动合同法》为契机，指导企业建立健全劳动合同管理制度，开展和谐劳动关系单位创建活动，完善三方协调机制，加大了对重点企业履行劳动合同的监控力度，企业用工行为得到了进一步规范。

（郭斯萌）

**【加大劳动保障监察力度】** 扩大了劳动保障监察网格化管理的试点范围，建立区、街道（乡镇）、社区（村）三级联查联防机制，实现了劳动保障监察向社区、村延伸。年内查处群众举报案件3725件，案件查处率100%。

（郭斯萌）

**【加大劳动争议调处力度】** 以贯彻《劳动争议调解仲裁法》为契机，加大仲裁调解力度，依托街乡成立了24个劳动争议调解中心，坚持开展仲裁旁听制度，率先开展了劳动仲裁网上咨询，实现了争议调处工作向事前延伸。

（郭斯萌）

**【实现“无拖欠工资问题”目标】** 深入贯彻市政府《进一步解决拖欠农民工工资问题的意见》，成立区解决拖欠农民工工资问题协调小组，与建委等部门建立解决拖欠工资和快速处理群体访、突发事件联动机制，与法院开通了农民工讨薪绿色通道。年内为1.1万人追回拖欠工资2295万元，及时稳妥地处理集体访和突发事件428件。

（郭斯萌）

**【劳动保障基础工作不断强化】** 一是加强制度建设。积极推行政务公开，对37项许可、审批、审核事项和28项服务事项实行网上公开，对工作职责和服务承诺实行窗口公开。二是加强全程办事代理，完善新参保企业“一站式”、职介接待“一口式”、劳动保障监察“一厅式”全程受理模式。不断简化办公流程，改革社保经办模式，推行“柜员”制；简化医药费报销流程，解决医药费报销周期长问题；简化失业人员提、存档流程，使失业人员节约时间，少跑路。三是加强社保所建设。积极争取资金，为社区、行政村配备计算机和打印机等硬件设备；通过开展社保所评估工作，19个街道、乡镇社保所全部达到三星级标准，其中四星级8个、五星级3个；社区、村普遍建立了就业和社会保障工作站，安排了工作经费，年内新增劳动保障监察协管员85名，全区劳动保障协管员达到520名；对完成任务突出的街道、乡镇社保所和达到北京市充分就业社区、村标准的给予奖励，基层劳动保障平台的就业和社会保障服务水平进一步提高。

（郭斯萌）

**【加大劳动保障政策宣传力度】** 重点围绕《劳动合同法》、《就业促进法》、《劳动争议调解仲裁法》和各项新出台社会保险政策和再就业优惠政策开展宣传。实行宣传途径“四依托”：依托电视媒体、依托报刊杂志、依托网络平台、依托街乡宣传劳动保障工作；开展送政策“四进”活动：进单位、进社区（村）、进学校、进家庭，确保政策宣传不留死角。年内共举办各类政策培训班210期，培训5万余人次，发放宣传材料21万份，满足了职工群众及时了解政策的需求，有效促进了各项法规、政策的落实。

（郭斯萌）

**【加强党风廉政和惩防体系建设】** 按照领导班子、科级领导干部、全局干部的层次有重点、全方位地开展了多种形式的廉政教育。坚持“一岗双责”、“四位一体”的工作机制，不断完善“横向到边、纵向到底”的责任体系，确保党风廉政建设目标任务的全面落实。推进全局廉政风险防范管理工作，通过广泛查找风险点，完善规章制度56项、落实防范措施27项、规范工作流程32项，提高了抵御风险的能力和廉洁自律的自觉性。健全监督机制，强化考核评价，有效促进了以廉政促勤政目标的实现。

（郭斯萌）

# 工商行政管理工作

【概　况】　年内，丰台工商分局按照科学发展观和构建社会主义和谐社会的要求，强化现代监督管理，提升公共服务水平，规范市场经济秩序，努力促进区域经济协调发展，完成了奥运会安全保障工作任务。全区共有经济主体163454户，同比增长0.72%。其中内资企业总户数45319户、个体工商户112610户、个人独资及合伙企业4730户、外资企业795户。全区有形市场数量为200个。丰台分局在系统年度考评中连续第五年获得“先进分局”称号。9月，在全国工商系统纪念改革开放30周年和工商行政管理机关恢复建制30周年暨“双先”表彰中，分局获得“全国工商行政管理先进集体”荣誉称号。

（刘　莉）

【奥运保障工作】　按照“强基础、建机制、勤督查、保平安”的要求，分局全面启动了“平安奥运行动”方案，层层签订了《平安奥运行动责任书》，成立了奥运保障指挥调度中心和食品安全指挥中心，组建了奥运食品安全保障团队、风险点控制团队、奥运保障工作团队，设立了专业工作组、保障工作组、有形市场监管组，建立了重点明确的工作机制；划定了三类监控区域，明确了各类地区的整治目标，建立相应的工作流程及标准、风险控制机制，实行风险分类分级管理。加强一线监管，建立行政监管、行业自律和社会监督“三位一体”的监管体系；奥运期间，抽调143名干部派驻到全区53个风险点，强化奥运食品安全保障，对奥运场馆实施精细化监管和分类管理，为奥运定点蔬菜配送企业解决紧缺农产品，为国际奥委会官员总部饭店及涉奥宾馆、饭店的自有渠道采购蔬菜提供保障服务。实现了市场秩序恶性事件零指标，知识产权保护、消费维权涉外、涉奥零投诉，应急供应零中断，食品安全保障零事故的目标。

（刘　莉）

【工商恢复建制30年活动】　2008年是我国改革开放30周年，也是工商行政管理恢复建制30周年。分局开展了“纪念改革开放30周年，工商行政管理恢复建制30周年”纪念活动。通过“改革开放30年和工商30年”畅谈，回顾了30年改革开放和工商发展的历程，开展了多种形式的文艺演出、诗歌、征文、书法、绘画、摄影比赛活动。大家从回顾历史中认识到工商行政管理在促进经济社会发展中的重要作用及肩负的光荣使命，从而振奋了精神，激发了事业心。

（刘　莉）

【优化市场准入环境】　为了提高分局整体登记服务水平和市场准入工作效率，分局制定了登记政策公开化、受理核准规范化、绩效考核标准化、微笑服务人性化的工作标准；发挥换照绿色通道、网上登记快速通道、专项准入便捷通道的作用，有效地缓解了窗口压力；将登记注册信息与日常监管、年检和信用信息相结合，按照行政区域划分，针对辖区发展特点，每季度进行经济状况分析。加强工商所服务平台的建设，建立健全了三级平台登记工作规范，明确了工作内容、流程、标准、人员管理、业务培训及考核办法。是年登记大厅共核准登记事项2.4万户，接待咨询31.1万余人次。

（刘　莉）

【拓展服务辖区经济发展渠道】　为了促进区域经济的发展，分局将区域经济新的增长点作为工商服务的重点，在提供优质准入服务、创建园区企业信用体系、制定区域商标战略等方面发挥职能作用。是年,丰台科技园区共引进企业300余家,其中注册资金亿元以上的企业有6家。园区内的企业已有4个商标被评为北京市著名商标。为了拓展辖区经济,促进农村经济发展,指导花乡花卉、云岗南宫地热资源旅游等农村品牌进行商标注册,引导农民组建专业合作社,协助有关部门完成村级社区股份制改革;推进了花乡、长辛店镇的产权改制,全年完成改制80户。

(刘　莉)

**【规范市场秩序见成效】** 进一步完善以经济户口为基础的网格化监管,发挥三级网格责任人的作用,将专业领域的基础性监管工作与日常监管有机地结合,加强了网格间的衔接与联动及一、二级网格的能力建设,做了经济户口的核对和失实数据的修补,加强了有形市场的规范化管理。抓批发市场食品安全监管,推行有形市场信用监管模式,实现分类分级监管。推行"有形市场工作日志",使三级网格监管与市场主办单位、管理员、市场商户的日常管理相结合,形成了"三级五层"的监管模式。深入开展有形市场升级改造及规范化达标工作,完成了具备改造条件的农贸市场升级改造,市场食品安全和商品质量监管得到有效保障。

(刘　莉)

**【依法查处经济违法案件】** 成立查处商业贿赂专案组,对辖区内重点地区的写字楼、公寓、商住楼进行排查,建立"重点经济隐患地图"。严厉打击利用网络夸大宣传、以加盟招商为名进行商业欺诈的行为。在重点楼宇的显著位置悬挂了200块"警惕加盟连锁欺诈,防范格式合同陷阱"的警示牌,以达到事前防范,遏止合同违法行为的目的。注重对驰名商标及涉外商标的保护,坚持查库房、办大案,维护权利人的合法权益。

(刘　莉)

**【构筑消费维权网络】** 开展消费维权绿色通道网络建设,在全区40家大型商场、超市、市场建立"消费争议快速解决绿色通道",完善绿色通道硬件建设,健全工作制度,统一安置标志牌、工作职责牌、工作标牌和联系卡,统一印发工作记录单、宣传画。在体育中心建立全市首家奥运消费者投诉举报联络站,为快速受理和解决奥运期间消费投诉与举报搭建平台。是年,共接到消费者投诉2486件,举报4216件,办结率均超过99%,为消费者挽回经济损失199.2万元。

(刘　莉)

**【强化流通领域商品质量监管】** 实施统一的质量标准准入制度,涉及人体健康安全、环境保护、公共安全的产品必须符合国家强制性标准。引导和督促经营者建立购销台帐,与民生相关的重要商品必须备案,实现了商品的可追溯性。规范进货台帐及索证索票制度,加强对主体经营行为的指导和对不合格商品退市的检查。选择具有辖区特点、与百姓生活密切相关的产品开展区域质量监测,加强对电线电缆等重点商品行业的调查研究和质量监测,对带有普遍性、典型性、群发性的商品质量问题开展专项整治,提高了对流通领域商品质量的监管能力。

(刘　莉)

**【建立广告长效监管机制】** 分局将风险管理、信用监管、网格化管理理念引入到广告监管工作中,以网格化管理为依托,开发了包括"主体管理、巡查记录、跟踪处理、行政指导、主体认领、信息查询、用户管理、法规文件"八个功能的广告动态监管系统。将广告类型划分为媒介广告、户外广告、网络广告、印刷品广告、固定印刷品广告五种,对不同类型广告,按照风险度进行分类和按照信用度进行分级,确定不同的监管方式。截至12月底,系统中共录入各类巡查记录40317条,系统运行和使用情况良好。广告分类分级监管增强了对辖区广告的控制力度,实现了广告监管与日常巡查相结合,提高了辖区管理水平。

(刘　莉)

【积极应对金融危机】 年内，发生全球性金融危机，分局在客观认识国内经济形势的基础上，深入分析研究基层工商工作中面临的新情况、新问题，提出并采取有效的解决措施。通过走访辖区企业，开展问卷调查，感到在经济危机中企业发展深受影响。为此，分局确定从市场准入、信用服务、商标服务、管理咨询等方面为广大中小企业提供良好的服务，帮助企业渡过难关。

（刘 莉）

【战胜灾害稳定市场】 在南方冰冻雨雪灾害、“5? 12”四川汶川地震灾害发生后，为维护辖区市场秩序、保障市场供应，坚决落实国家减免商户交易费用的指示，与几大批发市场和媒体联系，确保了销售渠道畅通、物价稳定及食品的及时供应。

（刘 莉）

【不合格奶制品清查工作】 三鹿牌婴幼儿奶粉事件发生后，分局迅速开展应急处置工作，进行不合格奶制品市场清查。组织工商所对食品经营单位进行摸排，工商所以网格责任人为单位进行逐户登记上账，并实施网格责任人、主管所长、所长三级签字，做到“台帐清、底数明”；以“拉网式”的巡查方式开展清查，监督经营者下架退市不合格奶制品。在为期两个月的专项整治中，共下架含三聚氰胺的奶粉 462.5 公斤、液态奶制品近 5000 公斤。

（刘 莉）

## 质量技术监督工作

【概 况】 年内，丰台区质量技术监督局在市质监局和区委、区政府的领导下，以党的十七大精神为指导，深入贯彻落实科学发展观，创建丰台区食品生产企业质量安全放心区。围绕“奥运食品和特种设备”两个安全，出动执法人员 2300 多人次，查处无证食品生产企业 5 家，检查指导食品生产企业 1000 多家次，帮助企业解决问题 350 多个，产品抽检合格率 97%，全区 158 家食品生产企业实现了 8 个 100%目标。检查计量器具 17086 台件，对 344 家次的 3433 台特种设备进行了现场监督检查，为 236 家企业备案标准 430 项。开展执法活动 1944 起，查处案件 203 起，其中立案案件 116 起，现场处罚案件 87 起，受理投诉举报 191 起，解决 181 起。《中国质量报》、《法制晚报》、《中国科技产业导报》、《北京质量》、《丰台报》、丰台有线电视等多家媒体报道了年度内的综合情况。质监局被评为北京市质监系统先进单位。

（徐学全）

【食品安全专项整治】 1 月 18 日，召开产品质量和食品安全专项整治工作总结暨表彰大会。常务副区长汪洪，市质监局朱佩芬总工程师，市工商局曹中生处长，区人大、政协、相关委办局和乡镇领导参加会议。质监局局长杨希迁总结产品质量和食品安全整治工作，区食品办主任、工商分局局长李异宣贯了北京市人民政府办公厅《关于进一步加强食品安全专项整治的若干意见》，区政府办副主任李军会宣读了对丰台区产品质量和食品安全专项整治工作 8 家先进单位和 38 名先进个人的表彰决定，曹中生处长对北京市整治工作完成情况进行了介绍，朱佩芬总工程师整治工作给予了充分肯定，汪洪副区长讲话并提了要求。

（徐学全）

【质量安全放心区】 2 月中旬，区领导提出要在奥运之年把丰台打造成食品生产企业质量安全放心区，3 月 10 日第 90 次区长办公会研究通过了本局起草的“创建食品生产企业质量安全放心区”方案，3 月 26 日区政府在京丰宾馆举行“创建食品生产企业质量安全放心区”启动仪式,同时成立“创建食品生产企业质量安全放心区”工作领导小组并设立办公室,常务副区长王洪任组长。区财政下拨118万用于食品生产企业产品抽样和日常监督。通过上上下下共同努力,历时300天,全区158家食品生产企业全面实现了8个100%目标。

(徐学全)

**【“3·15”宣传活动】** 3月15日,“3·15”宣传咨询活动分别在草桥易初莲花和华堂七里庄店进行,六必居等10余家企业分别向社会和消费者做出了质量承诺,现场发放《北京市丰台区创建食品生产企业质量安全放心区宣传手册》等宣传资料2000余份,为300余人提供了相关咨询。

(徐学全)

**【名牌战略】** 为推进名牌战略,引导、支持企业创名牌,指导和督促企业提高质量水平,增强丰台区产品的市场竞争力,制定了《丰台区企业争创名牌产品奖励办法》,对奖励标准和办理程序做出了明确规定。

(徐学全)

**【“平安奥运”与食品安全】** 为确保涉奥食品的安全,制定了《奥运食品安全保障方案》,成立了驻厂监管小组。全区共有4家供奥运食品生产企业,对其中2家选派了6名驻厂监管人员实行驻厂监管,坚持做到每个批次的产品必须检验合格,所有供应奥运会的食品均有检验人员和执法人员的现场签字;对另外2家实行了动态监管;在整个奥运会食品供应期间未出现任何质量问题,确保了万无一失。在奥运食品安全外围保障方面,列入重点监控区域内的食品生产企业共38家。

(徐学全)

**【企业制定标准获得政府资助】** 年内,北京动力源科技股份有限公司、北京振利高新技术有限公司、中国建筑一局(集团)、国家建筑材料工业建筑五金水暖产品质量监督检验测试中心、北京市农业机械试验鉴定推广站、北京义利面包食品有限公司6家企业7项标准获得北京市政府资助资金52万元;中铁电气化局集团有限公司、北京谊安医疗系统股份有限公司、北京东方通科技发展有限责任公司、北京振利高新技术有限公司、北京动力源科技股份有限公司、中国建筑一局(集团)有限公司6家企业15项标准获得区政府创标奖励资金90万元。

(孙会云)

**【标准化】** 为236家企业备案标准430项,其中食品标准177项。为109家企业登记标准198项,其中登记食品标准76项。接待企业咨询1566家(次)1855人(次)。

(徐学全)

**【10类工业产品专项整治】** 按照国家质检总局的部署,开展了被列入区政府折子工程的家具、玩具等10类重点工业产品的质量专项整治。为辖区106家家具生产企业、1家玩具生产企业、68家服装生产企业、5家人造板生产企业、2家汽车配件生产企业、1家油漆涂料生产企业、4家洗涤用品生产企业建立了企业质量档案,审查192家企业提交的自查报告,合格188家,对不合格的4家进行了限期整改,实现建档100%。辖区没有仿真饰品、絮用纤维制品和装饰材料3类生产企业。

(徐学全)

**【组织机构代码】** 新办组织机构代码数量9955份,变更代码8360份,年审556份,废置代码748份。

(徐学全)

**【奥运和特种设备安全监管】** 为落实“平安奥运行动”方案,对344家次的3433台特种设备进行了现场监督检查,下发特种设备安全监察指令书75份;对辖区内超期未检以及检验不合格的95家,下发特种设备安全监察指令书34份,督促企业限期完成整改,消除事故隐患。对“奥运外围保障区”16家使用单位的97台特种设备逐台进行检查,基本符合安全要求。

（徐学全）

**【能源计量与民生计量】** 推进能源计量，对《节约能源法》进行了宣传贯彻，为18家重点耗能单位开展能源计量检测服务，并根据检测结果帮助企业分析存在问题，提出改进意见，有效地推进了能源计量的开展。民生计量按照市局的统一部署，对社区菜市场（集贸市场）计价秤进行统配统管，区政府下拨专款28万元保障实施推行。

（徐学全）

**【市场计量检查】** 检查计量器具17086台件，检定有效期内的器具16253台件，受检率为95.1%。其中检查加油站91家，加油机受检率100%；检查超市20家，受检率为90.2%；检查集贸市场40家，受检率为89.6%；检查眼镜制配单位20家，受检率为100%；检查餐饮业32家，受检率为28.2%；检查一级以上医疗卫生单位41家，受检率为97.7%；检查定量包装商品生产企业25家，受检率为94.2%。检查出租汽车公司9家，共计抽查291辆出租车计价器。抽查定量包装商品300批次，合格率64.6%。

（徐学全）

**【支持震后灾区重建】** 汶川地震发生后，迅速与辖区救灾物资生产企业取得联系，动员企业紧急加入到抗震救灾物资生产当中，在产品质量、标准、计量、特种设备检验方面为企业提供无偿援助，全力服务企业，以实际行动支持灾区恢复重建。辖区共有2家救灾物资生产企业，其中1家帐篷生产企业为灾区生产帐篷8000顶，1家活动安置房生产企业计划生产6000套。本局员工先后4次捐款4.4916万元。

（徐学全）

**【依法行政】** 根据市局行政执法责任制，制定了本局行政执法目标分解方案，量化了案件指标并落实到业务科室。开展执法活动1944起，查处案件203起，其中立案案件116起、现场处罚案件87起。受理投诉举报191起，解决181起。

（徐学全）

**【控制大气污染与煤炭质量】** 落实市委、市政府提出的实施绿色奥运目标和蓝天工程，控制大气污染，加大对煤炭使用单位和蜂窝煤生产、销售单位的监督检查力度，对质量不合格的进行查处。全年检查煤炭使用单位300家次，抽取样品147个，合格107个，合格率73%。

（徐学全）

**【计量器具检测】** 检定检测计量器具85313台件，其中强制计量器具19413台件，水表首检65300台件；37项最高标准器、178项配套设备经北京市计量科学研究院和国家计量科学研究院检定合格，在用计量器、标准器周检率及周检合格率均达到100%。检测机构通过了《1069规范》的考核验收。

（徐学全）

**【特种设备检验】** 检验特种设备10165台，其中电梯8106台、起重机械1024台、锅炉548台、压力容器487台。

（徐学全）

**【产品质量检验】** 检验各类样品5551个，其中食品2135个、委托检验2943个、企业申请许可证检验252个、煤炭221个。

（徐学全）

# 物资管理

## 北京市丰鑫源物资集团公司

**【概　况】** 北京市丰鑫源物资集团公司经过几年来对企业经营结构的调整和经营机构的重组整合，现有4个法人公司，形成以资产经营、仓储物流、建筑器材租赁为主体的经营新格局。年内实现收入880万元,利润21.5万元。

(李维华)

**【规划实施】** 按照依托土地资源实施开发的战略规划,加快实施步伐,完成了土地变性认证,权属关系确认工作,为后续开发建设奠定了基础。

(李维华)

**【企业管理】** 从企业经营管理、财务管理、安全生产管理入手,制定完善了企业经营管理制度15项、安全生产管理制度9项、劳动管理制度5项,实现了企业管理规范化。

(李维华)

**【党风廉政建设】** 抓惩防体系建设和廉洁从业教育,层层签订党风廉政建设责任书,落实责任制。举办《以案说法》、《建立惩防体系工作规划》知识答题活动,制定党风廉政建设制度10项。

(李维华)

**【献爱心活动】** 在集团公司党委带头下,党员职工踊跃捐款,共计向四川地震灾区捐款13.2万元,缴纳特殊党费1万元。

(李维华)

# 财政　税务　审计

## 财　　政

【概　况】 年内，区财政局深入贯彻落实党的十七大精神，用科学发展观统领社会经济发展全局，加快丰台区和谐社会建设步伐。围绕服务奥运的中心工作，集中财力支持北京成功举办一届高水平的奥运会；发挥公共财政职能作用，优化区域发展环境，壮大本区经济实力；调整优化财政支出结构，增加解决民生问题投入；扎实推进各项财政改革，加强预算管理，提高财政管理的规范化、科学化、精细化水平。继续加大城市建设投入，重点区域建设稳步推进，综合经济实力明显增强。区财政收支均按计划落实，收支规模进一步扩大。是年区财政收入完成34.8亿元，比上年同期的30.3亿元增加4.5亿元，增长15%；占人代会批准的收入预算34.8亿元的100%。财政总财力达到74.9亿元，财政支出达到73亿元，比年初预算增加18亿元，比上年同期增加10.9亿元，增长17.6%。

（董海防　蔡　雯）

【完成财政收入任务】 受全球金融危机影响，全年财政收入呈现高开低走态势，上半年实现较快增长，一、二季度增幅分别达到26.8%、28.1%；下半年开始增幅出现较快回落，三季度下降至18.2%，全年最终实现15%的增长速度。财政收入主要呈现三大特点：一是企业所得税成为增收主要力量，营业税、增值税增长速度较上年有所下降；二是房地产业减收0.8亿元，占税收比重明显下降；三是一次性入库因素拉动收入增幅，增长可持续性有待加强。财政收入连续较快增长，北京市加大对丰台区支持力度，推动本区财政实力迈上新台阶，在2007年突破60亿元的基础上，2008年财政总财力和支出规模均突破70亿元，为丰台区经济建设和和谐社会建设提供了财力保障。

（董海防　蔡　雯）

【奥运服务和保障工作】 累计为奥运服务保障投入共计30.4亿元，重点用于丰台垒球场场馆及附属设施建设，对奥运场馆周边道路进行全面升级改造，改善场馆周边环境。其中2008年统筹落实资金4.3亿元，重点用于丰台垒球场周边的环境美化和安全保卫工作，对垒球场周边400米范围内的单位和企业开展安全隐患排查，保证奥运期间安全稳定的社会环境。

（董海防　蔡　雯）

【落实各项经济发展政策】 认真落实《关于调整产业结构和转变经济增长方式的意见》，安排产业引导基金、循环经济发展专项资金等1.1亿元，加快区域产业调整步伐。逐步搭建中小企业融资平台，银行担保资金规模扩大至2亿元,促进企业加速发展。继续加大对重点区域和重点项目的投入,落实资金15.1亿元推进园区东区三期、丽泽金融商务区等基础设施建设,引导社会投资,促进经济平稳增长。

(董海防　蔡　雯)

**【加大保障民生投入力度】** 坚持"理财为公,理财为民"的宗旨,不断加大民生投入,社会公共事业支出30.5亿元,积极落实为民办实事项目,切实改善人民群众生活环境。完成26个老旧小区环境整治,对30条便民路进行大修改造。进一步实施教育"两免一补"政策。在全区122个社区服务站进行标准化建设,达到"五个统一"。进一步完善医疗保险制度,将在劳动年龄内未纳入医疗保险体系的城镇居民纳入参保范围。进一步做好"零就业家庭"就业帮扶工作和创建充分就业社区(村)工作。拨付"无城镇危房户"专项资金0.2亿元,对认定的1625间城镇危房进行修缮解危。加大社会救助力度,扩大临时救助、医疗救助投入规模。

(董海防　蔡　雯)

**【统筹城乡协调发展】** 坚持以发展农村经济为中心,以加大环境建设力度为突破口,加快新农村建设。全年累计投入8.9亿元,比上年增加0.8亿元。完成2.8万农民饮用水水质改善工程,实现全区城乡居民饮用水全部达标。完成新型农民培训2.6万人,其中职业技能培训1.4万人。实施城乡并轨的农村低保对象分类救助制度,提高特殊困难人员的救助标准。落实新型农村社会养老保险,提高基础养老金补助标准,进一步提高本区农民养老保障水平。

(董海防　蔡　雯)

**【各部门协调加强税源管理】** 高度重视房地产业调查研究,对辖区内房地产项目进行链条式调查,建立房地产动态监控系统,跟踪监控房地产业税收征缴情况。积极采取措施落实新企业所得税政策,深入研究企业所得税改革对本区的影响。街乡镇及相关单位配合强化开展属地纳税工作,清理重点异地纳税企业4家。加强企业服务,税务部门开设企业入驻快速通道,继续加强税收稽查力度,全年查补税款1.1亿元。

(董海防　蔡　雯)

**【推进预算管理体制改革】** 继续细化部门预算编制,按照政策修订标准定额,预算资金安排更加科学合理。规范结余资金管理,制定出台《丰台区行政事业单位财政性结余资金管理办法》。进一步扩大国库集中支付改革范围,新增33个改革预算单位,改革范围扩展到全额拨款事业单位。进一步扩大协议供货选择范围,开展政府采购专项检查。积极开展项目评审,接受委托41项,涉及资金11亿元。

(董海防　蔡　雯)

**【充分发挥财政监督职能】** 认真执行《预算法》和《监督法》,自觉接受区人大及其常委会对预算管理的监督。坚持依法行政、依法理财,进一步提高财政执法检查工作的法制化、规范化水平。研究财政资金监管方式,加大财政和审计监督力度,提高财政资金使用效益。加强部门预算的管理和监督,深化部门预算改革,细化预算编制,切实做好2009年部门预算的编制工作。加强会计人员的培训,将财政改革业务培训与会计人员继续教育相结合,为顺利推进财政改革提供保障。

(董海防　蔡　雯)

**【继续做好财政基础工作】** 开展业务软件一体化工作,优化工作流程,提高工作效率;细化完善ISO9001质量管理体系,完成各项规章制度,开展制度清理、汇编工作;依托信息化手段,加强督查督办,积极促进工作落实;完善政府采购资源管理系统,做好该系统与部门预算管理系统和国库支付系统的衔接工作。按照《丰台区政府2008年行政机关效能建设考核评估实施方案》的总体要求,从加强服务、完善制度入手,围绕财政改革和发展,结合绿色奥运、平安奥运的举办，积极组织财政收入，狠抓效能立项任务和政府折子工程，重点保障为民办实事资金和奥运资金的落实，完成了2008年行政机关效能建设的各项工作任务。

（董海防　蔡　雯）

# 综合投资公司

【概　况】 北京市丰台区综合投资公司是1999年1月15日经区政府批准成立的国有独资企业。注册资本金100960万元。公司设有征地拆迁部、前期规划部、市政建设部、投资经营管理部、财务资金管理部、办公室，共有员工27名。主要职责：(一)丰台区土地一级开发；(二)在区国资委的监管下，依法对授权经营的国有资产行使占有、使用、分配和处置的权利；(三)是区政府融、投资的重要平台；(四)是区政府调整经济结构和产业结构的重要工具；(五)以参控股、长短期投资的形式，对授权经营的国有资产通过资产运营和资本运作，确保国有资产的保值、增值。是年，公司的总资产为82.64亿元，所有者权益为11.09亿元，负债总额71.55亿元，完成经营收入990.33万元，实现利润257万元。

（赵　飞）

【土地一级开发】 作为丰台区土地一级开发主体，公司于10月8日正式启动了丽泽金融商务区B6B7地块的拆迁工程，当天共拆除建筑物3000平方米，平整土地3.6685万平方米。公司与丰台区卢沟桥乡三路居村经过协商，于10月底签订了《集体房屋拆迁补偿协议》。向银行融资10亿元，作为一级开发项目启动资金，年底到账5亿元。

（赵　飞）

【轨道交通站点土地一级开发】 根据区长办公会2008年第122期会议纪要，区政府确定了公司代表丰台区政府成立地铁九号线丰台段相关站点土地一级开发公司的出资资格。此外，为了改善蒲黄榆、石榴庄地区百姓生活环境，解决地铁五号线扰动影响居民正常生活的问题承担了蒲黄榆、石榴庄地区土地一级开发主体职能。

（赵　飞）

【道路投资公司】 根据2008年第151次区长办公会会议纪要精神，公司出资2000万元组建了全资子公司——北京恒盛宏大道路投资有限公司，负责丰台区道路建设工作。

（赵　飞）

【新融资平台】 为了突破银行对单户贷款主体融资额度限制，提升融资能力，满足区政府拆迁建设等项目资金需求。2008年9月19日，第114期区长办公会批准成立了新融资平台—北京政融国有资产经营管理中心。

（赵　飞）

【融资贷款】 年内，公司作为贷款主体，共为区重点工程融资16.298亿元。偿还贷款8笔，共计7.235亿元，偿还银行贷款利息2.99万元。

（赵　飞）

【突破融资瓶颈】 年内，公司突破以前融资额度，建行北京分行已通过授信10亿元的申请，北京银行授信23亿元，两行授信额度均比原来扩大1倍。

（赵　飞）

【资金划拨】 年内，公司根据区政府对相关项目的批示，严格遵守资金管理程序，共划拨资金6笔，合计7243万元，未出现差错。

（赵　飞）

【股权管理】 强化股权收益的收缴，确保了授权经营的国有资产的保值增值，按期收取收益，共收取股权收益346.31万元。

（赵　飞）

【诚信佳担保公司项目】 年内，担保公司向政府争取资本金1000万元,使担保公司的注册资本由原先1000万元资本金扩大到2000万元,担保实力增强了1倍。担保公司考察企业25家,上会13户,担保12户,担保总额2770万元。

(赵　飞)

# 国家税务

【概　况】　国税局机关内设职能科室11个(另设1个机关党委办公室),1个直属机构(稽查局),12个税务所(征收所2个、管理所6个、个体集贸所2个、稽查所2个),3个事业单位(信息中心、票证中心、机关服务中心)。是年有干部职工431人,其中干部398人、工人33人。开业登记户52378户,其中企业36665户、个体15713户。各类集贸市场130个,其中大型2个、中型21个、小型107个,占全市集贸市场的18.5%;以家具建材市场、服装鞋帽市场、农贸市场、综合市场为主。分税种看,增值税一般纳税人5019户,小规模纳税人24087户;企业所得税核定征收企业9877户,查帐征收企业16748户。

(于满军)

【税收收入】　年内,组织税收收入732067万元,比上年同期增加139903万元,增长23.63%,完成市局计划671082万元的109.09%。其中增值税完成261135万元,同比增加34763万元,增长15.36%,完成年度计划的100.05%;消费税完成28万元,同比减少18万元,下降39.13%,完成年度计划的53.85%;企业所得税完成248600万元,同比增加69648万元,增长38.92%,完成年度计划的120.50%;利息所得税完成14806万元,同比减少5564万元,下降27.31%,完成年度计划的80.77%;车辆购置税完成207498万元,同比增加41074万元,增长24.68%,完成年度计划的111.92%。完成区级税收87092万元,比上年增加16460万元,增长23.30%,完成区政府力争目标85300万元的102.1%,超收1792万元。

(于满军)

【税源监控】　一是加强重点税源监控。重新确定了667户局级重点税源企业,实行专人跟踪管理,同时加强与区政府经济主管部门的交流与合作,拓宽税收经济运行中各种信息的获取渠道,准确掌握重点企业、重点行业税源增减变化的动态趋势,及时采取有针对性的措施,增强组收工作决策的科学性和主动性。二是加强未申报企业监控。通过短信提示、语音催报、实地查找等多种形式进行催报催缴,对未申报的网上申报企业、新办企业、注销企业分别采取不同的措施,2008年平均申报率99.14%。三是加强欠税企业监控。严格落实欠税公告制度,对欠税企业及欠税额、滞纳金进行公开曝光,促使企业及时缴纳欠款,年内累计清理欠税2251万元。四是加强个体集贸税源监控,进一步完善代征管理制度,严格票证管理,建立监督检查机制和协税护税联动机制,实施个体工商户分类管理,截至12月31日,个体集贸税收入库11638万元,同比增长33.97%,首次突破了亿元大关。

(于满军)

【税收优惠】　全面落实国家有关增值税、所得税各项退免税规定,认真执行出口退税政策,截至12月31日,办理高新技术企业、软件企业、福利企业等退税17769万元,有力的促进了丰台区外贸企业和园区企业的高速发展,同时扶持了丰台区的弱势群体。

(于满军)

【各税管理】　一是强化增值税管理。新核定小规模纳税人454户,累计核定征收小规模纳税人2960户;开展对机动车经营企业、小规模企业等各类企业纳税评估工作，评估企业134户，应补缴税款696万元；严格执行增值税一般纳税人实地核查制度，确保一般纳税人认定工作质量，全年共认定增值税一般纳税人449户。二是强化企业所得税管理。积极开展2007年所得税汇算清缴工作，汇算应入库税款120641万元，比2006年度汇算清缴增加了36246万元，增幅43%；开展对新企业所得税法、房地产企业所得税、跨地区汇总纳税企业纳税政策的培训辅导；加强对小型企业的所得税核定征收工作，新核定1488户，累计核定征收9877户。三是强化车辆购置税监管，征收车辆购置税207498万元，同比增加41074万元，增长24.68%。

（于满军）

**【税收宣传】**　以全国第17个税收宣传月为契机，开展"走进北京国税"主题日活动，多层面的召开税企座谈会、新办企业培训会，确保税法宣传进社区、进市场、进企业，下发税收宣传资料3.8万余份，下发自印"税务事项单行本"2.9万余份，受理涉税咨询1100余人次。开展以"打击发票违法犯罪，整顿经济税收秩序"为主题的发票宣传月活动，制作22幅展板在办税服务厅巡回展出。重新修订企业培训材料，举办新企业培训班32期，培训新企业984户、1181人次。认真落实《中华人民共和国政府信息公开条例》及其相关文件精神，通过互联网主动公开各类涉税信息500余条。

（于满军）

**【税收信息化建设】**　加强税收信息化建设，积极推行财税库行横向联网工作、征管系统升级工作和"一窗式受理、一站式办税、一条龙服务"的纳税服务模式，将涉税事项变"外循环"为"内流转"，简化办税流程；大力推行网上办税、自助申报等多元化的办税方式，不断加强短信提醒、信息公开等服务平台建设，年内共办理网上申报6452户，短信提醒7万余次。

（于满军）

**【纳税信用A级评定】**　年内，与区地税局按照"分别审核，联合评定，统一管理，信息共享"的原则，联合开展了2009—2010年度企业纳税信用A级评定工作，共评出A级企业266户。

（于满军）

**【整顿和规范税收秩序】**　年内，共查补各类税款合计1230万元，滞纳金、罚款合计664万元。认真查处举报案件，受理举报案件88件，查办87件，检查结案57件，在查30件，查补入库税款23.89万元。先后完成了对餐饮企业、房地产企业、烟草企业、电视购物企业及中国工商银行的专项（专案）检查工作。打击制售、贩卖假发票违法犯罪行为，与公安部门、地税部门密切配合，破获2起假发票案，抓捕贩卖假发票涉案人员32人，起获各类发票3200余份，起获各类印章247枚。

（于满军）

**【人事管理】**　结合税收重点工作，以企业所得税法及实施条例、会计电算化软件的应用、新会计准则与税收差异等为主要内容，举办了6期更新知识培训班，共培训干部350人。围绕征管系统升级工作，组织7期税收执法管理信息系统的业务培训，参训人数380余人。以提升领导干部组织管理能力为目标，组织中层以上领导48人到北京大学学习。

（于满军）

**【勤政廉政】**　加强勤政廉政建设，提高自我约束能力，签订了413份党风廉政建设责任书，分解落实反腐败工作任务，并将落实情况列入考核范围；通过举办预防职务犯罪专题讲座、组织科级领导干部参加丰台区国家机关"警示杯"法律知识竞赛、自制税务人员廉政教育动画片等形式，加强税务干部勤政廉政教育，筑牢反腐倡廉的法律防线和思想道德防线。认真开展执法监察、效能监察专项工作，对一般纳税人走逃户进行责任倒查，对税务稽查案件实行"一案双查"、"一案双报"的监督机制，确保税收执法权和行政管理权的规范运行。

（于满军）

**【精神文明】** 年内,15个单位荣获丰台区精神文明单位称号,1个基层单位荣获“首都文明单位”称号,局机关荣获“首都文明标兵”称号。四个基层单位荣获2007年度农村党建“三级联创”、“五个好”涉农单位的称号。丰台国税局被丰台区政府评为2007年度行政效能建设工作表彰单位。积极开展向灾区送温暖献爱心活动,为冰雪灾区、地震灾区累计捐款21万余元,捐赠棉衣被751件,交纳“特殊党费”10.55万元。

（于满军）

## 地方税务

**【概　况】** 地税局内设机构29个,其中职能科室12个、税务所11个(3个服务所、1个专业所、7个地区所)、稽查局1个(内设5个科室)、机关后勤服务中心,另设税务学会和工会。年内,辖区内共有税源户58964户(含非独立核算分支机构867户)。按经济类型划分:国有企业896户,占全区总户数的1.52%;集体企业1623户,占全区总户数的2.75%;有限责任公司7573户,占全区总户数的12.84%;私营企业26928户,占全区总户数的45.67%;外资企业663户,占全区总户数的1.12%;个体工商户15346户,占全区总户数的26.03%;国家机关、事业单位和社会团体等其他类型企业5935户,占全区总户数的10.07%。按产业类型划分:第一产业(农业,包括林业、牧业、渔业等)352户,占总户数的0.6%。第二产业(工业和建筑业)5223户,占总户数的8.86%;其中房地产开发经营企业284户,占总户数的0.48%。第三产业(流通部门和服务部门)53389户,占总户数的90.55%;其中社会服务业17719户占总户数的30.05%。

（王　雨）

**【税收收入平稳增长】** 是年,受经济形势变动影响,丰台区税收形势非常严峻。为此,本局多次召开专题会议,制定落实组收措施,采取有针对性的措施进一步加大组织收入工作力度,调整组收模式开展重点稽查,召开分类座谈会推进组收工作,确保了市区两级收入的完成,全年累计完成各项税费收入643228万元,同比增收44635万元,增长7.46%。完成市局调整后任务64亿元的100.5%,超收3228万元。完成区政府最终任务23.9亿元的100.2%,超收428万元,完成了市区两级收入任务。

（王　雨）

**【“四个服务”整体上水平】** 按照市局“追求卓越年”的各项工作部署,地税局提出“四个服务”的工作思路,即领导为群众服务、机关为基层服务、税务干部为纳税人服务、全局上下为总体目标和愿景服务。一是坚持以人为本,领导为群众服务推出新举措。二是提高工作效率,机关为基层服务有新进展。三是“两个减负”工作落到实处,税务干部为纳税人服务取得新突破。四是建设一流的服务型机关,树立为总体目标和共同愿景服务的思想。服务意识、服务机制、服务成效等方面取得明显进步。

（王　雨）

**【规范税收环境秩序】** 一是合理设置征收点,增设征收窗口,确保车船税征期调整后第一年的征收工作平稳运行。推行个人所得税12万元申报“自行申报绿色通道”服务。做好新企业所得税法、耕地占用税新条例等税收政策培训,确保政策顺利过渡。严把减免退税政策关,增设初审和复审环节,完善内部审批流程。二是深入开展打击制售假发票和非法代开发票专项整治工作,与区公安局、国税局成立联合办案组，配合公安机关成功破获一起发票贩假窝点，拘留2名涉案人员，收缴假发票200多份。三是推行“依托核心征管系统、辅助调卷检查和实地核查措施”的综合检查方式，提高税收执法检查信息化和规范化水平。全面做好行政处罚自由裁量权执行标准意见征集反馈工作，保护纳税人合法权益。积极应对建局以来的第一次行政诉讼案件并胜诉，捍卫了行政执法尊严。

（王　雨）

**【创造诚信税收环境】**　是年，地税局全力打造诚信区域税收环境。一是邀请专家就“落实科学发展观、打造服务型政府、营造诚信和谐发展环境”的课题为全局干部职工作专题讲座。二是多种形式开展宣传。局领导向区委、区政府汇报市地税系统打造诚信税收环境工作整体情况及本局打造诚信税收环境的举措；各科室、各税务所向对口部门及单位，向辖区内各街、乡、镇宣传近年来本局打造诚信税收环境的举措及成效，并征求对税收工作的意见和建议；税务学会在新户循环培训中，向纳税人宣传、介绍本局打造诚信税收的各项工作举措，弘扬诚信纳税。三是广泛组织座谈讨论。围绕“创造诚信环境，实现奥运梦想”及“诚信做人、诚信做事、诚信做官”进行大讨论，加深对诚信、对打造诚信税收环境的认识和理解。同时，在全局及纳税人中开展“打造诚信税收环境”主题征文活动，推进活动的不断深入。

（王　雨）

**【奥运服务和安保工作】**　一是突出奥运服务工作，制定《丰台地税局奥运服务紧急预案》，为奥组委独立核算场馆团队提供奥运税收服务，发放绿色通道办税服务卡、开展联合上门辅导，建立快捷顺畅的联系沟通机制，为涉奥纳税人提供优质高效的服务。积极开展奥运志愿服务活动。二是抓安全稳定工作。在抓好日常安全工作、健全安全责任制的基础上，成立了“平安奥运行动”领导小组和安全工作办公室，制定实施方案及应急预案，层层签订安全责任书，并将安全工作纳入目标管理考核之中。聘请公安、消防、交通、信息化等部门以及专业评估公司，对本局各项工作进行安全评估，对安全隐患进行全面排查整治，确保了全年安全无事故。

（王　雨）

**【争创精神文明建设先进单位】**　一是把争创工作摆在突出位置，在连续三年荣获“首都文明单位标兵”称号的基础上，积极做好争创工作。二是组织开展城乡携手迎奥运活动，组织20名城市志愿者开展奥运志愿服务，动员214名干部党员到居住社区协助奥运安全工作；组织60名干部职工积极参加奥运圣火在丰台区的传递仪式。三是开展“党员献爱心”活动，为南宫中心小学三名贫困学生每学期捐助900元学费。四是组织38名干部职工利用休息日搬运赈灾物资，2名干部为灾区伤员义务献血。累计为地震灾区捐款5.221万元，捐特殊党费5.2万元。

（王　雨）

**【加强廉政勤政建设】**　一是制定《丰台地税局廉政风险防范管理工作实施方案》，梳理工作制度及工作岗位、工作流程、工作职责中的风险点，研究建立廉政风险防范制度，认真落实领导干部廉洁自律五项重点，对照检查自身存在的问题。二是积极参与市局组织开展的《清风颂，地税情》等系列廉政文化教育活动，组织演讲比赛，营造廉洁勤政的良好氛围。三是深入贯彻党风廉政建设责任制，将任务细化分解，具体落实到领导班子成员及全局各部门，确保全局党风廉政建设工作积极有序开展。四是着力解决行政不作为等影响和制约税收发展环境、损害纳税人权益的突出问题，促进税收工作又好又快发展。

（王　雨）

# 审 计

【概 况】 年内,完成审计项目48个。查出管理不规范金额9040万元,应调账处理金额52万元,建议被审计单位自行纠正8988万元。查出违规金额1999万元,应缴财政10.5万元,已缴财政10.5万元。政府投资建设项目审减工程款1988.5万元。移送司法纪检部门处理案件1件。建议有关部门处理案件1件。提出审计建议51条。向主管区领导提交审计报告69篇,信息118份,信息被采用69篇。

(杨利民)

【本级财政审计】 完成2007年度本级预算执行审计5项。重点对政府部门组织本级预算执行和其他财政收支情况、教育部门预算执行和决算草案进行了审计。对河西两镇(王佐镇、长辛店镇)经济结构调整、市政、园林绿化等专项资金进行了审计。共涉及资金使用单位115个。对审计查出的问题提出审计意见。有关部门采纳并进行了纠正。逐步规范了预算编制、执行,尤其是项目资金的管理使用。规范被审计单位真实、完整编报决算的行为,提高了财政资金的使用效益。7月29日在区人大常委会上通过了《丰台区2007年本级预算执行及其他财政收支审计工作报告》。

(杨利民)

【经济责任审计】 完成科委、农委、区直机关工委、城市指挥中心、政策研究室、区委党校、水务局、城管大队、劳动局、红十字会、财政局、卢沟桥乡、南苑乡、长辛店镇、王佐镇、花乡16个单位22名领导干部任期经济责任审计。重点审查了财政财务收支的真实情况、重大投资决策程序合规性和投资风险性、领导者个人廉政情况。向组织部报送审计结果报告22篇。

(杨利民)

【固定资产投资审计】 完成永合庄临时垃圾卫生填埋场扩建工程、水衙沟二期工程、文委装修工程、长辛店医院一期工程、38条农村便民路大修改造工程、政府办公楼丽泽工程、法院办公楼改建工程、丰台科技园区金园工程－总部E线工程等固定资产投资审计。核减工程款1988.5万元。永合庄临时垃圾卫生填埋场扩建工程审计监督贯穿建设项目的整个过程。区长李超钢在区长专题会上听取了关于永合庄临时垃圾卫生填埋场扩建工程结算审计的汇报。

(杨利民)

【奥运会工程跟踪审计】 完成丰台垒球场硬件设施整改工程跟踪审计。丰台科技园区管理委员会迎“奥运”火炬接力传递线路环境资金跟踪审计。

(杨利民)

【抗震救灾捐款审计】 根据北京市审计局统一部署,对区财政局、区红十字会、区慈善协会、区接受救灾捐赠事物管理中心,自5月12日至9月22日,汶川地震以来拨付的财政赈灾专项资金以及接受社会各界捐赠款物的接收、分配、拨付、使用和管理情况进行了专项审计。并延伸审计4个乡,9个行政村,9个街道28个社区,3所学校,10个捐款单位,1300个捐赠人。

(杨利民)

【专项审计及调查】 完成区社会保障资金管理情况审计,丰台医院财务收支审计,部分社区文化体育休闲广场资金效益审计,区级孵化器1100万元返还资金审计调查,科技园区部分中小企业政策贴息情况审计调查。

(杨利民)

【内审监督与指导】 发挥内部审计机构的职能,规范内部审计指导工作。举办内审人员后续教育培训班一期，参训人员405人。组织交流考察一次，13个单位22人参加。召开20个内部审计单位网络组长会，通过网络组活动进一步促进内审工作的开展。指导各内审单位开展审计181项，其中财务收支审计59项、经济效益审计39项、经济责任审计45项、基本建设审计9项、专项资金审计29项，促进增收节支149万元，已纠正违规增加上缴金额235万元。编辑《丰台内审》刊物6期。

（杨利民）

# 金　　融

## 中国工商银行股份有限公司北京丰台支行

【概　况】 中国工商银行股份有限公司北京丰台支行(原中国工商银行北京市丰台支行)拥有职工610人,共设机构36个,其中10个部室、1个分部(融工后勤有限公司分部)、19个综合网点、7个储蓄所。是年,本行坚持以科学发展观引领支行各项工作,在不断完善和加强内控制度建设的基础上,促进资产、负债、中间业务协调发展;落实积极进取的信贷政策,在总量增长中不断优化信贷结构,全面提升中间业务,加快推进经营转型,提升竞争力,实现了持续、稳定的发展。

(马艳艳　续保华)

【奥运金融服务保障工作】 为切实推动奥运金融服务工作的有序开展,围绕本行地处丰台体育中心和赵公口网球场馆两个奥运场馆的实际情况,确定6个奥运重点网点,行内干部员工统一思想,明确目标,落实责任制,完成了奥运金融服务工作。

(马艳艳　续保华)

【完善支行绩效管理体系】 在整合与优化现有考核资源的基础上,变单纯的绩效考核为完整的绩效管理。配合人力资源管理提升项目整体思路,按照岗位类别以业务线的形式实施差异化考核,在以绩效考评结果为依据加大激励力度的同时,进一步健全对负面绩效的约束机制,将绩效考评结果作为被考核者绩效工资发放、工资调整、晋升、岗位调整与培训等的主要依据。以绩效考核结果为基础组织开展绩效辅导工作,推广实施覆盖全员的绩效管理工作,发挥绩效管理的指挥棒和导向性作用。

(马艳艳　续保华)

【优化人力资源现状】 年内,实施中层管理干部动态管理,着力做好后备干部的培养工作。制定后备干部管理办法,完善中级干部管理机制,加大对后备干部的培养力度。通过岗位轮换、提供更多的业务学习培训机会等方式,为后备干部的成长提供条件,使他们尽快成长为复合型人材。对不适合本职岗位的中层干部将采取诫勉谈话、降低绩效、主动辞职等方式进行动态调整,实了现以德才兼备为依据、职务能上能下、人员能进能出、收入能高能低的动态用人机制,营造重知识、重业绩、重人才的用人环境,通过业绩考核、绩效排名、民主评议等多种方式,优化干部队伍结构。

(马艳艳　续保华)

【提升整体服务质量】 以"奥运优质服务年"为主线,推动营业网点服务质量标准化管理,成立了服务质量标准化管理推广工作领导小组,制定了《丰台支行营业网点服务质量标准化推广工作实施方案》,开展客户满意度调查、大堂经理典型服务案例征集、微笑服务从我做起等三项活动。设立奥运综合服务办公室，制定《丰台支行奥运金融服务工作实施方案》，补充完善支行保障信息系统、窗口服务质量、网点服务、无障碍服务、消费者咨询和投诉处理渠道、奥运支付环境建设、安全保卫以及对外宣传和舆情检测八大项工作的具体要求和实施措施，提高了结客户满意度。

（马艳艳　续保华）

**【推动个金业务稳步发展】** 年内，重点做好“个金”这个大市场，在积极落实第一零售银行战略，巩固个金业务在本行支柱地位的同时，推进中间业务的大发展，确保个金业务、中间业务收入的稳定增长。多项产品齐头并进，重点产品重点抓。年末，多项产品销售增幅较大，保险增长 137.85 %，个人理财增长 359.29%，“1 + 4”总量增幅 69.65%，各项业务均创新高。

（马艳艳　续保华）

## 中国工商银行股份有限公司北京方庄支行

**【概　况】** 中国工商银行股份有限公司北京方庄支行内设部室 11 个，下设网点 18 个，现有职工 554 人。2008 年，面对国内外经济形势的急剧变化和奥运金融服务的巨大压力，方庄支行认真研究宏观形势所带来的机遇和挑战，积极贯彻各项宏观调控政策，严格落实分行各项决策部署，在推进经营转型、市场拓展、机构改革、渠道建设、风险控制、优化服务等方面，团结协作、开拓进取、奋力拼搏，通过全行员工的共同努力，支行各项经营管理工作迈上新台阶。

（蒋　宁）

**【改革职能部门】** 年内，对公司业务部职能进行调整，将公司业务、机构业务和个人信贷业务有机整合，成立市场营销中心，推进客户经理队伍综合化，构建跨专业营销平台和网点优质服务平台，力促支行综合营销能力的提升，实现公私业务的双赢。同时，下设综合管理中心，建立指标完成情况的定期公示制度，实行缺口管理，加强对业务数据的分析和对业务进度的督导。经过一年的实践，整合营销模式基本步入正轨。进一步巩固、深化与现有优质客户良好的合作关系，全力争取新增优质大户，稳步提升优质占比，积蓄发展潜力。

（蒋　宁）

**【构建服务长效机制】** 2008 年是奥运年，也是本行服务实现三年根本改变的关键之年。为了切实将服务工作与经营发展紧密相连，支行创新管理思路，实行“一把手”工程，成立网点核心竞争力领导小组，加强对网点建设、服务质量标准化管理等工作的统一组织、推动和督导。通过加大投入力度、提高检查频率、完善考核激励与约束机制、开展专项竞赛等形式，改善了服务网点的工作环境，提高了服务人员的综合素质，增强了“二线为一线服务”的意识，完成了为奥运金融服务工作，提高了支行的市场竞争力。

（蒋　宁）

**【疏通渠道储备资源】** 全面启动渠道建设工程，成立领导小组，广泛选取优址，合理规划网点布局，加快网点功能转型，先后完成 6 家贵宾理财中心和网点支行的迁址、升格工作，有多家网点的改造工作正在积极推进当中。探索电子渠道建设的新思路，梳理业务发展脉络，加大投入维护、更新自助机具，加快 POS 商户、网上银行、电话银行等业务的“跑马圈地”，以此作为物理服务平台的延伸，不断提高客户吸纳能力，夯实客户基础，为可持续发展储备原动力。

（蒋　宁）

**【加强风险管理和内部控制】** 致力于建立健全内控管理体系，规范内控管理工作。完善和规范监督制约、奖惩考核机制,加强督促检查,落实问题整改;加强安全保卫工作,深入推进"两个责任制"建设,全年无案件事故及重大违规发生。

(蒋　宁)

## 中国银行股份有限公司北京丰台支行

**【概　况】** 中国银行股份有限公司北京丰台支行现有职工 382 人,内设部室 6 个,下设网点 18 个。是年,支行认真贯彻落实科学发展观,用改革的办法、创新的经营思路,建立防范风险新体系;扎实推进服务标准化管理新机制,积极构建企业文化新模式,形成了"严格、高效、和谐"发展的新格局,业务发展实现了一个新跨跃,风险管理迈上了一个新台阶,服务体系建设有了一个新发展,企业文化建设有了一个新突破,各项工作取得新进展。全年未发生各类违纪、违规案件和重大业务差错。年内,支行被评选为首都银行业精神文明创建工作先进单位,2008 年度总行级先进单位、分行级先进单位,分行 2008 年度经营性支行盈利业绩突出单位。

(薛　颖)

**【经营绩效稳步提升】** 利润继续保持快速增长,年末实现考核利润 3.14 亿元,实现分行下达任务的 111.25 %,比上年末增长了 45%,用两年时间实现利润翻番,绩效考核在分行全辖系统名列前茅。公司不良贷款继续保持为零,个贷不良贷款余额和不良率持续实现双降。通过三道防线为主的内控体系建设,业务差错率明显降低。

(薛　颖)

**【实现服务无投诉】** 一是大力整治营业环境,规范员工服务用语和服务体态,在服务的舒适性、标准性、统一性下功夫,树立服务规范标杆单位,开展"比学赶帮超"活动;二是进一步加大检查监督力度,达到全方位改善服务质量的目的;三是将服务工作纳入员工考核体系,进一步加大星级柜员考核和技能考核力度。是年服务工作取得实质成效,实现全年服务无投诉。

(薛　颖)

**【积极创新企业文化】** 从强化政治思想、职业道德、行为规范教育入手,以全面提高全员整体素质为目标,走素质强行之路。一是建立健全培训学习体系制度,以学习提高素质,以学习谋求发展,使员工在学习实践中完善自己,在竞争中提高自己;二是建立员工业绩小档案,为员工评级、晋级提供重要依据,为员工实现自身价值创造条件;三是以条线为纽带成立了大堂经理俱乐部、储蓄组长之家、开办理财战线,为互相交流经验,开展各种形式活动搭建平台;四是以不同形式开展喜闻乐见的文体活动,积极推进文明和谐的企业文化氛围。

(薛　颖)

## 中国农业银行北京市丰台支行

**【概　况】** 中国农业银行北京市丰台支行下设机构 24 个,其中支行本部职能部门 7 个,对外营业机构 17 个(营业部 1 个、二级支行 6 个、分理处 9 个、储蓄所 1 个);在职员工 425 人。是年,支行围绕加强基础管理、加快网点转型、加大营销力度的工作方针,以加快有效发展为中心,着力提高综合竞争能力和风险管理能力,完成了年度各项工作任务。

(李　娜)

**【加大业务营销力度】** 牢牢锁定"一总两优"

目标客户，在加强与现有优质客户业务合作的基础上，明确新的营销目标。采取团队营销模式，由行长亲自抓落实；强化网点对个人高端客户的营销挖潜力度，实施全方位、多角度综合营销；以大红门商贸区为核心，大力营销支付通业务，走进市场挖资源，积极抢占市场份额。

（李　娜）

**【加快推进网点转型】** 努力寻找发展突破口，在深入调研的基础上，提出了“丰台支行要发展，网点的发展是基础；网点要发展，网点转型是出路；网点要转型，服务要先行”的总体思路，在现有条件下，不等不靠，大胆创新，采取了“穿墙自助设备大堂用”的方式，加大自助设备投放力度，初步实现了客户分流；确立六里桥支行为网点转型试点单位，为全行树立了加快网点转型、提升基础服务的标杆；进一步优化网点布局，年内考察申报了2个离行式自助银行及4个新建营业网点。

（李　娜）

**【做好奥运金融服务】** 建立奥运金融服务工作机制，层层签订奥运金融服务责任书；完善各项硬件设施，增设低柜窗口，规范各类标识，设立奥运“绿色通道”，整洁大厅环境；对员工进行服务礼仪、英语手语及文明用语的强化培训；加强巡查力度，开展各项应急模拟演练，确保奥运期间信息系统、窗口服务、无障碍服务、支付环境、舆情监测等各项工作的正常开展。

（李　娜）

**【积极推进内部改革】** 一是完成方庄支行、丰台支行机构合并工作。6月10日，分行宣布方庄支行还原回丰台支行，6月14日完成正式划转交接。二是完成组织机构改革及科级干部公开选拔工作。根据分支行组织架构调整方案，支行本部调整为7个部门，公开选拔了支行科级领导干部，公开竞聘了网点负责人岗位后备干部。

（李　娜）

**【提高风险防范能力】** 开展会计“三化三铁”创建活动，使员工的操作风险意识有所加强，操作行为进一步规范，年末达标率94.12%；开展信贷“三化三无一退出”创建活动，培训客户经理队伍，提高客户经理对风险的识别能力和防范能力；开展案件专项治理及员工行为守则教育活动，推行全员违规行为积分管理办法，提高员工对业务制度、操作规程的执行力。

（李　娜）

**【加强队伍建设】** 一是认真学习和实践科学发展观，召开民主生活会，解决员工最关心的网点环境、职工福利等实际问题。二是加强基层党建工作，为每一位党员发放学习读本，“七一”前聘请天津党校教授讲授党课。三是加强员工队伍建设，开展员工行为排查、企业文化大讨论等活动，鼓励员工学习新业务、新知识，建立支行专业人才储备库。

（李　娜）

## 中国建设银行股份有限公司北京丰台支行

**【概　况】** 中国建设银行股份有限公司北京丰台支行下设13个部室、10个升格支行、1个分理处、10个储蓄所。年内，支行拥有中长期劳动合同人员321人，平均年龄37.9岁，其中本科及以上学历140人，党员133名；劳务人员236人，平均年龄30岁，其中本科及以上学历15人，党员7人。支行坚持“立足丰台，面向全市”的发展战略，将丰台区政府作为第一大客户；以强化营销、提高市场竞争力为经营中心，以公私联动、全员营销为经营手段，调整优化客户结构，资金实力、信贷规模、盈利水平在本地区金融同业中均名列前茅，实现支行全面均衡健康发展。年末，本外币全口径存款时点余额367.2亿元;本外币各项贷款时点余额101.3亿元;十二级分类不良贷款余额5.8亿元,不良率5.69%。实现利润5.7亿元。

(韩京瑾)

**【存款稳步快速增长】** 是年,支行开展了对公条线“大干三季度”营销竞赛活动,调动了经营部门的积极性。抓存款营销工作,成功营销了邮政储蓄银行80亿元协议存款,新开立500万元以上基本结算账户或日均存款达到1000万元以上一般结算账户35个。在进一步扩大原有普天集团、中国福彩、铁通集团重客系统归集范围的同时,成功营销了武警黄金指挥部、中邮普泰两个大型客户的重客系统。全口径存款迈上300亿元新台阶。

(韩京瑾)

**【贷款规模大幅提升】** 以基础设施建设、区域重点项目、优质房地产项目为重点,充分发挥团队营销优势,实行行领导首席客户经理制,一批优质贷款项目落户支行,大型集团成为支行信贷业务的主体。年内累计为华能能源纯新发放贷款15.5亿元,在充分挖潜总行级重点信贷客户公联公路、普天集团的基础上,加大了对新客户的营销力度,新开发了国家物资储备局50亿元授信、中农集团6亿元授信,不仅实现了信贷规模的突破,而且做好了2009年信贷项目的储备。

(韩京瑾)

**【个人业务全面发展】** 个人业务进一步发挥公私联动的传统优势,年内新开发代发工资户130个,累计代发工资额达到37.7亿元。充分发挥网点转型的营销优势,人员配备到位,激励措施到位,“业务买单制”的落实,充分调动了个人业务条线营销的积极性,本外币储蓄存款余额和新增额均在分行系统排名第二。储蓄人员彻底摒弃坐等客户上门的服务模式,积极走进社区、走进学校、走进部队,并通过VIP客户联谊、理财讲座等大力营销个人金融产品,发放信用卡19626户,外汇资金业务量实现1.2亿美元,代理保险2.7亿元,在分行系统排名第三。新增个人AUM值20-300万元客户7294个,财富中心客户54个,电子银行客户净新增26673户。

(韩京瑾)

**【不良攻坚成果显著】** 建行丰台支行的信贷工作不仅规模上有了全新突破,更在质量和效益上迈上了新的台阶。坚定不移地执行退出方案,退出行业控制和关注三级以下贷款客户11个,累计金额1.4亿元。进一步加大了不良个贷的回收处置力度,行领导带领相关部门人员,对重点客户实行责任制,一追到底,经过艰苦不懈的努力,先后成功处置国际药械大厦、京皇广场两个重点“假个贷”项目,年内共回收不良贷款1.6亿元。通过对公对私两个条线的共同努力,支行不良率下降2%,不良贷款额、不良贷款率实现双降。

(韩京瑾)

**【内部管理再上新台阶】** 建行丰台支行党委本着务求实效的原则,深入开展了学习实践科学发展观活动,通过大学生座谈会、会计系列人员座谈会以及行领导深入基层调研,认真梳理了阻碍支行发展的问题,制定了切实可行的整改措施,责成相关部门重点解决。全行员工进一步树立科学发展的理念,对完成全年任务起到了促进作用。进一步强化会计核算和规范管理工作的指导监督力度。年初,8个营业机构的会计主管全部轮换到位,11个综合机构有7个达到会计基础工作一级标准。将案件防控、员工行为排查、积分管理、合规经营教育以及反洗钱等工作贯穿全年,支行风险管理和控制能力得以提升。支行服务工作取得丰硕成果。涌现出以西罗园储蓄所为代表的全国建行系统优质服务典范和一大批先进集体和个人。支行荣获分行优质服务先进支行,监察室荣获总行级纪检监察先进集体,西罗园储蓄所荣获分行十佳零售网点,廉奕聪同志荣获全国金融青年服务标兵。

(韩京瑾)

# 北京农村商业银行丰台支行

【概　况】　年内，支行盈利能力明显增强，实现考核利润15.087万元，比上年同期增长3.387万元；中间业务收入1.057万元，同比多增493万元。存款强势增长，截至年末，支行各项存款余额为825，746万元，比年初增长113.072万元，增幅为15.87%。日均存款余额802，639万元，较年初新增133.156万元，增幅为19.89%。是年支行存款绝对额和日均存款增量均创历史新高，提高了丰台支行的市场份额和综合竞争能力。个人业务快速发展，新发行银行卡7万张、实现银行卡业务交易额4.5亿元、发放惠民卡2.5万张、电子银行业务转化率达到40%。特别是个人汽车贷款业务发展迅速，共办理1642笔，发放贷款46.382万元，成为又一个发展亮点。资产结构明显改善，各项贷款余额308.911万元，全年累计新发放贷款173.457万元，净增15.233万元。其中优质客户贷款新增109万元，占全年新增额的62.84%；票据贴现业务累计发生额为105.762万元，比上年同期增长了9.579万元；不良资产实现"双降"，不良贷款余额比上年末净下降1.963万元，年末不良贷款占比比上年末下降0.61个百分点。

（王　亦）

【推动批发市场营销】　借助自助商务银行的主推功能、优势功能和联动效应，以全面占领丰台区各类批发市场为目标，对各批发市场和市场商户展开拉网式的营销。先后与大红门服装批发市场、京深水产市场等26家市场建立了合作关系。同时，以成功营销的各类批发市场为平台，为市场的商户提供"一揽子"金融服务，实现了对商户储蓄存款、银行卡、网上银行、电话银行、商户贷款业务等产品的综合营销，有效占领了批发市场份额，实现了个人业务的快速发展。

（王　亦）

【汽车贷款】　走专业化发展道路，对个人贷款的业务流程、岗位职责及规章制度进行梳理和学习，实现了个人汽车贷款业务操作的菜单式管理和流程化控制。突破空间限制，推出视频面签、GPS定位监控管理，加快业务办理速度，使个人汽车贷款步入了发展的"快行道"。

（王　亦）

【抓住时机拓展优质客户】　抓住3月至9月信贷规模紧缺时机，加大对优质贷款的营销，成功营销了中国普天集团、北京菜百集团、九华山庄等一大批优质大客户。发挥票据贴现业务的"蓄水池"作用，加大新客户营销力度，积极开拓票源，成功营销了河北董氏集团、唐山建龙钢铁等6个累计发生额超过5万元的大客户。

（王　亦）

【激励各行争优创先】　开展了"与春同行、凤舞丰台"综合营销竞赛、"惠商卡进市场"、"推进双小战略、促进网点转型"等形式各异的营销竞赛活动，以费用奖励的办法激励各支行提高盈利能力、扩大存款规模、优化信贷结构。在劳动竞赛中，支行取消了加分封顶的限制，采用存款、贷款、利润、中间业务收入等重要指标计价制的办法，按照贡献度大小，拉开行际间差距，激励各经营单位百家争鸣、百花齐放，在为支行争做贡献的同时提高核心竞争力。

（王　亦）

【集约化管理】　一是积极探索现金管理的新模式，筹建丰台支行现金管理中心，保证了现金整点更加规范，金库风险控制更加专业，现金调缴更加顺畅。二是将分散在4个非管辖支行的文书、声像、实物、会计、授信等档案进行全面整合,分建了综合档案库和信贷档案库,在科丰桥建设了会计档案分库,实现了档案的规范化、制度化管理。

(王　亦)

**【专业化管理】**　一是加强对内控体系的建设。制定了《丰台支行合规与风险控制考评办法》,并于年末对各支行内控情况进行全面检查,形成了《关于对丰台支行及辖属各级经营机构实施内控评价的报告》。二是调整强化稽核部门风险控制的专业能力。对业务部、资产风险管理部、财务会计部的职责进行了调整,减少了部门职责交叉,使职能更加清晰,更突出专业化。三是对贷款实行分类管理和风险预警,按照"支持、维持、退出"三级管理要求,对存量贷款进行全面梳理。对欠息和逾期的贷款进行"红色预警"风险提示。四是创新检查手段,采取查看业务录像、增加不定期检查频率、暗访、飞行检查等多种形式检查制度执行情况。全年共进行各类检查200余次,整改问题8项,对5类问题进行了处罚,全面推动了总行营业厅的规范管理,实现了风险防控关口的有效前移。

(王　亦)

**【迎奥运活动】**　支行开展丰富多彩的迎奥运活动,实现了"平安奥运"工作目标。先后组织召开了"平安奥运"全行动员大会、"文明服务,我参与、我规范、我践行"服务承诺签名活动、"畅谈奥运金融服务,践行企业文化手册"大讨论、开展"安全运营标杆单位"、"文明规范服务标兵"评比活动、奥运志愿者主题团日等形式各异的活动,积极营造"北京奥运我参与、我奉献"的良好氛围,提高全员"平安奥运"的认识。开展形式多样的业务培训47次,累计培训1389人次。奥运期间,累计检查网点150余次,覆盖面达100%,实现了丰台支行管理与服务水平的明显提升,实现了奥运金融服务"零投诉"、"零事故"的目标。

(王　亦)

# 城乡建设和管理

## 规划管理

【概　况】 年内,审批建设工程124项,建设面积306.5万平方米,审批市政工程132项,涉及道路、管线12.9万延长米。建设工程规划验收130项,建筑面积328万平方米。与区建委住保办共同委托北京市城市设计研究院开始编制《丰台区"十一五"保障性住房及"两限"商品住房用地布局规划》,以指导丰台区保障性住房选址工作更好地开展,已完成长辛店老镇西、北京开关厂、马家堡东路西侧、西四环看丹桥西北角规划手续。核发《规划意见书》24项,建筑面积679.2万平方米;核发《建设用地规划许可证》36项,用地面积236.7万平方米;核发《建设工程规划许可证》124项,建筑面积306.5万平方米(其中保障性用房21万平方米)。

(王以革)

【规划编制】 年内,编制完成《河西地区整合规划》《长辛店市政专项规划》、《王佐镇中心地区规划调整》、《长辛店北区控制性详细规划》。正在编制《丰台区河西地区道路地名规划》。编制完成长辛店镇东河沿村、赵辛店村、张家坟村及王佐镇庄户村、魏各庄村、西王佐村等6个村的村庄整治规划,长辛店镇长辛店村、张郭庄村及王佐镇佃起村已报区政府审查。

(王以革)

【丽泽金融商务区规划调整】 丽泽金融商务区(即卢沟桥东区)位于丰台区卢沟桥乡,以丽泽路为主线,东至菜户营桥、南至丰草河、西至丽泽桥、北至宣武区红莲南路。位于北京市第一道绿化隔离地区,总用地面积约为5.25平方公里,除去区域内的国有用地,核心区总用地面积约为4.36平方公里(含城市绿化及道路用地),其中尚未开发的可利用建设用地约1平方公里。丽泽金融商务区是区国民经济和社会发展第十一个五年规划中重点建设的五个板块之一。市委、市政府将该区域定位为首都新兴金融功能区,纳入全市金融产业"一主一副三新四后台"的空间布局中,主要功能为聚集新兴金融机构,主要目标是将该区域建设成为现代化的首都金融业发展新空间和新兴机构聚集区。

(王以革)

【市政交通工程规划审批】 年内,核发市政《建设用地规划许可证》19项,用地面积69.3万平方米;核发市政《建设工程规划许可证》133项,涉及道路、管线13万延长米。

(王以革)

【拆除违法建设】 年内,根据丰台区环境建设工作方案,在全区范围内开展大规模的拆除违法建设工作,以城乡结合部环境治理为重点,共拆除违法建设(包括占压管线和河湖两侧)78.9万平方米,完成全年的工作任务。

(王以革)

**【建设工程规划监督】** 年内,办理建设工程规划验线69项,建筑面积190.3万平方米,规划验收130项,建筑面积327万平方米。共认定违法建设468项,建筑面积505584平方米(围墙63.4延长米)。对25项不履行规划许可行为做了行政处罚。

(王以革)

**【无障碍设施建设和改造】** 年内,完成对涉奥场所丰台体育中心、木樨园训练馆群、光彩馆、北京博爱医院、基督教草桥堂、丰台镇清真寺、人天驿站、宛平城、卢沟桥以及人流密集的重点交通枢纽木樨园、赵公口、莲花池、六里桥、丽泽桥等长途汽车站和7个街道办事处、1个乡政府、3个派出所、区政府丽泽办公区、菜户营对外办公大厅等无障碍设施建设、管理和使用情况进行全面检查。完成区政府丽泽办公区、莲花池西里六号院配套综合楼等40个无障碍示范窗口单位的创建计划,并投入使用。并对26个老旧小区的道路进行坡化、硬化。改建公厕120座。

(王以革)

**【地铁线路规划】** 年内,通过研究地铁7号线、9号线、10号线二期、14号线、大兴线、亦庄线、房山线等轨道交通线路方案,结合轨道交通站点及周边土地利用规划情况,向市规委提出地铁十四号线西延方案。现地铁9号线、10号线二期、大兴线已开工建设,大兴线拟于2010年通车,其余两条线路也将于2012年建成。

(王以革)

**【新命名地名】** 年内,新命名地名、建筑物名称34个。建筑物名称:大成时代中心、道丰园、中铁咨询大厦、宋家庄家园、高鑫家园、天兴家园、银河苑、流星苑、西府颐园、优筑大厦、道丰中心、望园住宅楼、海上海花园、北京宝隆大厦、红狮家园、保利百合园、大成郡、绿洲园、鑫源国际大厦、成寿寺西里、成寿寺东里、星辰苑、期颐百年小区、长馨园、景枫园、恒兴园。地名名称:大瓦窑北路、万泉寺北路、青塔北路、张仪村西路、张仪村南路、丰仪北路、丰仪路、丰仪南路 。

(王以革)

# 城乡建设

**【概　况】** 年内,全区累计开复工397项,建筑面积1355.6万平方米;竣工工程128项,建筑面积305.6万平方米。在施工地269项,建筑面积1050万平方米。共承担市、区重点基础设施工程23项,其中在建道路11项,总长37.32公里;轨道交通5项,国铁建设3项,涉及拆迁4576户,累计完成2345户。北京南站、京津城际铁路8月通车运行。北京南站外部路网基本建成,郑常庄热电厂投入使用。光彩路、张仪村路、西客站南路等4条道路建成通车,通车里程10.16公里。西六环路、蒲黄榆路、成寿寺路等城市主干路建设全面推进。地铁四号线、九号线等轨道交通工程进展顺利。京沪高速、动车段等国铁建设稳步推进。全年共办理招投标手续96项。加强行政处罚工作力度,全年共实施行政处罚78件,受理行政复议17件,审结16件。严格施工工地质量安全执法专项检查,全年出动检查5123人次,检查工地4435项次。查处安全隐患6420条,整改率达100%。发出限期整改通知书239份,发出停工整改通知书17份。全年办理工程竣工验收310件。

(王　嘉　卢　颖)

**【民生工程】** 年内,区级审核窗口共受理经济适用住房及限价商品房申请家庭6784户,

6445户申请家庭取得了购买资格。完成1498户经济适用房、1883户限价商品房的配售工作。通过租金补贴方式保障廉租家庭1442户，实现实物配租家庭39户。为全区671户居民1625间危房实现解危。为老旧小区1621栋楼房10.8万户补建和更新信报箱，连续两年累计完成19.5万户。

（王　嘉　卢　颖）

**【重点工程拆迁有序推进】** 年内，成寿寺路、石榴庄路、北京南站外部路网拆迁工作进入收尾阶段。西六环路、马家堡东路、蒲黄榆路、康辛路二期等主干路建设全面推进。地铁四号线马家堡车辆段已全面进场施工。地铁九号线丰台北路站、科技园区、怡海花园站一期占地拆迁工作基本完成，文体路东街站拆迁工作启动。地铁十号线二期、亦庄线、大兴线已与轨道公司签订拆迁委托协议。动车段走行线进场施工。京沪高速铁路已完成全线征地组卷和林地审批工作，全部签订林地补偿协议。

（魏　楠　李海峰）

**【保障性住房建设】** 年内，实现成寿寺二期、小屯馨城等5个市统建保障性住房及限价商品房项目36.09万平方米开工；区自建保障性住房项目南苑西、长辛店按计划实现开工30万平方米。

（史卫红）

**【房屋管理工作】** 年内，商品房预售成交15327套，成交面积132.79万平方米，成交金额123.05亿元。批准商品房预售许可证45个，开展延期交房项目专项治理工作。完成房地产转让过户39951件，449.03万平方米，过户金额262.9亿元。完成房屋产权发证61774件，换发房屋所有权证4636件。完成各类房屋登记14043件，建筑面积1548.6万平方米。全年共接收房屋档案6.5万余卷，检索录入历史档案总条目达到40万条。基本完成历史档案扫描工作，完成扫描39万卷，分形通过率81.78%。单位内部档案查询1.9万卷次，接待公开查询4012人次。

（潘春清　孟令忠　袁琦）

**【物业企业资质管理】** 年内，新办物业管理企业资质22家，核定物业管理企业资质23家；完成13个物业管理项目市优评选工作；完成27个物业项目前期招投标备案及1个协议选聘物业管理企业的物业项目审批。完成7个业主大会、业主委员会的组建及备案。

（高文海）

**【房屋拆迁管理】** 年内，全区在施拆迁项目累计89个，涉及产权户7000户，全年共完成12个项目，2251户。新公示拆迁项目6个；批准拆迁许可证并公告项目3个，立案调查256件，裁决139件。

（王海英）

**【普通地下室与房屋安全鉴定管理】** 年内，对全区普通地下室建立分类台帐，出动检查2461人次，限期整改176处、处罚20处，关停310处。全年共完成房屋安全鉴定项目1222处，完成房屋安全鉴定面积51.75万平方米。

（殷鹏志 刘进）

**【城镇房屋防汛工作】** 年内，全区自管单位房屋完好率98.78%，查出4、5类房屋1.65万平方米；发现城镇危险私房356户1140间全部签发危房通知书。

（梁文斌）

**【工程款清欠】** 年内，实施工程项目检查279项，检查率98%；推动建立民工工资预留专用账户工作；按照实名制管理要求，备案3.8万人，备案率达97%。会同劳动局、公安局三部门联动，从速处理突发案件47起。

（梅菊荪）

**【工程招标投标】** 年内，共办理工程招标投标96项，其中：施工招标57项，监理招标39项。施工招标中公开招标工程20项，建筑面积69万平方米；邀请及直接发包工程37项，建筑面积90万平方米。监理招标中公开招标11项，邀请及直接发包28项。

（薛晓薇）

【小区配套管理】 年内,完成26个住宅小区项目建设方案审核,总建筑面积347.03万平方米,住宅建筑面积256.63万平方米,其中教育、医疗等公共服务配套设施30.89万平方米,市政基础设施3.43万平方米。共接收配套设施12处2.27万平方米,其中教育配套设施3处1.75万平方米,社区管理设施8处0.23万平方米,医疗设施1处0.29万平方米。

(张永挺)

【企业资质与项目经理管理】 年内,接待建筑企业咨询190家,受理企业98家,其中新报建筑施工企业37家,升级企业17家,增项企业11家,企业资质变更55家。办理初始注册建造师11批,临时建造师两批,共1144名。办理房地产开发企业注册备案23家,房地产开发企业资质升级、延期67家,房地产开发企业变更备案41家。

(王 炬 张永挺)

【工程质量检测】 年内,完成建筑材料试验20580组,承接在施工程175个。对74个单位工程进行了室内环境质量检测,完成检测点562个,完成建筑节能工程部分检测新项目的计量认证扩项评审。

(王 栋)

【道路建设】 张仪村路:城市主干道,南至京石高速公路北辅路,北至吴家村路,全长3.8公里,道路红线宽45米,涉及住宅拆迁81户,拆迁企业8家。2006年开始实施拆迁工作,2008年6月完成全部拆迁工作。康辛路一期:城市主干道,西至榆树庄路以西,东至西四环富丰桥,全长约2.6公里,规划红线宽50米,贯穿花乡及草桥地区。涉及居民拆迁81户。2007年9月15日正式启动拆迁工作,2008年4月1日完成拆迁工作。西客站南路:城市主干道,北至西客站南广场,南至丽泽路,全长2.5公里,规划红线50米,共涉及拆迁居民115户,拆迁企业17家。2007年8月1日正式启动拆迁工作,2008年6月20日全部完成拆迁工作。光彩路:城市次干路,起止点石榴庄至南四环,规划红线宽40米,长1.5公里,涉及拆迁居民71户。2007年9月1日正式启动拆迁工作,2008年2月5日完成全部拆迁工作。

(李海峰 卢 颖)

# 环境整治和市政基础设施建设

【概 况】 区市政管委是负责本区城市市政基础和环卫设施、公用事业、市容环境、爱国卫生和城市环境综合整治的区政府职能部门。年内,做好奥运环境建设、保障工作。共新建、大修改造便民路等各种道路336条,总面积120万平方米。承办建议、提案121件,其中:市人大建议9件、区建议78件、区提案21件、区议转件1件、平类件12件。年度被评为北京奥运会残奥会环境建设先进集体、奥运会残奥会交通保障工作先进集体、第29届奥林匹克运动会贡献奖、北京市2007—2008年度供热行业管理先进单位等。1人被评为全国先进个人,16人次被评为市级先进个人,11人次被评为区级先进个人。

(宋 洋)

## 市政工程

【道路改扩建】 年内,完成河东地区30条便民路的大修改造,总面积30万平方米。对区五环路以内51个行政村306条道路进行大修改造,总面积90万平方米。完成对长辛店镇大灰厂村、辛庄村、王佐镇沙锅村等3个行政村近40万平方米街坊路的硬化铺装。完成北京卫戍区通信站等5条部队出行道路的修建、改造。

(宋 洋)

【重点大街和地区环境治理】 年内,完成58条重点大街环境整治工作,其中绿化新改造5.31万平方米、临街商铺整治5.4万平方米、围档墙修复10.8万平方米、清除废弃电杆96根。

(宋 洋)

【便民设施安装】 年内,在三环路、四环路、丰台体育中心、光彩体育馆、卢沟桥景区等主要大街和重点地区共设置自行车停车架3180延米。

(宋 洋)

## 环境整治

【"城中村""边角地"拆迁】 年内,共完成4个边角地的整治。

(宋 洋)

【老旧居住区整治】 年内,完成26个老旧小区的整治工作,共修复甬路18万平方米、道路硬化30万平方米、修建雨水管线1.8万延米、绿化补植10万平方米、楼体粉刷122万平方米、安装路灯488盏。

(宋 洋)

【市容环境整治】 年内,共有131个单位通过垃圾分类市考评验收。完成61处非正规垃圾场的整治任务。完成主要道路、重点地区234栋楼体,共计214.2万平方米建筑物外立面粉饰工程。为全区新配置安装垃圾桶3546个、果皮箱35580个。对城乡结合部和农村地区宽5米以上或具备条件的526条,共计298万平米道路实施专业保洁。

(宋 洋)

【广告牌匾治理】 年内,共拆除违规大型广告设施15处96块11124平方米,整治规范墙体广告设施7处42块2400平方米。

(宋 洋)

## 环卫基础设施

【公厕改建】 年内,完成20座公厕新建任务和849座公厕引导牌的安装工作;完成51个行政村136座公厕建设任务。

(宋 洋)

【农村户厕改造工作】 年内,继续加大农村地区户厕改造工作力度,改造农村户厕6123户。

(宋 洋)

【垃圾处理】 年内,完成永合庄垃圾填埋场旧场封场工作,新建永合庄垃圾填埋场二期并投入使用。完成丰台区生活垃圾堆肥厂项目建议书和环境评价报告书(初稿)编制工作;完成北天堂陈腐垃圾治理筛分实验项目。完成新发地绿色有机垃圾处理场建设工作,并正式投入运行,日处理绿色有机垃圾150吨;协调北京环卫集团,将方庄地区餐饮单位厨余垃圾纳入集中运输、处理,年垃圾减量为7300吨;同时启动陈腐垃圾的处理工作。

(宋 洋)

## 公益事业

【路灯安装工作】 年内,共完成33条道路路灯安装工作。

(宋 洋)

【农村改水工作】 年内,创建"优秀水厂站"9座。

(宋 洋)

【病媒生物防控工作】 年内,做好奥运赛时病媒生物防控工作,确保零事件。组织"健康奥运——健康丰台"知识专场讲座208场。

(宋 洋)

【供暖工作】 年内,全区有供热单位617个,锅炉房708处,其中燃煤锅炉房76处,燃气锅炉房426处,燃油锅炉房172处,电及其它锅炉房34处;供热总面积5289.21万平方米,其中居民供热总面积4041.51万平方米。年度完成10个小区的老旧管网改造工作。及时化解各种供热矛盾,及时抢修抢险,进行供热抢修33次。顺利完成07-08年度冬季供暖工作。

(宋 洋)

## 供　电

【概　况】 丰台供电公司(以下简称公司)位于北京市丰台区丰北路117号,成立于1987年2月27日,是北京市电力公司直属供电企业,负责丰台区110kV及以下电网的规划、建设与运营工作。年内,管辖110kV变电站20座,主变46台,容量2176MVA,35kV变电站1座,主变2台,容量40MVA;开闭站94座,配电室528座,箱变307座,柱上变3176台;10kV架空线路长度843公里,电缆线路2005公里;2008年最大负荷1154MW,供电客户共计61.8万户,售电量完成521672万千瓦时,电网建设、消隐改造及大修技改工程共投入4.42亿元 。年内荣获首都文明单位标兵称号;获国家电网奥运电力保障工作先进集体;国家电网公司2008年度先进集体;丰台区北京奥运会、残奥会先进集体;北京市电力公司先进单位、文明单位等奖项;客户服务中心营业厅荣获国家团中央、国家电网公司青年文明号称号;方庄供电所荣获北京市青年文明号称号。

(李　红　赵荣生)

【奥运保障】 年内,完成“0811”6个110千伏输变电工程、4项电网可靠性提升和地区配网消隐等工程建设,完成建安资金7.65亿元;对丰体、首体、奥运北村业主产权的电力设施投入30人进行整治;对192个奥运一、二级用户进行整治。推出为各国来宾、残疾人员的语言服务和特种服务。加强报修系统建设,实现网格化布局。奥运保障期间二级指挥部三值全运转(当值、督导、应急),31个突击团队全面覆盖、快速抢修,保证了比赛场馆和社会的可靠用电。

(李　红　赵荣生)

【人力资源】 年内,修订了《丰台供电公司教育培训管理办法》、《丰台供电公司后备干部管理办法》等规章制度;加大教育经费投入力度,全年培训项目执行数157个,共计培训231个班次、5961人次,全员培训率100%。

(李　红　赵荣生)

【电网规划建设】 年内,支持地区经济建设,完成丽泽金融商务区专项规划;继续滚动修编地区沟道规划,丰富丰台地区的沟道资源;完成10千伏中压配网梳理工作。完成6个110千伏输变电工程、4项电网可靠性提升工程;推进玉泉营、岳各庄等重点工程进度。完成七里庄110千伏、五里店110千伏输变电工程的前期工作。

(李　红　赵荣生)

【电网运行】 年内,完成可靠性提升工程、配网重载及隐患消除、奥运场馆同母线架空线路倒出等工程12项。推动GIS和PMS系统应用,规范了生产系统的业务流程。全年完成8座110千伏变电站和30座10千伏开闭站的红旗站创建工作。

(李　红　赵荣生)

【优质服务】 年内,组织8次培训课程,制作相关教学培训视频,举办“六真杯”服务礼仪风采大赛。全年累计对窗口优质服务检查101次。在上级单位组织的多次神秘顾客暗访测评中,地区客户满意度测评达96.6%。

(李　红　赵荣生)

【科技信息】 年内,加强网络基础建设、网络运行管理及信息安全管理,完成《研制带电作业新工具:绝缘引线固定器、导线端头绝缘帽》等优秀科技成果,全年共评选出40篇优秀论文,76人次受到表彰。

(李　红　赵荣生)

# 建　筑　业

## 丰台区城市建设综合开发公司

【概　况】 年内,完成投资总额1.38亿元,完成开复工面积 14.6 万平方米,其中:新开工面积 5.4 万平方米,实现竣工面积 5.3 万平方米,商品房预、销售面积 1.53 万平方米,实现预销售收入 3.03 亿元,其他经营收入 1216 万元,实现上缴各类税金 3400 万元,实现利润 2800 万元。被建设部审定为房地产开发资质一级企业。

(李志成)

**【主要开发建设项目】** 富锦嘉园三期项目,E7、E8 两栋住宅楼按计划竣工交用。至此,富锦嘉园绿化隔离地区建设项目已全部投入使用。富锦嘉园三期项目,8 栋住宅楼计划全部竣工。综合楼已完成土建工程,电梯及外装修工程已完工。

(李志成)

**【经济适用房建设项目】** 望园东里经济适用房,主体结构已封顶,开始进行 1— 3 层的水暖、电器管道施工。长辛店镇西区经济适用房项目,三栋住宅楼 5.4 万平方米已实现开工建设。其中两栋楼为该项目按 8% 比例配建的廉租房,一栋为经济适用房。年内整个项目的勘察设计、节能评审手续、小区命名已完成,确定为“长馨园经济适用房”。

(李志成)

**【商品房销售】** 年内,完成预、销售商品房及拆迁安置房 267 套 2.89 万平方米,新签合同销售额 1.88 亿元,收取整编产权过户资料及办理结算入住 532 件。

(李志成)

**【拆迁服务中心】** 年内,拆迁服务中心主要工作是:以清理滞留户为主,抓紧遗留工程的收尾;同时承接了果园 1 # 楼金泰商务大厦、地铁 10 # 线拆迁工程;做好长馨园经济适用房项目征地拆迁的前期准备工作。截止到年底,完成了东兴联丽泽雅园及右外东庄上访村拆迁工程,全年实现收入 130 万元。

(李志成)

**【物业公司】** 年内,投资 89 万元进行嘉园、角门小区高层楼二次给水设备改造。投资 38.4 万元,进行望园东里所有电梯安全运行监控、无司机设备运行的改造。角门、望园两个供热厂连续第 13 年被评为“北京市先进供暖单位”,物业公司连续第 4 年被评为丰台区精神文明单位。本年度物业公司应收入 3684 万元,应收历年欠款 2285 万元,全年实际实现总收入 3808 万元,其中含历年欠款 700 万元,其它设备改造资金回笼 150 万元。

(李志成)

**【丰开望园科技孵化中心】** 年内,实现招商 93 家,签订租赁合同 78 份,出租率为 98%,租赁合同总金额 470 万元,实际收入 482 万元(含物业费)。

(李志成)

## 北京兴丰房地产经营开发公司

**【概　况】** 年内,围绕“平安奥运”,确立了“继续坚持质、效并重的搞好南广场建设的同时,以人为本,着重解决南广场开发建设中形成的与群众生活息息相关的遗留问题,最大限度的减少不和谐因素,营造平安、和谐的奥运氛围”的工作思路。确保奥运安全稳定,继续加大投入,改善南广场的投资环境,强化企业资源管理、合理利用,在现有基础上实现国有资产的保值增值。

(任雪松)

**【莲怡园小区市政配套建设】** 年内,为改善六里桥莲怡园小区 2000 余户群众的生活条件,实施正式用电、用水及小区居民燃气改造工程。截止到年底,正式用电工程已完工等待验收发电。燃气改造的室内工程已完工,外线铺设工程预计 2009 年 3 月底完工。自来水改造工程正在办理手续。

(任雪松)

**【南广场开发建设】** 年内,完成广安路、马莲道北路 DN600 上水工程的管路工程,只剩碰口工程。该工程是为解决南广场地区及南广场东西区已建投入使用项目的生活及商业经营、消防工程用水的一项重要市政配套工程。

(任雪松)

**【债权债务】** 年内,抓好债权、债务的清理与处置工作,继续履行合同,加快项目结算进度的同时加大债权落实和催讨的力度。对已竣工多年的南广场中色大厦的结算工作全部完成。北京燕化联营开发总公司向北京市第二中级人民法院提起诉讼,要求公司返还投资款5572.80万元,利息6080.33万元。经多次开庭审理,一审判决仅支持原告部分请求,要求公司返还投资款本金3750万元。南广场A、B、C、D项目经北京市高级人民法院决定,由丰台法院处置。年内已配合法院完成了相关手续的办理,该项目已由法院委托拍卖公司进行拍卖。

(任雪松)

**【拆迁安置工作】** 年内,由于历史和政策的原因,主要是原协议安置地点变更、时间违约超期补偿等,南广场尚有5户未得到安置。

(任雪松)

## 北京金泰房地产开发有限责任公司

**【概　况】** 北京金泰房地产开发有限公司(以下简称"金泰地产")是国有大型能源企业京煤集团下属金泰恒业公司的控股企业,现有员工135人,其中研究生以上学历13人,本科学历79人,员工平均年龄34.5岁,具有各专业技术职称证书72人,其中高级职称5人,中级职称28人,初级职称39人。企业取得一级开发资质,通过ISO9001体系认证,注册资金2亿元,总资产21亿元。是一家致力于发展住宅地产、商业地产和物业管理为一体的中型房地产开发企业。公司秉承"创造新品质,引领新生活"的企业愿景和"立德、立业、立行"的企业精神,凭借兢兢业业的科学态度,稳健经营、精细运作,积累了丰富的社会资源和雄厚的资金实力,成功开发了北京新天第公寓、金泰大厦、新新天第、金泰苑、金泰城·丽湾、金泰·先锋、金泰国际大厦等一批住宅和写字楼项目;在三亚开发了滨河城市花园、辽宁营口开发了金泰海景大酒店等一批地标性建筑。目前北京朝阳区46万平方米东坝保证性用房项目(金泰丽富嘉园)、辽宁营口经济技术开发区157万平方米的营口"金泰城"项目、海南三亚10万平方米的"三亚金泰·山屿湖"项目、内蒙古呼和浩特市12万平方米的呼市金泰城项目正在积极推进中。公司已在北京、营口、三亚、呼市进行了土地储备,为公司可持续发展奠定了坚实的基础。

金泰地产一向以"诚信地产 良心品质"为己任,全心打造"金泰"品牌。十年间,公司联合众多业内顶尖合作伙伴,以杰出的项目品质和良好信誉赢得客户的信赖,荣获"全国性及国际地产品牌北京表现力十强企业"、"最具影响力品牌企业"、"建筑与城市贡献力特别大奖"等近百项奖励,为社会做好了突破贡献。

金泰地产从1998年开始,以雄厚的资源整合实力,在北京和平里、丽泽商务区、百子湾及营口经济技术开发区等四大城市发展区域战略,在三亚、呼和浩特等城市地带重点拓展,以人为本赋予项目对于城市的独特意义,将推助城市区域价值视为企业的一种责任,不断提升人居品质,为城市创造价值。

(刘悦悦)

**【新天第生态复合区】** 和平里区域,作为北京昔日老城,兼享历史与现代文明,坐享城市核心位置,链接燕莎商圈、CBD及亚北地区。金泰地产以鼎助区域升级的设计思想,以"温情的新都市主义典范"的新天第公寓为标志,开启了金泰地产参与城市区域开发运营的第一篇章。新天第公寓引入当时超前设计理念和设备,大幅提升和平里区域价值,更是金泰地产开天辟地之作。金泰大厦以京城商业区少有的绿色办公环境,"百米标志性写字楼"

创造了园林式工作和生活的完美结合,2002年10月开始国际爱护动物基金会、新西兰羊毛局、中国银行等知名品牌入驻。

(刘悦悦)

**【丽湾生态金融区】** 丽湾生态金融区位于丰台丽泽商务区内,地处西二、三环路之间东至菜户营桥,南至丰草河,西至丽泽桥,北至宣武区红莲南路。丽泽商务区定位为首都新兴金融功能区,现已动工建设。北京·金泰城位于北京市丰台区丽泽金融商务区中心,如果说丽泽商务区成就了北京·金泰城,那么北京·金泰城无疑助升丽泽商务区的城市核心价值,一座“金融新中心”的桂冠,让丽泽与丽湾走在了时代前面。

金泰城·丽湾倡导“中产阶层的生活绿湾和心灵港湾”,成为区域生态宜居引领者,金泰地产区域运营标杆。

金泰地产大厦为金泰中国总部机构所在地,以“金融新中心、二环商务总部风范”成为西二环丽泽商务区首发综合商务体。

金泰丽湾大厦以“二环新地标,领军新经济”成为丽泽金融商务区首席商务地标;金泰城·西街打造“魅力生活街”,支撑西南二环的地标级高端商业街,成为该区域的商业、休闲以及时尚中心。

金泰中心规划为酒店、商业、办公为一体复合型高端业态建筑集群,“西二环,动感之都”将成为北京市又一地标性建筑和购物休闲中心。

金泰城·MINI以“西二环,纯小户型公寓”,成为城市核心高端小户型经典,是金泰地产品牌成功输出的代表作,也是金泰地产项目合作的典范。

金泰城·中庭兼享金融街繁华和莲花池公园、金中都遗址无垠绿色,依“金融新中心,二环心中庭”成就西二环人文华宅,是金泰地产品牌成功输出标杆,为金泰地产进一步拓宽项目合作,创立了市场美誉。

(刘悦悦)

**【先锋CBD前沿区】** 先锋CBD前沿区地理上位于CBD东百子湾区域,位于北京东四环外,自从2001年CBD规划出台迄今,CBD地区及其周边地区发展迅速。先锋CBD前沿区在CBD由西向东延长线之上,推动区域整体升级,地铁路网,更加便捷和通畅,金泰地产深刻洞察CBD客群需求,前瞻市场趋势,先锋CBD前沿区脱颖而出,成为CBD前沿区域新生活标志。金泰先锋以打造“CBD前沿居住理想”为理念。荣获“2007年中国房地产十大最值得期待楼盘”、“2007年度最具影响力楼盘国际品质大奖”;“2008年中国地产新视角北京最具创新价值楼盘”等多项大奖。金泰国际大厦以高端形象产品定位,成就“CBD前沿居住理想”,引领CBD百子湾地区写字楼市场风标,也将是金泰在东区又一力作。

(刘悦悦)

**【营口滨海综合区】** 营口经济技术开发区,是1992年10月国务院批准设立为国家级经济技术开发区,开发区行政区划面积为268平方公里。2006年辽宁省提出了“五点一线”的新战略,以包括营口在内的重点发展区域形成沿海经济带,带动辽宁中部城市群,打造对外开放的新优势。

金泰地产倾力推动区域,依托总占地面积157万平米“北方大型滨海综合体”营口·金泰城项目,打造世界级的营口滨海区,集白金五星级酒店、体育运动文化公园和高档住宅为一体,以恢弘之势引领区域价值,金泰地产依托自身的专业优势和资金基础,加速与当地市场、资源、文化的融合,树立起市场领导者形象。

营口·金泰城住宅,北方大型滨海生活城,预计总投资25亿元,产品开发模式定位为高品质板式住宅生活区。

金泰海景大酒店,海景五星级酒店,总投资6亿元,由北京建筑设计研究院规划设计,充分利用海景、沙滩、温泉等自然风光和运动、城区绿化的人文资源优势,将成为营口经济技术开发区的地标性建筑。

体育运动文化公园以“新活力,新品位”设计思想规划建有高尔夫、网球场、沙滩排球等场地,建成后对提升区域环境起到巨大的推动作用。

(刘悦悦)

**【经典项目】** 三亚金泰．山屿湖:三亚河 私属岛位于海南三亚市新中心区,三亚河上游,是金泰地产合作打造的一处标志性、低密度的滨河高档休闲度假社区。整个项目为一座河心岛,河水环绕,如同一只舟船停泊于水中央,水面随大海潮汐起落,碧波荡漾,构建出一幅山水与建筑的和谐美景。

呼和浩特·金泰丽湾:市中心的滨河豪宅

位于内蒙古呼和浩特市新中心如意区周围,自治区和市政府新址所在地,乌兰恰特大剧院和内蒙古博物馆环绕。引领呼和浩特房地产市场高端项目全面变革。

温馨舒适的生活小区——新新天第

新新天第位于南三环外马家堡成熟大社区内,北距三环洋桥2.5公里,南距四环公益桥仅300米,周围有十多条公交线路,以及规划中的地铁4号线,交通极为便利。社区周边配套齐备,医院、银行、超市、农贸市场、中小学校、邮局应有尽有。新新天第项目于2004年4月开工建设,2005年5月圆满入住。

新新天第以板楼为主,外立面檐口运用中式坡屋顶的元素设计,令建筑别致而美观。专为小康之家的温馨生活精心打造的户型精巧实用,铝合金喷塑平开窗、中空玻璃,充分满足居住者对空间品质的要求。

新新天第倡导“小生活,大乐趣”。低容积率,高使用率,外围沿外环道路及停车场布置绿化带,院内为小区园林景观,极具吸引力的中庭花园设计艺术柱廊、小区园林、游戏廊、健身廊为住户带来无穷乐趣。实现人车分流,保证小区的宁静和住户的安全。

依山傍水的热带风情社区——三亚滨河城市花园

三亚滨河城市花园位于三亚东河东岸,南靠三亚名花公园,东临二环路和虎豹岭,西、北侧三亚东河环绕,依山傍水。总占地约27.35万平方米,总建筑面积约18万平方米,分三期开发,目前项目一期已于2005年底入住。

三亚滨河城市花园以河景、红树林、白鹭为主题,精心打造巴厘风情热带园林;以大阳台、外飘窗、大屋顶、活泼明快的外部造型,超前的现代建筑风格,演绎出波希米亚式生活方式;以卓越品质,构筑独立、自由、时尚的居住空间。

(刘悦悦)

## 北京嘉源置业投资有限公司

**【概　况】** 北京嘉源置业投资有限公司始建于1994年,现已成为以房地产投资及开发为主业的专业房地产公司,具有房地产开发二级资质。嘉源置业一直致力于开发建设优质的地产项目,先后合作开发了西华经典、天赐良园;独立开发了蓝色澳林、样本;子公司开发了沸城、中堂项目。其中,西华经典是京城欧式蝶形建筑的代表,天赐良园乃简约的德国现代居住样板,蓝色澳林的欧式坡屋顶建筑别有风味,样本作为花园式情境洋房的象征在京城也是独树一帜,沸城成为北美现代主流城市公寓的缩影,中堂则是京西不多见的公园大宅。十多年来,嘉源置业在北京开发的项目总面积已超过百万平方米,并多次获得先进企业、诚信企业等荣誉称号。嘉源置业还致力于地产文化的传播,于1995年和1996年组织编写了220万字的《1995年中国房地产市场年鉴》和220万字的《1996年中国房地产市场年鉴》。2000年初,又编辑、出版了《北京房地产税费指南》。这些,都显示了嘉源置业对于地产文化的珍视。

(王柯柯)

【中堂】 现代城市住宅建筑的杰出代表，中国传统居住理念的现代诠释，城市复合型人文宜居社区。为了在西四环内打造现代化都市中的公园大宅，在地段选址上毗邻千亩湿地公园，形成天然氧吧，实现了国人与自然亲密接触“天人合一”的居住梦想。在建筑形态和户型上，大厅堂和“2+1”的户型设计，为三世同堂的中国人共享天伦之乐创造人性化的生活空间；在居住的品味和层次上，中堂承袭“贵者居西”之文脉，坐享教育、文化等设施的完美配套，使国人追求“以文为盛”的人生价值得以彰显。

（王柯柯）

【沸城】 北美现代城市公寓的缩影，区域新锐楼盘。沸城的核心价值在于提供了西五环居住的新标准，全面满足了客户近郊生活的各种需求。其整体规划、立面和景观设计，将建筑和周边环境巧妙地融合在一起，凸显近郊高档社区的独特品质；户型设计方便实用，细致入微，实现了居住价值的最大化。

（王柯柯）

【样本】 都市情境洋房的杰出代表，最佳人居生态楼盘。在产品打造上对普通花园洋房进行了突破和超越，采用层层退台的结构，打破了传统居住建筑立面封闭、呆板的格局，每户拥有私家花园或景观露台，花园和露台能够使居者充分与自然情景沟通；由于层层退台，楼间距加大，可以享受全年阳光，营造了一个有天有地的生活空间，使客户能够享受到欧洲风情小镇别墅级的生活。

（王柯柯）

【蓝色澳林】 外观较早采用欧式坡屋顶的经典建筑，通过完善配套设施提升生活品味的成功尝试者。位于北五环北侧清河北岸，京昌高速路东 500 米，紧邻 13000 亩国家森林公园。地处占据上地、中关村、奥运村交汇的金三角地带中心区。每户均拥有搭配欧式铁艺护栏的落地式观景阳台，超大楼间距，不仅保证户户充分私密性，更让日照与通风无丝毫遮挡。

（王柯柯）

【西华经典】 京城早期塔式建筑改良的先行者，欧式蝶式建筑的典型代表，宣武区经典楼盘。地处西二环广安门内大街的繁华显赫地段，较好地克服了塔式建筑采光和通风不良的缺陷，创造性地实现了户户南北朝向，家家空气流通，阳光普照，极大地提升了居住的品位和生活的质量。

（王柯柯）

【天赐良园】 通州区最早引进专业公司进行园林规划设计和物业管理的社区，为客户打造了良好的生活和居住环境，2001 年北京十大明星楼盘和首都美化绿化先进单位。德式园林景观规划，双主题广场设计，纯德式中庭水景，人、树、水和谐共居；户型设计精美严谨，超薄小进深，超宽大活动空间，正南正北通风大采光，空气畅通，阳光明媚，为客户创造了健康舒适的生活价值。

（王柯柯）

## 国土资源管理

【概　况】 年内，正确处理经济建设与耕地保护之间的关系，在新一轮土地利用总体规划修编过程中统筹规划、合理配置资源；加强耕地保护，严格征用管理，保障重点工程建设项目用地；丰台区农村集体土地权属地类变更调查和第二次全国土地调查工作取得阶段性成果；做好土地权属登记工作，保障权利人合法权益；专业档案管理工作迈入数字化管理新阶段；落实年度土地供应计划及储备开发计划，开展国有土地使用权专项清理及土地一级开发项目清理工作，推进土地市场建设；合理开发利用矿产资源，推进地质矿山环境治理;加强政策法规培训,加大执法工作力度,严厉查处国土资源违法行为。

(张　舰)

【丰台区国土资源概况】　丰台区位于北京市的西南部,属城乡过渡地带,列入北京市城市功能拓展区。地处东经116°4′—28′,北纬39°46′—54′之间,呈东西方向狭长展布。东邻朝阳区,东南、西南与大兴区、房山区接壤,北与崇文、宣武、海淀、石景山、门头沟区相邻。年内土地调查数据显示土地总面积30580.1公顷。其中建设用地20326.1公顷,农用地7874.5公顷,未利用地2379.5公顷。

(张　舰)

【土地利用总体规划】　年内,根据北京市下达的基本农田指标、耕地保有量指标和建设用地指标,结合城市总体规划、河西地区整体规划资料和丰台区"十一五"时期土地资源保护与开发利用规划资料,以集体土地现状调查成果为基础数据,组织实施丰台区土地利用总体规划修编。本次修编着重研究丰台区基本农田保护问题、建立基本农田保护基金及建立跨乡村的基本农田调整机制的问题。年内完成区级和乡镇级规划文本和图件初稿。

(张　舰)

【土地征用与耕地保护】　年内,完成京沪高速铁路、北京南站、六环路、光彩路、动车走行线项目征地前期协调、项目审核及报批工作。共办理征地10件,涉及土地面积112.93公顷,其中占用耕地43.53公顷,全部实现占补平衡。

(张　舰)

【地籍调查】　3月,农村集体土地权属地类变更调查和第二次全国土地调查工作全面开始。年内,累计完成5个乡镇79.79平方公里的变更调查测绘任务,摸清丰台区222个图斑、288个地块、2万亩基本农田的情况,对12个项目1268.11亩储备耕地进行了核查。12月,丰台区第二次全国土地调查成果(农村部分)通过市级预检。

(张　舰)

【土地登记】　年内,办理土地使用权登记340件,涉及土地面积718.6万平方米。办理土地使用权抵押登记110件,抵押价值合计1837349.34万元,涉及贷款金额860452.13万元。

(张　舰)

【档案数字化】　年内,录入专业档案计15类,24517卷,1208224页。12月,档案数字化工作成果顺利通过市国土局组织的阶段验收。

(张　舰)

【土地供应与建设用地预审】　年内,供应建设用地22宗,涉及面积100.24公顷,其中划拨用地9宗,宗地面积合计25.10公顷,出让宗地13宗,宗地面积合计75.14公顷,完成全年土地供应计划的65.95%。全年完成建设项目用地预审38件,出具地类意见29件。

(张　舰)

【国有土地使用权清理】　年内,对上年清理检查工作进行"回头看",27个未建项目中有13个项目已开工建设,其余14个项目由于规划调整等原因暂未开工。同时对本年度60个项目用地进行清理检查,涉及土地面积213.0722公顷。其中现状项目38个,新建项目22个。

(张　舰)

【土地整理储备与土地一级开发】　年内,编制完成丰台区土地储备开发计划。加强对正在施工的土地一级开发项目和年内进入土地市场交易项目的监管工作。通过梳理和清查,对丰台区项目开发超时并进展缓慢的17个土地一级开发项目采取项目负责制,督促开发单位制定可行的实施方案并严格执行。

(张　舰)

【矿山环境治理】　4月,千灵山矿山治理项目在完成前期选址、设计、招标等基础工作后正式开工,这是丰台区第二个地质矿山环境治理项目,获得中央财政补助资金340万元。该项目于11月5日竣工,12月24日,通过市国土局组织的地质环境治理项目验收专家组验收。年内,丰台区王佐镇西庄店村石灰石矿山地质环境治理项目获得国土资源部批准,申请中央财政补助资金350万元已全部到位。

(张　舰)

**【地热资源调查】** 年内,委托市地质工程勘察院和市地热协会对丰台区可开发利用地热资源进行综合调查评价,获得32眼地热井成井资料和周边40余眼地热井的相关资料。

(张　舰)

**【地质灾害防治】** 年内,成立汛期预防突发地质灾害应急指挥部,制定了工作方案,组建应急抢险小分队,联系各乡镇建立了地质灾害群防群测体系。处理上级机关转来汛情、地质灾害等预警30次。

(张　舰)

**【国土资源执法】** 年内,通过卫片核查、信访举报检查和日常动态巡查相结合的方式,加大国土资源执法工作力度。第8次卫片(2008年度)变化图斑13宗,涉及违法用地2宗,面积28.3亩,其中耕地面积7.8亩。年内对丰台区矿产资源非法开采隐患点和非法加工点进行摸底排查,开展联合执法检查120人次。

(张　舰)

**【调查研究】** 年内,完成"丰台区农村土地情况调研"、"丰台区集体土地流转探讨"、"丰台区农村产业用地调查及利用"、"预防查处并重遏制效果初显——丰台国土分局贯彻落实科学发展观加强土地管理几点做法"4篇调研报告。主要围绕支持新农村建设、促进农村经济社会发展和加强土地执法工作等社会热点和难点问题展开调查研究,提出符合丰台区实际情况的解决方案。

(张　舰)

**【信访工作】** 年内,共办理信访件159件,其中信函83件,接待群众来访76批214人次,总量比上年翻了一番。结案率100%,无重大越级访。

(张　舰)

**【政府信息公开】** 年内,主动公开各类政府信息668条,其中行政许可类办理结果公示134条,占20%;行政服务类结果公示513条,占77%;规划计划类信息1条;机构设置类及其它类信息20条,占3%。受理依申请公开政府信息查询37件,均为窗口申请方式,内容涉及征地拆迁、国有土地使用及土地权属等方面,全部在规定的时限内做出了答复。

(张　舰)

**【宣传培训】** 4月22日围绕"认识地球,和谐发展"主题开展第三十九个世界地球日宣传。6月25日围绕"坚守耕地红线,节约集约用地,构建保障和科学发展的新机制"主题开展第十八个全国土地日宣传。5月28日,组织全区乡(镇)村173名基层干部进行为期两天的国土资源法律法规培训。

(张　舰)

## 房屋经营管理

**【概　况】** 年内,完成总产值37741万元,实现利润1628万元,上缴税金780万元。全年共查房216.82万平方米,其中楼房196.08万平方米、平房20.74万平方米,查出一般破损22.12万平方米,严重破损房屋5.28万平方米。全年投入房屋修缮资金1253万元,完成楼房重做防水15幢,15065平方米;平房大修374.5间,6146平方米;楼房补漏185幢,23864平方米;平房中修补漏6362间。全年共维修2万余户,维修率100%,收到住户表扬信60多封,锦旗11面。

(贾亚妹)

【设备管理工作】 年内,对直管性质和物业性质的设备共计电梯132台、二次供水系统24套(106台)水泵、避雷设施120处进行检查,投资44万元对电梯设备进行大修,高层供水及消防系统修缮资金78万元,用于电梯、避雷安检设施费用15万元,电梯监控共做69台投资138万元,电梯重大修理8项。

(贾亚妹)

【防汛工作】 年内,共组成防汛抢险队10个,防汛队员187人,准备防汛器材机动车辆10辆,苫盖材料2850平方米,汛期中心系统共出动查房人员301人次,查平房2401间,楼房110栋。查出平房漏雨13间,楼房漏雨27栋,发现问题均得到解决。

(贾亚妹)

【供暖工作】 年内,供暖面积500余万平方米,供热管理站5个,管辖35个锅炉房。完成计划内大修688万元,夏季设备检修1041项,完成计划外专项工程52项,其中10个老旧小区管网改造工程、翠林节能减排技改工程、明春苑锅炉房改造等,已投入正常使用。

(贾亚妹)

【危房解危工作】 年内,落实市政府提出的"五无"工作对象之一的"无城镇危房户"的解危工作,实际完成公房374.5间、私房294间的危房解危任务。

(贾亚妹)

【"平改坡"改造工程】 年内,完成对富丰园小区的18栋9091.56平方米楼房"平改坡"改造。

(贾亚妹)

【服务奥运】 年内,对分管的丰台体育中心、光彩体育馆和康复中心周边的公房下水道、暖气沟进行生物防控喷撒药物的工作,共累计出动792人次,车辆6部,喷撒药物46箱。房管中心、丰房公司、供暖设备服务所电工班分别荣获市区的先进集体荣誉,8名先进个人受到表彰。

(贾亚妹)

# 园林绿化

【概　况】 年内,城市绿化覆盖率42.7%,人均公园绿地面积13平方米。绿化隔离地区建设稳步推进,实现第一道绿化隔离地区绿化面积10公顷,培养创建首都绿化美化花园式单位20个、花园式街道办事处1个、首都绿色村庄1个。城市绿化美化工作成效显著,完成城市绿化美化95.2公顷,完成封闭式绿地改为开放式绿地10处,栽摆奥运花卉358.7万株,新建和改造万米以上城市公园绿地4块,完成城市绿地专业养护面积586公顷,收缴城市绿化代征地13.5公顷,完成11个建设项目的绿地率复核工作,复核绿地面积10公顷。

(谭　磊)

【第八届北京莲花池庙会】 第八届北京莲花池庙会于2月7日(正月初一)至2月12日(正月初六)在莲花池公园举行。本届庙会以"鼠岁奥运燃圣火,新春百姓庆丰年"为主题,庙会期间共计接待游客274607人,比上年(上年255933人)增加18674人,增长7.3%。在由北京市文化局、北京日报、北京人民广播电台、北京电视台联合举办的2008年度"我最喜爱的北京春节庙会(灯会)"评选活动中荣获"最佳奥运主题奖"。

(谭　磊)

【全民义务植树日活动】 4月5日,丰台区约5万军民以多种形式参加了首都第24个全民义务植树日活动。区委书记张大力、区长李超钢、区人大主任杜瑞琴、区政协主席初建华等领导和群众600余人到王佐镇魏各庄村片林义务植树点，参加主题为“同办绿色奥运，共建绿色家园”的植树活动。植树日当天，全区共挖树坑2.5万个，动土方量1.8万立方米，植树2.3万株，养护树木15.2万株。

（谭 磊）

**【抗战纪念林植树活动】** 4月16日，民革北京市委在卢沟桥乡卢沟桥村举行“践行绿色奥运、共建和谐社会”抗战纪念林植树活动。民革北京市委副主委于雪鹰、秘书长吕植中、区政协主席初建华等领导及部分抗战将士后代、市委委员、中青年党员等约160人参加了活动。

（谭 磊）

**【“民族团结林”纪念碑揭幕仪式】** 4月19日，区政协委员100余人，在王佐镇魏各庄村片林举办迎奥运、促和谐、共建“民族团结林”纪念碑揭幕仪式和植树活动。区政协主席初建华等领导参加了当天的植树活动并为纪念碑揭幕。

（谭 磊）

**【生物多样性科普宣传月活动】** 4月22日在莲花池公园、丰台花园、万芳亭公园、南苑公园、长辛店公园分别进行了以“保护生物多样性，共迎绿色奥运”为主题的生物多样性科普宣传日活动，共展出宣传展板50块，条幅5条，发放了《丰台市民教育学习资料摘编》等宣传材料。

（谭 磊）

**【区驻军认管绿地启动仪式】** 4月27日，“丰台区驻军认管绿地启动仪式”在卢沟桥文化广场举行。认管绿地驻军代表与丰台区园林局签定了《丰台区驻军认管绿地协议书》，共有22支驻区部队认管绿地20块，绿地总面积达53.73万平方米。

（谭 磊）

**【绿地养护管理工作】** 年内，在北京市绿地养护检查评比中，丰台区有10条块共计78.26万平方米绿地晋升为特级和一级绿地。其中西四环路（丰北桥－沙窝桥）、卢沟桥文化广场、南厢大绿地、南三环路东段（木樨园桥－分钟寺桥）、南四环西路（辅路外）为特级绿地，面积为665514平方米。岳各庄市场南侧绿地、程庄路、丽泽路、万柳花园、丰葆路为一级绿地，面积为117087平方米。

（谭 磊）

**【奥运花卉栽摆工程】** 年内，专业共栽摆花卉358.7万余株（盆），设置平面花卉布置31处，布置立体花坛19处。在北京市园林绿化局、北京市科学技术委员会、北京市公园管理中心组织的“北京2008奥运赛时花卉布置评选活动”中，10个作品获奖，其中一等奖2个、二等奖3个、三等奖5个。

（谭 磊）

**【第八届北京莲花池荷花节】** 第八届北京莲花池荷花节于6月28日开幕，历时2个月，展出荷花节品种302个，其中莲花池公园荷花新品种“孙文莲”也首次亮相。本届荷花节公园采取科技手段延长荷花花期近10天。荷花节期间还举办了书画表演、摄影作品展等多种丰富多彩的文化活动。

（谭 磊）

**【公园服务接待能力不断提升】** 年内，完成道路和铺装改造2万平方米，绿地改造6万平方米，更新草坪6.9万平方米，建设集雨设施5.2万平方米、喷灌3.5万平方米。组织全区公园行业培训，培训率和合格率达到100%。万芳亭公园和丰台科技园区公园创建为精品公园。

（谭 磊）

**【莲花池公园奥运文化广场开幕】** 7月13日至9月16日，莲花池公园奥运文化广场免费对外开放。广场内设置了奥运比赛标识、民俗文化展板。活动期间为广大市民奉献32场文艺演出，在奥运会期间通过广场大屏幕转播奥运体育赛事，活动共接待中外游客65万人次。

（谭 磊）

# 环境保护

【概　况】 年内,完成奥运会空气质量保障涉及区内的工作任务,协调完成第十四阶段控制大气污染工作任务;市政府下达的年度二级和好于二级天数任务、主要污染物减排任务全部完成;加大环境监管力度,全年未发生一起责任污染事故;无违法违规审批,当年申请建设项目竣工验收率100%,新建建设项目排污申报率100%;人大代表、政协委员建议和提案以及群众的来信来访处理率100%,先后被国家环保部授予"整治违法排污企业保障群众健康环保专项行动先进集体"、"北京奥运会残奥会环境质量保障工作先进集体"。

(王　健)

【奥运空气质量保障工作】 年内,云岗和丰台花园两个空气质量自动监测子站分别完成二级和好于二级天数268天和250天,分别达到73.2%和68.3%。空气质量创2002年建站考核以来最佳水平,7月20日至9月20日的奥运保障期,两个子站二级和好于二级以上天数达57天,比例在90%以上,优于历年水平。

(王　健)

【扬尘污染控制工作】 年内,建立完善区扬尘办、街乡(镇)、社区(居委会)、村镇、企业四级管理网络体系,实施分级管理;建立由区城管大队、区建委、区市政管委、区环保局、区环卫中心、区园林局组成的联动体系,加强空气质量监管工作;坚持每周2次联合执法检查,对挂帐工地实施动态跟踪和反复检查;对子站、奥运场馆9平方公里范围内的道路进行洒水降尘;落实街乡(镇)属地管理,建立并启动扬尘污染控制保障体系;开展绿色工地创建活动,发放环保承诺书,要求施工企业严格落实"五个100%"要求。

(王　健)

【燃煤锅炉达标排放工作】 年内,督促北京京丰热电有限责任公司6号、7号燃煤机组4月底停止运行;率先在全市组织召开燃煤锅炉治理达标和奥运期间加强环境监管工作会议,全区19家23台常年运行燃煤锅炉在奥运会召开前完成治理任务,275台燃煤锅炉按市政府要求在供暖前落实治理措施,确保污染物达标排放;继续加大对经营性小煤炉、露天烧烤、夏秋两季秸秆烧荒等检查力度,发现一起、查处一起,巩固成果,防止反弹。

(王　健)

【重点污染企业监管工作】 年内,对辖区内的3家水泥、建材行业和20家混凝土搅拌站在7月20日至9月20日期间停产情况进行全面检查。督促首钢建材化工厂、二七车辆厂和二七机车厂三家重点单位制定和实施治理达标方案及奥运会期间限产减排措施;对1500家餐饮经营单位下达《限期治理通知书》、《关于餐饮业污染源达标排放管理的通知》。要求餐饮企业要配齐油烟净化装置,不符合排放要求的油烟净化装置更换或治理;符合排放要求的,每半年清洗一次,保持稳定达标。

(王　健)

【有机气态污染物(VOC)达标排放工作】 年内,分行业组织召开动员部署工作会,制定督促治理和加强监管工作实施方案,摸清底数、建立台账,发放1832份达标排放管理通知书。自5月10日起,每周六出动17个检查小组会同21个街、乡镇,对汽修行业、服装干洗等生活源进行检查,共现场检查汽车喷漆722家次、家具制造70家次、印刷90家次、服装干洗359家次,化工14家次。

(王　健)

【机动车尾气达标排放工作】 年内,严格落实《2008年北京奥运会残奥会期间对本市机动车采取临时交通管理措施的通告》要求，利用遥感设备等手段在京石路辅路、万丰路等车流量大的5条重点道路上进行尾气排放、环保标志、执行限行规定等情况检查，对公交、环卫、旅游、货运等车辆和施工机械的污染排放进行入户抽查。全年监测机动车68542辆，依法对超标车辆进行处罚。完成94家加油站、油库油气回收治理改造任务。

（王　健）

**【完成污染减排工作】** 年内，完成市政府下达河西地区COD减排指标；为完成市政府下达二氧化硫削减任务指标，与区发改委和京丰热电有限公司沟通协调，按时关停京丰热电有限公司燃煤机组，削减二氧化硫3981吨。两项主要污染物削减指标实现双“超额”。

（王　健）

**【完成辖区污染源普查工作】** 年内，共完成10208个污染源清查，5555个普查对象进行普查表填报、审核和录入工作（生活源3994个，工业源1374个，农业源182个，集中式污染治理设施5个）。在市污普办的核查验收中，漏查率和填报漏项率均为0，差错率低于国家规定的1.5‰，作为样板区代表北京市迎接国家环保部的验收检查，各项指标均符合国家普查规定要求。

（王　健）

**【污染源监管工作】** 年内，对全区危险化学品生产、贮存、使用企业开展“百日环境安全隐患整治活动”，采取企业自查和日常执法检查的方式，督促企业制定、修改、完善突发环境污染事件应急预案，整治工作于5月30日完成；在严格源头控制的基础上，加大水污染执法检查力度，每月坚持对重点工业污染源水污染防治设施运行情况进行检查和监测，确保达标排放、超标治理；加强对工业固体废物监管，保证依法处置；对放射源转让单位转让审批手续、安全措施等方面进行检查，组织召开辐射工作培训会，统一发放《辐射工作培训证》。

（王　健）

**【信访工作】** 年内，受理环境信访4619件，其中“12369”转办件及群众来信来访4299件，人大建议、政协提案11件，全部办结，处理结案率100%。

（王　健）

**【严格控制新污染源】** 年内，共办理行政许可1842件，其中建设项目审批1292件，验收及评价达标1014项，“三同时”执行率100%。企业服务大厅和局一楼大厅共接待人员7600多人次。

（王　健）

**【环境宣传教育工作】** 年内，下发丰台区年度绿色社区工作安排意见，对2003年、2004年创建成功的50个绿色社区实地复查，召开绿色社区创建交流会。围绕世界环境日“绿色奥运与环境友好型社会”主题，策划和组织社区优秀环保板报评选活动，宣传绿色奥运和生态文明理念，倡导全区人民参与环境保护；配合国家环保部宣教中心在新村街道欧尚超市门前开展世界水日宣传活动，现场向社区居民发放环保布袋近2000个；组织丰台区“绿色奥运我参与”小学生“我爱地球妈妈”演讲比赛，推荐优秀小学生参加北京市演讲比赛，获得了一等奖和二等奖的好成绩。

（王　健）

**【提升环境监管能力】** 年内，共出具大气、水、噪声、固体废物有效监测数据近4万个；完成全年四个季度交通环境NO2和CO的检测，完成12个月降尘的监测以及全年12次地表水的监测任务；编制2007年环境质量报告书。完成莲花池公园景观水体净化课题，通过专家验收；按照市环保局固废中心的要求，开展汽修行业危险固废管理条例的制定工作。

（王　健）

# 环境卫生

【概　况】 年内,共承担87次重大活动期间的环境卫生保障服务工作。日常环卫作业1190条、2552.4万平方米的道路清扫保洁,396.2万平方米绿地保洁工作;机械化清扫道路467条、面积1110万平方米;冲刷喷雾降尘道路253条、面积617万平方米;完成925万平方米道路的小广告清除工作。负责71座垃圾密闭式清洁站、157座垃圾房、28座垃圾中转站的管理,464座公厕的保洁(其中二类以上公厕169座,达标公厕272座,三类公厕21座)。全年收集清运生活垃圾98.9万吨,分别进入马家楼转运站和永合庄垃圾卫生填埋场消纳处理;清淘清运粪便26.7万吨,全部进入西道口和黄土岗排放站处理,垃圾、粪便密闭化收集、清运,无害化消纳处理率均达到100%。完成冬季扫雪铲冰工作。

(张　峥)

【环卫设施设备建设】 年内,完成"为民办实事"20座公厕的建设任务;完成丰台区51个行政村136座公厕的改造、翻建;完成丰台区23座农村公厕的新建任务。按照市、区黄标车治理改造工作要求,全年更新、改造车辆201辆,新增133辆,其中压缩车69辆,单臂吊车1辆,吸粪车7辆,洗地车16辆,扫路车23辆,推土机2台,其他车辆15辆。购置垃圾桶3390个,果皮箱10781个,三轮车903辆,"公厕保洁车"157辆,新型捡拾器2170个,滚轴式背篓500个,小广告清除剂400瓶。

(张　峥)

【城乡一体环境卫生专业化工作】 年内,接管街乡产权道路526条298万平方米,绿地8.7万平方米。由区市政管委牵头,与花乡15个行政村签订《道路清扫保洁合作协议书》,将农村地区141条165.4万平方米道路和14.47万平方米绿地交由各村保洁队作业,解决环卫人员短缺问题和农民工转移就业问题。接管新开通西客站南路、光彩路南延及改扩建道路23条50.65万平方米。

(张　峥)

【奥运保障服务】 年内,环卫中心成立驻丰台垒球场奥运环境卫生保障办公室,抽调骨干88人,负责垒球场楼内54座公厕、领导办公室、会议室、楼道走廊和楼外5个区域、24座移动公厕、94个果皮箱的保洁,以及场馆内垃圾收集清运、粪便清淘,日清运垃圾7吨,清淘清运粪便2吨。在涉奥场所周边全中心日投入837人,设置移动公厕42座。奥运期间,出动作业人员6000余人次,累计出动作业车辆24252车次。

(张　峥)

【环境综合整治】 奥运前进行4次全面细致的环境卫生突击整治,对所有公厕化粪池、雨水井和垃圾场渗沥液普遍清淘抽运等。共出动人员23300人次,机械清扫车925车次,使用中水2128吨,清运垃圾2.46万吨,清运粪便8093吨,清理渣土2866.5吨,抽运积水8762吨。

(张　峥)

# 城市防震

【概　况】 年内,坚持"常备不懈、平战结合、恪尽职守、团结和谐"的工作方针,以地震监测预报、灾害预防和紧急救援三大体系建设为重点,落实各项工作。全年共提出预报130余次,新建18个强震动观测台站,组织地震科普讲座及定点宣传活动5次,培训人数3000人次,发放宣传书籍杂志共计600册、挂图500套、光盘30张、宣传折页7000张。

(吕　明)

【震情监测会商】 年内,加强地震监测仪器和前兆数据库系统的检查维护,坚持365天数据观测、记录和报送。四川汶川发生8.0级地震后和北京奥运会期间加强震情会商,实施加密会商,全年召开震情会商会130次,以网上周会商和加密会商的形式向北京市地震局提出地震预报意见130次。

(任　静)

【新建强震动观测台站】 年内,协助北京市地震局实施北京奥运地震安全保障项目——"北京奥运场馆区及周边地震烈度速报系统建设",分别在张仪村、丽泽公园、抗战雕塑园、西罗园街道新建强震动观测台站。截至年底,本区已建设18个强震动观测台站。

(任　静)

【地震趋势会商会】 6月10日至11日、11月11日至13日,市地震局分别在密云和海淀召开2008年年中地震趋势会商会及2009年年度地震趋势会商会,区地震局在分析对比本区及周边区县各类监测手段数据的基础上提出2008年下半年及2009年度地震预报意见,向会议做了详细的地震趋势会商报告,荣获2007年度地震观测资料评比压磁应力优秀奖和2009年度地震趋势研究报告评比第三名。

(任　静)

【震害防御科普宣传】 年内,组织地震科普讲座及定点宣传活动5次,培训人数3000人次,发放宣传书籍杂志共计600册、挂图500套、光盘30张、宣传折页·7000张。

(吴玉琴)

【依法行政】 6月,在全区开展的质量安全月中,依据《中华人民共和国防震减灾法》和建设部颁布的《建设工程抗御地震灾害管理规定》,开展对卢沟桥水文观测站、望园经济适用房等4个在建工程项目就施工现场安全、建筑工程质量等方面的联合执法检查。

(吴玉琴)

【防震减灾助理员队伍建设与培训】 7月16日,完成丰台区防震减灾助理员登记造册工作,防震减灾助理员队伍已覆盖全区16个街道办事处、3个乡人民政府、2个镇政府、267个社区、66个行政村,共计354名。11月开展了街、乡(镇)级防震减灾助理员队伍的首期培训。

(吴玉琴)

【信息中心建设】 5月底,投资3万元全面完成信息中心机房避雷工程。

(吴玉琴)

【地震应急救援队首批骨干培训】 4月16日至4月26日,在国家地震紧急救援训练基地对丰台区地震应急救援队进行专业理论和技能培训,这是国家地震紧急救援训练基地建立后组织的首批国内地震应急救援队培训。

(吕　明)

## 城市管理监察

【概　况】 丰台区城市管理监察大队(以下简称城管大队)以奥运环境秩序保障为中心,以加强队伍作风建设为根本,以查处城市痼疾顽症为重点,以整治与监控相结合为手段,加大街面的管控力度,强化环境秩序管理,实现了城市环境秩序的空前良好。全年取缔无照经营6.24万起(同比增长50%),规范"门前三包"18.79万家/次(同比增长67%),没收灯箱广告牌匾8.46万个(折合废铁23.16吨,同比增长15倍),解体各类黑车4341辆,收缴小广告19.87万张,小广告停机4633起,检查工地3016次(同比增长111%),各类罚没款共计1080万元,占全市的四分之一,是上年同期的2倍多。

(田　洁)

**【拆除违法建设】** 年内,围绕全区奥运环境整治的中心工作,充分发动群众参与环境建设,周密做好违法建设拆除工作,有效控制新生违法建设;配合全区各街、乡(镇)整治出租大院,完成了出租大院违法建设拆除的相关法律程序。共申请区政府批准强制拆除违法建设案件144件,共计1.62万平方米;申请法院强制执行43起,共计8600平方米;参与拆除出租大院461个,拆除面积118万平方米。

(田　洁)

**【治理小广告】** 年内,治理小广告净化区域环境。以涉奥场所周边、市挂帐重点大街及二、三环主辅路为重点,通过对小广告取证停机有效执法时间的调整,采取取证停机、查抄窝点等重点打击措施,有效遏制了重点区域内非法散发、喷涂、张贴小广告的违法行为。

(田　洁)

**【取缔无照经营】** 年内,坚持集中整治与服务管理相结合,贯彻标本兼治的工作原则,持续打击城市痼疾顽症,一批重点路段、重点地域的无照经营、非法运营等问题得到有效遏制。通过实施分队区域联合、强化大队领导带班检查、增加非正常时间段检查和督察力度、加大热线重复举报的考核力度,控制了无照经营、大排挡、露天烧烤等违法行为的反弹势头。

(田　洁)

**【奥运环境保障】** 年内,充分利用96310城管热线举报系统、监控系统、指挥调度系统,对全区涉奥场所、繁华商业区、主要大街等111个重点地区和点位实行全天候、无缝隙、精细化监控。按照"平安奥运"行动要求,成立党员示范岗、党员突击队,采取多项特殊措施、临时措施,加大执法力量、指挥协调、综合保障力度以及主要大街街面违法行为的整治力度。反复分析研判各种可能出现的情况,研究完善应急预案和具体对策,检查落实环境保障责任和措施,做到了不消除隐患决不放过、不解决问题决不放过,确保了奥运环境秩序保障整体工程的高效有序运转。

(田　洁)

**【涉奥场所安全保障】** 年内,针对丰台体育中心、光彩体育馆、莲花池文化广场、丰台清真寺、北京博爱医院、草桥基督教堂等涉奥场所均成立了以大队领导牵头负责的专项执法组,对重点场所周边400米范围内实行全面监控;认真制定应急预案,及时启动大队、分队、区域执法组三级赛时应急体系,针对重点场所组织了2次应急模拟演练;实地考察科技园区火炬传递线路,与分队现场办公,认真对待每一个环节,保证了涉奥场所周边环境秩序保障任务的圆满完成。

(田　洁)

**【处理信访举报】** 年内,结合城管执法工作特点,制定了矛盾排查工作方案,强调抓源头、抓疏导、抓结果,增强工作的主动性;强化政务公开,增加执法的透明度。将公正执法与矛盾化解相融合,将举报处理与解决群众实际困难相结合,引导信访人通过法律途径解决问题,杜绝了隐患,保证了社会秩序的安全稳定。本年共收到各种信访(热线、来信、来访)8.99万件(次),其中96310热线电话2.25万个,区网格化管理来信6.66万件,群众来访50件,群众来信448件,市长信箱投诉件77件,政风在线信访件233件,回复办结率100%,基本上达到了事事有回音、件件有落实。

(田　洁)

**【创新工作机制】** 年内,创新《执法责任制综合考核评比办法》。全队上下以实施执法责任制考核办法为契机,形成了职责明确、运转协调、责任落实的良性管理机制,最大限度地调动了全体队员的工作积极性，极大地激发了全体队员的工作热情，强化了队员的工作责任心和集体荣誉感，解决了“干与不干一个样，干多干少一个样”的问题。奥运期间又通过考核办法的微调，把分队执法力量调整到重点街区、重点部位上来，集中到解决群众关注的热点、焦点、难点问题上来，提高执法规范化水平，队伍的精神面貌和辖区环境面貌得到改变。

（田　洁）

**【创新执法方式】** 年内，潜心分析各职能部门的特点，发挥各自特长，主动出击，加强与公安、交通、工商等部门的协调、配合；与环保、建委等部门联合查处施工扬尘；与商务局、公安等部门联合查处露天大排档；与08办联合查处非法小广告；与公交派出所“捆绑式执法”联合打击黑车运营，公安扣车，城管处罚，形成了执法联动，缓解了执法力量不足的问题，一定程度上解决了“看见了管不了，管的了罚不了”的尴尬局面，达到了双赢的社会效果，各部门间的整体联动实现了执法职能的对接、信息资源的共享、优势力量的互补，大大提升了综合执法的社会绩效，有效打击了城市痼疾顽症。

（田　洁）

**【提升执法队伍素质】** 年内，通过开展贯穿全年的“加强和改进执法队伍作风建设”主题教育活动，进一步夯实队伍建设基础，保证队伍的健康发展，为奥运环境整治任务的完成保驾护航；开展了有针对性的培训，提高队员保障奥运、服务奥运的能力；倡导依法行政、开展文明执法，城管队伍整体形象得到明显提升；从抓支部班子和党员队伍入手，通过活动牵引、营造声势，有力地推动了奥运中心工作的开展，为圆满完成奥运环境保障任务打好基础。

（田　洁）

**【召开十周年成立大会】** 12月28日，丰台区城市管理监察大队成立十周年暨2008年总结表彰大会在丰台区委党校礼堂召开。会议对2008年工作进行了总结，并为十年来为城管工作做出突出贡献的人员敬献了鲜花。副区长王苏维到会并讲话，要求城管工作者认真总结十年来工作中的经验及教训，以人为本、开拓进取、锐意创新，推进城管工作更上一层楼。市执法局领导、各委办局领导、街乡镇领导、社会监督员及大队班子成员、各分队常务副分队长、政治教导员和部分队员参加了会议。

（田　洁）

## 信息化城市管理

**【概　况】** 年内，以“服务奥运，保障环境，夯实基础，创新发展”为工作理念，结合丰台区的实际情况，拓展工作思路。强化对重点地区的监控，进一步确认城市部件权属，完善考评机制，夯实奥运环境保障工作基础，利用信息化手段，提升丰台区城市环境保障效益。城市管理员共上报立案城市管理问题17.5339万件，每天平均立案500件，同比增长335%，结案16.8934万件，同比增长298%。部件类问题1.5750万件，占总数的9%；事件类问题15.9589万件，占问题总数的91%。

（李肇杰）

**【四环内农村地区纳入信息化城市管理】** 年内，信息化城市管理在16个街道基础上，纳入了四环内农村地区。与实施初期相比，管理面积由30平方公里扩大到148平方公里，扩大了3.9倍；管理网格2495个，增加了2倍，管理部件42.6万个，增加了1.4倍，促进了四环内地区整体环境的改善。

（李肇杰）

**【奥运期间信息化城市管理】** 年内,强化重点地区监控,以49条道路、48个地区作为重点监管地区,加强奥运场馆、奥运路线及奥运定点场所日常监控,增派监督力量,指定专门干部分工负责。联合执法部门、街乡集中开展专项整治,建立了快速的环境监督与执法联动机制。采取多项措施,排查城市部件隐患,组织城市管理监督员对全区主次干道及盲道设施的专项普查,发现市政设施问题981件,其中井盖及雨箅子丢失119处,道路破损、塌陷631处、非法占用盲道149处、盲道破损82处,及时协调区市政管委解决。对电杆断裂、线缆坠落开展专项检查,协调市协调办、歌华、网通、公安、电信、移动相关部门及时处理。搭建监控视频平台,将公安视频8路信号600多个探头接入信息化城市管理系统,实现了对商业中心、车站广场等重点区域远程实时监控,加快了发现问题的速度,便于现场情况的掌握,提高了城市问题处理效率。

(李肇杰)

**【完善基础数据 减化系统流程】** 年内,组织对新增城市部件进行测绘、数据录入,与责任单位共同进行权属确认,定期进行数据更新。建立了道路、河流及66类基础设施数据库,城市部件数据总量达42.6万个。完善补充立案标准和案卷处理职责分解,简化操作流程、任务派遣程序;优化系统性能和升级,案卷立案派遣率提高了一倍。

(李肇杰)

**【建立城市运行监测平台】** 年内建立了丰台区"2008"城市运行监测平台。奥运期间,采集整合了涉奥活动、水电供应、交通管制、社会治安等14个方面城市日常运行信息,汇总归纳成《丰台区城市运行监测平台综合信息》,每日向区领导报送,共60期,同时每日向北京市报送涉奥动态信息,共55期。奥运后,改为周报继续向区领导报送。

(李肇杰)

**【拓展平台功能】** 年内,依托现有信息化城市管理系统,与司法局合作建立了3000名"两类人员"信息监控系统,对全区355个社区近3000名重点人员实现了动态监控,在全市尚属首例。与商务局合作将消夏露天餐饮点纳入信息化管理,发现问题,督促整改。与东铁营街道联合启动"门前三包"信息化监管试点工作;建设了"出租大院"动态监控系统,组织对南苑乡、花乡、卢沟桥乡655个出租大院普查,实现了对出租大院整治情况的可视化。

(李肇杰)

# 交通　邮电

## 交　通

### 丰台西站

【概　况】　丰台西站地处北京市丰台区西南永定河东岸，紧贴西五环路。位于京山、京广两条铁路干线与永定河相邻的三角地带，南北长9.5公里，东西最宽处3.5公里，站坪面积8.5平方公里，站线总延长276公里。行政机构设办公室、劳人科、计财科、安技科、职教科、运输科、电算统计室7个科室，党群组织设党群办公室。下设总调、上行、下行、商检、货装、西道口、葆台7个车间。年末，有职工1442人，其中干部143人，初、中、高级技术工人562人。丰台西站狠抓安全，确保正线畅通，在全站干部职工共同努力下于是年3月19日实现安全生产900天，6月27日实现安全生产1000天，10月5日实现安全生产1100天，实现了第三个安全年。2008年度丰台西站被评为建功立业先进单位、要害管理先进单位、抗击雨雪冰冻灾害先进基层党组织、北京市交通安全先进单位、路局交通先进单位、工会获得全路模范职工之家荣誉称号、安康杯优胜单位。

（王佳宁）

【设备管辖及担当任务】　丰台西站为路网性特等编组站，三级八场、双向纵列式，双推单溜，点点连式调速，6502集中联锁及微机联锁。连接京广、丰沙、京原、京哈、京九、京通、京秦、京承八条铁路干线，担负华北、华东、中原、东北、西北等方向的货车中转和货物集散任务，是全路重要的咽喉枢纽、是最主要的车辆集散地和晋煤外运通道。车站有一个货场，其中货场设3条货物线。配属东风7型调车机9台；有货检设备铁道货车超偏载检测装置5台、铁路货车超限检测及装载状态监视系统5套；机械动力设备92台。固定资产原值86460836.52万元。

（王佳宁）

【生产与经营指标完成情况】　年内，丰台西站日均办理出入车22713.9车、中时6.13小时、停时36.5小时、装车9.1车、卸车8.3车。

（王佳宁）

【总纲】　车站树立“精、细、实”工作方针，以和谐发展为根本，安全高效为重点，强化安全基础，规范安全管理，发挥科技优势，提高运输效率，改善职场环境，规范两经发展，增加职工收入，优化资源配置，提升管理水平，努力实现各项工作又好又快发展。

（王佳宁）

【科技成果】　研制开发了“丰台西站站调图表自动化系统”、“货检手持终端作业系统”和“在线多媒体网络教学系统”。

（王佳宁）

**【改善民生】** 对现场作业环境进行整治,实施无障碍工程。与各联系单位协调,共同对作业场内的施工废料进行清理,铺设了作业通道。改善职工伙食,配备电磁炉46台、微波炉22台、电视机12台、冰柜冰箱10台、太阳能热水器2套、电热水器5台、洗衣机15台。

(王佳宁)

**【救灾运输】** 严格执行上级命令,本着“特事特办”原则,集中一切力量做好救灾物资运输工作,期间共开行救灾物资252列,运送救灾物资3401车。

(王佳宁)

# 邮 电

## 南区邮电局

**【概 况】** 北京市南区邮电局(以下简称南区邮局)是北京市邮政公司下属的二级通信企业,承担着崇文、宣武、丰台三个行政区以及西站、北京经济技术开发区和朝阳、大兴部分地区的邮政通信服务,服务面积480平方公里,服务人口约400万人。下设23个支局、75个邮电所、4个专业公司(邮票、函件、邮购、书报零售)、计算机中心及1个后勤保障单位,员工1600余人。经办主要业务:国内国际邮政、速递,邮政储蓄,集邮,电子汇兑,报刊订销,图书音像,邮购,鲜花礼仪,电子商务、代理基金、保险及代收燃气费、水电费、车船使用税等代收代缴代办代销等业务。同时,逢“端午节”、“中秋节”、“春节”等中华民族的传统节日,南区邮局有对应“五节联送”、“思乡月”活动,在邮局购买的月饼等产品,享受免费寄递服务。结合南城特色,推出“京味包裹”特色业务,为购买用户提供免费统一包装、邮寄的全程服务。年内完成丰台垒球场等奥运场馆、主题公园、签约酒店的奥运服务工作。完成了多媒体咨询台中英文改造工作及“北京邮政大宗账务管理系统”、“南区邮电局营销经营动态网”上线工作,提升了邮政信息化水平。

(步安娜)

**【向四川灾区发送绿丝带平安卡】** 6月,与四川灾区邮局联手,帮助新浪网向灾区发放万张绿丝带平安卡。汶川地震后,新浪网携手亿万网民向全球华人发出“绿丝带在传递——每一个你都是抗灾最前线”的倡议,南区邮局迅速行动,为赈灾赶制绿丝带平安卡,积极与四川阿坝州联系平安卡在汶川、理县、茂县、马尔康等地的发放细节。6月2日,1万张象征坚强、信念、行动的平安卡赶制完成,并免费以特快专递方式寄到阿坝邮局,将平安卡发放到灾区人民手中。

(步安娜)

**【特色包裹业务】** 年内,推出“京味包裹”特色业务。特色包裹业务是为用户提供量身定制、自选搭配,目标产品以北京市场特有产品为主,其它需求产品为辅的一项包裹增值业务。此项业务以大型会议用会议包裹、北京南城外来务工人群、外地来京旅游人群、北京南城常住人口中与外地人口联系比较广泛的人群为主要目标定位群,重点突出“京味”,为确定购买的用户提供免费统一包装、邮寄的全程服务。

(步安娜)

**【对公业务】** 5月,经监管部门批准,中国邮政储蓄银行北京分行面向广大企事业单位开办对公存款、对公结算服务。其中,对公存款品种包括活期存款、定期存款、单位协定存款和单位通知存款。对公结算目前开办支票和汇兑业务,并将逐步增开本票、汇票委托收款、托收承付等业务。南区邮局各主要网点经办此项业务。

(步安娜)

**【南区邮电局营销经营动态网】** 6月，营销经营动态网正式开通。网站分为：对内办公和对外宣传两部分。通过对外模块可实现邮政特色业务办理、成功营销案例、服务方案、通知通告等功能，通过对内模块可实现经营动态管理、营销资讯、通信发文、文件上传、下载等功能。

（步安娜）

# 科技　教育

## 科技工作

【概　况】 年内,科技三项经费共支持项目29项,创新基金支持项目23项。共有22个项目获得2007年度丰台区科学技术奖。全区科技三项经费866.8万元,科技创新基金576万元;科普经费173.15万元。申报市级绿色通道项目5项,其中"新型工业化住宅关键技术研究"项目获得市级科技资金800万元,"北京亚太种业物流交易中心建设科技支撑"项目获得市级科技资金500万元。申报区县主题计划项目"丰台区农村科技协调员促进区域重点产业发展示范工程",获得市级科技资金110万元。年内,创建区级科普型社区云岗北里社区、长辛店东山坡社区。云岗北区社区、西罗园第三社区、东高地三角地第二社区被确定为第二批北京市创新型科普社区,获得市科普专项经费43.5万元。

(李咏红)

【加强技术市场服务】 年内,登记合同3906份,合同成交总金额171.24亿元,技术交易额129.86亿元;实现合同3680份,实现合同总金额124.67亿元,实现技术额99.09亿元。其中,输出技术方面:登记合同2307份,合同成交总金额157.22亿元,技术交易额117.13亿元,实现合同2532份,实现合同总金额113.64亿元,实现技术额88.41亿元。吸纳技术方面登记合同1599份,合同成交总金额14.02亿元,技术交易额12.73亿元,实现合同1148份,实现合同总金额11.03亿元,实现技术额10.68亿元。

(李咏红)

【科技及中小企业贷款担保】 年内,丰台区科技及中小企业贷款担保资金2200万元,实际放贷项目25个,放贷金额2770万元;发生代偿项目1个。累计放贷项目190个,放贷金额20190万元。

(李咏红)

【创新型乡镇工作进展顺利】 年内,王佐镇已完成创新型乡镇的整体规划,以循环经济理念为指导,对地区进行全方位的规划,将王佐镇打造成旅游小城市,实现以农业生产为载体,集种植、养殖、加工、种苗、生态休闲、农业观光为一体的循环型、节约型、都市型、生态型、环境友好型现代都市农业新形象。"三地六园"中庄户籽种农业科技展示园目前已开发300余亩作为籽种田,试验品种已达500余种。

(李咏红)

【开展信息化应用培训】 年内,实施《丰台区科技新星计划管理办法(试行)》,选拔第一批来自农业、科技、教育、卫生等领域的6名青年科技骨干荣获"丰台区科技新星"称号,分获6至10万元资助。年内培训专业技术人员 134 人。配合相关单位开展公共管理考试、会计从业人员资格取证考试、OA 办公系统培训、计生系统网络培训、老年人电脑培训等各项培训,共计培训 1650 余人次。

(李咏红)

**【完善科普场馆功能】** 年内,区科技馆申报和实施“整合科普资源、搭建数字网络”项目,该项目获得市财政资金 100 万元。组织申报“青少年航天科普体验项目”,获得市级科技资金 50 万元。

(李咏红)

**【提升科普教育基地水平】** 年内,丰台科技馆、南宫地热博览园、东高地青少年科技馆、北京辽金城垣博物馆、北京大葆台西汉墓博物馆、北京青龙湖公园、世界花卉大观园 7 个科普教育基地被认定为市级科普教育基地,创建中华航天博物馆为区级科普教育基地。至年底,全区先后建立 25 家科普教育基地,其中国家级 4 家,市级 7 家。

(李咏红)

**【提高科普覆盖率】** 年内,依托丰台有线电视开设“科普大讲堂”栏目,制作并播出 22 期以环境与健康、绿色奥运等为主要内容的专题讲座,制作光盘发至 24 个科普型社区(村)。依托《丰台报》开设科普天地专栏,刊登 30 余篇科普文章。

(李咏红)

**【科技下乡进村入户】** 1 月 21 日至 25 日,丰台区“三下乡”活动分别在王佐镇南宫村、长辛店镇张家坟村、卢沟桥乡西局村、花乡羊坊村、南苑乡南苑村等5个村举行。为农民送去以农村实用技术、市场信息、科委文化为主要内容的图书1500多册;展出科普展板 150 多张、次。

(李咏红)

**【举行“科普体验一日营”活动】** 1 月 29 日,开展科普体验一日营活动。组织学生分别参与科普互动、数字科普、观看天文节目、迷你小机床制作、观看地震知识展览、环保体验等活动。

(李咏红)

**【开展科技周活动】** 5 月 17 日,“2008 年丰台区科技周暨科普直通车——全民科学素质号启动仪式”在西罗园街道第三社区文体广场举行。本次活动以“携手建设创新型国家——科技点燃圣火 创新圆梦中国”为主题,开展青少年科技活动、迎奥运构和谐、卫生健康知识讲座、宣传能源资源、环境生态、送科技进社区、进军营、进学校、进农村、进工地等几十项活动。

(李咏红)

**【第一届丰台区青少年科技创新大赛】** 10 月 15 日 - 16 日,以“创新助成长,科技助发展”为主题的首届博奇环保丰台区青少年科技创新大赛在北京十二中学举办。共有 201 个作品进入决赛,79 名选手及 38 支代表队获得各类奖项一等奖。

(李咏红)

**【启动知识产权托管工程试点工作】** 4 月 21 日,丰台区赛欧科园科技孵化中心正式被北京市知识产权局授予知识产权托管工程试点基地称号。在丰台科技企业孵化器内建立知识产权托管制度,引入北京市伊文特知识产权咨询有限公司为入驻孵化器的中小企业提供专利、商标申请、维护、转让等知识产权多方位的服务。年内,孵化器内 94 家科技企业全部签订了托管协议,企业知识产权需求意愿达到 100%;企业通过托管申请专利数量大幅度上升,已申报专利 40 件,是科技孵化中心企业同期专利申请量的 5 倍。

(李咏红)

**【开展知识产权“百千对接工程”】** 5 月 20 日上午,首都知识产权“百千对接工程”丰台区企业知识产权战略及操作实务、专利质押贷款政策宣讲专题活动在丰台科技馆举行。会议介绍了北京市整体“百千对接工程”的开展情况,40 余家丰台区专利试点和高新技术企业代表参加此次专题活动。

(李咏红)

# 科协工作

【概　况】 年内,区科协及所属团体,以邓小平理论和“三个代表”重要思想为指导,认真贯彻党的十七大精神,坚持树立科学发展观,按照市科协工作部署,围绕区中心工作,落实《全民科学素质行动计划纲要》,团结一致,求实创新,扎实工作,为区域科普事业发展,为建设现代化新丰台作出贡献。

(童　浩　许景河)

【首届博奇环保丰台区青少年科技创新大赛】 年内,举办第一届博奇环保丰台区青少年科技创新大赛,选送343件作品参赛,经过专家评审、辅导,有131件作品进入展示和终评。其中,科技发明一等奖4个,二等奖9个,三等奖16个;论文类一等奖8个,二等奖10个,三等奖7个;教师教具一等奖4个,二等奖4个,三等奖2个;科幻画一等奖20个,二等奖40个,三等奖70个;科技实践活动一等奖2个,二等奖3个,三等奖3个;评选出优秀科技辅导员12人,优秀组织奖26个。大赛还颁发了区长奖及赞助企业专项奖等奖项。

(童　浩　许景河)

【第二届丰台区百姓科普旅游月】 年内,以南宫地热博览园、青龙湖青少年科普基地、青少年科技林、千灵山公园、鹰山森林公园为主体的生态旅游科普元素群落及大葆台汉墓博物馆、辽金博物馆、世界花卉大观园、莲花池公园等科普场馆共同举办“第二届百姓科普旅游月”活动,现场为街乡(镇)、社区(村)群众赠送了价值8.5万元的免费门票6930张。

(童　浩　许景河)

【丰台科技周暨科普直通车】 年内,装载着区委、办、局,21个街乡(镇)科协的50余项活动,600多块展板,近100条横幅,4万多册科普书刊,3万份宣传材料的科普直通车——全民科学素质行动号,开进社区、村、工地、市场、学校、机关,2000余名党政干部和科技工作者参与组织工作,800名科技人员参加活动,受益群众近17万人次。

(童　浩　许景河)

【奥运科普活动】 年内,组织编印了《与奥运同行,全民健身科普知识》、《与奥运同行,节约能源资源,从我做起》等系列奥运科普图书9万册,举办奥运科普系列讲座12次,指导宛平城地区、右安门、和义等街道举办科普趣味运动会,受众10万余人。

(童　浩　许景河)

【开展决策咨询】 年内,借助市科协学会部的力量搭建决策咨询的平台,协调开展专家服务。方庄地区的《老旧小区停车难问题》,被列为市科协08年度的课题,市规划学会、规划院专家组,以方庄居住小区为例,开展《北京中心城老旧居住小区机动车停车空间对策研究》课题的调研,取得初步成果。长辛店镇《李家峪村雨水集蓄工程》、《枣产业都市型生态建设》两个课题决策咨询分别得到学会部和市水利学会专家的帮助。

(童　浩　许景河)

【争取市科协资金服务科普事业】 年内,策划项目,争取市奖补资金173.5万元,支持街道、乡(镇)开展社区科普益民和科普惠农兴村项目建设。市补助经费18.2万元,开展社区“一廊一室一组”,村“一站一栏一员”工程等科普工作。年内向街乡(镇)相关学会下拨科普活动经费10.05万元。

(童　浩　许景河)

【科技人才培养】 年内,从农林、花卉专业技术人员中,举荐2名北京市优秀青年工程师;从乡镇大队农工商公司和农业服务中心先后推荐6名专业人员赴全国农业博览会和山东寿光学习参观。从农村一线科技人员中评选出农村科普致富带头人、农业科技服务专家、专业技术指导员，奖补资金9万元。

（童 浩 许景河）

**【其他科技活动】** 年内，“明天小小科学家”，“机床现场制作竞赛”，“大手拉小手专家进校园”，“科普互动巡展”等活动。年内，有5万多名青少年参加各类科技活动，近千名学生参加国家、市、区级比赛。有34个青少年科技项目78人次在国家、市级比赛中获奖，其中，获得北京市青少年科技创新大赛一等奖3项；获得全国青少年科技创新大赛三等奖1项；获得北京市机器人比赛一等奖2项；北京十二中郑理同学在北京市第八期后备人才早期培养计划进实验室活动评选中，获得进国家重点实验室学习的机会。在第十六届全国青少年科技辅导员论文评比活动中，获得一等奖1名，三等奖2名。年内，科技教师共有7人次获得国家、市级竞赛或评比活动的表彰奖励。

（童 浩 许景河）

**【街乡（镇）、社区（村）科普活动】** 年内，街乡（镇）、社区（村）的科普活动有王佐镇的温泉养生科普，南苑乡的“安全生产与健康生活”，花乡的花卉DIY设计大赛，长辛店镇的大枣技术培训，卢沟桥乡的家庭插花技术培训，丰台街道的“百姓节能环保论坛”，太平桥街道的“节约型家庭”环保创意比赛，新村街道的“科普直通车进延庆山区”，南苑街道的老年人心理健康知识讲座，云岗街道的“科普动感大本营”，长辛店街道的“胡同文化集市”，东铁匠营街道的科技奥运体验活动，东高地街道的“儿童绿色科普乐园”，和义街道的“奥运科普一日游”，大红门街道的创建“两室一栏一站”活动，西罗园街道的“天文气象科普”，卢沟桥街道的社区铁路博物馆，方庄地区的电脑技术培训，宛平地区的社区“科普秀”及其编印的《社区居民科学生活小窍门汇编》，右安门街道的“科普快乐驿站”及其印制的融科普娱乐于一身的科普扑克牌等。

（童 浩 许景河）

**【科普宣传】** 年内，科协系统累计举办科普宣传活动667场次，制作展板1635块，发放科普资料20万份、赠送科普图书8万册，组织科普讲座331场次，举办科普展览近178场，播放科普电影649场次，累计受益群众54万多人次。

（童 浩 许景河）

**【整合区域科普资源】** 年内，区青少年活动中心举办首届机床现场制作比赛；北京辽金城垣博物馆举办《水的故事》巡回展览；大葆台西汉墓博物馆开展考古小骑兵互动科普游戏；区科技馆举办了科技夏令营活动等等。区科协与解放军302医院联合开展了健康医学及传染病的防治科普系列讲座社区行活动；区卫生局、区医学会主办了丰台区医疗系统第三届科技周活动；区科委、科协、广电中心联合开播电视科普栏目；北京电力医院举办了医学新进展学术交流活动，区花卉学会举办了家庭插花技术进社区系列讲座等。

（童 浩 许景河）

**【建立社区科普协会】** 年内，在总结东铁匠营街道蒲三社区、西罗园街道第四社区成立社区科普协会的经验基础上，先后在11个街道的39个社区成立了社区科普协会。

（童 浩 许景河）

## 冶金自动化研究设计院

**【概 况】** 年内，主营业务收入7.2亿元，同比增长11%；利润总额5200万元，同比增长18%；归属母公司净利润1826万元，同比增长11%。资产总额达21.6亿元，同比增长21%。新签合同额14.23亿元，同比增长16.6%。年末从业人员1096人，其中从事科技活动人员710人，占64.78%。高级职称220人，中级职称180人，初级职称207人，分别占从业人员的20%、16%、19%。年内,获得13项国家项目及国家拨款6499万元。

(姜积岳)

**【科研工作取得突破】** 年内,2个国家级实验室分获国家发改委和国家科技部批准。分别是"混合流程自动化系统及装备技术企业国家重点实验室"和"钢铁制造流程优化国家工程实验室"。完成中科院知识创新工程"1.3MVA车载牵引变流器研发"项目;"863"、"支撑计划"和国家新型电力电子器件产业化专项等国家项目及科技部2006、2007年度科研院所技术开发研究专项资金项目开展顺利。院总工程师李崇坚荣获全国第七届光华工程科技奖。全年申请专利13件,其中发明9件、实用新型4件;获得专利授权9件,其中发明5件、实用新型4件;办理获得计算机软件著作权登记5件;《操作平台型高炉专家系统的开发和应用》项目荣获中国钢铁工业协会、中国金属学会冶金科学技术奖一等奖;发表论文64篇。申请认定的下属7家高新技术企业全部通过认定。包括金自天正公司及所属上海、辽宁、成都、软件子公司,院内金自天成、金自天和公司。

(姜积岳)

**【承接多项大型工程】** 年内,新签千万元以上项目20余个,其中亿元级大项目通钢集团吉林钢铁有限公司电气传动控制系统和轧机仪表系统及江阴兴澄特种钢铁有限公司滨江三期3500mm炉卷轧钢项目。具有自主知识产权的热工仪表和取样器产品首次打败国外竞争对手,进入国企酒钢集团,已签订单超千万元。1580热连轧工程项目自动化部分是国家建设新首钢的重点工程京唐钢铁联合有限公司的钢铁基地建设中唯一国内自主集成的工程,年底签订1580热连轧工程的过程自动化全部和部分基础自动化项目,已被列为国家工业和信息化部"十一五"期间1号工程。

(姜积岳)

**【节能减排领域取得突破】** 年内,结合承担的国家科研项目和国家"十大重点节能工程"项目,自动化院研究开发的"可循环钢铁流程能源管理与控制技术"在企业推广应用。其中,江苏沙钢集团有限公司能源中心改造工程被列入国家2006年资源节约和环境保护(十大重点节能工程)国债备选项目计划,该项目已经完成,正在组织验收;承接了首钢京唐钢铁联合有限责任公司曹妃甸能源管理中心软件设计项目;与涟源钢铁公司联合申请国家"十大重点节能工程"项目,基本落实。沙钢、首钢、涟钢能源中心项目合同已签约3000余万元。

(姜积岳)

**【开拓市场新领域】** 年内,非冶金行业合同总额2.19亿元。弹性胶泥缓冲器在铁路高速重载货车上的应用开发取得重大实质性突破,铁道部于9月29日发布[2008]538号文件,确定自动化院在铁道部磨擦胶泥缓冲器HM-1的弹性胶泥芯体和弹性胶泥的生产资质,正式确认为弹性胶泥芯体和弹性胶泥的供货单位。年内,马来西亚棒线材改造工程已建立海外合作平台;为印度、尼日利亚某钢厂制作的液压缸交付使用;自动化院与马来西亚企业ORIGEN有限公司在北京签订了冶炼传感器系列产品独家销售代理协议后的第一个订单。

(姜积岳)

# 教　育

**【概　况】** 年内,丰台区有托幼园111所,其中教育部门办21所(含市立园18所),集体办35所,民办28所,其他部门办27所;有在园人数25341人,入园人数10173人,离园人数7332人；有教职工3896人，其中专任教师2170人；学前三年教育普及率100%。小学94所，有教学班1877个，招生11627人，毕业9712人，在校生64155人（其中：北京市户口学生25822人，外省市借读生38333人）；教职工4580人，其中专任教师3859人；小学入学率100%，巩固率100%，毕业及格率100%。中学47所，其中初中校18所，高级中学5所，完全中学13所，一贯制学校11所；教学班971个（初中647个、高中324个），招生11033人（初中7545人、高中3488人），毕业9932人（初中6003人、高中3929人），初中在校生21556人（其中：北京市户口学生13237人、外省市户口借读生8319人），高中在校生10995人（其中：北京市户口学生10380人，外省市户口借读生615人）；初中入学率100%，巩固率100%，毕业合格率99.07%，高中入学率也叫初中毕业生升学率（4384/4633+81=93%既升学人数/北京户籍毕业生数+八种人）。毕业及格率（84.84%），应届高考录取率（70%）；教职工4650人，其中专任教师3065人。（应届公办高中高考录取率85.66%、应届全部高中高考录取率70%、应届和往届之和高考录取率76.96%），中小学教师学历合格率（99.64%），其中小学教师学历合格率（99.97%高中以上），初中教师学历合格率98.94%（专科以上），高中教师学历合格率100%专科以上。中小学专任教师具有高级专业技术职务708人，其中小学教师10人，初、高中教师698人。特殊教育残疾儿童入学率100%，巩固率100%，毕业率100%。特殊学校2所，12个班，招生9人，毕业0人，在校生130人，教职工49人，其中专任教师33人。校外教育校外教育单位4个，教职工22人，其中专任教师158人。中学学校占地面积1189611平方米，校舍建筑面积539638，图书1248170册，电子图书35136片；小学学校占地面积916667平方米，校舍建筑面积417109平方米，图书1559941册，电子图书5786片。小学固定资产总值44444.8万元，中学固定资产总值68093.97万元。全年教育投入171009万元，其中国拨155726万元，自筹15283万元。丰台区有职业中学6所，其中独立设校6所，职普联合设校0所。开设专业38个，教学班148个；招生1403人，完成招生计划100%，毕业1848人，在校生5330人。教职工672人，其中专任教师388人。专任教师学历合格率100%，高级专业技术职务91人。学校占地面积132008平方米，学校建筑面积73979平方米，图书123358册，电子图书18608片。职业高中固定资产总值9178.87万元。有各级各类成人学校568所。其中，成人高校（社区学院）1所，开设34个专业，招生667人，毕业585人，在校生3356人，全年短期培训0人次。教职工151人，（专任教师109人）。成人学校教师学历合格率100%，有高级专业技术职务29人。社会力量办学单位236所，全年培训149150人，教职工2335人，（专任教师1380人）。市民学校260所，全年培训447321人次。乡办成人校5所，全年培训29290人次，教职工32人，村办成人学校66所。直属成人教育单位的占地面积20496平方米，建筑面积13490平方米，图书60000册，固定资产总值840万元。农村成人教育占地面积6933平方米，建筑面积3993平方米，图书7300册，固定资产总值228万元。

（宋海燕）

**【初中建设工程检查验收完成】** 4月17日，丰台区政府对全区37所学校的初中建设工程督导检查验收全部完成。此次检查验收从2007年3月开始，历时三个学期、近一年半的时间。全区完全中学、初级中学、九年一贯制学校、十二年一贯制学校共37所公办学校，分三批接受督导检查验收。其中有7所市初中建设工程重点建设校，10所区初中建设工程重点建设校。

（董丽燕）

**【参加农民优秀培训项目评选活动】** 5月，丰台教委职称科完成北京市农民教育培训优秀项目的申报工作并组织所属学校参与了评选。经市教委专家评估组的评选，丰台区花乡新发地村成人学校《农民综合素质实用技能培训》获一等奖；花乡樊家村成人学校《农民技能素质培训》获二等奖；长辛店镇成人学校《无公害果品生产技术培训》、城市园林建设学校云岗职高校区《农民实用技术培训》、北京市农业广播学校丰台分校《农村劳动力转移与就业培训》获三等奖。

（林 宇）

**【推进综合实践活动课程现场会】** 5月16日，由北京市教科院基教研中心主办、丰台教委承办的"北京市深入推进综合实践活动课程现场会"在王佐学校召开。会上，丰台一小丰益分校展示了"研究性学习"中的"项目研究"课例——校园植物研究。东高地四小展示了"研究性学习"中的"项目设计"课例——装饰艺术长廊。在南宫地热博览园，王佐学校四年级学生上了一节《走进地热博览园》的社会实践课。丰台一小、长辛店一小交流了整合校内外教育资源，开发并实施综合实践活动课程的经验。来自北京市各区县的300余位教研员、校长和综合实践课教师参加了会议。

（田永新 崔德跃）

**【市演讲比赛取得优异成绩】** 6月1日，在北京市第十二届小学生"我爱地球妈妈"演讲比赛中，丰台区和义学校田怡添同学获得一等奖，丰台区首科花园小学李亚蕾同学获得演讲比赛二等奖。

（闫莉娜）

**【云岗青少年科技站新址投入使用】** 6月7-8日，云岗青少年科技站正式迁入新址。新址位于旧址东北方向500米处，云岗南区东里10号，占地面积7074平方米，建筑面积4100平方米。设有会议室、教室、科技活动室、美术室、舞蹈室、钢琴室、古筝室、萨克斯室、电子琴室、笛子室。工程于3月开始进行内部装修，总投资70万元。

（李淑云）

**【全国青少年航天航空模型锦标赛获冠军】** 7月23至8月4日，丰台区劳动技术教育中心教师、学员在全国青少年航天航空模型锦标赛中夺得团体冠军。这次比赛在浙江省宁波市举行，全国有32支优胜代表队，共167名选手。丰台区劳动技术教育中心教师、学员代表航天体协参赛。比赛期间师生们荣获11项单项奖，最终夺得团体冠军。

（王富强）

**【举行第一届"创新杯"课堂教学展示活动】** 年内，丰台区教委举行第一届"创新杯"课堂教学展示活动。本次活动旨在给丰台区的市、区级骨干教师搭设展示、交流、学习的平台，发挥骨干教师的示范辐射作用，促进骨干教师的专业化发展。活动分五个阶段开展：宣传策划阶段、组织报名阶段、组建学科评委组阶段、评优活动开展阶段、评优成绩核定阶段。活动共评出一等奖69名、二等奖64名、三等奖48名，总获奖人数181人，获奖比例89%。11月21日，在丰台分院召开了丰台区第一届中学骨干教师"创新杯"教学展示活动总结表彰。

（杨德林 唐雪松）

**【东高地青少年科技馆新馆奠基典礼】** 10月8日，区政府的折子工程、由中国运载火箭技术研究院及丰台区人民政府共同出资建设丰台区东高地青少年科技馆新馆在东高地万源西里规划场地举行了新馆奠基典礼。中国航天科技集团公司、中国运载火箭技术研究院、丰台区人民政府有关领导参加典礼。

（沈 燕）

**【丰台区少年宫成立五十周年】** 10月19日是丰台区少年宫成立五十周年的纪念日。少年宫推出主题为"我们一起成长"的大型文艺演出；举办"少年宫伴我成长"师生书画作品展；开展"校外优秀青年教师成长"论坛；制作

"宫史回顾"、"教师论文"、美术部师生画册、"活动案例集、"学生作文"等文集，拍摄了一部反映少年宫工作成绩的电视专题片。教育部基础教育司、共青团中央少年部、北京市教育委员会、中国人民对外友好协会、中国舞蹈家协会、中国青少年宫协会、全国城区少年宫工作研究会、中国关心下一代工作委员会、北京校外教育协会及全国26个省市173家校外教育单位、丰台区各中小学分别以不同形式对少年宫五十年宫庆表示祝贺。

（张　巍）

**【启动小学国学经典诵读活动】**　12月25日，丰台教委在丰台区影剧院举办"丰台区小学国学经典诵读活动启动大会"，旨在弘扬中国优秀传统文化，提高学生的人文素养。会议明确了丰台区小学开展国学经典诵读活动的目标、宗旨、实施原则，诵读的内容、课时安排、师资配备等情况。秋季丰台教委共为学校教师、学生配发《国学小书院》读本14500本。

（闫莉娜）

**【区第一届青少年创新思维竞赛活动】**　12月20日，丰台区举办第一届青少年创新思维(DI)竞赛活动。全区共有10所中小学校13个代表队共104名学生参加了承重结构、长途跋涉、识别迷信三个项目的比赛。十二中一部、东高地三小、东铁匠营一小、东铁匠营一中、东铁匠营二中分别获得第一名。

（沈　燕）

**【启动区教育资助计划】**　12月30日，在赵登禹学校召开丰台区教育资助计划启动大会，全区中学教育教学干部、教研组长、教师代表共300余人参会。教育研究资助计划以项目为依托开展教育研究工作，通过资助教研组、备课组、年级组等业务团队或教师个人，引导、鼓励教师研究改进教育教学方法、增强德育实效性、提高课堂教学效率，提高教师教育研究水平与培养学生的能力。该计划每年实施一次，每个项目资助期为1至2年，通过分组、分级的方式确定当年受资助学校。资助分A、B、C三类标准，其中初中校分别为20万元、12万元、8万元；高中校分别为30万元、18万元、10万元。年内，区教委已投入中学教育研究资助计划专项经费209万元，覆盖了全区所有公办中学。

（孙　震）

**【实施"校本课程建设奖励扶持"工作】**　10月15日，丰台区"校本课程建设奖励扶持"工作开始，根据《丰台区教委关于促进中小学校本课程建设奖励扶持方案》，经各校申报，教委、教工委审批，小学评选结果如下：奖励校本课程建设优秀学校12所（丰台一小丰益分校、丰台五小、东高地三小、东罗园小学、卢沟桥二小、西罗园五小、西罗园六小、樊家村小学、蒲黄榆一小、新发地小学、东铁匠营一小、芳古园小学）；扶持校本课程建设困难学校10所（丰台二小、王佐学校、南苑四小、长辛店八小、铁十一小、郑常庄一小、南苑一小、阳春小学、万柳园小学、长辛店铁小）。

（崔德跃）

## 普通高等教育

**【概　况】**　年内，驻区普通高等院校有首都经贸大学、首都医科大学、北京电子科技学院、中国戏曲学院等4所。共有在校生43432人，其中本科生17600人、专科生2385人、研究生4420人（含博士生722人），成人教育在校生18749（含本科生7070人），外国留学生556人；毕业10664人，其中本科生3794人、专科生826人、研究生1367人（含博士生181人）、成人教育毕业生4677人（含本科生1931人）；招生12340人，其中本科生4369人、专科生945人、研究生1382人（含博士生249人）、成人教育招生5644人（含本科生2294人）；有教职工3970人，专任教师1598人。教师中具有博士学位192人、硕士学位396人。

（杨晓靖）

## 首都经济贸易大学

**【概　况】** 年内,学校占地面积 32.97 万平方米,建筑面积 41.45 万平方米。全年教育经费投入 55631 万元,其中,国拨 41082 万元、自筹 14559 万元。设 14 个院(系、部),34 个本科专业、5 个专科专业,28 个硕士学位授予点(含 MBA),9 个博士授予点,1 个博士后流动站。教职工 1651 人,其中,专任教师 679 人。专任教师中,教授 103 人、副教授 258 人、讲师 267 人、助教 29 人;博士生导师 27 人,硕士生导师 264 人。另聘请外籍教师 9 人。外聘高级专家 37 人。毕业生 4945 人,其中,研究生 585 人(博士生 19 人、硕士生 566 人),普通本专科生 2306 人(本科 2267 人、专科 39 人),成人教育本专科生 2054 人(本科 1042 人、专科 1012 人);非计划招生高等教育学生中在职人员攻读博士硕士学位 202 人(博士生 0 人、硕士生 202 人)研究生课程进修班 0 人。招生 6300 人,其中,研究生 650 人(博士生 49 人、硕士生 601 人),普通本专科生 2720 人(本科 2591 人、专科 129 人),成人教育本专科生 2930 人(本科 1238 人、专科 1692 人)。在校生 21003 人,其中,研究生 1848 人(博士生 150 人、硕士生 1698 人),普通本专科生 10426 人(本科 10110 人、专科生 316 人),成人教育本专科生 8729 人(本科 3492 人、专科 5237 人)。本科毕业生就业率 95.67%。本年高考北京地区提档线本科第一批文科 522 分、理科 530 分。留学生毕业 262 人、招生 437 人、在校生 529 人。校办产业年营销总收 4090 万元。图书馆建筑面积 3.57 万平方米,藏书 122.10 万册。固定资产总值 74974 万元,其中教学科研仪器设备资产值 10078 万元。学校网址:www.cueb.edu.cn

(钟志红)

**【北京高校多媒体教育软件大奖赛获奖】** 1 月 12 日、13 日,在北京市高校首届多媒体教育软件决赛中,多位教师获奖。其中人文学院段霞、李丽娜、赵钢三位教师合作的《当代世界经济与政治》多媒体课程获得网络课程一等奖;人文学院吴坚老师的《逻辑学多媒体课件》获得多媒体课件三等奖;人文学院段霞、赵钢、王晓红的《当代世界经济与政治》和金融学院祁敬宇的《中国金融史》获得多媒体课件优秀奖。

(钟志红)

**【新增数学与应用数学本科专业】** 2 月,新增数学与应用数学 1 个专业。修业年限均为 4 年,自 2008 年开始招生。数学与应用数学的专业代码为 070101,学位授予门类为理学。

(钟志红)

**【成立中国人力资源和社会保障发展研究院】** 3 月 26 日,中国人力资源和社会保障发展研究院在首经贸成立,并举办学术论坛。该研究院依托首都经济贸易大学、国家发展和改革委员会社会发展研究所,日常办事机构设在首都经济贸易大学劳动经济学院。年内,研究院科研成果为:《中国人力资源和社会保障发展研究报告(2008)》、《首届中国经济增长与就业国际论坛论文集》、《中国劳动人事改革 30 年》、《中国人力资源和社会保障发展研究报告(2009)》等。本次学术研讨会上,首经贸和国家发展和改革委员会社会发展研究所各有 4 人先后作关于劳动经济和社会保障方面的报告。国家和社会保障部,中国医疗保险研究会,国务院振兴东北等老工业基地办公室,国家发展和改革委员会社会发展研究所、中国人力资源研究会、中国人民大学公共管理学院、北京师范大学等单位的领导及专家学者及校劳动经济学院教师、部分本科生、研究生、博士生 200 人参加会议。

(钟志红)

**【2 专业入选国家级特色专业】** 3 月,校经济学专业获得第一批国家级特色专业,劳动与社会保障专业获得第二批国家级特色专业。

国家级特色专业是教育部以实施高等学校本科教学质量与教学改革工程为背景，为适应国家经济、科技、社会发展对高素质人才的需求，引导不同类型高校根据自己的办学定位和发展目标，发挥自身优势，办出专业特色，在“十一五”期间择优重点建设的特色专业建设点。第一批特色专业建设点将分四年获得国家的支持经费80万元。第二批特色专业建设点按中央部委所属高等学校和地方高等学校分配名额，其中，中央部委所属高校占850个，地方高校占1650个。主要涉及除第一批特色专业外的普通专业，为同类型高校相关专业建设和改革起示范和带动作用。每个第一类特色专业建设点将分四年获得国家的支持经费20万元。

（钟志红）

**【设立“鑫恒·泰泽”励志助学金】**　4月3日，设立“鑫恒？泰泽”励志助学金，该助学金由1989级经济法专业校友、北京鑫恒集团执行董事李涵和北京市泰泽律师事务所合伙人律师申黎提议发起，由北京鑫恒集团、北京市泰泽律师事务所联合捐资设立。助学金总额为30万元人民币，从2008年春季开学开始设立，分10年捐助，每年春季新学期开学前由两捐资单位共同捐助3万元，用于鼓励品学兼优、在经济上确实需要帮助的学生。这些学生将从全校学生中择优选出，按照每名学生每一学年2000元人民币的标准，资助到其本科毕业或其研究生毕业，受资助学生在校期间还有希望获得两个捐资单位相应岗位的实习机会。共有16名受赠学生领取到了每人2000元的首批助学金，并与两捐资单位签订书面道德协议。

（钟志红）

**【1人获得北京市十佳辅导员称号】**　6月26日，首经贸经济学院分团委书记宋晓颖荣获“北京市十佳辅导员”荣誉称号。来自清华大学、中国人民大学、北京师范大学、中央财经大学、北京航空航天大学、首都经济贸易大学等15所高校的优秀辅导员在北京电视台现场参与了辅导员基本功大赛，公开评选确定10名获奖者并予以表彰。首经贸宋晓颖取得辅导员基本功大赛优胜奖，获得北京市教育工委命名的“北京市十佳辅导员”称号。

（钟志红）

**【举办奥运文化节活动】**　4月30日至12月31日，举办奥运文化节活动。包括“We Are Ready”志愿者技能大赛、“青春奥运，动感经贸”啦啦操、团体健身操邀请赛、“拥抱朝阳，奔向奥运”奥运会志愿者系列健身活动、“唱响奥运”奥运文化节之音乐文化季系列活动、“奥运到北京，志愿我同行”系列主题志愿服务活动、“我的奥林匹克故事”奥运志愿者服务回顾展等活动，上万人次参加活动。

（钟志红）

**【广播电视网正式投入使用】**　9月1日，学校广播电视网正式开始投入使用。广播电视网包含网络广播电视、网络有线电视直播、网上会议平台三部分。网络电视直播用于以视频组播的形式实现全校师生收看电视直播，师生可以通过计算机在网络上实时收看同步的有线电视节目，可同时在线实时收看有线电视节目，不受用户数量、场地大小的限制，以提供8个频道的电视节目；网上会议平台子系统，可同时容纳20个终端在线参加会议。

（钟志红）

**【获市高等学校教学名师奖】**　9月，马立平教授获得第四届北京市高等学校教学名师奖。马立平现任首都经济贸易大学统计学院教授，兼任副院长，最高学历为博士，学位为理学学士、经济学硕士、经济学博士。出版了《微观经济运行分析》、《宏观经济运行分析》、《经济责任审计与评价》等多部学术著作，在国内外学术刊物发表论文数十篇。主持或作为主要成员进行多项国家级、省部级等课题的研究，其中三项国家社科基金项目，一项国家自然科学基金应急项目。其中：论文《国民经济运行质量的评价体系及实证分析》获全国统计科研成果三等奖;《中石化企业竞争力的评估》获得中石化科技进步三等奖;北京科委软项目《北京现代化进程研究》获北京科技进步三等奖;《适应市场经济,深化统计教学改革》获北京市高校教学成果一等奖等。

(钟志红)

**【教学中心被评为国家级实验教学示范中心】** 9月,校经济与管理实验教学中心,被评为2008年国家级实验教学示范中心和2008年北京高等学校实验教学示范中心。经济与管理实验教学中心包括经济运行与国际贸易实验室、劳动科学实验室、数字化金融实验室、数字化调查研究实验室、电子商务实验室、会计信息化实验室、会计财务综合实验室、税务与资产评估仿真实验室、数字城市实验室和沙盘推演实验室等十个实验室。

(钟志红)

**【举办首届中国经济增长与就业国际论坛】** 11月7日,由劳动经济学院和中国劳动关系学院联合举办的首届中国经济增长与就业国际论坛在中国劳动关系学院中工大厦隆重举行。乌干达等3个国家驻华特命全权大使、10余个国家的公使、参赞到会。原国家人事部常务副部长、全国博士后管理委员会主任,全国总工会原副主席等领导到会致辞、颁发奖状。大会从60多篇学术论文中评选10位优秀论文。校两名教授荣获优秀论文奖。出席本次会议的代表有来自41个国家的230多位中外政府官员和驻华使节、以及来自清华大学、北京师范大学、北京交通大学、中国人民大学、科威特大学、约旦大学等30余所高等学府的专家、学者,校劳动经济学院教师、博士及硕士研究生共有30人参加论坛。

(钟志红)

**【举办首届全国地方院校金融论坛】** 11月8日,由校金融学院牵头承办,联合天津财经大学金融学院、河北经贸大学金融学院、浙江财经学院金融学院共同发起的首届“全国地方院校金融论坛”在北京银龙苑宾馆召开。本届论坛的主题是“区域金融发展与金融中心建设”。校党委书记柯文进教授和副校长郝如玉教授分别致开幕辞。来自天津财经大学、河北经贸大学、南京财经大学、深圳大学、郑州大学、浙江财经学院、山东财政学院、山东经济学院、湖北大学、兰州商学院、云南财经大学、新疆财经学院、内蒙古财经学院,以及北京工商大学、北京工业大学、北京信息科技大学、北京第二外国语学院、北京建工学院、北京物资学院、北京农学院等近30所地方高校的领导和专家共90余人参加论坛。

(钟志红)

**【举办海峡两岸应用统计学术研讨会】** 11月10至15日,由校统计学院、中央财经大学统计学院、西南财经大学统计学院和淡江大学统计学系共同举办第四届“海峡两岸应用统计学术研讨会”。首都经济贸易大学副校长王文举教授、美国宾夕法尼亚州立大学林共进教授、台湾政治大学统计学系系主任刘惠美教授、中国人民大学张波教授分别做了主题报告,主题报告紧扣统计研究前沿,引起与会学者和同学的思考和共鸣。研讨会分,《统计理论与方法》、《经济统计》、《金融统计》、《工业统计与数据挖掘》、《调查方法与实务》、《应用统计》、《统计教育》等8个分会场进行研讨。研讨会分别在首都经济贸易大学、中央财经大学、中国人民大学及河北大学进行学术研讨。会议共收到两岸学者提交的应用统计领域相关论文百余篇。来自北京大学、清华大学、中国人民大学、北京师范大学、复旦大学、厦门大学、中央财经大学、上海财经大学、天津财经大学、香港城市大学、台湾政治大学、台湾台北大学、台湾辅仁大学、首都经济贸易大学等两岸三地60余所高校的专家、学者、教授和国家统计局、中国统计出版社等单位的相关领导100人参加研讨会。

(钟志红)

**【获全国研究生数学建模竞赛二等奖】** 12

月27日，第五届全国研究生数学建模竞赛在西安市第二炮兵工程学院举行的颁奖典礼。首经贸5支队伍参加比赛，获得3个全国二等奖。获奖名单为：经济学院的参赛研究生洪赟、郑志姣、王浩；统计学院的易楠、闫子英、张青青；经济学院的韩国庆、张薇、胡小俊获全国二等奖。本次比赛共有来自全国182个研究生培养单位的近4000名研究生参赛。

（钟志红）

## 首都医科大学

【概　况】 年内，学校设有10个学院，14所临床医学院（其中13所为附属医院）以及1个预防教学基地，设有3个专科学院和28个专科学系；开设本科专业15个，七年制专业2个，一级学科博士点3个，博士学位授权点41个，硕士学位授权点78个；有博士后流动站2个，其中，出站42人、进站31人、在站71人。有国家重点学科8个，国家重点（培育）学科2个，北京市一级重点学科2个，北京市二级重点学科8个，北京市一级重点建设学科2个，北京市二级重点建设学科12个，教育部省部重点实验室1个，教育部省部共建重点实验室1个，北京市重点实验室4个。设有国家生命科学与技术人才培养基地，卫生部全科医学培训中心，北京市全科医学培训中心，新医药北京市技术转移中心、首都卫生管理与政策研究基地、临床医学研究所、基础医学研究所、北京神经科学研究所、眼科研究所、老年病医疗研究中心、泌尿外科研究所、心肺血管医疗研究中心、疼痛生物医学研究所、卫生毒理检测中心、生物工程技术研究中心、中医肝病临床研究中心、生殖医学研究所和心脑血管疾病临床实验与社区干预中心等。学校和附属医院共有教职员工和医务人员22265人，其中，有院士6人，特聘院士7人，正高职称1202人，副高职称2329人。校本部教职工1566人，其中，专任教师553人。专任教师中教授79人，副教授139人。有博士、硕士导师215人，硕士导师827人；国家有突出贡献专家1人，享受政府特殊津贴专家63人。外籍教师2人。毕业生4433人，其中，学历教育学生中全日制研究生758人（博士生162人、硕士生596人），普通本专科生1383人（本科生635人、专科生748人），成人教育2098人（本科508人、专科生1590人）；以同等学力申请博士硕士学位194人（博士生21人、硕士生173人）。招生4233人，其中，学历教育学生中全日制研究生687人（博士生200人、硕士生487人），普通本专科生1658人（本科生842人、专科生816人），成人教育本专科生1610人（本科生650人、专科生960人）；以同等学力申请博士硕士学位278人（博士生86人、硕士生192人）。在校生15612人，其中，学历教育学生中全日制研究生2466人（博士生572人、硕士生1894人），普通本专科生6016人（本科生3947人、专科生2069人），成人教育本专科生7130人（本科生2112人、专科生5018人）。留学生招生89人，在校生221人。本科毕业生就业率92.16%，高考提档线理科530分。图书馆建筑面积17901平方米，藏书64.76万册。学校和附属医院总占地面积982551平方米，总建筑面积1634882平方米。其中，学校占地面积246602平方米，建筑面积235056平方米。学校和附属医院固定资产总值933896.5万元，其中，学校固定资产总值82000.3万元。学校和附属医院教科仪器设备资产值78210.44万元，其中，学校教科仪器设备资产值29654.86万元。全年教育经费投入60355.38万元，其中，国拨49311.51万元、自筹11043.87万元。

（梁贵　王于英）

**【获得“全国红十字模范校”荣誉称号】** 1月7日，中国红十字第八届理事会第四次会议暨全国红十字模范校表彰会议在杭州召开，首医大获得“全国红十字模范校”荣誉称号。

1月9日,校红十字会作题为《让红十字事业始终保持旺盛的生命力》的大会经验交流报告,介绍校红十字会成立二十年的活动。

(梁 贲 王于英)

**【获中华医学科技奖、吴阶平医学奖】** 2月23日,2007年度中华医学科技奖颁奖仪式举行。校附属北京天坛医院赵继宗教授领衔完成的成果“微创神经外科技术平台建立及术中神经功能保护研究”获得一等奖;宣武医院李坤成教授领衔完成的成果“多发性硬化和视神经脊髓炎的扩散张量成像研究”获二等奖;附属北京朝阳医院杨新春教授领衔完成的成果“过氧亚硝酸阴离子与缺血/再灌注心肌损伤—硝酸酯类药物副作用的研究”、附属北京友谊医院贾继东教授领衔完成的成果“肝星状细胞在肝纤维化发生中的作用及在抗纤维化治疗中的意义”、附属北京同仁医院王宁利教授领衔完成的成果“房水流出通道细胞骨架及细胞外基质在眼压调控中的作用机制研究”获三等奖。全国人大常委会副委员长、吴阶平医学奖评审委员会主席韩启德院士向宣武医院汪忠镐院士颁发2007年吴阶平医学奖。2007年度中华医学科技奖共有234个项目申报,80项成果获奖,其中一等奖9项、二等奖24项、三等奖47项。

(梁 贲 王于英)

**【第29届奥运会指定肺功能实验室揭牌仪式】** 4月7日,附属北京朝阳医院举行建院50周年庆典活动,同时,“国家重点学科内科学(呼吸系病)”、“第29届奥运会指定肺功能实验室”揭牌仪式分别举行。全国政协副主席林文漪,全国人大常委会原副委员长何鲁丽,北京市常务副市长吉林,国际奥委会医学科学部主任沙玛什,卫生部副部长马晓伟,首医大校长吕兆丰,中国工程院胡亚美院士、陆道培院士、张金哲院士、郭应禄院士及全国70多家医院的院长等500余人参加了庆典活动及揭牌仪式。

(梁 贲 王于英)

**【神经变性病学重点实验室成为教育部重点实验室】** 1月23日,校省部共建教育部神经变性病学重点实验室顺利通过教育部会同北京市教委组织专家验收,名称调整为神经变性病实验室,正式以教育部重点实验室名义开放运行。实验室经过两年的建设在神经变性病的流行病学、分子遗传学、发病机制、临床早期诊断、治疗学的基础与临床应用研究方面,取得创新性成果。承担国家级科研项目41项,获得省部级科研成果奖6项,发表SCI收录论文64篇,申请发明专利20项,获得发明专利授权3项。

(梁 贲 王于英)

**【举行中西医结合学系揭牌仪式】** 4月12日,中西医结合学系揭牌仪式在附属北京友谊医院举行。中国中西医结合学会会长、中国中医科学院首席研究员、首都医科大学中西医结合学系学术委员会主任委员陈可冀院士,中国中医科学院名誉院长王永炎院士,中国中医科学院首席研究员李连达院士,国家科技部发展计划司杜伟副司长,国家中医药管理局科技教育司苏钢强副司长,教育部高教司农林医药处高斌副处长,北京卫生局党组成员、北京市中医管理局赵静局长出席揭牌仪式,校长吕兆丰,附属北京友谊医院领导,在京的中西医结合和中医学界知名专家、学者、中西医结合学系300余人参加揭牌仪式。仪式后,中西医结合学系举办了学术论坛,陈可冀院士作了题为《中西医结合学发展历史及未来研究方向展望》的学术报告。

(梁 贲 王于英)

**【与挪威奥斯陆大学签订合作协议】** 4月2日,与挪威奥斯陆大学签订合作协议。学校、学院、附属医院及有关部门领导、奥斯陆大学校长 GeirEllingsrud 教授,社会科学院院长 KnutHeidar 教授,心理学系主任 SiriGullestad 教授等11人参加。协议规定双方将本着平等互利的原则不定期交换学生以及访问学者,共同举办学术研讨会以及共同开展心理学方面的研究等。奥斯陆大学是挪威规模最大、历史最悠久的大学。建于1811年，校址在挪威首都奥斯陆。全校共有8个学院，在校生人数约36000人，其中留学生2500人。设有神学、法学、医学、历史与哲学、数学与自然科学、牙科、社会科学等学院。

（梁　贲　王于英）

**【支援灾区】**　5月14、15日，全校师生相继开展"天灾无情人间有爱"、"向灾区同胞献爱心助灾区孩子返校园"等捐款活动，学校1477名教职工和千逾名学生两天共捐款196053.57元，交付北京红十字会。第一批捐款之后，截至5月20日，全校师生又自发捐款，共捐款73967.20元，共累计向灾区捐款270020.77元。

（梁　贲　王于英）

**【开展心理干预和辅导】**　5月19日，中国红十字心理救援队举行启程仪式，赶赴四川绵阳进行心理援助工作，校心理学教授杨凤池任心理救援队队长，其中5名心理救援队队员来自该校。5月20日，首批心理专家与奥运冠军邓亚萍、谢军、扬扬、高敏、莫慧兰、孙海涛等共18人抵达成都，赶赴绵阳。5月20日下午，根据四川省红十字会的安排，师生对绵阳一所帐篷小学的200余名受灾学生进行了心理干预和辅导。

（梁　贲　王于英）

**【通过北京市重点学科验收评选】**　年内，在北京市重点学科建设项目验收和评选工作中，校原有15个市重点（或重点建设）学科全部通过验收，其中神经生物学、生物医学工程、人体解剖与组织胚胎学、内科学（呼吸系病）、儿科学、神经病学、口腔临床医学7个学科取得"优秀"的成绩。另有18个学科增补为北京市重点学科。

（梁　贲　王于英）

**【精品课程评审】**　5月，学校评审出15门校级精品建设课程，《神经生物学》、《耳鼻咽喉科学》、《医学统计学》3门课程被评为2008年北京市级精品课程。

（梁　贲　王于英）

**【与石景山区人民政府签署合作协议】**　6月6日，北京市石景山医院成为首医大临床教学医院签约仪式举行，校党委书记李明、校长吕兆丰，石景山区委书记荣华、区长周茂非，以及双方主要领导出席签约仪式。

（梁　贲　王于英）

**【召开年度眼科学院学术年会】**　5月31日至6月1日，首都医科大学2008年眼科学院学术年会召开。复旦大学神经生物学研究所杨雄里院士、中国科学院神经科学所郭爱克院士、教育部科技司科技处处长李渝红、北京市科委副主任杨伟光、北京市自然基金委黄宇平等专家、学者和领导出席开幕式。校眼科学院，各临床、附属医院以及其它省市医疗单位约400余名代表参加学术年会。3位院士，31位专家、学者、研究人员作大会发言。

（梁　贲　王于英）

**【举行神经外科学院揭牌仪式】**　5月31日，神经外科学院揭牌仪式在北京市神经外科研究所举行。神经外科学院设立一系、二系、三系和神经外科研究所，王忠诚院士任神经外科学院院长。一系办公室设在附属北京天坛医院；二系办公室设在宣武医院；三系办公室设在附属复兴医院；神经外科学院神经外科研究所办公室设在北京市神经外科研究所。

（梁　贲　王于英）

**【入选年度北京市级优秀教学团队】**　年内，共建设评选出11个校级优秀教学团队，入选北京市优秀教学团队3个，分别为生理学教学团队，全科医学教学团队，儿科学教学团队，其中，全科医学和生理学2个团队被推荐参加国家级教学团队的评审。

（梁　贲　王于英）

**【入选北京市优秀博士学位论文】**　根据北京市教育委员会、北京市学位委员会通知（京教研[2008]8号），校2篇博士学位论文入选北京市优秀博士学位论文，分别为基础医学院徐群渊教授指导博士生刘丙方完成的博士学位论文《利用微接触印刷技术体外构建神经网络的相关研究》和口腔医学院王松灵教授指导博士生刘怡完成的博士学位论文《小型猪牙齿相关干细胞介导的实验性牙周炎骨缺损修复及生物牙根再生体内实验研究》。北京市优秀博士学位论文的评选是2008年启动的学科与研究生教育创新工程项目之一。根据教育部、国务院学位委员会通知(教研[2008]1号),校博士毕业研究生王亮获2008年全国优秀博士学位论文提名奖,其论文是《早期 Alzheimer 病脑连接性改变:基于 MR 成像技术的研究》。

(梁 贲 王于英)

**【亚洲第二届社区遗传学国际会议召开】** 10月13日,学校和法国巴斯德研究所、国家自然科学基金委员会联合主办,校公共卫生与家庭医学学院承办,中国科学院研究生院协办的亚洲第二届社区遗传学国际会议在北京召开,200余人参加本次会议。会议期间,公共卫生与社区卫生服务学术年会、首都医科大学公共卫生与家庭医学学院成立20周年庆典大会分别召开。本次国际会议邀请了来自法国、英国、美国、澳大利亚、加拿大、香港和台湾等国家和地区的著名专家学者进行大会演讲,演讲内容涉及社区遗传学、公共卫生学、全科医学等领域。

(梁 贲 王于英)

**【首届中国口腔医学博士论坛召开】** 10月31日,首届中国口腔医学博士论坛在北京召开,本次论坛由教育部主办,四川大学和首医大联合承办。本次论坛以促进中国口腔医学研究水平的提高为目的,倡导严谨、开放、创新的学术氛围。来自世界各地的27位口腔医学权威专家在会议期间演讲,内容涉及发育生物学、干细胞与组织工程、涎腺疾病与唾液、口腔颌面肿瘤和口腔颌面骨及炎症等5大前沿医学领域。论坛活动期间,还举行了IADR中国分会第九届学术年会、第四次牙髓生物学学术会议、第八届全国中青年口腔医师学术研讨会等活动。

(梁 贲 王于英)

**【获省部共建教育部重点实验室立项】** 10月,校儿科重大疾病研究实验室获立项,这是该校第三个省部共建教育部重点实验室。该校儿科重大疾病研究实验室设在附属北京儿童医院。实验室主要围绕儿童白血病、儿童感染性疾病、儿童常见出生缺陷等儿科重大疾病进行研究。

(梁 贲 王于英)

**【与通州区政府签订建设潞河医院协议】** 11月23日,与通州区人民政府建设潞河医院为首医大教学医院的签字仪式在潞河医院举行。学校及通州区相关领导出席会议。

(梁 贲 王于英)

**【教材获批年度北京市高等教育精品教材】** 年内,学校共有5部教材获批为2008年北京高等教育精品教材。获批的教材为:《异常人体形态学实验教程》、《正常人体形态学实验教程》、《精神障碍护理学》、《临床医学影像学》、《儿科护理学》。

(梁 贲 王于英)

**【获评"北京地区高校示范性就业中心"】** 年内,北京市教育委员会公布了北京地区高校示范性就业中心名单,首医大成为首批获评为"北京地区高校示范性就业中心"的25所高校之一。

(梁 贲 王于英)

**【成立马克思主义理论与思想政治教育学部】** 12月11日,学校召开马克思主义理论与思想政治教育学部成立大会。学校党政领导、全体思政课教师、学生辅导员近40人参加大会。会议宣读了《首都医科大学关于成立马克思主义理论与思想政治教育学部的通知》和《首都医科大学关于马克思主义理论与思想政治教育学部干部任职的通知》,学部主辖哲学与社会科学系和德育学系。

(梁 贲 王于英)

【校传染病学研究所、肾病学系揭牌】　12月11日，学校与北京地坛医院签约暨传染病学研究所揭牌仪式举行。签署了《关于支持北京地坛医院学科建设发展协议书》，并为“首都医科大学传染病学研究所”揭牌。传染病学研究所挂靠地坛医院，用以促进北京地坛医院传染病学科的建设和发展，搭建学校传染病学的科学研究平台。12月20日，学校肾病学系揭牌仪式暨学术论坛举行。学系依托单位是附属北京友谊医院。中华肾脏病学会主任委员、肾病学系学术委员会主任委员陈香美院士，市教委孙善学委员出席揭牌仪式。

（梁　贵　王于英）

## 北京电子科技学院

【概　况】　年内，北京电子科技学院占地面积79310平方米，建筑面积73928平方米，其中，教学行政用房建筑面积35848平方米、学生公寓建筑面积15355平方米。固定资产总值34368万元，教学科研仪器设备总值4373万元。年教育经费投入7201万元，其中，国家财政拨款5764万元。主办西苑出版社，全年出版图书130种，实现总生产码洋1500万元，实现销售收入500万元。《北京电子科技学院学报》设有自然科学、社会科学两个版本、季刊、年发行4000册、影响因子0.19。图书馆建筑面积4700平方米，藏书23.17万册，中文报刊595种，外文期刊41种，网上全文数据库10个，教师阅览室1个，电子阅览室1个。下设5个系（信息安全系、电子信息工程系、计算机科学与技术系、通信工程系、行政管理系），2个教学部（人文社会科学教学部、基础学科教学部），开设7个本科专业（信息安全、信息与计算科学、电子信息工程、计算机科学与技术、通信工程、行政管理、信息管理与信息系统）和1个联合培养研究生专业（密码学）。在岗教职工350人，其中，专任教师136人，教授16人、副教授58人；博士学位29人、硕士学位63人；博士生导师0人、硕士生导师19人。15名教师享受国务院政府特殊津贴，2名教师获得“北京市教学名师”，2名教师获得“北京市优秀教师”。年内承担2项国家863高科技项目，1项获得国家自然科学基金资助，2项获得北京市自然科学基金资助。1项获得中办科学技术一等奖，2项获得专项科技进步（省部级）二等奖，1项获得专项科技进步（省部级）三等奖。毕业生784人，其中，学历教育学生中全日制研究生0人（博士生0人、硕士生0人、研究生班0人），普通本专科生414人（本科生375人、专科生39人），成人教育本专科生370人（本科生286人、专科生84人）。招生1342人，其中，普通本专科生420人（本科生420人、专科生0人）、成人教育本专科生922人（本科生277人、专科生645人）。高考北京地区提档线理科504分、文科520分。在校生4076人，其中，普通本专科生1563人（本科生1563人、专科生0人），成人教育本专科生2513人（本科生1257人、专科生1256人）。与西安电子科技大学联合培养硕士研究生毕业28人，招生28人，在校78人。举办北京广播电视大学开放教育工作站，毕业41人（本科4人，专科37人），招收61人（本科18人，专科43人）。学院网址：www.besti.edu.cn。

（鲁仲生）

【开办中办机关聘用青年大专班】　3月2日，学院举行首届中央办公厅机关聘用青年大专班开学典礼。中办机关聘用青年大专班是在中央书记处书记、中央办公厅主任令计划同志的倡议与关心下开办的，旨在提高中办机关聘用青年的文化素质。来自中办各单位聘用的47位同志参加首届大专班的学习，授课教师主要由校教师担任。

（鲁仲生）

【成立保密管理专业建设委员会】　4月23日，召开保密管理专业建设委员会成立暨第一次会议。研究讨论该校保密管理本科培养方案、专业课程设置、教材设计、专业课教师培训、专业实践、保密科研以及招生就业工作的组织和保证等工作。委员会委员由中办有关局、校领导、专家组成,委员会下设教学指导小组、教材编审小组、招生就业协调小组。

(鲁仲生)

**【成立中央办公厅高等学校教学指导委员会】** 5月6日,召开中央办公厅高等学校教学指导委员会成立暨第一次全体会议。会议讨论通过《中共中央办公厅高等学校教学指导委员会章程》,围绕学院的教育教学思想观念、办学定位、学科专业、教学改革、师资队伍、人才培养、办学特色和校园文化建设等问题,进行认真讨论,提出意见和建议。中央办公厅高等学校教学指导委员会,是中央办公厅领导采纳各方面专家的建议,成立的专家组织。委员主任由中央办公厅副主任担任,委员会委员由教育部、有关科研院所、大学的专家、学者和中办有关局负责人组成。

(鲁仲生)

**【国家公派出国留学人员】** 6月10日,学院教授蒋华被录取为2008年国家公派访问学者(含博士后研究)项目出国留学人员。由国家留学基金管理委员会专家评审通过,可利用合作项目为国际计算机研究中心(ICSI)中国访问学者项目,资助方式为全额资助方式,可在2011年1月底前,赴美国参加为期12个月的通信与信息系统专业的学习访问。

(鲁仲生)

**【获市高等学校教学名师奖】** 6月14日,学院教师吕秋芳获得第四届北京市高等学校教学名师奖。吕秋芳,校人文社科部教授,长期从事高校思想政治教育教学和研究工作,先后在相关核心期刊及杂志发表论文40余篇,专著(主编、译著、合著)10余部,曾获“中办科技进步三等奖”、“北京市高等学校2004至2007年度优秀德育研究成果二等奖”、“中直机关纪念改革开放三十周年理论征文活动二等奖”,先后被评为“中共中央办公厅机关先进女职工”、“北京高校优秀德育工作者”。

(鲁仲生)

**【被评为北京高等学校实验教学示范中心】** 7月18日,学院电子与信息安全实验教学中心被批准为“北京高等学校实验教学示范中心”。该中心是合并现有几个教学实验室成立。有专职人员26人,其中高级职称11人,博士7人,硕士14人,取得省部级教学成果8项,市级荣誉称号3项。

(鲁仲生)

**【被评为市级优秀教学团队】** 7月18日,学院信息安全与密码教学团队被评为北京市优秀教学团队。信息安全与密码教学团队由23人组成,其中高级职称9人,博士6人,硕士14人,该团队长期从事信息安全与密码教学与科研工作。

(鲁仲生)

**【学生公寓综合楼投入使用】** 8月25日,学生公寓综合楼投入使用。该楼取名“育材楼”,主要为本科生、研究生公寓,共9层,占地面积722平方米,建筑面积8062平方米。工程2006年12月11日开工。

(鲁仲生)

**【开设保密管理专业】** 9月1日,电子科技学院保密管理专业迎来首批学生。该专业是由教育部批准在该校信息管理与信息系统专业下开设保密管理方向,主要培养掌握保密技术和管理的专门人才。本科学历,4年学制,首批招生30人。

(鲁仲生)

**【获批特色专业建设点】** 9月18日,电子信息工程专业、信息安全专业被批准为教育部高等学校特色专业建设点、通信工程专业被批准为北京市高等学校特色专业建设点。电子信息工程专业有教师21人,其中高级职称7人,博士4人,硕士9人。信息安全专业有教师17人,其中高级职称7人,博士5人,硕士11人。通信工程专业有教师22人,其中高级职称 10 人,博士 5 人,硕士 11 人。

(鲁仲生)

**【承办第 18 届全国信息保密学术年会】** 11 月 3 日至 7 日,学院承办“第 18 届全国信息保密学术年会”。本次年会的主题是当前信息安全工作的重点和热点问题。会议提交 60 篇学术论文,收录形成第 18 届全国信息保密学术会议(IS2008)论文集。来自全国各地的研究院所、高等学校和信息安全相关企业的代表 100 余人参加会议。

(鲁仲生)

**【多项成果获高等学校社会实践活动奖】** 年内,电子科技学院多项成果获高等学校社会实践活动奖。该校“‘心手相牵,建设家园’灾区重建志愿服务队”被评为 2008 年全国大中专学生志愿者暑期“三下乡”社会实践活动赴地震灾区优秀团队;时政学社辩论队获北京市学联组织的首届首都大学生“三农”文化节辩论赛第三名;“赴四川绵竹志愿服务队”等 3 支团队获首都高等学校社会实践优秀团队,《关于抗震救灾志愿服务机制和问题调查》等 4 篇调研报告获首都高等学校社会实践优秀成果,9 名师生获首都高等学校社会实践先进工作者。

(鲁仲生)

**【多项学生竞赛获奖】** 年内,在第五届“挑战杯”首都大学生创业计划竞赛中,1 件作品获得全国铜奖、1 件作品获得北京市二等奖、2 件作品获得北京市三等奖、5 件作品获得北京市三等奖,该校获得 “优秀组织奖”。在美国大学生交叉学科建模竞赛(ICM)中,1 个队获得国际(ICM)二等奖。在年度北京市大学生电子设计竞赛中,3 个队获二等奖,4 个队获三等奖。在全国大学生英语竞赛中,4 人获一等奖,12 人获二等奖,23 人获三等奖。在年度首届全国大学生信息安全竞赛中,1 个队学获得三等奖。在年度北京市大学生数学竞赛中,1 人获一等奖,1 人获三等奖。在全国大学生数学建模比赛中,1 个队获全国二等奖,2 个队获北京市一等奖,1 个队获北京市二等奖。在全国部分地区大学生物理竞赛中,1 人获一等奖,9 人获二等奖,21 人获二等奖。

(鲁仲生)

**【举办“青春为奥运放歌”主题系列活动】** 3 月至 10 月,电子科技学院组织“青春为奥运放歌”主题活动。活动内容包括庆祝奥运倒计时 100 天纪念活动、“庆五四”升国旗仪式、“青春为奥运放歌”奥运主题歌曲大赛暨奥运会志愿者誓师会、奥运主题小品大赛和“我心中的奥运”英语演讲比赛等数十项实践活动。该校 1500 多名学生参加系列活动学生,在校园里营造了浓厚的“我参与、我奉献、我快乐”的奥运氛围。

(李　玲)

**【举办“迎奥运、促学风”主题团日活动】** 4 月至 5 月,电子科技学院开展“迎奥运,促学风”主题团日活动。活动内容包括组织学生到学院附近车站、社区进行义卖绿色环保袋,将 2000 余元义卖款项捐给地震灾区;开展读书交流会、观看奥运电影、举办奥运主题辩论赛和知识竞赛;开展“放飞梦想与奥运齐飞扬”放飞奥运风筝活动”、“点燃激情、传递梦想”奥运火炬接力传递等活动。

(李　玲)

**【做好吉林保障车在校“驻京”服务工作】** 7 月 5 日至 8 月 26 日,学院为吉林奥运保障车提供驻京服务工作。北京奥组委志愿者部为校志愿者安排 3 辆来自吉林长春客运公司的奥运保障车。吉林长春客运公司负责人将办公地点设在该校招待所,协调管理企业分布在其他高校的十余辆奥运保障车。学院为司机提供良好服务,安排专门人员与司机保持联系,提供招待所的标准间,主动承担吉林省交通厅带队负责人、运输企业的负责人、维修人员的食宿,安排厨师给司机们开小灶,为维护车辆提供洗车、维修等方便的条件等。

(李　玲)

## 中国戏曲学院

**【概　况】** 年内,学院设有表演系、音乐系、导演系、戏曲文学系、舞台美术系、新媒体艺术系、基础教育部、体育部、继续教育部等9个教学系部,有戏剧戏曲学、音乐学和艺术学3个二级学科硕士学位点,设有10个本科专业及23个专业方向。截至年底,全院在编教职工403人,其中从事教学的专任教师230人。专任教师中教授23人,副教授57人;硕士生导师40人。学院毕业生696人。其中,学历教育学生中全日制研究生24人(博士生0人,硕士生24人、研究生(青研班)班0人),普通本专科生517人(本科生517人、专科生0人),成人教育本专科生155人(本科生95人、专科生60人),网络教育本专科生0人(本科生0人、专科生0人);非计划招生高等教育学生中在职人员攻读博士硕士学位0人(博士生0人、硕士生0人),研究生课程进修班0人。年度学院共招生743人,其中,学历教育学生中全日制研究生45人(博士生0人、硕士生45人、研究生班0人),普通本专科生516人(本科生516人、专科生0人)、成人教育本专科生182人(本科生129人、专科生53人),网络教育本专科生0人(本科生0人、专科生0人);非计划招生高等教育学生中在职人员攻读博士硕士学位30人(博士生0人、硕士生30人),研究生课程进修班0人。在校生2520人,其中,学历教育学生中全日制研究生118人(博士生0人、硕士生118人、研究生班0人),中国京剧优秀青年学员研究生班学员0人,普通本专科生2024人(本科生2024人、专科生0人),成人教育本专科生377人(本科生209人、专科生168人),网络教育本专科生0人(本科生0人、专科生0人);非计划招生高等教育学生中在职人员攻读博士硕士学位59人(博士生0人、硕士生59人),研究生课程进修班0人。留学生毕业3人,招生3人,在校4人。本科毕业生就业率86.7%。学校图书馆总建筑面积5723平方米,藏有纸质图书19.48万册,电子图书4.40万册,中文期刊359种,外文期刊85种。学校占地面积86246平方米,总建筑面积112816平方米。固定资产总值57747.73万元。全年教育经费13729.59万元,其中,国家拨款10427.33万元、自筹经费3302.26万元。

(王　媛)

**【举行签约仪式暨新闻发布会】** 4月10日,与台湾戏曲学院姊妹学院签约仪式暨新闻发布会在院大剧场会议厅举行。文化部港澳台司台湾处处长、中华文化联谊会副秘书长肖夏勇、台湾戏曲学院的校长郑荣兴、客座教授曾永义、教务长游素凰等相关人员出席签约仪式。双方将在教学合作、研究合作、教师交流、学生交换、交流演出及其他促进双方了解与合作等方面进行学术交流活动。

(王　媛)

**【举行国际舞台灯光教学论坛】** 5月23日至24日,主办2008全国戏曲编剧高峰论坛。魏明伦、陈亚先、盛和煜、周长赋、郑怀兴、罗怀臻等近20位杰出剧作家及来自中国文联、中国艺术研究院、中央戏剧学院、上海戏剧学院、中国戏曲学院等研究机构和高等学府的30余位戏曲理论家、评论家和《剧本》、《新剧本》、《中国戏剧》等多家戏曲文学核心刊物参加论坛。

(王　媛)

**【主办中青年教师教学交流展示活动】** 10月8日至12日,联合中国京剧艺术基金会共同主办"2008艺术院校京剧表演专业中青年教师教学交流展示活动"。来自京津沪地区包括中国戏曲学院、中国戏曲学院附中、北京戏曲艺术职业学院、上海戏剧学院戏曲学院及附属戏曲学校、天津艺术职业学院5所艺术院校的30名骨干教师参加活动。交流内容包括京剧剧目教学展示、京剧剧目舞台表演展示、教案和教学论文展示。由著名京剧表演艺术家、教育家谢锐青、钮骠、刘秀荣、王梦云、陈国卿、马玉璋、马名群、萧润德担任点评专家，进行现场点评。活动期间还举办了学术研讨会，邀请著名京剧表演艺术家叶绍兰作专题讲座。

（王　媛）

**【举办新中国戏曲教育学术研讨会】** 12月5日至6日，举办新中国戏曲教育学术研讨会暨4位老校长纪念活动。王瑶卿、田汉、萧长华、史若虚是国家著名的戏曲教育家、理论家和剧作家，也是为中国戏曲学院（校）的成立与发展做出杰出贡献的4位老校长。本次纪念活动的主要议程，包括纪念4位老校长的主题大会、“田汉、王瑶卿、萧长华、史若虚戏曲教育思想学术研讨会”和“新中国戏曲教育学术研讨会”等项内容。文化部教科司副司长王丰、北京市教工委副书记王民忠、新加坡戏曲学院院长蔡曙鹏、山东艺术学院副院长郭跃进、四位老校长的亲属和学生代表谢锐青、刘秀荣、钮骠、贯涌等京剧表演艺术家以及全国大中专戏曲艺术院校、重点京剧院团、新加坡戏曲学院代表和戏曲界相关专家学者出席活动。

（王　媛）

**【获批市级精品课程和国家级特色专业点】** 12月，根据北京市教委转发的教育部、财政部联合下达的《关于批准第三批高等学校特色专业建设点的通知》相关文件，院表演系京剧表演专业获批北京市级精品课程。学院按照北京市教委的要求，由教务处组织进行论证，选取已经获得北京市级特色专业点称号、学院最具专业特色的“京剧表演专业”，继续申报国家级特色专业点。具体实施由表演系负责。

（王　媛）

**【召开“奥运舞美创作与科技高峰论坛”】** 12月12日至13日，“奥运舞美创作与科技高峰论坛”在学院大剧场举行。本次论坛由本院和中国舞台美术学会联合主办。中国舞台美术学会会长蔡体良、中央戏剧学院院长徐翔、奥运会副总导演陈维亚、解放军总装备部工程设计研究总院高级工程师于建平与十余位参与奥运舞台创作的专家，以及来自国内各地的舞台美术专家、舞台企业家、在京艺术院校师生等出席论坛。本次论坛就奥运舞台艺术，奥运会开闭幕式中的舞美创作对中国文化的贡献、舞美艺术成就、国际化运作方式；奥运舞美各个门类创作与技术体现和对民族文化元素的应用以及奥运舞美创作对舞台美术教育的启示等多方面问题进行了深层次的探讨与交流。

（王　媛）

# 文化 体育 卫生

## 文 化

【概 况】 年内,组织“歌咏丰台、唱响奥运”群众歌咏大赛、青年歌手大赛、莲花池公园奥运文化广场活动、火炬传递中心广场文化庆典、首都青少年小提琴手迎奥运大型演奏会、首届北京“卢沟晓月”中秋文化节、“我的丰台、我的家”美术摄影作品展、纪念改革开放30周年专场文艺演出、“北京市首届京昆票社艺术节”、周末场演出、文艺演出星火工程、戏曲进社区(村)等群众文化活动。全年全区组织文艺演出、电影放映等各类文化活动6000场次,参与人数40万人次。新建太平桥街道精图社区等4个文化休闲广场、花乡樊家村等3个农村数字影院和60个计算机联网点、图书配送点。全年审批文化娱乐场所476家,其中音像店106家、书店132家、文艺表演团体11家、歌厅25家、网吧8家、变更企业182家。年内荣获北京市巾帼建功先进集体、“三八”红旗集体、北京市使用正版软件先进单位以及丰台区北京奥运会残奥会先进集体等荣誉。

(王 莹)

【和谐社区建设文艺演出】 1月16日,“和谐社区建设总结表彰暨成果展示会”文艺演出在丰台区体育中心举行,各街道选送的文艺节目举行汇演。演出中对100个和谐示范社区、100名和谐社区建设带头人和80名和谐社区建设志愿者之星以及魅力社区进行表彰。

(王 莹)

【群众歌咏大赛】 “歌咏丰台、唱响奥运”群众歌咏大赛于4月至7月举行,来自机关、企事业单位、21个街乡的25支合唱队、2000多人参加,参赛曲目均是歌颂党、歌颂祖国、歌颂奥运精神的作品。区文委合唱团和卢沟桥乡政府合唱团荣获第一名,马家堡街道合唱团、老教协烛光合唱团、东高地长征艺术合唱团和区国税局合唱团荣获第二名。7月13日在莲花池公园奥运广场开幕式现场举行颁奖仪式。

(王 莹)

【迎奥运大型演奏会】 6月15日,区文化委与市文联、市音乐家协会在丰台体育中心羽毛球馆联合举办“2008青少年小提琴手迎奥运大型演奏会”。著名小提琴演奏家盛中国与千余名小提琴手共同演绎《永远的2008》、《奥运小天使之歌》等奥运乐曲。著名指挥家谭利华担任音乐会指挥。此项活动编入《北京2008文化活动手册》。

(王 莹)

【火炬传递文化庆典活动】 8月6日下午,火炬传递文化庆典活动在丰台科技园区举行。文委、工会、教委、右安门街道、丰台街道、新村街道、卢沟桥街道和南苑乡组织了近三千名群众的表演队伍，表演了《威风锣鼓》、《花穗操》、《奥运啦啦队》等节目。

（王 莹）

**【莲花池公园奥运文化广场】** 莲花池公园奥运文化广场被列为北京市24个城市奥运文化广场之一，于7月13日至9月17日开放，历时67天。文化广场设立了露天剧场文艺演出、主题展览、大屏幕播放、志愿者服务、纪念品交换、赞助商宣传、餐饮服务七个功能区活动，总计开放809小时，接待游客20.2万人次，文艺演出32场，展出手工艺作品300余件，直接参与演出、展示人员3340余人次。

（王 莹）

**【北京“卢沟晓月”中秋文化节】** 9月10日至12日举办首届北京“卢沟晓月”中秋文化节暨第四届卢沟文化节。以“欢乐·祥和·团圆”为主题，组织卢沟桥历史博物馆开馆仪式、中秋文化论坛和中秋文艺晚会3项活动。中秋文艺晚会设在卢沟桥畔，邀请了奥运冠军、台湾同胞、四川灾区孩子及社会各界人士参加。晚会在北京电视台播出。

（王 莹）

**【改革开放30年美术摄影作品展】** 10月27日至，“我的丰台 我的家”丰台区纪念改革开放30年美术摄影作品展在总部基地大讲堂举办。展出的200余幅美术摄影作品从不同侧面反映丰台30年的变迁。区美术家协会会员张春萍、张树立、何新起、许建国、贾波和崔泽培共同创作10米长卷《丰台盛世图》。

（王 莹）

**【改革开放30年专题文艺晚会】** 12月2日，丰台区纪念改革开放30年专题文艺晚会在区文化馆举行。晚会以“我的丰台 我的家”为主题，以情景剧的形式讲述了丰台一个普通家庭从80年代到新世纪的生活变迁，表演中穿插了舞蹈以及新创作的三首歌曲《卢沟晓月》、《我的丰台我的家》、《丰台为你喝彩》，反映了丰台日新月异的发展变化和人民蒸蒸日上的幸福生活。

（王 莹）

**【周末演出场】** 2月至12月，逢周末在丰台影剧院推出木偶剧、评剧、豫剧、曲剧、歌舞等多种类型的演出40场，观众8000余人次。周末演出场以政府购买公共文化服务的方式，邀请中国木偶艺术剧团、中国评剧院、北京歌剧舞剧院等专业团队演出，以低票价的形式满足群众对高水平、高质量演出的需求。

（王 莹）

**【文艺演出星火工程】** 年内，文艺演出星火工程面向农村演出263场，观众总数达20多万人次。文艺演出星火工程采用“订单式”的服务模式，68个行政村的代表在11支专业团队和7支业余团队中自选演出团队和节目，满足群众多元化、多层次的文化需求。

（王 莹）

**【广场舞蹈大赛】** 年内，在21个街乡（镇）推广北京市新编4套奥运文化广场舞蹈，举办“响亮节拍、舞动丰台”广场舞蹈大赛。决赛于11月8日在区文化馆举行，10支街乡优秀队伍、400多名群众参加。丰台街道获一等奖，方庄、南苑街道获二等奖，和义、马家堡、右安门街道获三等奖。

（王 莹）

**【“戏曲进社区（村）”活动】** 年内，与中国戏曲学院合作启动“戏曲进社区（村）”，在12个试点社区开展戏曲健身操、戏曲知识讲座、现场辅导、指导演出等活动。12月26日，举办“戏曲进社区”新年联谊会作为活动成果的展演。著名京剧表演艺术家蔡英莲、李树萍、李崇林、杜鹏、李正森、包飞以及12个社区的戏曲爱好者200多人参加。

（王 莹）

**【周末“相声乐苑”】** 12月19日，区文化馆与北京周末相声俱乐部联手创建的“相声乐苑”在文化馆剧场正式启动。“相声乐苑”立足于服务百姓，每周五晚演出，票价20元。”

（王 莹）

**【北京市"首届京昆票社艺术节"】** 12月4日至7日,举办"北京市首届京昆票社艺术节",组织京昆票社流派专场、京剧专场、大学生唱京剧专场、专场票社展演等7场演出。"票社唱经典专场"推出东高地街道航天部长虹京剧团演出的全本《赵氏孤儿》。艺术节期间举行了票社专题研讨会。

(王 莹)

**【"六个十"示范工程】** 年内,21个街乡镇中新评选出10个示范性街乡镇文化服务中心、优秀文化广场;10个示范性社区文化室、村文化大院;10支优秀群众文艺团队;10个特色文化活动;建立10个基层图书配送点;扶持10个非物质文化遗产项目。芳古园一区第一社区、卢沟桥文化中心图书室、永善社区春节文化庙会、米粮屯高跷等项目入选。

(王 莹)

**【开通"数字丰台"文化信息网络系统】** "数字丰台"文化信息网络系统是大型文化综合信息数据平台,以数据库为核心,包含文化中心管理系统、活动管理系统、特色队伍管理系统、图书馆管理系统等15个子系统。21个街乡(镇)已联入系统,实现对丰台区文化单位的数据查询及文化信息公开,形成资源共享。

(王 莹)

**【区图书馆服务】** 年内,新购图书资料12万册(件),办理借书证2502人次,接待读者7.62万人次,图书外借、流通20.67万册(次)。组织讲座、报告会、电影放映、奥运知识展、免费上网等活动86场次。为基层图书馆(室)送书94次。

(王 莹)

**【入选国家级非物质文化遗产名录】** 年内,丰台区"怪村太平鼓"与石景山区"石景山太平鼓"联合申报的北京《京西太平鼓》入选文化部"第二批国家级非物质文化遗产名录"。怪村太平鼓已有200多年历史,是京西太平鼓的重要组成部分。

(王 莹)

**【公布区级文保单位保护范围】** 年内,完成中顶庙、和尚塔、密檐塔等16处区级文物保护单位保护范围和建设控制规划,向社会正式公布《第一批区级文物保护单位保护范围及建设控制地带划定》。

(王 莹)

**【达园寺正殿修缮工程】** 达园寺位于花乡于家胡同,现存正殿、东西配殿,1999年公布为区级文物保护单位。修缮工程于10月1日启动,12月15日主体完工,重点是正殿的墙体、大木架、屋面、门窗,包括挑顶、更换吻兽、垂兽等残失配件,剔除地面水泥,恢复方砖地面。修缮面积77平方米。工程总投资50万元。

(王 莹)

**【出版《丰台区石刻文物图录》】** 年内,出版了《丰台区石刻文物图录》第一辑。书中共收录墓志铭36方、石碑22通,石碑有功德碑、庙宇碑、记事碑等,大部分为明清碑刻。

(王 莹)

**【正阳门关帝庙石碑】** 6月12日,在南苑镇槐房村207号门前发现二通石碑,经鉴定为原正阳门关帝庙石碑。一通石碑为"正阳门关帝庙碑记",额篆阴文"皇图巩固",时间为康熙二十年。汉白玉石质,螭首,通高232厘米。另一通首题"正阳门庙者祀",额篆阴文"汉前将军关侯正阳门庙碑"。汉白玉石质,方首浮雕龙纹,通高258厘米。

(王 莹)

**【安装"网吧经营管理系统"】** 5月至6月,在139家网吧推广安装经营管理系统,进行网吧网管人员培训。管理系统实现"电子实名登记上网",可第一时间发现未成年人上网并及时予以查处。

(王 莹)

**【文化市场安全监管】** 年内,加大文化市场的监督管理力度。建立行政许可联动机制,规范娱乐场所管理,撤消23家歌厅许可,对25家歌厅提出停业整顿。组织"平安奥运"法律法规、安全培训和消防演习10次,总人数超过2500人次。

（王　莹）

【文化市场专项整治百日行动】　7月至9月，开展“平安奥运行动”文化市场专项整治百日行动。以奥运场馆周边文化娱乐服场所安全生产为重点，以清理上帐的无照“黑开”、超范围经营等非法经营活动作为目标，出动执法检查人员1990人次，对涉奥场馆周边、火炬传递沿线等24个重点街区、41个重点部位进行拉网式检查，检查文化娱乐场所1933家次，查处超范围经营场所12家，取缔黑网吧106家、黑歌厅63家。

（王　莹）

【图书音像制品活动专项整治】　8月1日至9月30日，开展“奥运期间加强街面控制，打击非法贩卖图书、音像制品活动”专项整治工作。划定出重点街区83处，重点部位96个，全面布控文化市场监督员，做到专人盯守，定岗定人定责。文化执法应急小分队24小时在岗，随时应对可能发生的突发事件。

（王　莹）

## 广播电视

【概　况】　年内，《丰台新闻》全年发稿2000余条，在中央电视台《新闻联播》、《中国新闻》、《午夜新闻》、《新闻社区》、北京台的《北京新闻》、《特别关注》、《北京您早》、《直播北京》、《抗震救灾现场直播》等栏目发稿63条。制作播出各档栏目200期，制作完成专题片32部，制作播出公益广告14个。在《丰台新闻》中开设《2008我们的奥运》、《平安奥运行动》、《迎奥运、讲文明、树新风》等板块，播发各类奥运新闻109条。通过《百姓直通车》、《百姓与法》等栏目，宣传和普及奥运相关法律法规知识。制作《崛起的首都新城区—丰台》宣传片，全面展现了丰台区的文化内涵和现代化新城区的建设成就，在北京奥运火炬传递直播节目中播出，完成2008年奥运会火炬在科技园区丰台段全程传递的拍摄，制作完成《奥运火炬传递丰台段实况》。

（马藻茹）

【推进信息化建设】　丰台区广播电视中心新网站于1月8日正式开通运行，新网站进行全新改版，启用新的域名 http://www.bjftrt.com.cn，对网页重新设计和调整，主页包含政务公开、广电动态、视频点击、丰台新闻和主要栏目等内容，突出视频信息，体现了行业的特点。提升《丰台新闻》的可视性，在首页将《丰台新闻》用大版面放在显著位置，百姓可以在打开网页的同时直接收看到最新一期的丰台新闻。为方便不同百姓的收视需要，在视频点播中将《丰台新闻》划分为《时政要闻》、《社会民生》、《科技财经》、《文化教育》4个方面的内容。为方便查找新增分类、日期、关键字检索查询功能。网站设立单位概况、广电动态、视频点播、荧屏导视、业务介绍和联系我们6大板块。

（马藻茹）

【开展文明单位共建活动】　年内，开展“城乡携手迎奥运，共建文明京郊行”共建活动。在迎接北京奥运会倒计时100天之际，设计制作精美的奥运知识宣传卡，到共建单位太子峪村，悬挂和发放奥运知识宣传材料，让群众感受奥运气息，了解和掌握奥运相关知识，营造出“奥运就在我身边、我为奥运做贡献”的良好氛围。6月28日，广电中心与王佐镇西庄店村开展“五环相映党旗红”主题党日活动。参加活动的党员和入党积极分子进行了党史知识、奥运知识问答及体育竞技等活动。

（马藻茹）

【打造精品栏目】　年内，重点打造《百姓直通车》、《丰台警方》、《相约奥运》等栏目。《百姓直通车》栏目以民生的视角解读新闻。《相约奥运》栏目以主持人脱口秀的形式介绍2008北京奥运会最新筹备情况及丰台区在奥运决战之年开展的“迎、讲、树”活动。《丰台警方》栏目在选题和制作上下功夫，成为丰台百姓了解丰台治安状况的重要平台。特别节目《五环相映党旗红》将庆祝党的生日与迎奥运相结合,主题鲜明、结构精巧。

(马藻茹)

**【推出改革开放三十年报道】** 年内,《丰台新闻》推出大型报道《我的三十年》,旨在回顾三十年的变化,歌颂改革开放成果。报道从一个人、一个家庭或社会生活的一个方面入手,反映丰台区在城市环境、经济发展、新农村建设、社会保障以及教育、卫生、文化、体育等方面发生的变化。共拍摄30个故事,每个故事反映一方面变化,每个故事5分钟左右。同时推出《数字看丰台》、《丰台相册》等报道改革开放三十年的栏目,《数字看丰台》通过数字展现丰台变化,《丰台相册》通过新老照片展现丰台变化。

(马藻茹)

**【投入"抗震救灾"报道】** 5月,汶川特大地震发生后,制作"抗震救灾、众志成城"宣传片,每日在《丰台新闻》中播出。开设《抗震救灾 众志成城》专栏,全面报道丰台区支援灾区情况。配合区红十字会、区慈善协会,在《丰台新闻》中播发为灾区捐款的倡议书,公布区红十字会、慈善协会的地址、捐赠电话以及每日全区人民的捐款数额。在《丰台新闻》中开设《来自抗震救灾一线的报道》版块,及时报道区卫生系统、消防支队人员前往抗震救灾一线参加救护的工作情况,通过电话连线的方式,与一线人员联系,了解他们在一线的工作情况及灾区的现状,播发从一线发回的照片。从5月13日到6月20日,在《丰台新闻》共播发有关抗震救灾的新闻130余条。

(马藻茹)

**【电视镜头向社区延伸】** 年内,加大民生新闻的报道力度,对全区的重点工作和社会热点问题及百姓关心的问题予以高度关注。加强对社区工作的报道,有计划地为区属各街道制作一期节目,在《社区亮点》专栏中播出,把镜头更多地对准社区和普通百姓。百姓人物新闻报道了一大批百姓的故事。

(马藻茹)

**【《希望之旅》在中央电视台播出】** 《希望之旅》是以纪实的手法,反映2006年度中华慈善奖获得者,军休干部陈荣超、杨玉仙夫妇倾尽一生积蓄,十几年热心希望事业的感人事迹。11月22日,在中央电视台《人民子弟兵》栏目播出。由北京慈善协会策划的《真爱行动》栏目以《希望之旅》为蓝本,策划制作一期谈话节目,对陈荣超、杨玉仙两位老人投身希望事业的心路历程做了进一步报道。

(马藻茹)

**【专题片获市委组织部电教片奖】** 9月,两部专题片《凝聚流动党员 铸就铁打堡垒》、《永善社区有个"劝导队"》在北京市委组织部主办的以"服务奥运、奉献奥运"为主题的优秀党员电教片评选中分获一、三等奖。这两部专题取材于基层支部。《凝聚流动党员 铸就铁打堡垒》以气势磅礴的画面和形象生动的语言,展现新发地村党委为保证奥运期间的安全供应,严把货物质量关、安全关,完成奥运期间的农副产品正常供应。《永善社区有个"劝导队"》以纪实的手法,反映永善社区党委为维护社区环境,服务奥运,组织党员和积极分子,成立环境秩序志愿者劝导队,劝走路边游商,改善社区环境,为奥运环境建设无私奉献的事迹。

(马藻茹)

**【规范监看流程 促进节目提升】** 1月初,成立督导室,负责丰台有线90分钟节目的监看、督导和观众监看小组意见的收集、反馈工作。年内共收到反馈信息300余条,涉及到节目内容、创意、画面、音乐、片头、主持人风格、服饰、表现力等诸多方面,中心适时召开节目监看会,虚心听取社会监看员的意见和建议。

(马藻茹)

**【节目制作数字化达88.92%】** 年内,中心加快设备数字化改造进程,在技术设备改造调整中精心设计、分步实施将电视台后期制作标准格式由 BETAcam(模拟)改为 DVcam(数字),改造后期传统、非线编辑线路 12 套,基本淘汰了电视节目制作模拟设备,提高了电视信号水平,降低节目生产、存储成本。节目的采录、编辑、播出、存储、交换等制作流程数字化率 88.92% 比 2006 年的 44.92% 翻了近一番。同时更新机柜、非线编辑操作台 17 套,合理规划了机房布局。

(马藻茹)

## 卢沟桥文化旅游区

**【概　况】** 北京市丰台区卢沟桥文化旅游区是一个集“爱国主义教育”、“文物保护”和“特色文化旅游”三大功能为一体的全国“红色旅游”精品景区、国家 AAA 旅游景区、国家重点文物保护单位。年内,以奥运为契机,逐步完善景区各项配套设施。6 月,对雕塑园的庭园灯、草坪灯、照明灯进行了太阳能灯更换;7 月,对景区所有的洗手间进行无障碍设施改造;积极协调配合相关单位,对景区及周边环境进行了整治;对宛平城东门南侧四合院进行了开工建设;做好各项活动的安全保卫工作。全年组织开展多种形式各种主题教育活动 12 项;共接待游客 264274 人次,免费 4184 人次,门票总收入 248 万元。共接待团体 385 个,其中社会团队 297 个,领导团队 88 个,包括全国人大副委员长司马义．铁力瓦尔地、何鲁丽、奥组委官员、巴基斯坦驻华大使夫人、美国飞虎队队员等中央领导和外国友人。

(曹　芳)

**【雕塑园免费开放】** 根据中宣部、财政部、文化部、国家文物局《关于全国博物馆、纪念馆免费开放的通知》精神及市文物局《2008 年北京地区博物馆免费工作会议》精神,3 月 28 日,中国人民抗日战争纪念雕塑园正式对外免费开放。免票后全年共接待游客 15 万人。

(曹　芳)

**【为四川震灾区捐款】** 5 月 17 日 – 29 日,组织干部职工 4 次为四川震灾区捐款,捐款共计人民币 24440 元,其中党员捐款 19970 元。

(曹　芳)

**【奥运宾客项目】** 年内,卢沟桥文化旅游区被北京奥组委选定为第 29 届北京奥运会期间的奥运宾客项目。8 月 1 日,接待奥组委官员及陪同人员等一行 27 人,工作人员为客人讲解介绍宛平城、卢沟桥及沿途的景观。

(曹　芳)

**【奥运会闭幕式焰火燃放】** 8 月 24 日晚 8 点,在中国人民抗日战争纪念雕塑园内,举行第 29 届北京奥运会闭幕式焰火燃放活动。旅游区配合丰台区焰火燃放指挥部,将焰火燃放疏导区域设置为 A、B、C、D 四个区域,每个区域设定容纳的最高人数,做好安全警戒和疏导工作。焰火燃放持续 30 分钟,一万余名群众现场观看焰火燃放。

(曹　芳)

**【卢沟桥历史博物馆开馆】** 9 月 10 日,历经半年占地面积 23000 平方米,由 3 组浮雕、3 大部分、14 个单元、17 个小组组成的卢沟桥历史博物馆正式对外开放并免费。年内,共接待参观人员 24209 人。

(曹　芳)

**【“卢沟晓月”中秋文化节文艺晚会】** 9 月 12 日,由北京市委宣传部、首都文明办、北京市文化局、北京市投资促进局、北京市丰台区区委区政府共同举办,由丰台区文委和丰台区卢沟桥文化旅游区协办的首届北京“卢沟晓月”中秋文化节文艺晚会在卢沟桥广场举行,晚会由《中秋团圆》、《真情感恩》、《和谐家园》三部分组成,600 余宾朋和社区群众在自然美景中欣赏了古筝齐奏、诗歌朗诵、古典舞蹈等 11 个精彩节目。演出中穿插中秋节礼物赠送环节,“首都十大公众人物”之一的张淑琴现场获赠精致的月饼模子,奥运冠军陈颖获赠北京人过中秋的特色吉祥物兔儿爷,台胞代表获赠了寓意“同心 同敬 同圆”的铜镜,以示团圆吉祥。北京市委宣传部副部长常卫、首都文明办主任舒小峰、市文化局局长降巩民、市投资促进局局长张吉福、丰台区委书记张大力、区长李超钢等部分市区领导出席晚会。

(曹　芳)

**【卢沟桥醒狮越野跑“沸城杯”比赛】** 10月11日,上午9时,第二十二届北京卢沟桥醒狮越野跑“沸城杯”比赛在卢沟桥畔、宛平城、中国人民抗日战争纪念雕塑园隆重举行。本届赛事由政协北京市委员会、市体育总局、丰台区人民政府主办,民革北京市委员会、政协北京市丰台区委员会、中国人民抗日战争纪念馆、中国人民抗日战争纪念雕塑园、市田径协会协办。原全国人大常委会副委员长、原民革中央主席何鲁丽、原全国人大常委会副委员长、原民进中央主席许嘉璐、市委常委、副市长赵凤桐、市政协副主席陈平、原市政协主席白介夫、王大明、陈广义、程世峨、市政协秘书长阎仲秋、原市政协秘书长李建华、中国田径协会主席楼大鹏、市政府副秘书长、市体育局局长、市体育总会主席孙康林、市体育总会名誉主席万进庆、丰台区区长李超钢等出席此次活动。共有3200名长跑爱好者参加本届赛事。

(曹　芳)

**【安全保卫】** 年内,进行安全检查50余次,保安人员巡查60余次,劝阻跳围栏人员86次;安全消防检查50多次,对桥、城、园主要部位的消防器材进行更换配备,对5个消防井进行维护、保养;做好中央、市委、区委、人大、政协等领导以及外国友人到雕塑园、卢沟桥参观期间的安全保卫工作;在“卢沟桥历史博物馆”开馆、首届北京“卢沟晓月”中秋文化节、第二十二届“醒狮杯”越野跑及“奥运会残奥会”期间,做好活动的安全保卫工作。全年共查出无票人员600多人次,被补票人员500余人次。

(曹　芳)

## 中国人民抗日战争纪念馆

**【概　况】** 中国人民抗日战争纪念馆是国家一级博物馆,全国唯一一座全面反映中国人民抗日战争历史的综合性纪念馆,是全国爱国主义教育示范基地、北京市优秀爱国主义教育基地和首批全国重点红色旅游景区(点)。年内,围绕服务保障北京奥运会、纪念改革开放30周年,实施免费开放、完成服务保障奥运和“平安奥运行动”、深入开展宣传教育活动,荣获北京奥运会残奥会先进集体等多项荣誉称号。

(魏帮顺)

**【实行免费开放】** 3月28日,根据北京市博物馆免费工作领导小组统一部署,抗战馆向社会实行全部免费开放。此前,为适应免费开放要求,对基础设施进行大规模全面改造,开辟自动取票、验票、接待中心、存包处、安检口、服务区等全新设施,并加强安防、技防、人防和一线接待力量,制定严密的工作预案。3月28日、30日,中共北京市委宣传部副部长常卫,中共北京市委宣传部常务副部长陈启刚及北京市文物局副局长舒小峰,先后来馆检察指导免费开放工作。

(魏帮顺)

**【司马义·铁力瓦尔地调研】** 5月7日下午,全国人大常委会副委员长司马义?铁力瓦尔地专程到抗战馆调研爱国主义教育情况,听取馆长的工作汇报,参观《伟大胜利》大型主题展览及卢沟桥。全国人大办公厅会议中心主任王金亮、北京市人大常委会副主任吴世雄、中共北京市委宣传部副部长常卫、丰台区人大常委会主任杜瑞琴等陪同。

(魏帮顺)

**【飞虎队老战士捐赠珍贵文物】** 7月7日上午,“纪念抗战全面爆发71周年飞虎队老战士吴其韶捐赠文物仪式”在馆举行,91岁的原飞虎队老战士、中国空军中美混合飞行联队战斗机飞行员吴其韶将20余件飞虎队珍贵文物捐赠抗战馆。中共北京市委宣传部、北京市文物局等市有关部门负责同志、吴其韶家属、首都群众代表等100余人出席捐赠仪式。

（魏帮顺）

**【中宣部宣教局局长调研】** 7月29日，中宣部宣教局局长荆惠民到馆调研，参观了《伟大胜利》主题展览，听取了馆长的汇报。市委宣传部副部长常卫陪同。

（魏帮顺）

**【社会大课堂教学活动实验基地】** 9月1日，在市委宣传部、市委教育工委、市委社会工委等联合主办的“北京市中小学生社会大课堂”活动启动仪式上，抗战馆被确定为全市首批40余家课程教学活动实验基地之一，并授予铜牌。

（魏帮顺）

**【召开中国博物馆学会纪念馆专业委员会年会】** 9月17日—18日，由中国博物馆学会纪念馆专业委员会主办、伪满皇宫博物院承办的中国博物馆学会纪念馆专业委员会第二次年会在吉林省长春召开，专业委员会主任委员、抗战馆馆长沈强及来自全国24个省、市、自治区的60多家纪念馆、博物馆的170余位代表与会。同时与中国革命纪念馆专业委员会联合主办了“机遇与挑战——新形势下中国纪念馆发展论坛”。

（魏帮顺）

**【日本青年领导访华团参观访问】** 9月24日，日本资深外交官渡边幸治率日本青年领导访华团一行30余人到馆参观访问，中共北京市委组织部副部长史绍杰、中共北京市委宣传部副局级巡视员张伯华陪同。

（魏帮顺）

**【《国际友人支援中国抗战》专题展】** 10月21日上午，由中国人民对外友好协会主办，抗战馆承办，中国国际友人研究会、美中航空历史遗产基金会、河北唐县白求恩柯棣华纪念馆协办的《为了正义与和平——国际友人支援中国抗战》专题展开幕式暨图书首发式在馆举行，中国人民对外友好协会会长陈昊苏、中共北京市委宣传部副部长常卫出席首发式并为展览揭幕，陈昊苏发表讲话。中国国际友人研究会名誉会长、原中国驻联合国大使凌青，在京著名国际友人家属周苏菲、黄浣碧、中村京子、江国珍，以及俄罗斯驻华大使馆文化官员、中国社科院和首都部分高校的专家学者、中国工合国际委员会、中国国际友人研究会、美中航空历史遗产基金会等有关团体负责人、中央和北京市部分博物馆纪念馆负责人、首都中小学生代表等200余人参加仪式。

（魏帮顺）

**【美国飞虎队老兵参观访问】** 11月17日，在中国首任驻美大使、中美老兵和平论坛组委会主任柴泽民陪同下，参加由中国人民对外友好协会主办的“庆祝中美建交30周年——中美老兵和平论坛”的美国飞虎队老战士杰·文雅德（J Vinyard）、罗伯特·鲍伯特（Robert Bobbett Sr.）、史蒂芬·邦纳（Stephen Bonner Jr.）、理查德·潘道夫（Richard Pandorf）、麦文·麦克姆伦（Melvin McMullen），以及美国美中航空历史遗产基金会主席杰夫·格林（Jeffrey Greene）一行来馆参观访问。

（魏帮顺）

**【获北京奥运会残奥会先进集体等荣誉称号】** 年内，完成服务保障奥运工作和“平安奥运行动”，先后有20余名同志直接参加奥运会残奥会志愿驾驶员工作或被借调参加北京国际新闻中心等奥运服务工作，被市委、市政府和北京奥组委评为北京奥运会残奥会先进集体。多个部门、多名同志获得市各级部门和北京奥组委授予的“迎奥运、讲文明、树新风”活动先进集体、先进个人、讲外语先进集体、先进个人、优秀党务工作者、优秀工作者、志愿者先进个人、三八红旗手、奥运巾帼等十多项荣誉称号。

（魏帮顺）

# 体　育

【概　况】　年内,向街道、乡镇发放《全民健身科普知识》6000余册、社会体育指导员服装800余套,培训社会体育指导员100余名。各街道、乡镇组织“全民健身与奥运同行”系列活动142项次,参加人数2.8万余人。指导街道乡镇对社区、行政村的不同人群进行国民体质测试,参加测试人员32118名,其中体质综合评定优秀7451人、良好13766人、合格10901人,分别占测试人数的23%、42%和33%。作为区政府为群众办实事内容之一,对全区21个街道、乡镇的102套全民健身工程器材进行更新,其中“居家工程”100套、“标准工程”2套。加强基础设施改造,培养体育后备人才,由区政府投资269万元对体校宿舍楼进行装修改造。

(付爱红)

【支援抗震救灾】　年内,为四川地震灾区共捐款28670元;交纳特殊党费42799元,其中千元以上21人。

(付爱红)

【完成奥运会垒球比赛服务保障任务】　奥运会垒球项目从8月12日到8月21日丰台垒球场举行,共举办比赛32场,接待包括国际奥委会主席罗格、终身荣誉主席萨马兰奇、美国总统布什和国际垒联主席波特等在内的贵宾900多人次,组织观众10万多人次,记者1000余人次。

(付爱红)

【举办全民健身月】　5月、6月举办10个项目的全民健身月活动,5000余人参加全民健身月启动仪式暨丰台区直机关运动会开幕式,1400名人员进行了气功和花穗操表演。6月23日的全民健身日中450人进行健身操舞展示,全区230个单位的19965人参加健步行活动。健身月期间,共组织区级活动14次、基层活动551项次,参与健身活动达到14.5万人次。体育局被国家体育总局评为全民健身活动先进单位,获北京市全民健身月优秀组织奖和北京市奥运会残奥会马拉松赛场全民健身项目展示活动突出贡献奖。

(付爱红)

【组织第二届迎奥运乒乓球比赛】　丰台区迎奥运和谐社区杯乒乓球比赛3月—5月在全区各街、乡镇举行,共组织各级比赛9300余场,参与人数37万人次。丰台区获北京市迎奥运和谐社区杯乒乓球比赛优秀组织奖。

(付爱红)

【开展体育行政执法】　4月2日在丰体中心举办“平安奥运行动”消防安全知识培训,全区体育运动项目经营单位及体育中心院内承租单位的140余人参加培训和消防演练。6月6日宣传咨询日中发放宣传资料1000余份,30余家体育运动项目经营单位负责人参加活动。每月对全区近百家体育运动项目经营单位进行检查,对涉奥周边200米范围的体育经营单位进行重点检查,最大限度消除人员密集场所安全隐患。

(付爱红)

【完善街道乡镇体育设施】　年内,投入经费50余万元为符合条件的街道乡镇安装乒乓球台131张、篮球架13副、全民健身器材1套;为4个乡镇各拨付体育扶持经费1万元,支持农村体育健身的可持续发展;花乡黄土岗等7个村获“2006—2007年度北京市体育先进村”。

(付爱红)

【体育设施进社区】　年内,全面推广“体育生活化社区”及“社区体育俱乐部”的创建工作。大井社区被评为国家级社区体育健身俱乐部,看丹村、草桥村被评为北京市社区体育健身俱乐部,长安新城第一社区居委会被评为北京市体育生活化社区。

（付爱红）

**【全程办事代理制】** 全年办理“二、三级运动员技术等级证书”70件，“二、三级裁判员等级证书”210件。

（付爱红）

**【社团管理工作】** 年内，利用协会优势，组织、承办市级比赛3次、区级比赛3次，协助有关单位组织体育比赛6次，群众参与活动人数51.5万人次。区属11个单项体育社团工作秩序良好，帐户资金运转正常。

（付爱红）

**【北京市青少年锦标赛】** 年内，198名运动员报名参加了棒球、武术、摔跤、柔道、跆拳道等12个项目的锦标赛，共获金牌27枚、银牌23枚、铜牌22枚。区体育总会承办了北京市青少年举重、摔跤和跆拳道锦标赛。

（付爱红）

**【体育人才输送】** 年内，向市级体校输送运动员12人，招入新生41名，对456名运动员注册。

（付爱红）

**【开展学校体育活动】** 年内，组织4所体育传统项目学校的43名学生参加市体育特长生测试；组队参加2008年体育传统校田径比赛。做好青少年体育俱乐部管理工作，十中和十八中申报2009年北京市青少年体育俱乐部。

（付爱红）

**【协办第22届卢沟桥醒狮越野跑比赛】** 卢沟桥醒狮越野跑比赛10月11日上午在丰中国人民抗日纪念雕塑园举行，比赛设男女老年、少年2公里组和男女成年8公里组6个组别，来自社会各界3000余名长跑爱好者参加了比赛。

（付爱红）

**【承办北京市蹴球、陀螺邀请赛】** 年内，全市16个区的300多名运动员在大成中学参加了北京市蹴球、陀螺邀请赛。

（付爱红）

**【承办中超及亚冠足球联赛】** 本赛季共举行中超比赛15场、亚洲冠军联赛3场，观众21.6万人次。

（付爱红）

**【做好场馆开放工作】** 年内，体育中心各场馆全部对外开放，除承办中超和亚冠等大型赛事及演唱会外，还承接了“好运北京”马拉松开幕式彩排等大型体育活动。截止年底，累计对外开放3100余场，接待参加健身活动人数逾33万人次。

（付爱红）

# 卫　生

## 医疗卫生

**【概　况】** 年内，全区共有卫生机构452所，其中非营利性医疗机构351家，营利性医疗机构101家。卫生人员14324人，卫生技术人员11141人，其中执业医师4035人、执业助理医师340人、注册护士4184人、乡村医生395人，实有床位7475张。全区平均每千人拥有执业医师人数2.30人、注册护士2.39人、实有床位数4.26张。生命统计。出生6550人，出生率6.38‰；死亡6329人，死亡率6.17‰；人口自然增长率0.21‰。死因顺位前十位依次为：恶性肿瘤，心脏病，脑血管病，呼吸系统疾病，内分泌、营养和代谢的其他疾病，消化系统疾病，损伤和中毒，泌尿生殖系统疾病，神经系统疾病，传染病。全年受理卫生行政审批事件11107件，其中医政类1502件，公共卫生类9605件。全年卫生经费26627.86万元。专用基金收入4132.95万元，专用基金支出2663.95万元；全系统业务收入82428.74万元,同比增长21.47%,业务支出98960.96万元,同期增长44.76%。

(于晓莉)

【农村卫生】 年内,新型农村合作医疗参合总人数12.7万人,参合率94.8%,人均筹资标准达到320元,大病补偿率40%。五保户、低保人员1325人全部由政府出资参加合作医疗。全年共接诊困难患者就医人次,减免医疗费用累计万元。

(于晓莉)

【疾病控制】 年内,开展对全区110家托幼机构、中小学校的卫生防病情况集中督导检查;完成全区涉奥周边地区的6个街乡和4个奥运会场馆病媒生物监测的为民办实事项目;健康奥运,健康北京活动中盐勺发放70万支、油壶发放56.5万个、奥运健康宣传品发放9种15万余份。

(于晓莉)

【计划免疫】 年内,抽查调查连续居住半年以上的儿童(1岁≤年龄<3岁)210名,建卡率100%,建证率100%,卡证符合率100%。全年完成基础免疫接种408049人次,完成加强免疫接种175804人次。全年完成基础免疫接种率:卡介苗99.5%,脊髓灰质炎96.2%,百白破98.1%,麻疹98.1%,乙肝97.1%,首针及时率92.9%,风疹97.0%,流腮97.0%,流脑97.6%,乙脑97.0%;加强免疫接种率:百白破93.9%;麻疹97.0%。常规免疫接种率监测本市户籍:基础免疫各疫苗接种率在97%以上;加强免疫接种率在97%以上。常规免疫接种率监测外省户籍:基础免疫接种率在97%以上;加强免疫接种率在97%以上。为60岁以上老年人接种免费流感疫苗80370支,接种率为40.8%(60岁以上老年人基数为197127人),为中小学生接种减费流感疫苗71376支,接种率为64.8%。

(于晓莉)

【传染病防治】 年内,全区共报告法定传染病21种17695例,发病率为1088.36/10万,比上年下降13.35%,报告死亡17例,报告死亡率为1.05/10万,比上年上升135.34%。甲乙类传染病共发生15种6686例,发病率为411.23/10万,同比下降22.84%,死亡15例,死亡率0.92/10万,比上年上升107.65%;痢疾3262例,发病率200.64/10万;肺结核1270例,发病率78.11/10万;乙肝411例,发病率25.28/10万。丙类传染病发生6种1109例,发病率为677.13/10万,同比下降6.36%;其它感染性腹泻6953例,发病率427.66/10万,流行性腮腺炎469例,发病率28.85/10万。区肠道门诊从4月1日开诊至10月31日共开诊214天,门诊15594人次,同比下降了32.96 %;其中初诊15028人次,复诊566人次,本市患者11174人次,占74.35%,外地患者3854人次,占25.65 %。

(于晓莉)

【性病防治】 年内,全区性病报卡1724张,其中艾滋病及HIV阳性107张,淋病419张、梅毒453张、艾滋病流调162次。与公安分局配合共完成2265例高危人群的性病检查工作,查出性传播性疾病42例。

(于晓莉)

【结核病防治】 年内,新登肺结核病382例,其中菌阳病人87例占22.7%;本区户籍149例(39%),外区18例(4.7%),外地患者215例(56.2%)。对本区新登记382例肺结核病人全部进行免费监化治疗和管理。全区15700名新生儿接种卡介苗。

(于晓莉)

【地方病管理】 年内,对农村地区的王佐学校377名8-10岁学龄儿童进行甲状腺肿大和尿碘水平监测,其中甲状腺肿大1人,肿大率为0.27%;尿碘检查377人,尿碘中位数为211.9μg/L。孕妇与育龄妇女尿碘监测402人份,其中孕妇259份,尿碘中位数为174.8μg/L,处于孕妇尿碘中位数的最佳范围(150~250μg/L)。育龄妇女143份,尿碘中位数为 193.7μg/L。居民户碘盐监测 288 户，非碘盐率 4.9%，碘盐覆盖率 95.1%，碘盐合格率 98.9%，居民合格碘盐食用率 94.1%。对丰台区 18 名养殖行业从业人员进行血清布氏杆菌抗体检测，结果无阳性病例。

（于晓莉）

**【精神病防治】** 年内，全区精神病人 3611 人，发病率 0.02‰，患病率 3.36‰；新发现既往病人 499 人，登记贫困精神病人 311 人，免费发放投药 23967 瓶，配合公安机关强制住院治疗 485 人次。

（于晓莉）

**【职业病防治】** 年内，全区接触职业病危害因素单位 307 家，职工总数 49858 人，其中接触职业病危害因素人数 13495 人。2 个建设项目进行了职业病危害控制效果预评价；完成职业病危害因素检测 21 家，累计采集 159 个作业点，896 件样品，超标点数 79 点，超标率 49.69%；对 40 家企业 2744 人进行职业健康检查，发现职业病患者和职业禁忌症 62 人，需要复查 124 人，不能排除与接触职业病危害因素有关健康损害 143 人，听阈损失 25 人，总异常人数 354 人，总异常率 12.90%。

（于晓莉）

**【学校卫生】** 年内，区 CDC 对 14 所监测点校 9783 名学生进行体检，其中营养不良检出率 16.67%，肥胖检出率 17.90%，视力不良检出率 55.68%，沙眼患病率 5.28%，贫血患病率 3.84%，龋齿患病率 0.40%。对辖区 155 所学校进行卫生视导并量化计分，视导得分大于 90 分的为 25 所，占 16.1%；80—90 分的为 57 所，占 36.8%；70－80 分的为 41 所，占 26.5%。低于 70 分的为 32 所，占 20.6%。监督检查 91 家中小学食堂 226 户次，监督覆盖率 100%，监督率为 248.35%。监督检查从事食品生产经营活动的 25 所大中院校食堂 32 个 142 户次，监督覆盖率为 100%，监督率为 443.75%。

（于晓莉）

**【公共场所卫生】** 年内，全区有各类公共场所经营单位 3135 户，监督检查 2956 户次，监督覆盖率 94.29%。对 1507 个公共场所监测 83814 件，合格 72289 件，合格率 86.25%。对 39 家游泳场所进行每月连续监测 264 场次，共采样游泳池水和游泳场所空气质量 1641 件，合格 1118 件，合格率 68.13%。

（于晓莉）

**【食品卫生】** 年内，全区食品生产经营单位共计 25778 户，监督检查 22658 户次，合格率 92.56%。完成餐饮业量化分级管理的评定工作，评定出 A 级单位 123 家；B 级单位 1325 家；C 级 1699 家；D 级单位无。全年完成保障任务：第二十九届奥林匹克运动会、全国两会卫生保障、中国网球公开赛卫生保障、全国文代会卫生保障、全国总工会第十五次代表大会卫生保障、中央经济工作会议卫生保障、中央农村工作会议卫生保障、丰台区彩叶节卫生保障、丰台区两会卫生保障。

（于晓莉）

**【饮用水卫生】** 年内，全区有二次供水设施 938 套；自建水厂 4 座；农村改水工程桶装水生产厂 29 户；自备水源井 19 个。完成复核二次供水设施卫生许可证 312 个，换证率 75.4%。完成二次供水样品检测 434 户 1864 件，其中源水 455 件，末梢水 1409 件，合格 1786 件，合格率 95.82%。完成北京市及全国饮水（丰台辖区）监测项目，共监测水质样品 320 件，合格 241 件，合格率为 75.3%。

（于晓莉）

**【医疗卫生专项检查】** 年内，检查医疗机构 686 户次，监督总户数 329 户，覆盖率 73%；受理医疗事故争议技术鉴定 48 起，其中 1 起鉴定为三级乙等医疗事故、1 起鉴定为三级戊等医疗事故、1 起鉴定为三级丙等医疗事故、1 起鉴定为四级医疗事故。

（于晓莉）

**【卫生投诉】** 年内，共接到各类投诉 1614 件，受理 560 件，咨询电话 3780 个，共受理各类投诉1611件,办结率99%。接待各种投诉人员120人次。

(于晓莉)

【妇幼保健】 年内,区户籍活产6068人,孕产妇6018人,孕产妇系统管理率达99.78%,高危妊娠管理率100%,住院分娩率100%,本区户籍孕产妇死亡2例,孕产妇死亡率为32.96/10万。围产儿死亡32例(其中死胎15,死产2例,早新死15例),围产儿死亡率5.26‰。全区产科产妇总数11812人,剖宫产率48.79%。活产11836人,男女性别比为100:118.5,其中户籍性别比为100:103.7,非户籍性别比100:123.7。孕产妇死亡1例,围产儿死亡70例(其中死胎49例,死产10例,早新死11例),围产儿死亡率5.88%。

(于晓莉)

【儿童保健】 年内,新生儿6068人,访视5979人,管理率98.53%,听力筛查率87.98%,母乳喂养率97.34%,高危儿管理合格率100%,疾病筛查率99.52%,婴儿死亡率5.37‰。全区管理0-6岁儿童46698人,系统管理率96.51%。0-6个月母乳喂养率93.82%。全区监测围产儿11895例,缺陷儿142例,出生缺陷发生率为9.42‰。出生缺陷顺位前三位的为:多指、外耳畸形、神经管畸形。

(于晓莉)

【计划生育】 年内,节育手术29097例,并发症0例,并发症发生率为0/万。全区免费婚检3981人,婚检率17.42%,检出疾病人数为409人,检出率为10.27%。

(于晓莉)

【女工保健】 年内,全区妇女病普查共37978人,普查率85.09%,患病率54.93%,四病治疗率为19.82%。

(于晓莉)

【医疗工作】 年内,门诊部以上医疗机构总诊疗人次数6528540,其中门诊人次数5569858、急诊人次数843678;入院人数98943,出院人数102893。实有床位数6518张,实际开放总床日数2279823,平均开放病床6229张,实际占用总床日数1822409,出院者占用总床日数1735705,出院者平均住院日为16.9,病床周转次数16.5,病床使用率79.94%,治愈率57.54%,总收入:348046万元,总支出:338478万元。(不包括部队医院。)

(于晓莉)

【对口支援工作】 年内,社区卫生服务中心每月开展一次健康宣传活动,在高血压日、爱眼日、糖尿病日、艾滋病日等重要时期分地区开展集中健康宣教活动。组织15家卫生机构163名医务人员为农民义诊568人次,免费体检164人次、妇科检查39次,健康咨询580人次。捐赠医用书籍价值4470元、捐赠常用药品共计价值11577元、捐赠药品、器械价值达26308元。为10户特困家庭送去了爱心捐款5390元。累计支援金额5.7万余元。

(于晓莉)

【科研工作】 年内,卫生系统获得科研立项133项,其中国家级课题:39项,首发基金31项,市级项目11项,获得各种渠道的资金资助2540.825万元。荣获华夏高科技产业创新奖三等奖2项,获区科学技术进步奖8项。

(于晓莉)

【基本建设】 年内,丰台医院妇幼保健中心楼建设工程主体工程年底竣工。南苑医院翻扩建工程,落实专项建设资金17935万元。已完成前期手续的办理工作。社区卫生服务中心(站)标准化改造工程涉及19个社区卫生服务中心和98个社区卫生服务站的标准化改造,项目总投资14129万元。其中社区卫生服务中心总投资9512万元,社区卫生服务站4617万元。已全部完工投入使用。

(于晓莉)

## 药品监督管理

【概　况】 年内,药监丰台分局结合奥运"三品一械"(药品、保健食品、化妆品及医疗器械)安全保障工作,将"创建药品放心区"活动继续引向深入,继马家堡街道、和义街道首批通过创建药品放心区领导小组考核验收,成为药品放心街乡之后,"创建药品放心街乡镇"工作在丰台辖区全面铺开,保障了奥运药品安全。年内,打击假劣药品,净化了市场环境;严格市场准入,加强源头治理;坚持务实创新,提高监管效能;抽验三品一械,保障药品质量;开展专项行动,规范市场秩序;公众药品安全意识和用药安全满意度不断提高。10月15日,在北京市奥运安保总结表彰大会上,药监丰台分局被评为北京市奥运安保先进集体。

(左永慧)

**【深化药品放心区工作】** 年内,经丰台区"创建药品放心区"领导小组的全面评审和验收,马家堡、和义、丰台、卢沟桥、花乡等10个街乡成为达标单位,获得"创建药品放心街乡镇工作达标单位"称号。

(左永慧)

**【药品法规宣传工作】** 年内,在丰台区第二十届"国际科学与和平周"宣传活动上,以"健康奥运,健康丰台"为主题的"迎奥运、创和谐,创建药品放心区,安全用药进万家"健康讲座活动获得荣誉证书。结合丰台区"健康奥运 健康丰台"活动,在辖区开展10场"迎奥运、创和谐,创建药品放心区,安全用药进万家"宣传贯法、合理用药等系列活动。直接和间接受益人群5万人。举办"学雷锋、讲公德、迎奥运、创和谐"、"迎奥运、反对滥用兴奋剂"、"与药监同行、用放心药品、筑平安奥运"、"红领巾安全用药"、丰台区"12.4"流动人口法制宣传等大型贯法宣传活动5次,活动共计发放宣传品12种111500份,为群众解答相关法律法规、安全用药常识近千人次,其中仅"红领巾安全用药"宣传活动发放安全用药读本10万册。

(左永慧)

**【依法行政审批严格市场准入】** 年内,受理大厅采用"一口进出、分口办理"的集中受理模式。1月至10月,共受理许可事项1489件,行政许可办结1320件。84家企业取得了药品经营许可证,124家企业取得医疗器械经营许可证;核发医疗器械生产企业许可证24家;核发保健食品(经营)卫生许可证222家,变更保健食品(经营)卫生许可证35家,注销35家。

(左永慧)

**【做好奥运药品安全保障工作】** 年内,围绕奥运药品安全保障工作,开展15项专项监督检查,参加了北京市药品监督管理局组织的"雷霆行动"、"闪电行动"、"飓风行动"等大型药品专项整治行动3次。

(左永慧)

**【净化药械市场环境】** 年内,共受理投诉举报案件447件,取缔无证经营药品、医疗器械窝点10个,没收非法经营药品200余种,行政处罚金额23万元,调查涉嫌非法邮售药品信箱75个,其中存在违法事实的邮箱40个,已全部关闭。

(左永慧)

**【奥运药品抽验工作】** 年内,完成奥运赛前药品抽验任务545件,占全年药品抽验总量的84%,超额完成34件,共346个品种。围绕奥运保障重点,完成医疗器械监督抽验35个批次,合格率为94.3%,完成保健食品监督抽验41件,合格率为97.56%、化妆品监督抽检35件合格率为97.15%。

(左永慧)

**【开展献爱心工程】** 年内,为四川省地震灾区捐款6550元。全体党员为灾区交纳特殊党费28100元。

(左永慧)

## 爱国卫生

**【概　况】** 年内,改造无害化户厕6123户,完成总任务的102%,对“晓月湖”西岸农村户厕进行因地制宜改造;分10个批次,对乡镇、行政村、各水厂站近50名负责人和化验员进行业务培训和实际操作指导,组织对32个农村水厂站进行四轮次综合检查和水质监测;组织对辖区286个各类社会单位、86个社区(村)、580个各类中小门店的爱国卫生组织管理、健康促进、控烟禁烟、病媒生物防制等方面进行10轮次爱国卫生量化评估;在环卫、园林、房管、工地、饮食服务、农贸市场等10大行业和21个街道乡镇开展“健康奥运 健康丰台”六专题(即奥运病媒生物防治、无烟奥运、生殖健康、安全用药、人畜共患病、卫生防病)知识讲座208场,社区居民、单位职工、学校师生、机关干部和外来务工人员1.5万人受益。举办“携手儿童青少年 携手抗击艾滋病”、“无烟青少年”、“亿万农民健康知识竞赛丰台决赛”、“‘无烟奥运 人人参与’暨丰台区贯彻落实《北京市公共场所禁止吸烟范围若干规定》”、“‘科学和平 和谐发展’第20届国际科学与和平周丰台分会场”等系列主题宣传活动。全年创建爱国卫生红旗单位10个、市级健康社区60个、健康示范村13个、“丰台农村优秀水厂站”9个、“北京市无烟餐饮单位”100个。

(钟明辉)

**【农村改厕】** 年内,在河西两镇改造户厕6000户是年度政府折子工程,也是新农村建设折子工程之一。分别签订《农村改厕责任书》,邀请市爱卫会专家为6个新农村基础设施整体推进村举办了户厕改造培训班,启动户厕改造工作。11月底,河西两镇共完成6123户户厕改造任务。

(钟明辉)

**【农村管水】** 年内,制订了《丰台区2008年加强农村水厂站管理工作意见》、《农村水厂站技能比武实施方案》和《丰台区2008年优秀水厂站复审评估考核方案》。全年协调卫生、质监等部门完成32个农村水厂站四轮次综合检查和水质监测工作。分10个批次,组织乡镇、行政村、各水厂站负责人和化验员近50名,进行业务培训和实际操作指导。举办“丰台区农村水厂站技能比武”系列活动。奥运会期间,联合区质监局先后对奥运场馆2公里范围内涉及的农村水厂站进行排查。对黄土岗、三路居等9个农村“优秀水厂站”进行表彰。确保农村地区安全饮水“零”事故。

(钟明辉)

**【奥运病媒生物防制】** 年内,制定奥运期间病媒生物防控的实施方案和应急预案,成立应急抢险队伍,昼夜坚守,随时处置突发事件。形成以场馆内部、场馆周边两公里和全区其他区域3层病媒生物的防控网络。对丰台垒球场、木樨园体校内部、康复中心内部和周边2公里范围内进行总计25轮次的统一消杀作业,共投放和喷洒13种药品,4010.1公斤,投放3种52件器械。组织园林、水务、环卫、房管、科技园区和全区21个街道乡镇进行4轮次统一投药作业,共投放病媒生物防制药品25种、14380公斤、器械456件。对8个涉奥场所进行7轮次督导检查和13轮次的专业密度监测,及时清理蚊蝇孳生地264处,完善防范设施865处。春冬季灭鼠活动中,会同水务、环卫部门对10条河道沟渠和597处环卫设施投放各种鼠药810公斤,设立警示标志3000个。组织21个街道乡镇向公共区域投放各种鼠药6680公斤,投放粘鼠板13200张,设立警示标志39000面。冬季家庭灭蟑行动中,成立丰台区“健康北京灭蟑行动”领导小组。采取“政府出资支持,爱卫会组织协调,街道社区具体实施,群众自愿参与,专业人员上门服务”的方式,对区内10.3万户家庭实施统一专业消杀灭蟑作业。

(钟明辉)

**【禁烟控烟】** 年内,从社会单位、社区(村)入手,结合5.1、5.15、5.31禁烟日和城市清洁日等活动,通过设立宣传站点,橱窗、板报、致信等形式积极开展系列控烟禁烟宣传活动。

全区发放各类宣传折页206000份,宣传光盘1400张,张贴《若干规定》、无烟奥运海报98000张,张贴禁烟标识8200余块,不干胶标牌96200块,三角桌牌8810块,摆放"禁烟餐桌卡"38304块。全年以"健康奥运 健康丰台"健康知识讲座为载体,在部队、机关、房管等十大行业中开展控烟专场知识讲座10场。以两个奥运场馆8个涉奥场所内外为主,以其他重点地区为辅,会同卫生局对丰体中心、光彩体育馆等涉奥场所进行了4轮次专项检查,会同商务局、餐饮服务协会对宾馆、餐饮等重点服务行业进行指导规范。100家各类餐饮服务单位迈入市级无烟先进行列。

(钟明辉)

**【健康促进】** 年内,会同区计生委、药监分局、林业局、卫生五部门,开展"奥运病媒生物防治"、"无烟奥运"、"生殖健康"、"安全用药"、"人畜共患病"、"卫生防病"六大专题讲座。在21个街道乡镇中开展"健康奥运--健康丰台"知识专场讲座208场,15000名社区居民、单位职工、学校师生、机关干部和外来务工人员从中受益。组队参加市级"中国亿万农民健康行动知识竞赛"决赛活动,荣获优秀组织奖。全年针对校外青少年,在右安门街道、卢沟桥乡组织实施北京地区"携手儿童青少年 携手抗击艾滋病"系列宣传、指导、干预活动。

(钟明辉)

# 社　　会

## 民政工作

【概　况】 年内,民政工作围绕"民生"这一主题,改革创新,锐意进取,完成了各工作任务,实现了"重点工作有创新,难点工作有突破,整体工作上水平"的年度目标,丰台民政事业呈现出又好又快发展的新局面,为丰台经济协调发展和区域和谐稳定做出了贡献。

(刘安军　张普一)

【基层政权建设】 为社区专职工作者上调"五险"标准,将社区专职工作者住房公积金缴费比例由8%上调至12%。公开招考474名社区事务助理。改善社区基础设施条件,143个社区居委会办公和服务用房面积达到350平方米以上标准,新增达标社区32个,达标率上升为52.7%。加强社区管理和社区服务的信息化建设,为社区居委会和服务站配备电脑600台,每个社区2台。

(刘安军　张普一)

【社区建设】 制定下发《丰台区民政局关于推进社区服务站标准化建设完善社区办理居民事务工作机制的指导意见》,122个社区实行"五统一",基本搭起社区服务站的工作框架。继续深化街道社区服务中心体制改革,认真开展"96156－传承社区亲情,服务社区居民"两节活动,开展志愿者网上注册登记,登记志愿服务队364支,志愿者人数2.3万人。开展"和谐3·20活动",从128个项目中评选出了20个示范项目进行宣传推广。

(刘安军　张普一)

【城乡救助】 年内,共有7883户、16073名城乡低收入群众纳入低保范围。其中城市居民7076户、1.4646万人,1～12月支出低保金5402万元;农村居民757户、1427人,1～12月共支出低保金424万元。全面落实城市特困人员医疗救助政策、农村特困人员医疗救助政策及贫困孕产妇生育救助暂行办法,缓解了城乡特困群体的医疗困难,救助城市低保对象1620人次,支出救助金187.6万元;农村医疗救助1119人次,支出救助金15.7万元;已救助贫困孕产妇5人,支出救助金0.54万元。为169名新考入大学的贫困大学生发放教育救助助学补助金61.7万元。1～12月城乡临时救助累计4.2225万户、8.8535万人,共支出救助金648.3万元。实现了社会救助无盲点、全覆盖。基本上实现了动态管理下的应保尽保。出台《丰台区农村五保供养制度实施细则》。制定了区农村五保供养制度具体实施办法,统一了全区农村五保供养标准,由原来的全区五个乡(镇)五个标准调整为全区一个供养标准,由每人每月平均487.8元提高到700元,增幅为43%。建立和实施丰台区农村低保分类救助制度。积极推进农村特困户危房翻建工作,完成36户农村特困户的危房改造工作。加大"大病应急救助周转金"的投入和监管力度,解决了特困家庭因病住院资金周转难题,有53人受益,垫付周转金34.68万元。

(刘安军　张普一)

**【社会捐助】** 围绕南方雨雪冰冻灾害和汶川地震开展一系列捐赠活动,本区爱心家园发展到20家。丰台区捐赠中心共接收社会各界捐赠款802.53万多元,捐赠衣物达54.41万件。

(刘安军　张普一)

**【流浪乞讨人员救助】** 开展城市生活无着流浪乞讨人员救助工作,共救助流浪乞讨人员3463人,为北京奥运会创造良好的社会和城市环境做出了贡献。

(刘安军　张普一)

**【地退和征地超转】** 共接收安置征地超转人员86名,接收安置经费达436余万元,及时纳入财政专户。

(刘安军　张普一)

**【社会福利】** 共接收入福利院儿童26名(男孩12名,女孩14名),完成手术5例,上报户口22名。5名儿童走进家庭,4名儿童入托,2名儿童上学,上报8名符合涉外收养条件儿童资料。登记收养家庭123个。接待志愿者808人次;接受捐款23.44万元,服装、食品、物品共计603件。启动了异地家庭寄养模式,本地家庭寄9名,异地家庭寄养17名。共有电脑福利彩票投注站295家,完成销售额3.44亿元(电脑福利彩票3.41亿元,即开票275万元),比上年同期增长15.78%,累计销售额占全市销量的13 %,市排名第三。现有福利企业41家,职工2037人(其中安置有劳动能力的残疾职工772人)。是年完成销售总额8.29亿元,比去年同期增长21.1%,实现利税总额2473.81万元。60岁以上老年人20.3万人。各类养老服务机构24所,其中街乡办10所、社会力量办13所、合作办1所。总床位数3421张,百名老人拥有养老服务机构床位数达到1.68张,入住老人1883人,入住率达到55%。

(刘安军　张普一)

**【双拥优抚】** 开展"援建军营图书室,共建学习型军营"活动,是年新增援建10个"军营图书室",为官兵赠送各类图书2万余册。组织"健康奥运、健康丰台"、《公共安全与自我保护》和"科普宣传进部队"为主要内容的《社会大讲堂》教育讲座。开展"保驻地平安、为奥运奉献"和"军车文明行、畅通迎奥运"主题活动,实施"进京第一印象工程",参与"见新添彩、圣火之路"环境建设志愿活动和社会治安综合治理、与驻地政府和公安部门共同推出了军地协同地区管理体系的"三三"工作法。为随军家属发放自谋职业扶助金和生活补助费767.82万元。出资52万元为本区261名重点优抚对象购买了彩电。为2户优抚对象进行房屋修缮,补助金额3500元;为1户军属改善住房条件,补助金额5000元;为1户优抚对象进行危房翻建,补助金额约1.6万元。安置退役士兵222人,安置率95%。共支出自谋职业一次性补助经费、奖励用工单位、待分配期生活补助费等近338万元,确保了安置工作的顺利进行。为弘扬见义勇为精神,举办"迎奥运、促和谐、弘扬见义勇为精神"知识竞赛。以"双和谐"创建活动为契机,认真落实军休老干部"两个待遇",促进和谐军休建设。利用法律武器切实保障军休干部的合法权益,解决困扰2所军休干部多年的噪音污染问题。接收安置军休干部483人。

(刘安军　张普一)

**【民间组织管理】** 共办理社会团体行政许可筹备登记3个,成立登记2个,变更登记7个,注销登记2个,社会团体总数达到69个。办理民办非企业单位行政许可成立登记56个,变更登记28个,注销登记4个,民办非企业单位总数达到291个。开展社会团体规范化建设和民办非企业单位信息公开和承诺服务活动,对应列入年检范围的68家社会团体和220家民办非企业单位实施年检,合格率100%。

(刘安军　张普一)

【婚姻登记】　办理结婚登记11181对,离婚登记2674对,补领婚姻登记1038对,收养登记17件,为当事人出具无婚姻登记证明476件,出具婚姻登记查档证明2420份,离婚登记和补领婚姻登记同比分别增加9.1%和7.99 %,执法合格率达100%。

(刘安军　张普一)

【殡葬管理】　清明节期间,全区五个墓园共接待前来祭扫的群众33.3873万 人,比上年增加近4万人。实现了"文明祭祀,平安清明"的目标。

(刘安军　张普一)

【老龄工作】　举办老年文艺演出及游园,纪念改革开放三十周年"老年书画展"、"松鹤杯"老年门球比赛和"老年朋友看丰台一日游"等活动。建立"空巢"家庭老人帮扶服务网络,为675户高龄老年人家庭安装紧急医疗救助呼叫器"一按灵"。免费为老年人进行健康体检、健康咨询和健康讲座,将"夕阳关爱"纳入区政府"幸福家庭工程"行动。认真贯彻落实北京市《关于加强老年人优待工作办法》,为全区11.2万名65岁以上本市户籍的老年人办理了北京市老年人优待卡。完成本区1713名90至99周岁高龄老人和42名百岁以上老人高龄津贴申请的审批。

(刘安军　张普一)

【民政宣传】　是年,在各类媒体刊发新闻稿件和图片等2100多篇,其中新华社、人民日报、中央电视台、中国青年报等国家级媒体采用3篇,北京日报、中国社会报等省部级媒体采用270余篇。编发各类信息共400余条,其中被《北京信息》、《昨日市情》、《北京民政信息》、《丰台信息》、《丰台政务》采用9篇。在抗震救灾、平安奥运、无社会救助盲点、社会化养老等重点工作和领域集中开展了系列宣传活动。

(刘安军　张普一)

# 人口管理

【概　况】　年内,区流管系统结合地区实际,抓住人房登记检查、整治安全隐患、防控重点人房、预防煤气中毒四个阶段性重点工作;丰台分局人口管理处以确保奥运安保工作万无一失为中心,以"整体防控、精确指导、精确打击"理论为指导,以"发现得了,控制得住,防范得牢,打击得准"为基本目标,以充分发挥社区警务工作作用和加强本区实有人口管理为重点,强化社区警务活动的制度化和规范化建设,提高群众安全防范意识,对辖区人、地、物、事、组织实施动态管理,取得了显著成效,完成奥运安保"以面保点"的工作目标。是年,人口管理建立了会商机制,形成专业职能部门与基层"上下互通、信息共享、协查协控、各尽所长"的良性运行模式,及时发现并有效控制各类可能危害奥运会安全的重点人和可能窝藏极端分子的各种犯罪窝点;制定了《丰台分局对本分局抓获人员进行高危人员列管细则》,拓宽发现渠道,共列管高危人员1.0281万人;实行逐所逐人落实的方法,对全区1.6183万个重点人员开展风险评估工作,确定出极高、高、中、低四个档次;制定了8个奥运安保工作方案和10个工作规范,成立326个社区协警巡防团队,使全区7.7446万名治安志愿者形成网格化的奥运防控模式,同时大力推广社区民警工作"五法(听、看、问、说、记)"和"四个一(照一张出租房屋的照片、录一段与出租房主的谈话教育录音、贴一张法律法规宣传告示、与出租房主签一份《出租房屋治安责任保证书》)"清理管控机制，确保了奥运安保工作顺利进行。全年，共发生入室盗窃案件2235起，同比下降35.6%；发生盗窃机动车案件424起，同比下降21.2%。

（丁玉洁　郭凤华）

**【流动人口 出租房屋基础调查】** 1至5月，按照全市统一部署，组织开展了流动人口和出租房屋基础调查专项行动。4月起，适时组织了为期26天的基础调查大会战和为期10天的大决战。基本摸清了全区流动人口和出租房屋底数。

（丁玉洁）

**【集中整治出租房屋安全隐患】** 6月初至7月底，制定实施了《关于集中开展出租房屋清理整治专项行动的方案》，围绕重点地区、出租房屋各类安全隐患、流动人口中违法犯罪人员三个重点开展了出租房屋集中整治。专项行动期间，全区共投入人力2.6万余人次，整改出租房屋隐患3822处，停租房屋8127间。公安机关通过实行出租房屋"四个一"管理举措，发现并处罚违规出租房主64人，打击有违法犯罪嫌疑的流动人口354人。

（丁玉洁）

**【强化房地产经纪机构管理】** 区流管办联合区公安分局、区建委召开了丰台区房地产经纪机构管理工作会议。区公安分局、区建委与全区100余家房地产经纪总部（分支）机构签订了《房屋租赁责任保证书》，处罚了一批违反《北京市房屋租赁管理若干规定》的房地产经纪机构，强化了中介机构的守法履责意识。

（丁玉洁）

**【开展出租大院专项整治工作】** 自3月份起，开展了农村地区出租大院专项整治行动。区委书记张大力、区长李超钢多次主持召开出租大院整治工作会议，多次实地调研、检查督导工作进展。区流管办会同综治办、08办、城管大队、规划分局、公安分局等部门联合发布了《丰台区出租大院拆除通告》。历经两个多月的努力，全区拆除了357个出租大院，拆除建筑面积达101万平方米，各乡镇依法规范整治了保留的309个出租大院。

（丁玉洁）

**【宣传教育工作】** 全区流管系统印发了《北京市房屋租赁管理若干规定》、《关于开展出租楼房安全检查的通告》等宣传材料近40万份，发放了《来京人员工作生活服务指南》24万余册，组织发动近4万名流动人口治安巡逻志愿者和城市志愿者参与奥运服务保障工作，开展了《规定》集中宣传日活动。

（丁玉洁）

**【开展奥运英语商户大练兵活动】** 4月至6月，为提高丰台区商业从业人员英语服务能力和水平，提升地区整体形象，流管办组织策划了符合辖区特色的"奥运英语——商户大练兵活动"。开展"奥运英语——商户大练兵活动"28次，免费培训商户1.6万余人。

（丁玉洁）

**【建立流动人口协同管控机制】** 年内，丰台分局根据本区流动人口现状和奥运安保实际需要，与外省市地、县级政府驻京机构建立流动人口管理服务协同共管机制。奥运期间，依托协作管控机制，彻底化解11名重点流动人口上访人员的矛盾，查控并劝返169名外地来京上访人员，成功避免9起非正常群体访，对28名重点人员实施了协作动态管控，杜绝了奥运期间流动人口重点人漏管失控和滋事问题的发生，全区流动人口管理工作成效显著。

（郭凤华）

**【重点部位基础数据调查】** 年内，丰台分局对全区涉奥重点单位周边社会面基础数据进行详细调查和汇总，就场馆周边辐射200米的重点社区和400米内的制高点进行摸排，分别对人、地、物、事和组织五个方面建立分局、派出所两级台账363册，填报各类表格5234张，对132名高风险以上重点人员编写《奥运安保各类高风险重点人员名册》，重点部位周边社区形成了“单位自防、社区自管、民警组织”的社会治安秩序的良好格局,确保了“平安奥运”的顺利实现。

(郭凤华)

**【开展户政管理专项清理整顿】** 年内,丰台分局组织开展户政管理专项清理整顿工作,共清理2003年1月1日至2007年11月30日期间市外进京户口材料3.821万份,“非一地办理”3200人,“补录”138人,主要户口项目变更1.2831万人。核清了丰台区户籍人口底数,核准了户口登记项目,进一步加强和规范了派出所户政管理工作。

(郭凤华)

**【开展“五个一”法制宣传活动】** 年内,丰台分局结合流动人口和出租房屋治安管理基础调查、围绕“奥运”安全保卫工作,严格落实属地日常管理,社区民警深入流动人口聚居区,设立宣传站点,广泛开展“五个一”宣传活动,即为中介机构、出租房主发放一册《北京市房屋租赁管理若干规定》,对已列管的高危人员进行一次法制教育,各社区(责任区)民警召开一次出租房主法制教育宣传大会,为流动人口发放一封致“流动人口一封信”,每月集中进行一周“迎奥运、树新风、守法规”的主题宣传教育。全年共制作悬挂宣传横幅331条、展板87块,发放宣传教育材料18.13万份。

(郭凤华)

**【社区“工作五法”夯实社区基础】** 3月26日,丰台分局召开社区工作大会,并依据奥运安保实战期间的任务特点,按照集中精力、突出重点、去繁就简、灵便实用的原则,提出了社区民警听、看、问、说、记“工作五法”。全局27个户籍派出所、325个社区、398名社区民警依照“工作五法”深入社区开展工作,实现了奥运期间管人、控物、知事无漏洞及“大事不出,小事也不出”的工作目标。

(赵振锋)

**【出租房屋管控能力全力提升】** 7月1日,丰台分局为全力提升出租房屋的管控能力,大力推广“四个一”工作法(即要求社区、责任区民警照一张出租房屋的照片、录一段与出租房主的谈话教育录音、贴一张法律法规宣传告示、与出租房主签一份《出租房屋治安责任保证书》),共出动警力9.8442万人次、协警力量12.5871万人次、检查出租房屋6.5001万户,发现隐匿于出租房屋内的全国百名重点上访人员1人、全国B级上访人员6人、重点上访人员11人、各类普通上访人员189人;抓获在逃人员32人(其中全国A级在逃人员2人)。抓获各类违法犯罪嫌疑人121人;排除各类安全隐患584处。有力提升了社区民警对重点人、重点房屋的发现、管控能力。

(郭凤华　赵　松)

## 人口和计划生育

**【概　况】** 年内,丰台区人口和计划生育工作全面落实中共中央国务院和北京市委市政府《关于全面加强人口和计划生育工作 统筹解决人口问题的决定》精神,围绕“稳定低生育水平、统筹解决人口问题、促进人的全面发展”的中心任务,坚持“以人为本、以爱为魂”的工作理念,服务奥运、服务大局,在抓好各级计生干部队伍建设的同时,深入推进“幸福家庭工程”和“基础管理工程”两大工程,各项工作取得新进展。

(姚　莉)

**【人口和计划生育数据】** 是年,本区户籍出生人口8391人,符合政策出生8229人,计划生育率98.07%,出生性别比107。

(姚　莉)

**【统筹人口发展加强计划生育工作意见】** 4

月25日，丰台区委区政府印发了《关于统筹人口发展加强计划生育工作的意见》(以下简称《意见》)(京丰发〔2008〕9号文件)。《意见》结合丰台区当前人口和计划生育工作的主要问题和工作实际，明确了严格执行现行生育政策，千方百计稳定低生育水平等七个方面的目标任务；针对加强基础能力建设，努力提高人口和计划生育工作的服务与管理水平，为实现人口和计划生育工作新发展提供有力保障等提出了具体要求和具体措施。《意见》还对丰台区人口和计划生育领导小组成员单位统筹解决人口问题的工作职责细化分解。

(姚　莉)

**【人口和计划生育工作手册】**　年内，区人口计生委在认真总结过去行之有效的成功经验和管理制度的基础上，编写了《丰台区人口和计划生育工作手册》(简称《手册》)。《手册》进一步明确了人口计生的工作理念、工作思路和工作要求，主要内容有：区委区政府制定的《关于统筹人口发展加强计划生育工作的意见》，幸福家庭工程介绍、基础管理工程介绍、幸福家庭工程有关文件和基础管理工程有关文件。《手册》的出台，在区级层面，形成了整合资源、发挥合力的工作格局；在街乡(镇)级层面，部署主要任务，给予具体指导，制定具体措施及办法，达到力挺基层工作的目的。

(姚　莉)

**【深入推进幸福家庭工程】**　年内，在社区(村)建立了五个“幸福家庭快乐园”，为群众搭建了集健身娱乐、计生服务、读书交流、亲子互动于一体的活动平台。编辑出版以生殖健康知识为主要内容的《丰台区幸福家庭系列丛书》。依托各级人口学校、人口文化屋开展宣传教育活动。通过电视、报刊等媒体宣传人口计生工作的新思路和新成果。新增一项“夕阳关爱行动”，着重关怀计划生育家庭老年人的物质文化生活，进一步扩大了群众参与面。为本区8656名采取长效避孕措施的农村育龄群众进行了免费健康体检，2557对新婚夫妇参加了免费婚检，927人免费领取了叶酸片。组织优生讲座25场，听课人数1290人。为准备生育的群众，依据体质的不同，发放了6种2770份健康处方。丰台青春期性健康网注册会员达5825人，发帖总数4.5万条，上传文章260篇。举办了“青春期健康教育展板校园巡展活动”，已完成18所小学和19所中学的巡展。在社区建立了安全、医疗、生活、温情服务“四网合一”的空巢家庭老人帮扶服务网络。亲情牵手行动得到158名志愿者的支持，为79个家庭提供了帮助。为独生子女夭亡或意外伤残的农村和低收入家庭办理养老保险，办理符合条件13人，约39万元。为独生子女伤亡家庭148人(110户)送去亲情卡、鲜花和慰问金。

(姚　莉)

**【扎实开展基础管理工程】**　一是建立多层次的计划生育现居住地管理与服务网络。对新建小区实行成立社区、临近社区代管、物业配合及选派协管员的管理形式，做到建一处管一处，确保无空白点。完善街乡间协作区、居村间协作片、居民小组间协作组的工作合作制度。二是建立多渠道的计生信息管理服务系统。在公安、卫生、民政、流管等部门间和层级间实现了信息共享。将区人口综合信息系统与区计划生育技术服务中心的流动人口技术服务信息、卫生局的流动人口出生信息、全国流动人口信息平台信息进行对接，为流动人口户籍地提供出生和技术服务信息。三是采取有效手段强化基础管理。投资50余万元，为人户分离育龄妇女入户送礼品和服务卡，了解人户分离人员的去向，加强委托代管工作，避免人户分离人员违法生育。建立了人在户不在育龄妇女卡片8000多张、增加流动育龄妇女卡片4万多张。四是完善流动人口服务与管理工作。春节前，在北京南站建筑工地为因冰雪灾害不能回家过年的流动人口,举办了赠送电话卡及年货的送温暖活动。"5·12"地震后,在大红门街道开展了让灾区学生来丰台上学的爱心活动。男性健康日活动中,开展了"你在他乡还好吗?"的主题宣传服务活动。年初,丰台区与河南南阳、浙江温州签订流动人口双向管理承诺书,各街乡(镇)对两地育龄妇女计划生育信息进行采集、核实和建卡,将违法生育信息向户籍地反馈,进行联合执法。

(姚　莉)

**【人口问题研究】** 年内,在本区21个街乡(镇)及相关职能部门范围内开展了"贯彻落实科学发展观,统筹解决区域人口问题"的调研活动,共收到调研报告36篇,并将优秀调研报告编辑成册。针对人口计生工作重点,开展了丰台农村地区计划生育家庭奖励扶助政策的专题调研,形成了有情况、有问题、有分析、有对策的调研报告。完成了《丰台区十一五人口发展与调控规划》的中期评估工作。为科学推进幸福家庭工程,市人口计生委领导和相关专家先后8次到丰台进行调研、指导。

(姚　莉)

**【药具工作】** 年内,完成了区药具站库房改造扩建工程,使存储面积达到150平方米。启用《全国计划生育药具管理站业务管理系统》,规范了药具调拨工作流程。药具出入库实行色标管理,药具发放实行配送物流管理制度,使药具发放管理完成了由传统领药向现代物流管理的转变。设计并制作了210个开放式药具自取架,放置在地下人防、新建小区物业、市场、流管站、三星级宾馆、渡假村等地,完成了120万元的药具计划调拨任务。

(姚　莉)

**【举行三地签约仪式】** 3月13日,在大红门国际会展中心,北京丰台、河南南阳、浙江温州三地联手举行了主题为"和谐计生同发展、服务管理一盘棋"的签约仪式。仪式上,三地人口计生委负责人签定了《流动人口计划生育工作双向服务管理承诺书》,并互换了文本。此次签约仪式标志着三地"共同发展、区域协作"格局的形成,为进一步细化服务内容,提高管理水平,加强信息沟通与交换提供了合作的平台。人大代表闫傲霜、朱广平、北京市人口计生委副主任李芸莉参加了签约仪式。

(姚　莉)

**【慰问计划生育家庭】** 1月21日,出资60余万元,慰问生活在丰台区域内的计划生育家庭。为5万多名育龄妇女送上了礼品和计生服务指南,告知她们应享受的服务内容和寻求帮助的方式方法。

(姚　莉)

**【丰台区第一个人口文化园开园】** 10月21日,丰台区第一个"人口文化园"在郭庄子公园正式开园。两位社区群众和市、区有关部门领导一起,为丰台区人口文化园和区"幸福家庭工程"组合雕塑落成剪彩。市人口计生委副主任彭彧华出席了开园仪式。文化园以"控制人口数量、提高人口素质"为主题,以"幸福家庭工程"的八项行动为主要内容,展现了丰台区人口计生工作和谐发展的景象。

(姚　莉)

**【举办公开信发表28周年活动】** 9月19日,丰台区计生协在莲花池公园举行了纪念"公开信"发表28周年活动暨丰台区第二届"和谐计生 舞动丰台"健身舞大赛。大红门街道代表队荣获一等奖,西罗园街道、云岗街道荣获二等奖,新村街道、长辛店街道、右安门街道获得三等奖。

(姚　莉)

**【举办联谊会】** 12月23日,区人口计生委、区计划生育协会在京丰宾馆,举办"国情、亲情、友情,爱的丰台"迎新春联谊会。全区165名"空巢老人"参加了联谊。市人口计生委副主任彭彧华及相关处室领导、丰台区副区长李丽萍等领导参会。为男年满60岁、女年满55岁的老人发放1000元慰问金。

(姚　莉)

# 老龄工作

【概　况】 年内，老龄工作始终贯彻“党政主导，社会参与，全民关怀”的老龄工作方针，着力为民解困、为民服务的工作宗旨，积极做好“银龄行动进社区”援助活动，坚持春节、重阳节对百岁和高龄特困老人进行走访慰问，加大对高龄、特困、空巢老人帮扶力度，检查了21个街乡镇“空巢”家庭帮扶及老龄工作落实情况，积极为老年人办好事、做实事，与120急救中心联合为675户高龄、空巢老年人家庭免费安装了医疗紧急救助呼叫器。认真贯彻落实《北京市老年人优待办法》，制定了《丰台区关于落实老年人优待办法的意见》，为11.2万名65周岁以上老年人办理了《北京市老年人优待卡》，为1759名90周岁及以上高龄老人发放了高龄津贴。组织开展了全国“首届中国老年文化艺术节”推荐文艺节目和书画作品选拔，举办了2008年丰台区庆重阳老年文艺演出及游园活动、2008年丰台区庆重阳暨改革开放三十周年老年书画展、丰台区第19届“松鹤杯”老年人门球赛等大型庆重阳系列活动。撰写的“《坚持科学发展观 积极解决好人口老龄化问题》——人口老龄化发展趋势及对策的研究”论文，在丰台区开展的“深入贯彻落实科学发展，统筹解决人口问题”主题活动中荣获二等奖。收集、编写、印发并在网页上登出《丰台老龄信息》12期，《丰台区贯彻落实老年人优待办法工作简报》16期，及时地反映了全区老龄工作情况和老龄工作中的好人好事，达到了交流工作经验和推动全区老龄工作的积极作用。

（刘藏生　郑　垚）

【走访慰问】 “九·九”重阳节期间，区委书记张大力、区长李超纲、区人大主任杜瑞琴、区委副书记闫满成、副区长吕仕杰、区政协常务副主席鲍顺新等领导分别到右安门街道、西罗园街道、新村街道、丰台街道看望了张玉珍、牛淑英、林顺梅、张桂珍等高龄特困老人，为每位老人送上1000元慰问金、米、面、油、被子等慰问品；北京市老龄协会副会长伊密、权益处副处长刘静在区老龄委副主任、民政局局长万文艺、区老龄办主任刘藏生及街乡领导的陪同下，分别走访慰问了南苑乡胡宝珍和卢沟桥街道赵占全2位高龄特困老人。春节期间，区老龄委副主任、民政局长万文艺等领导带着节日慰问品到花乡社会福利中心看望了居住在这里的老人，区老龄办走访慰问84岁的赵淑敏、80岁的孟兆芹两位高龄特困老年人。

（刘藏生　郑　垚）

【落实区政府“折子工程”】 落实区政府“折子工程”，进一步做好对“空巢”家庭高龄老人的帮扶工作，6月初与北京市老龄办、北京市120急救中心配合，在全区16个街道开展了为“空巢”家庭高龄老年人安装紧急医疗救助呼叫器(一按灵)的工作，到7月底共为675户“空巢”家庭高龄老年人安装、调试了紧急医疗救助呼叫器(一按灵)，解除了老年人日常生活中突发疾病得不到及时救助的后顾之忧。

（刘藏生　郑　垚）

【召开老年维权岗工作总结表彰大会】 4月9日，在丽泽办公区召开了老年维权岗工作总结表彰大会，各街乡镇的老龄干部和部分社区主任160余人参加了大会。区老龄委副主任、民政局长万文艺主持大会，北京市老龄协会维权中心主任张百熙等领导参加，北京市老龄协会副会长、北京市老龄委办公室副主任李文斗讲了话，区老龄委主任、副区长吕仕杰代表区委、区政府就加强全区老年维权工作提出了要求，希望大家再接再厉，把维护老年人合法权益的工作做得更加扎实。

（刘藏生　郑　垚）

**【落实银龄行动】** 5月22日,市、区老龄办邀请首都医科大学宣武医院、北京老年病医院的32名专家和医生在太平桥街道太中里社区举办了“银龄行动进社区”健康咨询活动,并为社区400余位老年人进行了心电图、眼底、血糖、血压、体重、多参数检测。为使老年人掌握电脑基础知识,推动“数字社区”的不断发展,6月5日至6日,在科技馆举办了“银龄行动进社区”电脑培训班,60多位老人参加了电脑培训活动。10月10日,邀请北京天坛医院心脑血管专家刘玄重教授在卢沟桥乡为来自20个村的100多位中老年朋友举办了“银龄行动进社区”老年健康知识讲座。

(刘藏生　郑　垚)

**【检查“空巢”帮扶及老龄工作】** 自6月中旬起,分别到和义、南苑、丰台街道、长辛店镇和南苑乡等各街乡镇调研,听取了街乡镇、社区(村)开展老龄工作的情况及下半年工作计划的汇报,对街乡镇和社区开展“空巢”家庭老人帮扶和老年维权岗的工作情况进行了检查。

(刘藏生　郑　垚)

**【开展主题党日活动】** 6月27日上午,区老龄办党支部与和义街道联合举办了以“平安奥运行”有奖竞猜暨老年法律知识宣传为主题的“树丰台形象,展党员风采,做奥运先锋”的主题党日活动。活动现场设置了老年维权咨询处,为老年朋友们提供法律咨询与援助,发放宣传材料近1000份。

(刘藏生　郑　垚)

**【参加“和谐夕阳”杯健身赛】** 9月28日,组织和义、西罗园、右安门、东高地街道的四支老年健身操队90余人参加了市老体协在石景山体育馆举办的“和谐夕阳”杯北京市第十一届中老年优秀健身项目表演赛,右安门、和义街道获得优秀奖,东高地、西罗园街道获得优胜奖,区老龄办获得优秀组织奖。

(刘藏生　郑　垚)

**【举办庆重阳老年书画展】** 10月8日至10日,在区文化馆举办了“2008年丰台区庆重阳暨改革开放三十周年老年书画展”。区老龄委主任、副区长吕仕杰为本次画展致开幕词,并与其他有关领导为开幕式剪彩。参展作者和特邀的书画家及老年朋友60多人参加了开幕仪式。参展作品100多幅。

(刘藏生　郑　垚)

**【举办第19届“松鹤杯”门球赛】** 10月10－14日,在总后程庄干管局门球场举办了丰台区第19届“松鹤杯”门球赛。参赛球队有62支,运动员、裁判员和工作人员600余人,运动员平均年龄72岁,80岁以上的队员有52位,最高年龄为88岁。经过5天的比赛,郑常庄干休所队荣获冠军、花乡六圈队荣获亚军、丰台机务段二队荣获季军。

(刘藏生　郑　垚)

**【落实北京市老年人优待办法】** 落实《北京市老年人优待办法意见》,会同相关部门制定了《丰台区关于落实老年人优待办法的意见》,共有1759位90岁周岁以上老年人享受了优惠政策,为11.2万名65周岁以上老年人办理了《北京市老年人优待卡》。

(刘藏生　郑　垚)

**【孝亲敬老之星和健康老人评选】** 为弘扬中华民族敬老爱老的优良传统,营造全社会敬老爱老助老的浓厚社会氛围,增进家庭和睦代际和谐,提高老年人的生活、生命质量,7月份在中国老年人体育协会、中国老龄协会、中华全国妇女联合会举办的“第七届全国健康老人”评选活动中,卢沟桥街道的史超、太平桥街道的蒋本兴荣获“全国健康老人”光荣称号。组织开展了“孝亲敬老之星”评选活动,西罗园街道的姚书敏、和义街道的文春美、东铁匠营街道的邓桂荣、南苑街道的张瑞芝荣获了“全国孝亲敬老之星”光荣称号。

(刘藏生　郑　垚)

# 残疾人工作

【概　况】 年内，丰台区残疾人工作在市残联的指导和区委、区政府的领导下，深入贯彻落实科学发展观，抓住"新北京、新奥运"的机遇，以平安奥运和改善残疾人生活质量为目标，完成了奥运会、残奥会环境建设及服务保障任务、创建全国社区康复达标区和各项年度任务指标。区残联被市残工委和丰台区评为了北京奥运会、残奥会先进集体。

（闫根旺）

【创建残疾人示范温馨家园】 落实"折子"工程，完成了16个残疾人示范"温馨家园"的创建任务，超额完成了市里下达12个和区里下达的15个创建任务指标。

（闫根旺）

【无障碍改造进家庭】 为残疾人家庭办实事，投资200多万元，完成了500户残疾人家庭无障碍改造工作。

（闫根旺）

【对外展示工作】 为做好奥运会、残奥会服务保障工作，对5家盲人按摩示范店统一装修门面、统一配备设备、统一着装、统一服务标准、统一礼仪培训；对北京市基督教丰台堂、伊斯兰教丰台清真寺进行了无障碍改造。9月14日，大井社区残疾人温馨家园接待了3名希腊籍和1名法国籍残奥运动员。

（闫根旺）

【牵手残疾人走进残奥会】 组织残疾人、残疾人工作者参与了奥运火炬传递活动，组织1800余名残疾人到残奥会现场观看比赛，组织3万余名残疾人、残疾人家属、残疾人工作者参加了"牵手残疾人，走进残奥会"活动。开展奥运助残志愿者工作，全区助残志愿者达5700余人。

（闫根旺）

【职业康复劳动】 新建职业康复站23个，开发职业劳动项目10个，501名智力残疾人和稳定期的精神残疾人参加职业康复劳动。

（闫根旺）

【辅助器具服务】 为残疾人提供辅助器具3550余件，向50名贫困聋人发放了手机，新建残疾人辅助器具服务站16个，3个服务站通过了市残联辅助器具服务中心星级检查验收，全区21个街、乡镇残疾人辅助器具服务站实现了全覆盖。

（闫根旺）

【基础信息采集录入工作】 将残疾人入户登记与上站登记相结合、发现问题与解决问题相结合、查漏补缺和实际应用相结合，完成了1.7799万名残疾人的基础信息采集录入工作。

（闫根旺）

【康复工作】 共为3139名残疾人开展了医疗康复服务，为有康复需求的3.38万名残疾人提供康复服务，覆盖面达90%以上。完成白内障复明手术897例，肢体残疾人系统康复训练300例，成年智障系统训练200例，智力残疾人入住康复机构45人，精神残疾人入住康复机构47人，贫困精神病人免费服药382人，重点精神病人临时投药1072人次。

（闫根旺）

【教育培训工作】 为189名贫困残疾人家庭子女大学生、高中生及残疾人大学生、高中生发放助学款21万元；完成各类职业技能培训715人；举办职业指导讲座7场，职业指导残疾人507人；举办了丰台区盲人保健按摩行业表彰会和技能比赛，109名盲人参加了技能比赛，10名盲人按摩师受到表彰。在北京市保健按摩技能比赛上，丰台区选手获得二等奖一名、三等奖二名，区残联获优秀组织奖。

（闫根旺）

**【就业工作】** 召开丰台区2007年按比例安排残疾人就业工作表彰会,对78家超比例安排残疾人就业的社会单位进行了表彰。审核社会用人单位2.9105万家,审核残疾人就业保障金8377万元。举办了6场残疾人职业招聘会,介绍成功72名残疾人就业,新安置残疾人就业230人,其中按比例就业67人。

(闫根旺)

**【扶贫解困工作】** 落实残疾人廉租住房25户;为584名重残无业人员办理了生活补助;184名特困残疾人享受到特困补助;85名残疾人享受失业补助;为219名残疾人进行了重残认定;为34名个体就业残疾人办理了保险补贴,补贴金额为13.22万元;扶持45户农村贫困残疾人开展家庭芽菜种植;走访残疾人家庭5714户次,慰问残疾人6860人次,发放救助款物折合人民币179.59万元。

(闫根旺)

**【文体工作】** 对本区参加全国第七届残疾人运动会的4名残疾人运动员进行奖励;为100名残疾人和残疾人亲友发放了区级公园年票;向市残联选送了3名有声乐、器乐特长的残疾人参加残奥会开幕式演出;在莲花池公园奥运文化广场举办了"北京2008"城市奥运残疾人文化演出专场;区残联代表队在丰台区全民健身月活动中,获得了象棋比赛团体第一和台球比赛团体第五、钓鱼比赛团体第六名的好成绩。

(闫根旺)

**【宣传信息工作】** 在《丰台报》上编发了一期残疾人工作专版,开展了纪念改革开放30年的征文和演讲比赛活动;在全国省市以上报刊杂志、新闻网站刊登反映我区残疾人事业发展的稿件133篇条,其中全国省市以上报刊杂志刊登17篇条、各新闻网站116篇条;区残联编发信息512条;区残联网站编发信息63篇条。

(闫根旺)

**【信访维权工作】** 制定了《丰台区残联信访工作应急预案》;印制了残疾人维权服务卡2万份,发放到基层;接待残疾人来信、来访、来电1534件次,其中处理来信15封、来访313人次、电话咨询1206人次;办理人大代表、政协委员提案议案两件;法律咨询634人次,代书50件、代理案件6件。区残联被评为2008年度丰台区法律援助工作先进集体。

(闫根旺)

**【社会救助】** 区红十字会向区残联捐赠汽车两台;北京爱尚拉菲尔商贸有限公司向区残联捐赠了U盘200个;四川汶川发生大地震后,全区残疾人、残疾人工作者向灾区人民捐款捐物达15万余元。

(闫根旺)

# 私营个体经济

**【概　况】** 年内,私营个体经济持续增长,本区私营企业3.4824万户,同比增加14.5%;个体工商户11.8159万户,同比减少2%;注册资金230.77万元,同比减少14.2%;纳税额10.54亿元,同比增长10.14%。

(刘秋芝)

**【年检验照工作】** 配合工商所开展年检和验照工作。采取依托会员小组分片集中设立个体验照服务站和对个体户较集中的市场上门服务等方式,帮助个体户进行验照9.6149万户,验照率为85.5%;帮助企业进行年检3.7105万户,年检率为87%。

(刘秋芝)

**【担保贷款工作】** 为了帮助企业做好融资工作,利用区协会例会等形式,向会员宣传和推荐渤海银行中小企业贷款服务项目。召开贷款担保座谈会,邀请中国银行北京丰台支行、北京诚信佳贷款担保公司的工作人员,回答商户提出的担保贷款的相关问题。是年有11户获担保贷款2700万元。

（刘秋芝）

【开展法律法规培训】　举办贯彻《劳动合同法》培训班，200多人参加了培训。召开贯彻《劳动合同法》座谈会，为会员企业学习贯彻《劳动合同法》起到了很好的帮助作用。

（刘秋芝）

【开展关爱会员活动】　"两节"期间，和所属分会走访困难会员100多户，送去价值5万多元的物品。印制发放2008年《服务手册》2万册。

（刘秋芝）

【维护会员权力】　发挥法律顾问和法律服务机构的作用，树立用法律途径解决问题的意识，为会员提供良好的法律维权服务。全年接受会员咨询100多次。

（刘秋芝）

【网站建设】　更新网站窗口项目，增加"聚焦奥运"和"携手丰台私营经济为奥运喝彩"等栏目。为方便会员了解有关政策法规，协会网站还与"丰台区政府"网站链接。是年，网站更新动态信息290条、图片98张，宣传会员企业25户。

（刘秋芝）

【奥运服务保障工作】　为增强本区会员企业的生产安全和食品安全意识，对会员企业进行了培训，参加培训人员10万多名；组织会员参加"迎讲树"活动，发放《致全区会员的一封信》2万份。开展奥运市场秩序保障志愿者活动。从所属9个分会招募了123名"奥运市场秩序保障志愿者"，组成了奥运志愿者服务队，配合分局9个工商所开展工作。奥运会期间，快速检测蔬菜1080个品种，每天检测50种以上；检查进出车辆37万余辆；协助风险点工商干部巡查1000多人次，检查商户5000多户，开具巡查纪录7000多份，纠正不规范经营和违法经营100多次。

（刘秋芝）

【捐款救灾】　在南方发生冰雪灾害后，配合工商分局在新发地农产品批发市场举办了"爱心脐橙"产销对接会，有40余户会员企业当场签购"爱心脐橙"6000余箱。南苑、六里桥分会会员捐款2961元。在四川汶川抗震救灾期间，积极组织捐助活动，有近6万多私营企业和个体会员共捐款112.5994万元，区协会系统的181名党员缴纳"特殊党费"8.161万元。捐献衣服3.9383万件、方便面6000箱、矿泉水100箱，价值82.544万元。很多企业和个体会员还向红十字会、区慈善协会、街道等捐款953.8527万元，有28人义务献血。

（刘秋芝）

## 消协工作

【概　况】　年内，丰台区消费者协会全面贯彻党的十七大精神，以构建和谐社会为宗旨，以宣传、引导节约能源和保护生态环境的消费模式为工作主线，以中消协确定的"消费与责任"为宣传主题，以迎奥运、保奥运为工作重点，积极开展工作。共受理消费者投诉2803件，其中解决2312件，结案率为82.48%；为消费者挽回经济损失346.01万元。接待消费者咨询、来访8846人次，收到表扬信4封。

（张景朋）

【"3·15"国际消费者权益日】　在"3·15"国际消费者权益日期间，在辖区内的11个社区、17家商场超市、1个军营、1所学校、3家农贸市场、3家家居建材市场、1家服装批发市场设立了3?15宣传咨询服务平台，出动工作人员566人次，出动车辆141台次，宣传板百余块，制作横幅102条。发放宣传材料5万余份,接待咨询 0.11 万余人。

(张景朋)

**【建立奥运场馆投诉举报联络站】** 3 月 14 日,丰台区奥运场馆消费者投诉举报联络站正式成立,丰台区委区常委副区长汪洪、北京市工商局副局长刘健为丰台体育中心消费者投诉举报联络站揭牌,丰台分局局长李异为丰台体育中心消费者投诉举报联络站授牌。

(张景朋)

**【专业咨询】** 3 月 14 日上午,在丰台区六里桥易初莲花连锁超市门前广场,由丰台工商分局、丰台区消费者协会共同举办的 3? 15 宣传活动主会场,北京市中济律师事务所领导和 3 位资深律师与区消协工作人员一起为消费者开展消费维权咨询活动。现场为 30 余消费者解答了疑问,提供了专业的法律咨询服务。

(张景朋)

**【企业维权工作】** 引导企业重承诺、守信用,促进企业自律。与分局联合组织了 5 次消保维权培训,共有 200 余人参加了培训。

(张景朋)

**【开展"建议函"和"零投诉"活动】** 为落实中消协 2008 年"消费与责任"年主题,对辖区内 70 家保护消费者权益联络站及 12 家认证单位进行走访,发放"规范企业经营行为,确保消费者合法权益建议函"33 份,70 家设立联络站的企业参加了"迎奥运,维护消费者权益零投诉"活动。

(张景朋)

**【诚信服务示范单位推进改革荐工作】** 根据市消协《诚信服务示范单位评选办法》,经经推荐考评,北京万隆汇洋家居市场有限公司、北京草桥实业总公司、北京天使食府餐饮有限公司、北京市玉泉营花卉市场有限公司 8 家企业被评为北京市"诚信服务示范单位"。

(张景朋)

**【开展消费教育】** 8 月 5 日,北京市消协、丰台区消协在丰台区太平桥办事处会议厅联合举办了"迎奥运文明礼仪健康心理知识讲座",5 个社区的居民代表、大型商场、市场的负责人及商户代表 60 余人听取了讲座。是年,共举办消费教育课堂活动 3 次。

(张景朋)

**【停产商品也应负责维修】** 年内,右安门消协分会成功的解决了一起消费者的维修投诉。消费者王先生于 2007 年底在北京星聪宝商贸中心购买了一台电磁炉,使用后发现电磁炉不加热,因此要求免费修理,商家以厂家不再生产该产品为由拒绝修理。王先生认为自己的合法权益受到侵害,于是提出投诉。经过调解,商家已为王先生购买的电磁炉进行了维修。消费者对调解结果表示满意,并且十分感谢分会认真负责的工作态度。

(张景朋)

**【调解单方提价侵权纠纷】** 11 月 14 日,消费者纪女士到方庄消协分会投诉称:1 月,她在某洗浴中心交纳 6800 元享受商家优惠后办理价值 8000 元洗浴服务卡一张。后来,商家未经消费者同意,将单次服务费价格提高 10 元。纪女士认为商家违反承诺,要求终止服务,退还剩余服务费 2952 元,双方就退款金额无法达成一致。接到投诉后,方庄消协分会调解员对双方当事人实施调解。调解中发现解决双方争议的关键是商家优惠的 1200 元服务费是否应计算在全部服务金额内。调解人员认为,该洗浴中心存在侵犯消费者知情权和违反承诺约定的行为,支持消费者的投诉请求,优惠金额应计算在内。但考虑公平原则,经双方多次协商达成一致,按消费者实际交付金额比例,均摊优惠金额,退还消费者服务费 2752 元。此次调解,调解员充分考虑双方的切身利益,在维护消费者合法权益的前提下兼顾公平、公正,获得消费者和经营者的一致赞扬。

(张景朋)

# 人民生活

【城镇居民收入持续增长】　年内，丰台区经济保持了持续、稳定的发展态势，城镇居民收入与经济发展同步增长，居民文化生活日益丰富，生活质量明显提高。据450户城镇居民家庭抽样调查资料显示，人均可支配收入2.3006万元，比上年增收2433元，增长11.8%。通过对家庭总收入构成分析，工资性收入和转移性收入成为收入主体，是拉动可支配收入增长的重要因素。是年城市居民全年人均工资性收入1.5661万元，占人均家庭总收入比重为61.4%，比上年增长12.6%。其中人均工资及补贴收入1.5011万元，比上年增长12.7%；人均其他劳动收入(从事第二职业、兼职、零星劳动所得报酬)650元，比上年增长10.8%。人均转移性收入8793元，比上年增长12.1%，其中人均离退休金收入7134元，比上年增长2.3%，占人均家庭总收入比重的28%，是家庭收入的第二大来源。财产性收入大幅缩水，全年人均财产性收入301元，比上年下降43.5%，其中股息红利收入下降43.7%，这是财产性收入大幅缩水的主要原因。

(李桂珍　靳立华)

【居民饮食结构日趋多样化】　年内，人均食品消费支出5464元，比上年同期增加746元，增长15.8%。随着生活水平的提高，人们的食品消费更加注重合理调整膳食，追求食品的营养性、均衡性和多样性，保健、环保的绿色食品倍受青睐。居民的食品消费有所倾向于肉禽蛋水品、蔬菜、糕点和奶及奶制品。饮食消费的观念也有所变化，在外就餐等饮食服务消费大幅增加。调查资料显示，食品消费的9类细项支出中，除其它食品下降外，其它八类消费的支出都在增长。粮油类支出为669元，增长27.0%；饮食服务支出1299.9元，增长26.6%；调味品支出99元，增长20.5%；蔬菜类支出426元，增长18.1%；糕点、奶及奶制品支出507元，增长13.9%；肉禽蛋水产品支出为1328元，增长13.8%；干鲜瓜果支出464.87元，增长3.57%；糖烟酒饮料支出620元，增长2.4%。同时由于物价的不断上涨，恩格尔系数比上年高了一个百分点，达到34%。

(李桂珍　靳立华)

【交通支出平稳增长 通信支出稍有下降】是年人均交通和通信支出2302元，比上年增加71元，增长3.2%。随着居民收入的增加和生活质量的提高，人们的代步工具也得到快速发展，助力车、摩托车和家用汽车进入普通家庭。本年城镇居民人均交通支出1462元，比上年增长10.1%。另一方面，随着电信业的迅速发展，移动、联通、电信采取的各种优惠促销方式吸引顾客消费，移动电话通信费推出多种单向收费套餐而导致人均通信支出840元，比上年下降7.0%。

(李桂珍　靳立华)

【教育费用下降 文化娱乐服务略有增长】年内，人均教育文化娱乐服务支出1982元，比上年下降7.4%。其中人均教育支出612元，比上年减少116元，下降15.9%，教育支出大幅下降主要是减免义务教育学费和提高教育收费的公开透明性见到成效。居民家庭在生活质量提高的同时，更加注重精神文化生活，需求向健康型发展，旅游、健身、娱乐已成为居民家庭业余生活的主流。是年人均文化娱乐服务支出614元，比上年增加20元，增长3.4%。

(李桂珍　靳立华)

【居住支出快速增长】　是年人均居住支出1343元，比上年增加437元，增长48.3%。拉动其增长的主要因素是人均住房支出，比上年增加327元,增长94.4%。其中租赁房房租支出271元,比上年增长5.2倍;人均住房装潢支出302元,比上年增长14.6%;人均维修用建筑材料支出37元,比上年增长53.9%;人均其他住房支出62元,比上年增长3.2倍。

(李桂珍 靳立华)

**【医疗保健消费增幅平稳】** 随着生活水平的提高,人们更加注重自身健康和自我保健意识,无病保健,有病及时就医已成为共识。是年人均医疗保健支出1714元,比上年增长13.6%。其中人均医疗费支出544元,比上年增长58.2%;人均药品费952元,比上年增长6.5%。

(李桂珍 靳立华)

**【家庭设备用品及服务支出较快增长】** 年内,人均家庭设备用品及服务支出1109元,比上年增加176元,增长18.9%。其中三项增长较快——人均家庭服务支出78元,比上年增长72.7%;人均购买床上用品94元,比上年增长64.6%;人均购买室内装饰品24元,比上年增长52.47%。比上年同期下降的有——人均家具材料支出9元,比上年下降45.6%,房地产市场的低迷是家具材料支出大幅下降的主要原因。

(李桂珍 靳立华)

**【服装及其它商品和服务支出快速增长】** 受人们追求着装消费档次及金融危机致使商场以各种形式对衣物促销打折的影响,是年城镇居民人均衣着消费1493元,比上年增加292元,增长24.3%。而生活水平的提高也使其它商品和服务支出达到人均688元,比上年增长3.3%。其中人均其他杂品支出127元,比上年增长30.6%;人均其他服务支出104元,比上年增长27.7%。

(李桂珍 靳立华)

**【社会保障支出增加】** 随着社会保障制度的不断完善,市政府根据城镇居民社会保障相关待遇标准的调整方案上调了城镇居民社会保障标准。是年城镇居民人均用于社会保障方面的支出为1927元,比上年增长29.6%。其中个人交纳的养老金762元,比上年增长44.5%;个人交纳的住房公积金839元,比上年增长19.75%;个人交纳的医疗基金247元,比上年增长27.9%;个人交纳的失业基金65元,比上年增长58.3%。

(李桂珍 靳立华)

**【低保收入创历年最高点】** 从区统计局2005年至2008年对50户城镇低保家庭调查数据显示,城镇低保家庭人均总收入由2005年的4652元,增加到2006年4780元,2007年达到5017元,2008年突破5330元,比2005年增收678元,增长14.6%。是年城镇低保家庭人均可支配收入为4869元,低保家庭主要依靠社会扶助、社会保障的转移收入,并享有一定的特殊政策补贴来维持基本生活。其中人均转移性收入为4313元,比上年增长12.8%,占人均可支配收入的比重高达88.6%,而人均转移性收入中,人均社会救济收入3871元,比上年增长18.8%,其中人均最低生活保障收入由2007年的2841元,增加到2008年的3534元,比上年增长24.4%。

(李桂珍)

**【低保家庭食品消费比重较高】** 据50户城镇低保家庭调查资料显示,是年城镇低保家庭人均消费支出5250元,相当于正常户总体平均水平的32.6%。其中食品支出为2562元,占消费支出比重(恩格尔系数)48.8%,比正常户平均水平的恩格尔系数33.9%高14.9个百分点。低保家庭消费支出的近一半用于食品消费上,主要集中在粮油、肉禽蛋水产品和蔬菜上。由于收入低,低保家庭很少在外用餐,饮食社会化程度较低。本年低保家庭人均在外饮食花费418元,仅为平均水平的32.4%。目前的生活水平只能用于满足基本生存的需要,而用于发展和享乐方面的支出所占比重相对较低。

(李桂珍)

**【农民收入稳步增长】** 据180户农村居民家庭抽样调查资料显示，是年，农村居民人均纯收入11584元，比上年增长11.9%，增幅比上年提高3.7个百分点。在收入的四项构成中，人均工资性收入为9248元，占农民人均纯收入的80%，是收入的主体。比上年增长8.4%；其中人均在非企业组织中劳动所得874元，增长20.6%；人均在本乡地域内劳动所得7817元，增长3.6%；人均外出从业所得557元，增长1.2倍，人均家庭经营纯收入4元，比上年下降65.8%，呈逐年下降趋势。人均财产性纯收入1156元，增长20.6%，其中人均集体分配的股息和红利收入108元，增长5.9倍。主要是近两年来农村集体产权制度改革不断深入，农民人均集体分配的股息和红利收入增幅较快。农民养老金、退休金收入提高，人均转移性纯收入1176元，增长37.9%，其中人均离退休金、养老金收入825元，增长63.8%。

（王玉香）

**【农民消费支出增幅提高】** 据180户农村居民家庭抽样调查资料显示，是年，农民人均生活消费支出为9385元，比上年增长13.3%，增幅提高5.3个百分点。消费增加明显，结构继续改变。生存型消费增势明显。食品类价格增长拉动消费支出大幅增长。农民人均用于食品支出3447元，增长30.5%，恩格尔系数（食品支出占消费支出的比重）为36.7%，提高了4.8个百分点。其中食用油类消费支出197元，增长98.2%，在食品支出中增速是最快的；肉、禽、蛋、奶类消费支出1000元，增长37.4%，在食品支出中增加额最大。在外饮食支出快速增长。农民人均在外饮食支出630元，增长23%，家人团聚、朋友聚会等迎来送往，使在外就餐更加方便快捷，成为追求生活情调、提升生活质量的方式之一。衣着消费同步增长。是年，人均服装类支出为935元，增长4.1%，人均鞋类支出281元，增长13%。

（王玉香）

**【发展型消费支出减少 农民负担减轻】** 政府惠民政策的出台使得交通和通讯消费既省钱又方便，交通和通讯是消费热点。年内，农村地区公交线路不断优化，政府实施“公交一卡通”和地铁单一票价等，电信部门推出的多种优惠消费套餐，在多种惠民政策的共同影响下，人均交通、通讯消费支出930元，比上年下降12.5%。中、小学进一步规范收费，禁止校内开办各种补习班，减少了教育消费。全年人均文化教育、娱乐消费支出995元，下降10.4%。其中人均学杂费支出209元，下降44.3%。

（王玉香）

# 街　　乡(镇)

## 丰台街道

【概　况】　丰台街道位于丰台区中部，是区委、区政府所在地。东起四三环南路和造甲街，西至程庄路和京山铁路线与卢沟桥乡接壤；南有丰台南路和看丹路与新村街道毗邻，北至丰北路和丰体南路与卢沟桥街道相望，属城乡结合部。西四环南路和京沪高速铁路纵横交织，将辖区格划为四大板块。面积8.9平方公里，设23个社区，常住人口4.7万户12.6万人。流动人口5784户47865人。有回、蒙、藏等16个少数民族，信仰伊斯兰、佛教、基督教、天主教、道教的信教士1263户，2474人。新生儿出生上报760人，计划生育率98.03%。驻辖区单位3000余家，中学5所，小学7所，少年宫1所，幼儿园11所，医院4家，敬老院1家。清真寺1座于1895年由大井村迁驻。火车站1处建建于1896年。花园一座。古树8棵。丰和轩饭庄是百年老字号。全年共办理各类信访、矛盾排查216件。年内，街道获得国家级先进3项，市级先进15项，区级先进28项，连续第8次被评为区政府机关行政效能建设考核评估街道系统第一名。

（蔡　宁）

【奥运环境建设】　年内，完成奥运火炬接力沿线、场馆及行车路线周边城市景观布景。完成政府投资615.7万元，粉刷主要道路、重点地区楼体及建筑物外立面。完成政府投资580.8万元，对6条主要大街280户的户外牌匾进行了整治。摆放鲜花44000盆。出资10万余元，清理垃圾渣土4050吨。

（蔡　宁）

【奥运安保】　年内，建立平安奥运分指挥部，建立和完善以公安民警为主，专职巡防队为骨干，治安巡逻志愿者为基础，街道职能部门管理力量和社会单位力量为补充的社会防控网络。40名守桥护路民兵，对丰北桥、丽泽一号桥、二号桥实行24小时轮流值班，保证护卫桥梁的安全。奥运期间，启动街道应急工作预案，及时处理“前泥洼社区停电”等突发事件31起，出动队员120人次。

（蔡　宁）

【城市环境建设】　年内，完成政府投资343.8万元，对东幸福街和北大街社区老旧小区改造。为313户低保家庭更换节水马桶，为10090户家庭安装信报箱。解决居民危旧房37间，落实“无城镇危房户”的工作目标。督促72家餐饮单位完成油烟净化装置的更新清洗工作，查处使用煤炉等违法事件63件。对区属花园检测子站加强监督管理，主要道路每日进行洒水降尘,全年蓝天指标提前27天完成。投入10多万元对街道承担的13座旱厕进行清掏、保洁、消毒。

(蔡　宁)

**【基础设施建设】**　年内,街道投资18.5万元,为6个社区进行居民自行车棚、办公用房的装修改造。投资19.2万元,为18个社区添置办公设备。筹措资金100多万元,建成集办公、活动、服务为一体的440平米丰益花园社区办公用房。

(蔡　宁)

**【居民自治建设】**　年内,组织社区居民参加北京市第三届魅力社区评选活动。新兴家园社区以"首届社区乡俗节"项目获得北京"十大魅力社区"称号,永善社区、程庄路16号院社区分别以社区的环境劝导队Ⅱ、魅力环保员评比获"共建和谐奖",东大街西里社区和北大街社区分别以十万利乐袋回家行动、社区手语互助队获"社区风采奖"。同时,新兴家园、永善社区两个项目也被评为丰台区"和谐3.20"示范项目。

(蔡　宁)

**【社区服务】**　年内,提供家政等服务2492人次。深化为老服务,在9个社区设立40张助老服务床位,对786名老人提供了服务。发放养老服务补贴6万余元。街道的阳光敬老院,50张床位,年入住率在90%以上。

(蔡　宁)

**【安全生产】**　年内,与辖区23个社区、2200家社会单位签订安全责任书,对辖区2536家生产经营单位进行安全检查,查处安全隐患1370处,发出隐患整改通知书620份。对2800户出租房屋、12000多名流动人口进行安全检查。

(蔡　宁)

**【平安社区创建】**　年内,自筹资金400多万元,安装监控探头432个、楼宇对讲180个,小区科技创安覆盖率达到70%。1—11月份接报警情数量比去年同期下降24%。19个社区被评为平安社区。

(蔡　宁)

**【劳动就业】**　年内,开发就业岗位1427个,安置失业人员996人,失业率控制在1.86%,辖区内已有45%的社区达到充分就业社区标准。实现"无零就业家庭"目标。做好"4050"困难人员再就业援助工作,实现100%就业。办理"一老一小"医疗保险4065人,管理退休人员10626人,对140名体弱多病、年纪偏大的退休人员实行"三上门"的重点服务。与63家重点单位签订《丰台街道办事处2008年无拖欠农民工工资责任书》。对建筑施工企业监控率达到100%,实现"无拖欠工资"的工作目标。

(蔡　宁)

**【社会救助】**　年内,为398户760人,发放保障金总金额311.3万元。两节期间为318户特困家庭发放慰问品、慰问金合计45万元,有90户家庭享受关爱,228户得到爱心救助卡。为43名60岁以上低保户老人发放助老慈善款2.1万元,为低保和边缘户发放临时救助款14.5万元,为22户各类困难家庭发放助学金7.2万元。为5名学生送去助学款2200元。办理医疗救助69人。垫付押金6.25万元对低保家庭进行了救助,筹措周转资金70万元,解决军地退人员看病医药费报销周期长的问题,为78人次垫付押金32.5万元。劝返流浪乞讨人员12人次,实现"无社会救助盲点"的目标。新安置残疾人就业12人,建立职业康复站。393户家庭通过摇号在宋家庄、造甲村选到满意住房。享受廉租住房89户。

(蔡　宁)

**【社区文化活动】**　年内,举办第二届社区春节文化庙会,第二届和谐社区杯乒乓球比赛,举办各种文艺活动60余场,放映电影近200场次,启动"丰台区夏日奥运普法广场"系列普法活动,提升奥运法制宣传的影响力和辐射带动力。

(蔡　宁)

【民族宗教】 年内,筹集资金7万元,对丰台清真寺寺内建筑物进行粉刷更新,送去慰问金和防暑降温物品。

(蔡 宁)

【协税护税】 1月—9月实现辖区企业留区税收1.2亿元,比去年同期增长34%。零散税源征收575.6万元,比去年同期增长37%。

(蔡 宁)

【便民菜点】 年内,在社区建立7个便民菜点,营业总面积360平方米。菜点经营有60多个蔬菜品种,每个菜点可辐射居民2000余户,总人数覆盖量近5万人。

(蔡 宁)

# 卢沟桥街道

【概 况】 卢沟桥街道地处丰台区西北部,与卢沟桥乡12个行政村相融交错管理,辖区面积59.73平方公里,有30个社区。常住居民78831户205998人,流动人口9653户76372人,属典型城乡结合、农居混住地区。辖区东南与太平桥街道、丰台街道、新村街道相邻,西北与宛平地区和石景山区、海淀区接壤;辖区内西三环路、西四环路、万丰路、永定路南延路,玉泉路南延路和丰北路、京石高速路、吴家村路等交通路线贯穿南北东西,构成便利的交通网;丰台体育中心、丰台社区学院、丰台区实验学校、大成学校、六里桥长途客运站、家世界购物广场、华联超市、解放军302医院、郭林家常菜等商业服务与文化教育设施齐全;辖区有中央、市、区属单位178家、外埠驻京办事机构27家、学校和托幼儿园38所、部队单位21个、各种企业3800余家,中共北京市纪委(北京市监察局)、区财政局、区国税局、区教委、区房管局、区体育局、区城管大队、卢沟桥乡政府等党政机关驻在辖区,辖区有公安派出所、工商所等11个区政府职能部门派出机构。座落于辖区的丰台体育中心是丰台区唯一一座第29届北京奥运会比赛场馆。年内,街道荣获国家体育总局颁发的“第六批全国城市体育先进街道”,被北京市委、北京市政府和北京奥组委授予“北京奥运会残奥会先进集体”荣誉称号。有2个单位、社区和2名个人受到国家部委表彰;15个单位、社区和33名个人受到北京市委市政府的通报表彰;22个单位、社区和215名个人受到丰台区委、区政府的通报表彰。

(王 蕾)

【社区建设】 年内,新建改建扩建社区办公用房8处计2800平方米;投资20余万元,支持和鼓励文明社区、绿色社区创建工作;重点推动长安新城等3个社区创建首都文明社区、首都绿色社区和文明社区建设;着力打造京铁、春园、小屯、民岳家园等4个社区创建“魅力社区”。其中京铁家园被评为第三届北京“十佳”魅力社区。

(王 蕾)

【为企业服务】 年内,建立3560家企业台账;制定为企业服务流程,规范服务内容;帮助电子工业出版社、国润集团、汇通创意广场、冠京工贸等企业,解决了方便出行、房屋产权、土地转让、忧民纠纷、绿化美化等七大类162个问题。

(王 蕾)

【环境建设】 年内,完成丰西路41号院的老旧小区改造,对已改造的老旧小区进行功能完善;规范社区垃圾收购站点30个;新增、更换、补植树木1896棵,绿地33800平方米,摆放绿植花卉52300盆,绿化4.6平方米;西府景园小区和小井海军小区被评为“花园式”单位;完成16条道路向区环卫中心的移交工作;投资50万元招募培训保洁队员160人;组织15次专项宣传和集中清洁日活动,发动地区单位、社区志愿者16000人次,清理卫生死角、堆物堆料228处,清运无主垃圾渣土2500多吨,清理小广告25000多条;拆除各类违法建设83处,5.7万平方米;协助拆除城中村105户,5747平方米;绿化和硬化四环路以内及奥运场馆周边地区24处裸露地面,共硬化地面3.5万平方米,铺设方转7.6平方米,铺设雨、污水管线8987米,配设照明灯140盏;5个窗口单位、13个居住小区和国润商务大厦分别被市、区评为垃圾分类管理先进单位;对辖区1380家餐饮企业的油烟净化、煤烟排放和环保设施进行了检查,其中有48家企事业单位在北京市的验收中全部达标。

(王　蕾)

**【奥运安保】** 年内,成立由街道党政一把手任组长的奥运服务保障领导小组;协调全区22个委办局组成第29届丰台女子垒球场外围保障团队指挥部,近100名干部职工编成社会面控制、重点人防控、环境秩序、应急保障、社区工作和窗口服务等“六支队伍”;组织18次拉网式大普查、大排查、大清查和大核查等专项行动,拆除出租大院15家、29700平方米,治理出租房856户,对79000多名流动人口进行登记造册;加强奥运场馆周边200米至400米范围内安全防控,建立健全1682个生产经营单位、74个重点单位、25个重点区域、86处重点部位和400多名重点人等基础台帐;自筹资金300万元,建立志愿奥运服务人员招募、培训和奖励激励资金;招募培训130人的专职治安巡防、协警人员,建立5502人的社区志愿者服务保障队伍;成立奥运综合执法队伍;组建看桥护路队,对场馆周边“六路二桥”进行重点监控。

(王　蕾)

**【改善民生】** 年内,拆除张仪村、靛厂村五队违章建设18702平方米,筹措资金集中对卢沟桥路、望园路、人民村中路、人民村南路等4条重点大街、火炬接力沿线的辅路和386块广告牌匾进行整治规范;出资30余万元,完成大井东里、靛厂村五队的污水管线的更新改造;妥善处理民岳家园701路公交车变更;解决了蒋家坟、大井、青塔、金家村、五里店等地区多起水、电、暖和雨污管道堵塞、居民出行难的问题;协助上级部门安装了金家村第二社区、六里桥社区、六里桥北里社区和五里店第二社区的4657个信报箱;解决了五里店、大井平房区,金家村、青塔村断水和上厕所难问题;实施对五里店第二社区的封闭改造和大井社区东里居民楼门禁系统的安装建设工程;投资50多万元改造1个残疾人温馨家园、建成3个残疾人职业康复站,大井社区残疾人温馨家园,在奥运期间接待多个外国残疾人运动员、教练员和官员参观考察。

(王　蕾)

**【“五无”工作】** 年内,组织失业人员招聘会24次,促成就业、再就业1194人;投资100多万元,改造了全程代办大厅,13个社保、7个全程办事代理窗口公开规范,全年受理各类代办事项51569件,办结率、即办率、满意率100%;对400余家用人单位、15518名从业人员进行劳动保障情况巡查和书面审查;对10387户优抚对象(含计生、残疾人)、地退、军退、伤残、65岁以上人员和征地超转家庭进行集中救助,申请发放救助金2100万元;为585户、1058人发放最低生活保障金403万元;对辖区危房进行全面摸底,对349户疑似危房进行了核实鉴定;受理经济、限价和廉租房申请576户,审批保障性住房222户、解决实物配送住房6家、廉租房46家。

(王　蕾)

**【信访矛排】** 年内,完善接访、下访、约访、回访四访工作机制和“三级矛盾排查调处”网络,接待群众来访112批次,处理信访及电话31件,解决了春园、蔚园、莲怡园社区奥运开幕式当天居民楼大面积停电,蒋家坟、六里桥南里社区近200户居民有线电视故障问题,及时消除和化解金家村、丰体时代中心、民岳家园、莲怡园等4起重大集体访的苗头倾向;

有效处置奥运期间金家村170名强拆户人员预谋串联游行和约见外国记者两起重大事件,防止了影响国家声誉的重大事件发生;全年共解决辖区居民的实际问题45个。

(王　蕾)

**【安全生产】** 年内,筹措资金77万元,组织安全生产宣传教育和人员培训,更新改造安全基础设施,建立应急指挥、应急处置和应急职守机制,组织12次“安全生产管理”专项行动,关停非(违)法生产经营单位188家;消除安全生产隐患278个,杜绝群死群伤重大安全事故。

(王　蕾)

**【科教文卫】** 年内,投资160万元,规划建设辖区7个文化活动中心和社区文化场所;协调辖区内21所学校、幼儿园,无偿为附近居民提供5处活动所场及部分器材;结合迎奥运和建街40周年,开展“和谐与奥运同行”八大系列主题活动;全年共组织群众文化活动82场,参与人数达万人;由26个社区组成的1000人花穗操表演队伍参加区直机关运动会开幕式表演、奥运火炬传递现场花穗操表演、卢沟桥纪念馆开馆仪式表演、北京市第22届醒狮杯长跑开幕式表演。

(王　蕾)

**【“迎、讲、树”活动】** 年内,举办奥运知识、百姓生活新图景、北京的后奥运经济等300余场“奥运大讲堂”;组织开展全民健身活动、社区“和谐杯”系列比赛;创建全市首个“中英文双语服务”文明乘车站台;完成奥运火炬传递、文明观众组织等工作,街道职工奥运啦啦队被北京奥组委评为先进文明观赛啦啦队。温家宝总理、市委市政府领导以及国际奥委会官员、外国政府首脑先后到大井社区和丰台体育中心视察。

(王　蕾)

**【楼宇党建】** 年内,“中共北京市丰台区卢沟桥街道国润商务大厦社会工作委员会”于12月26日正式成立。北京市委社会工作委员会委员、社会建设工作办公室副主任陈建领、丰台区副区长吕仕杰出席会议并讲话。

(王　蕾)

**【抗震救灾】** 年内,辖区为汶川地震灾区捐善款250余万元,捐赠衣被等物品570包24916件。

(王　蕾)

# 太平桥街道

**【概　况】** 太平桥街道位于丰台区的中北部,东与宣武、北与海淀区接壤,南与新村街道、西与卢沟桥街道毗邻,与卢沟桥乡6个村交叉相连,辖区面积9.81平方公里,常住人口6.18万人,计划生育率98%,13个社区居委会。辖区有中央和市、区属单位、外埠驻京办事机构245个,个体、私营企业1032个,是首都交通枢纽、对外窗口和丰台区的经济、政治、文化活动中心之一。年内荣获首都绿化美化花园式单位、首都文明街道、消防安全先进单位、北京奥运会残奥会环境建设先进集体等市级荣誉称号12项,街道效能建设名列全区第三名。

(邵宝卫)

**【奥运环境建设】** 年内,组织2次强拆行动,拆除莲花池南路46号大院、西客站南广场遗留工棚和新兴集团宿舍违法建设4500平方米,清理流动人口200多名,腾退面积5万余平方米,铲除涉奥场所莲花池公园的安全隐患。

(邵宝卫)

**【创建花园式街道】** 年内,辖区绿化覆盖率25.02%,占地面积2000平方米以上单位26个,16个单位已被评为首都花园式单位。街道办事处被北京市人民政府、首都绿化美化委员会评为2008年街道级唯一的“首都绿化美化花园式单位”。

(邵宝卫)

**【太平桥彩色大道】** 年内,清理非法小广告13万余张,改造规范40块广告牌匾。种植“美国秋红枫”207株和金叶女贞、美国海棠等10多种植物,绿化面积4000余平方米。

(邵宝卫)

**【精图文化广场升级改造】** 年内,采取自筹资金与争取资金相结合的方法,投资近800万元,对广场露天演出舞台进行升级改造,安装大屏幕,奥运会期间,每天有上千名居民群众到这里观看奥运节目、参加体育健身活动。

(邵宝卫)

**【老旧小区改造】** 年内,筹措资金近1000万元,对天伦、精图、万泉寺3个老旧小区进行改造,建立万泉寺社区卫生站用房200余平方米,打通消防通道2处,安装更换小区路灯70多盏,硬化地面22036平方米,绿化补种5777平方米。

(邵宝卫)

**【综合整治】** 年内,以三环路、广安路、太平桥路等主要道路和大街为重点,在辖区开展交通、市容、治安、市场经营和旅游五大环境秩序进行整治,拆除整改广告牌匾8469块、灯箱395个,清理小广告15万多张、条幅387条,没收暂扣黑三轮、黑摩的等522辆,查抄烤箱45个、大炉子497个,没收盗版光盘357盘、盗版图书660本、其他物品712件,经过清理整治,广安路被市区评为公共文明示范区、太平桥路被评为“三无示范街”。

(邵宝卫)

**【矛盾排查化解】** 年内,创新化解矛盾的刨根法、见面法、借势法、暖心法等工作方法,化解各类矛盾纠纷220件,其中比较突出的矛盾纠纷13件,4件市区挂帐的重点矛盾化解工作有突破性进展,实现市区提出的“双零”目标。

(邵宝卫)

**【为百姓办实事】** 年内,完成改造2个老旧小区、为6个社区建立老年人日间照料室、维修整治水衙沟路等为民办的10件实事。

(邵宝卫)

**【再就业工作】** 年内,新接收失业人员档案890份,为866人办理失业登记,为864人落实办理自谋职业、灵活就业等再就业优惠政策,为374人发放失业保险金86万元,开发就业岗位1100个,推荐成功532人,失业率控制在2.5%以内,完成区政府下达的各项指标。

(邵宝卫)

**【社会救助和服务保障】** 年内,帮助1490人“一老一小”和169人无业居民办理大病医疗保险;为373人无保障老人申报申领了福利养老金;为1064名社会化管理的退休人员发放养老金2071万余元;为贫困残疾人发放轮椅、助行器等11个品种47件康复器材,对地区33户残疾人实行“一助一”亲情关爱服务;为符合低保条件的14户家庭26人办理低保手续,复审101户175人低保待遇,发放低保金60万元;发放各类民政对象生活费1501人次,163万多元;实施临时、医疗等特殊救助777人次,21万多元;走访慰问397人次,发放慰问金32万多元;其它救济救助款211万多元。完成廉租房申请10户、审批9户,实现实物配租3户、租金补贴4户;经适房申请68户、审批61户,选房24户;限价房申请64户,审批61户;开展家政服务3100多次,举办舞会1090多场次,为居民免费放映数字电影240场次。

(邵宝卫)

**【维护劳动者合法权益】** 年内,共检查用人单位781户次,涉及职工20093人;督促补签劳动合同343份,27户用人单位缴纳社会保险费5.81万元,涉及劳动者378人;追发劳动者工资及经济补偿金90万元,涉及劳动者514人,确保无拖欠工资目标的实现。

(邵宝卫)

【协税护税】　年内,实施领导干部联系企业制度,为地区企业发放《绿色通道联系卡》,建立纳税企业“一户一卡”台帐,帮助企业协调解决在生产经营中遇到的问题,全年引进企业48户,注册资金8.2亿,留区税收1亿多元。

(邵宝卫)

【抗震救灾工作】　年内,为四川汶川地震灾区筹集善款116万余元,特殊党费15万多元,衣被5711件。

(邵宝卫)

【社区自治工作】　年内,新建首威、万润2个新社区,完成对三路居蓝调国际公寓及太南里部分新建小区调查摸底。在北京市开展的《魅力社区》评比中,太南里社区的《邻里互助小贴吧》、太东里社区的《魅力母亲微笑瞬间摄影展》两个项目晋级,获得魅力风采奖。

(邵宝卫)

【全程办事代理】　年内,全程办事代理大厅和社区服务站共接待居民和单位17922人次,代理受理各类服务事项15969件,办结率为100%。

(邵宝卫)

【依法行政】　年内,拆除违法建设8处4500平方米,行政给付(抚恤金11.2072万元、特定人员退休金195.67万元、社会救济金43.428万元),没有发现行政违法、投诉、诉讼、复议事件。

(邵宝卫)

# 新村街道

【概　况】　新村街道位于丰台区中南部,东至草桥、新发地一线,西至丰台西站,南至羊坊、葆台南侧一线,北至京广铁路、造甲街、丰台南路和看丹路,行政区域总面积50.28平方公里,常住人口6.1155万户、16.033万人。辖区有25个社区居委会,含5个“首都文明社区”、14个“丰台区文明社区”和17个“首都绿色社区”。全年出生人口1082人,符合政策生育率98.98%,被北京市人口计生委评为“先进集体”。年内,街道被评为市级“首都迎奥运、讲文明、树新风活动先进集体”、“首都志愿奥运好团队”、“2008年度北京奥运会、残奥会文明观众、拉拉队优秀组织单位”、“2008年北京奥运会、残奥会安全保卫工作先进单位”及“2008年度北京市爱国卫生先进单位”。获得区级“信访矛盾排查调处工作先进单位”、“社会治安综合治理先进单位”、“信息化城市管理工作先进集体”、“民兵工作先进单位”、“妇联系统基层妇女工作先进集体”、“残疾人工作优秀单位”称号。

(吴　洪)

【城市建设】　年内,组织对地区21户、26.5间危险房屋进行翻修,全部解危。完成桥二社区、造甲南里社区、造甲村社区3个老旧小区改造工作,总面积25万平方米,其中绿地改造1.61万平方米、铺设透水砖2.8457万平方米、沥青混凝土路面2.61万平方米,楼体粉饰37.5584万平方米,更换路灯131个。重点整治丰南路、科兴路和丰葆路环境,其中丰南路38家商户、科兴路34家商户、丰葆路7家商户。对造甲村三角地进行硬化,新增石凳、石桌子5套,改造成为地区百姓健身场所。奥运期间,地区摆花30万盆,其中大型花坛3组。7月,富丰园、明春苑、韩一、韩二、桥二、万柳西园、万柳园社区92栋楼5313户居民的信报箱安装完毕,正式通邮。

(吴　洪)

【城市管理】　年内,处理非法张贴小广告等网格案件6647件。完成区绿地使用再生水调查、老旧小区绿化情况调查、花园式单位调研报告;完成地区污染源普查工作,清查排污单位556家,其中工业源85家、生活源471

家。扩大绿化面积2.2万平方米,创建花园式单位2个。拆除丰西地区19处违章建筑500平方米,清运垃圾杂草19车共42吨,铺砖900平方米。完成地区垃圾分类工作,中关村科技园区管委会、欧尚丰台店、北京世界公园、北清第二车辆场的垃圾分类经市、区验收合格。全年销售各类除四害药品4万余元,开展城市清洁日,奥运倒计时100天、50天环境整治工作。开展"迎奥运病媒生物控制统一灭杀日活动"、"地区灭鼠统一投药日活动"、"健康北京灭蟑行动"。

(吴　洪)

**【安全生产】** 年内,检查辖区生产经营单位4328个次,下达文书3081份,查处隐患208处,追查交通社会单位重点违法单位109个、违法超标单位52个。开展打击安全生产非(违)法行为专项行动,查处安全生产非(违)法单位145家。与辖区单位签订安全、防火责任书各753份,25个社区居委会与中小门店签订安全责任书1149份。建立义务消防队49支,义务消防员968人,更新消防通道划线5530米,新增灭火器1100个。在25个社区分别设置消防安全宣传站,投入5万余元为社区购买消防系列展板230块,订阅《消防周刊》25份,为社区添置消防器材箱10套。全年在各社区、马厂加油站和欧尚超市等单位组织开展"应急演练"77次。整改市、区两级挂帐的安全隐患2处。奥运会期间,对涉奥单位－基督教丰台堂、北京市东方友谊食品配送公司和世界公园周边沿线生产经营单位进行重点检查。

(吴　洪)

**【社区建设】** 年内,完成育仁里社区居委会办公服务综合用房的建设463平方米。完成科一、科二两个社区居委会综合活动、服务用房的建设工作。完成万年花城第一社区办公、服务用房置换及改造装修工作。完成三环新城第一、第二、第三社区居委会办公、服务用房的接收、改造装修工作。全年投入资金255.3万元,扩大居委会办公服务用房面积1873平方米,总面积达7694平方米。办公服务用房面积达到或超过350平方米的社区居委会14个,占居委会总数的56%。

(吴　洪)

**【社会救助】** 年内,社会救助、超转、军地退人员支出及各项医疗费用、抚恤事业费用、廉租补贴等共计1935.946万元。资助辖区内特困学生45人计6.6万元。在20个社区建立60个床位的"老年人日间照料室",居家养老补贴130人,总计每月7850元。全年捐款134.26万元,捐赠棉衣被2.46万件。批准97户办理廉租房;批准301户办理经济适用房,106户已配售;批准365户办理限价房,175户已配售。全年共安置23名残疾人就业。年内推荐30名残疾人进行各类技能培训,其中12名残疾人取得了证书。在桥二及明春苑社区建立的2个职业康复劳动站通过市残联评估验收。完成辖区28户残疾人家庭无障碍改造。为227名残疾人办理劳动年龄内无业居民大病医疗保险参保手续,重残无固定收入人员参保率100%。

(吴　洪)

**【社会综合治理】** 奥运期间,投入治保积极分子、专职巡防队员、志愿者等力量21万余人次。安排3500余人次对辖区52个公交站点进行看护。全年流动人口采集登记4.2万人。检查人防工程3900余次,检查维修人防工程90余处,关停21处。新建鸿业兴园人防工程地区指挥中心通过市、区验收。更新辖区内9处警报器。关停无照、三合一等非法违法生产经营单位89家。

(吴　洪)

**【劳动保障】** 年内,跟踪监控辖区内73家企业的劳动合同签定情况,地区劳动合同签订率达到98.3%。全年接处投诉、举报案件50起,为职工追回工资76人次7.4万元。追缴社会保险17人次3.8万元。补签劳动合同82份。案件查处率、结案率及案件合格率均为100%。办理回城知青13人。

(吴　洪)

【社会保障】 年内,举办7期再就业免费技能培训班,参加培训失业人员285人;组织辖区9家物业单位职工参加的北京市迎奥运职业技能大赛活动,263人取得劳动部颁发的物业管理员职业资格证书,36名工作人员劳动保障协管员获得职业指导员初级资格证书。向企业宣传促进失业人员再就业优惠政策45次,发放宣传材料5500余份,采集空岗信息3956个,招聘单位220个,成功推荐就业1025人。开发社区就业岗位1355个,安置失业人员就业1231人。新增零就业家庭7户,通过公益性组织、单位招工灵活就业实现消零。全年发放失业金2223人次,金额273.5万元,发放统筹外养老金养老1533人次,金额99.7万元。“一老一小”累计参保人员4123人。

(吴　洪)

【文教卫生】 年内,辖区共有45支文艺队伍、1460名文艺骨干。全年开展文艺活动186场,观众2.4万余人。辖区罗俊德老人的火烩葫芦画被编入北京市文化遗产名录丰台篇。投资20余万元制作880平方米奥运宣传墙,投资50余万元安装27组宣传栏,投入2万余元对育芳园社区、桥梁厂第二社区的800平方米健身场地进行地面铺装,投入2.5万余元举办第二届迎奥运和谐社区杯乒乓球比赛,辖区内报名参与率21%。成立22个社区红十字社区服务站。完成22个社区的创建药品放心社区档案整理与规范检查工作,在22个社区设置过期药品回收箱,完成创建药品放心街道工作。全年组织健康知识讲座12期,为0－6岁流动儿童接种疫苗410名,为地区14个工地2230名民工免费注射预防流脑疫苗。

(吴　洪)

# 右安门街道

【概　况】 右安门街道位于丰台区东部,距区政府9公里。东至北京南站与崇文区相邻,南至京山铁路与西罗园、马家堡街道相连,西至菜户营与太平桥街道接壤,北至护城河与宣武区隔河相望。街道办事处坐落在右安门外翠林小区。街道辖区面积4.32平方公里,共有大街小巷25条。下设16个社区居委会,常住居民32082户,85296人,流动人口25000人。计划生育率98.7%。年内,投资6000余万元,历时180天,完成玉林西里、开二社区、玉东一、二、三社区、翠林一、三社区7个老旧小区以及翠二社区部分补充改造任务,完成小区道路、绿化、雨水污水管线、楼体外立面等多方面的综合环境整治。共完成粉饰楼体84栋,粉刷内墙19万平方米、外墙32万平方米,翻修和新修道路12.85万平方米,整修雨水污水管线2400米,绿化1.4万平方米,清运垃圾渣土3200余吨。

(李　洋)

【地区综合整治】 年内,完成地区联合执法190次,对156家涉及无照经营、非法经营的场所进行重点查处,关闭东庄地区21家小旅馆,检查市场35次,清理游商560家,纠正占道经营1500家;打击黑车2000余辆,收缴煤炉1500余个、光盘2000余张。

(李　洋)

【安全生产】 年内,成立安全生产办公室并为每个社区聘用2名专职安全监督员。全年共排查出生产、食品、消防、交通隐患500余处,全部整改完毕。开展人员密集场所等七项整顿,重点对商市场、宾馆、饭店、地下空间、出租房屋进行了检查,对8家存在安全隐患的单位罚款7.4万余元。关停地下空间和人防空间65处,疏散居住人员1200余名。

(李　洋)

**【矛盾排查】** 年内,接待来访、咨询、诉求2315人次,处理社会矛盾及难点、热点问题41件。化解翠林三里22楼居民因铁路京山线改线,需要拆迁这一老大难问题。落实日常定期排查、重要时期前置排查的原则,对上访重点人进行风险评估,组建8人监控小组,实施全天候、全方位的防控。

(李　洋)

**【完成地区环境整治】** 年内,投资630万元对南站周边、右外大街、二环辅路的商铺门脸、外立面、广告牌匾、围墙进行了规范整治。拆除铁棚、砖混等各类私搭乱建5670平方米。与680家单位签订"门前三包"责任书,对所有单位进行台帐式管理。全年纠正影响市容环境秩序的违法行为430余处,清理整顿报刊亭19个。安装便民信息栏29个,增设自行车架150米。

(李　洋)

**【社会救助】** 年内,发放420户低保户、960人低保金400万元,发放帮困补助33万元、医疗救助10万元、临时救助6万元。建立机构养老、社区养老、居家养老"三位一体"的养老服务体系,投资400万元改建地区敬老院,增加床位50余个;完成玉东一、玉东二、玉林西里、翠二四个社区的老年日间照料室建设任务;为地区百余名空巢老人实行"一对一"或"户对户"的照顾。为836名散居婴幼儿办理了大病医疗保险。投资百余万元为辖区1200多名残疾人建立近700平方米的"温馨家园";全年发放重残人员补助金30余万元,修建无障碍坡道9个,为25户家庭安装无障碍设施。

(李　洋)

**【再就业帮扶】** 年内,就业和再就业工作延伸至16个社区,完成玉林里、玉林西里、东滨河、西铁匠营、永乐、开一、翠一7个充分就业社区的创建工作。全年共采集空岗信息3351个,开发就业岗位423个,为1200名人员进行岗前培训和职业指导,为劳动年龄内无业居民办理大病医疗保险。成功推荐就业395人,发放失业金226万元。全年受理拖欠工资案件24件,涉及110人,追发工资85万元。

(李　洋)

**【住房困难群体帮扶】** 年内,成立住房保障管理工作领导小组,全年为131户特困居民办理廉租房租金补贴,为12户居民实行实物配租;通过限价房审核148户、经济适用房203户。完成东滨河3户4间、玉东三2户3间、西铁匠营4户4间,共计138.7平方米的危旧房改造任务。

(李　洋)

**【开展迎奥运各项活动】** 年内,举办"让我们一起点燃激情传递梦想"主题教育、"奥运礼仪我知道"主题培训、"平安奥运我先行"主题宣讲。围绕奥运倒计时,举办"千人武动奥运"、"唱响奥运主旋律、展示右安新风采"等特色活动,地区旗操表演队参加丰台奥运火炬传递仪式,组织文明拉拉队,到垒球场、水立方、鸟巢等场馆观看比赛。残疾人太极柔力球参加了奥运会及残奥会期间的表演和交流活动,右安门城市志愿者服务站获得金牌站点的荣誉称号。

(李　洋)

**【居民自治】** 年内,16个社区分别制定居民自治项目,开阳里第一社区的"奥运环保社区行"获得丰台区和谐3?20项目奖;翠林一里社区的"阳光停车泊位"参加北京市魅力社区评选获得共建和谐奖;地区成立体育协会等7个分会,拉丁舞队、民乐队、老年街舞队已经逐渐形成自身特色。

(李　洋)

# 马家堡街道

【概　况】 马家堡街道位于丰台区东南中部,东与西罗园街道、大红门街道接壤,西与新村街道相邻,南与南苑街道交界,北与右安门街道隔路相望;辖区内南三环中路、角门北路、角门路、嘉和路、枫竹路、南四环路、马家堡路、马家堡中路、马家堡西路和嘉园路贯穿东西南北,构成便利的交通网。辖区呈长方型,东西宽1.53公里,南北长3.21公里,面积4.95平方公里,居民小区73个,居民51635户,124716人,设15个社区居委会。年内,做好全程办事代理工作,全年共办理服务事项8500余件,办结率100%,群众满意率100%。完善96156社区服务平台建设,更新街道小呼叫系统内的信息和后台的数据系统,增加服务项目5项。加大人民内部矛盾的排查调解力度,办理群众来信来访53件105人次,上级交办件37件,网上投诉58件,信访办结率100%,调处各类纠纷173件,调解成功率99.5%。开展街道主要领导大接访工作,解决涉及地下人防使用、商户租赁费用纠纷等20起矛盾纠纷,掌握群体访信息,及时疏导和化解80余次。做好协税护税工作,新引进企业3家,代征个体工商户税款66万元,代征个人出租房屋税款71万元。开展污染源普查工作,共普查污染源198个。完成经济普查清查阶段工作,清查企业单位1285家,个体经营户1294家。荣获北京市计划生育工作先进单位、"劳动用工规范一条街"先进单位、国家安全先进单位;被区委、区政府评为优秀信息工作先进单位;荣获区就业工作、文化工作、民兵工作、征兵工作、民防工作先进单位。

（李志平）

【奥运环境建设】 年内,投资404万元,对嘉园路、马家堡西路、马家堡路、角门北路的广告牌匾和马家堡三期工程围墙、中国康复研究中心西区围墙进行修缮,共更新广告牌匾460块、新建和修复围墙1400延米。对角门2号院、角门16号院、马家堡路甲55号院三个老旧小区进行改造。对嘉园二里等小区的14栋楼11.4万平方米的外墙立面进行了粉刷。投资60万元,对嘉园路南段进行绿化,共种植乔木383株,绿篱1703平方米。

（李志平）

【奥运环境整治】 奥运会筹办期间,组成街道联合执法队,对北京博爱医院周边、三环路、四环路等重点地区的无照商贩、店外经营、露天烧烤、散发喷涂小广告等违法违规行为进行集中整治。对嘉和路明日商厦门前、北甲地市场周边及公交14路总站等地进行每周3次集中整治,共清理街头游商摊贩888起,查扣各类三轮车、人力车50辆,黑摩的20辆,残摩19辆,治安拘留17人,清除小广告11123条,办理小广告停机26个,治安拘留4名妨碍和阻挠执法行为的摊主。

（李志平）

【平安奥运】 年内,开展"拉网式"安全大检查15次,实行"点对点、无缝隙"安全稳定巡防工作机制。奥运期间组织街道综治巡查队、城管分队巡逻队、地区治安巡防队、地区环卫所工人以及守桥护路民兵共130人及3700人的治安志愿者队伍进行巡查防控;坚持每周两次联合执法巡查,整改安全隐患140余项,下发限期整改通知书100余份,取缔2家黑网吧、3处无照经营小发廊和5处无照棋牌室,对3家超范围经营的娱乐场所进行处罚。开展流动人口和出租房屋摸底调查,共清查流动人口42000余人,出租房屋6000余间,完善动态流动人口和出租房屋服务管理机制,对马家堡三期待拆迁区域内的500余名流动人口实行封闭式管理。

（李志平）

【精神文明建设】　年内,开展“迎奥运我参与、讲文明我奉献、树新风我快乐”主题实践活动。举办了马家堡人的奥运情怀百姓制作展、争做奥运小天使演讲会、新春音乐会、奥运会倒计时100天等多场主题群众文化活动176场。辖区各类志愿者队伍185支7817人。对40名奥运“职工文明啦啦队”成员进行培训,为中外运动员现场加油8场;组织400名群众观看奥运火炬传递,3批1000人次观看奥运赛事,6100人次参观奥林匹克公园等活动。在明日商厦前设立城市志愿者服务站,近百名志愿者开展奥运志愿服务活动,提供信息咨询5000余人次,被评为丰台区的金牌站点。

(李志平)

【专项环境整治】　11月10日至12月10日,区08办和街道共同组织协调区公安、城管、交通、工商、司法、环卫等部门,开展以“巩固奥运环境治理成果”为主题的马家堡地区专项环境整治活动。依法取缔公交14路总站、马家堡西里小区两个自发市场和嘉和路小商品夜市。清理道路两侧无照废品收购机动车29辆。拆除马家堡西里小区内违法建设34间350平方米。清理堆物堆料130余吨。规范并签订门前三包责任书674份。

(李志平)

【文化体育建设】　年内,投资40万元利用人防工程建设600平方米的文体活动中心,为15个社区配备价值20万元的音响、功放等文体活动设备和10万余元的乒乓球台等设备;更新全民健身居家工程4个,更换器材51件;投资56万元装修和更新了文化中心的多功能厅,购置演出服装200余套,道具700件,电声乐器和民族乐器各1套,建成1个区级图书配送点,戏曲进社区、进学校试点单位2个。

(李志平)

【社会保障】　年内,组织就业培训13次,培训271人。多渠道开发就业岗位,组织招聘会15场,推荐就业317人,灵活就业378人,自谋职业124人,辖区“零就业家庭”动态脱零。办理132户经济适用房、92户限价房和20户廉租房的初审上报。为2140名“一老一小”、378名失业人员和办理了医保。

(李志平)

【劳动监察】　年内,规范马家堡西路西侧劳动用工行为;开展《劳动法》的宣传与培训,免费发放《劳动法》2000余份,开通劳动保障政策咨询热线,解决劳资纠纷48起,补发拖欠工资220余万元。

(李志平)

【社会捐助与救助】　年内,依托“爱心家园”等平台,采取“有一助一”方式救助困难家庭899户、518.6万元,为555名无养老保障的老年人办理福利养老。为100名低保、低保边缘、市级劳模和90岁以上特殊老人提供买菜、买电、接送老人看病等多种日常生活照料服务。为四川汶川地震灾区捐款112万余元,捐物10859件,1363名党员共交纳特殊党费14.3万元;为392名来自灾区的务工人员发放价值近2万元的电话卡。完成残疾人基础信息采集工作,投资10万元对25户残疾人家庭进行无障碍改造。

(李志平)

## 西罗园街道

【概　况】　西罗园街道位于丰台区人民政府所在地丰台镇东北方向9公里,距天安门5公里,南二环陶然亭桥西南约0.5公里处。辖区“四至”为:东至南三环木樨园桥,西至西铁匠营路口,南至万客隆北侧临泓路,北至马家堡铁路桥。辖区面积3.025平方公里。东西长3.8公里,南北宽3.9公里。凉水河由西北向东南蜿蜒过境,境内长2公里,马草河于海户西里南侧汇入凉水河。人口总数132859人,流动人口3.1万。街道下设16个社区,其中有2个市级平安社区、14个区级平安社区。辖区内设有中小学校7所、职高1所、托幼园所9所,以及3所医疗卫生机构,社区卫生站4所,养老院1所。随着北京京剧院、中国评剧大剧院的建成,西罗园地区成为北京京剧及传统戏剧主要传播和教育基地。年内,街道荣获北京市奥运安保先进集体、2008年北京奥运会卫生保障先进集体、北京奥运会残奥会环境建设先进集体、北京市人口计生系统平安奥运先进集体、首都"迎奥运、讲文明、树新风"活动先进集体。

(宋玉彬)

**【精神文明建设】** 年内,三环主路10个重点站台创建成为公共文明示范区;辖区群众参加"文明百星"和"文明之星社区行"展览达54000余人次;奥运大讲堂活动有针对性的以简单英语和手语培训为主要内容,受益600余人。

(王君玲)

**【矛盾排查调处工作】** 年内,接待群众来访103次,共有230余人,处理群众集体访32次,处理信访件112件(其中国家信访局1件,中纪委1件,市长信箱18件,市人大2件,区级转来23件,群众来信29件,电话访38件)办结率100%。

(郑 丽)

**【奥运安保工作】** 年内,街道率先在全市对地下室进行关停,关停普通地下室101处1195间,人防工程62处1717间,累计关停地下空间163处,出租房屋2912间,向外地区挤出近5000余人的流动人口以及无正当职业的人员。焦点访谈栏目对这一措施进行了报道。街道被北京平安奥运行动指挥协调领导小组和首都社会治安综合治理委员会评为奥运安保先进集体。

(喻中文)

**【社会治安综合治理】** 年内,街道同地区单位签订各类安全责任书966份 。组织开展治理整顿城市秩序专项行动,查抄黑三轮、摩的212辆,检查地区单位80余家;规范门前三包1600余处,拆除户外广告牌匾318处、规范广告牌匾514块、没收灯箱113块。清理小广告12000余张,没收小广告2000余张,上报停机213起。取缔无照商户2115个,清理游商181个。查抄热得快32个,煤气罐4个,消除各类安全隐患28处。各社区居委会开展"地区社会面控制工作联合演练",组织地区人员疏散演练、反邪教演练、社区火灾等社会面突发事件的演练活动20余次。

(喻中文)

**【城市环境建设】** 年内,完成马家堡东路、角门北路上的临时出租房430平方米的拆除任务。对花椒树社区、洋桥西里社区48平方米的临建房予以拆除。南站路网扩建和"城中村"、"边角地"需拆迁总户数159户,已拆迁157户。发动15000人次对社区、单位、市场进行清理,清理绿地123000平方米,清理积存垃圾渣土250吨,清除卫生死角145处。对角门北路空后设计局违章平房拆除处空地进行绿化改造,新建绿地620平方米。协调区园林局对角门北路西侧约10000余平方米实施绿化改造。出资526748元对洋桥北里社区、西罗园第四社区街心花园及西罗园第三社区科普广场进行改造,工程已全部竣工。筹资1500万元完成7个社区21栋楼30余万平方米建筑的外立面清洗粉饰工程。筹资270万元完成马家堡东路和角门北路两条大街及铁路沿线和南站周边的重点整治。

(石 斌)

**【老旧小区改造】** 年内,完成区上账角门东里二社区和花椒树社区两个老旧小区的绿化补植、道路整修、甬道改造工作,共计绿化美化1760平方米,道路硬化26934平方米,改造雨污水2565延长米,楼体粉饰93337平方米。

（石　斌）

【社区建设】　年内,投资80余万元,为洋桥东里社区新增办公用房492平方米。为16个社区增配电脑32台。

（安旭东）

【为民办实事】　年内,街道确立为民办实事工程9件,累计筹资815.6万元。办理经济适用房申请256户、限价房申请175户、廉租房申请20户;自筹资金为全地区没有物业管理的小区统一新购、更换垃圾桶;为辖区170栋楼安装信报箱,11728户家庭受用;完成24户贫困残疾人家庭的无障碍设施改造工程;16个社区全部建立法律服务工作站。争取资金36万元,为西罗园一、二、三、四社区建立电子图书馆。

（宋玉彬）

【募捐活动】　年内,地区居民向南方雪灾捐款99686.67元,衣被255包;向四川省地震灾区捐款1138283.02元;向四川省什邡市捐赠衣被353包、6208件,善款3020元;地区2877名党员向地震灾区缴纳特殊党费246922.86元。

（孙德友）

【“五无”工作实现真“无”】　年内,开发就业岗位1109个,实际就业620人,实现地区“无零就业家庭”目标;筹措资金38万元,完成小动厂和市政二公司危房的翻扩建工程,实现地区“无城镇危房户”目标;全年排查信访问题60余件,处理群众集体访32次,办结率100%,实现地区“无重大重复上访户”目标;为辖区低保家庭和重残人员等780人,发放低保金318.16万元,实施低收入家庭救助32户,发放救助金11万元,实施低收入家庭子女高等教育学生助学救助20户,发放助学金6.5万元,实施低保对象医疗救助32人,发放医疗救助款4.2万元,实现“无社会救助盲点”目标;受理劳动投诉举报案件65件,结案率100%,正确率为100%,为外来务工人员追回工资及加班费26000元,实现“无拖欠工资”目标。

（陈　楠）

【社区群众文化活动】　年内,发挥16个社区近70支不同文化队伍的主体作用,在街道层面广泛开展文化一条街、和谐社区参演、五月鲜花歌咏比赛、书画展览讲座、消夏文化广场等多种群众文化活动,共举办各类活动36场,营造“喜迎奥运、我做贡献”的良好氛围。利用辖区内中国评剧院、北京京剧院的人才资源和万芳亭公园、西罗园二区体育场等单位的场地资源,举办西罗园新春团拜会、《评剧名家名段专场》艺术表演、地区第二届乒乓球比赛、老年人舞蹈大赛和迎国庆文艺汇演等专场演出和体育活动。

（刘建忠）

## 东铁匠营街道

【概　况】　东铁匠营街道位于丰台区的最东部。面积13.2平方公里,社区居委会23个,户籍总数42850户,户籍人口102617人。常住人口61250户,143778人。少数民族23个,2400多人。辖区北部与崇文区、方庄地区相邻,东部与朝阳区接壤,南部与大红门街道、南苑乡搭界,西部与崇文区、西罗园街道相连。以蒲黄榆二里毗邻京津城际高速铁路,京广铁路,南二环路,相隔南护城河,与世界名园天坛公园相望。辖区道路纵横,交通十分便利,南三环路东西贯通辖区,地铁5号线南北纵贯辖区至宋庄总站。永定门外大街与辖区西接,京津塘高速公路的进出关口东靠辖区。辖区内主要大街21条,47条公交线在辖区设站,立交桥8座,其中有三层三路的大型立交桥玉蜓桥,赵公口长途汽车站有80多条线路通往祖国四面八方。辖区有大学1所(联合大学特殊学院),中小学6所,其他各类学校6所。医院2所(东铁营医院、蒲黄榆医院),其他医疗机构5所。体育场馆2座(光彩体育馆、北京网球中心),公共体育设施场所26个。大型购物商城2个,大型各类商品市场10家(农贸、五金、家具、服装、玩具)。各种商业企业1800多家,大型企业有地下铁道车辆厂、同仁堂集团制药厂、中国电网公司研究院、木樨园电话局、分钟寺污水处理厂、方庄供热厂、江西大厦、涉外饭店中成假日酒店等。年内,完成落实奥运安保全面工作。全面完成为群众承办的10件实事。完成3个老旧居住区的整治改造和19条大街的深化改造,楼体外立面80万平方米的粉刷,对分钟寺平房区路面进行硬化,对两条旧路,两个小区路进行大修改造,为200户平房进行危电改造,对25户残疾人家庭做无障碍改造,实现街道城市管理中心横向联网,为176栋居民楼1.097万户补建和更新邮政报箱。街道被评为市奥运安保先进单位,市奥运会残奥会环境建设先进集体。

(王克东)

**【综合治理】**　年内,开展联合执法23次,关停,取缔非法生产经营253家,取缔夜间大排档12个,路边游商175个,对存有严重安全隐患的1200平方米出租大院进行拆除。对526个煤炉使用户逐户检查指导,发放冬防宣传材料2万余份。食品安全咨询宣传活动4次,编发食品安全宣传常识34期,食品下架信息38期。奥运期间,组织工地民工观看交通安全警示片11场,追查逾期报废,逾期未检车辆4600余辆,发动410个社会单位分设205个交通宣传岗维护交通秩序,发放宣传材料1万多份。对刘家窑、木樨园、赵公口等5个重点地域盯岗监控,取缔无照商摊近1000起,露天烧烤196起,查扣黑三轮车430辆,加大对赵公口长途车站非法揽客打击力度。荣获市防火先进单位。

(王克东)

**【环境整治】**　年内,改造门面3.4万平方米。地面硬化4.1万平方米,粉刷围栏1.8万平方米,粉刷围墙6.8万平方米,清运垃圾渣土5000立方米。成立10人专业保洁队,负责14条主要道路卫生整洁。成立30余人小广告专职清理队伍,监控、清理18条主要大街的小广告。出动联合执法12次,打击非法大排档438次,取缔露天烧烤7处,没收小煤炉88个,没收非法灯箱236个。创建3个垃圾分类小区。与23个社区签订遏制新生违法建设责任书。建立刘家窑路,光彩路,定安路3条"三无"示范街(无小广告,无散摊乱点,无店外经营),荣获市奥运会卫生保障先进集体。

(王克东)

**【安全生产】**　年内,对163家重点单位定期检查,共检查单位1220家/次,查处各种安全隐患、问题5060处,整改4600处。摸排登记流动人口5000余人,出租房屋6000余间,地下空间326处。组织开展各种宣传活动65次,发放宣传材料1.85万余份。组织社区、学校、企事业单位应急演练32次。荣获市平安奥运行动安全生产保障工作先进集体。

(王克东)

**【社会保障】**　年内,开发就业岗位2542个,安置失业人员2360人,实现自主创业99人,带动就业332人,灵活就业1132人,安置"4050"人员就业1174人,失业人员推荐成功626人,再就业培训323人。领取社会保险补助1231人。"再就业援助月"活动,为320人发放9.6万元。管理失业人员档案5800名,累计办理求职证3181人,办理再就业优惠证2931人,失业金领取证741人,接收档案3255份,转移档案2997份。领取失业保险金3042人次,540余万元。为367人次失业人员报销医药费16万元。管理退休人员4200人,新增1112人,支付丧葬费,亲属供养费,清理个人账户共计215万余元。居住地报销药费的退休人员2.2万人,申报药费1.9万余人次,申报金额2934万元。"一老一小"的老年人1900人,幼儿1642人。无业大病医疗保险666人,福利养老金1264人。

(王克东)

**【劳动监察】** 年内,日常巡查253个单位,涉及职工1.44万人,扩面征缴社会保险费26万多元,追发工资2万多元,补签劳动合同91人。与12家施工企业签订农民工权益责任书48份,建立投诉举报电话出示制度,制作劳动保障监察举报牌,督促建筑施工企业建立工会组织,建立农民工预留账户,实名制卡,用工台帐。对213个单位的6260名农民工工资支付和167个企业劳动用工等9项工作进行专项执法大检查,推进了"劳动用工规范一条街"工程。

(王克东)

**【助残帮扶】** 年内,安置残疾人就业12人,为社区招聘残疾人专职委员5人,组织20名残疾人就业培训,办理2户残疾人廉租住房,为22名残疾儿童发放慰问金,建立2个社区残疾人职业康复站,为40名智力和肢体残疾人完成康复训练,免费发放残疾人用品用具222件,为2名白内障病人做复明手术,建成10个康复示范达标社区。

(王克东)

**【"低保"工作】** 年内,有低保户877户,1790名低保人员。新增低保户147户,250人,撤销低保户123户,275人,累计发放资金600万元。为141户,148名低保人员办理了医疗救助,发放救助款13万元。为88户低保家庭227人办理临时救助,发放救助款21元。2户低保家庭享受到扶贫济困春风行动救助。为337户,709人发放燃煤自采补助金共计10万余元。

(王克东)

**【老年优抚】** 年内,为1157位老人办理老年证,为49户空巢老人安装紧急医疗呼叫器,为10739名65岁以上的老年人办理了优待卡,为82户60岁以上低保老人办理免费慈善医疗救助卡。社区志愿者为老年人义务送报,送奶,理发等共1万余人次。

(王克东)

**【五助五送】** 年内,助老上面服务3014人,空巢守望2515人,报销药费6658人次,1452.82万元。助学送资金54人,11.16万余。助就业送岗位,就业成功247人。助困送资金115人,25.32万元。助残送温暖502人,10.62万元。

(王克东)

**【便民服务】** 年内,热线咨询服务1961人次,入户服务1305人次,派出小时工1263人次,介绍保姆成功145人次,提供综合服务213人次。社区志愿者7.68万人次参与卫生清扫、绿的保洁。家电、水暖修理1.5万人次。新增便民早餐车19辆,新增便民服务店2处。

(王克东)

**【小区改造】** 年内,完成刘家窑第一社区、蒲黄榆四里东小区、刘家窑北里小区的改造工作,翻修小区干道1.6万平方米,新铺透水砖路面3.4万平方米,绿化改造5500平方米,楼体粉刷27栋4.38万平方米。投资1377万元。

(王克东)

**【住房保障】** 年内,办理经济适用房655户,办理限价房366户,发放廉租房申请表68份,办理外区协办异地公示109份,本辖区异地公示79份。各社区统一宣传展板,公开办事流程。完成了13户私房解危改造工作。

(王克东)

**【文化体育】** 年内,组织了1300人国民体能测试,为9个社区安装了12台室内乒乓球案,举办了第二届"和谐杯"乒乓球赛,放映数字电影182场,参加市区各类文艺演出17场。

(王克东)

**【宣传工作】** 年内,开展"迎奥运、讲文明、树新风"等多种宣传活动,组织500余人参加迎奥运火炬活动、7200余人参加奥林匹克公园活动、1500余人次参加各项观赛活动。奥运志愿者讲师团巡回讲演500多场,发放各种宣传材料5万余份。投资20万元为11个社区建立了宣传栏。

(王克东)

**【信访工作】** 年内,排查集体矛盾纠纷34件,结案30件。接收群众来信60余件,接待群众来访35批300余人次,集体访15批3000余人次,办结率99%。办理群众举报投诉信访件25件,"政风在线"信访件53件,专项督察件12件。接区城指信息中心处理件248件,完成率100%。

(王克东)

**【抗震救灾】** 年内,"风雪救援"捐款8万元,捐衣被1400余件。"抗震救灾"捐款155多万元,捐衣被3916件。红十字会接收赈灾捐款1.4万余元,计划生育协会募集捐款9万余元,机关干部捐款5万元,"五、八"博爱月募集捐款3.41万元,"为贫困母亲"活动募集捐款1.64万元,"捐赠衣被,温暖灾区"活动募集捐款2.24万元、衣被3916件。为15名贫困中小学生申领奖学金、助学金1.12万元。

(王克东)

# 方庄地区

**【概　况】** 方庄地区位于丰台区东端,北至南二环路与崇文区搭界,东至方庄东路与朝阳区接壤,西至蒲黄榆路、南至南二环路与东铁匠营街道相连。分芳古园、芳城园、芳群园、芳星园、紫芳园、芳城东里6个园区,总面积5.53平方公里,年末本市户籍居民34651户、86095人,外来人口3.55万人,计划生育率98.2%。辖区有中央、市、区属单位85个、社区居委会15个、人民调解委员会17个、人民调解员118名、治安积极分子3319名;绿地面积92.38公顷,绿化覆盖率35.72%。年内,26次被市级以上新闻媒体宣传报道,收到表扬信39封;被评为首都文明街道、北京市奥运安保先进集体、北京市奥运会残奥会环境建设先进集体、北京市2008年度消防工作先进单位,芳群园二区舞蹈队被评为首都"迎奥运、讲文明、树新风"活动先进集体,芳城东里社区被评为首都志愿奥运好团队。北京市路灯管理中心被评为首都文明单位标兵;芳群园第二幼儿园、北京市住房公积金管理中心方庄分中心被评为首都文明单位;芳城东里等5个社区被评为首都文明社区;芳群园一区等8个社区被评为丰台区文明社区。

(刘建荣)

**【支援汶川抗震救灾】** 年内,为四川灾区捐款129.67万元、捐衣被5800件,帮助12名灾区学生落实了借读学校。1476名党员交纳"特殊党费"19.21万元,其中有33名党员交纳"特殊党费"千元以上。

(刘建荣)

**【提升应急水平】** 年内,制定综合与专项应急预案386份、小企业应急预案116份,建立综合应急组织,成立"应对境外媒体采访"等15个应急小组;进行全地区综合演练两次,组织新城广场消防演练、家乐福方庄店反恐演练、热公馆应急疏散演练等专项演练26次。

(刘建荣)

**【治安防控】** 奥运前完成37252名流动人口、5599间出租房屋的调查工作,确定治安防控的146名重点人、11个重点区域、64个重点部位、47个重点单位;30名民兵组成看桥护路分队,自筹资金增加治安巡防队员20人。奥运期间形成由3319名居民、1210名在职党员干部组成的社区志愿者治安巡逻队伍;对146名重点人逐一进行风险等级评估;涉奥、涉外任务重的餐饮街实行由综治办、派出所、交通队、城管分队和企业参加的五方值班制度，确保3600多人次涉奥涉外人员的就餐安全。

(刘建荣)

**【安全生产】** 年内，对308个地下空间进行拉网式检查与经常性督查，共整治各类隐患326处，关停79处。对35家重点餐饮单位、86个单位食堂进行食品安全巡回检查，关停非法食品经营点17处。6次组织对8家大型商市场的安全大检查，消除安全隐患48处。10次对建筑工地、危化品经销储存单位、特种设备和小企业进行安全检查，关停不具备安全生产经营条件的小作坊48处。对11个出租大院依法规范，拆除房屋148间、1600多平方米，疏散流动人口216人。与100余家社会单位签订交通安全协议书，发放交通安全宣传材料37250份，组织交通安全教育活动97次。

(刘建荣)

**【信访与矛盾调处】** 年内，进行6次社会矛盾大排查，对排查出的19个重点问题实行处级领导包案处理。完成原蒲黄榆大队256万元集体遗留资产的分配工作。及时办理区委督查件3个、区政府督查件30个、政风热线和政风在线件19个、北京城市管理广播件8个、区长信息件1个、信访件148个，地区连续8年无越级的群体访。

(刘建荣)

**【奥运环境建设】** 年内，对芳群园二区6000平方米绿地进行改造。投资300余万元，新设景观灯132个、升级改造公共绿地5.25万平方米，完成芳古路、蒲芳路的改造。对32栋楼体、303个小区垃圾房、14800米护栏进行了粉刷，为46栋居民楼安装邮报箱2万个，完成古园路300延长米、芳星园二区200延长米的道路翻修。拆除违法建设7处、380平方米。完成60家餐饮单位和干洗店的环境检测。

(刘建荣)

**【环境秩序与市容市貌管理】** 年内，出资百万元，建立60人的城市协管队伍；下拨资金15万元，建立15支、606人的社区环境劝导队。督促630个单位落实“门前三包”，查扣炉灶12个、条幅彩旗21条、三轮车125辆、机动车3辆，查处无照经营1700余起，清理小广告70万余处，上报停机电话38部，清除无主垃圾34吨，拆除大型户外广告牌匾150块，收缴不合格广告牌1810个、灯箱105个，调整安装不符合标准的广告牌626个，完成城市部件处理任务406件。

(刘建荣)

**【文体设施建设】** 5月1日，投资50万元新建面积260平方米、设有多功能活动大厅和书画与手工艺品创作室的芳古园一区第一社区活动站正式向居民开放。6月1日，投资50万元新建面积350平方米、设置8台球案的社区乒乓球馆投入使用。7月1日，投资90万元新建面积4000平方米的芳古路奥运休闲广场全面竣工。

(刘建荣)

**【住房保障与全程办事代理】** 年内，为24户落实了廉租房租金补贴、1户落实实物配租。完成经济适用房初审104户、区级审核89户、市级审批69户，有43户分到住房。限价房受理195户、完成初审165户、已配售18户。全程办事代理制工作完成即办件20219个、承办件425个、非受理件514个，接待咨询28684人次。

(刘建荣)

**【民政服务】** 年内，为84户优抚对象、62名无军籍和行政退休人员、160名超转人员发放抚恤金、退休金、退养生活费、优待金、医疗费526万元。为8418名65岁以上老人办理老年优待卡，给144户80岁以上老年人家庭安装“一按铃”。完成8月8日结婚登记高潮日的服务工作，为150对新人颁发结婚证书。

(刘建荣)

**【劳动监察】** 年内，完成日常巡查220家，督促企业签订集体合同16家,新增和补签劳动合同4500余份,对70家单位进行劳动合同监控,完成市劳动局安排的50家单位劳动用工专项调查。查处劳动违法案件125起,为当事人追补工资、加班费、经济补偿、保险金等42.4万元。

(刘建荣)

**【社会保障】** 年内,再就业培训指标121人,完成161人;上报空岗信息指标2500条,完成3160条;新安置就业指标244人,完成517人;保持无零就业家庭,15个社区全部实现创建充分就业社区目标。为398名享受自谋职业、灵活就业待遇人员办理了社会保险手续;办理"一老一小"医疗保险1496人、无保障老人福利养老462人、无业人员医疗保险116人;为132户、248人发放低保和帮困金102万元;为16户低保家庭办理了医疗救助卡、465名退休人员重新核定了养老金、7000名社会化管理的退休人员报销医疗费2500多万元。

(刘建荣)

**【助残工作】** 年内,地区在册残疾人590名。芳星园三区、芳群园二区职业康复站、芳星园三区示范温馨家园创建通过了市级验收。完成3个楼门和22户重残残疾人家庭的无障碍建设。提供社区职业康复锻炼30人、康复训练37人。为58人发放辅助器具、93人落实困难补助、40人办理无业保险。对42人进行就业培训,为5人找到适合的工作。帮助1人争取医疗纠纷补偿1.5万元。

(刘建荣)

# 南苑街道

**【概　况】** 南苑街道地处丰台区东南部,老北京城的正南端,南中轴线东侧,距天安门12公里,有"天安门前第一镇"之称。东与东高地街道接壤,北与和义街道相邻,南与大兴区接壤,西至新宫村与南苑乡3个村相包容。辖区面积13.62平方公里,街巷117条。辖区设9个社区居委会,居民18750户,43144人。计划生育率99%。辖区有24家中央、市属单位和36支驻区部队。有南苑清真寺和南苑基督教堂。全年接待群众来访500余人次,其中,处级领导干部接访37起、53人次,彻底解决了一些历史遗留问题。本年度荣获市双拥工作标兵单位、区再就业工作先进单位等20项表彰。

(赵　鹏)

**【城市环境建设】** 年内,对三营门大街和警备东路进行外立面装修和广告牌匾整治,全年改造、疏通污水管线共3200余米,增加雨水井159座。对诚苑对新华里2号院等4个老旧小区实施改造,对槐房公益庄、诚苑小区等地段堆积10年之久的垃圾进行彻底清除。协调环卫等部门,修建5个简易垃圾房,增加清运次数。协调供电公司和有关部门,对东小庄164、166号楼供电设备和线路进行改造。

(赵　鹏)

**【环境秩序整治】** 年内,街道成立环境秩序建设指挥部,加大对"六小、七黑"的整治力度。全年协同公安、工商、城管等部门联合执法27次,组织集中整治行动45次,出动检查力量3753人次,对近百个"六小七黑"及无照经营场所进行清理和取缔。与辖区771家商户签订"门前三包"告知书,在重点大街每个门店设置环境建设监督岗,明确卫生责任区,做到日常有人管,责任有人查。

(赵　鹏)

**【南苑机场环境整治】** 年内,公安、交通支队、机场营区等多部门的联合执法,对南苑机场黑车和西部营区出租大院等问题进行严厉打击,协助中国联航建立车场监控设施,规范出租车管理规定;拆除违章建筑 19000 平方米、630 间,清理流动人口 1400 人,关闭出租院 76 家。

(赵　鹏)

**【协税护税】** 年内,实现留区税收 3358 万元,同比增长近 4 倍,增幅在全区街道系统名列第一。

(赵　鹏)

**【奥运社会面防控】** 年内,建立专职巡防队、突发事件应急分队、治安志愿者服务队等 3000 余人的奥运安保队伍。奥运期间,街道参与社会面防控力量 6.2 万余人次,共协查遣返外地来京上访人员 89 名。

(赵　鹏)

**【劳动就业工作】** 年内,建立社区劳动保障工作站,西新华等 4 个社区被评为充分就业社区。全年累计采集就业信息 2125 个,完成区下达指标的 106%;开发就业岗位 583 个,完成区下达指标的 147%;带动就业 150 人次,完成区下达指标的 149%;安置、推荐失业人员就业共 781 人,指导 27 人实现了创业,完成区下达指标的 113%;开展创业培训和再就业技能培训 134 人次,职业指导 1032 人次,实现就业指导率 100%;城镇登记失业率为 1、76%,控制在区政府规定的 2.9% 以内。

(赵　鹏)

**【社会救助工作】** 年内,投入近 60 万元,将新增的 83 户 177 名群众纳入低保范围,为其提供生活保障金和帮困金;为 175 名居民提供医疗救助和临时救助,投入救助资金近 20 万元;为 50 余名老人开展居家养老服务,对 30 名家庭困难大学生进行资助,为 26 户残疾人家庭配备无障碍设施;正式启动街道"爱心家园"。

(赵　鹏)

**【向地震灾区献爱心】** 年内,为四川汶川地震灾区捐款捐物 62.5 万余元。对 2 名赶赴灾区赈灾人员的家属进行走访,对 3 名灾区来京务工人员进行慰问,为蓝天丰苑打工子弟学校 53 名川籍学生送去书籍等慰问品。

(赵　鹏)

**【行政效能建设】** 年内,投入 20 余万元建立街道电子政务办公系统和三级网络平台。全程办事代理服务大厅全年共受理各类便民服务事项 5.5 万余件,接待来人来电咨询 4 万余件,服务事项办结率 100%,未发生一例群众举报现象。

(赵　鹏)

# 大红门街道

**【概　况】** 大红门街道地处丰台区东部,距离丰台区政府 11 公里,位于永定门外木樨园南,南中轴路延长线周边,自古就是京城交通的南大门。街道辖区东起北京冶炼厂与朝阳区交界,西至马家堡路与西罗园街道、马家堡街道相连,北至南三环中路与东铁匠营街道和西罗园街道相邻,南至焊条厂铁路线与南苑乡、和义街道、南苑街道相连并与大兴区交界,行政区域总面积 13.8 平方公里。辖区地处三、四环路之间,有永南路、光彩路、大红门西路、南顶路等主要大街 5 条,因农居混杂,小街小巷多不胜数。辖区包含规划建设中的大红门特色商务区,年交易额 40 亿人民币,是华北、东北地区著名的服装交易集散地,被誉为"京城第五商圈"。地区共有企事业单位 1022 家,其中,中央直属单位 17 家,国有企业 159 家,股份企业 157 家,私营企业 661 家,事业单位 15 家,合资企业 5 家,民为企业 25 家,外商企业 3 家,个体 373 家。辖区有社区居委会 27 个,社区工作站 27 个,专职社区工作者 189 人,各类志愿者 4720 名。辖区内驻有 7 支空军部队,涉及到大红门、石榴园、大红门商城3个派出所,大红门、南苑、方庄3个工商所,及大红门交通支队,大红门城管监察分队,大红门环卫所共9个职能部门的管辖地域。

(张　锐)

**【平安奥运行动】**　年内,完善“平安奥运十项行动”专项工作方案及《大红门街道奥运期间处置突发事件应急预案》等13项应急预案,成立16个防控小组,5支应急小分队。关闭不符合要求的人防工程22处,地下室17处,与写字楼等单位签订《治安、消防、安全告知责任书》。开展“五大秩序整治”、“文化娱乐与服务场所整治”、“涉奥场所及周边整治”等十项专项整治行动。全年共出动执法力量3700人次,联合执法207次,清理街头无照游商996个。严厉打击“六小七黑”,暂扣黑摩的、黑三轮820余辆,清理占道经营大排档152处,取缔无照洗车1处、棋牌中心2处,关停无照经营旅馆53家,查处无照行医场所15处,收缴盗版黄色光盘5000余张。

(张　锐)

**【城市管理】**　年内,对海户屯、大红门东街、石榴园北里、石榴园南里等5个老旧小区进行改造,共拆除违法建设1530平方米,翻修铺设路面70666平方米。配合区有关部门对大红门西路、马家堡东路、怡然家园路、庑殿路、光彩路等5条主要道路进行施工。与沿街门店签订“市容环境卫生告知书”2185份,清理非法小广告4万余张;对马家堡路、海户西路、大红门北路、南顶路沿线的门头广告进行了整治、规范,拆除非法小广告213块。完成楼体、平房粉刷263129平方米,翻修公厕6座,翻建危房45平方米。

(张　锐)

**【民政优抚工作】**　年内,街道有社会救助对象924户、1968人,残疾人1739人,分别占全区的七分之一。全年发放保障金745万余元,施实医疗救助94人次,办理临时救助36户,救助金额22万余元,为20户低保和低收入家庭大学生办理新生入学救助,救助金近8万元。建立残疾人各类康复站17个,其中2个残疾人职业康复站通过市级验收,有30名智残人员进行了康复训练,安置残疾人就业15人。

(张　锐)

**【建立残疾人职业劳动康复站】**　年内,街道在大红门东街社区、建欣苑社区建立2个残疾人职业劳动康复站,共有7名在稳定期精神残疾人、23名智力残疾人参加,聘用4人作为管理工作人员。

(郑　洁)

**【募捐工作】**　年内,共募集收缴现金1743444.76元,衣物47344件,捐赠款全部如期上交丰台区捐赠中心和慈善协会,衣物全部运送大红门火车站,准时发运。

(郑　洁)

**【劳动监察】**　年内,巡查单位195家,劳动用工书面材料审查单位111家,劳动用工规范一条街单位15家。审理劳动仲裁案件12起,仲裁金额6万元;创建“劳动关系和谐单位”10家。审理劳动监察投诉案件4件,解决劳动纠纷56起,涉及人员200人,追讨工程款及工资150万元,劳动保障违法事件查处和结案率100%。

(张　锐)

**【劳动保障】**　年内,共发放养老金3496万元,失业金600万元,报销医药费4860万元,办理一老一小医疗保险2765人。发放城市最低生活保障金、帮困卡、重残补助、临时救助共计692万元,报销退养医疗费2万元。办理失业人员退休手续133人。安置失业人员2508人,推荐失业人员再就业625人,推荐外地农民工就业345人,接受技能培训574人,就业指导1718人,年初认定的58户“零就业家庭”,上半年全部得到就业安置。

(张　锐)

**【建设文化活动广场】**　年内,街道协调筹资1100万元,腾退凉水河北岸空地,建起26000

余平方米的群众文化体育活动广场，全部实现绿化覆盖。其中包括群众室内文体活动中心，足球、篮球、羽毛球、乒乓球专用场地和公共健身器械区。

（张　锐）

# 东高地街道

【概　况】 东高地街道位于丰台区境域东南部。东南与大兴区接壤；西与南苑街道毗邻；北与和义街道相连。辖区有7条大街，辖区面积4平方公里，居民1.9万余户，常住人口5.3万人，流动人口9950人。年内签订计划生育责任书380余份，完成新增育妇卡片4000余张，补录育龄妇女信息8000余条。地区计划生育率99.5%。地区主要单位有中国运载火箭技术研究院、303所、508所、704所、772所等。年内开展4次环境突击整治活动，2300余人次参加，清理卫生死角7处，清运积存垃圾、渣土20余吨，清理绿地3万余平方米，清理楼道堆物2.5吨。全年新增绿化面积23364平方米，新增种植草坪12000平方米，新增养护树木1850株，新增绿化水源点16个。街道与35个有关单位签订了"平安奥运行动"责任书，与分管领导及科室签订了28份责任书，组织单位与下属班组长、楼门长逐级签订责任书。开发就业岗位362个，安置失业人员302人，完成全年工作指标的103%。年内，西洼地社区"居家养老互助会"获得魅力"社区共建和谐奖"，梅源社区获得"魅力社区风采奖"。年度街道荣获国家、市、区级先进集体19项。

（徐树林）

【老旧小区改造】 年内，与航天一院等中央单位共同投资7173.1万元，完成东高地北区与西洼地老旧小区改造建设，建设面积50299.7平方米。完成平改坡52栋居民楼，南苑东路、南大红门路等主要大街95栋居民楼外立面粉饰和清洗工作，粉饰面积44.33万平方米。

（徐树林）

【市政建设】 年内，投资39.6万元，完成航天一院礼堂前道路改造。全长180延长米，建设面积1440平方米，翻修改造人行步道面积810平方米，新设置雨水井6个。投资24.67万元，完成东高地一中门前路道路改造翻修，铺设沥青路面142延长米，建设面积1140平方米，翻建人行步道284延长米，建设面积520平方米。

（徐树林）

【社区建设】 年内，公开招聘录用38名社区事务助理。投资7万余元扩大西洼地社区办公用房面积40余平方米；投资14.5万元对三角地第一社区乒乓乐园改造；投资17万元，扩建了东高地活动用房120平方米，40%社区办公用房面积达到350平方米以上。

（徐树林）

【社区服务】 年内，组织志愿者与70户特困空巢老人结对子，240名志愿者入户帮扶2400余次；对地区1.3万余名老年人的基本情况和需求进行调查登记；对地区4282名志愿者的基本信息进行登记建档，录入96156网络管理。利用96156热线为居民服务1300人次，发送信息873条。

（徐树林）

【文化体育】 年内，组织协调社区开展文化、体育活动50余场次，演出人数600余人，参与人数20000余人。组织执法检查5次，查封无照黑歌厅1家，游艺厅1家，停业整顿1家，没收淫秽、盗版光盘300张。更新健身路径2套32件。组织居民800人参观奥林匹克公园。

（徐树林）

【残联工作】 年内，建立636名残疾人基础信息,创建北京市残疾人示范温馨家园,梅源社区残疾人职业康复站通过北京市验收。对38名重度残疾人家庭进行无障碍改造,安置12名残疾人就业,13名残疾人子女得到社会捐资助学。走访慰问残疾人108人次,慰问金额55500元。

(徐树林)

**【奥运安保】** 年内,组建18名机关干部参加应急分队,出资9000余元购买5辆电动车用于应急分队使用,组织开展奥运安保演练。出动974人次摸排,建立了对51名法轮功人员、11名重点精神病人、7名上访信访人、55社区矫正对象、两劳释放人员管控基础台帐,辖区重点单位、重点区域、重点部位防控台账。出动159人对各类重点人进行监控,出动51人对有线电视光接点进行监控。

(徐树林)

**【综合治理】** 年内,组织联合执法40次,出动人员669人次,消除治安隐患140起,消防隐患59处,其它不安全隐患18起,对难点问题开展综合整治10次。

(徐树林)

**【信访工作】** 年内,接受区信访办转发来的信件6件,地区群众来信来访13人次,市长信箱邮件9件、领导接访、下访9次,妥善处理集体访5批5件95人,个体访4批4件4人,来访答复满意率96%、各种信件回复率100%。

(徐树林)

**【全程办事代理】** 年内,共受理全程办事代理事项4993件,其中即办件4154件,办结事项4993。一次办结率100%,满意率100%。

(徐树林)

**【社会救助】** 年内,地区享受城市最低生活保障639人295户家庭,全年累计支出低保金2151050.34元。办理帮困卡215户264张,全年累计支出111920元。办理医疗救助11人次、救助金额24321元。办理孕产妇救助3人,临时救助12510元。办理临时救助10户27人,临时救助58000元。为3名品学兼优的低保学生办理12000元的助学补助。为2户清洁能源自采暖家庭补助2760元,为29户燃煤自采暖家庭补助5800元。为10名60岁以上低保人员办理爱心医疗救助卡,合计5000元。爱心护眼活动为29名低保家庭子女配眼镜,合计14500元。爱心家园共发放爱心卡118张35400元,食品6800公斤,日用品600件。

(徐树林)

**【慈善捐赠】** 年内,为南方冰雪灾害捐款89772元,棉衣被380件。为四川汶川地震捐款933512.74元,接受棉衣被9077件,学习用品8642件。10月捐赠月共接受捐款218907.70元,接受棉衣被21251件,折价505065元。

(徐树林)

**【安全生产】** 年内,对地区52个重点单位的安全检查,及时发现和纠正隐患35处;坚持对分布在10个社区的376个中小门店的日常巡查,上报处理隐患4处。组织开展专项整治活动,出动检查人员280人次,发现安全隐患单位57家,关闭35家。

(徐树林)

**【劳动争议仲裁】** 年内,受理劳动争议举报案件5起,处理劳动争议案件5起,涉及137人,追缴拖欠工资40余万元,结案率实现100%。

(徐树林)

# 和义街道

**【概　况】** 和义街道位于丰台区东南部,东与大兴区接壤,西南、东南分别与南苑街道、东高地街道毗邻,北与南苑乡、大红门街道搭界,与南苑村、大红门村相邻区域为典型的城乡结合部。辖区面积3.42平方公里,常住人口13368户、35058人。下设8个社区居委会,有楼房住宅小区4个,平房住宅区3个。辖区有派出所一个,地区单位68家。街道办事处位于南苑北里一区2号楼,紧邻南中轴路快速公交一线。年内,为民办好事办实事98件,完成折子工程96项。年内,以"环境、服务、睦邻"为主题,组织召开了"和谐3.20"活动动员会和座谈会。西二社区的"生活窍门百点通,家庭生活更便利"和东二社区的"绿色家园守护港"项目被区里选中,在北京市第三届魅力社区评选活动中入围前40名,获得"魅力社区风采奖"称号。北京电视台《魅力科学》栏目,北京城市服务广播电台等市以上媒体进行了报道。

(方志勇)

**【奥运环境保障】** 年内,成立奥运环境建设义务宣传队、卫生志愿者服务队、环境秩序综合执法队;签订市容环境责任告知书440份,发放环境监督联系卡两万余张,清查污染源197个,其中73个通过国家环保局验收。投入800余万元,加大东里老旧小区的改造,对大红门南路68家商户进行整治,拆除违法建设6407平方米,更换分类垃圾桶400余个、牌匾100余块,安装社区信息栏20余个、安装自行车架5套。

(方志勇)

**【奥运安保工作】** 年内,成立地区奥运安保指挥机构,建立奥运综合协调组、督察指导组和信息反馈组,制定了奥运应急保障方案;组成1000余人的治安巡逻志愿者队伍、40人的应急分队。成立地区安保防控小组,社区劝导队。先后对三营门、和义东里、西里、久敬庄车站等重点路段进行专项整治,查扣取缔黑车、摩的112辆。

(方志勇)

**【实现"五无"目标】** 年内,对和义松林庄、嘉禾庄、东地78户,148间,2883平方米的城镇危房进行修缮加固,实现"无城镇危房户"。消除各类安全隐患85处、销毁夺命炉17个,规范"六小"门店80余家,实现"无群死群伤重特大恶性安全生产事故"。与地区30家用人单位签订劳动合同,每月对建筑工地、劳动用工行为进行2次检查,先后为20余名外来务工人员解决企业拖欠工资20余万元,确保"无拖欠工资"现象。建立10个矛盾调解委员会,全年处理日常信访事件、调解各类矛盾纠纷300余件,接待来访500余人次,处理来信39封,防止重大矛盾激化2件,领导批办做到100%,确保"无重大重复上访户"。对355户低保档案进行规范,为22户困难残疾人家庭进行无障碍设施改造,为26户低保困难家庭申请房屋租金补贴,为37户特困残疾人家庭、低保边缘家庭等发放临时救助金、助学款、慰问金3万余元,社会救助实现全覆盖"无盲点"。

(方志勇)

**【社区自治建设】** 年内,组织71名社区专职工作者,开展学习、交流、培训活动20余次。为7个社区服务站配备了咨询台、公示牌、灯箱等设施。为社区配备18名事务助理。

(方志勇)

**【就业低保住房工作】** 年内,开展"微笑服务迎奥运,构筑和谐社保所"活动,创新了"4050"失业人员再就业援助机制,与辖区30余家单位建立空岗信息联系网络,设立"手拉手"就业互助平台、"就业信息指导"专项窗口,开展"一站式"就业援助服务,辖区335人实现自谋和灵活就业,失业人员再就业262人,实现"无零就业家庭"工作目标。为辖区74户家庭办理了经济适用房申请,44户家庭办理了限价房申请,36户家庭得到了成功配售。

(方志勇)

**【和谐文化建设】** 年内,投资66万元,将南苑北里人防工程改造成2000平米的集图书、棋牌、书画、文艺、编织于一体的综合文化活动中心;投入60余万元,在5个社区设立电子图书室、配置了图书。建立军营文化屋、社区姐妹温馨吧,开展幸福家庭进军营、进社区活动;加强“平安奥运”文化场所专项整治工作,消除隐患32处,更新器材50余件。以“平安奥运,唱响和义”为主题,开展迎奥运“民俗文化集市”、“说身边人讲身边事”、“奥运我行动、我奉献”等主题大讲堂等各类文体活动近百场,群众参与率在98%以上;组织地区400余人参加奥运火炬传递活动,组织800余人参观了奥运场馆。

(方志勇)

**【全程办事代理服务】** 年内,在全程办事服务大厅增设电子显示屏和触摸屏,设立14个咨询服务窗口。首问负责制和AB岗制得到有效落实,居民医疗费报销在8个社区进行延伸。共接受群众咨询服务事项千余人次,群众满意率为100%。

(方志勇)

**【协税护税工作】** 年内,与辖区6家规模以上的企业建立联系沟通机制,认定个体税源34家,房产税缴纳同比增长67%。

(方志勇)

**【抗震救灾工作】** 年内,为灾区募集捐款66万余元,。震灾期间,解决四川灾区3名学生在京借读问题。

(方志勇)

**【民生工程】** 年内,协调有关部门,建成一个规模较大的综合菜市场。协调供电部门,为和义东里700余户居民连夜抢修电路,确保24小时内居民正常供电。奥运会期间,为辖区15000余户家庭发放健康油杯;为南苑清真寺送去2200元慰问金和冬季用煤;为地区周边88对新人办理了具有特殊纪念意义的婚姻登记手续。

(方志勇)

# 宛平城地区

**【概　况】** 宛平城地区位于丰台区西南部的永定河畔,东起西道口大枣园,与卢沟桥街乡接界,西至杜家坎铁路第二水泵厂北墙,与长辛店街、镇毗邻,南至北天堂,与房山区、大兴区接壤,北至鹰山公园漫水桥,与石景山区相望,整个地区沿永定河自西北向东南呈狭长地带。辖区面积33.15平方公里,下设6个社区居委会,3个行政村。常住人口39379人、农民1193人。以宛平城为中心,区内有中央、市属、区属企事业单位156个。其中卢沟桥、宛平城、中国人民抗日战争教育园地,年度参观游览桥、城、馆、园的中外游客50多万人。以爱国教育基地为依托,在地区广泛开展爱国主义、集体主义和精神文明建设活动。年内,安置“4050”失业人员48名就业。投资130万元对辖区的3个老旧小区进行了改造。地区社区服务中心成立“宛平城家政服务中心”。

(王　珏)

**【社区培训】** 4月3日由丰台区委宣传部、区文明办等单位共同组织的以“我学习、我收获、我幸福”为主题的“幸福生活讲师团”在宛平城地区北天堂村进行讲座,内容围绕“法治与生活”、“节能与生活”、“健康与生活”等与百姓生活密切相关的常识与案例,老庄子社区、北天堂村近300名居(村)民聆听了授课。

(王　珏)

**【科普运动会】** 5月17日,举办“喜迎奥运”科普运动会。运动会以“科技奥运”为主题。区宣传部、科协、文明办相关领导、社区群众、地区中小学生共计500余人参加了这项活动。

(王　珏)

【联合执法】 7月23日,协调区卫生局、丰台药监局、卢沟桥派出所和办事处相关科室对城北社区及外来人口聚集区联合执法,共查抄取缔4处非法行医点。

(王　珏)

【残疾人工作】 8月5日至15日,宛平城地区残联组织辖区8名有培训意向的残疾人,进行计算机操作培训,结业后有6名残疾人取得、相应地职业资格证书。

(王　珏)

【残奥会服务】 9月6日,残奥会在北京隆重开幕,地区残联成立由31名残疾人组成的志愿者服务队,在抗战雕塑园周边设残疾人志愿者服务亭,每人每天两小时协同城市志愿者进行义务指路等志愿活动。

(王　珏)

【环境整治】 年内,投资135万元,对京石高速南北辅路进行整治,规范商铺广告牌匾,对仿古墙面进行了粉刷、道路进行修补、对道路两侧进行了绿化。

(王　珏)

【魅力社区评选活动】 年内,各社区踊跃参加北京市第三届魅力社区评选活动,经过历时半年的努力和三轮晋级评选,城南社区的“舒心和气吧”项目最终进入北京市前20名,荣获“社区和谐共建奖”;宛平城社区“卢沟桥文物保护队”项目进入前40名,获“魅力社区风采奖”。

(王　珏)

【抗震救灾工作】 年内,5为四川地震灾区募集衣被和捐款,共收到个人捐款646385.34元,捐赠衣被1740件,折价38820元。分别送往丰台慈善协会、丰台区接受救灾捐赠事物管理中心。

(王　珏)

# 长辛店街道

【概　况】 长辛店街道位于丰台区西南部,辖区面积55.3平方公里,下设23个社区居委会,总户数41087户,居民96063人,计划生育率99.4%,属城乡结合部。辖区位于卢沟桥西侧,东临永定河,西至镇岗塔,与云岗街道、王佐镇相邻,南接房山区南岗洼,北到鹰山公园,与石景山区、门头沟接界,南北长、东西窄,地势东低西高。东临永定河、哑吧河、小清河、大宁水库,西靠南北走向的两道丘陵。九子河由留霞峪经长辛店,蟒牛河由太子峪经二老庄、朱家坟,两条河均向东南流入房山区界。辖区中部南北穿行,境内有(北)京广铁路、(北)京周(口店)公路、和(北)京石(家庄)高速公路穿过,有19条公交线路通往云岗、丰台、石景山和市区,由东向西,呈辐射状分布。辖区内有公园1个、名木古树17株、密闭清洁站40座,有较完整的商业、服务业、文教、卫生等配套设施。共有中学、小学10所、医院6所,辖区内有中央企业16家,市属企业19家,区属企业42家,驻军部队12支。所驻单位有铁道部二七车辆厂、二七机车厂、中国北方车辆研究所、北京北方车辆制造厂、装甲兵工程学院及长辛店火车站等近百家企事业单位,以铁路、军工业为主,为丰台区重工业集中地。长辛店大街形成与明代中叶,东至京石高速,南至赵辛店桥,西至长辛店火车站,北至长辛店邮局,大街南北走向,内有49条胡同,设有长辛店火车站。

(马长起)

【城市管理工作】 年内,完成朱云路商业街各商户门头广告的改造360平方米;外立面墙体的粉饰以及张郭庄路便道硬化1087平方米;完成道路两侧墙体2800平方米的粉饰任务。与地区1359户商户签订了“市容环境卫生责任书”。组织公安、工商、城管等部门清理非法灯箱广告480余块、规范广告牌匾331块、取缔占路经营摊点2700余起、规范门前三包700家、清除小广告1000余处。整治黑摩的8辆,罚款2100元,黑出租4辆,罚款18000元。完成育英里、平安里、王家小口三条胡同的路面硬化工作。完成区城指中心下达的各项案卷1438件。

(马长起)

**【环保绿化工作】** 年内,共植树8171株。奥运会期间,协调区环保局、城管分队等部门联合执法,对辖区内餐饮业违法使用小煤炉现象进行集中整治。做好汛前排查,汛期检查,对355间危险房屋下达危房通知。

(马长起)

**【优抚工作】** 年内,累计发放最低生活保障金29万元。两节期间对地区106名优抚对象进行走访慰问。走访贫困家庭593户,其中贫困残疾家庭69户,发放慰问金29.4万元。力保社会养老工作不断完善。拟为辖区750位老年人解决居家养老问题,已办理273人。投资63万元,与“二七”厂医院联袂创建“颐乐之家”养老院,新增床位70张。为四川地震灾区捐款5万余元。

(马长起)

**【劳动和社会保障】** 年内,继续完善社区就业培训教育与推荐安置一体化工作机制,重点做好“4050”人员、残疾人及就业困难人员的就业服务,鼓励失业人员自谋职业、自主创业。全年举办招聘洽谈会7场,开发社区就业岗位616个,安置失业人员1257人,创建充分就业社区9个。城镇登记失业率控制在3.2%以内。

(马长起)

**【双拥共建工作】** “八一”建军节期间,23个社区居委会走访慰问地区部队8个单位,送去各种慰问品约2万元。元旦、春节期间,地区8家部队走访慰问辖区弱势群体,不断深化“绿网扶贫”工程的内涵和外延,送去慰问品、慰问金价值总计2.6万多元。

(马长起)

**【社区建设】** 年内,出资为218名社区专职工作者购买培训教材,把218名社区专职工作者分两个层面进行专业培训,办事处花费25万元为社区购置电脑和打印机共25套,全部发放使用。

(马长起)

**【危房改造】** 年内,对地区1174间,17386.6平方米危房进行解危,占全区危房总数的72%。截止到年底,完成总任务的97.6%以上。

(马长起)

# 云岗街道

**【概　况】** 云岗街道地处丰台区西南部,东与长辛店街、镇为邻,西南与王佐镇相连,北与门头沟区接壤,辖区面积8.53平方公里,常住人口1.35万户,3.88万人,人口密度4549平方公里/人,少数民族占3.6%,商业、服务业、文化、卫生等设施较为丰富,辖区内主要有航天科工集团第三研究院、航天科技集团十一院、101研究所、京丰热电有限责任公司等中央及市属单位8个,区属单位23个,中学2所、小学2所,社区居委会9个。年内,完成向居民承诺的11件实事和16项效能建设立项项目。全年发表信息700余篇,其中《航天工程师设计“福娃走马灯”亮相社区花灯会》等7篇信息在《新华网》、《人民网》等媒体刊发。与18家单位、9个社区签订计划生育目标管理责任书,计划生育率99.2%。成功为农民工讨要劳务费9.74万元;调解纠纷52件,调解成功率96%。获得北京市创建学习型社区先进街道,被命名为"北京市爱国卫生先进街道",全年共获得国家、市、区级奖励50余项。

(范宜东　何　丹)

**【环境卫生】** 年内,落实"七个一"工作方案(发一封公开信、播一次电视专题、出一份环境建设"简报"、办一个宣传专栏、做一次工作培训、编一套工作资料、开一条热线)。查处违法案件1051起、规范"门前三包"300余家、清除非法设置960余处,处理违章、违法行为3000余处,违章罚款达10余万元,实现"四无"目标。筹集280余万元(市专项资金51万元),启动云岗路、镇岗塔路整治项目;增设138个自行车停车位,规范停放秩序;新植2万株紫薇,创出了"紫薇观赏请到云岗"的品牌,新增绿地1000平方米,绿化率41.38%,二级以上的天数238天,提前43天完成市政府下达的空气质量指标,环境满意度为98%以上。

(范宜东　何　丹)

**【和谐社区建设】** 年内,开展创建"和谐320"活动,云西路社区以"当一日小主任"项目荣获全区第六名,南一社区以"十有""五心"和谐乐龄工程荣获全区前列。开展"关爱生命、安全出行、共创和谐交通"活动,《安全生产责任书》签订率100%,共检查356次,消除隐患78处。街道被评为全国和谐社区建设自主创新先进街道;大灰厂社区张立宏当选全国"小巷总理"之星;在第三届北京市魅力社区评选活动中云西路社区荣获桂冠;北区社区被评为北京市民讲外语活动优秀社区、第二批创新型科普社区及社区科普益民计划优秀科普社区。

(范宜东　何　丹)

**【爱心募捐】** 年内,针对汶川地震灾情,开展"特殊党费心系灾区"、"奉献爱心街头募捐"等捐款、捐物活动,累计捐款800余万元。

(范宜东　何　丹)

**【文体活动】** 年内,筹集资金500万元,建设占地为1530平方米社区文化中心(内设6个功能区)。开展以"欢歌迎奥运,起舞见和谐"为主题的第五届"恒源杯"活动、奥运倒计时100天"巧手同心迎奥运"手工艺大赛、社区文体团队参加"奥运北京、和谐丰台"等文体活动,全年共演出160余场,观众10万余人。第二届"和谐社区杯"乒乓球赛获北京市一等奖。

(范宜东　何　丹)

**【精神文明建设】** 年内,发动居民志愿服务奥运,共有2232名居民加入志愿者队伍,150名志愿者在"水立方"全天上岗,提供微笑便民服务3.65万人次,全年累计志愿服务21.65万人次。成立十七大精神与奥运知识宣讲团,共宣讲66场。组织3.88万人参加全国"迎讲树"知识竞赛。共讲座及宣传390次,发放材料1.18余万份,累计培训8.5万人次。南一社区获得全国精神文明建设工作先进单位;文明社区创建率为100%。

(范宜东　何　丹)

**【劳动就业和社会保障工作】** 年内,开发就业岗位395个,城镇失业人员就业288人,完成任务指标的187%;推行"一对一"就业援助,实现无零就业家庭,城镇登记失业率控制在2.64%,社会化管理退休人员养老金资格认定率达100%。对困难群众实现"应保尽保",各项任务招标已全部完成;对9家施工工地建立农民工工资支付保障制度,推行劳动保障监察网络化管理,为479名职工补签劳动合同,补缴社会保险2.5万元,补发工资33.88万元,劳动合同签订率98%;申请市财政资金99万元,自筹资金15万元,建设"e网就业港",搭建创业、就业网络平台。全年发放慰问金19.12万元,帮困落实100%。成立的两个职业康复站,8月通过验收,新增14名残疾人就业;改造五项公共设施、20户残疾人无障碍设施,服务满意度95%,上门服务率100%。

(范宜东　何　丹)

# 卢沟桥乡

【概　况】 卢沟桥乡行政面积53.6平方公里,与海淀、宣武,石景山三区接壤,素有北京城西南大门之称。乡境内有二环、三环、四环、丰北、丽泽城市公路网和京石、京开高速公路及京九、京沪、京广三条铁路大动脉;有太平桥、北大地、五里店、青塔、宛平等9个居民小区,4个街道办事处,6个驻地派出所。全乡下辖20个行政村、6个直属公司、6个事业单位、3个改制企业。辖区常住人口59548人,总户数23429户;其中农业人口38266人、16335户,居民人口21282人、7094户。全乡总收入完成59.7亿元,比上年增加5.8亿元,增长10.7%。国内生产总值完成15.6亿元,比上年增加1.8亿元,增长12.6%。税前纯收入完成10.1亿元,比上年增加7997.5万元,增长8.6%。人均收入为10295.6元,比上年增加699.5元,增长7.3%。劳均收入为18969.4元,比上年增加1236.6元,增长7%。

卢沟桥乡加强统筹,突出重点,协调配合,将成功举办一届"有特色、高水平"的奥运会,营造和谐稳定的社会环境、欢乐祥和的人文环境、靓丽温馨的城市环境作为2008年工作的重中之重,坚持"稳中求进,好字优先"的原则,注重打造特色,推进重点产业和重点项目建设,提高经济品质,不断壮大乡域经济实力。通过文化产业和特色产业聚集区的整体策划、创意、立项、包装,整合企业、文化、品牌多种资源,培育一批突出乡域特色和优势的精品项目,使单一项目得到贯通,形成板块经济。整合资源,实施品牌战略,打造吉庆文化一条街——千禧街文化创意产业项目,提升企业文化内涵和品牌效益,带动相关企业的提前转型,整体拉动后奥运经济产业链的快速发展。

万丰公园5月1日开园;完成了大井体育公园的升级改造,实现新增绿地90亩;完成了小屯村北京市郊区"文明生态村"的各项申报工作;6月完成岳各庄农贸市场升级改造和卢沟桥村天家市场改扩建项目并投入使用;北京巴厘岛国际温泉商务会馆项目投入运营;金都文化乐苑开始启动,一期开发150亩,9月6日试营业,每天接待国内游客千余人次。

深化乡村一体的协税护税机制,建立税源管理机构,对外成立企业服务办公室。新引进企业建立"企业数据库",实现信息化管理。加强对引进企业的跟踪服务,先后召开了两次税源大户座谈会,在宣传纳税政策的同时,及时为纳税企业解决实际困难。着力解决异地纳税问题,乡挂帐的异地纳税企业50家中,已有23家办理迁入手续。全年完成税收总计13亿元,比上年同期11.4亿元,增加1.6亿元,增长13.6%。

制定了乡《第十四阶段控制大气污染工作措施》及任务分解表,建立区、乡、村、企业污染源四级联动管理体系,加强了对工地扬尘治理和燃煤锅炉的改造力度。对重点污染源企业进行监控,对乡域各类企业进行拉网式排查,全乡共普查污染企业777家。完成第一次全国污染源普查工作,在国家及市、区检查验收中卢沟桥乡漏报率、漏填率及差错率均为"零"。

全乡开复工总面积180.12万平米,提前完成了折子工程制定的150万平米的工作目标。其中回迁及配套开复工面积123.44万平米;商品房开复工面积24.56万平米;产业项目开复工建筑面积32.12万平米。

加大了对奥运场馆周边重点路段的监管力度,在奥运期间对环境秩序重点保障区域进行全天候、不间断的巡查监控,维持了奥运会、残奥会比赛期间涉奥场馆、重点交通场站及其它重点地区环境的良好秩序,制定了《卢沟桥乡出租大院专项整治工作方案》,建立健全环境管理联动机制,充分发挥志愿者和专项小组的作用,有4896家单位、7243个家庭,共51847人次参与到了"清洁城市走进2008"活动中,出动志愿监督员8467人次,全年共拆除出租大院156个,拆除建筑面积约40万平米,任务完成率100%;规范出租大院225个,规范面积47万平米,共劝离流动人口26135人。

切实将安全生产监管责任、主体责任和属地管理责任落到实处,乡政府与各基层单位签订了安全生产责任书并制定了《生产安全事故应急救援预案》,确保赛事期间安全稳定。安全生产网络管理平台建设进一步完善,上帐监管单位946家。对全乡地下室的安全使用进行了全面排查,建立台帐,对发现的问题及安全隐患下发整改通知书。奥运会后,进一步制定了《地下空间管理办法》和《责任书》,确保地下空间使用安全。在对全乡重点防火单位、防火地区进行细致摸排的前提下,乡政府有选择的在10个行政村投资300余万元购置了10部消防车,建立了拥有165名专职消防队员的12支消防分队,消防车辆、设施、人员24小时待命,成功扑救火情4起,充分发挥了应急优势和第一道防线的安全保障作用。

贯彻落实大接访活动和乡领导接访制度,实现"无重大重复上访户"目标。全年22位乡级领导共进行了106日次接访工作,对涉及面广、影响较大、牵扯人员较多及陈年积案,由乡级领导进行包案调处。充分发挥四级网络的作用,规范基层信访接待室和各项工作制度,做好各类来信来访接待与反馈工作。全年受理"市长信箱"、"乡长信箱"、"政风热线"、"便民热线" 及其它信件共788件,接待来信来访424件、254批次,共1413人次,办结率达96%。

完善以最低生活保障为基础,以医疗救助、临时救助为补充的救助体系,针对低收入家庭的实际困难,在子女就学、医疗救助等方面实行专项救助。乡政府出台了《关于调整乡级最低生活保障标准和范围的通知》,乡财政共投入21万元,提高低保户、重残无业人员、低保边缘户、五保户的补贴标准。继续推进特困人群救助金机制,举办了第二届卢沟桥乡特困人群救助金募捐活动,在乡政府列支100万元的基础上,向社会募集善款201万元,对134名大病患者进行了救助,救助金额共计112万元。小屯村代表丰台区接受了由国家民政部等4部委对低保工作的检查,受到了充分肯定和好评。

新型农村合作医疗进一步完善。乡政府确定了"要以平安过渡为宗旨,在要求各单位全部参合的同时,及时发现问题,及时想办法解决"的指导思想。在乡一级对参合人员每人补贴40元的基础上,为使基层单位尽快适应区级统筹的管理模式,另对集体按照每人每年20元的标准进行补贴、连补三年,全年补贴款达216.47万元。全乡参合人数达36081人,参合率达98.5%。乡政府出台了《卢沟桥乡参加新农保的实施意见》,对符合参保条件人员中享受农村低保待遇人员和农民低收入家庭人员,区补贴10%,乡政府再补贴10%,对经济基础薄弱村的补贴率达到50%,乡财政共投入281.9万元。

为了加大劳动力转移就业工作力度,乡政府将2006年以后相继出台文件和配套政策以问答解释形式,编成《就业政策问答》工作手册,为基层劳动保障工作人员提供参考。年内共完成劳动力转移就业1025人次。完成农村劳动力培训指标1297人次。完成4998个空岗信息采集工作。对乡55家建筑施工单位的劳动关系进行拉网式检查,向乡域内的建筑单位发放劳动保障权益告示牌60块。及时处理拖欠工资案件,确保拖欠工资如数发放。乡敬老院完成升级改造,新增床位数145张,食堂面积增加至500平方米,安装了有线电视;对东管头、万泉寺、小屯三个村现有水厂的水站完成改扩建工作,对供水实行"三证"管理,确保供水安全。年内共修缮便民路101条、旱厕42座,改善了村民出行条件和入厕条件。

创建一批具有地域特色的群众文化活动,丰富群众的业余文体生活。卢沟桥图书馆正式开馆,并和所有基层单位形成联动,大井村的文化大院被区文委定为图书配送点、小屯村的风筝节和小井村的戏迷乐园被评为特色文化活动、三路居村"开路老会"被评为非物质文化遗产项目、卢沟桥乡艺术团被评为优秀群众文艺团队。举办了"卢沟桥乡迎奥运促和谐岳各庄杯蹴球邀请赛"等多项群众体育活动,"星火工程"演出80余场,放映电影200余场。郭庄子体育休闲公园和太平桥体育广场投入使用。乡有首都文明村7个,首都文明单位7个,区级文明村10个,区文明单位17个。

(韩玉东)

# 花　乡

【概　况】 花乡位于北京市区西南,丰台区中南部,距北京市中心(天安门)十五华里。东临南苑乡,西临宛平城地区,北与丰台镇、卢沟桥乡相邻,南与大兴区接壤,乡域面积50.3平方公里,农业用地面积1.45万亩;下辖十五个行政村,四个专业公司,十个直属单位,常住农业人口3.2万人。全乡外来人口17.3万人。乡境内有三环、四环、五环、丰南、丰葆等城市公路网和京开高速路及京九、京广、两条铁路大动脉;有恋日家园、天伦锦城、富锦家园、万年花城等17个居民区,一个街道办事处,4个驻地户籍派出所。

乡党委、政府认真落实科学发展观,按照创建工作的总体目标和工作要求,以"三级联创"为总抓手,以"保障奥运平安"为工作切入点,不断加强农村基层组织建设,努力探索新时期基层组织建设的新思路、新方法、新举措,各级领导班子的执政能力进一步提高,在服务和保障奥运会工作中,充分发挥党组织和党员的作用,政府效能建设得到加强,全乡经济和社会发展取得新进展,实现"保平安奥运,促和谐发展"的工作目标。

坚持"一、二、三、五"经济发展思路,以打造"花乡"品牌为主线,努力建设"现代花卉产业基地"、"综合物流基地"等特色区域,"生态宜居区"、"汽车商贸博览区"、"现代化服务区"三大功能区已初步形成;房地产业、绿色产业、文化旅游产业、商贸业和高新技术产业五大产业快速发展,经济实力进一步增强。全乡经济持续、稳步、协调发展。

社会总收入58.5亿元,同比增长8.3%;纯收入12.6亿元,同比增长3%;向国家缴纳税金18736.4万元,同比增长8.9%;提取公共积累42157.1万元,同比减少3.2%;分配总额54027万元,同比增长7.4%;劳均分配19022.9元,人均分配12530元。计划生育率96.2%。

全乡产业结构进一步调整,传统农业的比重逐年下降;二产业正在向高新技术和都市工业方向发展;三产业已成为支柱产业。恋日花都、万年花城、风格与林、鸿业兴园等已经成为南城知名地产项目。花卉作为花乡特色产业不断发展壮大,全乡花卉种植面积6000亩,花卉交易市场总营业面积20万平方米,年交易额15亿元以上,占全市花卉总交易额的67.7%,成为北方地区最大的花卉集散中心。草桥村的花卉还作为29届奥运会和残奥会的全部颁奖用花及奥运场馆周边环境用花,由花乡人设计制造的"红红火火"颁奖花束成为奥运赛场上最炫的景观。

重点产业发展项目有序推进。坚持科学规划、集中布局的原则,完善了重点产业项目库;加强与市区职能部门的沟通协调,抓好重点项目的前期论证、包装和推介工作,加快符合区域功能定位的重点产业项目建设。全年申报各类产业项目33个,其中农业产业项目24个、旅游项目2个、合作项目7个。“草本花卉良种繁育基地建设与示范”等5项重大科技项目已顺利通过验收,完成了“高档花卉规模化生产能力建设”等4项科技应用项目的申报。

税源建设基础工作不断完善。圆满完成全国农业普查和第二次全国经济普查的清查工作。加强辖区税源管理,通过税源企业专项调查,初步掌握乡域内企业的基础信息,完成全乡税源企业数据库建设。加强与驻区企业的沟通和协调,深入乡域范围内的重点异地纳税企业,有针对性地解决异地纳税企业生产、经营中存在的困难和问题。加大对重点行业的税收监管,开展房地产开发和建筑施工企业的属地纳税专项工作,先后使中铁六局、宿迁中厦建设等施工企业实现属地纳税1982万元,占全区异地纳税建筑施工企业属地纳税总额的95%以上。全年全乡完成留区税收2.7亿元,同比增长17.4%,为全区的属地纳税和税源建设做出应有的贡献。

全面推进基础设施和重点工程建设。充分发挥乡村在征地拆迁中的作用,探索建立征地拆迁的利益协调机制,全面加快征地拆迁步伐,推进重点工程建设。积极配合市区重点工程建设,加快推进地铁9号线、10号线二期、大兴线、房山线等轨道交通的拆迁和建设。抓紧做好康辛路二期、郭公庄三期的道路建设,缓解乡域交通压力。推进马草河上段、葆李沟治理等重点项目的实施,全面提升区域水系的环境水平。

加快绿化隔离地区建设步伐。做好绿隔地区村域规划调整。全年计划开复工面积78.38万平米,其中新开工面积27.58万平米,复工面积50.8万平米。扩大产业用地和绿色产业项目用地的容积率,尽可能集中布局产业用地,以增加产业发展空间,提高区域品位。推进绿隔地区项目实施。继续完善御康、高鑫和海子三个郊野公园建设。

花乡是全国最大的农副产品一级批发物流基地。新发地农产品批发市场是一处以蔬菜、果品、肉类、种子、粮油、水产、副食等批发为龙头的国家级农产品中心批发市场。蔬菜供应量占北京市总需求量的70%以上,水果80%以上,进口水果90%以上。是北京市名副其实的“大菜篮子”、“大果盘子”。奥运期间新发地农产品批发市场加大市场监管力度,配备充足货源,确保全市蔬菜等生活必需品的安全供应。

高立庄、六圈、新发地三个村郊野公园项目开工建设,榆树庄构件厂完成奥运场馆“鸟巢”施工建设任务,通过奥运会运行检验。

花乡圆满完成全国农业普查及年度全国第二次经济普查工作,2008年被评为全国第二次农业普查先进单位。

把奥运安全工作放在首位,全面实现平安奥运的工作目标。2008年,是奥运举办之年,乡党委、乡政府始终将确保奥运平安作为工作的最高标准,认真加以落实。建立健全交通、防火、安全生产、食品安全等各类安全应急工作预案,形成长效管理和全乡联动工作机制,安全责任得到落实。全乡各单位认真按照平安奥运的工作部署,将安全任务层层分解、细化、量化,落实到基层、落实到具体人。乡成立应急队、联合执法队、治安巡逻队、安全检查队,组织5000余名志愿者防控队伍,在主要路段和重点部位设立治安岗亭,安装监控探头,对各汽车站点、桥梁、路口、高压线、光接点等实行24小时专人巡视,实现对治安、安全、重点地区、重点部位、重点人的有效监管和防护,确保各类事件能够在第一时间得到有效控制。奥运前和奥运期间,完成对16万流动人口的采集录入工作,登记出租房屋1.7万户,发现各类流动人口重点人234人,移交公安部门新疆籍国保重点人2名。对全乡食品、药品、医疗器械经营和销售行业加强检查,共取缔非法小诊所80余家,确保全乡在奥运期间的公共卫生和食品安全,花乡被评为北京市食品安全先进单位。深入开展多种形式安全检查,全乡568家生产经营单位、47家奥运火炬传递沿线周边单位接受检查,乡党委、乡政府加大督查督办力度,成立专项督查工作组,乡处级领导带队,进村、进厂、进企业,检查督导工作,最大限度排查和消除隐患,确保奥运期间乡域内未发生任何治安案件及各类安全事故。加强管理,优化区域环境,为奥运会营造良好的外部环境以迎奥运环境建设为重点,加大基础设施建设。年内共修建和修补村内便民道路133条,新建和改建公厕88座、垃圾房65座,完成马草河上游3公里治理任务。集中对违法违章建设、出租大院进行拆除、全乡共拆除82个出租大院,36.2万平方米。对户外广告牌匾,违法小广告、街头摊商、工地污尘、噪声扰民、“六小七黑”场所等违法违规行为进行清理和整治,区域环境面貌极大改善。结合清理和整治,加大绿化、美化和环境保护工作,新建街心公园7处,清洗粉刷墙体外立面78万平米。完成全国污染源普查任务。黄土岗村、白盆窑村被评为丰台区环境建设示范村。

关注解决民生问题、化解社会矛盾,全力维护地区和谐稳定。年内,各级领导本着群众利益无小事原则,办好事、办实事,努力解决民生问题,从实际出发帮助群众解决生产、生活中的困难和问题。年内,乡党委、乡政府承诺为群众办10件实事,拿出专项资金完成对53户困难家庭的生活救助及25户残疾人家庭无障碍设施改造。推进新型农村养老保险和新型农村合作医疗,全乡12370人入养老保险,29283人加入新型农村合作医疗,参合率达到96%。年内,组织各类学历和岗位培训3200余人,安置就业1100人。深入开展矛盾排查调处工作,信访工作坚持领导包案、领导接待日、领导接访制度,通过“区乡村三级”调处方式,把矛盾和问题有效控制和化解在基层。奥运期间,乡村组织人员,对重点上访人、重点上访户,死看死守,确保奥运期间全乡无群体上访事件和非正常上访事件发生,实现双零指标。

继续以稳定低生育水平为目标,严格落实计划生育目标管理责任制,加强对流动人口计划生育服务工作。花乡被评为北京市计划生育先进单位。

稳步提升地区公共医疗卫生环境和建设水平,完成花乡医院和13个农村卫生服务站达标改造,完善对“手足口”病疫情的三级一体监控体系,全乡疫病宣传率、知晓率达到100%。

加强基层民主政权建设,完善民主管理。认真宣传、贯彻《村民委员会组织法》,依法规范村委会各项工作,提高村民代表会议质量。进一步加强基层民主政权建设,依法建制,以制治村为目标,完善民主管理,以村务公开为重点,加强民主监督,抓住群众关心的热点、难点问题,不断规范公开形式,增大公开范围,扩大公开内容,努力使公开经常化,增强真实性。全乡15个村现有公开栏78块,宣传栏55块,有专人负责管理。

社会保障工作不断加强,社会救助捐赠工作广泛开展。完成全年低保复审、审批工作。全乡55户,88人继续享受低保政策并完成低保标准由330元调到390元调标工作。全乡共投资42万元,慰问3440位老人。为全乡老人办理老年优待证2474个。

年初为南方遭受冰雪灾害抗灾捐款共计182870元。5月向区红十字为四川汶川地震抗震救灾捐款397万元;向民政局捐赠中心捐款89万元,捐赠衣被1348件。10月为四川捐赠新棉衣、棉被400多件,捐款11700多元。

民主法制建设不断完善和加强。加大争创和深化“民主法治示范村”建设力度。全乡已有13个行政村被市区有关部门评为“民主法治示范村”，其中包括国家级民主法制示范村1个（榆树庄村），市级民主法制示范村（榆树庄村、纪家庙村）2个，创建率达86%以上。2008年羊坊村、樊家村被授予区级“民主法治示范村”称号。在“民主法治示范村”的示范带动作用下，全乡的精神文明和法制意识都有明显提高，村民依法解决纷争、依法维权的意识明显增强，参政议政意识明显提高，切实做到民主选举、民主决策、民主管理、民主监督。

严格落实涉奥工作预案，确保奥运期间安全。组织村委会工作人员学习，落实村级矫正工作人员责任制，对矫正和帮教对象进行普遍摸排，入户走访谈话。安排村委会对重点人重点监控，根据奥运安保不同时段实行周报日报制度，确保情况信息畅通。

提高广大群众的法制观念和法律素养，营造文明有序和谐的社会氛围，保证花乡地区和谐稳定的社会局面。做好安置帮教和社区矫正工作，刑释解教人员帮教率、安置率达100%。实现全乡社区矫正和帮教安置工作“双零”工作目标。

政府机关建设得到强化。迁址办公，结合丰台区开展机关效能建设工作，完善全程办事服务大厅建设，健全《效能建设绩效考核办法》等21项工作制度。在加强政府班子建设、公务员队伍建设和廉政建设的同时，严格政务公开制度，积极接受人大代表、社会群众的广泛监督，认真落实整改意见，并加大立项监察和年度考核工作力度，促使机关干部整体能力素质和工作效率明显提高。

精神文明建设创建工作成效显著。全年深入开展文明村、文明单位、文明社区、文明户创建活动，全乡评选出“十星文明户”100户。榆树庄等7个村被评为首都文明村，黄土岗、新发地等8个村被评为区级文明村。榆树庄村被评为全国文明村。积极开展丰富多彩的群众文化活动，召开了全乡综合运动会、歌咏比赛和知识竞赛，新建了花乡文化馆艺术团，全年共组织各类演出62场，组织村民观看数字电影300余场。全乡年内未发生重大伤亡和重大安全事故。

（张稼树）

# 南　苑　乡

**【概　况】** 南苑乡位于北京市区南部、丰台区东部，北与崇文、宣武相接，南与大兴区接壤，东与朝阳区相连，西与花乡、卢沟桥乡毗邻，距北京市中心（天安门）五公里，有天安门前第一乡之称。乡域内有二环、三环、四环、永南路、马家堡东路、马家堡路、马家堡西路、右外南延路、方庄南延路和地铁四号线、地铁五号线、京津塘高速公路。乡域内有9个街道办事处，7个税务所，4个工商所，11个驻地派出所，属城乡结合部地区。乡行政面积56.74平方公里，下辖14个行政村，13个企、事业单位，辖区户籍人口26275人，其中：农业户籍人口21513人，农业户数10562户。

按照市、区关于开展“平安奥运行动”的工作意见和实施方案，围绕“大事不出、小事减少、管理严格、秩序良好”的目标，探索城市综合秩序管理方法，开拓性地提出了在全乡范围内实施城市综合秩序网格化管理的创新模式。划定独立网格240个、综合网格408个。按照“六建六不见”的标准，整治广告牌匾1.3万平方米，整治临街外立面2.2万平方米，修建道路70余条，23.7万平方米。拆除5.6万平方米侵街占道的违法建设，清理了一批邻街的堆物堆料，清运垃圾渣土18万吨，绿化面积7.3万平方米。全乡各村投入环境建设的资金1466万元。在发挥全乡13支民兵治安巡防队作用的基础上,组建了15000名“红袖标志愿者”队伍,落实了领导班子成员挂点联系基层单位制度,成立了五个平安奥运督查组,开展了拉网式流动人口和出租房屋排查,录入流动人口14.7万人,出租房屋13910户。同时,严格24小时监控,对重点人、过街天桥、立交桥、线路光接点、电力设施全天候严盯死守,始终将重点人和管控目标纳入政府的视线之内。出色高效地完成了奥运服务保障任务,被评为北京市“平安奥运行动”先进工作单位。

推进出租大院整治,共拆除违规建设出租大院198个,拆除面积32.7万平方米;规范出租大院51个,累计腾退土地1158亩。加强对乡域内生产安全、交通安全、消防安全、食品安全、森林防火、地下空间、建筑工地、供电安全的检查,共进行检查1200多次;对全乡生活饮用水井安全检查126座;关停非法生产经营的“六小”场所及证照不全的经营单位128个。

积极发挥“三级调处网络”作用,认真落实领导接待日、领导干部大接访和领导干部包案制度,着力化解重点矛盾纠纷。利用人民调解、司法调解、行政调解和社会调解等多种手段,形成了排查、预警、化解、协调一体化的联动机制,大量人民内部矛盾得到及时化解,重点信访矛盾纠纷得到有效稳控,非正常访及时得到妥善处置。全年共接待解决来访88件,637人次,实现了市、区下达的“无重大重复上访户”的目标,确保了地区的和谐稳定。

构建文明奥运氛围。广泛开展“迎奥运、讲文明、树新风”活动,举办了丰富多彩的妇女、共青团趣味健身比赛。开展了奥运知识大课堂、奥运英语培训、法律知识讲座和市民宣讲活动,举办各类培训30多场次,受益人数达12000多人,形成了全乡讲文明、重礼仪的良好社会风尚,提升了城市文明程度。

年内全乡实现地区生产总值12.1亿元,同比增长10%;完成税收4.37亿元,同比增长10%;农村人均从集体得到的收入13830元,同比增长8%。

进一步细化商贸区发展规划,北京大红门服装、服饰创意产业集聚区进入北京市第二批文化创意产业集聚区。完成了纺织服装检测中心软课题的研究及CBC大厦前期策划。投资9600万元对高庄街进行了拆除。

提升大红门服装、服饰创意产业区整体形象。举办了大红门商贸城开业十周年庆典活动、2008“色彩中国”系列活动、“大红门”杯世界小姐大赛北京赛区活动。举办了2008北京大红门国际服装节。本届大红门国际服装节荣获了“全国节庆活动百强暨2008中国十大最具发展潜力节庆”的殊荣。

初步完成了对全乡集体经济合同的清理、规范工作,共清理合同1457份。盘活闲置资产1.27亿元,重组后引进江山大酒店、瀚海科技大厦、汽车4S店等9个项目,总投资6.94亿元,到位资金4.94亿元。加大引进税源和争取属地纳税力度,完成新企业引进223家,新注册资金2亿元,解决了4家较大型企业的异地纳税问题。完成了第二次全国经济普查第一阶段的摸底调查及各行业、各企业的普查培训工作,共培训13场,1528家企业。

大力发展休闲观光都市型农业产业项目。稳步推进南苑村仿古商业街、南苑农艺园、槐房村花卉基地、君子兰产业项目、新宫村绿茵体育公园、西铁营商业科研综合楼等产业项目的建设。

乡级产权制度改革基本完成。村级产权制度改革正抓紧落实,完成了南苑村的改制工作。

年内,全乡规划建设开复工面积106万平方米,其中新开工面积47.9万平方米。竣工面积41万平方米,完成工程投资6.7亿元。南苑西经济适用房开工建设20万平方米。成寿寺村二期经济适用房项目开工建设7.4万平方米。右安门星河城住宅竣工8.6万平方米。石榴庄村住宅小区竣工27.2万平方米。槐房村回迁楼竣工4.8万平方米。大红门商贸区配套项目北京国际轻纺城、金泰彤翔商厦目前正在拆迁;鑫福海大厦已完成拆迁;CBC大厦正在办理前期手续。

配合市、区相关部门完成了北京南站外部路网、光彩路的建设。完成了光彩北路、晨光路、石榴庄路、蒲黄榆路的勘界工作。中轴路过街天桥、成寿寺路、马家堡东路正在建设中。地铁4号线车辆段、地铁10号线、地铁大兴线、地铁亦庄线、京沪线征地拆迁工作正在有序进行。

开展“带岗位信息和就业岗位进村”活动,为全乡群众提供了2162条就业信息,1338名富余劳动力接受了转移就业培训,2579人次接受了引导性培训,1211名劳动力实现了就业和再就业,1278名劳动力办理了转移就业证。

全乡11000名农村劳动力参加了新型农村养老保险;3016名老人享受了北京市城乡无社会保障老年居民养老保障待遇;210名无医疗保障老人享受了“一老一小”医疗保险。年内全乡参加新型农村合作医疗的人数为21164人,参合率达93.6%,乡级支持资金达84.6万元。完成乡社区卫生服务中心、六所村社区卫生服务站的标准化改造建设任务。

完成了槐房村残疾人职业劳动康复站的建设。完成了28户残疾人家庭无障碍设施改造工作。区、乡、村投入22万元,对全乡4户困难家庭的危房进行了翻建改建。为53户因大病造成生活困难的家庭申请救助资金28万元。“两节”期间,全乡投入160.8万元,对783户低保户和因病造成生活困难的家庭进行了走访慰问。

完成了南苑乡“爱心家园”的建设。完善了西铁营、分钟寺村老年之家的基础设施改造。“重阳节”期间,乡党委、政府投入12.5万元,对全乡385名80岁以上的老人进行了走访慰问。

积极争取资金,新建改建槐房、新宫两座水站。瑞丽菜市场、分钟寺菜市场、鑫福海菜市场三家农贸市场通过了市、区有关部门的检查验收。

汶川地震发生后,全乡向灾区募集善款303万元。并广泛动员辖区单位、企业进行捐款、捐物,捐助总额达2300多万元。

举办了北京大红门国际服装节摄影大赛和南苑乡改革开放30周年摄影展。组织了“青春与奥运同行”第八届青年健身竞赛和乒乓球、羽毛球比赛。参加了丰台区第二届迎奥运和谐社区杯乒乓球比赛。开展了农村文艺演出星火工程活动,为基层演出节目56场,放映数字电影107场次。完成了槐房、新宫、大红门村健身点48件体育器材的更新工作。

深入开展了“五五”普法教育和以“增强维权意识,保护权益迎奥运”为主题的宣传教育活动,普法人数达8万余人次。在大红门服装商贸城成立了流动人口法制宣传教育基地,在《大红门服装城周报》上创立法律专栏,设置电子邮箱,为商户、消费者提供司法答疑。深入开展社区矫正帮教工作,实现了重点人管控的“双零”指标。

不断强化机关干部的责任意识、效率意识、服务意识、廉政勤政意识。推进政府效能建设,加强对政府工作的效能监察力度,对奥运场馆周边环境卫生、拆除违法建设情况、安全防火、防煤气中毒落实情况开展了效能监察。坚持督办事项及在线信件来必办、办必复。办理区政府重大决策、重点工程、重要会议议定事项、领导批示交办事项共28件;办理政风在线来信78件,无延误、超时限现象。坚持依法行政,积极开展执法宣传和信息报送工作。坚持全程办事代理服务,共办理即办件1445件、承诺件372件、咨询件323件,办结率100%。

（谢　林）

# 长辛店镇

【概　况】 长辛店镇位于北京南郊，永定河以西，距卢沟桥仅一公里。辖区西至太行山余脉马鞍山脚下，东与永定河畔的卢沟桥乡为邻，北邻石景山、门头沟区，南和房山区接壤。

长辛店镇总面积58.6平方公里，其中平原面积26.6平方公里，丘陵坡地面积32平方公里。境内至高点是辖内以西的马鞍山，海拔690.33米。地势西高东低，辖区形似一个展开的大扇面。京原、京广、京九铁路和京周公路、京石高速公路以及10余条公交车线都从境内穿过，是北京西南方向的交通枢纽。长辛店镇下辖九个行政村，人口总数1.8万人。

长辛店镇历史文化悠久，有闻名中外的“二七”大罢工革命遗址、辽金时代的九级密檐“镇岗塔”等多处文物古迹。镇域内自然条件优越，规划中的产业园区已正式启动，以“北宫森林公园”、“鹰山森林公园”为主线的绿色生态带，已呈现出林木繁多，花果飘香，四季常青的宜人景观。

全年镇政府紧紧围绕“平安奥运”，全力做好维稳和各项奥运保障工作，加快产业调整步伐，加强基础设施和环境建设，着力改善和保障民生，完成了全年各项工作任务和为民办理的10件实事，全镇经济和社会各项事业得到较快发展。

镇域经济发展平稳。实现经济总收入24.4亿元，全年集体净资产达到3.4亿元，农民人均分配9169元，全年各项主要经济指标均按计划完成。产业结构调整加快。第一、二、三产业比重分别达到0.8%、59.3%、39.9%，二、三产业比重逐年加大，产业结构趋于合理。招商引资和税收征管力度加大。招商引资有了新进展，2008年共审批办理各类工商企业注册357家，引进注册资金1.1亿元。上报政策性支持项目58个。加强了对房地产开发和建筑企业的税收征管力度，2008年完成税收3230万元。

房地产项目进展顺利，对集体经济贡献较大。珠江御景二期开发项目，总占地约58公顷，总建筑规模约43万平方米，涉及张家坟村和太子峪村。市发改委已经核发该土地一级开发项目的核准意见。中筑置业有限公司开发的辛庄村土地一级开发项目，总占地约40公顷，总建筑规模约40万平方米。万年长兴投资置业有限公司的张郭庄项目，总占地约48公顷，总建筑规模约40万平方米。丰台综合开发公司的长辛店东南街经济适用房项目，总占地约32公顷，总建筑规模约45万平方米。中关村园区丰台园西区产业项目，分西一区和西二区，总占地4.17平方公里。

都市农业初具规模，生态旅游带逐渐形成。都市型现代农业逐渐壮大。中华名枣博览园初具规模，园内名枣品种达261种，已建成相应的水利设施和观光长廊、餐厅、林区健身场地；太子峪47栋日光温室采摘园已经产生经济效益，无公害蔬菜基地建设进展顺利；李家峪休闲旅游示范村建设已经启动，其中“农业观光体验园”已列为丰台区重点支持项目，园中的16栋阳光温室大棚已经完工。生态休闲旅游带建设加快。对全镇旅游进行了初步规划，逐步形成了包括中华名枣博览园、古树公园、太子峪温室观光采摘园、芽菜基地、留霞峪民俗园等项目的生态旅游带。

规划编制和基础设施建设有了新进展，新农村建设得到保障。规划编制工作进展顺利。完成了河西地区总体规划编制的初步方案;配合市规划设计院,完成了长辛店北区居住控制性详细规划的编制工作;完成了赵辛店、张家坟、东河沿、长辛店、张郭庄五个村的规划编制工作。基础设施不断完善。完成辛庄15条道路、大灰厂27条道路的设计和铺设任务。新建达标公厕18座;完成了3个村户厕改造任务。启动了7个村的人畜饮水管网的改造;启动了总投资1570万元的小流域综合治理工程。完成了9个村的低压线路整改工作,为村民用电安全提供了保证。

积极稳妥推进农村产权制度改革。已改制村管理制度逐步完善。对已完成产权制度改革工作的新型集体经济组织经营管理工作进行了检查,进一步完善管理制度,继续推进未改制三个村的改制步伐。做好镇级集体经济产权改制准备。对镇级集体经济产权制度改革进行了调研,全面收集镇级集体经济的有关基础资料。

奥运环境综合整治效果显著。扬尘污染得到控制。完成了第一次全国污染普查工作,加大扬尘污染监管力度,对燃煤锅炉实施新排放标准,同时做好奥运期间部分企业停产的监督检查,扬尘污染得到控制。村庄环境明显改善。开展了"清洁城市 走进2008"宣传高潮日、奥运倒计时100天等系列活动。结合奥运环境保障工作,全镇对乱堆乱放、拆除私搭乱建进行了清理整治,并进行了绿化美化,共计投入资金1979.55万元。同时开展了"六乱"、"七黑"等系列专项执法活动。结合"国际军体村"的整治,使村庄环境有了明显改观,长辛店镇还被市08环境指挥部授予先进集体光荣称号。

全面落实"平安奥运"的各项措施,圆满完成奥运安保任务。奥运安保机制完善。制定了"平安奥运行动"工作方案。完善一把手第一安全责任人制度,加强基层防控组织力量,建立了四种奥运安保机制,即由派出所、城管、工商所、交通队、镇政府有关部门领导及相关科室负责人组成的联席会议机制、联合执法机制、工作督查机制和形势分析机制,发挥民兵组织在奥运安保中的作用,确保全镇社会治安稳定、生产无事故、交通安全运营、市场有序经营。开展了安全隐患排查整治行动,对流动人口出租大院和出租房进行清理整治,实行出租房屋契约化管理。社会矛盾有效化解。实行了镇领导包村和接访工作制度,做到能解决的问题立即解决,暂时解决不了的问题,做好解释工作,取得群众的理解和信任。加强对奥运期间重点人的防控力度,建立台帐,确定各类重点人162人。强化对重点矛盾排查、重点人员监控,实行对每个重点人建立帮教小组,指定3人负责防控,有的由家属实行24小时看守,做到小事不出村,大事不出镇,社会矛盾得到有效化解,确保了在奥运会残奥会期间的社会稳定和双零指标的实现,长辛店镇被授予"北京奥运会残奥会信访工作先进集体"光荣称号。

社会事业健康发展,民生民计逐步改善。劳动就业工作取得实效。举办了大枣实用技术培训班、家政服务中级培训班、绿化培训班。开展了"春风行动"和"民营企业招聘周"活动。完成技能培训161人、职业指导690人,实现转移就业1100人。社会保障和社会救助工作得到落实。组织9189人参加了新型农村养老保险,占应参保人数的84.35%;组织7826户,16152人参加了新型农村合作医疗,参合率达到了92%,全年共为村民报销医疗费521.85万元;完成了308户,606人享受低保人员和12名优抚对象的服务工作;完成2740名无保障老人补贴任务;对10户低保及低保边缘家庭的26间危房进行了新建;对657名残疾人进行了帮扶救困和劳动就业安置工作;走访低保户、特困户、残困户、优抚对象1059户,2212人次,发放慰问金及物品折合人民币共计58万余元。在奥运筹办的关键阶段,面对突如其来的四川大地震,全镇人民迅速行动起来,伸出援助之手,全镇累计捐款66.3万元。公共卫生管理水平进一步提高。加强村级卫生室的管理,深入开展打击非法行医活动,取缔2处非法行医场所,强化手足口病防控力度,公共卫生应急处置工作得到加强。创建长辛店镇幸福家庭快乐园,计划生育管理服务工作稳步推进。

政府自身建设得到加强,精神文明建设和民主法制建设水平不断提升。电子政务推行进展顺利。为提高机关办事效率,保证政令畅通。与中国网通集团公司北京分公司签署了镇域网络建设框架协议,完成了电话、网络的硬件设施及办公软件系统的开发建设。精神文明建设扎实推进。以"迎讲树"为主线,积极开展精神文明创建活动,首次进入首都文明乡镇行列,市、区级文明村创建率达到100%。组织开展了"三下乡"、花会大赛、残疾人运动会、奥运礼仪知识答卷等活动。为群众放映数字电影224场次;组织参加了区经济总部运动会;乒乓球代表队还取得全市"和谐社区杯"第二名的好成绩。民主法制建设深入开展。认真执行人大的各项决议,自觉接受监督。认真听取人大代表的意见。办复区、镇人大代表建议、批评和意见52件,区政协委员议案、提案3件。扎实推进依法行政,大力开展效能建设,认真落实《政府信息公开条例》,增强了政府工作的透明度。

(周华阳)

# 王佐镇

【概　况】 王佐镇地处丰台区的西南部,西南与房山区交界,西北山区与门头沟区相连,东北部与长辛店镇接壤。辖区面积61.33平方公里,下辖8个中心村,36个自然村。2008年底,全镇总户数15970户,纯农业人口15139人,非农业人口17851人,流动人口13299余人。现有农业用地4.39万亩,其中耕地2.12万亩,林地2.04万亩。

年内,全镇经济平稳增长,全镇总收入15.8亿元,比去年同期增长12%;农民人均收入实现8945元,比去年同期增加10%;社会事业加快发展,教育卫生体系进一步加强,文化体育事业进一步繁荣。

深入开展专项整治,妥善处理社会矛盾,平安奥运目标全面实现。认真落实"平安奥运重如泰山,奥运平安人人有责"和"两个奥运同样精彩"的要求,始终把"平安奥运"工作作为去年的重点工作之一。启动十一项专项行动,强化社会面防控,落实出租房屋、流动人口管理机制,发挥奥运治安志愿者等四支队伍作用,维护良好的镇域秩序,完善企业生产安全管控措施,实现安全生产无事故的目标。加强矛盾排查,积极做好矛盾纠纷排查化解工作,主动帮助群众排忧解难,畅通群众诉求表达渠道,做到诉求合理的解决问题到位,诉求无理的思想教育到位,生活困难的帮扶救助到位,行为违法的依法处理到位的要求,开展领导干部大接访,实现无重大群体越级信访的"零指标"。

发展旅游业为主导的第三产业。坚持以旅游业为主导,以旅游促经济、以旅游带就业,整合旅游资源,重点打造"一山、一湖、一泉、一村"旅游品牌,完善旅游服务设施,千灵山景区办公综合楼、宾馆楼及配套工程的完工,提高了景区整体接待水平,南宫温泉度假酒店等地标性建筑的落成,提升了全镇旅游服务的档次。

全面调整第二产业。把产业发展与扩大农民就业相结合。按照整合资源,集中布局,改造提升的方针,优先发展促进旅游业和适合我镇特点的新型产业,加快第二产业发展,启动了庄户、怪村产业区的市政基础设施建设,完善园区相关配套设施建设,为下一步整体开发建设创造了必然条件。

加快都市农业发展步伐。加快"三地六

园”建设，南宫花卉展示园，怪村马文化园，西庄店千亩柿子园，西王佐绿色农业展示园的门区和围栏建设已经完工，洛平精品园改扩建工程基本完工。“三地六园”项目将逐步形成一园一品风格不同的主题园，特色突出，互为补充。

基础设施建设取得新突破。按照方便快捷的原则，全力推进基础设施建设，完成了长青路、南宫南路及中环路西段三条城市主干道7.1公里和南宫早市西侧路、北侧路、张各庄——怪村工业区，304厂—云岗路3.2公里的城市次干道建设任务，镇中心区道路网络基本形成。

抢抓机遇全力推进旧村改造。为推进《中心村控制性详细规划》的落实，庄户等中心村加快了旧村改造项目的手续办理，庄户滨河园一期已经取得市发改委的立项批复和规划意见书，户型方案已基本确定。为加快青龙湖国际城旧村改造项目，怪村、魏各庄调整完成相关前期手续，并完成了旧村改造所需土地置换工作。

生态环境建设进展顺利。加大生态环境建设，完成荒山绿化1300亩。主路两侧及林地种植林花、林草、林药3000亩，高标准完成3650亩二道片林的建设任务。镇域绿化覆盖率达45%以上。千灵山废旧矿山关停区的山体修复和生态恢复工程全面启动，完成魏各庄市级文明生态村创建工作。

环境综合建设取得成效。按照国家卫生镇标准，结合“清洁城市—走进2008”活动，集中开展村庄环境整治工作。清理堆物堆料320处，清运垃圾渣土43000吨；拆除违法建设14处，870平方米，完成3000座户厕改造，安装太阳能路灯600盏，将镇域内5米以上的72条道路移交区环卫中心，实现了专业化保洁；完成了全镇25处，总面积约100万平米的非正规垃圾填埋场治理工作。

就业和社会保障工作成绩突出。完善了农村劳动力管理信息系统，充分发挥区、镇、村三级就业服务网络作用，动态掌握农村劳动力的状况、就业岗位、技能培训等统计信息及时准确。为劳动力转移就业提供免费职业介绍、职业指导、政策咨询，多渠道多形式开发就业岗位，有针对性地为农村劳动力转移就业开展服务。实现924人实现农村劳动力就业，672名城镇登记失业人员实现再就业，城镇登记失业率下降到2.58%，社会保险覆盖面继续扩大，参保率和收缴率稳步提高，新型农村养老保险参保人数7910人，覆盖率达到95%，23484人参加新型农村合作医疗，参合率达到90.1%。为3592名老年人发放无保障老年人福利养老金，174名符合条件残疾人享受重残无业生活补贴，对25户残疾人家庭进行无障碍设施改造。

社会救助工作扎实有效。落实最低生活保障相关政策，做到应保尽保，开展分类救助，发放临时救助金55万元，救助378人，帮扶就业527人，改造低保危房户19户，危房修缮工作全部完成。

公共服务水平不断完善。不断加强和改进村卫生室管理，提高村卫生室的综合服务能力，督促各中心村18个社区卫生医疗机构的规范化建设工作，完成8所村社区卫生服务站的标准化改造，改善了群众的就医环境，在社区卫生站实行药品零差率的基础上，各村卫生室按要求继续实行药品零差价销售，做好药品监督工作，保证老百姓吃上放心药。加大计划生育利益导向机制的建立，稳定低生育水平，计划生育率达到96.5%，圆满完成了区政府下达的指标，并获得丰台区2008年计划生育先进单位称号。为群众办理的23件实事全部完成。

精神文明建设深入开展。以“迎奥运、讲文明、树新风”活动为载体，以改革开放三十年回顾宣传画册为途径，以“恒源杯”群众文化系列活动为标志，认真实施《公民道德建设实施纲要》，开展形式多样的文化活动。以各村文化大院为依托，继续加强我镇8支特色花会队伍的建设,怪村"太平鼓"被列入国家级非物质文化遗产保护名录。结合科技、文化、卫生"三下乡",开展了"文化服务到农家"、"科技服务到乡村"、"普法宣传到身边"等活动,组织"文艺演出星火工程"32场、数字电影180场,满足全镇人民群众多层次、多方面、多样化的文化需求,努力为人民群众提供内容丰富、形式多样的文化服务,人民群众的精神文化生活日益丰富。

加强政府自身建设。按照为民、务实、清廉的要求,努力建设行为规范、运转协调、廉洁高效政府。为进一步理清政府工作思路,镇政府从科室工作职责、工作目标入手,逐科室全面细统地研究制定了各职能部门岗位目标责任制,进一步明确了各职能科室所对应的上级主管部门,避免了职责交叉和工作之间相互推诿扯皮,有效防止了行政事务处理中的不到位现象。进一步规范了政府学习、会议管理、公文办理、印章使用等多种管理制度,按照计划、管理、组织、控制四步管理过程,创建了各项行政工作管理机制,挖掘信息系统潜能,加大了信息处理系统的资源优化整合,不断完善扩展内外网站信息栏目,使王佐内外网站的宣传应用水平大幅度提高。制定了《王佐镇2008年效能建设工作意见》并按《意见》要求将区政府六大折子工程,根据部门职能职责,按照任务、责任部门、完成时限及责任人进行了一一分解,加大了效能立项项目的督查督办。规范了全程代理服务大厅建设,强调了为基层、为群众服务的宗旨、提高了行政办事效率。

(王　欢)

# 人　物

## 组织机构负责人名单

**中国共产党北京市丰台区第十届委员会**

书　记　张大力

副书记　李超钢　闫满成

常　委　杨逸铮　王苏维　李明圣　孙　钫　汪　洪　于长辉　于鸷隆　郭兴斌

**丰台区委工作机构负责人**

区委办公室主任　于鸷隆

组织部部长　杨逸铮(女,7月免)　于长辉(7月任)

宣传部部长　李明圣

精神文明办公室主任　朱晓芳(10月免)　李跃生(10月任)

统战部部长　杨逸铮(女,7月免)　于长辉(7月任)

常务副部长　周大春

台湾工作办公室主任　付香玉(女,6月免)　丁绍春(女,6月任)

区委区政府政策研究室主任　汝玉虎

政法委员会书记　闫满成

常务副书记　杨永华

社会治安综合治理委员会　办公室主任　姚建国

防范和处理邪教问题领导小组　办公室主任　边爱华(女)

流动人口管理工作办公室主任　胡春溪(2月免)　李海秋(2月任)

农村工作委员会书记　陈　鹏

区委区政府信访办公室主任　宋德岭(11月免)　刘永宗(11月任)

保密局局长　王京荣(女)

区直机关工委书记　刘金龙

党史资料征集办公室副主任　冯树海(日常工作)

老干部局局长　刘德义

区委党校校长　闫满成

常务副校长　李富国

**中国共产党北京市丰台区纪律检查委员会**

书　记　陈继平(2月免)　杨逸铮(女,7月任)

副书记　胡春溪(1月任)　宋铁健(1月免)　毕永丰　李　军

常　委　王家驹　高钟宁　米佳国　崔玉玲(12月免)　吴　燕(12月任)　翟光红(12月任)

**丰台区第十四届人民代表大会常务委员会**

主　任　杜瑞琴(女)

副主任　吕跃进(常务)　任光明

苗　华(女)　郭振江

薛　明(不驻会)

委　员　马列清(女,回族)　王家喜

邓永权　石玉焕(女)

朱玉水　刘志扬(女)

刘蓉蓉(女)　刘　颖(女)

李有毅(女)　李跃生

吴　恒　顾志强

高彦彬　高海松

曹　生　曹继成(满族)

梁小虹　梁金学

董　敏(女)　鲍国森

霍益民

**丰台区人大工作机构负责人**

办公室主任　梁金学

研究室主任　曹　生

代表联络室主任　石玉焕(女)

财政经济工作委员会主任　霍益民

内务司法工作委员会主任　鲍国森

教科文卫体工作委员会主任　顾志强

城建环保工作委员会主任　高海松

**丰台区人民政府**

区　长　李超钢

常务副区长　汪　洪

副　区　长　王苏维　吕仕杰　李昌安

张建国　李丽萍

**丰台区政府工作机构负责人**

政府办公室主任　高　峰

发展和改革委员会主任　何燕卿

中关村科技园区丰台园主任　孔令斌

国有资产监督管理委员会党委书记兼主任

徐鸣凤

人口和计划生育委员会主任　张林平(女)

建设管理委员会主任　刘文洪

危改开发管理办公室主任　刘文洪

市政管理委员会主任　王建斌

科学技术委员会主任　冯晓光(5月免)

崔言超(5月任)

农业委员会主任　陈　鹏

文化委员会主任、书记　王艳秋(女)

教育委员会主任　王珮琦(5月免)

冯晓光(5月任)

书记　赵常学

教育督导室主任　闫傲霜(女,4月免)

李丽萍(女,7月任)

民族宗教侨务办公室主任　李小月

民政局党委书记兼局长　万文艺

财政局局长　刘　宇

劳动和社会保障局书记　王凤华(4月任)

局长　李　岚(女,4月任)

安全生产监督管理局局长　沈瑞平

商务局(旅游局)局长　黄东有

统计局局长　牛春凤(女)

国家统计局丰台调查队队长　亓学霞

审计局局长　周衔临

质量技术监督局局长　杨希迁

党组书记　张占芳

国家税务局局长　王忠新

地方税务局局长　许　飞

工商行政管理局局长　王希军

园林局党委书记　杨江洪(4月免)

申燕民(4月任)

局长　申燕民

环境保护局局长　李向林

卫生局党委书记　张　扬

局长　张　扬

爱国卫生运动委员会主任　常建国

地震局局长　吕广生

国土资源分局书记　孙连喜

局长　孙连喜

房屋经营管理服务中心主任　邓永权

农村合作经济经营管理站站长　姜兆祥

广播电视中心主任　李　智

中国人民抗日战争纪念雕塑园主任　孙　涛

中国人民抗日战争纪念馆馆长　沈　强

规划分局局长　金　宇

环境卫生服务中心主任、书记　左兰萍(女)

林业局党委书记　高胜印

局长　谢国民
气象局局长　李市平
水务局党组书记　庞金生
局长　庞金生(1月免)
局长　刘权来(1月任)
体育局局长　李靖生
药品监督分局局长　韩　越
地方志办公室副主任　李庆荣(日常工作)
法制工作办公室主任　蔡慧永(2月9日任)
外事办公室主任　梁艳梅(女)
机关行政事务管理处处长　王秋利
人事局局长　赵冬辰
监察局局长　宋铁健(1月免)
胡春溪(3月任)
档案局局长　董化斌
书记　车安慎
丽泽开发办主任　邱　明
城市管理监察大队队长　刘建伟
卢沟桥文化旅游区办事处主任　孙　涛
中国人民抗日战争纪念馆馆长　沈　强
城市管理监督指挥中心主任　王跃进

**中国人民政治协商会议北京市丰台区委员会**

**政协北京市丰台区第八届委员会常务委员会**

主　　席　初建华
副 主 席　鲍顺新　胡　燕　周大春　赵　仑　刘占良
秘 书 长　乔世红(女)
常务委员　万艳生　卫金桂　马洪波　王松灵　王广华　王宝军　王　虹　王　强　王德文　巴根那　申　跃　冯建保　刘文辉　刘兆年　安　威　孙　力　孙金来　李　一　李小月　李　华　李春明　李春滨　李继英(12月免)　杨元智　张立新　张成军　张兆旗　张桂敏　张燕琴　林海青　赵秀兰　胡国强　董华林　程留恩　解　刚

**区政协机构负责人**

学习委员会主任　张全开
提案委员会主任　陈　阳
教文卫体委员会、文史资料委员会主任　李　一
经济科技委员会主任　解锡仲
社会法制委员会主任、民族宗教和港澳台侨委员会　洪　玫
城乡建设和管理委员会主任　杨德山

**丰台区各民主党派负责人**

民革丰台区工委主任　张兆旗
民进丰台区工委主任　刘占良
民盟丰台区工委主任　薛　明
民建丰台区工委主任　王　虹
农工民主党丰台区工委主任　高彦彬
九三学社丰台区工委主任　程留恩
致公党丰台区工委主任　王松灵

**丰台区群众团体负责人**

丰台区总工会主席　王春兰(女)
共青团北京市丰台区委员会区委书记　申　跃
丰台区妇女联合会主席　刘蓉蓉(女)
丰台区工商业者联合会会长　王宝军
党组书记　孙延明
老龄工作委员会办公室主任
刘藏生(女,5月任)
谷考敏(5月免)
区归国华侨联合会主席　孙金来(7月任)
李继英(女,7月免)
残疾人联合会主席　吕仕杰
残疾人联合会执行理事会理事长
冯建宝
区私营个体经济协会会长　杨　光
区消费者协会会长　李云鸿
秘书长　李建中
科学技术协会常务副主席　刘志扬(女)
党组书记　刘志扬(女)
区红十字会会长　吕仕杰
常务副会长　张秋光(女)

**丰台区工商企业负责人**

北京丰印诚科技发展有限公司董事长 李淑珍(女)
总经理 崔雪松(2月任)
北京银建实业股份有限公司党委书记 杨 华
董事长 李希英
总经理 翟宝玉
北京市赛欧工贸中心董事长 郭宗喜
党委书记兼总经理 陈思勇
北京博兰特食品工贸集团党委书记、总经理 刘 峰
兴源粮油贸易总公司党委书记兼总经理 李茂林
北京市裕丰投资经营公司总经理兼党支书记 许庆丰
丰台区烟草专卖局局长 武文武(8月任)
刘根甫(8月免)
天旭饮食服务公司总经理 李茂森
丰台区修理公司总经理兼党委书记 刘立志
京都公司总经理 刘 视
丰台区财政贸易干部学校支部书记 杨宝森
中关村科技园丰台区管理委员会主任 汪 洪
世界公园总经理兼党总支书记 马福江
丰鑫源物资集团公司总经理 米惠鹏
综合投资公司经理 马福江
城市建设综合开发公司经理 魏景秀
兴丰房地产公司经理 赵 燕(女)
益丰建筑(集团)公司总经理 付 晓
北京天正时威物资回收有限责任公司董事长兼总经理 王又强

**丰台区政法军事机构负责人**

检察院检察长 蔡柏林
法院院长 董 华
区人民武装部部长 万文艺(4月免)
郭兴斌(4月任)
政委 李义来(10月免)
苗连成(10月任)
民防局局长 崔爱国
司法局局长 李秀瑛(女)
公安分局局长 孙 钫
政委 耿 飞
交通支队支队长 雷 军
政委 孟宪忠
消防支队支队长 刘万生
政委 古炳文

**丰台区街道、乡(镇)负责人**

大红门街道办事处主任 姜东升
工委书记 杨玉喜
东高地街道办事处主任 连 宇
工委书记 陈 建
东铁匠营街道办事处主任 徐 颖(1月免)
李振茹(1月任)
工委书记 赵万军
方庄地区办事处主任 张小龙(11月免)
申 跃(女,11月任)
工委书记 刘 军(11月免)
张小龙(11月任)
丰台街道办事处主任 李 屹
工委书记 李 岚(4月免)
邢方岭(4月任)
和义街道办事处主任 王俊山
工委书记 马士有
卢沟桥街道办事处主任 宋金忠(11月免)
李军会(11月任)
工委书记 侯俊玲(女,11月免)
宋金忠(11月任)
马家堡街道办事处主任 邢方岭(4月免)
常志杰(4月任)
工委书记 谢国民(1月免)
谷 卫(1月任)
南苑街道办事处主任 李宝英(女)
工委书记 王振华
太平桥街道办事处主任 郗俊生(1月免)

| | |
|---|---|
| | 何秋香(女,1月任) |
| 工委书记 | 朱玉水(1月免) |
| | 郗俊生(1月任) |
| 西罗园街道办事处主任 | 牟金萍(女) |
| 工委书记 | 崔言超(5月免) |
| | 李　刚(5月任) |
| 新村街道办事处主任 | 段德珍 |
| 工委书记 | 李　华 |
| 右安门街道办事处主任 | 王百玲(女) |
| 工委书记 | 李春滨 |
| 长辛店街道办事处主任 | 刘　郦(女,11月任) |
| | 刘权利(11月免) |
| 工委书记 | 李跃生(10月免) |
| | 刘权利(10月任) |
| 云岗街道办事处主任 | 李　刚(5月免) |
| | 李春生(5月任) |
| 工委书记 | 刘友才 |
| 宛平城地区办事处主任 | 刘权来(1月免) |
| | 杜平勋(1月任) |
| 工委书记 | 王　京 |
| 卢沟桥乡党委书记 | 李　杜 |
| 人大主席 | 李　杜 |
| 乡　长 | 吴继东 |
| 南苑乡党委书记 | 陈重才(10月免) |
| | 刘　军(10月任) |
| 人大主席 | 陈福启 |
| 乡　长 | 李大维 |
| 花乡党委书记 | 李新民 |
| 人大主席 | 李新民 |
| 乡　长 | 肖文燕(女) |
| 长辛店镇党委书记 | 孙金来(4月免) |
| | 彭　虹(4月任) |
| 人大主席 | 孙金来 |
| 镇　长 | 彭　虹(4月免) |
| | 李振茹(4月任) |
| 王佐镇党委书记 | 吴　恒 |
| 人大主席 | 吴建英 |
| 镇　长 | 陈学明 |

**丰台区部分金融单位负责人**

中国工商银行北京市丰台支行行长　苗子瑜

中国工商银行北京市方庄支行行长　田　晖

中国农业银行北京市丰台区支行行长　冯建辉

中国建设银行北京市丰台支行行长　秦伶华(女)

中国银行股份有限公司北京丰台支行行长　黄晓娟(女)

北京农村商业银行丰台支行行长　李玉堂

# 荣　誉　栏

## 全国先进单位

**北京奥运会残奥会先进集体**

中共丰台区委政法委(含丰台区社会治安综合治理委员会办公室)

区纪委、监察局

丰台街道永善社区市民劝导队

**《中国监察》全国订刊学刊用刊先进集体**

区纪委、监察局

**全国流动人口计划生育信息化建设先进单位**

人口和计划生育委员会

**全国和谐社区建设自主创新先进街道**

丰台街道

云岗街道

**救助管理工作先进单位**

民政局

**2007年全国投入产出调查国家级先进集体**

丰台区投入产出办公室

**2008年全国公安消防部队抗震救灾先进集体**

北京市丰台区公安消防支队

**2008 年丰台赴四川抗震救灾救援队集体三等功**

北京市丰台区公安消防支队

**中华全国总工会职工保障工作先进单位**

丰台区总工会

**全国工人先锋号**

卢沟桥环卫所垃圾楼班

**人民调解宣传工作先进集体**

司法局

**司法行政系统奥运安保工作先进集体**

丰台区卢沟桥街道司法所

**全国青年文明号**

丰台公安分局西罗园派出所

**北京奥运会残奥会环境质量保障工作先进集体**

区环境保护局

**整治违法排污企业保障群众健康环保专项行动先进集体**

区环境保护局

**2008 年度全国精神文明建设工作先进单位**

地方税务局

云岗街道南一社区

**2008 BMW 儿童安全交通训练营活动优秀组织奖**

卢沟桥乡

**北京奥运会残奥会安全保卫工作先进国家安全小组**

卢沟桥乡

**全国“巾帼文明岗”**

财政局国库科

区环卫局机关

**全国三八红旗集体**

丰台区药品检验所

**国务院南水北调征地移民先进单位**

区南水北调征地拆迁办公室

## 全国先进个人

### 王春兰事迹材料

**王春兰**,女,丰台区总工会主席,丰台区职工互助保障工作主管主席。自2004 年 11 月当选丰台区总工会主席以来,高度重视职工互助保障工作,互助保障工作连年上台阶,丰台区的各项互助保障计划完成指标在全市 18 个区县中名列前茅。2008 年,经过总会和北京办事处调整和新推的互助保障计划全面推行,王春兰在第一时间认真听取互助保险丰台区代办处的相关工作汇报,在短时间内就对互助保障计划的变化进行全面的了解,并指出丰台区总工会要继续做好职工互助保障工作。在她的指导下,丰台区代办处专门在 2008 年 5 月召开了全区职工互助保障工作会,会上介绍了各项互助保障计划,在年度召开的几次工会工作会中,她提要求、讲案例,始终把职工互助保障工作作为工会一项重点工作去抓。经常下基层搞调研,掌握第一手资料。在工作中,王春兰主动与驻区企业单位的党政领导进行沟通,争取他们的支持与配合。在她的带领下,经过代办处和基层工会经办人员的不懈努力,很多工会组织,特别是新建工会组织都积极主动的开展职工互助保障计划,2008 年各项保费收入 135.21 万元。从 2005 年到 2008 年,丰台区代办处共为 1622 名职工给付各项赔付金 420 余万元 ,丰台区的职工互助保障工作始终处于全市前列,每年都被市总工会评为优秀代办处。无论是为代办处招入新人还是购进电脑、开展互助保障计划网络办公试点等工作,她都给予了科学的指导和大力支持。正是在她的指导和支持下,丰台区的职工互助保障工作充实了新生力量，实现了办公电子化和网络化，提高了代办处的工作效率和管理水平。2008年荣获中华全国总工会职工保障活动优秀工作者称号。

## 孙钫事迹材料

**孙　钫**，男，1959年12月出生，中共党员，大学文化，现任北京市公安局丰台分局党委书记、局长。1979年10月参加公安工作以来，先后荣立个人二等功1次、三等功3次，2次被评为优秀党务工作者，多次受到分局嘉奖。2008年荣获全国公安系统奥运安保工作先进个人。2005年孙钫调任丰台分局分局长以来，团结带领分局新一届领导班子，在区委、区政府和市局党委的正确领导下，坚持以科学发展观统领全局，立足构建和谐社会的客观要求；着眼“平安奥运”的战略目标，坚持“整体防控，精确指导，精确打击”的工作思路，确立了“竭力净化地面，构筑安全屏障，服务首都中心，打造平安丰台”和“固本强基，守土有责，打防并举，防中带打”的基本工作定位；围绕丰台区承担的“一场三馆、一院三线、一园一广场”及“以面保点”安保任务，在奥运赛时对全区重点人地物事实行看死盯牢，刑事发案降至7年最低，实现了“不给核心区添乱，不让市局领导分神”的既定目标。完成了女垒竞赛场馆、光彩体育馆、木樨园综合训练场馆群比赛训练安保任务和火炬传递路线警卫工作任务，确保了点、线安保工作任务万无一失。完成了世界公园非政府组织集会游行示威活动现场处置工作，实现了“零聚集，零滋事，零炒作”的工作目标。完成了莲花池主题文化广场安保任务，维护了主题活动期间安全、祥和的游园秩序。完成了非签约饭店安全监管工作，实现了奥运期间“零发案、零侵害”的工作目标。严密对各类重点人员及群个体访事件的动态掌控，实现了奥运期间到重点地区滋事肇祸“零指标”。及时开通了马家楼和久敬庄接济服务中心，劝返分流上访人员7800余人次。加强对危险物品使用单位及易制毒易制爆化学品的日常监管，实现了奥运期间“零遗失、零被盗，零流失、零炸响”的工作目标。保持对违法犯罪活动的高压态势，刑事发案降至2000年以来最低水平，奥运期间八类危害严重案件发案势头明显回落，奥运场馆周边200米范围、方庄餐饮一条街、大红门商圈等涉奥、涉外地区实现了“零发案”，街面秩序得到进一步净化。卡片招嫖、强乞强讨、偷盗自行车等八类治安举报警情以及餐饮、市场等重点场所刑事警情同比均呈现不同幅度的下降，为国内外宾客创造了良好的治安环境和城市形象。行业场所经营行为得到有效规范，场所内“五涉”警情同比大幅下降，实现了奥运期间行业场所“零黑开”、“零复开”工作目标。安全检查工作力度不减，实现了奥运期间“零事故、零死伤”的工作目标。结合社会经济不断发展的客观规律和辖区治安特点，不断加深“精确指导、精确打击”的工作理念，截止到2007年底，分局抓获各类违法犯罪嫌疑人数量比2001年的5939人翻了一翻。针对丰台区地处城乡结合部，流动人口多、治安乱点多、治安问题突出的客观实际，把“治乱”作为遏制刑事犯罪、打造“平安丰台”的重要一环来抓，重点地区、行业场所的治安秩序明显好转。加强对全区社会面的动态控制能力，全区110警情持续好转，警示等级天数由2005年的109天逐年降至2007年的62天，奥运会期间未出现一天警示等级。在有效整合局内、局外各警种、各部门专业优势和资源优势的同时，将情报信息收集的范围扩展到政治、经济、舆论、治安等领域，形成了以“大情报”牵动“大维稳”的工作格局，提升了维护社会政治稳定的能力和水平。信访举报量明显下降,2005年至2008年受理群众信访举报510件,同比下降了32.9%;奥运安保期间,没有发生群众到重点地区信访投诉的情况。民警违法违纪明显下降,2005年23人,2006年9人,2007年仅3人。几年来,丰台分局在孙钫的带领下,民警素质不断提高,辖区社会稳定,为丰台区经济建设发展起到了保驾护航的作用。

## 姚建国事迹材料

**姚建国**,男,汉族,中共党员,1956年8月出生,1976年3月参加工作,现任丰台区委政法委副书记、综治办主任。2006年按照首都综治委铁路护路领导小组有关精神,丰台区全面启动铁路护路联防工作,成立区综治委铁路护路领导小组,姚建国兼任办公室主任。丰台区地处首都南大门,是京广、京沪、京九、京源等铁路干线的交汇处,现有铁路干线和联络线14条,总长237公里,居全市之首;铁路沿线涉及18个街乡镇和69个社区(村),铁路面广、路多、线长,情况较为复杂,铁路交通事故高发,偷盗铁路运输物资和铁路设施案件时有发生,护路任务十分艰巨。全区铁路护路联防工作开展以来,姚建国多次深入火车站及有关街乡镇调研,了解掌握铁路沿线治安状况,制定创建"平安铁路示范路段"规划,健全各级联防组织,整合护路巡防队伍,建立各项规章制度,创新完善工作机制,组织协调有关部门联合路地公安派出所开展治安秩序专项整治,有效净化了铁路沿线治安环境。针对全区路外伤亡事故高发这一难题,多次与铁路派出所所长座谈,分析判研高发时间、路段及人群,突出工作重点,采取有效措施,加大宣传力度,特别是加大对铁路沿线流动人口聚居区和中、小学生宣传力度,增强他们的爱路护路意识,取得明显成效,铁路沿线涉路案件得到有效遏制,路外伤亡事故明显减少。2006年全区路外伤亡55起,其中死38人、伤17人;2007年路外伤亡26起,其中死18人、伤8人,三项指标均下降50%,辖区京广、京沪、京九三条路段被评为全国"平安铁路示范路段"。2008年组织护路办全面参与"平安奥运行动",开展铁路沿线和车站、大货场周边地区治安整治,组织巡防队员、治安志愿者上线护路,确保奥运期间铁路运输畅通,当年路外伤亡7起,其中死4人、伤3人,三项指标大幅下降,铁路护路防范能力显著提高,铁路沿线、车站治安秩序良好,本人被评为2007-2008年度全国铁路护路先进个人。

## 李靖生事迹材料

**李靖生**,男,汉族,1954年12月出生,中共党员,大学学历,区体育局党组书记、局长。李靖生自2001年7月以来一直负责奥运丰台垒球场的筹建、施工、运行和保障工作。丰台垒球场是奥运比赛场馆中第一个开工建设的项目,具有一定的示范作用。作为业主单位领导,李靖生在兼顾其他工作的同时,把主要精力投入到工程建设中,克服建设周期短、工序复杂、工程量大的困难,经过历时近一年的紧张奋战,保证了主赛场、备用赛场、功能用房主体工程及其它相关配套工程如期完工并通过竣工验收。为确保工程目标的实现,严格落实"安全、质量、工期、功能、成本"五统一的要求,采用雨水回用及中水处理技术等新能源、新材料、新技术共计34个项目;积极落实市区"阳光工程"要求,开展检企共建活动,在工程30余个项目中实施招投标。工程获"结构长城杯"和"北京市文明施工工地"等荣誉称号，李靖生被北京市市委、市政府评为奥运工程优秀建设者。在2006年8月27日至9月5日的世界女垒锦标赛既奥运测试赛以及2007年的“中国银行杯”挑战赛中，李靖生与丰垒运行团队全力配合，为确保测试赛场地设施和技术保障万无一失，成立由业主、代建、总包主要领导参加的保驾指挥小组，将19个重点部位，按照轻重缓急程度进行三个风险等级划分。明确职责分工和要求，制定《赛时保驾工作实施方案》和《岗位突发事件应急预案》，分别签订了保驾协议和保证书。测试赛的成功赢得了北京奥组委、国际垒联、中外参赛队以及新闻媒体的赞誉。在2008年奥运女垒比赛中，李靖生更是全身心投入。工作中认真学习借鉴往届奥运会经验，保证竞赛组织的规范性和服务管理的国际化。千方百计满足竞赛需求，所有场地器材、各项服务均严格符合竞赛标准。充分发挥桥梁纽带作用，与国际垒联、中国垒协加强沟通协调、紧密配合，对各参赛队情况保持紧密关注，精心制定各项竞赛安排，保障了赛事组织工作的有序、顺畅，为完成奥运垒球比赛保障任务做出了突出贡献。由于他工作深入，注重细节，善于前瞻，勇于负责，被中共中央国务院评为2008年北京奥运会残奥会全国先进个人。

## 郭福军事迹材料

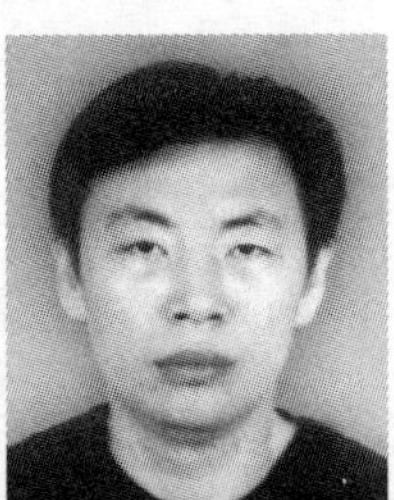

**郭福军**，男，1969年4月出生，河北承德人，党员，高级工程师。现任新兴重工有限公司副董事长、北京三兴汽车有限公司董事长。2000年5月，郭福军任北京三兴汽车有限公司董事长后，凭着企业经营者高尚的事业心和敬业精神，带领职工励精图治，经过七年多的不懈努力，使濒临破产的企业迈出扭亏、盈利、增长三大步，走上了健康、平稳、持续发展的道路，成为北京市汽车改装行业产销量第一，经济效益最好的龙头企业，成为汽车行业内扭亏脱困、快速发展的典范。公司正逐步打造成为京津地区最大最强特种车研发基地，全国最大高空带电作业车生产基地，全国最大油罐生产基地，华北地区最大军用车辆、专用设备生产基地。8年来，公司在民品方面开发出35种油料运输车、12种高空作业车、24种自卸车、2吨铝合金罐车、20立方浓酸运输车，还开发出仓栅车、厢式车、LPG罐式集装箱、高端管道疏通车、油田专用设备、消防专用车、铁路槽车等新产品；军品方面开发出7000L新型越野加油车、军用水挂车、机场吹雪车、机场导弹运输车、整装卸运水车、整装卸加油站等高新产品，为提高我军装备水平做出了突出贡献；特种车辆开发出环卫车辆三种清扫车、垃圾分类车、高压水车、垃圾压缩车、公路用修路王、沥青拌合车、真空吸尘车、医疗垃圾焚烧炉等高精尖新产品，另外还推动了与俄罗斯、韩国、澳大利亚和瑞士、荷兰等一些国家在特种车开发方面的合作。郭福军身体力行发明了高空车防侧翻自动保护装置，获得国家专利《国家实用新型专利 <车辆防侧翻自动保护装置>，专利号ZL03241768.3》解决了高空车使用中的一大难题，致使公司生产的高空带电作业车取得国内近5年来连续销售量第一的地位。2001年郭福军被北京市总工会评为“北京市经济技术创新标兵”，2002年被北京市总工会授予“首都劳动奖章”，2003年被中国企业家协会评为“中国优秀企业家”，2004年被北京质量协会推荐为“北京市第九届质量管理优秀企业家”，2005年被国资委提名为“中央企业十大杰出青年”正式候选人，2008年荣获“中国汽车工业杰出人物”奖。

## 安钟岩事迹材料

**安钟岩**,女,1959年3月3日出生,北京丰顺工贸集团董事长、丰顺驾校校长,中国民主建国会会员。2001年4月至2003年4月就读于北京财贸干部管理学院暨澳门国际公开大学工商管理并获硕士学位。1999年被北京工人报授予"十佳校长勋章"。2001年荣获"中国经营模范"称号。2002年荣获中国妇女报社评选的"中国企业成功女性"、中国女企业家协会等单位评选的"华夏巾帼,爱心使者"。5月12日四川省发生8级大地震,人民生命财产遭受严重损失,作为丰顺工贸集团董事长的安钟岩心情沉重。丰顺驾校有许多四川籍员工迟迟不能与家人取得联系,安钟岩呼吁大家通过网络帮着寻找亲人。员工老张的侄女不幸在地震中丧生,安钟岩把自己一个月的工资拿出来以示安慰。地震灾难发生后,安钟岩及时组织丰顺的领导登记受灾员工的情况;驾校的一位员工家里房子倒塌,集团又拿出一万元给与帮助。安钟岩个人通过北京市妇联、市女企业家协会参加各种献爱心活动,一笔笔善款数目虽然不是很多,但都代表了她诚挚的心意,她只是想让更多的人感受到一份温暖,感受到祖国大家庭的关爱。她不仅关心灾后的重建,更关心灾后的孤儿,安钟岩参加中华慈善总会主办的"情系灾区,让小天使重新展翅"的拍卖活动,自己拿出两辆价值7万元的法国小汽车样式的儿童床拍卖,所得钱款全部用于灾区儿童医疗救助。经过民建丰台工委工委评选推荐,报民建市委、民建中央,经民建中央组织部决定,2008年安钟岩被评为民建全国抗震救灾优秀会员。

## 刘江事迹材料

**刘　江**,男,1956年10月出生,中共党员,1984年3月参加公安工作,现为北京市公安局丰台分局治安支队副调研员,一级警督警衔。先后荣获个人三等功3次、个人嘉奖9次,2次被评为年度优秀共产党员。2008年荣获全国公安系统奥运安保工作先进个人。2006年10月担任北京奥运安保指挥中心丰台赛区办公室副主任、丰台垒球场馆团队安保副主任及垒球场馆安保团队指挥,刘江对安保业务努力钻研、细心琢磨并不断积累工作经验。在总结2006年的第十一届世界女子垒球测试赛安全保卫经验的基础上,2007年初他就带领办公室的同志,从人、地、物、事、组织等5个方面深入开展了调查摸底工作,共设计制作了场馆外围及行车路线周边基础调查表47张,涵盖各类基础数据78类1795项,填报各类基础情况调查统计表550张,并随着时间的推移制定每月更新、每周更新制度,对统计数据进行了输机建帐,同时在地图上对地形地物、组织情况、人员情况进行了标注,实现了基础情况的动态掌握、动态管理和动态控制。随着奥运会的临近,他与分局各单位共同研究制定了31个安保工作方案;按照"严、深、细、实,确保安全"的原则,组织同志设计制作了符合场馆实际的丰台垒球场安保岗位部署图5张、紧急疏散流线图1张、功能用房家具白电布局图17张,研究制定了10个安保工作方案;编写了《女垒安保运行手册》、《女垒安保工作指南》。2008年8月12日至8月21日,为期10天的第二十九届奥运会女子垒球赛在丰台垒球场举行,他与主任相互配合,带领办公室成员累计组织安保力量1.1634万人次,完成32场赛事的安全保卫工作,安检各类人员18.8367万人、车辆

5241台、包裹15.8681万件，现场查获禁带物品31件、限带物品1.4805万件，完成了为期10天的场馆安保工作，受到了各级领导、新闻媒体、国际垒联的一致好评。

## 张维亮事迹材料

**张维亮**，男，汉族，1959年10月28日出生，共产党员，大学本科，1979年11月参加公安工作，1983年4月加入中国共产党，现任丰台分局内保处处长。奥运安保期间，他铭记党的宗旨，严守党的纪律，履行党员义务，工作一丝不苟、扎实稳妥，出色地完成了奥运安保任务，荣获“全国公安机关奥运治安保卫攻坚战先进个人”称号。为切实做好奥运会的安全保卫工作，新年伊始张维亮便带领全体民警着手安保前期准备工作。通过反复学习研究市局、分局的相关文件，在翻阅大量的参考资料的基础上，又对2006年女垒测试赛和2007年好运北京测试赛进行了认真的分析总结，结合内保系统承担的任务，先后研究制定了丰台垒球场、木樨圆训练馆群和博爱医院过渡期安全保卫方案、内保系统奥运安保工作方案、重点行业安全保卫工作方案、基础设施运行安全保卫工作方案等20个工作方案。组织民警对参加奥运的3000余名制证人员和9000余名非制证人员进行了背景审查和身份核对，发现不适合人员16名，其中抓获网上在逃人员3人。对奥运竞赛和训练场馆及周边进行基础调查和现场踏勘，对基础设施、管线、市政设施、制高点等情况进行核查，分析汇总各类数据1.8万余条，形成了基础台帐和风险评估报告。为确保2008年奥运会安全，张维亮组织内保处针对丰台区金融单位的防范工作、科技园区内写字楼的管控工作和丰台区“看家护院”群体管理工作开展专项调研，在调研的基础上，他将摸清到的底数进行汇总，剖析问题，分析成因，提出对策，形成调研报告，为领导决策提供了依据。在奥运安保工作中，他带领全体干警出色地完成了丰台垒球场竞赛场馆、木樨园训练场馆、奥运定点医院博爱医院、为奥运提供食品供应单位安全，重点行业安保及鸟巢开闭幕式、工体足球比赛、世界公园游行、卢沟桥焰火、奥运马拉松比赛等重大勤务工作。在积极协助分局分管领导做好各项勤务指挥的同时，始终坚守自己的岗位，主动加班加点，确保了内保处与市局、分局两级指挥平台和各派出所之间的信息畅通，完成了内保系统的指挥工作。奥运会结束后，张维亮及时组织大家对奥运安保工作进行全面总结，并对与奥运安保有关的全部材料进行汇总收集，为内保系统巩固奥运成果、保留奥运遗产做出了自己的贡献。

## 巴洪碧事迹材料

**巴洪碧**，男，1960年9月23日生人，满族，中共党员，现任北京市公安局丰台分局马家楼派出所所长。马家楼派出所是一个新成立的派出所，任务是配合国家信访局对来京非正常上访人员进行分流劝返，维护劝返场所的安全。工作任务特殊，没有经验可借鉴。巴洪碧带领全体同志，针对本所工作实际建章立制，使派出所很快步入正轨。自派出所成立至2008年底，共分流劝返上访人员12.5629万人，没有发生问题。2007年派出所荣立集体二等功，2008年荣立集体三等功，2008年巴洪碧被公安部授予“全国公安机关奥运治安保卫攻坚战先进个人”称号。2008年7月20日至9月30日，为确保奥运会安全，久敬庄接济服务中心开通。在人员少、任务重的情况下,巴洪碧带领所领导成员,精心组织、合理安排警力,他亲自带领15名民警进驻工作任务较重的久敬庄,整个奥运期间,没有抽调一名增援警力。2008年增长率马家楼分流非正常上访人员1700余人,久敬庄分流正常上访人员约2万人 。工作中巴洪碧以身作则,率先垂范,在他的精心组织下,民警加班加点努力工作,确保了勤务安全,为维护首都社会稳定做出了突出贡献。

## 文来启事迹材料

**文来启**,男,43岁,1982年参加公安工作,1993年加入中国共产党,现任丰台公安分局人口管理处处长。先后荣获“丰台区帮教安置工作先进个人”、“杨秀奇式标兵民警”荣誉称号,荣立个人三等功一次、个人二等功一次、个人嘉奖10次、优秀公务员3次,2008年被公安部授予“全国公安机关奥运治安保卫攻坚战先进个人”称号。2007年9月下旬,文来启任分局人口管理处处长。此时的分局人口管理处却因种种原因,在全市18个分县局人口系统执法质量排名位列第17名,民警队伍士气消沉。文来启首先从内部入手,了解情况,听取大家意见,查找问题;第二步深入全区27个派出所进行实地调查,掌握第一手资料。经过调研,文来启理清了分局人口系统工作中存在的主要问题:一是基层单位部分领导和民警对基础工作的重要性仍存在模糊认识,对基础工作投入不够;二是作为全局人口系统的职能部门,工作理念落后,对基础业务指导方法滞后;三是业务工作规范存在专项欠缺与落实不到位双重问题;四是部分民警业务技能低。根据以上四个方面的问题,结合市局、分局党委有关奥运社会面保卫工作的总体要求,文来启率领处领导班子制定了分局人口系统奥运之年整体工作规划;围绕“常住人口中的重点人管理、暂住人口中的高危人管理、一般人口服务的管理”开展工作,实现社区可防性案件下降和对各类威胁奥运会安全线索的有效掌握,最终实现“以面保点”,确保奥运社会面安保工作的万无一失。在工作中,文来启发现,所谓基层基础工作薄弱,就是缺少钢性的制度规范。为此,文来启组织本处经过调研,向分局党委提交了“关于当前我局基础工作中存在的问题及工作对策”的报告,引起了分局党委的高度重视。3月26日,分局召开了“迎奥运保平安,强化社区警务工作动员部署大会”。在这次大会上,制定下发了《丰台分局关于迎奥运保平安强化社区警务工作的决定》和《丰台分局奥运之年社区民警管理工作规范》等10个工作规范性文件,对社区警务工作以“一把手”工程的钢性措施,以超常规的行政手段,推动派出所基础工作的开展。在落实制度规范的同时,文来启率领全处人员制定出《奥运之年丰台分局进一步强化派出所工作对象管理工作方案》、《奥运之年丰台分局社区(责任区)民警培训考核方案》、《丰台分局奥运之年社区民警管理工作规范》、《2008年人口系统执法质量考核细则》等11个规范化文件,首创了奥运之年社区民警规范化工作标准。为防止可能危害奥运会安全的恐怖分子落脚本区出租房屋中,组织开展了可能窝藏犯罪窝点的独院出租房屋和无管理力量的新建小区调查工作,及时弥补了管理空白。一年来,他率领人口管理处全体民警对全局27个户籍派出所逐个进行业务指导51次,社区170次,检查社区民警196人次。在文来启的带动下,丰台分局人口系统完成了奥运会及残奥会的社会面保卫工作,区内两个奥运会比赛场馆所在辖区及全区社会面未发生影响奥运会安全的刑事和治安案件,实现了奥运期间全区社会面治安秩序稳定的目标。截至2008年12月,丰台区全年共发生入室盗窃案件2235起，比2007年的3030起，减少795起，下降35.6%；机动车盗窃案件发生424起，比2007年的514起，减少90起，下降21.2%。分局人口管理处2008年在市局18个区县人口系统执法质量排名至第5名。

## 于伟事迹材料

**于　伟**，男，汉族，中共党员，大学文化，三级警司，现年26岁。2001年7月警校毕业后分配到北京市公安局丰台分局云岗派出所。在参加公安工作六年的时间里，这位朴实、执着、勤奋、上进的年轻民警在社区民警的岗位上脱颖而出，成绩显著。2002年度被丰台区团委评为优秀团员；2003年度被评为优秀公务员；2002年度、2004年度因工作成绩突出被分局嘉奖；2005年被丰台分局评为十佳优秀社区民警，荣立个人二等功；2006年被丰台分局评为十佳优秀社区民警，杨秀奇式标兵民警，荣立个人三等功，被丰台区政法系统、丰台分局评为优秀共产党员，被市局人口处评为“科技创安，攻坚克难”基础工作能手、市局人口系统标兵，被市局评为“执法为民，争创一流”民警；2007年度被市委总工会授予“首都五一劳动奖章”，被公安部授予“全国优秀人民警察”的称号；2008年，荣获全国公安机关实施社区和农村警务战略先进个人的荣誉称号。“于伟工作法”被市局评为优秀工作法，在全局推广取得了良好效果，并上报公安部“三基办”。翠园小区自1998年建成后一直未封闭，环境脏、乱、差，噪音扰民，扒窃、拎包案件时有发生，2002年翠园小区就发生刑事案件31起，其中入室盗窃15起、盗窃机动车6起、诈骗10起。于伟面对严峻的治安形势，暗下决心，一定要还老百姓一个和谐安全的生活环境。便起草了宣传材料，把实施科技创安的效果作了详细的介绍，并积极进行宣传和动员，促使航天三院行政部带头出资在翠园社区率先建成了技防监控平台，成为云岗地区第一个封闭的小区，成功遏制了入室盗窃、机动车盗窃，防范效果显著。自封闭以来未发生一起刑事案件，受到了各级领导及辖区居民的一致好评。于伟在所领导的支持下，灵活运用“于伟工作法”，落实云岗地区物技防建设。他用翠园社区的“科技创安”的效果为实例，积极与云岗地区多家产权单位进行宣传，促成航天三院对云岗地区封闭工程建设，云岗所有小区全部实施了封闭式管理，4个小区建立了监控平台。云岗地区发案得到明显控制，2008年盗窃机动车发案为零。大力加强检查登记制度、发现问题及时处理、确保社区安全。于伟所管辖的单位共有5个，各类门店22个，1个流动人员住地大院，为了确保社区安全，于伟与单位协商，按照“谁的房屋，谁管理、负责的原则”由房产单位出面解决问题，并对这些单位和流动人员住地及门店进行登记和安全检查，做好“防火、防盗、防煤气中毒”等宣传工作，确保社区的安全稳定。于伟深入社区，做好对辖区重点人的教育工作，及时有效的采取各种措施，加强对重点人的疏导教育，按照级别进行重点控制、掌握、了解，建立健全工作台账，做到不漏管失控。多渠道、多方位，努力为辖区居民提供一流的服务。在实际工作中，于伟不断拓展服务群众的渠道，并赋予新内容，注入新活力，积极开展多层次、全方位的便民、利民活动。进一步增近了与人民群众的感情，深刻展现了人民警察爱人民的良好作风。2005年11月，于伟在市局物技防工作总结表彰会上的经验发言受到市局有关领导的充分肯定；2006年4月，于伟在全市局汇报了“于伟工作法”，在全局推广取得了良好效果。2007年7月，受到公安部表彰的全国优秀人民警察于伟等优秀代表在人民大会堂北京厅受到了中共中央政治局委员、北京市委书记刘淇亲切接见,对他们的工作给予了高度评价,于伟也作为北京市公安局优秀社区代表陆续被各大媒体、报刊(《北京您早》、中国法制日报、北京人民广播电台警法拍案、交通台103.9、京华时报、网络报等)报道,取得了广泛良好的社会影响。

## 张进茂事迹材料

**张进茂**,男,汉族,北京房山人,1964年6月出生,1983年10月入伍,1988年7月入党,大学本科,北京市公安消防总队丰台支队副支队长,中校。2008年5月12日14时28分,四川省汶川县发生了8.0级的特大地震灾害,这是中华人民共和国成立以后,强度最大、面积最大、援队中的一名成员。张进茂怀着"人民生命高于一切,只要有一线希望,他就要尽到自己的全部力量!"的思想,在抗震救灾现场,不负重托,不辱使命,发挥一名党员干部的模范带头作用。由于地震造成严重后果,给救援工作带来极大的困难,张进茂合理使用兵力,把突击队员们分成几个小组,一方面保证队员们的人身安全,另一方面保持队员的体力;由于四周环山,不但普通手机没有信号,就连海视卫星电话也没有信号,张进茂用打接力的方法保持通信畅通,分设几个信号点,互相传递信号,保证信息的传送畅通。张进茂对救援队员高标准严要求,时刻提醒队员们要严格遵守纪律,全心全意为群众服务,展现首都消防部队的良好形象。张进茂带领的突击队成功救出伤员236名,其中重伤员7名,完成了救援被困群众的任务,完成了全总队的后勤保障工作,创造了"八个最"的奇迹:任务最艰巨、余震滑坡最多、路途最遥远、道路最艰险、通讯条件最差、救出重伤员最多、收集情况最详、环保意识最强。因工作突出,被评为全国公安消防部队抗震救灾先进个人。

## 马小卫事迹材料

**马小卫**,男,汉族,高中,一级士官,山西太谷,1985年3月出生,2003年12月入伍,2007年12月入党,北京市公安消防总队丰台支队方庄中队班长,2008年荣获全国公安消防部队抗震救灾先进个人。马小卫在四川抗震救援的整个搜救过程中,先后参加了青川和北川的搜救工作,历时九天,出色地完成了上级交付的搜救任务。在运送伤员过程中,由于救助器械紧缺,为保证伤员不受二次伤害,他同队员们找来竹竿,用绳子捆绑好制成简易担架,铺上棉被以确保伤员的身体舒适;山路崎岖、险恶,马小卫同战友们翻山越岭,渡泥河走险境,赤脚忍受刺骨冰凉的河水和凹凸不平石块带来的疼痛,行走在通往希望的生命道路上。由于时间过长马小卫的肩被磨得红肿,手脚磨出了血泡。为减轻受伤者心理压力,马小卫与伤员进行聊天安慰,并拿出所剩无几的水为伤员解渴。在抗震救灾的第四天,马小卫和战友们得知县邮政银行的金库还未找到,立即携带蛇眼探测仪来到坍塌的银行,通过探测,马小卫十分肯定的告诉银行职员:金库就在地下2米左右,完好无损。得知巨额现金和防暴枪都安全时,银行职员激动地拉着队员们的手说:"你们太棒了,我们衷心地感谢你们!"在此次抗震救灾中,马小卫身先士卒,顽强拼搏,冒着生命危险,舍生救人,发扬了不怕苦不怕死,顽强拼搏连续作战的精神,克服了重重困难,完成了党组织交给的抢险救灾任务。

## 山世师事迹材料

**山世师**,男,汉族,1971年8月出生,1991年12月入伍,1995年11月入党,大学本科,山东日照人,北京市公安消防总队丰台支队政治处副主任,少校。2008年荣获全国公安消防部队抗震救灾先进个人。5月13日晚11点多,丰台支队接到总队赴川抗震救灾的通知,要求火速组建赴川抗震救援小分队,支援灾区。山世师主动向支队领导请缨参战。经支队党委研究决定,赴川抢险救援队成立临时党支部,由支队副支队长张进茂任临时党支部书记,副主任山世师为临时党支部副书记。到达灾区后,指挥部命令支队突击队对距离关庄镇约20公里的石坝乡实施救助。石坝乡是这次救援当中伤亡较重的乡村。接到任务后,山世师带领突击队员们迅速开展救灾工作。经过4个多小时的长途跋涉,山世师和突击队员们把四名伤员安全送到石坝乡的交界处,四名重伤员得到了有效的医治。此次入川抗震救灾征调时间紧,任务繁重,山世师来不及向家人告别就奔赴抗震救灾的第一线;家里有两个病人需要照顾,他舍小家顾大家,用实际行动践行了一名党员干部的模范带头作用,完成了上级交给的各项任务,为夺取抗震救灾的胜利贡献了力量。在抢险救灾中,山世师以高度的政治责任心和使命感,发扬不畏艰难,不怕牺牲,连续作战的作风,克服重重困难,展现了人民子弟兵对祖国对人民的忠心和热爱。

## 王墨事迹材料

**王　墨**,男,汉族,1978年6月出生,1999年7月入伍,2003年6月入党,大学本科,北京丰台人,北京市公安消防总队丰台支队方庄中队中队长,上尉。2008年,荣获全国公安消防部队抗震救灾先进个人。"5?12"地震发生以后,王墨参加了抢险救援队。王墨积极与丰台支队救援分队干部研究战术,对救援行动进行研究部署。王墨负责对石坝乡政府的信息收集、了解村民被困及所需的物品情况,同时对被困人员进行搜救和疏散并统计伤亡情况。在前往抢险目的地的途中,路被洪水阻断,只能翻山越岭,王墨和他的队友们毫不顾及个人安危,克服体力透支,缺水断粮的困难,奋力前进,你拉我一把,我拖你一下,齐心协力全力爬山坡、走险路。余震中,一面是万丈悬崖,一面是余震落下的碎石,队员们慢慢将身体靠向山体,没有退缩,没有被危险吓倒,咬紧牙关,继续前进。救援中,王墨与队员们齐心协力,共计抢救出伤员276名,其中重伤员七名,出色地完成上级交给的救援抢险任务,为夺取抗震救灾的胜利贡献了力量。

## 王伟事迹材料

**王　伟**,男,汉族,1978年6月出生,1997年12月入伍,2002年12月入党,中尉,北京市公安消防总队丰台支队西客站中队副指导员。5月12日四川汶川大地震,王伟参加了全国消防部队组建的救援队,为了多带抢险救援装备,王伟和突击队员们减少食物和水的携带数量,每个人身负20公斤以上的救援装

备,直奔石坝乡。由于山体滑坡,途经的公路被堵死,汽车无法行进,王伟和同伴们徒步翻山前往石坝乡。去往石坝乡要翻越一座海拔1200米高的大山,山势陡峭,道路艰险,崎岖蜿蜒山路7公里多,山路的最宽处不过30公分,最窄处10公分左右,面对频繁发生的余震、山体随时滑坡的险情,王伟同队员们奋力前行,争分夺秒。王伟带领第二小分队的12名队员在前往三江村和八一村途中,一只恶犬向一名队员凶猛的扑来,王伟一把将队员推开,自己却被恶犬咬住了小腿,王伟只是用有限的饮用水冲洗一下伤口,继续带队前去救援。王伟始终坚信,抗震救灾时间就是生命,作为人民的子弟兵,抢救人民的生命是他的职责。进入灾区的营救过程中,王伟作为带队干部,结合实际科学决策,合理运用各种抢险救援器材,全力营救受灾群众,忘记自己的伤痛,顽强拼搏,争分夺秒,体现了一名军人大无畏的英雄气概和不怕苦不怕死的精神,2008年被评为全国公安消防部队抗震救灾先进个人。

## 秦建平事迹材料

**秦建平**,1965年9月出生,中共党员,法律本科学历。1985年到丰台区法院工作,现任该院执行庭副庭长,是全庭唯一的女执行长,已在执行岗位工作了18年。她于2000年、2003年先后两次荣立北京市法院系统个人三等功,2004年荣立北京市法院系统个人二等功,2005年被评为首都先进法官,2007年被评为“全国优秀女法官”、北京法院第四届“十佳法官”,2008年被评为“全国三八红旗手”。自独立承办案件以来,秦建平执结案件数量始终在全市法院名列前茅,多次被评为先进个人、办案能手。2008年,秦建平执结案件584件,执结到位标的额约1.2亿元,为大中型企业挽回经济损失近亿元。

在执行工作中,她以社会主义法治理念为指导,时刻把人民群众的利益放在首位,处处体现大局意识和司法为民思想,注重根据不同案情,兼顾各方当事人和利害关系人的合法权益,选择运用最适当的执行方法。她性格果敢泼辣,办案雷厉风行,处事不徇私情。每次强制执行前,她都认真制定周密的执行预案,危险时刻总是冲在最前面。长期超负荷工作,她患上高血压病,曾因过度疲劳,晕倒在执行现场,感动被执行人,主动配合执行。被当事人誉为“丰台法院的宋鱼水”。

## 熊英事迹材料

**熊　英**,,女,40岁,汉族,中共党员,研究生学历,自1989年8月参加工作,已经在工会岗位上工作了近20年。多年来,熊英不断培养自己的政治理论素养和道德修养,牢固树立为职工群众服务意识,具有强烈的事业心和责任感,业务熟练,作风扎实,任劳任怨,勤勤恳恳,在平凡的岗位上做出了突出的成绩,先后获得北京市新建企业工会工作先进个人、北京市工会干部教育培训工作先进个人等荣誉称号,2008年荣获全国工会系统先进工作者,得到了区总工会党组、工会干部和广大职工的赞许。积极主动,开拓创新,为完善基层工会组织建设而努力。自2002年起,有关部门逐步取消了劳动年检带动工会组建的做法,给以劳动年检促建会为主要措施的丰台区建会工作带来很大影响,熊英上任组织部长以后,面临着人员少、问题多、难度大等多种情况,她不畏困难,带领部门同志迎难而上,年年超额完成市总下达的建会任务。

几年来,丰台区新建工会组织 1818 家,发展会员 89728 人,发展农民工会员 59134 人;驻区外资企业建会率达 76.2%,自 2002 年至今丰台工会连续被评为市级先进建会单位。针对有些基层工会换届不规范等现象,熊英深入基层,加强指导,帮助 63 家一级工会组织和 26 家二级工会组织完成了换届工作,指导 40 家单位完成了主席、副主席等工会领导人员的替补、补选手续。强化培训,提高工会干部整体素质。几年来,负责组织举办各类培训班 35 期,培训 1880 人;组织企业法人《工会法》培训班,共有 700 多企业法人接受培训。满腔热情,积极投身全区的职工之家建设。连续两年对 200 多家各档次职工之家进行验收,共撤销不合格职工之家 8 家,确定先进职工之家 4 家、北京市模范职工之家 2 家,降级职工之家 1 家。整顿了一些职工之家因时间长久而名存实亡的现象,提升了职工之家的"含金量"。自 2002 年以来,全区新增合格职工之家 10 家、先进职工之家 15 家、市级模范职工之家 6 家、市级模范小家 2 家、全国模范小家 1 家,扩大了职工之家覆盖面,促进了工会工作总体上水平。心系女职工工作,依法维护女职工合法权益。建立特困单亲家庭女职工档案,为特困单亲女职工入《女职工特殊疾病互助合作保险》,组织捐款,资助 45 名单亲子女上学,基本实现了在职特困单亲女职工子女上学、特殊疾病保险、享受低保政策三个目标的 100%。举办各类培训班 400 多场,覆盖女职工 2.15 万人,发放女性知识刊物 3 万多份,参加各类知识答卷 5 万多人次。她深入调查,及时反映女职工现状,撰写《关于女工权益保护工作的实践与思考》,获得市总调研三等奖。为从源头上维护女职工的合法权益,她积极推进女职工专项集体合同的签订,有 26 家基层工会签订了女职工专项集体合同,所有签订集体合同单位 100% 将落实女职工合法权益和维护女职工特殊利益条款列入集体合同内容。长期以来,熊英严格要求自己,积极进取,勇于创新,踏实肯干,谦虚好学,不断破解工作中的难题,努力使自己成为党政信任、职工拥护的工会好干部。

## 王金成事迹材料

**王金成**,男,中共党员,1965 年出生,现任方庄地区办事处文教卫生科科长、方庄地区红十字会秘书长。北京奥运会、残奥会期间,为地区居民发放《奥运健康手册》2.5 万余册,组织 1000 余名奥运志愿者参观国家奥林匹克公园公共区,组建 230 人的红十字志愿者服务队伍,为孤老家庭、残疾人家庭、特困家庭送医送药,提供救助服务、社区巡逻等志愿服务 9000 余人次。广泛宣传红十字精神,大力弘扬"人道、博爱、奉献"和"救死扶伤、扶危济困、敬老助残、助人为乐"的传统美德,使社区医疗服务红十字志愿者活动成为奥运会、残奥会期间的一道亮丽的风景线,2008 年被中国红十字会总会评为红十字会参与北京奥运会优秀志愿者。

## 李国庆事迹材料

**李国庆**,男,1964 年 10 月出生,中共党员,现任卢沟桥街道安全生产办副主任。李国庆曾是解放军"大学校"的一员,常年面对的是琐碎而繁杂的工作,但他默默无闻,任劳任怨,勇挑重担,在奥运会期间以高度的事业心和强烈的责任感投身到奥运安保工作中,以爱岗敬业的精神、朴实的人格和突出的业绩,赢得了领导与同志们的一致肯定。李国庆主管街道“610”工作，他十分注重政治理论特别是邓小平理论、“三个代表”重要思想的学习，提高理论修养和思想水平，认真学习和领会上级关于奥运会期间与“法轮功”邪教组织斗争的指示精神及部署，用高度的责任感要求自己，认真组织实施各项工作任务，参与街道“重点人”防控组联席会议，研究制定工作措施供领导决策，健全“法轮功”人员数据库，建立丰台体育中心周边200米范围内的重点人工作台账，组织29个社区610专干进行培训，做到情况明、底数清，为领导决策做好服务。他充分发挥熟悉政策、了解情况的优势，积极向各社区党组织建言献策，提供信息。在实际工作中，他耐心细致地听取各方面意见，认真核实细节问题，通过家访、走访了解情况，有针对性的安排好“重点人”的防控工作。由于工作任务重，时间紧，人员少，主动加班加点，经常工作到深夜，奥运会期间从来没有休息过节假日，以辛勤的劳动保质保量完成了各项任务。在奥运会安保工作中，他由于工作踏实，做事认真负责，赢得了领导的信任；由于心怀坦荡，待人真诚，赢得了同事们的理解；由于热心周到，努力帮助原“法轮功”人员排忧解难，解决实际问题，赢得了原“法轮功”人员的尊重。在“610”工作岗位上，体现了一名共产党员的先进性，荣获防范和处理邪教系统奥运安保工作先进个人。

## 李燕事迹材料

**李　燕**，女，44岁，中共党员，大学本科，现任卢沟桥街道文教卫生科科长，曾荣获北京市群众体育优秀工作者称号，2008年荣获中国红十字会参与奥运工作先进个人。29届奥运会在北京举办，奥运女子垒球比赛场馆设在街道辖区内，李燕奉行“人道、博爱、奉献”的红十字精神，以高度的政治责任心和使命感，积极投入总会、市会提出的“参与奥运、服务奥运、弘扬人道、促进发展”的服务中去。在她带领下，组织培训红十字会奥运志愿者416人，成立社区红十字服务站29个，组织成立辖区应急救援队。在奥运期间，她多次深入奥运场馆周边社区服务站指导工作，深入一线的红十字志愿者并带领红十字志愿者积极主动为社区居民提供热情周到服务，高标准高质量完成了奥运期间红十字保障服务工作。她把红十字无私奉献的精神深深播种在每一个社区居民的心中，让更多的人们了解了红十字会无私奉献精神。

## 刘希成事迹材料

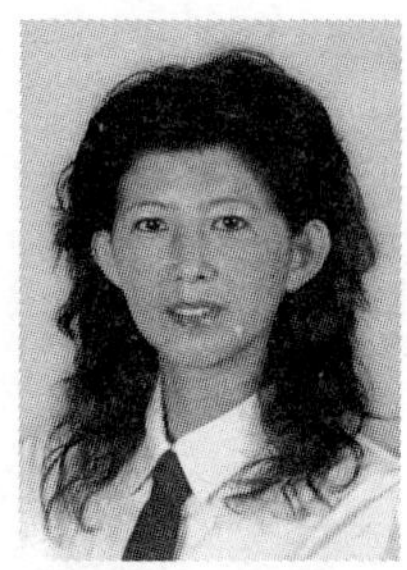

**刘希成**，女，1972年11月出生，辽宁沈阳人，中共党员。1996年毕业于吉林医学高等专科学院护理专业，在空军466医院从事临床护理，2002年10月，转业到新村街道办事处，现任文教科科员。自2005年从事新村地区红十字会的卫生、救护、知识宣传等工作以来，努力钻研业务，利用在医院工作的临床经验，积极参与体现“人道、博爱、奉献”红十字精神的实践活动，为新村地区红十字事业发展和建设做出了贡献，年年被评为北京市及丰台区红十字会先进个人。在2008年奥运安保工作中，她认真落实丰台区红十字会工作的指示精神，做到奥运前有部署、奥运中有行动、有措施：她组织培训急救员，在辖区成立了20人的急救员队伍；及时与辖区有关单位协调，做好丰台区奥运应急无偿献血队伍的宣传、审查和登记工作，组建了400人的奥运安保应急无偿献血队伍；广泛宣传中国红十字相关政策，使辖区群众对红十字工作的知晓率达到100%，在社区居民中培训具有北京市急救员证、可随时参与急救工作队员351人。由于她在2008年第29届北京奥林匹克运动会的筹备与服务工作中成绩突出，被评为“中国红十字会参与奥运会优秀志愿者先进个人”。

## 张秋光事迹材料

**张秋光**，女，汉族，1959年8月出生，中共党员，在职研究生，现任丰台区红十字会常务副会长。2008年5月12日，四川汶川地区发生了8.0级强烈地震。地震发生后的当天，张秋光迅速带领区红十字会工作人员，紧急启动救灾工作预案，连夜赶印募捐倡议书，通过多种途径向社会发出了紧急呼吁，得到了社会广大民众和企事业单位的积极响应，并提出了“三个统一”和“三个努力”的工作要求。从5月13日开始，张秋光带领全会人员连续23天，每日工作15个小时，接收赈灾募捐款。每天她总是第一个走到工作岗位，也最后一个离开工作岗位，有时回到家里已是深夜11点多了。工作中他总是一丝不苟严肃认真，对待捐款的爱心人士，她总是那样的热情，表现出红十字工作者严谨、热情的工作风范和为红十字事业无私奉献的精神。那些日子里，她的母亲身体不好，急需要女儿在身边照顾，可她知道自己肩上的担子和责任，安慰了母亲后，毅然投入到紧张的工作中。在她的带领下全体工作人员以满腔的热情、规范的言行热情接待数千名捐款者，共接收社会爱心人士的捐款2100余万元。张秋光忘我的工作精神时刻激励着大家努力工作，也受到了人们的好评，被评为全国“抗震救灾先进个人”。

## 朱莉华事迹材料

**朱莉华**，女，汉族，1975年3月出生，中共党员，本科，现任丰台区红十字会业务部科员。在奥运期间，朱莉华严格履行职责，坚守岗位。认真贯彻执行北京市红十字会工作精神，参与制定《北京奥运会、残奥会社会医疗服务红十字志愿者运行方案》。在担负红十字志愿者工作主管项目负责人时，按照上级的要求招募志愿者5152名，建立红十字社会志愿者服务站298个，参加了社会志愿者骨干训练营，被评为优秀学员。在时间紧、任务重的情况下，负责对全区21个红十字急救队的230名急救队员进行急救技能的复训和红十字志愿者35%骨干的培训，为社区保障奥运工作做出了努力。负责服务站、区会、市红十字之间的信息传递，定时下站点检查慰问，指导站点在社区开展医疗卫生志愿服务、卫生知识及健康知识宣传，对社区困难家庭开展健康咨询及帮扶服务。朱莉华孩子小，老人身体又不好，爱人也经常加班，但她能顾全大局，加班加点，出色的完成了为奥运服务保障任务，荣获“中国红十字会参与奥运会优秀工作者”称号。

## 孟白事迹材料

**孟　白**，男，汉族，1957年10月出生，籍贯河南，北京市人。1989年6月3日加入九三学社。现任学苑出版社社长兼总编辑、九三学社中央委员、社中央教育文化委员会副主任、社中央参政议政研究中心研究员。现兼任我国唯一的国家级民间文化学报——《民间文化论坛》总编辑，担任北京海淀工读学校名誉校长、中国地理学会理事、中国编辑学会理事。从事编辑、出版专业工作25年。前13年，编辑和组织编辑的图书以地理学、海洋学学术著作和百科全书、词典等工具书为主，曾先后获出版界最高奖——国家图书奖一等奖一次(中国大百科全书地理学卷、海洋学卷)、三等奖一次(广东百科全书)、提名奖一次(广州百科全书)，获其他奖项十几次。其中负责编辑的广州百科全书是我国第一部城市百科全书，吸收了外国出版的伦敦百科全书、莫斯科百科全书、东京百科全书的经验，又根据中国的情况重新设计框架，成为以后我国编写、出版城市百科全书的样本。后12年，担任九三学社中央主管主办的学苑出版社负责人，将被停业整顿、濒临破产的出版社改变成为统战系统优秀出版社，并以自主创新品牌和特色在海内外出版界、亿万读者和民间文化、考古、文物、中国传统医学等一些学界获得广泛赞誉。先后有几十种图书分获各种奖项和产生重大影响。从1997年开始，专注于中华传统文化的保护和弘扬工作，使学苑出版社在海内外影响逐渐扩大。利用学苑出版社在文史、地图和美术三方面结合的优势，主持编绘出新的出版物形式——民俗历史文化地图系列，是迄今为止世界上第一次出现的新型出版物。主持编写的《新农村卫生健康手册》(韩启德主席写序，全国政协副主席、民盟中央常务副主席张梅颖题写书名)，出版后，获得中央统战部刘延东部长批示推荐，中共中央宣传部、国家新闻出版总署的领导批示推广。与此同时，出版社的资产增长20多倍，完成社中央交付的各种任务。现兼任我国唯一的国家级民间文化学报——《民间文化论坛》总编辑，担任北京海淀工读学校名誉校长、中国地理学会理事、中国编辑学会理事。自觉接受中国共产党的领导。2003年参加参政议政工作以来，提交的调研报告和提案先后数次被社中央采用，作为"两会"大会发言或提案，获社中央参政议政先进个人奖。依托出版社平台及研究所联系的学界、各级各地党政机关，主动为九三学社中央的社会服务、扩大影响、以及与国外的交流、海峡两岸的交流作了大量工作。热心社务活动，2006年举办系列报告会，弘扬优秀传统文化，如《中和中庸与构建和谐社会》，海峡两岸民间文化学术论坛。承担《北京九三文丛》的编辑出版工作，已陆续出版6本。2008年5月12日四川汶川大地震，学苑出版社响应社中央号召，随同中央机关向灾区捐款3万元，第三天组织全社40位职工又捐款1.85万元。地震后次日，社长孟白就考虑捐款有限，应当为这场特大灾害中受苦受难的同胞再多做点力所能及的事。作为九三人，他考虑，要做事，不作秀，做一点对灾区人民真正有用的事。而且，本着帮忙不添乱的原则。结合九三学社的特点，他萌生组织编写一本针对地震灾后防病防疫知识的小册子，由学苑出版社出资印制，免费发放给灾民。他给九三学社中央打了一份报告，计划出版《地震灾后防病必备常识》免费送给灾民，这一策划得到了社中央主席韩启德的高度重视和大力支持。从地震发生至23日，短短几天，几经讨论、修改、编辑加工、排校、设计，完成了书稿编辑印刷，到23日，第一批10万册，象征10万名九三社员对灾民的心意小册子印制完毕，社四川省委、成都市委立即将其中9万册组织运送、发放给了几个灾区市县和下辖的乡镇。另1万册，交给了民盟四川省委组织了分发。其间，学苑出版社在北京印制了6万册，也从27日始，按照社甘肃、重庆、陕西等省、市委要求，分别寄往三省市的受灾市县。在成都印制的第二批10万册，于27日全部交给了社四川省委，开始向下分发。这本书时效性强、针对性强，对灾区水源保护、防止污染、房屋倒塌后居民的食宿状况以及灾区尸体腐烂、垃圾无法处理等情况进行了分析，并对灾后可能发生的疾疫如何预防进行了详细的介绍，通俗易懂，有利于灾民自救。孟白为此获得九三学社中央表彰，2008年被授予抗震救灾先进个人。

## 王涛事迹材料

**王　涛**，男，1968年9月出生，河南辉县人，中国民主建国会会员。1991年12月至1999年12月海军后勤技术装备研究所应用室化验员，2000年6月至2001年12月中国企业报品牌周刊，2002年4月至2004年9月大众科技报科技中心，2004年11月至2005年6月北京工商联金属材料商会会员部部长，2005年9月至今北京市工商联汽车运输业商会秘书长。5月12日，四川发生8级强烈地震，人民生命财产遭受重大损失，身为北京市工商联汽车运输业商会秘书长的王涛，仅仅用9天时间，精挑细选精明强干的35人和22台重型工程机械集结完毕并由铁路直接开往绵阳。为了不给当地政府带来麻烦，这35人的队伍带足了所有生活物资，包括大米、咸菜和水。从5月22日开始的一个多月中，由王涛带领的国内第一支由民营企业组成的工程抢险工程队在四川重灾区绵阳市平武县共抢修县道1条，通村公路3条，总里程60余公里；拆除危房500余间；平整活动板房地基100余间；清理20余万立方米废墟并完成了济南军区装甲师某团交付的临时救援任务……这支用由22台重型工程机械组成的钢铁战斗队的赫赫战绩在当地传为佳话！而王涛和他的队友们却把这看成是："有钱出钱，有力出力，有人出人，积德行善的一点微不足道的事情。"5月31日，在清理废墟的第二天，王涛和队员们在平通中学的废墟里发现了数万元现金和票证，他们及时将现金和票证交换给眼中含泪的校长。这一天，王涛和他的工程队共清运废墟渣土2000多立方，挖掘钱物近10万元以及数十份有关证件。他身在灾区，可在家中的妻子女儿时时刻刻牵挂着他，不断往他的手机中发送短信，而回复的短信只是简简单单的"平安"二字。2008年，经过民建丰台工委工委评选推荐，报民建市委、民建中央，经民建中央组织部决定，王涛被评为民建全国抗震救灾优秀会员。

## 黎乃超事迹材料

**黎乃超**，男，1971年1月出生，北京广通盛业房地产开发公司总经理，中国民主建国会会员。5月12日，四川汶川特大地震发生后，黎乃超心情非常沉重，他时时刻刻惦记着灾情，牵挂着灾民。他感到震后灾区肯定缺医少药，物资匮乏，于是，他在捐助5万元现金后又筹集了药品等大量物资，价值30万元，并亲自带领车队奔赴灾区。17日，随着GPS的指引，驾车到达绵阳的时候已经是夜里10点半，一个女孩儿得知他们是从北京来的志愿者，立刻主动给他们指路；另一个11、12岁的小女孩儿主动系好红领巾，给他们敬了少先队队礼！经过民建丰台工委评选推荐，报民建市委、民建中央，经民建中央组织部决定，2008年被评为民建全国抗震救灾优秀会员。

**农工中央抗震救灾优秀党员**

周　刚　王计辰

**农工中央参政议政先进党员**

孙　力

**全国质监系统先进个人**

质量技术监督局稽查队　彭建新

**2007年全国投入产出调查国家级先进个人**

薛俊玲 陈 瑶 潘洪银 顾 蕊 赵燕琳
伏 欣 吕燕玲 杨 洪 孔飞飞

**2007年全国统计系统先进个人**

丰台区统计局副局长 李 扬

**全国质监系统先进个人**

质量技术监督局稽查队长 彭建新

**北京奥运会残奥会环境质量保障工作先进个人**

区环境保护局 武绍贵

## 北京市先进单位

**北京奥运会、残奥会服务接待工作先进集体**

世界公园
太平桥街道
卢沟桥文化旅游区办事处讲解组

**服务奥运突出贡献奖**

世界公园

**北京奥运会、残奥会安全保卫先进集体**

丰台分局世界公园派出所
药监丰台分局市场科
世界公园
卢沟桥街道
司法局
药监丰台分局
丰台工商局
丰台街道办事处
方庄地区办事处
卢沟桥乡北
花乡政府
北京市公安局丰台分局
丰台公安分局世界公园派出所
西罗园街道办事处

**首都文明街道**

云岗街道
太平桥街道
东高地街道

**北京奥运会、残奥会环境建设先进集体**

方庄地区办事处2008环境建设办公室
卢沟桥乡
西罗园街道办事处
丰台区环卫中心
丰台街道办事处
城市城管监察大队
右安门街道办事处
财政局经建科

**北京市微笑服务迎奥运，构建和谐社保所先进单位**

方庄地区社会保障事务所

**首都“迎奥运、讲文明、树新风”活动先进集体**

方庄地区芳群园二区社区舞蹈队
北京市公安局丰台分局
西罗园街道办事处
卢沟桥街道
区文化委员会
新村街道

**北京市爱国卫生先进单位**

云岗街道办事处
和义街道
卢沟桥街道
丰台工商局
新村街道
水务局
丰台国土分局
丰台区环卫中心
卢沟桥环卫所

**北京市奥运会、残奥会先进集体**

城市管理监察大队
丰台区残疾人联合会
卢沟桥街道
中关村科技园区丰台园管委会
北京市规划委员会丰台分局
丰台区总工会
社会治安综合治理委员会办公室

**计划生育先进协会**

和义街道

**北京市“奥运安保”集体三等功**

地方税务局

**2008 年度首都平安示范单位**

地方税务局

**2008 年北京奥运会卫生保障先进集体**

卢沟桥街道

**2008 年度“两刊”宣传工作先进单位**

丰台区残疾人联合会

西罗园街道办事处

**首都维护国家安全先进小组**

和义街道

**北京市“五星级社保所”**

右安门街道

**北京市“微笑服务迎奥运，构建和谐社保所”系列活动先进单位**

右安门街道

**首都花园式单位**

丰台区气象局

太平桥街道办事处

**北京市消防工作先进单位**

丰台区气象局

方庄地区办事处

太平桥街道办事处

共青团北京市丰台区委员会

区文化委员会

**北京市“三八”红旗集体**

司法局

丰台工商局

城市管理监察大队办公室

丰台区环卫中心

区文化委员会

丰台公安分局丰台镇派出所户籍大厅

**北京市司法行政系统奥运工作集体三等功**

丰台区司法局

丰台区司法局社区矫正和帮教安置工作指导科

丰台区卢沟桥街道司法所

**首都文明单位**

司法局

丰台区气象局

丰台广播电视中心

首都精神文明建设委员会

**北京市服务奥运好团队**

卢沟桥环卫所

机械化清扫队

地方税务局第一税务所、南苑税务所、花乡税务所、长辛店税务所

新村街道

丰台公安分局光彩木樨园训练场馆安保团队

方庄地区芳城东里社区

**2008 年度首都国家安全工作先进集体**

丰台广播电视中心

**抗震救灾先进集体**

丰台广播电视中心

**2007 年度北京市广播影视优秀电视栏目奖**

丰台广播电视中心 2008 年 7 月《百姓直通车》栏目

**北京市司法行政系统先进集体**

丰台区司法局

丰台区司法局法制宣传教育科

**物业管理纠纷人民调解先进集体**

丰台区卢沟桥街道司法所

丰台区东铁匠营街道司法所

**北京市司法行政系统奥运工作先进集体**

丰台区司法局法制宣传教育科

丰台区大红门街道司法所

丰台区花乡司法所

北京市慧海天合律师事务所

**北京市“人民满意的政法单位”**

丰台区司法局法制宣传教育科

**优秀青少年维权岗**

丰台区普法茶亭

**北京市人口计生系统平安奥运先进集体**

西罗园街道办事处

**北京市再就业先进单位**

右安门街道

**2008 年度人口和计划生育工作先进集体**

右安门街道办事处

右安门街道社区服务中心

和义街道

丰台街道办事处

**北京市思想政治工作优秀单位**

丰台公安分局政治处

**首都窗口行业奥运培训工作先进单位**

北京市公安局丰台分局

丰台公安分局政治处教育训练组

**北京市公安机关先进集体**

丰台公安分局人口管理处

马家楼派出所

科技园区派出所

**首都窗口行业迎奥运微笑服务示范岗**

丰台公安分局户政大厅

西罗园派出所户籍岗

**北京市巾帼文明岗**

丰台公安分局户政大厅、看丹派出所

药监丰台分局保健食品化妆品监管科

**北京市先进集体**

丰台公安分局科技园区派出所

**北京市青少年维权岗**

丰台公安分局太平桥派出所、南苑派出所、方庄派出所

**北京市公安局2008年度标兵巡逻车组**

丰台公安分局和义派出所6101巡逻车组

**北京市公安局“优秀最小作战单元”**

丰台公安分局科技园区派出所

**北京市公安局“三基工程”建设先进集体**

丰台公安分局政治处秘书科、法制处、科技信息通信处、国保支队、人口管理处、刑侦支队技术队、治安支队行业场所管理队、巡警支队三队、科技园区派出所、方庄派出所、西罗园派出所

**北京市公安局2008年度卷烟打假先进单位**

丰台公安分局刑侦支队经侦大队

**北京市公安局巾帼文明岗**

丰台公安分局出入境接待大厅

**北京市公安局优秀青年突击队**

丰台公安分局丰台镇派出所基础工作突击队、方庄派出所青年突击队、人口管理处以点保面青年突击队、刑侦支队技术队青年突击队、巡警支队指挥室青年突击队

**北京市环保系统奥运会、残奥会先进集体**

区环境保护局综合管理科、监察队、监测站

**北京市首批药品放心街道**

和义街道

**2008年度北京市经济技术创新工作优秀成果奖**

地方税务局

**2008年度首都维护国家安全先进小组**

地方税务局

**2008年度北京市消防安全先进单位**

地方税务局

**2008年度北京市食品卫生B级单位**

地方税务局

**2008年度北京市交通安全先进单位**

地方税务局

**北京市“城乡携手迎奥运 共建文明京郊行”先进单位**

地方税务局

**2008年度北京市妇联基层妇女组织先进集体**

地方税务局

**2008年度北京市青年文明号**

地方税局务第一税务所

地方税局务园区涉外税务所

**奥运立功北京工人先锋号**

地方税局务第二税务所

**北京市2007年度残疾人就业保障金审核代理征管理工作先进集体**

地方税局务卢沟桥税务所

地方税局务铁营税务所

地方税局务花乡税务所

地方税局务园区涉外税务所

财政局社保科

大红门街道残联

地方税务局

太平桥街道

东高地街道

丰台区残疾人就业服务中心

**京郊农村改革先进乡镇**

南苑乡

**社会主义新农村建设先进集体**

王佐镇

**北京市“北京最美的乡村”**

王佐镇南宫村

花乡草桥村

**京郊基层党组织建设先进乡镇**

花乡政府

**京郊环境建设先进村**

花乡政府

**长辛店镇首都民族团结进步先进集体**

花乡政府

**京郊发展都市型现代农业先进乡镇**

花乡政府

**北京市和谐劳动关系单位**

北京三兴汽车有限公司

**北京市“安康杯”优胜单位**

北京三兴汽车有限公司

**首都窗口行业技能示范单位**

北京三兴汽车有限公司

**奥运安保集体嘉奖**

北京三兴汽车有限公司

**2008 年度税收工作目标管理先进单位**

丰台区国家税务局

**首都精神文明建设标兵**

丰台区国家税务局机关

**首都文明单位**

丰台区国家税务局第二税务所

2008 年度税收工作目标管理先进税务所

丰台区国家税务局第一税务所、第六税务所、第十税务所

**2007 年度被评为首都文明单位标兵**

财政局办公室

**2007 年度被评为北京市“巾帼文明岗”**

财政局国库科

**奥林匹克青年营杰出贡献单位**

财政局

**2007 年度财政总决算先进单位**

财政局国库科

**2007 年度街道决算先进单位**

财政局国库科

**2007 年度北京财政学会优秀科研成果评比二等奖**

财政局预算科

**“五五”普法法规知识竞赛鼓励奖**

区财政局法制科

**北京市公安局系统安全工作集体嘉奖**

卢沟桥文化旅游区办事处安保部

**北京市五星级社保所**

大红门街道社保所

**2007 年首都绿化美化花园式单位**

太平桥街道办事处

丰台气象局

中关村科技园区丰台园管理委员会

**我爱北京环境建设系列社会评选环境建设新景观**

太平桥街道办事处

**“迎讲树”争做首都文明职工活动优秀集体**

太平桥街道办事处

**北京市劳动保障宣传工作先进集体**

太平桥街道办事处

**北京市创建学习型社区先进街道**

云岗街道南一、南二、镇岗、北区、翠园

**北京市民讲外语活动优秀社区**

云岗街道北区社区

**北京市第二批创新型科普社区**

云岗街道北区社区

**北京市社区科普益民计划优秀科普社区**

云岗街道北区社区

**北京市第二届“和谐社区杯”乒乓球比赛一等奖**

云岗街道办事处

**北京市垃圾分类先进单位**

云岗街道办事处

**2008 年度北京市同“法轮功”及其他邪教组织斗争先进集体**

云岗街道办事处

**2008 年度北京市流动人口和出租房屋基础调查先进单位**
云岗街道办事处
**2008 年度规范劳动用工一条街先进单位**
云岗街道办事处
**北京市“整洁有序门前环境奖”**
云岗街道办事处
**北京市“整洁有序楼门院奖”**
云岗街道翠园社区
**北京市“无小广告街区”**
云岗街道
**北京市第三届魅力社区“最佳魅力社区”荣获者**
云岗街道云西路社区
**迎奥运职业技能竞赛首都窗口行业技能示范单位**
云岗街道办事处社保所
东高地街道
**第十二届首都旅游紫禁杯先进集体奖**
世界公园
**丰台区档案工作先进集体**
药监丰台分局
**全国预防出生缺陷知识竞答活动组织奖**
东高地街道
**联合国国际科学与和平周荣誉奖、最佳组织奖**
东高地街道
**北京市计生协会红旗单位**
东高地街道
**北京市社区志愿服务先进单位**
东高地街道
**北京市组织奥运、奉献奥运优秀党员电教片三等奖**
东高地街道
**北京市“扶贫济困春风行动使者”称号**
东高地街道
**城市生活垃圾分类先进单位**
东高地街道
**北京市抗震救灾先进集体**
东高地街道
**北京市魅力社区评选活动共创和谐奖**
东高地街道
**北京市魅力社区评选活动风采奖**
东高地街道
**北京市优秀科普社区、创新型科普社区**
东高地街道三角地二社区
**北京市先进居委会**
东高地街道梅源社区
**农民安全饮水优秀奖**
水务局
**2007 年度北京市水务系统文明单位**
水务局
**北京市水务系统奥运会、残奥会先进集体**
区防汛指挥部办公室、区河道管理所
**2005 至 2007 年度北京市内部审计工作先进单位**
水务局
**南水北调北京段优秀建设集体**
区南水北调征地拆迁办公室
**北京市国土资源系统先进职工小家**
丰台国土分局
**2007 年度北京市国土资源系统文明单位**
丰台国土分局
**2008 年度北京市两限普通商品房供应突出贡献铜奖**
丰台国土分局
**2008 年度土地储备开发基础工作优秀奖**
丰台国土分局
**2008 年度土地储备开发工作进步奖**
丰台国土分局
**2008 年度分中心建设专项奖**
丰台国土分局
**2008 年度暨“奥运安保”集体三等功**
丰台国土分局
**2008 年度信访工作先进单位**
丰台国土分局
**2008 年度北京市国土资源系统预算管理先进单位**

丰台国土分局

**北京市城管执法系统奥运会、残奥会环境秩序保障突出贡献单位**

城市管理监察大队

**城市运行和应急保障系统北京奥运会、残奥会先进集体**

城市管理监察大队

**北京市城市管理综合行政执法系统先进集体**

城市管理监察大队

**北京市奥运先锋号先进集体**

城市管理监察大队卢沟桥分队

**北京市城管执法系统党员突击队标兵**

太平桥街道党员突击队

**北京市城管执法系统先进集体**

城市管理监察大队督察科、南苑乡分队、方庄分队、西罗园分队

**北京奥运会、残奥会环卫系统先进集体**

东铁营环卫所、宛平环卫所、马家堡环卫所

**北京奥运培训工作先进单位**

丰台区环卫中心

**2008北京奥运会、残奥会环卫车辆服务保障活动优秀单位**

丰台区环卫中心

**2007年度首都文明单位标兵**

中关村科技园区丰台园管理委员会

北京科技创业服务中心(IBI)

**2008年度首都文明标兵**

中关村科技园区丰台园管理委员会

**北京市抗震救灾先进集体**

中关村科技园区丰台园管理委员会

**北京市思想政治工作优秀单位**

中关村科技园区丰台园管理委员会

**北京市专利试点先进单位**

中关村科技园区丰台园管理委员会

**北京市和谐劳动关系工业园区**

中关村科技园区丰台园

**自主创新杰出贡献奖**

中关村科技园区丰台园管理委员会

**2007年度首都文明单位**

中关村科技园区丰台园科学技术协会

**2008年北京市消防先进集体**

北京市规划委员会丰台分局

卢沟桥街道

**2007年全民健身与奥运同行活动先进单位**

卢沟桥街道

第六批全国城市体育先进街道

卢沟桥街道

**北京市迎奥运和谐杯金秋全民健身篮球赛优秀组织奖**

卢沟桥街道

**“迎奥运、讲文明、树新风”—争做首都文明职工活动优秀集体**

卢沟桥街道

**2007年度城市生活垃圾分类考核验收优秀单位**

卢沟桥街道

**夜景照明类环境建设新景观**

卢沟桥街道办事处夜景

**北京市人口计生系统平安奥运先进集体**

卢沟桥街道

**2008年北京市安全生产月优秀组织奖**

卢沟桥街道

**第二届和谐社区乒乓球赛北京市优秀组织奖**

卢沟桥街道

**2008年北京市全民健身月先进单位**

卢沟桥街道

**首都军(警)民“迎奥运连片共建”活动先进地区**

卢沟桥街道

**首都军(警)民“迎奥运联片共建活动”先进单位**

卢沟桥街道

**北京市社区志愿服务先进单位**

卢沟桥街道

**2008年度首都国家安全工作先进集体**

卢沟桥街道

区文化委员会

丰台工商局

**北京市劳动保障系统出色完成任务单位**
劳动保障局
**北京市劳动保障系统政务信息工作先进单位**
劳动保障局
**2008年开展行政处罚案卷评查工作先进单位**
劳动保障局
**2008年市劳动保障系统优质服务窗口**
劳动保障局办公室
丰台区职业介绍服务中心
**2008年市劳动保障系统法制工作先进单位**
劳动保障局
**2008年度北京市劳动工资工作先进单位**
劳动保障局工资科
**2007－2008年度劳动保障综合统计先进单位**
劳动保障局办公室
**2008年度北京市劳动保障宣传工作先进单位**
劳动保障局办公室
劳动保障局就业培训科
南苑街道社保所
**2008年度就业服务工作先进集体**
丰台区职业介绍服务中心
**2008年度职业介绍服务先进集体**
丰台区职业介绍服务中心
**2008年度北京市劳动争议仲裁系统综合工作先进单位**
劳动争议仲裁委员会
**北京市2008年度先进劳动监察大队**
劳动保障局劳动监察科(大队)
**2007年就业促进先进单位**
劳动保障局
**2008年"再就业援助月"活动先进单位**
劳动保障局就业培训科
**"微笑服务迎奥运 构建和谐社保所"系列活动先进单位**
劳动保障局就业培训科
**迎奥运职业技能竞赛组织奖**
丰台区职业技能鉴定所
**2008年度社保经办机构重点业务目标考核评比优胜单位**
丰台区社保中心
**市劳动保障系统2008年度社会保险综合统计工作考查评比二等奖**
丰台区社保中心
**北京市维护奥运期间劳动关系稳定工作先进集体**
劳动保障局工资科、劳动争议仲裁委员会、劳动监察科(大队)
**2008年优秀青少年维权岗先进集体**
劳动保障局劳动监察科(大队)
**北京奥运会、残奥会志愿者工作优秀组织单位**
共青团北京市丰台区委员会
**"达标创优"竞赛活动组织奖**
共青团北京市丰台区委员会
**北京市抗震救灾先进集体**
南苑街道办事处
**北京市国家安全先进单位**
南苑街道办事处
**北京市双拥工作标兵单位**
南苑街道办事处
**2008年度北京市经济技术创新工程优秀组织单位**
丰台区总工会
**北京市职工体育先进集体**
丰台区总工会
**北京奥运会残奥会文明观众、拉拉队工作优秀组织单位**
丰台区总工会
**北京市总工会财务工作先进集体**
丰台区总工会
**北京市职工互助保险工作先进集体**
丰台区总工会财务部
**北京市"我为平安奥运护航"演讲词征集活动优秀组织单位**
丰台区总工会权益保障部
**北京市"安全生产月"最佳实践活动奖**

丰台区总工会权益保障部

**2007 年度北京市五四红旗团委**

北京市丰台区公安消防支队

**2007 年消防宣传工作先进集体**

北京市丰台区公安消防支队

**北京市 2008 年“扫黄打非”暨文化市场管理工作先进集体**

区文化委员会

**正版示范体系建设先进单位**

区文化委员会

**迎接党的十七大净化首都文化市场专项行动先进集体**

区文化委员会行政执法队

**2007 年度文物安全和执法工作先进单位**

区文化委员会

**北京市区县文联迎奥运抗震救灾文艺演出组织奖**

区文联

**北京 2008 城市奥运文化活动优秀组织奖**

莲花池公园奥运文化广场

**2007 年北京市统计系统先进集体**

丰台区统计局调查队

**2007 年度首都文明单位标兵**

丰台区统计局调查队

丰台工商局

**2007 - 2008 年北京市优秀统计分析报告二等奖**

丰台区统计局调查队撰写的《从农普看丰台区“三农”的发展》

**北京统计系统网站工作评比网站管理奖**

丰台区统计局调查队

**北京统计系统网站工作评比二等奖**

丰台区统计局调查队

**北京市食品安全示范区**

丰台工商局

**2007 年度北京市交通安全先进单位**

丰台工商局

**“我最喜爱的庭院”奖**

丰台工商局

**北京市食品安全示范单位**

丰台区政府食堂

**北京市公安局集体嘉奖**

区政府保安班

北京市优秀物业管理大厦

区委区政府办公区物业管理的盛世物业公司

**第六届首都民族团结进步先进集体**

民宗侨办

**北京市侨务工作先进单位**

民宗侨办

**2008 年度北京奥运会、残奥会文明观众、拉拉队工作优秀组织单位**

新村街道

**2008 年度十佳公交车站**

新村街道

**北京奥运会、残奥会档案工作先进集体**

档案局

**2006—2008 年度北京市档案系统先进集体**

档案局

**2008 年度北京档案工作信息宣传报道工作先进单位**

档案局

**北京市第三届十大魅力社区**

丰台街道新兴家园社区

卢沟桥街道京铁家园社区

云岗街道云西路社区

**首都民族团结进步先进集体**

永善社区

**2008 年度魅力社区**

新兴家园社区

北大街社区

**2008 年度魅力社区风采奖**

东大街西里社区

**2008 年度魅力社区共建和谐奖**

程庄路 16 号院社区

永善社区

**首都军(警)民“迎奥运联片共建”活动先进单位**

丰台街道办事处

**2007 年度北京市治理自行车被盗问题专项行动先进集体**
丰台街道办事处
**2007 年北京市同法轮功及其他邪教组织斗争先进集体**
丰台街道工委
**北京市反邪教警示教育“好创意”奖**
丰台街道
**2007 年北京市同法轮功及其他邪教组织斗争先进集体**
丰台街道办事处
**2007 环境秩序建设先进集体**
丰台街道办事处
**2007 年度城市生活垃圾分类工作中考核评比成绩优秀**
丰台街道办事处
**2008 年北京奥运会卫生保障先进集体**
丰台街道办事处
**2007 年首都维护国家安全先进小组**
丰台街道
**维护首都国家安全先进集体**
丰台街道
**2005 年—2007 年北京市内部审计工作先进单位**
丰台街道
**2008 年度北京市人口和计划生育工作先进区县**
丰台区
**北京市人口计生系统作风建设先进单位**
人口和计划生育委员会
**北京市人口计生系统廉政优秀文艺作品组织奖**
人口和计划生育委员会
**2008 年度北京市科技管理系统先进集体**
丰台区技术创新与生产力促进中心
**北京市科普教育基地**
区科技馆
**首创担保公司合作机构担保业务三等奖**
丰台区技术创新与生产力促进中心
**北京奥运会、残奥会信访工作先进集体**
信访办
**2005－2008 年首都社会治安综合治理先进集体**
社会治安综合治理委员会办公室
**2008 年度首都铁路护路联防工作先进集体**
社会治安综合治理委员会办公室
**2008 年先进集体**
区委农工民主党
**北京奥运监督工作先进集体**
区纪委、监察局
**北京市“扬正气,促和谐”廉政公益广告评选活动“漫画类”一等奖**
区纪委、监察局
**北京市“扬正气,促和谐”廉政公益广告评选活动“漫画类”优秀奖**
区纪委、监察局
**北京市“服务奥运、奉献奥运”优秀党员电教片组织奖获得者**
区委组织部
**北京市人大系统优秀信息单位**
丰台人大
**首都文明乡镇**
花乡
**“迎奥运、讲文明、树新风”先进集体**
花乡
**平安奥运先进集体**
花乡
**安全生产先进集体**
花乡
**首都综治系统先进单位**
花乡
**京郊基层党组织建设先进乡镇**
花乡

## 北京市先进个人

**北京奥运会、残奥会先进个人**
允章全　陈虎翼　李　永　刘树东

范宏斌　申　跃　徐　岩　贾　敏
高玉香　杨　龙　司红星　贾福清
姜　涛　赵洪学　文来启　李红荣
王　虹　黎高永　蔡子贵　马　琳
马福增　李怀信　高文娟　曹静波
程立新　孙绪勇　张晓光　杜俊生
康学武

**北京奥运会　残奥会志愿者先进个人**

鲁爱国　朱立达　柳　枝　王　杰
刘萌萌　司　丽　黄　好　高　雅
赵　培　杨　光　尹　航　付　杰
张建全　丛惠芬　王艳秋　廖　波
智　翔　张惠娥　毕宇鹏　田素双
高　娟　孙　莉　董立军　陈　惠
王　智　刘　玲　薛玉娟　张　芳
王　智　刘　玲　汪筱华　刘　晖
李庆来　王东升　霍从红　杜茂森
蔡清江　张洁如　张文军　申　跃
鲁爱国　朱立达　柳　枝　王　杰
刘萌萌　司　丽　黄　好　赵　培
高　雅　原　燕　宋晓琴　高文娟
黄　好　邓学武　王慧霞

**北京奥运技能服务明星**

韩亮亮　尹文广　彭芙清　乔　林

**北京奥运立功标兵**

温玉春　胥　震　张昌明　谢荣田
王冬柏　罗荣富　邢方岭　张书良
钱晓东　张辉寰

**北京奥运会、残奥会安全保卫工作先进个人**

郭斯萌　陈爱民　张小龙　闻世民
肖　卫　齐建明　何　平　梅大宝
任乃青　杨玉喜　刘　建　马彦芬
张　莹　刘　鑫　米贵金　赵　宏
李秀云　杨培杰

**北京市奥运拉拉队先进个人**

田秀文　韩少一　田秀文

**首都“迎奥运　讲文明　树新风”活动先进个人**

刘　军　谢　斌　汪筱华　刘京生
段　钢　姜　萍　孔令斌　鲁爱国
朱立达　谢法明　王　莹　李　华
朱玉春　李　屹

**首都奉献奥运好市民**

王云霞　郑金山　刘秀娥　刘文燕
谢　斌

**北京市奥运巾帼奉献奖**

孙月洁　王颖秀　秦春霞　张　颜
李艳荣　高文娟　柳　枝　史锦华
甄玉荣　张若晖　王海玲　刘冬梅
杜雨　　魏素军　晏　华　杨　艳

**北京市奥运立功奖章**

刘　霞　付浩文

**首都民族团结进步奖**

马士有

**北京市信访矛盾排查调处先进工作者**

王俊山

**北京市绿化美化工作先进分子**

施晓义

**北京市同法轮功及其邪教组织斗争先进个人**

方庄地区工委书记　张小龙

**北京市“三八”红旗奖章获得者**

申　跃　李秀瑛　左兰萍　孙珍华
祖培琴　刘　宇　丛惠芬　王艳秋
关向青　闫发华　任　红　都　义
张立琴　许　刚　叶永红　李　玲
张晓延　王艳平　陈红燕　韩建国
储文革　牛春凤　范利华　白雪云
郝　宁　刘　野　高宪卉　丛　梅
谢红娟　张林平　秦建平

**北京市爱国卫生先进个人**

张小龙　周先忠　郭青河　贺　泳
刘　霞　李宝英　张建全

**北京市先进会计工作者**

王　静

**首都维护国家安全工作先进个人**

肖　卫

**北京市消防工作先进个人**

李晓闯　王岩阁　刘　良　郝　博

**北京市思想政治工作先进个人**

傅学江

**北京市奉献奥运好先锋个人**

王冬柏

**北京奥运会残奥会环境建设先进个人**

左兰萍　杨　云　李伟中　牛春凤
李　明　刘建伟　曾　伟

**北京奥运会残奥会环卫系统先进个人**

张亚红　郑良海　王红兵　孟凡奇
田　洁

**北京奥运会　残奥会气象服务先进个人**

王战胜

**北京奥运会　残奥会气象服务标兵**

李市平　秦明凯　周　颖

**北京奥运会、残奥会气象服务积极参与者**

韩丽琴　刘海悦　李晓琳　李秀文
刘　良　马德宽　王孟玮　邹纯纯
王　芳

**2008 年度重大气象服务及业务保障奖三等奖**

李市平　秦明凯　刘　良　王战胜
马德宽　周　颖　韩丽琴　刘海悦

**2007 年度首都城乡携手迎奥运，共建文明京郊行活动先进个人**

赵　剑

**2008 年北京市广播电视系统奥运安全播出先进个人**

张金立

**2007 年度北京市广播影视节目制作先进个人**

李　悦

**“微笑服务迎奥运构建和谐社保所”系列活动先进个人**

张美华　孙　洋　林建军　魏　萌

**首都统战系统参与奥运、服务奥运先进个人**

王　虹

**北京市司法行政系统奥运安保工作个人三等功**

郭俊宝　王季桃　盛晓洁　石建红
刘克志　王进忠　吕洪涛　曹洪琪

**物业管理纠纷人民调解工作先进个人**

黎高永

**北京市司法行政系统奥运安保先进个人**

李秀瑛　范德智　贾　娜　李学军
赵春芳　刘春玲　杜　刚　刘　铮
王兴凯　刘万顺　袁华之　时福茂
甄光燕　王晓琴

**北京市青年岗位能手**

刘端端

**首都文明职工**

李　锋

**北京市残保金审核代征工作先进个人**

陈　敏　巫晓琴　刘崇琪　王　宏
苏玉成

**城际铁路建设拆迁工作先进个人**

施晓义

**北京市档案工作先进个人**

屠红芳

**2008 年度北京市巾帼精英奖**

王　燕

**文明示范家庭**

方庄地区芳古园一区第一社区　郑淑萍

**2008 年度税收工作目标管理二等功荣立者**

国家税务局第一税务所所长　张玉玲

**2007 年度北京财政学会优秀科研成果评比二等奖**

高艳新　薛军荣　丁昌选

**2007 年度北京财政学会优秀科研成果评比一等奖**

刘　宇　王志刚　胡　婷

**北京奥组委五棵松场馆群运行团队先进个人**

沈琳琳

**北京奥运会数字北京大厦场馆团队先进工作者**

沈琳琳

**北京市 2007 年度残疾人就业保障金审核代征管理工作先进个人**

周立琴　曲仕佳

**北京奥运北京市人口计生系统平安奥运先进工作者**

李　萍

**北京市先进社区居委会主任**

云岗街道南一社区　商月玲

**北京奥运会、残奥会服务接待工作先进个人**

樊西安

**第十二届首都旅游紫禁杯先进个人**

律文霞

**首都窗口行业奥运培训工作先进个人**

黄　洁

**2008年北京市人口和计划生育先进工作者**

叶永红　李　玲　许同欣　方　卉
牛春凤　韩建国　储文革　尚立新
刘志雄　李又然　同　斌　宋　丹
程宇明　张怡

**北京市人口计生系统平安奥运先进工作者**

李　萍

**人文奥运法治同行北京奥运市民法律知识竞赛三等奖**

赵冬梅

**首都劳动奖章获得者**

王会如　梅春才　常秀茹

**北京市经济技术创新标兵**

迟　欣　吕铮铮　郭丽萍　邹晋霞
李　炜　郭　婧　何晓军　段　妮

**北京市药品监督管理局奥运保障工作先进个人**

居晓东　吕峥峥

**北京市城管执法系统党员示范岗标兵**

田　洁(办公室)　岳红波　程文选
刘全明

**北京市城管执法系统先进个人**

李建刚　孙　萍　张志全　孙鸿玮
任志峰　田海红　孙　帆　郭万民
熊柏华　李海峰　白子虎　李增山
王　伟　门宪发　张东迅　李振江
王　玲　杨用祥　芮玉莲　黄　迪
张一民　赵胜利　马希涛　王旭明
周永胜　沈加范　郑荣甫
田洁(西罗园)　魏玉琳　滑广周

**北京市春运工作先进个人**

郭万民

**北京市城管执法系统第三届五四青年岗位能手**

杨　振　付　然

**北京市水务系统奥运会　残奥会先进个人**

王行志　陈长春　孙贤军　李文胜

**北京市平安奥运迎汛安全保障工作先进个人**

迟建华　李国龙

**北京市水务工作先进个人**

王行志

**北京市2007年度国土资源管理先进工作者**

丰台国土分局　李　刚

**北京市国土资源系统优秀工会工作者**

丰台国土分局　孙立珍

**北京市国土资源系统工会积极分子**

丰台国土分局　张红波　仲　奇
刘秀荣　任安来

**北京市国土资源系统优秀党务工作者**

丰台国土分局　李　刚

**北京市国土资源系统优秀共产党员**

丰台国土分局　孙连喜　石　莉
朱洪波　成路平

**2008年度北京市储备开发供应工作先进个人**

丰台国土分局　任红梅

**2008年度北京市国土资源系统信访工作先进个人**

丰台国土分局　董树立　孙立珍

**2008年度北京市国土资源系统财务管理先进个人**

丰台国土分局　王　晶

**北京市人民满意的政法干警标兵**

丰台公安分局　于　伟

**北京市同法轮功邪教组织斗争暨奥运安保先进个人**

丰台公安分局 高胜利

**首都窗口行业奥运培训工作先进个人**

丰台公安分局 段 钢

**北京2008年奥运会"微笑服务大使"**

孙国萍 罗 建 张黎明 孙庆利
刘 安 邓 明 闻 敬 夏 亮
龚英才 冯晓梅 马 征 滕 彦
谢红娟 岳小辉 闫 凌 高妮妮
姜 欣 陈朝晖 郭银屏 武 侠
杨京涛 王 瑾 杨秀奇 郭 雁
余 静 王艳东 康宗京 张嘉川
常晓斌 姚爱军 孙静莲 吴 丹

**首都服务奥运好先锋**

丰台公安分局 刘福亮

**首都综治系统北京奥运会、残奥会先进个人**

丰台公安分局 徐宝库 赵军 宋景良

**北京市残联系统北京奥运会、残奥会先进个人**

丰台公安分局 邵长会

**北京市公安机关先进个人**

丰台公安分局 刘福亮 罗 建 高宪卉 曹乐林

**奥运先锋—北京市优秀团干部**

丰台公安分局 赵 辉

**北京市公安局人口系统奥运安保卫士暨善发动能手**

丰台公安分局 高永杰

**北京市公安局人口系统社区民警奥运安保卫士暨压发案能手**

丰台公安分局 恒 宇 胡金浩

**北京市公安局人口系统奥运安保卫士暨控重点人、压发案、善发动能手**

丰台公安分局 王宏伟

**北京市公安局"三基"工程建设先进个人**

丰台公安分局 吕福谦 刘冬梅
刘福亮 韩景伟 张广慧 李战文
韩亚华 王 剑 师红强 于 伟
徐来春 罗 建 沈治川 孙铁成
何庆余

**北京市公安局2008年度巡逻抓捕标兵**

丰台公安分局 殷京生 张 龙 张建 刘永良

**北京市公安局优秀共产党员**

丰台公安分局 谢红娟

**北京市公安局"十佳派出所所长"**

丰台公安分局 李铁军

**北京市公安局"十佳派出所民警"**

丰台公安分局 罗 键

**北京市公安局2008年度"卷烟打假先进个人"**

丰台公安分局 宁 伟 赵京虎 吕爱民

**北京市公安局优秀女民警标兵**

丰台公安分局 杨 健 蒋晓红 李 竞 马兰英 孙国萍

**北京市公安局好警嫂标兵**

柴筱斌之妻张娜、张晖寰之妻孙利芳、李会强之妻冯燕平、徐宝库之妻杨敏青

**北京市公安局优秀青年突击队队员**

丰台公安分局 吕 岩 田罡星 尹占军 张 剑 王 东

**2007年度市规划系统优秀调研成果评比三等奖**

金 宇 王 军 屈金亮 史长谊

**2007年度消防安全工作先进个人**

刘玉梅

**2008年丰台区绿化美化积极分子**

朱凯锋

**2008年丰台区南水北调先进个人**

宋维嘉

**北京市商务系统奥运会、残奥会服务运行保障先进个人**

黄东有

**北京市旅游系统奥运会、残奥会服务接待工作先进个人**

李伟中

**北京市商务局奥运巾帼奉献奖**

宋　莉

**北京市商务局奥运培训工作先进个人**

曹　军　周庆源

**北京奥运银行卡环境建设先进个人**

周庆源

**北京市商务系统奥运会、残奥会服务运行保障先进个人**

刘　炜

**市劳动保障系统优秀信息领导**

刘淑钰

**市劳动保障系统优秀信息员**

刘江锋

**市劳动保障系统优秀调研成果一等奖**

李　岚　王凤华　葛　艳

**市劳动保障系统优秀调研成果二等奖**

邵灵芝

**市劳动保障系统优秀调研成果三等奖**

林艳敏　刘洪萍　杨强　赵　锋

谷世英　陈尚成

**市劳动保障系统宣传工作先进个人**

陈　婕　谷世英　孙福龙

**职业介绍服务先进个人**

汪允强

**就业服务工作先进个人**

李学猛

**北京市优秀劳动争议仲裁员**

余　彤　韩　苏

**市劳动保障系统先进监察员**

孔德洁　王力军　苏士元　莫连忠

**2008年北京市职业技能优秀教育工作者**

刘国红

**2007年北京市优秀教育工作者**

程玉玲

**2008年职业技能培训优秀教育工作者**

孙家荣

**2007年北京市优秀教师**

王淑英

**2007—2008年度劳动保障综合统计先进个人**

刘江锋

**北京市维护奥运期间劳动关系稳定工作先进个人**

刘淑钰　孙家荣　王　静　高文正

王力军　韩　苏

**北京共青团信息工作优秀信息员**

刘萌萌

**北京市语言文字先进工作者**

南苑街道办事处计生文教办主任　梁涛

**北京市红十字会服务奥运优秀志愿者**

谢长年　方　卉

**北京市计生协会先进工作者**

方　卉

**北京市职工互助保险工作先进个人**

赵世梅　王　森

**2006至2007年度杰出消防卫士**

丰台消防支队　王　墨

**公安消防部队执勤岗位练兵先进个人**

周城亮　李威威　吴　宁　陈俊杰

**正版示范体系工作先进个人**

杨　述

**北京市2008年"扫黄打非"暨文化市场管理工作先进个人**

梅春生

**软件正版化工作先进个人**

王艳秋

**2008年度北京市先进会计工作者**

张燕平

**2007年北京市统计系统先进个人**

丰台区统计局副局长 李扬

**2007年全国投入产出调查市级先进个人**

王卫军　高艳新　张伟力　梁中申

张炳良　陈　涛　王建美　臧坤英

张金艳　腾　丽　戴晓晨　杨　玮

杨　谊　王月英

**北京市公安局个人三等功**

赵　松

**第六届首都民族团结进步先进个人**

曹燕枫

**北京市流动人口和出租房屋基础调查工作先进个人**

张　莹

**北京市行政区域界限管理工作先进个人**

黄玉峰

**北京奥运会、残奥会档案工作先进个人**

武丽丽　王　蕾　吴晓文　钱海峰

**2006—2008年度北京市档案系统先进个人**

郭秀玲　钱海峰　陈　峰　屠红芳
于翠平

**中国红十字会参与奥运工作先进个人**

柏　华

**北京市人口计生系统平安奥运先进工作者**

李小娟　刘　冰　王继云　刘小瑜
田　龙　张玉泳　李　潺　周　斌
许同欣

**北京奥运会、残奥会信访工作先进个人**

宋德岭　王俊山　邱俊林　张云竹

**2005-2008年首都社会治安综合治理先进工作者**

米贵金

**2007年度北京市“平安家庭”建设工作先进工作者**

张　怡

**农工北京市委2007至2008年度先进党员**

于文平　王计辰　王东健　王美丽
乔占兵　刘　梅　刘仍海　刘志成
刘继前　宋晓梅　李　江　季国生
杨晓芳　沈　青　邵　萍　周　刚
郑　华　郭自强　郭春生　钱春生
钱嘉辉　梁　军　温建芳　韩秀娟
霍文强

**农工北京市委优秀党员**

胡　燕　高彦彬　刘京微　崔允文
宋晓梅　沈　青

**中共北京市委统战部参与奥运、服务奥运先进党员**

王美丽　钱嘉辉

**北京市优秀纪检监察干部**

李　军

**北京市纪委监察系统个人二等功**

王家驹

**北京市奥运监督工作先进个人**

任凤东　石　昆　胡春溪

**《中国纪检监察报》社优秀通讯员**

刘任芳

**2008年度北京市纪检监察系统信息工作先进个人**

徐　光

**北京市第九届优秀思想政治工作者**

董　华

**北京市人民满意的政法干警**

秦建平

**北京市法院个人二等功**

刘彤燕　夏建平

**北京市法院系统先进法官**

刘彤燕　魏亚南　夏建平　秦建平
刘铁山　张立楠

**北京市少年审判工作特殊贡献奖**

翟丽萍

**北京市少年审判工作先进个人**

王建中

**北京市法院“迎奥运、树形象”立案工作文明个人**

郭俊平

**北京市法院抗震救灾先进个人**

王　萍

**北京市法院“迎奥运、树形象”涉诉信访工作文明个人**

蔡　琴

**火车头奖章**

陈铁钢

**北京市经济技术创新标兵**

刘喜来　汤文奇　常秀茹　付　国
黄元琳　刘立志　张万贵　宋晓琴

**北京市优秀党务工作者**

魏世清

**北京市优秀共产党员**

孙晓云　马　凯　王亚南

**北京市优秀团干部**

赵永生

**北京市青年岗位能手**

李　雪

**北京奥运会金牌驾驶员志愿者**

殷　迅　齐春花

# 统计资料

## 丰台区国民经济主要指标一览表
## MAIN NATIONAL ECONOMIC INDICATORS FOR FENGTAI DISTRICTS

| 项目 | | Item | | 丰台区 Fengtai 2008 | 2007 | 2008年为2007年% 2008 as% of 2007 |
|---|---|---|---|---|---|---|
| **综合** | | **General Survey** | | | | |
| 地区生产总值 | (万元) | Gross Domestic Product | (10000 yuan) | 5103029 | 4632301 | 110.2 |
| 第一产业 | | Primary Industry | | 9511 | 9017 | 105.5 |
| 第二产业 | | Secondary Industry | | 1352943 | 1220995 | 110.8 |
| 第三产业 | | Tertiary Industry | | 3740575 | 3402289 | 109.9 |
| 财政收入 | (万元) | Fiscal Revenue | (10000 yuan) | 348091 | 303305 | 114.8 |
| #增值税 | | Increased Value Tax | | 36433 | 31928 | 114.1 |
| 营业税 | | Operating Tax | | 138140 | 137494 | 110.5 |
| 个人所得税 | | Private Income Tax | | | | |
| 企业所得税 | | Enterprise Income Tax | | 66381 | 55013 | 120.7 |
| 财政支出 | (万元) | Fiscal Expenditure | (10000 yuan) | 730136 | 608026 | 120.1 |
| #基本建设支出 | | Capital Construction | | | | |
| 支援农业生产支出 | | Supporting Agriculture | | | | |
| 文教卫生事业费 | | Culture, Education and Health | | | | |
| **人口和劳动力** | | **Population and Labor Force** | | | | |
| 总人口 | (人) | Total Population | (person) | 1753000 | 1693000 | 103.5 |
| 常住户籍人口 | (人) | Permanent Registered Population | (person) | 1036118 | 1017894 | 101.8 |
| #非农业人口 | | Non – agriculture | | 914377 | 894940 | 102.2 |
| 男 | | Male | | 527063 | 517897 | 101.8 |
| 女 | | Female | | 509055 | 499997 | 101.8 |
| 出生率 | (‰) | Birth Rate | (‰) | 8.17 | 8.37 | 97.6 |
| 死亡率 | (‰) | Death Rate | (‰) | 4.16 | 4.23 | 98.3 |
| 自然增长率 | (‰) | Natural Growth Rate | (‰) | 4.01 | 4.14 | 96.9 |
| 城镇单位从业人员 | (人) | Employed persons in urban units | (person) | 388531 | 389784 | 99.7 |
| 按产业分 | | Grouped by Industry | | | | |
| 第一产业 | | Primary Industry | | 417 | 581 | 71.8 |
| 第二产业 | | Secondary Industry | | 117426 | 118084 | 99.4 |
| 第三产业 | | Tertiary Industry | | 270688 | 271119 | 99.8 |
| 按职工非职工分 | | Grouped by Staff and Workers or Non – staff – and – worker | | | | |

续表 1

| 项　　目 | Item | 丰　台　区 Fengtai 2008 | 2007 | 2008 年为 2007 年% 2008 as% of 2007 |
|---|---|---|---|---|
| 在岗职工人数（人） | Fully Employed Staff and Workers at their Posts (person) | 337206 | 328587 | 102.6 |
| #国有经济 | State - owned | 121655 | 104810 | 116.1 |
| 集体经济 | Collective - owned | 10907 | 12942 | 84.3 |
| 城镇个体劳动者 | Urban and Rural Individuals | | | |
| **劳动工资** | **Wages** | | | |
| 在岗职工工资总额（万元） | Total Wages of Fully Employed Staff and1391129 Workers (10000 yuan) | 1173877 | 118.5 | |
| #国有经济 | State - owned | 628482 | 484878 | 129.6 |
| 集体经济 | Collective - owned | 24035 | 24961 | 96.3 |
| 在岗职工平均工资（元） | Average Wage of Fully Employed Staff and Workers (yuan) | 40994 | 35689 | 114.9 |
| **固定资产投资** | **Investment in Fixed Assets Assets** | | | |
| 全社会固定资产投资（万元） | Total Investment in Fixed Assets (10000 yuan) | 1987699 | 1904473 | 104.4 |
| 按建设性质分 | Grouped by Type of Construction | | | |
| #基本建设投资 | Capital Construction | | | |
| 更新改造投资 | Innovation and Replacement | | | |
| 按登记注册类型分 | Grouped by Registered Type | | | |
| #国有单位 | State - owned | | | |
| 集体单位 | Collective - owned | | | |
| 新增固定资产（万元） | Incremental Fixed Assets (10000 yuan) | 822366 | 1136682 | 72.3 |
| #国有单位 | State - owned | | | |
| 集体单位 | Collective - owned | | | |
| 房屋施工面积（万平方米） | Floor Space of Buildings under Construction (10000 sq. m) | 955.3 | 1146.3 | 83.3 |
| #国有单位 | State - owned | | | |
| 集体单位 | Collective - owned | | | |
| 房屋竣工面积（万平方米） | Floor Space of Buildings Completed (10000 sq. m) | 235.3 | 404.1 | 58.2 |
| #国有单位 | State - owned | | | |
| #住宅 | Residence | | | |
| #集体单位 | Collective - owned | | | |
| #住宅 | Residence | | | |
| **农村经济** | **Rural Economy** | | | |
| 农村劳动力（人） | Labor Force (person) | 251709 | 265126 | 94.9 |
| 种植业 | Planting | 9040 | 8927 | 101.3 |
| 林业 | Forestry | 4401 | 2621 | 167.9 |
| 牧业 | Animal Husbandry | 486 | 613 | 79.3 |
| 渔业 | Fishery | 90 | 84 | 107.1 |
| 农村工业 | Rural Industry | 31426 | 30890 | 101.7 |
| 农村建筑业 | Rural Construction | 18675 | 19955 | 93.6 |
| 农村运输业 | Rural Transportation | 18866 | 20959 | 90.0 |

续表 2

| 项 目 | Item | 丰 台 区 Fengtai 2008 | 2007 | 2008 年为 2007 年% 2008 as% of 2007 |
|---|---|---|---|---|
| 农村商、饮食业、服务业 | Commerce, Catering and Services | 72883 | 74589 | 97.7 |
| 耕地面积 (公顷) | Area under Cultivation (hectare) | 3135.7 | 3235.9 | 96.9 |
| 农业机械总动力 (千瓦) | Total Power of Agricultural Machinery (kw) | 54028.8 | 54007 | 100.0 |
| 化肥施用实物量 (吨) | Consumption of Chemical Fertilizers (ton) | 1000.7 | 1217.1 | 82.2 |
| 化肥施用折纯量 (吨) | Consumption of Chemical Fertilizers (100%) (ton) | 384.8 | 406.4 | 94.7 |
| 农村用电量 (万千瓦时) | Consumption of Electricity (10000 kwh) | 54410.4 | 56515.3 | 96.3 |
| 农村国内生产总值 (万元) | Rural Gross Domestic Product (10000 yuan) | | | |
| 第一产业 | Primary Industry | | | |
| 第二产业 | Secondary Industry | | | |
| 第三产业 | Tertiary Industry | | | |
| 农业总产值 (万元) | Gross Output Value of Agriculture (10000 yuan) | 29276.3 | 27430.9 | 106.7 |
| 种植业 | Planting | 18512.4 | 18540.7 | 99.8 |
| 林业 | Forestry | 3847.1 | 3342.9 | 115.1 |
| 牧业 | Animal Husbandry | 4591 | 2988.1 | 153.6 |
| 渔业 | Fishery | 1725.9 | 1959.2 | 88.1 |
| 农作物总播种面积 (万公顷) | Sown Area of Farm Crops (10000 hectare) | 0.218 | 0.232 | 94.0 |
| 粮食作物 | Grain | 0.076 | 0.081 | 9368 |
| 经济作物 | Industrial Crops | | | |
| 其他作物 | Other Crops | 0.142 | 0.151 | 94.0 |
| 农副产品产量 | Yield of Farm and Sideline Crops | | | |
| 粮食 (万吨) | Grain (10000 tons) | 0.26 | 0.27 | 96.3 |
| 蔬菜 (吨) | Vegetable (ton) | 34897.6 | 28435.4 | 87.6 |
| 干鲜果 (吨) | Dry and Fresh Fruits (ton) | 1935.1 | 2470.6 | 78.3 |
| 畜产品产量 | Output of Livestock Products | | | |
| 生猪出栏 (头) | Slaughtered Hogs (head) | 12922 | 12384 | 104.3 |
| 猪牛羊肉 (吨) | Pork, Beef and Mutton (ton) | 1016.3 | 907.9 | 111.9 |
| #猪肉 | Pork | 969.5 | 849 | 114.2 |
| 禽肉 | Meat of Poultry (ton) | 140.2 | 69 | 203.2 |
| 禽蛋 | Poultry Eggs (ton) | 1564.1 | 1210.4 | 129.2 |
| 牲畜年底头数 (头) | Number of Livestock (year - end) (head) | | | |
| 大牲畜 | Large Animals | 1559 | 1046 | 149.0 |
| 猪 | Hogs | 12140 | 11526 | 105.3 |
| 羊 | Goats and Sheep | 2295 | 2132 | 107.6 |
| 水产品产量 (吨) | Output of Aquatic Product (ton) | 474 | 543 | 87.3 |
| 农村经济总收入 (万元) | Total Rural Economic Revenue (10000 yuan) | 2091112 | 1888826 | 110.7 |
| 农村利润总额 (万元) | Total Profits of Rural Economy (10000 yuan) | 202757 | 201852 | 100.4 |
| 国家税金 | State Taxes | 81923 | 76001 | 107.8 |
| 提取盈余公积金 | Surplus Accumulation Funds Drawn | 33669 | 26505 | 92.2 |
| 劳动所得 | Income from Work | | | |
| 乡镇企业单位个数 (个) | Number of Township Village Enterprise (unit) | 861 | 1066 | 80.8 |
| 乡镇企业个数 (个) | Number of Persons of Township Village Enterprise (person) | 58799 | 73103 | 80.4 |

续表 3

| 项目 | Item | 丰台区 Fengtai 2008 | 2007 | 2008年为2007年% 2008 as% of 2007 |
|---|---|---|---|---|
| 乡镇企业净利润（万元） | Net Profit of Township and Village Enterprise (10000 yuan) | 63400 | 96120.1 | 66.0 |
| 乡镇企业固定资产原价（万元） | Orignal Value of Fixed Assets of Township and Village Enterprises (10000 yuan) | | | |
| 乡镇企业固定资产净值价（万元） | Net Value of Fixed Assets of Township and Village Enterprises (10000 yuan) | | | |
| **工业** | **Industry** | | | |
| 企业单位个数（个） | Number of Enterprises (unit) | 463 | 478 | 96.9 |
| 国有 | State - owned | 35 | 36 | 97.2 |
| 集体 | Collective - owned | 46 | 47 | 97.9 |
| 其他 | Others | 382 | 395 | 96.7 |
| 工业总产值（现价，万元） | Gross Output Value of Industry (at current prices, 10000 yuan) | 3623247 | 3290495 | 110.1 |
| 国有 | State - owned | 326507 | 438433 | 74.5 |
| 集体 | Collective - owned | 110440 | 126436 | 87.3 |
| 其他 | Others | 3186300 | 2725626 | 116.9 |
| 全部工业总产值（1990年不变价，万元） | Gross Output Value of Industry(at constant price of 1990, 10000, yuan1 | | | |
| 国有 | State - ownd | | | |
| 集体 | Collective - owned | | | |
| 其他 | Others | | | |
| 全部轻工业总产值（现价，万元） | Gross Output Value of Light Industry (at current prices, 10000 yuan) | 880903 | 568402 | 155.0 |
| 以农产品为原料 | Using Farm Products as Raw Materials | | | |
| 以非农产品为原料 | Using Non - farm Products as Raw Materials | | | |
| 全部重工业总产值（现价，万元） | Gross Output Value of Heavy Industry (at current prices, 10000 yuan) | 2403987 | 2314903 | 103.8 |
| 采掘工业 | Mining and Quarrying | | | |
| 原料工业 | Raw Materials Industry | | | |
| 制造工业 | Manufacturing Industry | | | |
| 独立核算工业企业平均职工人数（人） | Average Number of Staff and Workers in Enterprises with Independent Accounting System (person) | | | |
| # 国有 | State - owned | | | |
| 集体 | Collective - owned | | | |
| 工业总产值（现价，万元） | Gross Output Value of Industry (at current prices, 10000 yuan) | 3623247 | 3290495 | 110.1 |
| # 国有 | State - owned | 326507 | 438433 | 74.5 |
| 集体 | Collective - owned | 110400 | 126436 | 87.3 |
| 工业增加值(生产法)（万元） | Gross Output Value of Industry (with production method) (10000 yuan) | | | |
| 工业企业财务指标 | Financial Indicators for Enterprises with Independent Accounting System | | | |

续表 4

| 项目 | Item | 丰台区 Fengtai 2008 | 2007 | 2008年为2007年% 2008 as% of 2007 |
|---|---|---|---|---|
| 主营业务收入(产品销售收入) (万元) | Business income of the main products (Sales Revenue) (10000 yuan) | | | |
| #国有 | State - owned | | | |
| 主营业务成本(产品销售成本) (万元) | Core business cost(Cost of Sales) (10000 yuan) | | | |
| #国有 | State - owned | | | |
| 固定资产原价 (万元) | Original Value of Fixed Assets (10000 yuan) | | | |
| #国有 | State - owned | | | |
| 固定资产净值 (万元) | Net Value of Fixed Assets (10000 yuan) | | | |
| #国有 | State - owned | | | |
| 全部流动资金年平均余额 (万元) | Annual Average Balance of Circulating Funds (10000 yuan) | | | |
| #国有 | State - owned | | | |
| 利润总额 (万元) | Total Profits (10000 yuan) | | | |
| #国有 | State - owned | | | |
| 资金利税率 (%) | Ratio of Pre - tax Profits to Total of Capital (%) | | | |
| 产品销售率 (%) | Ratio of Sales Value to Gross Output Value (%) | 95.18 | 98.8 | |
| 增加值率 (%) | Ratio of Added Value to Gross Output Value (%) | 25.29 | 22.60 | |
| 独立核算工业企业全员劳动生产率 (元/人) | Overall Labor Productivity of Enterprises with Independent Accounting System (yuan/person) | 121300 | 98224 | 123.5 |
| #国有 | State - owned | 83900 | 81935 | 102.4 |
| 集体 | Collective - owned | 59800 | 47073 | 127.0 |
| **商业** | **Commerce** | | | |
| 社会消费品零售额 (万元) | Retail Sales of Consumer Goods (10000 yuan) | 5441137 | 4146120 | 131.2 |
| 按登记注册类型分 | Grouped by Registered Type | | | |
| 国有 | State - owned | | | |
| 集体 | Collective - owned | | | |
| 其他 | Others | | | |
| 按类别分 | Grouped by Type of Goods | | | |
| 吃的商品 | Food | 1318212 | 966983 | 136.3 |
| 穿的商品 | Clothing | 210906 | 160627 | 131.3 |
| 130.5用的商品 | Daily Used Articles | 2893756 | 3777227 | 2893756 |
| 烧的商品 | Fuel | 134792 | 124754 | 108.0 |
| 网点数 (个) | Number of Outlets (unit) | 69453 | 76395 | 90.9 |
| #商业 | Wholesale and Retail | 63818 | 68190 | 93.6 |
| 饮食业 | Catering | 5120 | 7607 | 67.3 |
| 住宿 | Accommodation | 515 | 598 | 86.1 |
| 营业人员 (人) | Personnel (person) | 255420 | 269899 | 94.6 |

续表 5

| 项目 | Item | 丰台区 Fengtai 2008 | 2007 | 2008年为2007年% 2008 as% of 2007 |
|---|---|---|---|---|
| #商业 | Wholesale and Retail | 208362 | 210939 | 98.8 |
| 饮食业 | Catering | 36691 | 48593 | 75.5 |
| 住宿 | Accommodation | 10367 | 10367 | 100.0 |
| **外经、外贸** | **Foreign Economy and Trade** | | | |
| 海关进出口贸易总额 （万美元） | Total Value of Imports and Exports at Customs （USD 10000） | 560786 | 543000 | 103.3 |
| 利用外资签订协议(合同)数 （个） | Number of Signed Agreements and Contracts of Foreign Capital to be | 35 | 52 | 67.3 |
| 利用外资签订协议(合同)金额 （万美元） | Amount of Foreign Capital to be Utilized through Agreements and | 16640.9 | 32748.6 | 50.8 |
| 实际利用外资 （万美元） | Amount of Foreign Capital Actually Used | 11625.0 | 13300.0 | 87.4 |
| 旅游人数 （万人） | Number of Tourists （10000 persons） | 901.2 | 834.1 | 108.0 |
| **教育** | **Education** | | | |
| 学校数 （个） | Number of Schools （unit） | | | |
| 小学 | Primary Schools | 94 | 94 | 100.0 |
| 普通中学 | Regular Secondary School | 47 | 49 | 95.9 |
| 中等专业教育 | Specialized Secondary Schools | | | |
| 招生数 （人） | New Student Enrollment （person） | | | |
| 小学 | Primary Schools | 11627 | 11818 | 98.4 |
| 初级中等学校 | Junior Secondary Schools | 7545 | 7742 | 97.5 |
| 高级中等学校 | Senior Secondary Schools | 3488 | 3659 | 95.3 |
| 中等专业教育 | Specialized Secondary Schools | | | |
| 在校学生 （人） | Student Enrollment （person） | | | |
| 小学 | Primary Schools | 64155 | 63408 | 101.2 |
| 初级中等学校 | Junior Secondary Schools | 21556 | 21461 | 100.4 |
| 高级中等学校 | Senior Secondary Schools | 10995 | 12141 | 90.6 |
| 中等专业教育 | Specialized Secondary Schools | | | |
| 毕业生 （人） | Graduates （person） | | | |
| 小学 | Primary Schools | 9712 | 9573 | 101.5 |
| 初级中等学校 | Junior Secondary Schools | 6003 | 6291 | 95.4 |
| 高级中等学校 | Senior Secondary Schools | 3929 | 4098 | 95.9 |
| 中等专业教育 | Specialized Secondary Schools | | | |
| 达到“国家体育标准”学生数 （人） | Number of Students Come to the Standard for State Physical Training （person） | | | |
| 幼儿园、托儿所个数 （个） | Number of Kindergardens （unit） | 111 | 110 | 100.0 |
| 幼儿入托数 （人） | New Enrollment （person） | 24289 | 24699 | 98.3 |
| **文化** | **Culture** | | | |
| 文化馆、站 （个） | Cultural Centers （unit） | 21 | 20 | 105.0 |
| 公共图书馆 （个） | Public Libraries （unit） | 2 | 2 | 100.0 |
| 公共图书馆藏书 （万册） | Collection （10000 volume） | 36.8 | 34 | 108.2 |
| 电影放映单位 （个） | Film Projection Units （unit） | 1 | 1 | 100.0 |
| 区级以上重点文物保护单位 （个） | Cultural Relics Preserved at District Level and above （unit） | 35 | 35 | 100.0 |

续表 6

| 项　目 | | Item | | 丰台区 Fengtai 2008 | 2007 | 2008年为2007年% 2008 as% of 2007 |
|---|---|---|---|---|---|---|
| **卫生** | | **Health** | | | | |
| 卫生机构数 | (个) | Number of Health Institutions | (unit) | 452 | 434 | 104.1 |
| #医院 | | Hospitals | | 52 | 51 | 102.0 |
| 卫生院 | | Clinics | | | | |
| 床位数 | (张) | Number of Beds | (unit) | 6518 | 6555 | 99.4 |
| #医院 | | Hospitals | | 6273 | 6388 | 98.2 |
| 卫生院 | | Clinics | | | | |
| 平均每千人拥有床位数 | (张) | Average Number of Beds Per 1000 Persons | (unit) | 3.6 | 3.9 | 92.3 |
| 卫生技术人员 | (人) | Medical Technical Personnel | (person) | 11141 | 10329 | 107.9 |
| #医生 | | Doctors | | 4035 | 4046 | 99.7 |
| **公用设施** | | **Public Utilities** | | | | |
| 区级以上公园 | (个) | Parks at District Level and above | (unit) | | | |
| 体育场馆 | (个) | Stadiums and Gymnasiums | (unit) | 244 | 244 | 100.0 |
| 道路长度 | (公里) | Length of Roads | (km) | | 503.7 | 0.0 |

(丰台区统计局提供)

# 附　　录

## 中共北京市丰台区委主要文件目录

### 中共北京市丰台区委文件

京丰发[2008]1号　中共丰台区委 丰台区人民政府关于深入开展“平安奥运行动”的实施方案

京丰发[2008]2号　中共丰台区委关于印发《区委常委会2008年议题计划》的通知

京丰发[2008]3号　中共丰台区委关于印发《区委常委会2008年工作要点》的通知

京丰发[2008]4号　中共丰台区委 丰台区人民政府关于表彰2007年度信访矛盾排查调处工作先进单位、先进集体和先进个人的决定

京丰发[2008]5号　中共丰台区委 丰台区人民政府关于表彰2007年度社会治安综合治理先进单位和先进工作者的决定

京丰发[2008]6号　中共丰台区委 丰台区人民政府关于表彰2007年度农村党建“三级联创”活动先进单位的决定

京丰发[2008]7号　中共丰台区委 丰台区人民政府关于2008年统筹城乡发展进一步推进新农村建设的工作意见

京丰发[2008]8号　中共丰台区委转发《中共丰台区人大常委会党组关于进一步加强人大代表工作的实施意见》的通知

京丰发[2008]9号　中共丰台区委 丰台区人民政府关于统筹人口发展加强计划生育工作的意见

京丰发[2008]10号　中共丰台区委关于印发《区委党的建设领导小组2008年工作要点》的通知

京丰发[2008]11号　中共丰台区委 丰台区人民政府关于成立丰台区奥运筹办和赛时保障工作领导小组的通知

京丰发[2008]12号　中共丰台区委 丰台区人民政府关于调整丰台区奥运筹办和赛时保障工作领导小组的通知

京丰发[2008]13号　中共丰台区委 丰台区人民政府关于印发《丰台区奥运服务保障工作总体方案》的通知

京丰发[2008]14号　中共丰台区委 丰台区人民政府关于建立丰台区奥运会残奥会战时运行指挥体制的通知

京丰发[2008]15号　中共丰台区委 丰台区人民政府关于全面加强矛盾纠纷排查化解工作确保实现全区奥运期间社会和谐稳定的意见

京丰发[2008]16号　中共丰台区委关于进一步加强处级领导班子和领导干部作风建设的

意见

京丰发[2008]17号　中共丰台区委 丰台区人民政府 丰台区双拥工作委员会关于表彰双拥工作模范单位和个人的决定

京丰发[2008]18号　中共丰台区委 丰台区人民政府关于表彰2006－2008年度丰台区人民教师、十佳青年教师和优秀教育工作者的决定

京丰发[2008]19号　中共丰台区委关于印发《丰台区乡镇党的委员会议事规则》的通知

京丰发[2008]20号　中共丰台区委关于印发《丰台区2008－2012年惩治和预防腐败体系建设重点工作任务》的通知

京丰发[2008]21号　中共丰台区委 丰台区人民政府关于表彰"丰台区有突出贡献人才和优秀青年人才"的决定

## 中共北京市丰台区委办公室文件

京丰办发[2008]1号　中共北京市丰台区大事记

京丰办发[2008]2号　中共丰台区委办公室关于转发《丰台区2008年政法维稳工作要点》的通知

京丰办发[2008]3号　中共北京市丰台区大事记

京丰办发[2008]4号　中共丰台区委办公室关于转发《区委组织部2008年工作要点》的通知

京丰办发[2008]5号　中共丰台区委办公室 丰台区人民政府办公室关于印发《丰台区2008年信访矛盾排查调处工作要点》的通知

京丰办发[2008]6号　中共丰台区委办公室 丰台区人民政府办公室关于印发《丰台区重点矛盾纠纷集中化解工作方案》的通知

京丰办发[2008]7号　中共丰台区委办公室 丰台区人民政府办公室关于印发《丰台区实现"无重大重复上访户"十条工作措施》的通知

京丰办发[2008]8号　中共丰台区委办公室关于印发《丰台区2008年宣传思想工作要点》的通知

京丰办发[2008]9号　中共北京市丰台区大事记

京丰办发[2008]10号　中共丰台区委办公室转发区委组织部《关于进一步发挥全区基层党组织和共产党在奥运筹办中的战斗堡垒作用与先锋模范作用的实施意见》的通知

京丰办发[2008]11号　中共丰台区委办公室关于印发《丰台区人才工作领导小组2008年重点工作安排》的通知

京丰办发[2008]12号　中共丰台区委办公室 丰台区人民政府办公室关于印发《丰台区实现"无重大重复上访户"十条工作措施》的通知

京丰办发[2008]13号　中共丰台区委办公室 丰台区人民政府办公室关于印发《丰台区实现"无拖欠工资现象"工作方案》的通知

京丰办发[2008]14号　中共北京市丰台区大事记

京丰办发[2008]15号　中共丰台区委办公室 丰台区人民政府办公室关于印发《丰台区"平安奥运行动"折子工程》的通知

京丰办发[2008]16号　中共丰台区委办公室 丰台区人民政府办公室关于做好"五一"期间维护稳定等工作的通知

京丰办发[2008]17号　中共北京市丰台区大事记

京丰办发[2008]18号　中共丰台区委办公室转发区国资委党委《关于加强和改进区属国有企业负责人管理的意见》的通知

京丰办发[2008]19号　中共丰台区委办公室 丰台区人民政府办公室关于调整丰台区突发公共事件应急委员会成员和职责的通知

京丰办发[2008]20号　中共北京市丰台区大事记

京丰办发[2008]21号　中共丰台区委办公室关于印发《丰台区农村党员干部现代远程教

育工作实施意见》的通知

京丰办发[2008]22 号　中共丰台区委办公室丰台区人民政府办公室关于进一步加强对报告会、研讨会、讲座管理的意见

京丰办发[2008]23 号　中共丰台区委办公室丰台区人民政府办公室关于成立丰台区通信保障和信息安全应急指挥部的通知

京丰办发[2008]24 号　中共丰台区委办公室丰台区人民政府办公室关于做好奥运期间全区值守应急等工作的通知

京丰办发[2008]25 号　中共丰台区委办公室丰台区人民政府办公室关于印发《中共北京市丰台区委社会工作委员会北京市丰台区社会建设工作办公室职能配置内设机构和人员编制规定》的通知

京丰办发[2008]26 号　中共丰台区委办公室关于印发《中共北京市丰台区委党校职能配置内设机构和人员编制规定》的通知

京丰办发[2008]27 号　中共北京市丰台区大事记

京丰办发[2008]28 号　中共丰台区委办公室丰台区人民政府办公室关于 2008 年北京奥运会开幕当天放假及做好值守应急工作的通知

京丰办发[2008]29 号　中共丰台区委办公室丰台区人民政府办公室关于奥运会期间丰台区世界公园境内外人员集会游行示威活动处置工作方案

京丰办发[2008]30 号　中共丰台区委办公室丰台区人民政府办公室关于转发《北京市人民政府办公厅关于加强北京残奥会赛时城市运行保障工作的通知》的通知

京丰办发[2008]31 号　中共丰台区委办公室丰台区人民政府办公室关于成立丰台区文化创意产业领导小组的通知

京丰办发[2008]32 号　中共北京市丰台区大事记

京丰办发[2008]33 号　中共北京市丰台区大事记

京丰办发[2008]34 号　中共丰台区委办公室丰台区人民政府办公室关于印发《丰台区奥运会、残奥会先进集体、先进个人和优秀志愿者推荐评选工作方案》的通知

京丰办发[2008]35 号　中共丰台区委办公室丰台区人民政府办公室关于调整部分区属议事机构和临时机构领导成员组成的通知

京丰办发[2008]36 号　中共丰台区委办公室丰台区人民政府办公室转发中共北京市委办公厅北京市人民政府办公厅《关于进一步加强档案工作的意见》的通知

京丰办发[2008]37 号　中共丰台区委办公室丰台区人民政府办公室关于做好 2008 年国庆期间全区维护社会稳定防范安全事故、加强值班等工作的通知

京丰办发[2008]38 号　中共丰台区委办公室丰台区人民政府办公室关于成立丰台区 2008 年冬季征兵工作领导小组的通知

京丰办发[2008]39 号　中共丰台区委办公室丰台区人民政府办公室转发《第七届亚欧首脑会议丰台区安全保卫工作方案》的通知

京丰办发[2008]40 号　中共北京市丰台区大事记

京丰办发[2008]41 号　中共北京市丰台区大事记

京丰办发[2008]42 号　中共北京市丰台区大事记

京丰办发[2008]43 号　中共丰台区委办公室关于印发《丰台区集中清理执行积案活动实施方案》的通知

京丰办发[2008]44 号　中共丰台区委办公室丰台区人民政府办公室关于做好 2009 年元旦、春节期间有关工作的通知

京丰办发[2008]45 号　中共北京市丰台区大事记

# 丰台区人民政府主要文件目录

## 丰台区人民政府文件

丰政发〔2008〕2号　关于加强丰台区普通地下室管理工作意见的通知
丰政发〔2008〕3号　关于进一步解决拖欠农民工工资问题的意见
丰政发〔2008〕4号　关于成立丰台区第二次全国土地调查领导小组的通知
丰政发〔2008〕5号　关于印发2008年区政府折子工程的通知
丰政发〔2008〕6号　关于表彰2007年度武装工作先进单位和个人的决定
丰政发〔2008〕7号　关于建立金融服务工作机制的意见
丰政发〔2008〕8号　关于印发落实《城乡无社会保障老年居民养老保障办法》和《新型农村社会养老保险试行办法》工作实施方案的通知
丰政发〔2008〕9号　关于进一步加强露天餐饮经营场所管理工作的意见
丰政发〔2008〕10号　关于印发丰台区基础设施发展规划(2008－2010年)的通知
丰政发〔2008〕11号　关于确定丽泽商务区开发建设指挥部成员单位职责任务的通知
丰政发〔2008〕12号　关于下达财税部门2008年财政收入目标任务的通知
丰政发〔2008〕13号　关于印发创建食品生产企业质量安全放心区工作方案的通知
丰政发〔2008〕14号　关于表彰2007年度行政机关效能建设工作先进单位的决定
丰政发〔2008〕15号　关于表彰荣获2007年度科学技术奖单位和个人的决定
丰政发〔2008〕16号　关于2008年属地纳税工作的意见
丰政发〔2008〕17号　关于做好手足口病防控工作的通知
丰政发〔2008〕18号　关于转发进一步转变政府职能加强企业服务促进财税建设意见的通知
丰政发〔2008〕19号　关于表彰2007年度突出贡献企业的决定
丰政发〔2008〕20号　关于进一步加强防震抗震工作的意见
丰政发〔2008〕21号　关于印发《丰台区2008年税源建设奖励办法》的通知
丰政发〔2008〕22号　关于调整丽泽商务区开发建设指挥部成员的通知
丰政发〔2008〕23号　关于促进设施农业发展的意见
丰政发〔2008〕24号　关于2008年冬季征兵命令
丰政发〔2008〕25号　关于成立丰台科技园军民融合创新园项目联合领导小组和工作机构的通知
丰政发〔2008〕26号　关于印发做好2008－2009年采暖季预防煤气中毒工作方案的通知
丰政发〔2008〕27号　关于促进北京丽泽金融商务区金融产业发展的意见(试行)
丰政发〔2008〕28号　关于印发乡村医生社会养老保险制度与基本待遇保障机制实施意见的通知
丰政发〔2008〕29号　关于加强新建改建居住区公共服务配套设施审核接收工作的意见
丰政发〔2008〕30号　关于设立北京市丰台区人民政府行政复议委员会的通知
丰政发〔2008〕31号　关于促进丰台区物流业发展的意见

## 丰台区人民政府办公室文件

丰政办发〔2008〕1号　关于转发丰台区2008年春节期间群众文化活动安排意见的通知

丰政办发〔2008〕2号　关于印发《丰台区人民政府2008年在直接关系群众生活方面拟办的重要实事》的通知

丰政办发〔2008〕3号　关于2008年区政府会议计划议题的安排意见

丰政办发〔2008〕4号　关于印发丰台区居家养老服务补贴办法的通知

丰政办发〔2008〕5号　关于印发丰台区"平安奥运行动"社会面火灾防控工作实施方案的通知

丰政办发〔2008〕6号　关于2008年度归档工作要求的通知

丰政办发〔2008〕7号　关于下发2008年档案工作计划的通知

丰政办发〔2008〕8号　关于调整丰台区社会保障和就业工作领导小组成员的通知

丰政办发〔2008〕9号　关于成立金融服务工作领导小组的通知

丰政办发〔2008〕10号　关于印发丰台区落实市政府第十四阶段控制大气污染措施实施方案的通知

丰政办发〔2008〕11号　关于印发打击非法行医工作方案的通知

丰政办发〔2008〕12号　关于印发进一步开展安全生产隐患排查治理工作的通知

丰政办发〔2008〕13号　关于成立2008年高校招生委员会的通知

丰政办发〔2008〕14号　关于调整防汛指挥部领导成员名单的通知

丰政办发〔2008〕15号　关于转发《丰台区设施农业建设审核管理办法》的通知

丰政办发〔2008〕16号　关于印发丰台区无城镇危房户工作实施方案的通知

丰政办发〔2008〕17号　关于开展丰台区地热资源综合调查的通知

丰政办发〔2008〕18号　关于印发丰台区开展安全生产百日督查专项行动实施方案的通知

丰政办发〔2008〕19号　关于做好2008年汛期地质灾害防治工作的通知

丰政办发〔2008〕20号　关于成立丰台区人民政府信访事项复查委员会的通知

丰政办发〔2008〕21号　关于进一步规范公文格式的通知

丰政办发〔2008〕22号　转发市教委市政府教育督导室《关于进一步完善对区县人民政府实施素质教育工作进行督导评估制度意见》的通知

丰政办发〔2008〕23号　关于成立节约能源管理工作领导小组的通知

丰政办发〔2008〕24号　关于调整丰台区老龄工作委员会成员单位及委员名单的通知

丰政办发〔2008〕25号　关于转发进一步转变政府职能加强企业服务促进财税建设意见的通知

丰政办发〔2008〕26号　关于转发无社会救助盲点工作实施方案的通知

丰政办发〔2008〕27号　关于转发乡镇五站"三定"人员遗留问题解决方案的通知

丰政办发〔2008〕28号　关于转发丰台区奥运会残奥会无障碍设施运行保障工作方案的通知

丰政办发〔2008〕29号　转发市政府办公厅关于在机场净空区内限制放飞影响飞行安全鸟类动物和其他物体的通知

丰政办发〔2008〕30号　关于转发丰台区平安奥运行动非(违)法经营单位专项整治工作方案的通知

丰政办发〔2008〕31号　关于转发丰台区落实2008年奥运期间空气质量保障措施实施方案的通知

丰政办发〔2008〕32号　关于转发丰台区招商引资综合信息平台运行方案的通知

丰政办发〔2008〕33号　关于转发丰台区整治

非法自办幼儿园工作方案的通知

丰政办发〔2008〕34号　关于转发丰台区学校及周边治安综合治理百日专项行动方案的通知

丰政办发〔2008〕35号　关于转发丰台区学校校舍抗震安全排查工作实施方案的通知

丰政办发〔2008〕36号　关于区长副区长分工调整的通知

丰政办发〔2008〕37号　关于转发丰台区开展第二次全国经济普查工作方案的通知

丰政办发〔2008〕38号　关于开展规范性文件清理工作的通知

丰政办发〔2008〕39号　关于成立河西再生水厂建设项目前期工作联席会议的通知

丰政办发〔2008〕40号　关于转发丰台区2008年整治违法排污企业保障群众健康环保专项行动的实施方案的通知

丰政办发〔2008〕41号　关于成立属地纳税协调指导小组及近期主要工作的通知

丰政办发〔2008〕42号　关于转发进一步做好2008年残疾人就业保障金征缴工作的通知

丰政办发〔2008〕43号　关于印发丰台区档案局(档案馆)主要职责内设机构和人员编制规定的通知

## 2008 年各级各类学校基本数据一览表

| 项　目 | 学校（所） | 教职工数（人） | 在校生数（人） | 招生数（人） | 毕业生数（人） |
|---|---|---|---|---|---|
| 总　计 | 261 | 14238 | 127582 | 34236 | 28833 |
| 中学小计 | 47 | 4650 | 32551 | 11033 | 9932 |
| 初级中学 | 18 | 1233 | 7363 | 2793 | 1741 |
| 完全中学 | 16 | 2853 | 20224 | 6601 | 6833 |
| 高级中学 | 5 | 88 | 1693 | 498 | 456 |
| 九年一贯制学校 | 8 | 476 | 2910 | 1038 | 789 |
| 其他学校附设中学班 | | | 361 | 103 | 113 |
| 职业高中 | 6 | 672 | 5330 | 1403 | 1848 |
| 小学小计 | 94 | 4940 | 64155 | 11627 | 9712 |
| 教育部门办 | 90 | 4580 | 60782 | 11010 | 9226 |
| 其他部门办 | | | 37 | | 30 |
| 社会力量办 | 4 | 360 | 3336 | 617 | 456 |
| 幼儿园小计 | 111 | 3896 | 25341 | 10173 | 7332 |
| 教育部门办 | 21 | 848 | 7979 | 3400 | 2451 |
| 其他部门办 | 27 | 959 | 6253 | 2145 | 1845 |
| 社会力量办 | 28 | 1157 | 5871 | 2659 | 1317 |
| 集体办 | 35 | 932 | 5238 | 1969 | 1719 |
| 特殊教育小计 | 3 | 80 | 205 | | 9 |
| 工读学校 | 1 | 34 | 75 | | |
| 弱智儿童学校 | 2 | 46 | 130 | | 9 |

## 丰台区幼儿园一览表

| 幼儿园全称 | 办别 | 园长 | 邮政编码 | 幼儿园详细地址 | 电话号码 |
|---|---|---|---|---|---|
| 北京市丰台区太平桥东里幼儿园 | 集体办 | 蒋雪莲 | 100073 | 北京市丰台区太平桥东里幼儿园 | 63484711 |
| 北京市丰台区西罗园第一幼儿园 | 集体办 | 杨立杰 | 100077 | 北京市丰台区西罗园一区 11 号 | 67216393 |
| 北京市丰台区西罗园第二幼儿园 | 集体办 | 周薇薇 | 100068 | 北京市丰台区西罗园海户西里五区 7 号托幼楼 | 67228132 |
| 北京市丰台区大红门街道办事处东 | 集体办 | 杨书兰 | 100075 | 北京市丰台区大红门东楼 | 87271525 |
| 北京市丰台区南苑镇新开路幼儿园 | 集体办 | 贾玉 | 100076 | 北京市丰台区南苑镇头道街 16 号 | 67991307 |
| 北京市丰台区卢沟桥街道第二幼儿 | 集体办 | 于向英 | 100039 | 北京市丰台区大成居住区蔚园 15 楼北门 | 68671451 |
| 北京市丰台区卢沟桥街道办事处五 | 集体办 | 陈智慧 | 100071 | 北京市丰台区五里店南里小区 17 号楼 | 63817685 |
| 北京市丰台区丰台镇兴隆幼儿园 | 集体办 | 耿学玲 | 100071 | 北京市丰台区丰台镇北大地二里 | 63811799 |

续表

| 幼儿园全称 | 办别 | 园长 | 邮政编码 | 幼儿园详细地址 | 电话号码 |
|---|---|---|---|---|---|
| 北京市丰台区北大地西区幼儿园 | 集体办 | 陈宗宇 | 100071 | 北京市丰台区北大地一里14栋 | 63864382 |
| 北京市丰台区丰台镇正阳幼儿园 | 集体办 | 单秀丽 | 100070 | 北京市丰台区丰台镇桥南正阳头条5号 | 63718494 |
| 北京市丰台区新村街道办事处孟村 | 集体办 | 韩淑惠 | 100071 | 北京市丰台区孟村120号 | 63734585 |
| 北京市丰台区长辛店大街幼儿园 | 集体办 | 段秋菊 | 100072 | 北京市丰台区长辛店大街幼儿园100号 | 83876295 |
| 北京市丰台区芳群第二幼儿园 | 集体办 | 郭惠如 | 100078 | 北京市丰台区方庄芳群园四区10号楼 | 67638316 |
| 北京市丰台区宛平幼儿园 | 集体办 | 王学明 | 100165 | 北京市丰台区晓月苑垂虹街3号 | 83214743 |
| 北京市丰台区大井幼儿园 | 集体办 | 刘秀利 | 100071 | 北京市丰台区田各庄村133号 | 83696791 |
| 北京市丰台区三路居幼儿园 | 集体办 | 张玉红 | 100073 | 北京市丰台区三路居丽泽路(临)27号 | 63452326 |
| 北京市丰台区万泉寺幼儿园 | 集体办 | 宋喜琴 | 100073 | 北京市丰台区鹅凤营村万泉寺幼儿园 | 63353652 |
| 北京市丰台区东管头幼儿园 | 集体办 | 高美玲 | 100073 | 北京市丰台区卢沟桥乡东管头水头庄258号 | 63309331 |
| 北京市丰台区小井幼儿园 | 集体办 | 刘慧兰 | 100161 | 北京市丰台区小井幼儿园558号 | 63843365 |
| 北京市丰台区西局幼儿园 | 集体办 | 杨金星 | 100161 | 北京市丰台区西局幼儿园 | 63893180 |
| 北京市丰台区岳各庄幼儿园 | 集体办 | 刘亚丽 | 100161 | 北京市丰台区岳各庄543号 | 83668688 |
| 北京市丰台区靛厂幼儿园 | 集体办 | 董建平 | 100039 | 北京市丰台区卢沟桥乡靛厂村805号 | 88247057 |
| 北京市丰台区黄土岗乡中心幼儿园 | 集体办 | 王振红 | 100070 | 北京市丰台区花乡黄土岗村271号 | 83608172 |
| 北京市丰台区新发地农工商联合公 | 集体办 | 孙立华 | 100076 | 北京市丰台区汉龙南站京开路78号 新发地中心幼儿园 | 67928075 |
| 北京市丰台区花乡白盆窑中心幼儿 | 集体办 | 赵艳红 | 100070 | 北京市丰台区花乡白盆窑村 | 83793384 |
| 北京市丰台区花乡乡郭公庄村幼儿 | 集体办 | 李凤琴 | 100160 | 北京市丰台区花乡乡郭公庄村幼儿园 | 370－4884 |
| 北京市丰台区看丹村中心幼儿园 | 集体办 | 安春霞 | 100070 | 北京市丰台区看丹村578号 | 63728023 |
| 北京市丰台区榆树庄园艺术幼儿园 | 集体办 | 顾凤玲 | 100070 | 北京市丰台区人民村152号 | 83602259 |
| 北京市丰台区草桥幼儿园 | 集体办 | 李爱香 | 100067 | 北京市丰台区草桥欣园一区三号楼草桥幼儿园 | 87584713 |
| 北京市丰台区南苑乡人民政府大红 | 集体办 | 李祖芳 | 100075 | 北京市丰台区大红门东前街48号 | 67266318 |
| 北京市丰台区南苑乡西铁营村幼儿 | 集体办 | 尹贤晶 | 100069 | 北京市丰台区右安门外中顶村255号 | 63587323 |

续表

| 幼儿园全称 | 办别 | 园长 | 邮政编码 | 幼儿园详细地址 | 电话号码 |
|---|---|---|---|---|---|
| 北京市丰台区石榴庄中心幼儿园 | 集体办 | 宋春丽 | 100075 | 北京市丰台区石榴庄西街227号 | 87269235 |
| 北京市丰台区分中寺幼儿园 | 集体办 | 王晓华 | 100164 | 北京市丰台区左安门外分中寺村分中寺幼儿园 | 67659256 |
| 北京市丰台区南苑乡槐房幼儿园 | 集体办 | 王建 | 100076 | 北京市丰台区南苑乡槐房幼儿园 | 67911572 |
| 北京市丰台区南苑乡新宫幼儿园 | 集体办 | 赵颖芝 | 100076 | 北京市丰台区南苑乡新宫村39号 | 67913773 |
| 北京市丰台区育英幼儿园 | 教育办 | 田丽 | 100077 | 北京市丰台区洋桥西里33号 | 67210212 |
| 北京市丰台区西罗园幼儿园 | 教育办 | 马玉华 | 100077 | 北京市丰台区洋桥北里32号 | 87285727 |
| 北京市丰台区群英幼儿园 | 教育办 | 梁春芳 | 100077 | 北京市丰台区西罗园三区10号楼 | 67220618 |
| 北京市丰台区东罗园幼儿园 | 教育办 | 李捷 | 100075 | 北京市丰台区赵公口小区1号楼 | 67216759 |
| 北京市丰台区南苑教工幼儿园 | 教育办 | 张培红 | 100076 | 北京市丰台区南苑东长街12号 | 67991753 |
| 北京市丰台区蒲黄榆第一幼儿园 | 教育办 | 穆新莉 | 100075 | 北京市丰台区蒲黄榆三里甲三号 | 67625296 |
| 北京市丰台区蒲黄榆第二幼儿园 | 教育办 | 翟丽娟 | 100075 | 北京市丰台区蒲安里8号楼 | 67622340 |
| 北京市丰台区丰台第二幼儿园 | 教育办 | 游向红 | 100161 | 北京市丰台区丰台北路望园东里8号楼 | 63822181 |
| 北京市丰台区丰台第三幼儿园 | 教育办 | 刘银玉 | 100071 | 北京市丰台区五里店南里29号楼 | 63894598 |
| 北京市丰台区青塔第二幼儿园 | 教育办 | 朱继文 | 100039 | 北京市丰台区青塔小区秀园7号 | 68676040 |
| 北京市丰台区丰台第一幼儿园 | 教育办 | 吴东慧 | 100071 | 北京市丰台东大街27号 | 63811373 |
| 北京市丰台区丰台第六幼儿园 | 教育办 | 闫俊喜 | 100071 | 北京市丰台区丰台正阳小区7号楼 | 63853303 |
| 北京市丰台区丰台第四幼儿园 | 教育办 | 权明 | 100070 | 北京市丰台区桥南造甲南里17号 | 63712465 |
| 北京市丰台区丰台第五幼儿园 | 教育办 | 彭俊红 | 100070 | 北京市丰台区桥南韩庄子东里甲一号 | 63712242 |
| 北京市丰台区樊家村教工幼儿园 | 教育办 | 张明英 | 100070 | 北京市丰台区芳菲路88号院12号楼 | 83684187 |
| 北京市丰台区长辛店第一幼儿园 | 教育办 | 王晓红 | 100072 | 北京市丰台区长辛店曹家口26号 | 83876687 |
| 北京市丰台区方庄第一幼儿园 | 教育办 | 何艳华 | 100078 | 北京市丰台区方庄芳古园一区16号 | 67699664 |
| 北京市丰台区芳庄第二幼儿园 | 教育办 | 孔震英 | 100078 | 北京市丰台区方庄小区芳星园三区二十二号楼 | 67635271 |
| 北京市丰台区芳庄第三幼儿园 | 教育办 | 马淑英 | 100078 | 北京市丰台区方庄芳城园一区7#、8#楼 | 67644688 |
| 北京市丰台区实验幼儿园 | 教育办 | 彭俊娟 | 100078 | 北京市丰台区方庄芳群园二区十号楼 | 67652880 |

续表

| 幼儿园全称 | 办别 | 园长 | 邮政编码 | 幼儿园详细地址 | 电话号码 |
|---|---|---|---|---|---|
| 北京市丰台区嘉园第一幼儿园 | 教育办 | 郑淑敏 | 100067 | 北京市丰台区马家堡嘉园二里25号楼 | 67532807 |
| 北京市北方之星艺术幼儿园 | 民办 | 李丁丁 | 100069 | 北京市丰台区右外玉林东里一区5号楼 | 63053264 |
| 北京市丰台区红黄蓝多元智能实验 | 民办 | 赵金欧 | 100069 | 北京市丰台区右安门外开阳里一区6号楼 | 63568147 |
| 北京市丰台区首科双语传媒幼儿园 | 民办 | 谢燕梅 | 100073 | 北京市丰台区华源三里八号楼 | 63373506 |
| 北京市丰台区小红帽艺术幼儿园 | 民办 | 杨立杰 | 100039 | 北京市丰台区大成里居住区青塔小区芳园9号 | 68675150 |
| 北京市丰台区芳茹双语艺术幼儿园 | 民办 | 刘东生 | 100068 | 北京市丰台区角门小区东里7号楼西侧 | 67544482 |
| 北京欣宇幼儿园 | 民办 | 范淑萍 | 100068 | 北京市丰台区西马场北里15号 | 67563275 |
| 北京市邮政管理局海慧寺幼儿园 | 民办 |  | 100075 | 北京市丰台区南顶村海慧寺邮局宿舍44号 | 67255160 |
| 北京市丰台区翩翩艺术幼儿园 | 民办 | 周敏兰 | 100068 | 北京市丰台区大红门建欣苑小区三里 | 87898728 |
| 北京市丰台区幼师附属实验艺术幼 | 民办 | 李明生 | 100076 | 北京市丰台区南苑北里一区七号楼 | 67961109 |
| 北京市丰台区东铁营办事处第二托 | 民办 | 曹子辉 | 100075 | 北京市丰台区蒲黄榆四里13楼一层 | 67662829 |
| 北京市阳光双语艺术幼儿园 | 民办 | 韩如雪 | 100079 | 北京丰台区石榴园北里小区24号 | 87259981 |
| 北京市丰台区意馨艺术幼儿园 | 民办 | 曹明明 | 100079 | 北京市丰台区东铁营政馨园二区8号楼 | 87686009 |
| 北京育强体育才艺幼儿园 | 民办 | 李大军 | 100064 | 北京市丰台区成寿寺路四方景园二区7号楼 | 87645009 |
| 北京市丰台区高娃钢琴幼儿园 | 民办 | 赵红梅 | 100039 | 北京市丰台区小屯路6号 | 68671184 |
| 北京市星桥幼儿园 | 民办 | 赵秀珍 | 100071 | 北京市丰台区大瓦窑349号院 | 83292374 |
| 北京市丰台区星星天地幼儿园 | 民办 | 李红 | 100071 | 北京市丰台区丰管路1号院3号楼 | 83824789 |
| 北京市丰台区英才幼儿园 | 民办 | 孟炜 | 100071 | 北京市丰台区西四环南路60号 | 63850959 |
| 北京市丰台怡海幼儿园 | 民办 | 饶亦玲 | 100070 | 丰台区南四环西路129号怡海花园 | 63743220 |
| 北京航天华盛幼儿园 | 民办 | 花向红 | 100074 | 北京市丰台区云岗南区西里22号 | 68376265 |
| 北京市丰台区嘉萌实验艺术幼儿园 | 民办 | 宋雪云 | 100074 | 北京市丰台区云岗南区西里41号楼南侧 | 83393986 |
| 北京市丰台区汇佳实验幼儿园 | 民办 | 张书婷 | 100078 | 北京市丰台区方庄芳古园二区6号楼 | 67685252 |
| 北京市丰台区方庄鹤立实验幼儿园 | 民办 | 张贺立 | 100078 | 北京市丰台区方庄芳古园一区11号楼 | 67604977 |

| 幼儿园全称 | 办别 | 园长 | 邮政编码 | 幼儿园详细地址 | 电话号码 |
| --- | --- | --- | --- | --- | --- |
| 北京开发红黄蓝双语幼儿园 | 民办 | 蔺玉华 | 100078 | 北京市丰台区方庄紫芳园二区7号楼 | 87643121 |
| 北京市丰台区嘉园实验艺术幼儿园 | 民办 | 祁爱莲 | 100067 | 北京市丰台区嘉园二里34号楼 | 67534412 |
| 北京市丰台区宝贝星河幼儿园 | 民办 | 刘朝辉 | 100067 | 北京市丰台区北甲地路6号院玺萌丽苑内 | 67526526 |
| 北京市丰台区南洋之星双语幼儿园 | 民办 | 陈萍 | 100068 | 北京市丰台区马家堡路角门14号院 | 67509369 |
| 北京市丰台区真爱幼儿园 | 民办 | 张素丹 | 100068 | 北京市丰台区西马场南里二区18号楼 | 87594150 |
| 北京市丰台区环雅阳光双语幼儿园 | 民办 | 丁慧敏 | 100068 | 北京市丰台区马家堡西路28号院7号楼 | 87560980 |
| 北京北玛建筑装饰材料厂托儿所 | 其他办 | 张泳梅 | 100069 | 北京市丰台区由外开阳里三区18楼群楼 | 83408398 |
| 中国人民解放军空军工程设计研究 | 其他办 | 屈文军 | 100068 | 北京市丰台区永外洋桥12号 | 66711060 |
| 环球橡胶厂托儿所 | 其他办 | 穆兰 | 100075 | 北京市丰台区永外海慧寺1号 | 67247632 |
| 北京红狮天地幼儿园 | 其他办 | 王红月 | 100079 | 北京市丰台区永外东铁营顺四条24号 | 67622593 |
| 中国人民解放军95810部队幼儿园 | 其他办 | 姜燕 | 100076 | 北京市丰台区南苑镇警备东路6号3区幼儿园 | 66915022 |
| 中国航天科技集团公司第一研究院 | 其他办 | 周雅 | 100076 | 北京市丰台区东高地斜街乙16栋 | 88521980 |
| 中国航天科技集团公司第一研究院 | 其他办 | 周雅 | 100076 | 北京市丰台区东高地万源东里90栋 | 88521980 |
| 北京市南厢物资经营公司托儿所 | 其他办 | 扈秀兰 | 100079 | 北京市丰台区横七条44号院 | 67672920 |
| 八一电影制片厂幼儿园 | 其他办 | 刘洵若 | 100161 | 北京市丰台区六里桥北里甲1号 | 66824742 |
| 中国人民解放军第三零二医院幼儿 | 其他办 | 高旭 | 100039 | 北京市丰台区西四环中路100号 | 66933041 |
| 空军直属机关蓝天幼儿园 | 其他办 | 秦书华 | 100161 | 北京市丰台区六里桥北里华凯花园风荷曲苑10号 | 52731268 |
| 中国人民解放军海军航空兵部幼儿 | 其他办 | 丁洁 | 100071 | 北京市丰台区东大街5号 | 66959271 |
| 62301部队幼儿园 | 其他办 | 冯秀兰 | 100071 | 北京市丰台区东安街头条19号 | 66873462 |
| 中国人民解放军总后勤部六一幼儿 | 其他办 | 刘建霞 | 100071 | 北京市丰台区西四环南路63号院 | 66888030 |
| 66040部队机关幼儿园 | 其他办 | 武静 | 100071 | 北京市丰台区东大街49号 | 66870354 |
| 中国人民解放军62030部队院务部 | 其他办 | 赵晶 | 100071 | 北京市丰台区东大街二十号院幼儿园 | 66948941 |
| 北京市丰台区人民政府机关幼儿园 | 其他办 | 方宝燕 | 100071 | 北京市丰台区北大街1号 | 83656307 |
| 装甲兵工程学院幼儿园 | 其他办 | 黄丽芬 | 100072 | 北京市丰台区长辛店独家刊19号院 | 66717471 |

续表

| 幼儿园全称 | 办别 | 园长 | 邮政编码 | 幼儿园详细地址 | 电话号码 |
|---|---|---|---|---|---|
| 中国人民解放军63963部队幼儿园 | 其他办 | 邓祖梅 | 100072 | 北京市丰台区长辛店槐树岭3号院 | 66862192 |
| 中国人民解放军总参谋部第五十一 | 其他办 | 陈采雁 | 100072 | 北京市丰台区长辛店朱家坟五里三号院 | 66861042 |
| 北京二七车辆厂幼儿园 | 其他办 | 王永霞 | 100072 | 北京市丰台区张郭庄南路1号 | 83804570 |
| 北京北方车辆集团有限公司幼儿园 | 其他办 | 佟新 | 100072 | 北京市丰台区朱家坟二里12号 | 83807200 |
| 北京二七机车厂托儿所 | 其他办 | 段秋菊 | 100072 | 北京市丰台区长辛店崔村二里11号 | 83306612 |
| 中国北方车辆研究所前进幼儿园 | 其他办 | 崔立红 | 100072 | 北京市丰台区长辛店槐树岭4号院 | 3808646 |
| 中国航天科技集团公司第十一研究 | 其他办 | 周妍 | 100074 | 北京市丰台区云岗南区东里8楼 | 68375547 |
| 北京市丰台区卫生局幼儿园 | 其他办 | 庄惠清 | 100078 | 北京市丰台区方庄小区芳星园三区28号楼 | 67628836 |
| 芳星第一幼儿园 | 其他办 | 丁兰 | 100078 | 北京市丰台区方庄小区芳星园二区16号楼 | 67638297 |

## 丰台区小学一览表

| 学校名称 | 校长 | 邮政编码 | 学校详细地址 | 电话号码 |
|---|---|---|---|---|
| 北京市丰台区右安门第一小学 | 管玉英 | 100054 | 北京市丰台区右安门外东二条51号 | 63538827 |
| 北京市丰台区右安门第二小学 | 王艳荣 | 100069 | 北京市丰台区右安门外东三条52号 | 63529419 |
| 北京市丰台区玉林小学 | 梁秀桥 | 100069 | 北京市丰台区玉林里18号 | 63291380 |
| 北京市丰台区翠林小学 | 刘洪 | 100069 | 北京市丰台区右安门外翠林小区三里4号楼 | 83401920 |
| 北京市丰台区太平桥第二小学 | 高宝华 | 100073 | 北京市丰台区太平桥8号 | 63263132 |
| 北京市丰台区六里桥小学 | 冯玉梅 | 100055 | 北京市丰台区莲花池南里15号 | 63453505 |
| 北京市西罗园学校 | 姜　波 | 100077 | 北京市西罗园二区21号楼 | 67215212 |
| 北京市洋桥学校 | 徐朝辉 | 100077 | 北京市丰台区洋桥北里六号 | 67218657 |
| 北京市丰台区西罗园小学 | 闫卫华 | 100068 | 北京市丰台区海户西里12号楼 | 67233006 |
| 北京市丰台区西罗园第四小学 | 陈卫东 | 100077 | 北京市丰台区洋桥西里31号 | 67260798 |
| 北京市丰台区西罗园第五小学 | 吴家荣 | 100077 | 北京市丰台区西罗园三区16号楼 | 67223982 |
| 北京市丰台区角门小学 | 张会军 | 100068 | 北京市丰台区角门东里甲30号 | 67537268 |
| 北京市赵登禹学校 | 徐唯 | 100068 | 北京市丰台区嘉园二里43号 | 67579522 |
| 北京市丰台区大红门第一小学 | 马丽丽 | 100075 | 北京市丰台区大红门西前街24号 | 67267294 |
| 北京市丰台区大红门第二小学 | 武金英 | 100075 | 北京市丰台区大红门东后街157号 | 67221506 |
| 北京市丰台区西罗园第六小学 | 房建国 | 100068 | 北京市丰台区西罗园南里九号楼 | 67243914 |
| 北京市丰台区东罗园小学 | 张悦峰 | 100075 | 北京市丰台区马公庄5号楼 | 67269874 |
| 北京市丰台区苏家坡小学 | 王春林 | 100075 | 北京市丰台区大红门路15号 | 67212473 |

续表

| 学　校　名　称 | 校长 | 邮政编码 | 学 校 详 细 地 址 | 电话号码 |
|---|---|---|---|---|
| 北京市丰台区时光小学 | 林燕鸣 | 100079 | 北京市丰台区石榴园北里 | 67243361 |
| 北京市丰台区西马场第一小学 | 常素华 | 100068 | 北京市丰台区西马金润家园 2 区 25 号楼 | 87597043 |
| 北京市丰台区康华小学 | 范春荣 | 100075 | 北京市丰台区南顶村 31 号 | 67254217 |
| 北京第一实验小学彩虹分校 | 杨桂兰 | 100075 | 北京市丰台区光彩路 67 号院 | 87809788 |
| 北京市丰台区南苑镇第一小学 | 李淑捷 | 100076 | 北京市丰台区南苑公所胡同 22 号 | 67991392 |
| 北京市丰台区南苑第四小学 | 蒋梅荣 | 100076 | 北京市丰台区南苑机场警备东路六号一区 | 7964608 |
| 北京市丰台区五爱屯小学 | 杨静 | 100076 | 北京市丰台区西宏苑小区 6 号楼 | 67991284 |
| 北京市丰台区东高地第一小学 | 张雪丽 | 100076 | 北京市丰台区东高地斜街一号 | 68769993 |
| 北京市丰台区东高地第二小学 | 吴萍华 | 100076 | 北京市丰台区东高地万源东里 75 栋 | 68753771 |
| 北京市丰台区东高地第三小学 | 陈翠敏 | 100076 | 北京市丰台区东高地梅源小区内 | 68759889 |
| 北京市丰台区东高地第四小学 | 徐艳红 | 100076 | 北京市丰台区万源南路 2 号 | 68759211 |
| 北京市丰台区东铁匠营第一小学 | 徐绯 | 100075 | 北京市丰台区蒲黄榆路胡村 1 号 | 67614441 |
| 北京市丰台区东铁匠营第二小学 | 许芳 | 100079 | 北京市丰台区永外北铁营 259 号 | 67610205 |
| 北京市丰台区蒲黄榆第一小学 | 张金英 | 100075 | 北京市丰台区蒲黄榆西里 3 号楼 | 67653658 |
| 北京市丰台区蒲黄榆第三小学 | 张光彦 | 100075 | 北京市丰台区蒲安里 15 号楼 | 67613813 |
| 北京市丰台区成寿寺小学 | 余芳 | 100078 | 北京市丰台区成寿寺村 76 号 | 67621273 |
| 北京市大成学校 | 凌云 | 100141 | 北京市丰台区青塔小区 C 区 | 68671697 |
| 北京市丰台实验学校 | 石磊 | 100071 | 北京市丰台区程庄路 90 号 | 63801831 |
| 北京市阳光红学校 | 封香兰 | 100071 | 北京市丰台区西五里店 21 号 | 51438058 |
| 北京市丰台区丰体时代小学 | 张拥军 | 100071 | 北京市丰台区丰体南路 1 号院 10 号楼 | 63821729 |
| 北京市丰台区小瓦窑小学 | 郑海生 | 100040 | 北京市丰台区小瓦窑村 93 号 | 68633001 |
| 北京市第十二中学体育分校 | 王铁梁 | 100071 | 北京市丰台区丰台镇文体路 32 号 | 63804652 |
| 北京市丰台区丰台第一小学 | 高秀贤 | 100071 | 北京市丰台区东安街头条 2 号 | 68749564 |
| 北京市丰台区丰台第二小学 | 胡敏 | 100070 | 北京市丰台区丰台南路 107 号 | 63720323 |
| 北京市丰台区师范学校附属小学 | 田昆升 | 100071 | 北京市丰台区文体路 30 号 | 63845663 |
| 北京市丰台区丰台第五小学 | 李磊 | 100071 | 北京市丰台区西四环南路 78 号 | 63823080 |
| 北京市丰台区丰台第六小学 | 赵秀云 | 100071 | 北京市丰台区丰台镇七里庄 138 号 | 63823479 |
| 北京市丰台区丰台镇丰台第七小学 | 施京平 | 100071 | 北京市丰台区东大街东里 | 63816260 |
| 北京铁路职工子弟第十一小学 | 杨凤娥 | 100070 | 北京市丰台区西四环南路 93 号 | 63736807 |
| 北京市丰台区丰台第八小学 | 孙淑凤 | 100070 | 北京市丰台区韩庄子小区二里 8 号楼 | 63737519 |
| 北京市丰台区实验小学 | 段兰华 | 100070 | 北京市丰台区科学城恒富街一号 | 63723474 |
| 北京市丰台区万柳园小学 | 曹洁 | 100070 | 北京市丰台区万柳园小区 10 号楼 | 63302749 |
| 北京第二实验小学怡海分校 | 史德志 | 100070 | 北京市丰台区南四环西路 129 号 | 63743221 |
| 北京市长辛店第三中学 | 王立华 | 100072 | 北京市丰台区朱家坟一里 44 号 | 83885842 |

续表

| 学 校 名 称 | 校长 | 邮政编码 | 学 校 详 细 地 址 | 电话号码 |
|---|---|---|---|---|
| 北京市丰台区长辛店第一小学 | 孟繁英 | 100072 | 北京市丰台区长辛店大街 145 号 | 83876718 |
| 北京市丰台区长辛店第二小学 | 吴亚民 | 100072 | 北京市丰台区长辛店大街 262 号 | 83883081 |
| 北京市丰台区长辛店第七小学 | 李旭红 | 100072 | 北京市丰台区长辛店陈庄大街 4 号 | 83877075 |
| 北京市丰台区长辛店第八小学 | 陈民 | 100072 | 北京市丰台区长辛店镇崔村 67 号 | 83876528 |
| 北京二七车辆厂小学 | 陈宝忠 | 100072 | 北京市丰台区张郭庄南路 3 号 | 83804642 |
| 北京长辛店铁路小学 | 孙少红 | 100072 | 北京市丰台区长辛店崔村一里 7 号 | 83308461 |
| 北京市丰台区云岗第一小学 | 孔秀云 | 100074 | 北京市丰台区云岗北区西里 7 号 | 68190964 |
| 北京市丰台区云岗第二小学 | 张德江 | 100074 | 北京市丰台区云岗南区西里 23 号 | 83318552 |
| 北京市丰台区芳星园小学 | 王志清 | 100078 | 北京市丰台区芳星园二区 9 号楼(芳星园小学) | 67629257 |
| 北京市丰台区芳星园第二小学 | 孙曾红 | 100078 | 北京市丰台区芳星园三区 21 号楼 | 67644438 |
| 北京市丰台区芳群园第一小学 | 王君霞 | 100078 | 北京市丰台区方庄芳群园一区 14 # 楼 | 67634832 |
| 北京市丰台区芳城园小学 | 刘爱华 | 100078 | 北京市丰台区方庄芳城园二区 1 号 | 67648616 |
| 北京市丰台区芳古园小学 | 申瑞芝 | 100078 | 北京市丰台区方庄小区芳古园一区 19 号 | 67629801 |
| 北京市丰台区卢沟桥第一小学 | 刘全利 | 100165 | 北京市丰台区卢沟桥城内街 155 号 | 83891403 |
| 北京市丰台区卢沟桥第二小学 | 张利民 | 100165 | 北京市丰台区卢沟桥南里 32 号 | 83893491 |
| 北京市丰台区晓月苑小学 | 杨淑芬 | 100072 | 北京市丰台区卢沟桥晓月苑小区一里 14 号 | 83214610 |
| 北京市丰台区马家堡小学 | 王毅 | 100068 | 北京市丰台区马家堡西里 52 号 | 67588743 |
| 北京市丰台区和义学校 | 王海燕 | 100076 | 北京市丰台区南苑北里 12 号楼 | 67983090 |
| 北京市丰台区长辛店中心小学 | 刁全贵 | 100072 | 北京市丰台区槐树岭 5 号 | 83800556 |
| 北京市丰台区王佐学校 | 黄玉兰 | 100074 | 北京市丰台区王佐镇西王佐村 25 号 | 83316240 |
| 北京市丰台区南宫中心小学 | 马新 | 100074 | 北京市丰台区云岗新村 78 号 | 83315793 |
| 北京市丰台区首科花园小学 | 李思琴 | 100073 | 北京市丰台区太平桥村 550 号 | 63379841 |
| 北京市丰台区三路居小学 | 黄书亮 | 100073 | 北京市丰台区三路居 105 号 | 63465987 |
| 北京市丰台区万泉寺小学 | 张建超 | 100073 | 北京市丰台区万泉寺 270 号 | 63336670 |
| 北京市丰台区东管头小学 | 刘红燕 | 100073 | 北京市丰台区东管头村 6 号 | 63307457 |
| 北京市丰台区小井小学 | 白文梅 | 100073 | 北京市丰台区小井村 338 号 | 63848508 |
| 北京市丰台区西局小学 | 孙向东 | 100073 | 北京市丰台区西局后街 81 号 | 63834783 |
| 北京市丰台区岳各庄小学 | 郭玉荣 | 100071 | 北京市丰台区岳各庄村 470 号 | 83666296 |
| 北京市丰台区靛厂小学 | 李德华 | 100039 | 北京市丰台区靛厂村甲 300 号 | 63823941 |
| 北京市丰台区郑常庄第一小学 | 张波 | 100141 | 北京市丰台区大成路长安新城小区 1 区 11 号楼 | 68697083 |
| 北京市丰台区小屯小学 | 崔秀芳 | 100071 | 北京市丰台区小屯路 150 号 | 68654723 |
| 北京市丰台区张仪村小学 | 仇志忠 | 100071 | 北京市丰台区张仪村小学 | 68633912 |
| 北京市丰台区大瓦窑小学 | 武玉芝 | 100071 | 北京市丰台区大瓦窑村 170 号 | 83290622 |

续表

| 学 校 名 称 | 校长 | 邮政编码 | 学 校 详 细 地 址 | 电话号码 |
|---|---|---|---|---|
| 北大附属实验学校 | 李明春 | 100071 | 北京市丰台区花乡明春苑小区 | 83701122 |
| 北京市丰台区草桥小学 | 林艳玲 | 100067 | 北京市丰台区赵村店 108 号 | 67529075 |
| 北京市丰台区黄土岗小学 | 李静 | 100070 | 北京市丰台区黄土岗村后黄土岗 3 号 | 63726855 |
| 北京市丰台区新发地小学 | 徐学敏 | 100070 | 北京市丰台区新发地天伦锦城 12 号楼 | 83721271 |
| 北京市丰台区白盆窑小学 | 侯健 | 100070 | 北京市丰台区花乡白盆窑村南 | 83791278 |
| 北京市丰台区郭公庄小学 | 陈罕芙 | 100070 | 北京市丰台区郭公庄村 467 号 | 83703318 |
| 北京市丰台区高立庄小学 | 王兰 | 100070 | 北京市丰台区高立庄村 246 号 | 83700095 |
| 北京市丰台区六圈小学 | 张淑凤 | 100070 | 北京市丰台区富锦嘉园小区内 | 83623899 |
| 北京市丰台区看丹小学 | 陈宝玉 | 100070 | 北京市丰台区建新路 36 号 | 63713286 |
| 北京市丰台区阳春小学 | 侯建利 | 100070 | 北京市丰台区花乡羊坊村 111 号阳春小学 | 83702037 |
| 北京市丰台区花乡保台小学 | 林艳萍 | 100070 | 北京市丰台区保台村 140 号 | 83614603 |
| 北京市丰台区樊家村小学 | 张晓红 | 100070 | 北京市丰台区南大元 290 号 | 63736204 |
| 北京市丰台区纪家庙小学 | 王红 | 100070 | 北京市丰台区于家胡同 59 号 | 63263106 |
| 北京市丰台区四合庄小学 | 杨美凤 | 100070 | 北京市丰台区花乡育仁里小区 2 号院 | 83621316 |
| 北京市丰台区人民村小学 | 刘凤婷 | 100070 | 北京市丰台区人民村 58 号 | 83600516 |
| 北京市丰台区西铁匠营小学 | 解立霞 | 100054 | 北京市丰台区西铁匠营村 110 号 | 63587194 |
| 北京市丰台区石榴庄小学 | 祁红 | 100079 | 北京市丰台区石榴庄南里 2 号 | 67658142 |
| 北京市丰台区分钟寺小学校 | 张凤文 | 100078 | 北京市丰台区分钟寺 450 号 | 87690643 |
| 北京市丰台区槐房小学 | 辛洁 | 100076 | 北京市丰台区南苑槐房村 335 号 | 67911653 |
| 北京市丰台区南苑乡新宫小学 | 张菊华 | 100076 | 北京市丰台区新宫村 370 号 | 67913638 |
| 蓝天丰苑学校 | 刘乙辰 | 100076 | 北京市丰台区南苑五爱屯东街 2 号 | 67997625 |
| 振华民生学校 | 邹平 | 100071 | 北京市丰台区卢沟桥乡大瓦窑村 525 号 | 83291054 |

## 丰台区中学一览表

| 学 校 名 称 | 校长 | 邮政编码 | 学 校 详 细 地 址 | 电话号码 |
|---|---|---|---|---|
| 首都医科大学附属中学 | 刘建宾 | 100069 | 北京市丰台区右安门外翠林小区二里 22 | 83401686 |
| 北京市右安门外国语学校 | 景晓琳 | 100089 | 北京市丰台区右安门玉林东里 3 区 19 号 | 63291731 |
| 北京新桥外国语学校 | 陈燕冰 | 100069 | 北京市丰台区右安门外开阳里东巷 24 号 | 63587607 |
| 北京市太平桥中学 | 郑洁 | 100073 | 北京市丰台区西客站南路 19 号 | 63475285 |
| 北京市丰台区三路居中学 | 单鸾娇 | 100073 | 北京市丰台区骆驼湾 37 号 | 63267648 |
| 北京市明德中学 | 陈秀萍 | 100073 | 北京市丰台区骆驼湾 37 号 | 63408696 |
| 北京市中桥外国语学校 | 李雪兰 | 100073 | 北京市丰台区太平桥东局甲 2 号 | 63402952 |
| 北京市丰台区角门中学 | 阎乃鹏 | 100068 | 北京市丰台区马家堡路 122 号 | 67532812 |

续表

| 学 校 名 称 | 校长 | 邮政编码 | 学 校 详 细 地 址 | 电话号码 |
|---|---|---|---|---|
| 北京市西罗园学校 | 姜波 | 100077 | 北京市西罗园二区21号楼 | 67215212 |
| 北京市洋桥学校 | 徐朝辉 | 100077 | 北京市丰台区洋桥北里六号 | 67218657 |
| 北京市丰台区南顶中学 | 王弋 | 100075 | 北京市丰台区永外南顶村31号 | 67235977 |
| 北京市赵登禹学校 | 徐唯 | 100067 | 北京市丰台区马嘉堡嘉园一里17号 | 67576125 |
| 北京市丰台区南苑中学 | 张建湖 | 100076 | 北京市丰台区南苑西路1号 | 67991601 |
| 北京市丰台区东高地第一中学 | 谢玲 | 100076 | 北京市丰台区东高地南街一号 | 67991651 |
| 北京市东高地外国语学校 | 柳学袖 | 100076 | 北京市丰台区东高地斜街1号 | 88520843 |
| 北京市航天中学 | 刘军 | 100076 | 北京市丰台区东高地万源北里3号 | 67991659 |
| 北京市丰台区东铁匠营第一中学 | 骆国层 | 100075 | 北京市丰台区刘家窑东里7号 | 67621765 |
| 北京市丰台区东铁匠营第二中学 | 刘志全 | 100069 | 北京市丰台区石榴园北里4号 | 67283340 |
| 北京市第二二二中学 | 王桦 | 100075 | 北京市丰台区光彩北路2号 | 87280852 |
| 北京市丰台区丰台路中学 | 柳秀梅 | 100071 | 北京市丰台区西四环中路103号 | 63822494 |
| 北京市大成学校 | 凌云 | 100141 | 北京市丰台区青塔小区C区 | 68671697 |
| 北京市丰台区实验学校 | 石磊 | 100071 | 北京市丰台区程庄路90号 | 63826021 |
| 北京市阳光红学校* | 封香兰 | 100071 | 北京市丰台区西五里店21号 | 51438058 |
| 北京市第十二中学 | 李有毅 | 100071 | 北京市丰台区益泽路15号 | 83666027 |
| 北京市丰台区丰台第一中学 | 李晨辉 | 100070 | 北京市丰台区丰台桥南新华街2号 | 63726654 |
| 北京市丰台区丰台第二中学 | 王志江 | 100071 | 北京市丰台区东安街头条3号 | 63800782 |
| 首都师范大学附属丽泽中学 | 臧富仁 | 100071 | 北京市丰台区北大街7号 | 63825292 |
| 北京市丰台第八中学 | 张梅英 | 100071 | 北京市丰台区北大地一里16号 | 63841055 |
| 北京市第十二中学体育分校 | 王铁梁 | 100071 | 北京市丰台区丰台镇文体路32号 | 63804652 |
| 北京市第十二中学高中分校 | 李有毅 | 100071 | 北京市丰台区丰益桥 | 83666014 |
| 北京市丰台第七中学 | 焦素琴 | 100070 | 北京市丰台区新村四里三号 | 63739315 |
| 北京市丰台区看丹中学 | 李迎红 | 100070 | 北京市丰台区看丹建新路19号 | 63737583 |
| 北京市第八中学怡海分校 | 尹小凤 | 100070 | 北京市丰台区南四环西路129号 | 63798086 |
| 北京市第十中学 | 林晓红 | 100072 | 北京市丰台区长辛店镇南关东里1号 | 83884109 |
| 北京市丰台区长辛店第一中学 | 王亚荣 | 100072 | 北京市丰台区长辛店桥西扶轮胡同45号 | 83878013 |
| 北京市丰台区长辛店第三中学 | 王立华 | 100072 | 北京市丰台区朱家坟一里44号 | 83885842 |
| 北京市丰台区槐树岭学校 | 韩淑华 | 100072 | 北京市丰台区槐树岭2号院 | 83803650 |
| 北京市丰华中学 | 崔东 | 100072 | 北京市丰台区朱家坟一里45号 | 83806697 |
| 北京市云岗中学 | 葛保红 | 100074 | 北京市丰台区云岗北区东里1号 | 68740542 |
| 北京市第十八中学 | 钟灵 | 100078 | 北京市丰台区方庄芳星园二区11号 | 67696709 |
| 北京市芳星园中学 | 李晓东 | 100078 | 北京市丰台区芳城园三区10号 | 67684478 |
| 北京市丰台区左安门中学 | 何百忠 | 100164 | 北京市丰台区成寿路四方景园5区9号楼 | 67644261 |
| 北京市丰台区卢沟桥中学 | 杨燕 | 100072 | 北京市丰台区晓月苑小区垂虹街2号 | 83219582 |

续表

| 学　校　名　称 | 校长 | 邮政编码 | 学 校 详 细 地 址 | 电话号码 |
|---|---|---|---|---|
| 北京市圣云中学 | 杨效欣 | 100072 | 北京市丰台区卢沟桥晓月苑小区一里14 | 83218989 |
| 北京市丰台区和义学校 | 王海燕 | 100076 | 北京市丰台区南苑北里12号楼 | 67983090 |
| 北京市丰台区王佐学校 | 黄玉兰 | 100074 | 北京市丰台区王佐镇西王佐村25号 | 83314725 |
| 北京市丰台区黄土岗中学 | 冯明 | 100160 | 北京市丰台区南四环西路16号 | 83718602 |
| 北京市丰台区郭公庄中学 | 徐晓华 | 100070 | 北京市丰台区花乡郭公庄村443号 | 83612348 |
| 北大附属实验学校 | 李明春 | 100070 | 北京市丰台区明春苑小区北大附属实验 | 83701122 |
| 振华民生学校 | 邹平 | 100071 | 北京市丰台区卢沟桥乡大瓦窑村525号 | 83291054 |

## 丰台区职业高中一览表

| 学　校　名　称 | 校长 | 邮政编码 | 学 校 详 细 地 址 | 电话号码 |
|---|---|---|---|---|
| 丰台区职业教育中心学 | 曹继成 | 100078 | 丰台区方庄芳古园二区九号 | 67634860 |
| 北京市洋桥职业学校 | 杨士维 | 100077 | 丰台区西罗园四区二十九号 | 67220459 |
| 丰台区城市园林建设学 | 孙默林 | 100161 | 北京市丰台区岳各庄一号 | 63820263 |
| 北京新桥外国语学校 | 陈燕冰 | 100069 | 丰台区右安门外开阳里东巷 | 63587607 |
| 丰台区汽车维修职业学 | 岳东明 | 100070 | 丰台区花乡高立庄195号 | 83795515 |
| 北京八一艺术学校 | 姬崇恭 | 100070 | 丰台区马家楼路125号 | 60121588 |

## 2008年驻区高等院校一览表

| 学校名称 | 学校详细地址 | 邮编 | 电话 |
|---|---|---|---|
| 首都经济贸易大学 | 北京市丰台区张家路口121号 | 100070 | 83952350 |
| 首都医科大学 | 北京市丰台区右安门外西头条10号 | 100069 | 63291983 |
| 中国戏曲学院 | 北京市丰台区万泉寺400号 | 100073 | 63353774 |
| 北京电子科技学院 | 北京市丰台区富丰路7号 | 100070 | 83635022 |

# 索　引

说明：1. 主题词首按汉语拼音序排列，首字相同按第二字音序，其余类推。
2. 主题词后的数字表示该词及内容页码，a、b 字母在双栏文中分别表示左、右栏。
3. 特载、附录部分不作索引。

## A



## B



## C

## D



## F



## G



## H



## J

## K



## L



## M



## N



## P

## Q



## R



## S



## W

## X



## Y



## Z